Gómez Dávila

SÄMTLICHE SCHOLIEN

Nicolás Gómez Dávila

SÄMTLICHE SCHOLIEN

Scholien zu einem inbegriffenen Text
Neue Scholien zu einem inbegriffenen Text
Fortgesetzte Scholien zu einem inbegriffenen Text
Verstreute Scholien aus Zeitschriften

Karolinger
Wien und Leipzig

Abbildungen:
Gómez Dávila in Photographien:
Seiten 2, 10, 534, 536, 796, 892,
S. 6: In der Hazienda in Cundinamarca
S. 8: Die Bibliothek des Autors in Bogotá
S. 794: Das Haus der Familie in Bogotá

Gesamtherstellung
PB Tisk a.s

Satz
Ecotext-Verlag,
G. Schneeweiß-Arnoldstein

Einband
Anton Eichhorn

ISBN 978 3 85418 197 2

Inhalt

Vorbemerkung

Der vorliegende Band versammelt nunmehr das gesamte Scholien-/Aphorismen-Werk des Autors, das wir schrittweise seit 1987 auf Deutsch veröffentlichten. Nach den „Einsamkeiten" (1987) wurden keine Auswahlbände mehr herausgegeben und damit dem Wunsch des Autors entsprochen, den inneren Zusammenhang seines Werkes nicht zu fraktionieren: Bei meinem Besuch in Bogotá äußerte er dieses Begehren. Gleichzeitig zeigte er sich über die Verbreitung seiner Arbeit in deutscher Sprache erfreut, der Sprache einer Kultur, die er zutiefst verehrte. Das folgende Vertrauen in unser Haus zeigte sich auch darin, daß er uns die Rechte für die Scholien in allen Sprachen, außer der spanischen, überließ. An der Verbreitung seines Werkes, das zu dieser Zeit auch in Bogotá kaum aufzutreiben war, hatte er sich bislang nicht gekümmert. In der Zwischenzeit konnten wir die Veröffentlichung seiner Aphorismen in mehreren Sprachen organisieren. An materiellen Ergebnissen seiner Autorschaft war Don Nicólas nicht interessiert, wenngleich er nebenbei ein wohlhabender, wenig tätiger, aber erfolgreicher Geschäftsmann war: Vor meinem Besuch in Kolumbien hatte er über seine Bank die wirtschaftliche Lage unseres Hauses exploriert; unsere intellektuelle Position hatte er ohnehin geschätzt.

Die einzelnen Aphorismen sind in Akkordanz mit der Gesamtausgabe der Scholien in spanischer Sprache (*Obras completas*, Villegas: Bogotá 2005) durchnumeriert. Die beigefügten Photographien, größenteils aus dem Besitz der Familie des Autors, wurden dieser kolumbianischen Ausgabe entnommen.

Für diese Gesamtausgabe haben wir wieder die vorliegenden Übersetzungen – über die in den einzelnen Abschnitten Auskunft gegeben wird – verwendet. Die Übertragungen wurden von Franz Carl Weiß durchgesehen. Georg Ebner hat nicht nur fehlende Aphorismen nachübersetzt, sondern sich auch um die Gesamtkorrektur der Ausgabe verdient gemacht. Für sprachlichen Rat in Einzelfragen danken wir Frau Marion Weiß.

Zwei Aphorismen, die auf Wortspielen beruhen, wurden auf Spanisch abgedruckt.

Wie in der spanischen Ausgabe sind fremdsprachige Zitate und Begriffe kursiv gesetzt und in der jeweiligen Originalsprache belassen. Im Sinne des Autors wurde von deren Übersetzung ebenso wie von Erläuterungen und Anmerkungen abgesehen.

Wien, Peter und Paul 2020 Peter Weiß – Karolinger Verlag

Scholien zu einem inbegriffenen Text
Escolios a un texto implícito

Aus dem Spanischen von
Thomas Knefeli

Übersetzungen von Günther Rudolf Sigl sind mit *,
einzelne von Franz Niedermayer mit **
kenntlich gemacht

Erster Band

Ein kurzer Text ist nicht die überhebliche Verkündung eines Ur- 1
teils, sondern eine Geste, die sich, kaum angedeutet, wieder auflöst.

Das Denken, das immer gerecht sein will, erlahmt. 2

Das Denken entwickelt sich, wenn es zwischen symmetrischen Ungerechtigkeiten wie zwischen zwei Reihen von Gehenkten vorgeht.*

Die Menschen wechseln weniger die Ideen als die Ideen ihre Ver- 3
kleidung.

Im Laufe der Jahrhunderte führen immer dieselben Stimmen einen Dialog.

Der Leser wird auf diesen Seiten keine Aphorismen finden. Meine 4
kurzen Sätze sind die Farbtupfen einer pointillistischen Komposition.*

Durch Beschränken unserer Zuhörerschaft verringern wir die 5
Gefahr der Pflichtvergessenheit.

Die Einsamkeit ist der einzige unbestechliche Richter.*

Der Akt des Erfassens von Bedeutung wird allein durch das glück- 6
liche Geschick verbürgt, das uns urplötzlich ereilt.

Die Bedeutung ist ein Wink des Objekts, der uns Intelligenz und Leben aufs Spiel setzen heißt.*

Das dumpfe organische Halbdunkel, in dem die Idee geboren wird, 7
bedeutet nichts, nur ihre harte diamantene Spitze.

Die Originalität eines Kunstwerkes hängt manchmal davon ab, was 8
der Autor nicht fertigbringt.

Es gibt ein kreatives Unvermögen.

Der Philosoph hat den Ehrgeiz, zwei divergierende Neigungen des 9
Geistes unter einem Joch zu vereinen: seine Flucht in die Idee und seinen Hang zum Konkreten.

Der Grad, in dem ihm dies gelingt, mißt seinen Rang als Philosophen.

10 Es ist leicht zu glauben, daß wir Anteil an bestimmten Tugenden haben, teilen wir doch die Fehler, die diese mit sich bringen.

11 Der intelligente Mensch lebt nie in einer mittelmäßigen Umgebung. Eine mittelmäßige Umgebung ist die, in der es keine intelligenten Menschen gibt.*

12 Die sich über die Enge ihres Lebensbereiches beklagen, fordern von den Ereignissen, den Nachbarn, den Landschaften die Sensibilität und Intelligenz, die die Natur ihnen verweigert hat.*

13 In diesem Jahrhundert führt jedes kollektive Unterfangen zur Errichtung von Gefängnissen. Nur der Egoismus hält uns davon ab, an Gemeinheiten mitzuwirken.

Heute enden die Mitbeteiligten als Komplizen.*

14 Sich anpassen heißt, ein fernes Gut einer unmittelbaren Notwendigkeit zu opfern.

15 Die geistige Reife beginnt, wenn wir aufhören, uns für die Welt zuständig zu fühlen.

16 Nachdem wir den Menschen definiert haben, müssen wir sofort unsere Definition ändern, weil das Bewußtsein dieser Definition diese verwandelt.

17 Zwischen Leben und Werk des Künstlers besteht nicht notwendigerweise eine wechselseitige Entsprechung. Ihr Mißverhältnis beeinträchtigt nicht ihre Glaubwürdigkeit für sich.

Der Autor ist gleichzeitig die perfide Hauptperson seiner Biographie und der edelmütige Prosaist seiner Schriften.*

18 In den Stunden des Überdrusses, den eine Intelligenz durchlebt, reift der kommende Frühling.

Nur der geduldige und fleißige Schriftsteller setzt dem Leser nahrhafte Speisen vor.

19 Nichts pflegt schwerer zu sein, als nicht so zu tun, als ob man verstünde.

Die Stärke des Applauses mißt nicht den Wert einer Idee. Die herrschende Doktrin kann eine pompöse Dummheit sein. 20

Ein so trivialer Einwand pflegt jedoch dem erschreckten Zuhörer zu entgehen.

Die Liebe ist das Organ, mit dem wir die unverwechselbare Individualität der Wesen wahrnehmen. 21

Die Wahrheit verkommt, wenn sie ihren konkreten Entstehungsprozess vergißt. 22

Eine gleichförmige Menge verlangt nicht nach Freiheit. 23

Die hierarchisch gegliedert Gesellschaft ist nicht nur die einzige, in der der Mensch frei sein kann, sondern auch die einzige, in der es ihn drängt, frei zu sein.*

Die Freiheit ist nicht Ziel, sondern Mittel. Wer sie als Ziel nimmt, weiß nichts mit ihr anzufangen, wenn er sie hat. 24

Den Stolz des Menschen zu befriedigen ist vielleicht leichter, als unser Stolz sich vorstellt. 25

Wenn die Wissenschaft philosophische Ansprüche erhebt, erinnert die Epistemologie sie an ihre Postulate. 26

Gegen ihren Herrschaftsanspruch weist sie die Epistemologie auf ihren dienenden Ursprung hin.

Extra epistemologiam nulla salus.

Das Individuum ist die Klippe der Geschichtsphilosophien.* 27

Es gibt tausend Wahrheiten, der Irrtum ist einer. 28

Der unverwechselbare Geschmack der Wesen ist das Getränk der Götter. 29

Unsere letzte Hoffnung gilt der Ungerechtigkeit Gottes.* 30

Der intelligente Bericht von der Niederlage ist der subtile Sieg des Besiegten. 31

Für Gott gibt es nur Individuen. 32

33 Die Ideen sind Sätze, die Farbe, Geruch, Klang, Gewicht haben – was das Gedächtnis Idee nennt, ist nur ein Bodensatz.

34 Wenn uns die Dinge nur zu sein scheinen, als was sie uns erscheinen, scheinen sie uns bald noch weniger zu sein.

35 Der Psychologe bewohnt die Vororte der Seele, so wie der Soziologe die Ränder der Gesellschaft.

36 Fehler sind aufständische Proletarier, ihrem Beruf und Rang widerstrebende Wahrheiten.

Eine Aussage ist falsch, wenn sie wahrhaftigere Aussagen behindert.

37 Die Wahrheiten finden sich nicht im Umkreis eines Zirkels, dessen Mittelpunkt der Mensch ist.

Die Wahrheiten erheben sich an unwegsamen Orten, die der Mensch, den Mäandern eines gewundenen Pfades folgend, durcheilt, der sie enthüllt, verbirgt – und sich am Ende mit ihnen brüstet oder sie versteckt.

38 Ohne intentionale Handlungen sind die Tatsachen weder notwendig noch zufällig.

Ohne diese Intentionen ist die Welt ein Block roher Abfolgen. Die Intention gründet die Zufälligkeit, wenn die Dinge sie überraschen, und die Kausalität, wenn sie sie nicht verwirren.

Die Vernunft begründet Aufgaben, der Wille Notwendigkeit und Zufall.

39 Das Sein durchsickert alle Poren der Welt.

40 Die Vernunft ist ein Geistesakt, der einen vorangegangenen Geistesakt analysiert

Die Vernunft bringt nichts hervor, sondern erzieht das Hervorgebrachte.

41 Wenn die Vernunft die natürliche Ambivalenz der Gefühle korrigiert, verdirbt sie diese und verstümmelt das Universum.

Wer das geheime Einverständnis zwischen seinen Vorlieben und Abneigungen unterdrückt, verwandelt sich in einen Fanatiker, der sich zwischen Schemata bewegt.

Im Zusammenhang bestimmter Systeme artikuliert sich eine Vision; andere ergeben sich aus der bloßen Trägheit einer Idee. 42

Die Ethik erwächst aus der Verbindung empirischer Umstände mit der transzendenten Norm, die die Umstände offenbaren. 43

Eine wollüstige Präsenz teilt allem ihren sinnlichen Glanz mit. 44

Alles, was nicht Gott zum Ziel hat, entehrt uns. 45

Nicht nach Freiheit strebt der Verstand, sondern nach Unterwerfung. 46

Die Wahrheit ist der Glanz der Notwendigkeit.*

Nur die Freiheit begrenzt die mißbräuchliche Intervention der Unwissenheit. 47

Die Politik ist die Wissenschaft von den sozialen Strukturen, die dem Zusammenleben ignoranter Wesen angemessen sind.

Eine „ideale Gesellschaft“ wäre der Friedhof menschlicher Größe. 48

Nach jeder Revolution lehrt der Revolutionär, daß die wirkliche Revolution die von morgen sein wird. 49

Der Revolutionär erklärt, daß ein Elender die Revolution von gestern verraten hat.

Wenn Sokrates wirklich nichts weiß, warum akzeptiert er dann nicht bloß, was sein Gesprächspartner vorschlägt? 50

Erwartet er vielleicht, daß die Wahrheit aus der Übereinstimmung von Launen erwachse?

Glaubt Sokrates vielleicht, daß ein „Gut“ darin besteht, was die Wähler einstimmig billigen?

Ist Sokrates Demokrat?

Nein!

Wie jeder Reaktionär weiß Sokrates, daß es in einer Demokratie nicht erlaubt ist zu belehren. Der Demokrat muß glauben, daß er selbst erfindet, was man ihm nahelegt.

Die demokratischen Parlamente sind nicht Orte der Diskussion; hier zeichnet der Absolutismus des Volkes seine Erlasse auf.* 51

52 Der Bürgerliche übergibt die Macht, um das Geld zu retten; danach übergibt er das Geld, um seine Haut zu retten; und schließlich hängen sie ihn.*

53 Bürgertum ist jede Gruppe von Individuen, die unzufrieden sind mit dem, was sie haben und zufrieden damit, was sie sind.

54 Die Marxisten definieren das Bürgertum ökonomisch, um zu verbergen, daß sie ihm zugehören.

55 Nur seine Feinde wissen die Größe des Kommunismus zu schätzen.

Die marxistische These diskreditiert sowohl die Motive des Kommunisten als auch die seiner Gegner.

56 Diejenigen, die ihre Verworfenheit damit entschuldigen, daß sie behaupten, sie seien „Opfer der Umstände", sind doktrinäre Sozialisten.

Der Sozialismus ist die Philosophie der fremden Schuld.

57 Der kommunistische Kämpfer verdient höchsten Respekt vor seinem Sieg.

Danach ist er nicht mehr als ein vielbeschäftigter Bourgeois.

58 Wer das Bestehende verteidigt, kämpft für etwas Konkretes: ein Privileg, eine soziale Struktur, ein in Fleisch und Blut übergegangenes Gut. Wer hingegen für ein abstraktes Programm kämpft, kann glauben, daß er das Allgemeine verteidigt.

Der Linke glaubt sich großzügig, weil seine Ziele verschwommen sind.

59 Dieses Jahrhundert proletarischer Pädagogik predigt die Würde der Arbeit, wie ein Sklave, der den intelligenten und sinnesfrohen Müßiggang verleumdet.

60 Der Überbau verändert sich, wenn sich die „Produktionskräfte" verändern; aber da jede Bildung von Kräften eine Vielzahl möglicher Strukturen in sich einschließt, hängt die , die sich verwirklicht, nicht von ökonomischen Motiven ab.

61 Die Liebe zum Volk ist eine aristokratische Berufung. Der Demokrat liebt es nur im Wahljahr.

In dem Maße, wie der Staat wächst, bildet sich das Individuum zu- 62
rück.

Da er das Ersehnte nicht verwirklichen kann, erklärt der „Fort- 63
schritt“ das, was er verwirklicht, zum Ersehnten.

Die Technik erfüllt nicht die alten Träume des Menschen, sie äfft sie 64
nach.*

So wie der Triumph irgendeiner Tugend andere verletzt, zieht jeder 65
„Fortschritt“ einen symmetrischen Rückschritt nach sich.

Das Volk empört sich nie gegen den Despotismus, sondern gegen 66
die schlechte Ernährungslage.*

Wenn man nicht mehr um den Privatbesitz kämpft, wird man es um 67
die Verfügungsgewalt über das Kollektiveigentum tun.

Die soziale Mobilität verursacht den Klassenkampf. 68

Der Feind der höheren Klasse ist nicht der Untergebene, dem jede Möglichkeit des Aufstiegs fehlt, sondern der, dem es nicht gelingt aufzusteigen, während andere aufsteigen.

Nichts vornehmer als ein liberaler Aristokrat – wie Tocqueville – 69
für den die Freiheit aller ein Vorrecht ist, das mit seinem Anspruch konkurriert, die herrschende Klasse zu verteidigen.

Eine gewisse Art, verächtlich über das Volk zu reden, verrät den 70
verkappten Plebejer.*

Ist der Mensch das einzige Ziel des Menschen, entsteht aus diesem 71
Prinzip gegenseitige Leere – wie das wechselseitige Reflektieren zweier leerer Spiegel.

Weder Christentum noch Heidentum lehren eine altruistische 72
Ethik.

Die christliche wie die heidnische Moral sind ethische Individualismen, die soziale Pflichten einzig als Mittel zu unserer irdischen Vervollkommnung oder zu unserer geheimnisvollen Rettung auferlegen.*

73 In jeder Epoche finden sich glücklicherweise Dummköpfe, die eine unbestimmte zeitlang fähig sind, das auf der Hand Liegende zu tun.

74 Die ethische Norm verbietet uns, die Menschen als Mittel und den Menschen als Zweck zu betrachten.*

75 Der Mensch glaubt, daß seine Ohnmacht das Maß der Dinge ist.

76 Die Echtheit des Gefühls hängt von der Klarheit der Idee ab.*

77 Der Pöbel bewundert das Konfuse mehr als das Komplexe.*

78 Die Nachahmung drängt Muster auf, der Einfluß bietet Vorbilder.

79 Jede Sache, die zufriedenstellt, löst Probleme, mit denen sie nichts zu tun hat.

80 Leidenschaften, Gelüste, Laster – die die Wahrheit verdrehen – sind die Triebfedern der Intelligenz.

81 Denken besteht gewöhnlich nur darin, Gründe zu erfinden, um am Evidenten zu zweifeln.*

82 Die Weigerung zu bewundern ist das Erkennungszeichen des Rohlings.*

83 Wer verzichtet, erscheint dem, der dazu unfähig ist, als kraftlos.

84 Unglaublich, daß Ehrungen jene mit Stolz erfüllen, die wissen, mit wem sie diese teilen.

85 Es gibt keinen noblen Ersatz für die fehlende Hoffnung.

86 Sicherer als einen Fluch des Reichtums gibt es eine verdammte Armut: die desjenigen, der nicht darunter leidet, arm, sondern nicht reich zu sein, die desjenigen, der zufrieden jedes geteilte Unglück erträgt, die desjenigen, der sich nicht danach sehnt, die Armut abzuschaffen, sondern den Besitz, auf den er neidisch ist.

87 Die Seligpreisungen auf sich selbst anzuwenden, verrät einen Hochmut, der aus der Gemeinschaft der Seligen ausschließt.*

Nach der Tugend hat dieses Jahrhundert das Laster in Verruf ge- 88
bracht.

Die Perversionen sind zu Vorstadtparks geworden, in denen die sonntägliche Menge sich vertraut bewegt.*

Jede Seele ist eine Wunde, aber die moderne Seele stinkt.* 89

Kein Philosoph kann von denen entschlüsselt werden, die ergrün- 90
den, was er antwortet, bevor sie wissen, was er fragt.

Der Eklektizismus ist kein Mosaik, wo die Ideen ihre Würfel ne- 91
beneinanderstellen, sondern ein Weg, durch Anstöße hervorgerufen, die aus voneinander abweichenden Richtungen empfangen werden.

Der Mensch zieht es vor, sich mit der fremden Schuld zu entschul- 92
digen als mit der eigenen Unschuld.

Die Zeit ist weniger zu fürchten, weil sie tötet, sondern weil sie 93
demaskiert.*

Daß Körper und Seele vulgärer werden, ist die Strafe, die die Aske- 94
se der Gesellschaft auferlegt, die sie aus ihr vertreibt.

Die Sätze sind Steinchen, die der Schriftsteller in die Seele des Le- 95
sers wirft.

Der Durchmesser der konzentrischen Wellen hängt von den Dimensionen des Teiches ab.

Der Mensch verzeiht denen, die haben, was er will, aber nicht de- 96
nen, die haben, was er wollte.

Der Philosoph nimmt sich vor, die Systeme, die seiner Sichtweise 97
entgegenstehen, zu zerstören, selbst wenn er ein System errichten muß, um dies zu erreichen.

Der Philosoph ist nichts als die Flamme, die ihn verbrennt. 98

Wissenschaft ist das, was im Einzelnen für niemanden wichtig ist, 99
und generell für alle.

Literatur ist, was nur im Einzelnen wichtig ist.

100 Der Kritiker wäre gern Schiedsrichter zwischen gegnerischen Meinungen, aber indem er ein Urteil ausspricht, wandelt er sich gezwungenermaßen in einen weiteren Gegner.

101 Genie ist die Fähigkeit, in unserer erkalteten Vorstellung jene Wirkung zu erzielen, die irgendein Buch in der Vorstellungswelt des Kindes erzielt.

102 Die Wissenschaft täuscht auf dreifache Weise: indem sie ihre Lehrsätze in Normen verwandelt, indem sie vorzüglich ihre Resultate statt ihrer Methoden bekanntgibt, indem sie ihre epistemologischen Grenzen verschweigt.*

103 Jede Wissenschaft nährt sich von den Überzeugungen, die sie strangulieren.*

104 Der Philosoph ist nicht der Sprecher seiner Epoche, sondern ein in der Zeit gefangener Engel.

105 Die Wahrheiten laufen alle auf eine einzige Wahrheit zu, aber die Wege dorthin wurden gesperrt.

106 Zur Verteidigung eines Dinges seine Schönheit ins Treffen zu führen, irritiert die plebejische Seele.*

107 Recht zu haben ist ein Grund mehr, keinen Erfolg zu haben.

108 Die wirkliche Anhängerschaft an eine Idee übersteigt jede psychologische oder soziale Motivation.

109 Die Vollkommenheit dessen, den wir lieben, ist keine Fiktion der Liebe. Lieben ist, im Gegenteil, das Privileg, eine Vollkommenheit zu bemerken, die anderen Augen unsichtbar bleibt.

110 Das Konzept der Offenbarung schließt die Vorexistenz ähnlicher oder gleicher Begriffe nicht aus.

Die Offenbarung besteht nicht so sehr darin, einen neuen Begriff zu lehren, wie darin, einem existierenden zu Glaubwürdigkeit zu verhelfen.

Weder gründete die Religion in der Notwendigkeit, die Solidarität 111
in der Gesellschaft zu sichern, noch wurden die Kathedralen gebaut, um den Tourismus zu fördern.

Die Aussagen der Wissenschaft sind wahr oder falsch, weil sie in 112
ihrer Existenz überprüfbare Urteile sind; die philosophischen Äußerungen dagegen sind authentisch oder unecht, weil sie Urteile über Bedeutungen sind.

Die Wahrheit einer Aussage ist immer hypothetisch und nur ihre Unwahrheit experimentell; indessen kann die Authentizität einer Äußerung bekräftigt und ihr unechter Charakter nur vermutet werden.

Das wissenschaftliche Kriterium ist das Experiment, welches falsifizieren, aber nicht verifizieren kann; das philosophische Kriterium ist die Erfahrung, die bestätigen, aber nicht widerlegen kann.

Niemals können wir den Fortbestand einer Aussage garantieren, noch sicher sein, daß eine philosophische Äußerung gestorben sei.

Alles ist trivial, wenn das Universum nicht in einem metaphysi- 113
schen Abenteuer inbegriffen ist.*

Der Tyrann ist nicht launisch, sondern systematisch. Der Tyrann 114
verzettelt sich nicht in Capricen, sondern er konzentriert sich auf eine Idee.

Der Tyrann ist ein Mann von Prinzipien.*

Je ernster die Probleme, um so größer ist die Zahl der Unfähigen, 115
die die Demokratie zu ihrer Lösung aufruft.*

Die Gesetzgebung, die mit peinlicher Sorgfalt die Freiheit schützt, 116
erdrosselt die Freiheiten.*

Die Gesellschaften unterscheiden sich nur durch den Status ihrer 117
Sklaven und durch den Namen, den sie ihnen geben.*

Abstoßender als die Zukunft, die die Fortschrittler unfreiwillig 118
vorbereiten, ist die Zukunft, von der sie träumen.*

Jede Zivilisation ist die irrationale Verschmelzung gegenteiliger Be- 119
griffe.

Die Anwärter einer „rationalen“ Zivilisation erwägen schon im voraus Enthauptungen.

120 Die politische Präsenz der Volksmenge gipfelt immer in einer höllischen Apokalypse.*

121 Unsere Zivilisation ist ein Barockpalast, besetzt von einer struppigen Menschenmenge.

122 Kampf gegen die Ungerechtigkeit, der nicht in Heiligkeit gipfelt, gipfelt in blutigen Wirren.*

123 Der Mensch bestimmter Epochen zeigt seine Fähigkeit zur Größe nur in seiner umgekehrten Fähigkeit zu wirren und perversen Handlungen.

124 Nur für verlorene Dinge kann man uneingeschränkt eintreten.

125 Eine weise Politik ist die Kunst, die Gesellschaft zu stärken und den Staat zu schwächen.

126 Die Geschichte wäre nur eine finstere Nacht, wenn nicht von Zeit zu Zeit der Morgen des Thermidor anbräche.*

127 Die historische Bedeutung eines Mannes steht selten in Einklang mit seiner innersten Natur.

Die Geschichte ist voll siegreicher Dummköpfe.*

128 Der authentische Historiker ist bloß ein Experte in Zusammenhängen: in der Kunst, die Verschiedenheit derselben Handlung in einer anderen Situation zu unterscheiden.

129 Das schöne Kunstwerk besteht autonom und einzigartig fort, währenddessen das mißlungene Werk Teil der Biographie eines Individuums oder einer Gesellschaft ist.

130 Der Historiker ohne allgemeine Ideen erweckt seine Toten nicht zum Leben.

131 Die Wissenschaften sind bloß Hilfswissenschaften für die Kunst der Geschichtsschreibung.

132 Die Geisteswissenschaften erfordern eine offene Skala von Kategorien.

Die demokratischen Lehrmeinungen, diese Krämpfe verletzter Eitelkeit oder mit Füßen getretener Habsucht, erfinden die Übel, die sie anschwärzen, um das Gute zu rechtfertigen, das sie proklamieren.* 133

Der Übertritt zu einer Doktrin fällt leicht, lauschen wir dem Verteidiger der gegnerischen Position. 134

Jede mit anderen geteilte Erfahrung endet im Simulacrum einer Religion.* 135

Die dialektische Verneinung existiert nicht zwischen Realitäten, sondern zwischen Definitionen. Die Synthese, in der die Beziehung sich auflöst, ist kein realer Zustand, sondern nur ein verbaler. Die Absicht des Diskurses treibt den dialektischen Prozeß an. 136

Seine Willkür sichert seinen Erfolg.

Da es in der Tat möglich ist, jede Sache als Gegensatz zu irgendeiner anderen zu definieren, da es auch möglich ist, irgendeine Eigenschaft von einer Sache abzuziehen und sie ihren anderen Eigenschaften gegenüberzustellen, oder gleichermaßen abstrakten Attributen einer anderen Sache; da es schließlich möglich ist, in der Zeit jede Sache sich selbst gegenüberzustellen, ist die Dialektik das erfinderischste Instrument, um aus der Wirklichkeit das Schema herauszuziehen, welches wir vorher in ihr versteckten.

Die Geschichte begräbt, ohne sie zu lösen, die Probleme, die sie aufwirft.* 137

Es ist ratsam, die alten Katechismen zu respektieren, um die Vulgarität und die Verbrechen des Volkes zu vermeiden, das neue Meinungen einführt.* 138

Alles muß seine Existenz rechtfertigen, außer dem Kunstwerk. 139

Der Schriftsteller versucht durch die Syntax dem Denken die Einfachheit zurückzugeben, die die Wörter ihm nehmen.* 140

Niemand hat genügend sentimentale Substanz, um seinen Enthusiasmus zu verschwenden. 141

142 Tragisch ist das Unglück, das bis zum Moment der Katastrophe nur vom Willen abhängt.

Was ein machtloses Opfer ins Verderben stürzt, ist lediglich pathetisch.*

143 Die flüchtige Schönheit des Augenblicks ist das Einzige, das im Universum mit dem Bestreben unserer Seelen übereinstimmt.

144 Wir dringen erneut in Epochen vor, die von Philosophen weder eine Erklärung noch eine Verwandlung der Welt erwarten, sondern Schutz gegen die Gnadenlosigkeit der Zeit.

145 Zwei gegensätzliche philosophische Thesen ergänzen sich, aber nur Gott weiß wie.

146 Die intelligentesten Bücher sagen dasselbe wie die dümmsten, aber sie haben unterschiedliche Autoren.

147 In der mittelalterlichen Gesellschaft ist die Gesellschaft der Staat, in der bürgerlichen treten sich Staat und Gesellschaft gegenüber, in der kommunistischen ist der Staat die Gesellschaft.

148 Der Zufall wird immer die Geschichte leiten, weil es nicht möglich ist, den Staat in einer Weise zu organisieren, in der es unwichtig wäre, wer befiehlt.

149 Wer sich nur von allgemeinen Ideen ernährt, ermattet.

150 Tiefe liegt nicht in dem, was man sagt, sondern im Niveau, von dem aus es gesagt wird.

151 Manchen Dummheiten kann in angemessener Weise nur mit einer noch groteskeren Dummheit entgegnet werden.

152 Wir beginnen damit, auszuwählen, weil wir bewundern und enden damit, zu bewundern, weil wir auswählten.

153 Eine barmherzige Vorsehung teilt jedem Menschen sein tägliches Maß Stumpfsinn zu.*

154 Die größte List des Bösen ist sein Wandel in eine zahme und diskrete Gottheit, deren häusliche Präsenz kräftigt.

Die Autonomie der Moral wird offenkundig, wenn wir akzeptieren, zu mißbilligen, was unser Empfinden toleriert. 155

Der Unterschied zwischen einer Vorliebe und einem Urteil ist die Mutter der Moral und der Ästhetik. 156

Das Problem der Kritik existiert nur für den, der am eigenen Leib die authentische Gleichzeitigkeit zweier gegensätzlicher Verhaltensweisen feststellt. 157

Die Vulgarität besteht darin, sein zu wollen, was wir nicht sind.* 158

Die idealistische Gnoseologie verzehrt – wie eine Flamme – den Materialismus und die Geschichte den abstrakten Idealismus. 159

Nur die Geschichte ist fähig zur Totalität.

Die intelligente Idee erschafft sinnliches Lustgefühl.* 160

Das Buch bildet den nicht, der es mit dem Ziel liest, sich zu bilden. 161

Wem das Obsolete nicht gefällt, der kann nicht wissen, ob er wirklich Geschmack hat. 162

Die Lust ist das lächerliche Aufblitzen der Berührung zwischen der Begierde und der Nostalgie.* 163

Für die erschütternden Situationen taugen nur Gemeinplätze. Ein idiotisches Lied drückt einen großen Schmerz besser aus als ein erhabener Vers. 164

Der Verstand ist eine Aktivität gleichmütiger Wesen.*

Die wirkliche Geschichte überschreitet das bloß Geschehene. 165

Die klassische französische Literatur beweist, daß der Mensch, um Größe zu haben, sich nichts vorzumachen braucht.* 166

Die Weisheit besteht nicht darin, sich aus Abscheu vor dem Exzeß zu mäßigen, sondern aus Liebe zur Grenze.* 167

Von Innen betrachtet ist nichts völlig leer. 168

169 Die Vollkommenheit wird für den zur Klippe, der nicht begreift, daß sie aus unreinen Akten hervorgeht.*

170 Es stimmt nicht, daß die Dinge zählen, weil das Leben wichtig ist. Im Gegenteil, das Leben ist wichtig, weil die Dinge zählen.

171 Der vermeintliche Fortschritt in der Erkenntnis des Menschen besteht in der wechselnden Übertreibung eines seiner bekannten Wesenszüge.

172 Der grundsätzliche Widerstreit zwischen den Menschen teilt sich in der Art mit, wie die einen, wenn sie vom Vergnügen sprechen, in Richtung Metaphysik abheben und die anderen in Richtung Physiologie abgleiten.

173 Die Unparteilichkeit besticht weniger als die Parteilichkeit, die sich mit Ironie betrachtet.*

174 Das konkrete Individuum ist nicht der Rest aus einem Prozeß, der seine allgemeinen Eigenschaften eliminiert, sondern die Summe aller Aussagen, die ihn ausmachen.

Das geschichtliche Individuum ist alles, was der Historiker über dieses Individuum sagen kann.

175 Der Gesprächspartner, der unzusammenhängend redet, irritiert mehr als der feindselige.

176 Die Wahrheit ist das Glück der Intelligenz.

177 Der wirkliche Zusammenhang unserer Ideen gründet nicht in der Vernunft, die sie verbindet, sondern im geistigen Impuls, der sie hervorbringt.

178 Der kritische Geist unterwirft sich unablässig, um sich ebenso unablässig wieder zu befreien.

179 Die Intelligenz beruhigt sich nicht in der Synthese, sondern in der Spannung der Gegensätze.

180 Im authentischen Humanismus verspürt man den Atem einer diskreten und ungezwungenen Sinnlichkeit.*

Nur die Literatur der Alten heilt die moderne Räude.* 181

Wer der gegenwärtigen Welt nicht den Rücken kehrt, entehrt sich.* 182

Verworrene Ideen und trübe Teiche scheinen tief. 183

Damit eine Realität in Versuchung führt, ist es erforderlich, ein 184
Fantasma zu beschwören.

Die Gesellschaft belohnt die marktschreierischen Tugenden und 185
die diskreten Laster.*

Gewässer, die die Intelligenz nicht aufwühlt, sind rein, aber fade. 186

Die Welt verwechselt Einfältigkeit mit Gleichgewicht. 187

Die Loyalität, der wir dankbar sind, ist die der konstanten Laune. 188

Wir haben nur jene Tugenden und Defekte, die wir nicht vermuten. 189

Die Dummheit überrascht den Dummen, die Korruption den Kor- 190
rumpierten.

Intelligenz und Unschuld lassen sich weniger leicht verwirren.

Der Künstler geriert sich als Schöpfer, weil er Schauplatz eines 191
Wunders ist.

Der gut erzogene Schriftsteller versucht sich klar auszudrücken. 192

Aber schieben wir seiner schlechten Erziehung nicht immer die Schuld für unsere Unfähigkeit zu. Die Erklärung statt einer Anspielung setzt voraus, daß man den Leser verachtet.

In einer bestimmten französischen Prosa verbinden sich der trocke- 193
ne und der leidenschaftliche Stil zu einem bewundernswürdigen Aufflammen.

Gefühle wie Empfindungen sind Attribute des Objekts. 194

Sie dem Subjekt zuzuschreiben ist ein subtiler methodologischer Kunstgriff, aber eine metaphysische Anmaßung.*

195 Damit eine Vielheit von verschiedenen Begriffen koexistiert, muß man sie auf verschiedenen Ebenen unterbringen.

Die hierarchische Ordnung ist die einzige, die weder ausstößt noch unterdrückt.*

196 Die Zivilisation ist kein Prozess ununterbrochener „Kreativität“, sondern ein System zivilisierter Routinen.

197 Die Natur ist nie perfekt. Alles überschreitet seine Umrisse oder füllt sie nicht aus.

198 Die Seele wächst nach innen.*

199 Der Mystizismus ist der Empirismus der transzendenten Erkenntnis.

200 Um Person zu werden, benötigt das Individuum strenge Regeln, gleichzeitig muß deren Erfüllung freiwillig sein.

Wo feste Regeln fehlen, wird das Individuum Masse, genauso leicht dort, wo die Unterwerfung unter diese Regeln nicht frei ist.

201 Die Vorstellung ist das Organ, mit dem wir das Konkrete wahrnehmen.

202 Ungehorsam, der nicht argumentiert, ist nicht Rebellion.

Ungehorsam, der weiß, daß er nicht statthaft ist, ist menschlich, jener, der sich für legitim hält, diabolisch.

Der Mensch wurde erlöst, der Erzengel liegt im Tartarus begraben.*

203 Es ist nicht der Mühe wert, den anzuhören, der nicht eine ewige Gegenwart versprechen kann.*

204 Originalität erfordert Anlehnung an eine fortdauernde Tradition.

205 Das Leben der Intelligenz ist ein Dialog zwischen dem Personalismus des Geistes und der Unpersönlichkeit der Vernunft.

206 Erklären bedeutet in den Geisteswissenschaften nicht, einen Terminus mit einem anderen zu identifizieren, sondern die autonome Struktur jeder Form zu beschreiben und an ihren Platz zu stellen.

Um seine Attentate gegen die Welt zu entschuldigen, beschloß der 207
Mensch, daß die Materie träge sei.

Wenn Gut und Böse, Häßlichkeit und Schönheit nicht Substanz der 208
Dinge sind, beschränkt sich die Wissenschaft auf eine kurze Aussage: Was ist, ist.

Nur der führt sein Leben, der es beobachtet, denkt und in Worte 209
faßt, die übrigen treibt das Leben vor sich her.

Die bestimmbaren Attribute, auf denen die Schönheit eines Werkes 210
zu beruhen scheint, sind auch in Werken ohne jede Schönheit vorhanden.

Der heutige Schriftsteller tauscht den Monolog über das Szenarium 211
des Schriftstellers von gestern gegen einen Dialog mit der Leere.

Die Welt verwandelte sich in einen Hahnenkampfplatz der Apostel. 212

Der Dummkopf kommt nicht aus den verbindenden Ideen heraus.* 213

Die Intelligenz ist die Kunst, aus dem auszuwählen, was das Unbe- 214
wußte anbietet.

Kurz schreiben, um abzuschließen, bevor man Überdruß erregt. 215

Unsere Reife muß ihre Klarheit täglich neu erobern. 216

Denken pflegt eher die Antwort auf etwas, was einem plötzlich zu- 217
stößt zu sein, als die Antwort auf eine Frage.

Die Meinungen des intelligenten Menschen sind in einen Kontext 218
stillschweigender Vorbehalte eingeschrieben.*

Der Ironiker mißtraut dem, was er sagt, ohne zu glauben, daß das 219
Gegenteil richtig wäre.

Die Schönheit überrascht nicht, sondern erfüllt. 220

Der Geist sucht im Gemälde eine sinnliche Bereicherung. 221

222 Wer den Gegner ignoriert, der eine Theorie stillschweigend bestreitet, verfälscht ihre Bedeutung.

223 Die Weisheit besteht darin, sich in das einzig Mögliche zu schicken, ohne es zum einzig Notwendigen zu erklären.*

224 Die Wirklichkeit ist nicht die Summe der Eindrücke, die uns bedrängen, sondern das mit bestimmten Evidenzen, die uns blenden, Zusammenhängende.

225 Das Chaos ist die Kehrseite der momentanen Schwerfälligkeit des Geistes.

226 Eine große Intelligenz erschafft am Ende die Wahrheit dessen, was sie behauptet.

227 Nur eines ist nicht eitel: die sinnliche Vollkommenheit des Augenblicks.*

228 Die Welt ist sakramental oder fade.

229 Nichts beunruhigt den Verstand so sehr wie der Versuch, unsere abstrakte Vorstellung von der Materie mit unserer konkreten geistigen Erfahrung zu verbinden.

230 Jedes System hat seine Theorie des Irrtums als einzigen Schlüssel zu den übrigen Systemen.

231 Der Philosoph, der wissenschaftliche Begriffe übernimmt, hat seine Schlußfolgerungen vorausbestimmt.

232 Gegenüber der Klarheit als Ergebnis der Analyse, die eine konfuse Totalität durch eine systematische Vielfalt ersetzt, existiert eine Klarheit, die von einer allgemeinen Intuition des Objektes herrührt – der Sichtweise ähnlicher, die ein Künstler von einem nackten Körper vermittelt als dem Inventar eines Anatomen.

233 Die Verneinung letzter Gründe hat als Ursache einen letzten Grund.

234 In unserer Zeit ist die Niederlage der einzige Adelstitel.

Letztlich überzeugt den Prediger erst seine eigene Predigt. 235

Jede Wahrheit ist ein Risiko, das einzugehen uns der Mühe wert 236
scheint.

Der Geist bewegt sich nicht mit regelmäßigen Schritten: im Gegenteil, er springt von Evidenz zu Evidenz. 237

Ein großer Schriftsteller taucht die Feder, die er dem Flügel eines Erzengels entrissen hat, in höllische Tinte. 238

Held und Feigling definieren in derselben Weise das Objekt, welches sie in antagonistischer Weise wahrnehmen. 239

Was bedeutet es schon, daß der Historiker sagt, was die Menschen tun, solange er nicht zu berichten weiß, was sie fühlen? 240

Das Prestige der „Kultur" bringt den Tölpel dazu, zu essen ohne Hunger zu haben. 241

Der Moderne fühlt sich nie so persönlich, wie wenn er das tut, was alle machen. 242

Der ernsthafte Mensch ist so lachhaft wie die Intelligenz, die es nicht ist. 243

Die Geschichte zeigt nicht die Unwirksamkeit der Taten, sondern die Nichtigkeit der Vorsätze.* 244

Die Geschichte streift von einem Thema zum anderen wie der Dumme im Gespräch. 245

Wir hätten gern, daß bestimmte Gemälde uns mitten in ihr Bild einladen würden, um an ihrer Seinsweise teilhaben zu können. 246

Von den modernen Surrogaten der Religion ist wahrscheinlich das Laster das am wenigsten abscheuliche.* 247

Die im Individuum die Menschheit lieben, behandeln es wie der, der in einer Frau die Frau sucht.* 248

249 Wer nicht weiß, daß zwei gegensätzliche Adjektive gleichzeitig jedes Objekt bezeichnen, sollte über gar nichts sprechen.

250 Die Argumente, mit denen wir unser Verhalten rechtfertigen, sind normalerweise dümmer als unser Verhalten selbst.

Es ist erträglicher zu sehen, wie die Menschen leben als zu hören, was sie meinen.

251 Wer seinen Verstand nur damit beschäftigt, in der Welt zu wirken, wird ein Mechanismus, den der Instinkt leitet.

252 Selbst wenn jede Wahrheit genaugenommen unbeweisbar ist, ist es nicht unmöglich, mit ihr irgendeinen Unvorsichtigen anzustecken.

253 Meditieren heißt, einen Moment der Hellsichtigkeit in die Sprache einer Epoche und in das Lexikon eines Berufsverbandes zu übersetzen.

254 Verglichen mit der erzählerischen Spontaneität der Autoren von gestern weisen die technischen Verrenkungen der heutigen Romanciers darauf hin, daß der Roman in den letzten Zügen liegt.

255 Die patriotischen Kritiker erfinden ihren armseligen Literaturen Genies.

Nichts ruiniert so den Geschmack wie der Patriotismus.

256 Der Mensch liebt nur den, der ihm schmeichelt, aber er respektiert nur den, der ihn beleidigt.

257 Gute Erziehung nennt man die vom Respekt vor dem Höheren herrührenden und in das Benehmen zwischen Gleichen umgesetzten Gewohnheiten.*

258 Die Dummheit ist der Engel, der den Menschen aus seinen momentanen Paradiesen vertreibt.*

259 Das ästhetische Urteil leidet im Laufe der Zeit unter unheilbarer und angeborener Altersweitsichtigkeit.

260 Der Mensch von heute geht weniger irre, weil er das Gute geringschätzt, als weil er es mit vielem Mittelmäßigen gleichstellt.

Nicht die Werte, sondern ihre Rangordnung mißhandelt er.*

Es gibt Meinungen, in welchen die Intelligenz eine unsichtbare Leiche wittert. 261

Das Handwerk des Fachmannes, zumindest in den Geisteswissenschaften, ist das Studium der Werke des Laien. 262

Die Unruhe ist die Folge eines exzessiven Vertrauens in die Stabilität der Dinge.* 263

Verachten und verachtet werden ist die plebejische Alternative des Beziehungslebens.* 264

Die Erbsünde des Liberalismus ist die Zuweisung aller Eigenschaften, deren der Mensch fähig ist, an jedes Individuum. 265

Was nicht religiös ist, ist nicht interessant.* 266

Christus ist der Gegenstand der evangelischen Überlieferung, aber nur die evangelische Überlieferung kann Gegenstand des Historikers sein. 267

Der Apparat für die Wahrnehmung der evangelische Überlieferung ist nicht die Geschichte, sondern die Kirche.

Die Geschichtsschreibung mißlingt, wenn der Historiker die individuellen Gesamtheiten, die er studiert, auf die Kategorien reduziert, mit denen er sie erforscht. 268

Es genügt, daß Flügel uns streifen, damit uralte Ängste zu neuem Leben erwachen.* 269

Zu denken wie unsere Zeitgenossen ist das Rezept für Wohlstand und Dummheit. 270

Immer bereuen wir, einen Schriftsteller ohne Talent nur deshalb gelesen zu haben, weil es um ein interessantes Thema ging. 271

Überdruß ist nicht die Folge des zu lange währenden Besitzes, sondern des flüchtigen Kontakts mit tausend Gegenständen. 272

Die Kultur wird nie die Muße des Arbeiters ausfüllen, da sie nur die Arbeit des Müßiggängers ist.* 273

274 Die Armut ist die einzige Schranke für die Herde von Gemeinheiten, die in den Seelen wiehern.*

275 Alles abzulehnen, was die heutige Welt predigt, wäre vermessen, würde nicht seit den Hexameter des Homer bis zu den letzten Versen von Yeats die ganze Literatur des Westens das Gegenteil predigen.

276 Die Orthodoxie ist die Spannung zwischen zwei Irrlehren.

277 In der Philosophie hat nur das Übertriebene Wichtigkeit.

278 Philosophie nennen wir die Logik des Diskurses, wenn er das Absurde zum Thema hat.

279 Den Menschen erziehen heißt, ihn an der „freien Entfaltung seiner Persönlichkeit" zu hindern.

280 Die Künste sind dabei, an Auszehrung zu sterben.

281 Der Mensch verdankt seine Erfahrung nicht dem Leben, sondern den Augenblicken des Müßiggangs, die es ihm läßt.

282 Jede Behauptung ist eine bloße Unverschämtheit, wenn sie nicht Salz in einer geheimen Wunde ist.

283 Gott ist die transzendentale Bedingung der Absurdität des Universums.

284 Gott ist die Substanz dessen, was wir lieben.

285 Wir brauchen Widerspruch, um unsere Ideen zu verfeinern.

286 Ein Laster auszumerzen oder einen Mangel auszulöschen, wird der einzige Zeitvertreib sein, der uns bleibt.

287 Auf die abrupten Dilemma der Intelligenz antwortet die Geschichte mit Lösungen, die sich über diese lustig machen.

288 Jeder, der dem Menschen nicht traut, erweist sich im Grunde als Christ.*

Die wohlgeborene Seele gibt die Existenz von Unterlegenen zu, damit diese nicht mit jenen Überlegenen gleichgesetzt werden, die sie bewundert. 289

Die Aufrichtigkeit verdirbt sowohl die guten Manieren als auch den guten Geschmack.* 290

Weisheit beschränkt sich darauf, Gott nicht lehren zu wollen, wie man Dinge zu tun hat. 291

Etwas Göttliches blüht in dem Moment auf, der dem Sieg vorangeht, und in dem, der der Niederlage folgt. 292

Großmut ist die Mittagstunde des Geistes. 293

Für den Leser, der zu lesen weiß, ist jede Literatur zeitgenössisch. 294

Nichts fällt dem Schriftsteller schwerer, als sich mit seinen Fähigkeiten abzufinden. 295

Es genügt der Anprall eines Verses, um die Trümmer, die die Seele begraben, bersten zu lassen. 296

Es gibt Menschen, deren Einsilbigkeit wortreich ist. 297

Die Weitschweifigkeit ist kein Überschuß an Worten, sondern Mangel an Ideen. 298

Eine unzureichende Grammatik ist Wegbereiter einer konfusen Philosophie. 299

Man hat die Metaphysik bereits so oft zu Grabe getragen, daß man sie für unsterblich halten muß. 300

Eine große Liebe ist eine geordnete Sinnlichkeit. 301

Jede alte, reiche und reife Kultur hat eine strenge Doktrin und ist mild in der Praxis. 302

Der einfache Akt ist gewöhnlich der resignierte Ausdruck einer Vielheit von komplexen Motiven.* 303

304 Wir nennen den einen Egoisten, der sich unserem Egoismus nicht opfert.

305 Im Unterschied zur Kunst anderer Epochen ist die aktuelle Kunst ohne die deutende doktrinäre Ästhetik unverständlich.

306 In den täglichen Pflichten wird die Intelligenz schwielig wie die Hände eines Bauern.

307 In jeder Ausschweifung argwöhnen wir das Keuchen eines göttlichen Torso.

308 Das fragmentarische Werk erobert seine Poesie, indem es uns zwingt, seine verstümmelten Formen zu ergänzen.

309 Die Ethik ist die erste Etappe in der Entheiligung des Universums.

310 Das liebenswürdige und nachsichtige Lachen ist eine Prostitution der Seele.*

311 Die Vorurteile anderer Epochen sind uns unverständlich, wenn die unseren uns blenden.

312 Die Ironie verwandelt den kraftlosen Haß in Wohlwollen.

313 Der Pomp der Sprache ist nur lächerlich, wenn er Plattheiten ausdrückt.

314 Gott selbst ist der Autor bestimmter Blasphemien.

315 Die revolutionären Theorien vergewaltigen die Geschichte, ohne sie zu schwängern.

Unfähig, diese Ereignisse ihren Zwecken anzupassen, sind diese Theorien sprachlose Hebammen von Schwangerschaften, die gerissenen und abgefeimten Vätern zuzuschreiben sind.*

316 Das Kunstwerk existiert nicht als revolutionäre Erfüllung, sondern als ästhetische Entladung.

Jedes künstlerische Unternehmen hört in dem Augenblick auf, revolutionär zu sein, in dem es Kunstwerk ist.

Die Gegenwart bestimmt, was der Historiker sucht, aber nur der 317
große Historiker läßt die Vergangenheit bestimmen, was er entdeckt.

Jung sein heißt fürchten, daß man uns für dumm hält; reif sein heißt 318
fürchten, es zu sein.*

Alles, was authentisch existiert, ist geschichtlich, unterscheidet sich 319
also von einem abstrakten Willen und einem formalen Projekt.

Das Kunstwerk übernimmt die totale Gegenwart, in der es geboren 320
wird, und verwandelt die Laune oder Zufälligkeit des Augenblicks in Notwendigkeit.

Die nicht in Fleisch und Blut übergegangenen Werte sind abstrakte 321
Möglichkeiten.

In der empirischen Handlung bringt sich das Wesentliche hervor.

Die Existenz ist Eigentum des Bewußtseins. 322

Das Leblose ist Kontext sublunarer Biographien oder Episode einer transzendenten Biographie.

Die Geschichte ist der Schauplatz, wo empirische Präsenzen sich in 323
rationale Notwendigkeiten umwandeln.

Die Menschheit glaubt ihre Fehler zu beheben, indem sie sie wie- 324
derholt.

Die Struktur einer Gesellschaft oder einer Epoche hängt von einer 325
Option, einer axiologischen Haltung ab.

Eine ökonomische Interpretation ist nur wissenschaftlich, wenn die axiologischen Grundlagen einer Struktur ökonomisch sind.

Der Marxismus machte eine exakte, aber geschichtlich begrenzte Beobachtung zu einer Methode.

Jede historische Verallgemeinerung ist ein heuristischer Kunstgriff 326
zur Interpretation eines konkreten Umstandes.

Der Geschichte erwachsen Philosophien, die den Ehrgeiz haben, 327
sie zu erklären und die in ihr sterben.

Der Historiker ernährt sich von diesen verwesenden Kadavern.

328 Eifern wir dem Kunstwerk, das uns berührt, nicht nach, sondern versuchen wir dessen, was uns bewegt, würdig zu sein.

329 Eine glückliche Existenz ist so beispielhaft wie eine tugendhafte.

330 Die Seele eine „einfache Substanz“ zu nennen, bedeutet nicht, sie zu definieren, sondern in einem spezialisierten Wortschatz zu bekennen, daß wir sie für unsterblich halten.

331 Am wenigsten versteht der, der sich damit brüstet, mehr zu verstehen, als überhaupt zu verstehen ist.

332 Jede Beweisführung enttäuscht, so wie jeder erfüllte Traum.
Die Unsicherheit ist das Klima der Seele.

333 Im Kult des Scharfsinns kulminiert die Kultur.

334 Kultur ist das, was den Alten gelingt, vor dem Angriff der jungen Idealisten zu retten.*

335 Weder bereitet das Denken auf das Leben vor, noch das Leben auf das Denken.*

336 Dank seines Stolzes erlangte er die Heiligkeit: Gott schien ihm der einzige Zuschauer, den es zu unterhalten lohnte.

337 Die Bescheidenheit kann man, so wie die restlichen Tugenden, nur dem Stolzen beibringen.

338 Erziehen ist heute eine spezialisierte und problematische Aufgabe.
Eine hierarchische Gesellschaft hingegen erzieht spontan.

339 Was wir glauben, eint und trennt uns weniger als die Art, wie wir es glauben.*

340 Die Idee ist die verzweifelte Zuflucht dessen, der nur nicht das unsterbliche und niedrige Fleisch vorfindet, das er allein ersehnt.

341 Die Wahrheit ist Person.

342 Was macht es, daß uns die verurteilen, die unsere Einsichten nicht teilen?

Tief ist nur die Überzeugung, die ihre Unvernunft kennt.* 343

Eine Überzeugung kräftigt sich nur, wenn wir sie mit Einwänden 344
nähren.

Die inneren Konflikte brechen die Kruste der Gleichgültigkeit, die 345
die Seele den Wahrheiten entgegenstellt, die sie bedrängen.

Ist der Eigennutz auch am Ursprung einer jeden Handlung, so ver- 346
längert die vornehme Seele sie in ein grundloses Spiel.*

Die menschliche Noblesse ist ein Werk, das die Zeit in unserer täg- 347
lichen Schande manchmal hervorbringt.

Eine Definition von Noblesse vorzulegen, wäre bestimmten Lesern 348
gegenüber unpassend, und rätselhaft für andere.

In der Inkonsequenz einer politischen Verfassung besteht die einzi- 349
ge authentische Garantie für Freiheit.*

Die Wahrheit ist nicht Urteil, sondern Anschluß an eine konkrete 350
Evidenz.*

Renaissance, *Aufklärung* und Technokratie sind unbestreitbar Fol- 351
gen des Christentums.

Folgen, im wachsenden Maße unheilvoll, die in der christlichen Hoffnung das Vergessen der Erbsünde hervorbringt.

Unsere wahre Autonomie besteht darin, nur vom Willen Gottes 352
abhängig zu sein.

Tugenden der Armut pflegen nur in dem Reichen zu blühen, der 353
alles weggibt.

Die Strenge der griechischen Kunst erscheint als Triumph ethni- 354
scher Merkmale über intellektuelle Überzeugungen.

Achilles hält unter dem Glanz der Mittagsonne Zwiesprache mit seinem unseligen Pferd.

Der philosophische Beitrag der Mathematik scheint bis heute in ei- 355
nigen Metaphern bestanden zu haben.

356 Nichts ist unbedeutend für den, der nicht versucht, den Dingen eine einzige Bedeutung aufzuzwingen.

357 Die Beredsamkeit ist die Tochter der Anmaßung.

358 Die authentische Lösung ist unübertragbar.
Sie haftet einer Situation, einer Erfahrung, einer Handlung an.

359 Die Weigerung, dem Beachtung zu schenken, was uns abstößt, ist die gefährlichste Einschränkung, die uns bedroht.*

360 Wir alle versuchen, unsere Stimme zu bestechen, damit sie Irrtum und Unglück nennt, was Sünde ist.

361 Daß Gott ein absoluter Wille ist, ist die Wahrheit, die über den Hügeln von Judäa keimte.

362 Das Ansehen der Freiheit in dieser Gesellschaft, die sich zu einem wissenschaftlichen Determinismus bekennt, ist ein christlicher Restbestand.

363 Der Mensch erschafft sich die Götter nicht nach seinem Bilde, sondern er begreift sie nach dem Ebenbild der Götter, an die er glaubt.

364 Der heutige Soziologe betrachtet die vergangenen Gesellschaften mit dem morbiden Mißtrauen des Plebejers.

365 Die Antipathie, die auf die Liebe folgt, enthüllt uns erst die Kehrseite der Wahrheit.

366 Zugefallene Siege erwecken weniger Neid als die verdienten.

367 Die Intelligenz gibt dem Geist, den sie erwählt, alles – außer der Sicherheit, intelligent zu sein.

368 Es ist ironischerweise an der Nachwelt, das Edle an Leiden zu entdecken, welche dem Opfer nur als gewöhnliche Schmerzen erschienen.

369 Die fremde Idee interessiert den Dummkopf nur dann, wenn sie seine persönlichen Widrigkeiten streift.

Wäre Gott die Schlußfolgerung der Vernunft, fühlte ich nicht die 370
Notwendigkeit, ihn anzubeten.

Aber Gott ist nicht nur die Substanz dessen, was ich erhoffe, sondern dessen, was ich lebe.

Welche Bescheidenheit erfordert es, vom Menschen nur zu erwar- 371
ten, was der Mensch ersehnt.

Wer fürchtet nicht, daß ihm der banalste seiner gegenwärtigen Mo- 372
mente in kommenden Jahren als verlorenes Paradies erscheint?

Die Vornehmheit und Schönheit dessen, was wir besitzen, offen- 373
bart sich erst einer späteren Betrachtung.

Wir sind ungerecht, selbst uns gegenüber.

Wenn uns die Vorsehung das Schicksal zugesteht, das wir ersehn- 374
ten, entdecken wir bald, daß es einen untröstlichen Verzicht erfordert, es anzunehmen.

Eleganz, Würde, Adel sind die einzigen Werte, die das Leben nicht 375
schlechtmachen kann.

Der Preis der intellektuellen Authentizität ist, gefühllos und ego- 376
istisch zu erscheinen.

Ein wahrhaftiges und strenges intellektuelles Leben entreißt unse- 377
ren Händen Künste, Literatur, Wissenschaften, um uns in die dürre Konfrontation mit dem Schicksal zu zwingen.*

Die Intelligenz verzehrt alles, was wir ihr in die Flammen werfen, 378
und nährt sich am Ende an ihren eigenen Feuern.

Die Verzweiflung ist der düstere Hohlweg, durch den die Seele ge- 379
gen ein Universum aufsteigt, das der Trieb schon nicht mehr verdunkelt.*

Nichts ist gefährlicher, als für vorübergehende Probleme dauerhaf- 380
te Lösungen zu finden.*

Je tiefer eine Überzeugung ist, desto trivialer ist die Formel, in der 381
sie sich ausdrückt.

382 Gewalt reicht nicht, um eine Zivilisation zu zerstören.
Jede Zivilisation stirbt an der Gleichgültigkeit gegenüber den ihr eigentümlichen Werten, die sie begründen.

383 Jede Katastrophe ist eine Katastrophe der Intelligenz.

384 Eine Frau weicht nicht vor einer Idee zurück, sondern vor dem sozialen Druck einer Idee.

385 Der Moralist unterscheidet und klärt, was der Soziologe durcheinanderbringt.

386 Die Wahrheit erwächst in der Seele, die sich inmitten des Schweigens der Dinge beunruhigt.

387 Die Zukunft ist abstoßend, weil nichts den Schwachkopf hindert, dort seine Träume unterzubringen.*

388 Die Intelligenz, die eine Prognose abgibt, erwartet, daß das Leben sie bestätigt und hofft darauf, daß es sie widerlegt.

389 Die Gesellschaft der Zukunft: Sklaverei ohne Herren.*

390 Der Schatten des Stolzes erstickt das Keimen von tausend Niederträchtigkeiten.*

391 Die gegenwärtigen politischen Programme sind Ideologien einer Mentalität, die den verabscheuten „sozialen Strukturen" die Schuld für die Probleme gibt, die sie ängstigen, um zu verbergen, daß diese Folgen der technischen Entwicklung sind, die sie bewundert.

392 Probleme, die von der menschlichen Natur selbst abhängen, soziale Probleme zu nennen, dient nur dazu, so zu tun, als könnten wir sie lösen.

393 Der Politiker muß das Volk überzeugen, daß alle Probleme „soziale" Probleme sind, um es versklaven zu können.*

394 Die natürlichen Ungleichheiten würden das Leben des Demokraten verbittern, existierte nicht die Verleumdung.*

Die ernsthaften philosophischen Krisen sind die, die das gängige Repertoire an Metaphern durch ein neues ersetzen. 395

Letztendlich scheitert die Philosophie, da sie von dem Ganzen in den Sprachen seiner Teile sprechen muß. 396

Ohne den Einbruch des Absurden erfindet die Intelligenz einschläfernde Kohärenzen. 397

Die Seele bereichert sich nur an Ideen, die sie vergißt. 398

Es ist nicht unzulässig, daß der einheimische Kritiker berühmte Werke ablehnt, wenn er fürchtet, daß sie seltene nationale Tugenden verderben. 399

Aber der fremde Leser hat keinen Grund, solche parteilichen Einschätzungen zu bestätigen.

Notwendige Ungerechtigkeiten nur wegen fremder vitaler Optionen zu übernehmen, ist reine Dummheit.

Beurteilen wir ein Kunstwerk, nehmen die Gründe bei einem negativen Urteil überhand, aber es gelingt uns gerade einmal, hilflos Ausrufe der Bewunderung auszustoßen, wenn wir applaudieren. 400

Eine gewisse geistige Höflichkeit verleitet uns dazu, das doppelsinnige Wort vorzuziehen. Das eindeutige Wort unterwirft das Universum seiner willkürlichen Strenge. 401

Der Geist einer Sprache hat keinen besseren Fürsprecher als das Taktgefühl des guten Schriftstellers. 402

Die Ursachen für die demokratischen Dummheiten bildet das Vertrauen in den anonymen Staatsbürger; und die Ursache seiner Verbrechen das Vertrauen des anonymen Staatsbürgers in sich selbst.* 403

Die Kunst langweilt nie, weil jedes Werk ein Abenteuer ist, das kein vorangegangener Erfolg garantiert. 404

In alternden Literaturen begünstigt nur die Geschicklichkeit des Autors die Qualität des Werkes. 405

Wir schreiben unseren Qualitäten die jeweiligen Unbequemlichkeiten zu, die durch unsere Defekte verursacht werden. 406

407 Wer in der reaktionären Haltung konstruktive Kritik vermißt, vergißt die noble Funktion, die die klare Verkündigung unseres Widerwillens hat.

408 Die Melancholie dessen, der sich der Notwendigkeit fügt, unterscheidet sich vom Gleichmut desjenigen, der sich mit dem Verzicht abfindet.

409 Schreiben wäre einfach, wenn derselbe Satz nicht je nach Tag und Stunde mittelmäßig und ausgezeichnet erschiene.*

410 Triviales hinter noblen Sätzen zu verbergen ist die Aufgabe, die sich jede Literatur in ihrer aufsteigenden Phase stellt, und die jede Dekadenz mit kindlichem Zynismus anprangert.

411 Eine rigorose Analyse ist nicht wahrhaftiger als die poetische Einbildungskraft.

Die Wirklichkeit des Gegenstandes liegt in seiner imaginativen Projektion.

412 Wie die Vorsicht Pedanten hervorbringt, so die Begeisterung Schwachköpfe.

413 Die Nachwelt läßt die unbedeutenden Abschnitte jedes berühmten Lebens in Vergessenheit versinken, damit die herausragenden Augenblicke auftauchen und sich am Horizont der Vergangenheit abheben, aneinandergelehnt und verbunden wie Gipfel einer fernen Gebirgskette.

414 Das Mysterium beunruhigt weniger als die verführerische Aufgeblasenheit, es mittels dümmlicher Erklärungen auszuschließen.

415 Die ehrenhafte Philosophie erhebt nicht den Anspruch zu erklären, sondern das Mysterium zu umschreiben.

416 Mit einer langen Reihe berühmter Namen verwischt der Unwissende die Risse in seinen Gedankengängen.

Die Höhe, aus der das Opfer fällt, mißt die Tiefe seines Unglücks. 417

Vielleicht gleichen sich in göttlichen Bilanzen die verschiedenen Schmerzen aus, aber Gründe, die vielleicht frivol sind, lasten auf unserem spontanen Mitleid.

Die Lachen erhabenen Blutes reflektieren den erhabensten Purpur.

Der Geist wird in der Angst gezeugt, aber nur im Glück nicht ab- 418
getrieben.

Die Zurückweisung beunruhigt und die Zustimmung beschämt 419
uns.*

Wir, denen das Talent fehlt, übersetzen bloß anonyme und öffentli- 420
che Texte in die Sprache unserer persönlichen Sorgen.

Selbst wenn die Aufrichtigkeit nicht ausreicht, gibt es keine andere 421
noble Art, an sich zu arbeiten.

Es gibt Menschen, welche ihre Intelligenz besuchen und andere, die 422
in ihr hausen.

Der Selbstmord ist in gewissen Epochen nicht eine Geste des 423
Hochmuts, sondern der letzte Ausweg, um nicht vor dem Dämon zu kapitulieren.

Der Wille, der sich vorgreift, rettet den Menschen vor seiner letzten Unterwerfung.*

Die ästhetischen Regeln liefern bei weitem keine technischen Lö- 424
sungen, sondern einen Bestandteil mehr zu dem Problem, das nur das Talent des Künstlers löst.

Die Menschheit kennt keine beständigere Sehnsucht als jene, die 425
Nacktheit des Denkens durch die bürgerliche Achtbarkeit einer Doktrin zu ersetzen.

Jede unterschiedliche soziale Voraussetzung bringt eine unter- 426
schiedliche Sicht des Universums mit sich.

Diese Sicht ist nicht das von jeder Voraussetzung auf das Universum projizierte Gespenst einer Ideologie, sondern eine objektive Landschaft, die nur von einer bestimmten Voraussetzung aus zu erahnen ist.

427 Verbergen wir nicht unsere Misere mit der List eines verschämten Armen.

Im Leben wie in den Künsten rettet eine auf sich nehmende, ordnende Intelligenz vor jedem Schiffbruch.

428 Der Verführer ist der Feind unserer Seele und der Freund unseres Herzens.

429 Dauerhafte Freundschaften benötigen normalerweise geteilte Schändlichkeiten.

430 Wenn der Geist sich in „einer höheren Harmonie" zum Schlafen zurücklehnt, weckt ihn der Lärm des Konflikts.

431 Heute reicht eine Apologetik des Christentums nicht aus. Genausowenig wie eine Apologetik der Religion.

Wir benötigen heute eine methodische Einführung in jene Schau der Welt, außerhalb derer das religiöse Vokabular keinen Sinn hat.

Sprechen wir nicht von Gott zu denen, die es nicht für plausibel halten, von den Göttern zu reden.

432 Mit den aktuellen technischen Hilfsmitteln ist nichts so leicht, wie ohne Talent ein philosophisches Thema zu inszenieren.

433 Das wirkliche Problem verlangt nicht, daß wir es lösen, sondern daß wir versuchen, es zu leben.

434 Der methodische Idealismus ist die Schutzwand der Arena gegen die Attacken der Bestie auf den Geist.

435 Der literarischen Dekadenz wird die Spitze gebrochen, wenn der Schriftsteller sich gezwungenermaßen in die extremen Begrenzungen irgendeiner Position begibt, die er übernimmt.

436 Die Unruhen im Volk sind ohne Bedeutung, solange sie sich nicht in ethische Probleme der machthabenden Klassen verwandeln.*

437 Angesichts jeder Wahrheit ergreift uns eine geheime Beklemmung.

438 Der Roman fügt der Geschichte ihre dritte Dimension hinzu.

Keine Stadt enthüllt ihre Schönheit, solange sie der tägliche Fluß 439
durchspült.

Die Abwesenheit des Menschen ist die letzte Bedingung der Vollendung einer jeder Sache.

Damit eine neue Liebe entsteht, reicht die Erinnerung an eine ver- 440
gangene; eine bereits vergangene Liebe reicht, daß die Erinnerung an sie den Glanz eines neuen Glückes trübt.

Die moderne Literatur kreiert mehr Gerichte für Köche als für 441
Feinschmecker.

Gott wird dort geboren, wo ein Ursprungs-Mythos sich mit einer 442
heiligen Erfahrung verbindet.

Der Dämon versteht alles, aber kann nichts erschaffen.* 443

Nichts ist seltener, als daß der, der bestätigt oder ablehnt, nicht 444
übertreibt, um zu schmeicheln oder zu verletzen.

Von einem System historiographischer Kategorien zum anderen 445
gelangt man nicht durch neue Quellen, sondern über einen neuen Historiker.

Geschichte ist das, was einige mit den Gewohnheiten der anderen 446
machen.

Literarische Kultur ist die Kunst, im Widerschein konventioneller 447
Formen oder veralteter Vokabeln die ästhetische Authentizität eines Werkes zu sehen.

Den Dummen schmerzt, was er nicht hat, den Klugen, was ihm ei- 448
gen ist.

Daß Gewohnheitsmensch heute ein Schimpfwort ist, beweist unse- 449
re Ignoranz in der Lebenskunst.*

Die Gemeinplätze sind keine Aussprüche, die alle wiederholen, 450
sondern Ideen, die alle erfinden.

Das Kunstwerk erwartet, daß es tausend Kunstgriffe vorbereiten, 451
aber daß die Natur es schreibt.

452 Es gibt die Rasse der dummen Intelligenten, z.B. Bentham, und die der intelligenten Dummen, z.B. Fourier.

453 Die, welche sich teilweise irren, irritieren uns, wer vollkommen irrt, unterhält uns.

454 Der pädagogische Eifer war Ratgeber der schlimmsten Dummheiten der Geschichte und seiner schrecklichsten Verbrechen.

455 Wer sich getraut zu predigen, ohne zuvor Nachtwachen an Sterbebetten gehalten zu haben, bereitet sich Höllen der Angst vor.

456 Zwischen intelligenten Gegnern gibt es eine geheime Sympathie, verdanken wir doch alle unsere Intelligenz und unsere Tugenden den Tugenden und der Intelligenz unseres Feindes.

457 Die Rebellion gegen Gott ist wahnsinnig, aber nicht töricht.

Angesichts eines gefühllosen Universums sind Resignation und Rebellion gleichermaßen albern.

458 Der Tod Gottes ist eine Nachricht des Teufels, der genau weiß, daß sie falsch ist.

459 Der wirkliche Atheismus ist für die Vernunft des Menschen, was das Unzählbare für seine Vorstellungskraft ist.

460 Nur die Nächstenliebe zügelt die Grausamkeit einer verärgerten Sinnlichkeit.

461 Das Mitleid dessen, der aufhört zu lieben, rächt sich schnell an der Tugend, der es verpflichtet ist.

462 Der verzweifeltste Mensch ist bloß der, der seine Hoffung am besten versteckt.*

463 Jedes Altern rächt unser eigenes Altern, ausgenommen das Altwerden derer, die wir lieben.

464 Die Literaturen sterben nicht alle auf gleiche Weise: Krämpfe töten die einen, die anderen überfällt eine Lähmung.

465 Es gibt Bücher, die mit den Jahren schäbig werden.

Die Nachwelt unterscheidet die Nuancen des Stils schlechter als die 466
Zeitgenossen, aber sie unterscheidet den Rang besser.

Selbst wenn uns die Demut nicht vor der Hölle rettet, rettet sie auf 467
jeden Fall vor der Lächerlichkeit.

Jede Wahrheit ist Spannung zwischen konträren Evidenzen, die un- 468
sere simultane Beachtung fordern.

Fähig zu sein, etwas anderes als Gott zu lieben, zeigt unsere unaus- 469
löschliche Mittelmäßigkeit.

Eine Zivilisation blüht, wenn eine machthabende Klasse vom Volk 470
Tugenden zu verlangen weiß, denen sie sich selbst gewöhnlich entzieht.*

Die plebejische Seele verrät sich, indem sie um eine kurze Pause 471
ersucht zwischen der Situation, in der sie zur Reaktion gezwungen
wird, und der dezenten Geste, mit der sie antwortet.

Die Frische, Unschuld und Grazie einer Jugend sind Produkte be- 472
stimmter abgefeimter Gesellschaften.

Es gibt keine Rhetorik, die die Liebe zwischen den Seelen über den 473
Moment hinaus verlängern könnte, in dem das fleischliche Begehren opak wird.

Nichts besticht mich am Christentum so wie die wunderbare Un- 474
verschämtheit seiner Doktrinen.*

Das Christentum stellt sich den trivialen Anforderungen der Ver- 475
nunft des Menschen entgegen, um die tiefen Sehnsüchte seines Wesens besser zu stillen.

Die Methoden lenken nicht das Denken, das erfindet, sondern die 476
Reflexion, die seine Straße rekonstruiert.

In der Stille der Nacht vergißt der Geist den verminten Körper, 477
dem er verhaftet ist, und hält sich – seiner unvergänglichen Jugend
bewußt – für den Bruder jedes irdischen Frühlings.

478 Wer seine Misere öffentlich bekanntmacht, stößt bei denen er es am wenigsten vermutet, auf das Echo eines ähnlichen Elends, und wer das mit seinem Stolz zu verwechseln glaubt, schürt in anderen Seelen ein gleichermaßen brüderliches Feuer.

479 In den anderen verachten wir jene Menschlichkeit, die wir in uns selbst zu verachten lernten.

480 Die Selbstzufriedenheit ist ein erbärmlicher Beweis der Bescheidenheit.

481 Selten sind wir über ein unvermutetes Laster in anderen Menschen überrascht und meist wundern wir uns über eine unvermutete Tugend.*

482 Niemandem mangelt es völlig an Qualitäten, die geeignet sind, unseren Respekt zu wecken, unsere Bewunderung oder unseren Neid.

Wer unfähig erscheint, uns ein Beispiel zu geben, ist nachlässig beobachtet worden.

483 Ohne die Rhetorik der Eitelkeit ist es nicht leicht, Unterlegene zu entdecken.

484 Bei den Wesen, die wir lieben, reicht es uns, daß sie existieren.

485 Marx stellte die Anschuldigungen gegen die bürgerliche Gesellschaft, die von reaktionären Schriftstellern formuliert worden waren, in den Dienst des Proletariats.

486 Der nordamerikanische Historiker kann nicht schreiben, ohne zu beklagen, daß die Vorsehung nicht bei ihm Rat sucht.*

487 Es ist nicht der Ursprung oder der Grund der Religionen, die Erklärung erfordern, sondern Grund und Ursprung ihrer Verdunklung und ihres Vergessens.

488 Die herrschende Mentalität des letzten Jahrhunderts, die die hellsichtigsten Intelligenzen ihrer Zeit so abstieß, hat das Bürgertum nicht als Grund, sondern nur als erste, und nicht einmal die schlechteste seiner Verkörperungen.

Vor den Eiterungen des Lebens bewahrt uns nur der desinfizierende Blick der Intelligenz. 489

Über tausend erhabene Dinge verfolgen wir manchmal nur das Echo irgendeines trivialen, verlorenen Gefühls. 490

Weilt mein Herz auf ewig unter dem Schatten des Weinberges, in der Nähe jenes rohen Tisches, vor dem Glanz des Meeres?

Die Erinnerung verwechselt, was wir erreichten und was nur unsere Sehnsucht war. 491

In der Verschwommenheit der Erinnerung mildert der Mißerfolg seine Färbung im Licht des unerreichten Gutes.

Teilzunehmen an kollektiven Unternehmungen erlaubt es, den Appetit zu stillen und sich gleichzeitig desinteressiert zu fühlen. 492

Der gequälte Leser stuft als Gemeinplätze ein, was das diskrete Geschick des Schriftstellers aus ihrer Trivialität erlöst. 493

Jeder große Schriftsteller endet im Dienst derer, die ihn am meisten ärgerten. 494

Der gesellschaftliche Zement ist die gegenseitige Lobhudelei. 495

Der Mensch würde sich nicht so elend fühlen, wenn er sich mit seinen Wünschen begnügte, ohne Rechte auf das zu erfinden, was er wünscht.* 496

Daß jemand so tut, als würde er zuhören, ist das Mindeste, was wir erwarten, wenn wir keinen Blödsinn reden. 497

Der aufmerksame Zuhörer ist ein zukünftig Sprechender, der sein Opfer ausspäht. 498

Die Leidenschaften bewegen uns weniger als die Torheit. 499

Beschuldigen wir nicht den Dämon, solange die gewöhnlichsten Erklärungen nicht versucht wurden.

Die Eitelkeit ist keine Bestätigung, sondern Frage. 500

Wer nicht zweifelt, schreit nicht. 501

502 Das unsinnigste Versprechen scheint uns die Rückgabe eines verlorenen Gutes.

503 Damit die Kritik ihre Funktionen richtig erfüllt, ist die Verblendung des Kritikers so notwendig wie seine Hellsichtigkeit.
Die Gerechtigkeit allein reicht nicht aus, um die Selbstgefälligkeit des Künstlers zu zügeln.

504 Die Kirche hat zu viele Ordensbrüder, es fehlen ihr Ordensritter.

505 Argumente dienen nicht als Beweis, sondern zur Widerlegung.

506 Die Kohärenz eines Diskurses beweist nicht seine Wahrheit, sondern seine Kohärenz.
Die Wahrheit ist die Summe inkohärenter Evidenzen.

507 Jede Zivilisation ist ein Dialog mit dem Tod.

508 Wer den Bürger kritisiert, erhält doppelten Applaus: den des Marxisten, der uns für intelligent hält, weil wir seine Vorurteile bestätigen, den des Bürgers, der uns für geistreich hält, weil er an seinen Nachbarn denkt.*

509 Der Leser glaubt sich befreit von der Generalisierung, die er gegenüber anderen vertritt.

510 Die moderne Industrie strotzt von Artikeln, die weder, wie offensichtlich, zur geistigen Perfektionierung des Menschen, noch zur materiellen Vervollkommnung der Zivilisation taugen.

511 Die Häßlichkeit eines Objekts ist Vorbedingung seiner industriellen Vermehrung.

512 Der Mensch muß auf vielfältige Art beschäftigt sein. Nichts ist kläglicher als der Müßiggänger, der nicht dazu geboren wurde.
Ein müßiggängerisches Leben ohne Langeweile, Stumpfsinn, Grausamkeit ist so bewundernswürdig wie selten.

Der Widerspruch, der die moderne Welt untergräbt, ist der Antagonismus zwischen den militärischen Tugenden, die jedes Leben benötigt, und dem gegenwärtigen technischen Stand, der ihre Ausübung zur Katastrophe werden läßt. 513

Ohne militärische Tugenden fault diese Gesellschaft, mit ihnen betreibt sie Selbstmord.

Der Moderne hat den Ehrgeiz, das mit gekauften Gegenständen zu ersetzen, was andere Zeiten von der methodischen Bildung der Empfindungen erhofften. 514

Es hat noch keine berühmte Leiche gegeben, die nicht irgendein Kretin in irgendeinem Augenblick nicht verachten würde. 515

Andere Epochen waren vielleicht vulgär wie die unsere, aber keine hatte den fabelhaften Resonanzboden, den unerbittlichen Verstärker der modernen Industrie. 516

Die Versuchung des Kommunisten ist die Freiheit des Geistes. 517

Ein wenig Scharfblick genügt, um unseren Ideen zu mißtrauen und sich auf fremde Ideen nicht zu verlassen. 518

Die Gallizismen sind die Vitamine des Spanischen. 519

Die überheblichste Weisheit schämt sich angesichts einer von Liebe oder Haß trunkenen Seele. 520

Das Altern ist eine Katastrophe des Körpers, die unsere Feigheit zu einer Katastrophe der Seele werden läßt. 521

Schauen wir mit Interesse und ohne Habsucht. 522

In höchstem Maß pathetisch ist die Gleichgültigkeit, mit der die bloße Jugend letztendlich das berühmteste Alter anschaut. 523

Die Leidenschaft ist nicht der Zustand des Menschen, sondern sein Ziel. 524

Alles, was begeistert, erlöst. 525

Nur die Ideen retten vor den Adjektiven. 526

527 Die doppelte Bedingung jeden klugen Urteils ist, daß es aus der nicht unterbrochenen Lektüre des Buches erwächst und daß es durch eine spätere Lektüre bestätigt wird.

528 Die nahe Zukunft wird wahrscheinlich extravagante Katastrophen mit sich bringen, aber was die Welt am sichersten bedroht, ist nicht die Gewalttätigkeit hungerleidender Volksmengen, sondern die Übersättigung sich langweilender Massen.*

529 Die Fähigkeit zum Zynismus entwickelt sich von Triumph zu Triumph, bis zum letzten Triumph, der sie auslöscht.

530 Der Dumme beruft sich bei seinem Ehrgeiz auf die Anforderungen des Schicksals.

531 Technische Irrtümer werden am eigenen Leib derer kassiert, die sie begehen, während irrtümliche axiologische Optionen Jahrhunderte brauchen, bis ihre Konsequenzen die Dummköpfe ängstigen.

532 Das moralische Gewissen ist Tribunal ethischer Trivialitäten. Seine spontanen Entscheidungen lösen subalterne Probleme.

Nur eine methodische Meditation spürt die verborgene Gegenwart des Bösen auf, seine verschlagene menschliche Allgegenwart.

533 *Dignitas, Gravitas* etc. – der römische Pomp maskiert sicherlich unser Elend, aber die moderne Ehrlichkeit billigt mit zu großer Freude jede Gemeinheit.

534 Nur eine strenge Erziehung formt zarte und feine Seelen.

535 Alles, was den Menschen demütigt, freut jene, die glauben, daß er für höchste Ziele taugt.

536 Den Bodensatz, der sich im Laufe eines Lebens angesammelt hat, dem Alter zuzuschreiben, ist der Trost der Alten.

537 Das moralische Feingefühl verbietet sich selbst Dinge, die es anderen zugesteht.

538 Die Vergebung ist die sublime Form der Verachtung.*

Noblen Versuchungen nachzugeben, erspart uns, niedrigen Versu- 539
chungen zu erliegen.*

Wirksam ist nicht, das Bösartige am Bösen anzuprangern, sondern 540
den Edelmut des Edlen aufzuzeigen.

Man pflegt zu vergessen, daß das Gegenteil von romantisch nicht 541
klassisch, sondern dumm heißt.

Das Außergewöhnliche läßt sich nicht auf den Gehorsam gegen- 542
über festgelegten Normen zurückführen, sondern auf eine bestimmte Art, irgendwelchen Folge zu leisten.

Die edelsten Dinge werden abgewertet, wenn bestimmte Wesen sie 543
bewundern.

Nur der kann ehrenhaft freisprechen, der nicht fürchtet, daß sein 544
Pardon ihn selbst schützt.

Eine konfuse Wahrheit ist weniger wert als ein hellsichtiger Irrtum. 545

Es gibt schwammige Seelen, die im Zweideutigen hausen. 546

Einen Schwachkopf zu besiegen, erniedrigt uns. 547

Der Rang unseres Gegners bestimmt unsere Position; Sieger oder 548
Besiegter zu sein ist zweitrangig.

Der gebildete Dummkopf hat ein noch weiteres Feld, um seine 549
Dummheit auszuleben.

Die Fragen des Hohlkopfes kann man noch nicht einmal dadurch 550
beantworten, daß man ihn vorher auf die Schule zurückschickt.

Die Wissenschaft löst nicht die Fragen, die der Mensch ihr stellt, 551
sondern jene, die sie selbst ins Auge faßt.

Wenn die Kontinuität einer Gesellschaft abbricht, besiegt nur ein 552
Wunder die Lethargie eines alten Textes.

Der Mensch bewegt sich – ohne sich zu verletzen – nur zwischen 553
sozialen Regeln, die unveränderlich sind.

554 Der Übergang von einem Buch zum anderen vollzieht sich über das Leben.

555 Die Worte kommunizieren nicht, sie erinnern.

556 Daß uns bestimmte wirklich große Männer irritieren, liegt an den Bewunderern, die sie haben.

Aber niemand ist völlig unschuldig an den Bewunderern, die er erobert.

557 Der Mensch schleppt sich durch Enttäuschungen, indem er sich auf kleine banale Erfolge stützt.

558 Die ungenauen Begriffe, die ein talentierter Autor mit Geschick handhabt, blenden den Nachahmer, der sie am Ende in vulgarisierter Rhetorik darstellt.

559 Eine offenkundige Dummheit bescheinigt nicht die Dummheit ihres Autors.

Es genügt, an den Automatismus der Vernunft zu glauben, um logischerweise in unerschrockene Dummheiten einzumünden.

560 Die Tyrannei eines Individuums ist dem Despotismus des Gesetzes vorzuziehen, denn der Tyrann ist verwundbar und das Gesetz unkörperlich.*

561 Ein wechselnden Gesetzen unterworfenes Individuum schafft es nicht, sich mit der Ungerechtigkeit jedes Gesetzes zu arrangieren.

562 Der hellsichtig angenommene Widerspruch ist Zeichen eines starken Denkens.

563 Die Musen des Historikers sind die Liebe und der Haß.

564 Die drei Erfordernisse einer authentischen politischen Handlung sind: keine Ziele, sondern Wege zu definieren, Handlungen auf einen möglichst entfernten Zustand zu beziehen und es abzulehnen, Probleme zu isolieren.

565 Der Dumme, der sich für eine Wahrheit begeistert, die uns bewegt, demütigt und beunruhigt uns.

Das Publikum akzeptiert jedes Werk pauschal oder lehnt es ebenso 566
pauschal ab, während eine differenzierte Annahme oder Ablehnung die Definition des Geschmacks ist.

Unerfahrene Überzeugungen sind schwatzhaft und zerbrechlich. 567

Die politischen Parteien entstehen, wenn der Staat untergeordnete 568
Probleme zu lösen sucht. Solange der Staat sich darauf beschränkt, die Existenz der Gesellschaft sicherzustellen, sind die politischen Kämpfe bloße persönliche Konflikte.*

Ich spreche nicht von Gott, um irgendjemanden zu konvertieren, 569
sondern weil es das einzige Thema ist, über das es sich zu sprechen lohnt.

Weit davon entfernt, Gott zu verbürgen, hat die Ethik nicht genug 570
Autonomie, um für sich selbst zu bürgen.

Der Zusammenstoß der Wissenschaft mit der Religion geschah im 571
letzten Jahrhundert.

Was im 20. Jahrhundert passiert, ist der Zusammenprall der Technik mit der Vorstellungskraft der Beschränkten.

Wie kann der leben, der nicht auf Wunder hofft? 572

Die Weinberge der Erde blühen für unsichtbare Weinlesen. 573

Das Publikum zollt dem Kunstwerk Beifall, vorausgesetzt, es ist 574
offensichtlich gut oder offensichtlich schlecht.

Es gibt weniger Bewunderer von Kunstwerken als Nachahmer de- 575
rer, die diese bewundern.

Die legitimen Ambitionen schämen sich und treten inmitten einer 576
Herde betrügerischer Ambitionen ab.

Alles was geschieht, nimmt delikaterweise die Form der Notwen- 577
digkeit an.

Das Gift des Verlangens ist die Nahrung der Leidenschaft. 578

579 Die anderen ändern zu wollen, ist ein Ehrgeiz, über den sich alle lustig machen und dem alle anhängen.

580 Die Trivialität ist der Preis der Kommunikation.

581 Nur die ehrlichen Propheten werden gelyncht.

582 Bestimmte Tugenden sind die List eines Lasters.

583 Mehr noch als falsch, sind die Theorien in der Geschichte zu hochfliegend.

584 Ich mache mir zu eigen, was mir einleuchtend erscheint, wer auch immer der Eigentümer sei.

585 Das besonnene Denken äußert sich in Schwerfälligkeit und Mattigkeit.

Tiefgründigkeit und Anmut schließen selten einen Waffenstillstand.

586 Widerwille und Sympathie sind die grundlegenden Haltungen des Verstandes.*

587 Wenn die scharfsinnige Intelligenz nicht in plumpe Behauptungen einwilligt, häufen ihre Verbesserungen so viele Auslassungen an, daß sie am Ende zurücknimmt, was sie sagte.

588 Ein bestimmter Grad von Vulgarität ist notwendig für alles, was leben will.

589 Jedes Phänomen hat seine soziologische Erklärung – immer zwangsläufig und immer ungenügend.

590 Die Prognose, die durch die Zeit bestätigt wird ist jene, die methodisch alle Prophezeiungen, denen applaudiert wird, aus ihren Berechnungen ausschließt.

591 Die Bücher sind kein Werkzeug der Perfektion, sondern Barrikaden gegen den Überdruß.

Die Relativität eines jeden Wertes, bezogen auf seine Epoche, im- 592
pliziert keinen axiologischen Relativismus. Der Wert ist relativ in einer Epoche, weil nur diese Epoche ihn entdeckt, aber nicht weil er nur für sie gilt.

Wenn wir sagen, daß ein Wert gestorben ist, weisen wir nur darauf hin, daß die historischen Strukturen, die ihn wahrnehmbar machten, zu Grunde gegangen sind. Aber es genügt das Erscheinen eines geistesverwandten Historikers, um das ganze Gestirn sichtbar zu machen.

Nur, wenn die Intelligenz nicht befruchtet, was sie raubt, begeht sie 593
ein Plagiat.

Zu denken, daß nur wichtige Dinge zählen, ist ein Anzeichen der 594
Barbarei.

Unsere Unwissenheit weist den erläuternden Geschichtstheorien 595
den Platz zu, an dem wir sie bewundern können.

Jede Theorie scheitert dort, wo wir weniger unwissend sind.

Je weniger wichtig uns eine Sache ist, desto mehr befriedigt uns ihre 596
Theorie.

Von dem, was wichtig ist, stellt uns nur die konkrete Fülle zufrieden.

Unser Leben beeinflussen ausschließlich die kleinen Wahrheiten, 597
die winzigen Erleuchtungen.

Der Fanatiker glaubt einen Einwand zu widerlegen, indem er ihn 598
als abgedroschen bezeichnet.

Weil er den Einwand, der ihn widerlegt, nicht versteht, glaubt der 599
Schwachkopf sich bestätigt.

Die Idee, die sich zu einem System entwickelt hat, verübt Selbst- 600
mord.

Immer ist es ein Mangel, der unsere Abneigung erweckt. 601

Die Wände eines bürgerlichen Wohnzimmers grenzen für den Psy- 602
choanalytiker den Bereich jeder möglichen Erklärung ein.

603 Viele moderne Gedichte sind nicht dunkel wie ein subtiler Text, sondern wie ein persönlicher Brief.

604 Nichts schwieriger als zu verhindern, daß eine Idee den Platz verläßt, an dem sie wahr ist.

605 Die Erbsünde des Marxismus, so wie der übrigen modernen Ideologien, liegt in der Behauptung, es gebe nichts Vorzuziehendes, sondern nur Vorgezogenes.

606 Mit marxistischen Kategorien allein ist noch nicht einmal der Marxismus erklärbar.

607 Wir leben, weil wir uns nicht mit den Augen sehen, mit denen die anderen uns sehen.

608 Wir leben solange wir glauben, die Versprechen zu halten, die wir nicht halten.

609 Die Redegabe wurde dem Menschen nicht gegeben, damit er betrüge, sondern damit er sich selbst betrüge.*

610 Reiner Stil ist jener, der es erreicht, konkrete Vorstellungen durch „allgemeinere Termini" zu beschwören.

611 Die Technik verstümmelt jede Sehnsucht, die sie erfüllt.

612 Die geistigen Realitäten berühren durch ihre Anwesenheit, die sinnlichen durch ihre Abwesenheit.

613 Das Leben garantiert nur einem in einer inkohärenten Institution verkörperten Zweck Dauer.

Nur was die „Vernunft" empört, lebt.

614 Wir sollen nicht schließen, daß alles erlaubt sei, wenn Gott nicht existiert, sondern daß nichts wichtig ist.

Erlaubnisse sind lächerlich, wenn die Bedeutungen erlöschen.

615 Der schlechte Ruf eines Tyrannen wächst bis zu einem bestimmten Punkt proportional zur Anzahl der Opfer und nimmt danach mit atemberaubender Geschwindigkeit ab, wenn die Anzahl haarsträubend wird, bis er den Nullpunkt erreicht.*

Die göttliche Vorsehung ruft Katastrophen hervor, damit die intel- 616
ligentesten Zeitgenossen Dummheiten von sich geben.

Die Kritik verliert an Interesse, je rigoroser ihre Aufgaben festge- 617
legt werden. Der Zwang, sich nur mit Literatur zu beschäftigen, nur mit Kunst, macht sie steril.

Ein großer Kritiker ist ein Moralist, der zwischen Büchern spazierengeht.

Um mit seiner Freiheit Mißbrauch treiben zu können, muß der 618
Mensch sich deterministischen Doktrinen verschreiben. Der Mensch ergibt sich seinen Dämonen nur, wenn er glaubt, einem göttlichen Dekret zu weichen.

Der Determinismus ist die Ideologie der menschlichen Perversionen.

Jedes Rezept rettet. 619

Verbreiten sie die Wahrheiten, an die sie glauben, oder die Wahrhei- 620
ten, an die sie glauben, glauben zu sollen?

Der Glaube, der unfähig ist, sich über sich selbst lustig zu machen, 621
muß an seiner Echtheit zweifeln.

Das Lächeln löst Trugbilder.

Ein unversöhnlicher Wind fegt hinweg, was nicht langsam wächst 622
wie Sedimente, die sich in den Mulden der Zeit aufschichten.

Was nicht kompliziert ist, ist falsch.* 623

Das Kreisen der Raubvögel in den Lüften ist die wahre Formel der 624
gesellschaftlichen Physiologie.

Wer leidet nicht den Schmerz dessen mit, der sich zurückgestoßen 625
fühlt? Aber wer denkt über die Qualen dessen nach, der fürchtet, erwählt zu sein?

Nur die Helden mittelmäßiger Romane lösen ihre Probleme. 626

Die schlechte Laune ist der Vater der literarischen Kritik, die Be- 627
wunderung ist nur die Patentante.

628 Keine Idee, die Unterstützung benötigt, verdient sie.

629 Die großen Schriftsteller verbrüdern sich im imperialen Widerhall ihrer Texte.

630 Was Kampf erfordert, um durchgesetzt zu werden, das stirbt daran, erreicht zu sein.

631 Es genügt ein einziger Schüler, damit der Meister pflichtvergessen wird.

632 Der Leichnam des großen Mannes zersetzt sich erst endgültig in den Händen seiner Biographen.

633 Nicht übereinzustimmen ist ein Risiko, welches nur das reife und behutsame Bewußtsein auf sich nehmen soll.

Aufrichtigkeit schützt weder vor Irrtum noch vor der Dummheit.

634 Wir verstehen nur jene Probleme zu lösen, die unwichtig sind.

635 Am Fortschritt zweifeln ist der einzige Fortschritt.

636 Die Jahre führen uns schlaftrunken von der Wiege zum Grab.

637 Die für ihre Meinungen keine Verantwortung übernehmen wollen, entscheiden sich dafür, passive Reflexe der Welt zu sein.

638 Jede Vollkommenheit erfüllt und deprimiert.

639 Zu glauben, daß ausschließlich das persönliche Interesse unsere Überzeugungen bestimmt, wird zur festen Überzeugung, die unsere Handlungen in einer Weise bestimmen kann, daß das Motiv jeder Überzeugung am Ende ausschließlich das persönliche Interesse ist.

640 Der Ritus bringt erst Mythen hervor, nachdem ihn der Mythos hervorgebracht hat.

641 Um den, der uns reizt, aus dem Sattel zu heben, genügt es, ihm anzudeuten, daß er sagt, was er sagt, weil er ist, wer er ist.

Der ideologische Hinterhalt ist ein unfehlbarer Trick.

Aber es liegt auf der Hand, daß es kein Sieg auf offenem Feld ist.

Niemand ist schuldlos an dem, was er tut, noch an dem, was er 642
glaubt.

Die einzige Unparteilichkeit, der wir trauen, ist die der Seele, in 643
welcher man das Unruhig-Werden der Raubtiere hört.

Den Beweis der Überlegenheit dessen, der sich langweilt, liefert uns 644
nicht seine Langeweile, sondern die Qualität der Beschäftigung, mit
der er sie zertreut.

Die Erklärung, die das, was sie erklärt, nicht noch mysteriöser er- 645
scheinen läßt, ist gescheitert.

Im subalternen Künstler hat der Stil Vorrang vor dem Werk. 646

Die Schöpfung ist der Nexus zwischen der Ewigkeit und der Ge- 647
schichte.

Das Kunstwerk ist das zufällige Innehalten des Prozesses, der seine 648
anfängliche Inexistenz mit seiner unvorstellbaren Perfektion verbindet.

Das Lächeln des Einfältigen verfügt über eine zerstörerische Fähig- 649
keit.

Der Optimismus ist die Verfälschung der Hoffnung. 650
Der Pessimismus ihr viriler Besitz.

Das Volk erwählt nicht den, der es heilt, sondern den, der ihm Dro- 651
gen gibt.*

Ein mitleidiges Leben gesteht manchmal Lösungen zu, die ein ge- 652
wisses intellektuelles Ehrgefühl zurückzuweisen zwingt.

Der authentische Humanismus gründet auf der Tatsache der 653
menschlichen Unzulänglichkeit.

Das Individuum rebelliert heute gegen die unabänderliche mensch- 654
liche Natur, um darauf verzichten zu können, sein eigenes verän-
derbares Wesen zu verbessern.

Ein lächerlicher Konflikt erfordert groteske Lösungen. 655

656 Das Volkstümliche wurde vulgär, als das Volk darauf verzichtete, treuherzig die adlige Kultur zu kopieren, um die „Volks“-kunst zu kaufen, die das Bürgertum ihm herstellte.

657 Wer es unternimmt, ein Volk oder ein Kind zu erziehen und nicht auszubeuten, rede nicht stammelnd mit ihm, eine infantile Sprache nachahmend.

658 Gedankenfreiheit zu besitzen, reicht der modernen Mentalität nicht. Der Schwachkopf fühlt sich verpflichtet, diese Freiheit auch zu nutzen.

Die Archive dieser Gesellschaft, die reich an „freien Gedanken“ ist, werden künftigen Gelehrten köstlichen Zeitvertreib bieten.

659 Damit eine Wahrheit uns überzeugt ist es nötig, daß eine entsprechende Wahrheit in unseren Seelen reift.

660 Die Idee ist kein Gespenst, sondern ein sprachlicher Körper, dicht, klangvoll, leuchtend.

661 Die Idee ist die spontane innere Verbrennung eines glühenden Ausdrucks.

662 Die Klarheit des Bewußtseins ist das Vorrecht jener, die nicht über die notwendige Torheit für siegreiche Überzeugungen verfügen.

663 Nichts rhetorischer als die Literatur eines jungen Volkes, das sich in der Sprache der Alten ausdrückt.

664 Die Vollkommenheit ist der Punkt, wo das, was wir tun können, und das, was wir tun wollen, mit dem, was wir tun sollen, übereinstimmt.

665 Zwischen der Anarchie der Instinkte und der Tyrannei der Gesetze erstreckt sich das flüchtige und reine Territorium der menschlichen Vollendung.

666 Der Mensch hält nur den Sieg für echt und eindeutig, den die schäbigsten Vergnügungen und die niedrigsten Belohnungen krönen.*

667 Die Möglichkeit unsere Würde zu bewahren, ist umgekehrt proportional zur ökonomischen Integration der Gesellschaft.*

Den sozialen Klassen sollten wir keine Züge zusprechen, die nicht 668
von der Funktion abhängen, die sie bestimmt.

Dem Bürgertum hat man Laster zugeschrieben, die bloß menschlich sind, und dem Proletariat nur menschliche Tugenden.

Als ob die edelsten Dinge der Erde zerstreute Fragmente unseres 669
verlorenen Gutes wären ...

Schönheit, Heldentum, Ruhm nähren sich vom Herzen des Men- 670
schen wie stille Flammen.

Wahrheit ist das, was jeder Idiot widerlegt. 671

Der Mensch ist die zerbrechlichste Zuflucht des Menschen. 672

Eine kranke Seele zu heilen, bedeutet fast immer, sie ihrer einzigen 673
Spiritualität zu berauben.

Der Mensch lebt von seinen Problemen und stirbt mit seinen Lö- 674
sungen.

Die Wahrheit ist die Summe der Widersprüche, denen intelligente 675
Menschen verfallen.

Gleichmacherei ist der barbarische Ersatz der Ordnung. 676

Die skrupulöse Wahrhaftigkeit verfälscht die Wahrheit. 677

Selten sind die, die uns verzeihen, daß wir ihre Kompromisse kom- 678
plizieren.

Die Kontinuität des Westens riß ab, als das alte Buch aufhörte, Leh- 679
ren zu enthalten, um sich in ein Dokument zu verwandeln.

Der Fortschrittler triumphiert immer und der Reaktionär hat im- 680
mer recht.

Recht haben heißt in der Politik nicht die Szene beherrschen, sondern vom ersten Akt an die Leichen des fünften vorherzusagen.*

Die revolutionären Programme sind bloße Ideologien der reinen 681
Revolution.

682 Der Revolutionär haßt nicht, weil er liebt, sondern liebt, weil er haßt.

683 Die Zivilisation zerfällt, wenn ihr Erfolg andeutet, daß die Tugenden überflüssig werden, die sie stützen.

684 Jede Lösung hebt sich selbst auf, wenn ihr Vokabular sich unter denen verbreitet, die ihr Problem nicht kennen.

685 Wenn etwas Authentisches stirbt, handelt es sich immer um Selbstmord.

686 Die soziale Rettung kommt näher, wenn ein jeder gesteht, daß er nur sich selbst retten kann.

Die Gesellschaft rettet sich, wenn ihre vermeintlichen Retter verzweifeln.*

687 Wenn uns heute gesagt wird, jemand habe keine Persönlichkeit, dann wissen wir, daß es sich um einen einfachen, rechtschaffenden, redlichen Menschen handelt.*

688 Die Persönlichkeit ist in unserer Zeit die Summe dessen, was den Dummen beeindruckt.

689 Konvertieren heißt fühlen, daß wir die Religion erfinden, zu der wir übertreten.

690 Der größte moderne Irrtum besteht nicht in der These vom toten Gotte, sondern in dem Glauben, daß der Teufel tot sei.*

691 Jede mißglückte Evidenz wandelt sich in Larven von Lemuren.

692 Nichts was irgendeinem Wesen in irgendeiner Situation grundsätzlich möglich ist, ist von grundsätzlicher Bedeutung.*

693 Die Zeremonie ist das technische Verfahren, um unbeweisbare Wahrheiten zu lehren.

Riten und Pomp besiegen die Verblendung des Menschen angesichts dessen, was nicht materiell und roh ist.

694 Die Stärke hat weniger Verbrechen begangen als die verschämte Schwäche.

In diesem Jahrhundert dürfen wir keine Stimme abgeben, damit ei- 695
ne Partei gewinnt – irgendeine Partei –, sondern damit nicht der
Gegner gewinnt.

Wenige trauen sich, all das ohne Zögern anzugeben, was sie verach- 696
ten.

Die deterministischen Philosophen wollen die Menschenwürde mit 697
Kommentaren retten, die die verkündeten Thesen verdünnen und
verwischen.

Die Lehren, die das Überlegene mittels des Unterlegenen erklären, 698
sind Nachträge einer magischen Doktrin.

Echte magische Heilmittel unterscheiden sich von so vielen nichts- 699
sagenden Getränken, weil sie ihren gewöhnlichen Bestandteilen einige Tropfen von Religion, Sexus und Tod beimischen.

Das poetische Material auszuwechseln, reicht dem gewöhnlichen 700
Poeten; nur die Großen wechseln das sprachliche Material.

Die Verwendung eines traditionellen poetischen Materials setzt 701
dem großen Poeten Grenzen, aber es ist das einzige, was dem geringeren Poeten ein oder zwei wundersame Triumphe sichert.

Die Intelligenz allein besitzt nur widerspenstige Sklaven. 702

Jene, die die Riten verachten, verstehen nicht, daß sie den Anspruch 703
erheben, von jedem Individuum zu fordern, das menschliche Abenteuer noch einmal zu erfinden.

Ein scheinbar offensichtlicher Künstler ist ein falscher Künstler. 704

Die Uniform des Künstlers ist die Verkleidung des Bürgers. 705

Die Authentizität vermischt sich selten mit spontaner Aufrichtig- 706
keit.

Die Spontaneität pflegt das Echo fremder Stimmen zu sein.

707 Wenn die Philosophie, die Kunst, die Geisteswissenschaften des vergangenen Jahrhunderts nur Überbau bürgerlicher Wirtschaft sind, müßten wir den Kapitalismus bis zum Tode verteidigen.

Jeder Blödsinn verübt Selbstmord.

708 Nichts einfacher als die klassische Ästhetik zu imitieren, nichts schwerer als ihre Regeln zu befolgen.

709 Liebe und Haß begründen keine Eigenschaften, sondern enthüllen die Eigenschaften, die unsere Gleichgültigkeit verschleiert.

710 Die Menschheit wechselt nur die Rhetorik ihrer Dummheiten.

711 Nur das Unverdiente ist verehrenswürdig.

Der Fleiß wird in subalternen Paradiesen belohnt.

712 Die Intelligenz erreicht ihren größten Sieg, wenn sie uneigennützig die Materie mittelmäßiger Existenzen formt.

713 Um Gott herauszufordern, bläht der Mensch seine Leere auf.

714 Der große Schriftsteller scheint zu erfinden, was er sagt, weil eine perfekte Prosa die Erinnerung an all das Gestammel unterdrückt, was ihr voranging.

715 Selten ist die Strafe, die nicht in eins fällt mit dem Vorhaben der Besserung.

716 Die Bauweise des letzten Jahrhunderts verwechselte den Organismus mit der Fassade, die dieses Jahrhunderts verwechselt den Organismus mit dem Skelett.

717 Bestimmte Dichter glauben Symbole zu erfinden, während sie nur ein persönliches Repertoire allegorischer Entsprechungen handhaben.

718 Die Abscheulichkeit der Rache ist nicht proportional zur Abscheulichkeit der Beleidigung, sondern zur Abscheulichkeit dessen, der sich rächt.

(Zur Methodologie der Revolutionen.)*

Was die Vernunft für unmöglich hält, ist das einzige, was unser Herz erfüllen kann. 719

Die Lebenskraft der spanischen Seele ist die Härte einer ausgewaschenen Erde.* 720

Es gibt Individuen, die das Universum mit professoraler Selbstzufriedenheit behandeln. 721

Der professorale Ton ist nicht dem Wissenden, sondern dem Zweifelnden eigen. 722

Norm ist das, was unserer Widerspenstigkeit ausgesetzt ist, aber was unsere Blindheit nicht beseitigt.* 723

Das Feingefühl der Vernunft wirkt sich auf die Vernunft selbst aus. 724

Der gewöhnliche Schriftsteller drückt seine Idee nicht aus, er verhüllt sie. 725

Die ungerechten Urteile des intelligenten Menschen sind gewöhnlich in schlechte Laune gehüllte Wahrheiten.* 726

Die dogmatischen Geister hören auf, langweilig zu sein, wenn sie ungestüm werden. 727

Das Volk wurde nie umworben, es sei denn als Bundesgenosse gegen eine andere soziale Klasse.* 728

Der Mensch von heute weiß bereits, daß die politischen Lösungen lächerlich sind, und er hegt den Verdacht, daß die ökonomischen es auch sind.* 729

Nicht indem wir fremde Ideen besuchen, bereichern wir unsere Intelligenz, sondern indem wir fremde Empfindsamkeiten durchreisen. 730

Je nach Leser und Buch handelt es sich um Lektüre oder Abenteuer. 731

Wir glauben unsere Theorien mit den Tatsachen zu konfrontieren, aber wir können sie nur Theorien der Erfahrung gegenüberstellen. 732

733 Die abscheulichste Tyrannei ist die, welche Prinzipien anführt, die wir respektieren.

734 Die bevorzugten Materialien der modernen Architektur sind verbraucht wie eine alte Prostituierte.*

735 Die Überfülle Südamerikas ist nicht Reichtum, sondern Chaos.

736 Intelligent und gebildet ist, wer sich wie klatschsüchtige Jungfern für Dinge interessiert, die ihn nichts angehen.

737 Die Welt verändern: Beschäftigung für einen Zuchthäusler, der sich abfand mit seiner Verurteilung.*

738 Angewidert davon, immer nur den bequemen Abhang der gewagten Meinungen hinunterzugleiten, dringt der Verstand schließlich in die unwegsamen Regionen der Gemeinplätze vor.*

739 Ein literarisches Phänomen ist – soweit literarisch wichtig – nie ein ausschließlich literarisches Phänomen.

740 Das Gesetz ist der Embryo des Terrors.*

741 Es liegt etwas unauslöschbar Niederträchtiges darin, selbst das törichste Prinzip der vornehmsten Leidenschaft zu opfern.

742 Wer ist mehr, als der miserable Schauplatz einer Epiphanie?

743 Die Vorurteile schützen vor den stupiden Ideen.*

744 Wenn er Programm ist, gerät jeder Stil außer sich.

745 Innere Widerstände, die überwunden werden müssen, entschuldigen die Schamlosigkeit des Schriftstellers.

Nur der mittelmäßige Schriftsteller nutzt die gesellschaftliche Duldsamkeit aus.

746 Der Fortschritt der Philosophie besteht nicht im Erscheinen, sondern im Verschwinden von Thesen.

747 Es gibt für den Künstler weder verbotene Themen noch Themen, die in jedem Augenblick möglich sind.

Authentische Perversionen sind keine Präferenzen der Sensibilität, sondern Optionen der Intelligenz. 748

Da der einzige Beweis der Aufrichtigkeit eines Gedichtes in einem bestimmten unverwechselbaren Ton liegt, nennen wir diesen Ton aufrichtig, wie auch immer er erreicht wurde. 749

Die schweigende Anwesenheit eines Einfältigen ist eine katalytisch wirkende Kraft, die in einer Konversation alle Dummheiten beschleunigt, deren die intelligentesten Gesprächspartner fähig sind. 750

Ein nackter Körper löst alle Probleme des Universums.* 751

Der Moderne nennt jede Aktivität funktional, die sich willkürlich auf eine einzige ihrer möglichen Funktionen beschränkt. 752

Ich beneide jene, die sich nicht wenigstens als Herren ihrer Dummheiten vorkommen. 753

Nur die Verachtung des Stolzen kann es mit der Uneigennützigkeit des Demütigen aufnehmen. 754

Eine Landschaft weicht von ihrer anthropologisch-geographischen Vermenschlichung auf ihre geologische Unwirtlichkeit und Wildheit zurück, wenn ihre Bewohner plötzlich ihre Gewohnheiten ändern. 755

Wir verwerfen den Kapitalismus nicht, weil er die Ungleichheit fördert, sondern weil er den Aufstieg von niedrigen Menschentypen begünstigt.* 756

Die Nachwelt schätzt am großen Schriftsteller der Linken nur, was sich von seiner Doktrin nicht anstecken ließ, und bewundert am Schriftsteller der Rechten das geheime Echo seiner Doktrin. 757

Wunderbare Unverschämtheit jeder empirischen Feststellung. 758

Die Kultur des Individuums ist die Summe geistiger und künstlerischer Objekte, die ihm Freude bereiten. 759

Wenn sich die Technik einer literarischen Gattung mit Klarheit formuliert, stirbt die Gattung ab. 760

761 Wir dürfen das, was an einer Sache Respekt verdient, nicht mit der Sache selbst verwechseln.

762 In unserem irdischen Zustand ist das Lächerliche höchste gerichtliche Instanz.

763 Der Religionshistoriker muß lernen, daß die Götter nicht den Kräften der Natur ähnlich sind, sondern im Gegenteil, die Kräfte der Natur den Göttern.

764 Es gibt drei prinzipiell unterschiedliche Erfahrungen: – eine für jeden wiederholbare, eine nur für wenige wiederholbare und eine nicht wiederholbare.

Um irgendeinen Gedanken nachzuprüfen, müssen wir vorher den Typ von Erfahrung definieren, dem dieser Gedanke zugehörig ist.

765 Unbewußten Metaphern zu fliehen, ist die elementare Norm des klaren und reinen Stils.

766 Die vulgäre Seele pervertiert sich nur mit vulgären Giften.*

767 Wie nicht das Volk verachten?

Es reicht, daß die Normen aufweichen, die uns zivilisieren, damit das unterworfene Volk, das in jedem einzelnen von uns knurrt, seine wilden Gelüste entfesselt.

768 Die klassische Ästhetik handelt vom Werk, die romantische vom Autor: die erste stirbt im rhetorischen Traktat, die zweite im soziologischen.

769 Weitschweifig sein, bedeutet, dem Leser die Erlaubnis geben, zu erraten, was wir sagen werden.

770 Die Bibel wurde nicht von einem bauchrednerischen Gott inspiriert.

Die göttliche Stimme durchfährt den heiligen Text wie ein Gewittersturm das Blattwerk des Urwaldes.

771 Die Ideen scheinen Produkte eines plötzlich aus dem Gleichgewicht geratenen Gehirns, das schnell zu seiner einfältigen Stabilität zurückkehrt.

Ein einziger Gesellschaftstyp hatte einen Gesellschaftsvertrag als 772
historische Wurzel und ethischen Antrieb: der Feudalismus.

In Gesellschaften, denen es an Prinzipien fehlt, muß der Geist dog- 773
matisch werden.

Seine Eleganz setzt voraus, daß andere die Aufgabe auf sich nahmen, das Universum abzugrenzen.

Der Teufel hat heutzutage eine geometrische Form. 774

Sex löst noch nicht einmal sexuelle Probleme. 775

Der „Rationalismus" des 18. Jahrhunderts bekämpfte die „Vorur- 776
teile" mit dem guten Gewissen des unbemerkten Vorurteils.

Seitdem steht „irrational" nicht der Vernunft, sondern revolutionären Vorurteilen feindlich entgegen.

Unsere Zurückhaltung angesichts vieler moderner Künstler rührt 777
nicht von der Ungewöhnlichkeit ihrer Werke her, sondern dem hohen Alter ihrer Anliegen.

Indem er glaubt zu sagen, was er will, sagt der Schriftsteller nur, 778
was er sagen kann.

Der gute Wille ist das Allheilmittel der Dummköpfe.* 779

Lieber noch als den geliebten Körper zu streicheln, würden wir 780
selbst die Liebkosung sein.

Trotz der modernen Kritik handeln die Themen der Kunstwerke 781
nicht von Problemen, die der Mensch zu lösen wüßte.

Das Salz der erbaulichen Rede ist die kluge Respektlosigkeit. 782

Nicht zurückweisen, sondern bevorzugen. 783

Ein wissenschaftliches Gesetz aufzustellen, befriedigt weniger, als 784
eine Evidenz zu entdecken, die es zerstört.

785 Zwischen dem Werk des Künstlers und seiner Doktrin besteht eine solche Distanz, daß weder das Werk notwendigerweise die Doktrin beleuchtet, noch die Doktrin dem Werk notwendigerweise den Glanz nimmt.

Der Künstler trifft aus Gründen, die er nicht kennt, ins Schwarze.

786 Für den Schriftsteller bleibt alles noch zu sagen, solange er es noch nicht auf seine Weise gesagt hat.

787 Das Abendland wird gestorben sein, wenn es nicht mehr die Gegenwart Griechenlands in einer christlichen Seele ist.

788 Zum Schutz der Freiheit reicht ein Soldat; die Gleichheit benötigt, um sich durchzusetzen, ein Geschwader von Polizisten.*

789 Der literarische Geschmack der vorherrschenden Klasse herrscht nicht vor, weil die Klasse vorherrscht, sondern weil die Vorherrschaft das Beste auszuwählen erlaubt.

790 Die Sinnlichkeit ist die Präsenz des Werkes im Spürbaren.

791 Es gibt weniger dumme Meinungen als Dumme, die eine Meinung haben.

792 Nur Laien und Katechumenen glauben an die Wichtigkeit der Unterweisung.

Alle Pädagogen sind heimliche Analphabeten.

793 Das Unerwartete ist teuflische Epiphanie.

794 Der Teufel hat uns besiegt, wenn er erlaubt, daß wir ihn mit seinen Waffen schlagen.

795 Der wichtige Philosoph schien seinen Kollegen immer oberflächlich.

796 Was nicht analytischer Verstand ist, ist Akt des Glaubens.

797 Der fremde Haß zersetzt letztendlich das eigene Wohlgefallen.

Wo man eine Hierarchie objektiver Werte anerkennt, stellt die Laune keine Gefahr dar. Alles kann uns zulässigerweise faszinieren, sofern wir nicht seinen Rang ändern. 798

Wenn wir im Gegensatz dazu voraussetzen, daß die Vorliebe den Wert bestimmt, löst der leichteste Fehlgriff Katastrophen aus. Törichte Handlungen sind zum Fürchten, wenn sie sich als Vernunftshandlungen ausgeben.

Die kritische Unparteilichkeit kann sich nur auf das klare Bewußtsein des Vorurteils gründen, das unsere persönliche Sicht ausrichtet.* 799

Der legitime Besitzer einer Idee ist derjenige, der ihr die perfekte Form verleiht. 800

Das Gefühl des Unendlichen läßt sich nur im Unmittelbaren erreichen.* 801

Wenn wir die großen ausschließen, sind nur die Romane lesbar, die mit klaren kommerziellen Zielen verfaßt werden. 802

Das Paradies verbirgt sich nicht in der Undurchsichtigkeit unseres Innenlebens, sondern auf den Terrassen und zwischen den Bäumen eines wohlangelegten Gartens, unter dem Licht der Mittagsonne. 803

Niemand sollte irgendeine Gesellschaft verurteilen, indem er bloß eine andere, vergangene, gegenwärtige oder zukünftige beschwört. 804

Die Dichtung ist keine Erfahrung, sondern ihr Bericht. 805

Der Dichter kann in seinem geistigen Abenteuer triumphieren oder scheitern, ohne daß sein Gedicht notwendigerweise triumphiert oder scheitert.

Nichts leichter als die Legitimität verschiedener Arten von Dichtung zuzugeben, und nichts schwerer als zu vermeiden, sie der zu opfern, die wir bevorzugen. 806

Vor dem Glanz der Zivilisationen verspürt der Mensch, der den Menschen kennt, weniger Stolz als Überraschung.* 807

Rationalismus besteht darin, die Vorurteile der gegenwärtigen Gesellschaft als unbewußte Voraussetzungen der Vernunft zu nehmen. 808

809 Menschlich ist das Adjektiv, das dazu dient, jegliche Niedertracht zu entschuldigen.*

810 Vor 200 Jahren war es zulässig, an die Zukunft zu glauben, ohne vollständig verrückt zu sein.

Wer kann heute aktuellen Prophezeiungen Glauben schenken, da wir doch die prächtige Zukunft von gestern sind?

811 Nur der Rhythmus rettet das poetische Gefühl vor seinem angeborenen Schwachsinn.

812 Der Wortschatz des wahren Schriftstellers findet sich in keinem Wörterbuch.

813 Den Kitsch von gestern zu untersuchen ist das köstliche Raffinement des Neugierigen von morgen.

814 Je weniger wir ihren Bezug oder ihre Herkunft kennen, desto mehr rührt uns eine Metapher.

815 Eine soziale Klasse oder ein Volk zu „liquidieren" ist ein Unterfangen, welches in diesem Jahrhundert nur die mutmaßlichen Opfer entehrt.

816 Die Freiheit ist nicht das Ziel der Geschichte, sondern der Gegenstand, mit dem sie arbeitet.

817 Marx gewinnt Schlachten, doch Malthus wird den Krieg gewinnen.*

818 Die industrielle Gesellschaft ist auf ewig zum zwanghaften Fortschritt verurteilt.

819 Der Honig der Apologetik ist geschmacklos, wenn er nicht vom Saft giftiger Blumen stammt.*

820 Dem Künstler können wir nur verzeihen, daß sein Ruhm ihm wichtig sei, wenn er damit rein kommerziellen Motiven nachgibt.

821 Wenn das Eigentum als soziale Funktion definiert wird, steht die Konfiskation bevor; wenn die Arbeit als soziale Funktion definiert wird, nähert sich die Sklaverei.*

Der Skeptizismus ist die Demut der Intelligenz. 822

Was der Jugendliche auf literarischem Gebiet bewundert, pflegt 823
Zeichen authentischer Werte zu sein, während ihm die Abneigungen von seiner historischen Situation diktiert werden.

Damit ein Werk uns vollständig verführt, reicht es aus, daß es in 824
seinem entlegensten Winkel eine kurze unverwechselbare Schwingung birgt.

Der wahre Ruhm ist der Widerhall eines Namens im Gedächtnis 825
der Dummköpfe.*

Jeder Schriftsteller kommentiert immer wieder seinen kurzen Text. 826

Die Hölle weiß nicht, daß sie die Hölle ist. 827

Wenn sie es wüßte, wäre sie nur eine Stätte des Übergangs und der Reinigung.*

Die politische Idee, die den Zeitgenossen begeistert, langweilt die 828
Nachwelt.

Führt ihn ein Streben nach Reinheit zur Verurteilung der „gesell- 829
schaftlichen Heuchelei"; erlangt der Mensch nicht seine verlorene Integrität zurück, sondern verliert seine Scham.

Der Mensch ist ein Tier, das sich einbildet, Mensch zu sein.* 830

Die sich als Künstler der Avantgarde ausgeben, gehören gewöhn- 831
lich der von gestern an.*

Geiz, Dummheit, Grausamkeit – der Mensch war immer Opfer sei- 832
ner Fehler. Der industriellen Gesellschaft war es vorbehalten, ihn zum Opfer seiner Tugenden zu machen.*

Die Bedeutungslosigkeit der willkürlichen Metapher ist die Klippe 833
der modernen Poesie. So wie die Klippe der Poesie von gestern die unbedeutende Metapher war.

Das wahre Gedicht ist keine Summe von Bedeutungen, sondern 834
verbale Resultante einer bedeutungsvollen Bewegung über eine Sprache.

835 Solange sie uns applaudieren, haben wir die vulgären Offensichtlichkeiten nicht hinter uns gelassen.

836 Wenn sich nur plumpe Lösungen gegenüberstehen, ist es schwierig, eine subtile Meinung zu äußern.

Die Grobheit ist der Reisepaß dieses Jahrhunderts.

837 In der Kunst ist nur von Wert, was uns im ersten Augenblick irritiert.

838 Weder die Präzision an sich noch die Vagheit besticht; nur die präzisen Ideen über vage Intuitionen stellen zufrieden.*

839 Die Monismen werden in sauberen Händen zu Pantheismen und in schmutzigen zu Materialismen.

840 Monismus heißt die haltlose Versuchung, die zerbrochenen Teile des Universums zusammenzufügen.

841 Die Künste gedeihen in den Gesellschaften, die sie mit Gleichgültigkeit betrachten, und gehen zugrunde, wenn die betriebsame Ehrfurcht der Dummköpfe sie fördert.*

842 Die Literatur der „Flucht“ legt es nicht darauf an, jene zu unterhalten, die „matierielle Güter“ entbehren, sondern jene, die sie besitzen.

843 Wie können wir es wagen, das Risiko zu empfehlen? – Und trotzdem: wie selten jene, welche das Fehlen der Gefahr nicht erniedrigt!

844 Der Mystiker ist der einzige wirklich Ehrgeizige.*

845 Die Menschen teilen sich in zwei Gruppen: die an die Erbsünde glauben und die Schwachköpfe.

846 Daß Irrtum und Laster das Erscheinen bestimmter Tugenden bedingen ist kein Grund, ihnen ihre Herkunft zuzusprechen.

847 Jede Epoche praktiziert auf ihre Weise Ungerechtigkeit gegenüber der Literatur: die einen verwerfen das exzellente Neue, die anderen unterschätzen vergangene Exzellenz.

Verteidige deinen Stolz, damit deine Demut in sauberen Quartieren absteigt. 848

Die Geschichte der Philosophie ist der Wortschatz, der erlaubt, von Interessantem zu sprechen. 849

Demagogie ist die Vokabel, welche die Demokraten verwenden, wenn die Demokratie sie erschreckt.* 850

Nur einen genialen Städteplaner haben wir gesehen: die Zeit. 851

Wenn sie zu vollkommenem Ernst kommt, hat die metaphysische Meditation ihren Höhepunkt im autobiographischen Bericht. 852

Wo die Religion sich selbst säkularisiert, wird Satan zum letzten Zeugen Gottes. 853

Der Kritiker behält mit absurden Argumenten recht und irrt mit kohärenten Gedankengängen. 854

Die große Kunstkritik ist ein wirksamer Mißbrauch der Vernunft.

Der Zufall bringt Zivilisationen hervor und die Intelligenz begräbt sie. 855

Um zu glänzen, hüllt sich der Intellektuelle in entliehene Paradoxien. 856

Es genügt, daß die Schönheit unseren Überdruß streift, damit unser Herz wie Seide zwischen den Händen des Lebens zerreißt.* 857

Angesichts der wirklichen Beutestücke sind wir nichts als Katzen ohne Krallen und Zähne.* 858

Die soziologischen Kategorien befähigen dazu, sich in der Gesellschaft zu bewegen, ohne die unaustauschbare Individualität jedes Einzelnen zu berücksichtigen. 859

Die Soziologie ist die Ideologie unserer Gleichgültigkeit gegenüber dem Nächsten.

Um den Menschen in aller Ruhe auszubeuten, ist es angebracht, ihn vor allem auf soziologische Abstraktionen zu reduzieren. 860

861 Eine bestimmte Art, die „geistigen Werte“ öffentlich auszurufen, weckt automatisch Zweifel an der Ehrlichkeit des Sprechers.

862 Die Sinnlichkeit des Augenblicks ist Vorgeschmack von der Erlösung des Fleisches und die Sexualität Vollziehung des Urteils, das es verdammt.*

863 Was den Menschen in unserer Zeit noch schützt, ist seine natürliche Inkohärenz.

Das heißt: sein spontanes Erschrecken vor Konsequenzen, die in von ihm bewunderten Prinzipien mit enthalten sind.*

864 Altern mit Würde ist Aufgabe eines jeden Augenblicks.

865 Barbarisch ist die Gesellschaft, in der das Alter der Kultur und das Alter der Seele voneinander abweichen.

866 Ich respektiere nur die Sicherheit, die die Welt mit weichen, nackten Füßen durchquert.

867 Nichts alarmierender als die Wissenschaft des Ignoranten.

868 Der Preis, den die Intelligenz von denen einfordert, die sie erwählt, ist der Verzicht auf die alltägliche Trivialität.

869 Die Menschheit häuft nicht Lösungen, sondern Probleme an.

870 Zwischen Vorliebe und dem Werturteil schaltet sich die Arbeit der Vernunft ein.

871 Der genuin philosophische Akt besteht darin, in jeder Lösung ein Problem zu entdecken.

872 Der Einfältige beunruhigt sich nicht, wenn man ihm sagt, daß seine Ideen falsch sind, sondern wenn man ihm nahelegt, sie seien aus der Mode gekommen.

873 Alles erscheint uns Chaos, außer unsere eigene Unordnung.

874 Was nicht Person ist, ist letztendlich nichts.

Die Geschichte errichtet und zerstört unaufhörlich die Statuen ver- 875
schiedener Tugenden über dem unbeweglichen Sockel immer derselben Laster.

Wenn wir nicht erraten haben, was ein Philosoph sagen wird, ist der 876
Versuch zwecklos, ihn zu verstehen.

Mehr noch als Gründe zu glauben, gibt es Gründe, am Zweifel zu 877
zweifeln.

Der Skeptiker ist nicht das Grab der Intelligenz, sondern der Brun- 878
nen, wo sie sich verjüngt.

Die Freiheit blüht besser zwischen schlechten als zwischen neuen 879
Gesetzen.

Das Böse ist die Spur einer metaphysischen Brandung. 880

Entweder gehören wir zur Partei derjenigen, die sich von dem, was 881
die Intelligenz erfindet und durchführt, angezogen fühlen, oder zu der Seite, die sich davon verführen läßt, was sie überrascht und unvermittelt überfällt.

Was nicht Wunder ist, langweilt mich.

Der axiologische Relativismus ist nicht die Theorie der Vernunft, 882
sondern die Ideologie des Hochmuts.

Nichts soll uns vorgehen.

Nihilismus, Zynismus oder Albernheit sind die politischen Alter- 883
nativen in unserer Zeit.*

Der Einfältige nennt die Ideen zweideutig, die mit einem gewissen 884
Zartgefühl ausgedrückt werden.

Nur der Stolz lehrt uns, dem zu mißtrauen, was uns bestätigt. 885

Unsere Sehnsüchte pflegen uns in fremdem Munde als irritierende 886
Dummheit vorzukommen.

Für die moderne Mentalität ist die Tragödie nicht mehr grausam: sie 887
ist unmoralisch.*

888 Die politische Gewalt hinterläßt weniger verfaulte Körper als verfaulte Seelen.

889 Ziehen wir keine Schlüsse, um zu überzeugen, sondern um Bedingungen zu fördern, die die Wahrnehmung von Evidenzen begünstigt!

890 Die Gründe irgendeiner Überzeugung scheinen dem Zuschauer immer kläglich.

891 Die Seele ist eine Zusammenballung von Staub, die die Sicherheit unserer göttlichen Abstammung verdichtet.

892 Wahrheit ist, was der Intelligenteste sagt.
(Aber niemand weiß, wer der Intelligenteste ist.)

893 Skeptiker oder Katholik: der Rest vergeht mit der Zeit.*

894 Der wahre Skeptizismus wartet gelassen, ohne heimlich Götzenbilder aufzurichten.

895 Jede neue Generation bezichtigt die vorangegangenen, den Menschen nicht erlöst zu haben.
Aber die Verworfenheit, mit der die neue Generation sich nach ihrem eigenen Scheitern der Welt anpaßt, ist proportional zur Vehemenz ihrer Beschuldigungen.

896 Tyranneien haben keine treueren Diener als die Revolutionäre, die nicht eine frühzeitige Erschießung vor ihrer angeborenen Servilität schützt.*

897 Die Geschichtsphilosophie, die es ablehnt, die Tatsachen zu verfälschen, muß sich in echte Geschichte verwandeln.

898 Die moderne Gesellschaft gestattet sich den Luxus zu tolerieren, daß alle sagen, was sie wollen, weil alle heute grundlegend in dem übereinstimmen, was sie denken.*

899 Es gibt keine Bösartigkeit, die mit der vergleichbar wäre, die sich auf die Tugenden des Gegners stützt, um ihn zu besiegen.

900 Der Erwachsene ist ein Mythos des Kindes.*

Selten sind die, die nicht ihre eigenen Tugenden imitieren. 901

Der Idealismus ist eine verschämte Theologie. 902

Die Tragödie ist eine Freiheit, die sich in Schicksal verdichtet. 903

Die ökonomische Interpretation der Geschichte ist der Anfang der Weisheit. 904

Aber nur ihr Anfang.*

Der authentische Katholik ist nicht diesseits der Blasphemie, sondern jenseits.* 905

Der Ungläubige ist verblüfft, daß seine Argumente den Katholiken nicht beunruhigen, weil er vergißt, daß der Katholik ein bezwungener Ungläubiger ist. 906

Seine Einwände sind die Fundamente unseres Glaubens.*

Politik ist die Kunst, das bestmögliche Verhältnis zwischen der Macht und der Ethik zu suchen. 907

Wir sehnen uns danach, daß unsere Erwartungen den Prophezeiungen der Lobredner des Fortschritts von Nutzen sind. 908

Niemand denkt ernsthaft, solange ihm Originalität wichtig ist.* 909

Die Psychologie ist im eigentlichen Sinne das Studium bürgerlichen Verhaltens. 910

Sein und Wert identifizieren heißt die Erbsünde vergessen.* 911

Das Böse, das der Einfältige tut, wird zur Einfältigkeit, aber seine Folgen sind nicht null und nichtig. 912

Nur Religionen überdauern, oder ihre Trugbilder. 913

In der Finsternis des Bösen ist die Intelligenz der letzte Widerschein Gottes, der Reflex, welcher uns mit Hartnäckigkeit verfolgt, der Reflex, der erst an der letzten Grenze erlischt. 914

Den fortschrittlichen Denker interessieren weder der Weg noch das Ziel, nur die Geschwindigkeit der Reise. 915

916 Philosophie auf linguistische Analyse zu reduzieren, kommt der Vermutung gleich, daß es nur fremdes Denken gibt.

917 Niemand weiß genau, was er will, solange sein Gegner es ihm nicht erklärt.*

918 Das Bedrohliche des technischen Apparates besteht darin, daß ihn derjenige nutzen kann, der nicht die intellektuelle Fähigkeit dessen hat, der ihn erfindet.

919 Der größte Triumph der Wissenschaft scheint in der wachsenden Geschwindigkeit zu liegen, mit der der Narr seine Dummheiten von einem Ort zum anderen verschieben kann.

920 Es wäre interessant herauszufinden, ob es jemals eine Predigt gab, die nicht in Mord endete.

921 Die Notwendigkeit bringt Sklaventugenden hervor.

Die Intelligenz reift in den Pausen, unter dem Frieden der Mittagsonne.

922 Die Tradition lastet auf dem Geist wie die Luft auf den Flügeln des Flugzeugs.

923 Was uns bestärkt, verdummt uns.

924 Die Jugend ist ein Versprechen, das jede Generation bricht.

925 Volkskunst ist die Kunst des Volkes, die dem Volk nicht als Kunst erscheint.

Was dem Volk als Kunst erscheint, ist vulgäre Kunst.

926 Der Reaktionär ist der Anstifter dieser radikalen Auflehnung gegen die moderne Gesellschaft, die die Linke predigt, aber in ihren revolutionären Possen sorgsam meidet.*

927 Der Verstand neigt zur Dummheit wie die Körper zum Erdmittelpunkt.

928 Prophezeiungen erfüllen sich in der Geschichte nur in für den Propheten verwirrender Weise.

Der Schüler ist weder Herr einer Lösung, noch eines Problems, 929
sondern eines Wortschatzes.

Seine Aufgabe beschränkt sich darauf, Banalitäten im Wortschatz seines Meisters zu formulieren.

Ich bin bloß der Ort, von dem aus ich wahrnehme, was mich inter- 930
essiert, nicht das Objekt meines Interesses.

Das Homogene stößt Gott aus. 931

Die Sekundärtugenden sind die Jakobsleiter.

Die Meinung des Jungen enthüllt nicht, was er denkt, sondern wen 932
er gelesen hat.

Das wahre Kunstwerk ist jenes, von dem wir, bevor wir es gesehen 933
haben, unfehlbar sagen können, daß seine Existenz unmöglich sei.

Die Unparteilichkeit ist kein Ergebnis einer gleichzeitigen oder 934
aufeinanderfolgenden Menge nicht übereinstimmender Meinungen.

Wankelmut ist kein Zeichen von besiegtem Dogmatismus, sondern akzeptierter Verdunklung.

Die professionellen Menschenverehrer glauben sich berechtigt, den 935
Nächsten zu verachten.

Die Verteidigung der menschlichen Würde erlaubt es ihnen, dem
Nächsten gegenüber als Rüpel aufzutreten.

Die liberalen, demokratischen, progressiven Meinungen galoppie- 936
ren durch die Geschichte, eine Spur in Brand gesteckter Zivilisationen hinter sich lassend.

Wenn man damit beginnt, daß man die völlige Unterordnung des 937
Lebens unter einen ethischen Kodex verlangt, endet man damit,
daß man den Kodex dem Leben unterordnet.

Die sich weigern, den Sünder freizusprechen, sprechen schließlich die Sünde frei.*

Das politische Problem hat extreme Wichtigkeit, die politischen 938
Lösungen gar keine.

939 Die Welt ist vom Menschen aus erklärbar, aber der Mensch ist es nicht von der Welt aus.

Der Mensch ist gegebene Realität, die Welt eine Hypothese, die wir erfinden.

940 Nur in den Augen des Betrügers ist die Ehrlichkeit in der Politik Schwachsinn.

941 Die Wahrheit eines philosophischen Systems erschöpft sich bevor ihre Darstellung endet.

942 Die Überzeugung, die sich nicht auf ein skeptisches Pfahlwerk stützt, versinkt.

943 Wohlerzogen ist der Mensch, der sich entschuldigt, wenn er von seinen Rechten Gebrauch macht.*

944 Wahrheit ist das unvorhergesehene und mysteriöse Aufblühen einer Trivialität.

945 Der antike Mensch, der den Schmerz leugnet, der Moderne, der die Sünde leugnet, verwickeln sich in identische Sophismen.

946 Der Moderne entgeht nicht der Versuchung, das Erlaubte mit dem Möglichen gleichzusetzen.

947 Die Metapher entdeckt die geheime Identität verschiedener Erscheinungen, aber ihr Zweck erfüllt sich nur, wenn sie diese innewohnenden Übereinstimmungen auf die Transzendenz bezieht, auf der sie gründet.

948 Obwohl Joseph de Maistre behauptet, der Teufel zerstöre nur, zeigt die spätere Geschichte, daß er auch baut.

949 Jede totale Rebellion endet in der Philosophie des Rotary Clubs.

950 Nach einem Jahrhundert zählt nicht, wer gewonnen hat, sondern wer es verdiente zu gewinnen.

Jeder Idiot behauptet das Gegenteil.

Der Philosoph, den wir unfähig sehen, die Verführungskraft der von ihm widerlegten These zu fühlen, scheint uns von untergeordneter Bedeutung. 951

Die Ästhetik bietet wie die Geschichte Wahrheiten, ohne Rezepte anzubieten. 952

Jeder Künstler widerlegt weitgehend den Theoretiker, den er mit sich führt. 953

Mehr als neue Theorien verlangt die Ästhetik ein Schema, welches die bereits vorhandenen ordnet, damit im selben Satz sich nicht ein ästhetisches Urteil, eine historische Feststellung, eine soziologische Regularität, ein wissenschaftliches Gesetz und eine persönliche Präferenz vermischen. 954

Das ethische Kriterium ist eine Regel, das religiöse Kriterium Person. 955

Religiöse Tugenden sind nicht Summe ethischer Handlungen sondern Eigenschaften der Heiligen.

Die scharfsinnige Intelligenz, die das Gleiche im Unterschiedlichen entdeckt, irrt, wenn sie nicht auch das Unterschiedliche im Gleichen herausfindet. 956

Um zu zeigen, daß das Kunstwerk Produkt seines sozialen Milieus ist, reicht es manchmal zu sagen, daß es Reaktion auf das Milieu und manchmal sein Ausdruck ist. 957

Die Ästhetik der Nachahmung ist Ästhetik des Künstlers, obwohl ein Kritiker sich ihrer annimmt, und die Ästhetik des Ausdrucks ist Ästhetik des Kritikers, obwohl ein Künstler sie erfindet. 958

Mißtrauen wir jenen, die sich vor allem danach sehnen, sich auszudrücken.

Die echte moderne Kunst ist nur definierbar, wenn man festlegt, was sie zurückweist: authentische moderne Kunst ist jene, die den modernen Menschen zu widerlegen sucht. 959

Der Schwachkopf nimmt nur das Aktuelle wahr. 960

961 Der Demokrat verteidigt seine Überzeugungen, indem er den für obsolet erklärt, der ihn bekämpft.*

962 Die Beklemmung angesichts des Untergangs der Zivilisation ist eine reaktionäre Betrübnis.

Der Demokrat kann nicht das Verschwinden von dem beklagen, was er nicht kennt.*

963 Die Vorsehung beschloß, dem Demokraten den Sieg und dem Reaktionär die Wahrheit zu übergeben.

964 Der normale Mensch irrt in der Dunkelheit, der Philosoph bei Tageslicht.

965 Nur der ist ein wahrer Katholik, der die Kathedrale seiner Seele über heidnischen Krypten errichtet.*

966 Da der Ungebildete nur die gesellschaftliche Überlegenheit anerkennt, erzieht die legitime Überlegenheit nicht, wenn sie kein zufälliges gesellschaftliches Ansehen stützt.

Es ist erforderlich, daß der Zufall demselben Wesen die weltliche und legitime Überlegenheit verleiht, damit sich ein Übergang von der Faszination zum Gehorsam und vom gesellschaftlichen Erstaunen zur zivilisatorischen Nachahmung herstellt.

Wenn die hierarchische Gesellschaft auch nicht notwendigerweise erzieht, so gelingt dies der egalitären Gesellschaft niemals.

967 Der Dumme gibt sich nicht damit zufrieden, eine ethische Regel zu verletzen, er will, daß aus seiner Übertretung eine neue Regel wird.

968 Das Gewissen ist nicht Quelle ethischer Gebote, sondern Organ der ethischen Wahrnehmung.

Wer mit Stolz erklärt, er gehorche seinem Gewissen, ist der Antipode dessen, der bescheiden feststellt, daß sein Gewissen gehorcht.

969 Der Geist erkauft sich seinen Sieg mit der Kriegsbeute seiner Katastrophen.

Die Vergangenheit, die der Reaktionär preist, ist keine historische Epoche, sondern konkrete Norm. 970

Was der Reaktionär in anderen Jahrhunderten bewundert, ist nicht ihre immer miserable Wirklichkeit, sondern die ihnen eigentümliche Norm, die nicht befolgt wurde.

Jede poetische Gattung zielt auf eine unterschiedliche Empfänglichkeit: gefühlsbetonte Schwingung, intellektuelle Wachsamkeit, höflich-aufmerksame Wahrnehmung, ethische Empfindlichkeit etc. 971

Das zu vergessen heißt, den Terror in den Geisteswissenschaften auszurufen.

Der Moderne hört nicht weg, wenn der Reaktionär spricht, weil seine Einwände ihm unpassend erscheinen, sondern weil sie ihm nicht verständlich sind. 972

Dummheit und Rhetorik lauern heute selbst der schüchternsten Hoffnung auf. 973

Wenn wir irrtümlicherweise voraussetzen, daß das 18. Jahrhundert dem 19. ein unversehrtes Christentum übergab, scheint uns die Literatur des 19. und 20. Jahrhunderts von einem satanischen Geist der Aggression gegen Gott bewegt. Aber die Richtung der Aggression ändert sich, wenn wir unsere irrtümliche Prämisse korrigieren. 974

Der Hintergrund der modernen Literatur ist ein sterbendes Christentum. Die Säkularisierung der Welt hat ihren Höhepunkt mit der Generation, die der ersten Generation der Romantiker voranging. Die moderne Literatur ist also kein Aufstand gegen das Christentum, sondern gegen jene, die sein Erbe an sich rissen.

Für eine zurechtgerückte historische Sicht leitet die flüchtigste Bestätigung eines autonomen Wertes – wie etwa die gotteslästerlichste Rebellion im Namen irgendeines Wertes – einen Prozeß existentieller Apologetik ein.

Seit der Romantik ist die Literatur nicht nachchristlich, sondern vorchristlich. Ihr Ausgangspunkt ist nicht das Christentum, sondern seine Verneinung. Weder Blake, noch Hölderlin noch Vigny schreiben gegen das Christentum, sondern gegen eine Welt, die durch die Abwesenheit des Christentums bestimmt ist.

Die großen modernen Poeten, von Goethe bis Yeats, sind keine Nachkommen des Prometheus, sondern Sprößlinge prophetischer Sibyllen.

975 Nur die Unterwerfung unter Gott ist nicht niederträchtig.

976 Seit Blake, Wordsworth und der deutschen Romantik ist die moderne Dichtkunst eine reaktionäre Verschwörung gegen die Entweihung der Welt.

977 Die Bücher erwachen vom Tode, wenn das Vergessen ihre Nachahmer begräbt.

978 Die literarische und philosophische Kultur, die bis gestern kostspieliger Stolz einer Klasse war, ist heute das Geschäft eines Gremiums.

979 Den „Trost" auszuposaunen, den eine Religion gibt, ist eine geheime Geste von Feuerbachianern.

Gott ist kein Ersatz für fehlende Freuden, gezügelte Gelüste, uneingelöste Habsucht. Gott ist die unsichtbare Anwesenheit, die größtmögliche weltliche Erfüllung krönt, höchste Exstase trunkensten Glückes, Schönheit, in der die Schönheit blüht.

Gott ist keine leere Kompensation der verlorenen Wirklichkeit, sondern der Horizont, welcher die Gipfel der eroberten Wirklichkeit umgibt.

980 Sowohl in den bürgerlichen Ländern als auch in der Heimat des Kommunismus mißbilligt man den „Eskapismus" als einsames Laster, als entkräftende und schändliche Perversion.

Die moderne Gesellschaft bringt den Ausbrecher in Verruf, damit niemand den Bericht seiner Reisen anhöre. Die Kunst oder die Geschichte, die Imagination des Menschen oder sein tragisches und vornehmes Schicksal sind keine Kriterien, die die moderne Mittelmäßigkeit duldet.

Der „Eskapismus" ist die flüchtige Vision abgeschaffter Herrlichkeiten und die Wahrscheinlichkeit eines unbarmherzigen Urteils über die gegenwärtige Gesellschaft.*

981 Um den Menschen auszubeuten, predigen die einen, daß er auf irdische Güter verzichten soll; andere verkünden, um ihn besser auszubeuten, daß er nach irdischen Gütern trachten soll.*

982 Die Schönheit der Werke ist nicht relativ.

Relativ ist nur ihre Ästhetik.

Liebe ist die Handlung, die ihren Gegenstand von einer Sache in eine Person verwandelt. 983

Mit Sainte-Beuve erreicht die literarische Intelligenz ihr bestes Alter. 984

Die literarische Intelligenz ist die Form des Geistes, die die vollständige Summe ihrer Evidenzen an sich nimmt, ohne Postulate anzuerkennen, die sie begrenzen, noch Spekulationen, die über sie hinausweisen.

Literarische Intelligenz denkt ihr Objekt als unauflösbare Einheit der Tat und des Wertes.

Nachdem die Versuche zur Herrschaft der Theologie und Metaphysik scheiterten, besitzt nur die literarische Intelligenz die geistige Klarheit, jeder Sache ihren Rang zuzuweisen. 985

Das Kunstwerk hat nicht eigentlich eine Bedeutung, sondern Macht. 986

Seine angebliche Bedeutung ist die historische Form seiner Macht über den vergänglichen Betrachter.*

Die Tugend, die keine Selbstzweifel hegt, gipfelt in Attentaten gegen die Welt. 987

Die literarische Unklarheit ist weder Mangel noch Tugend, sondern ein Verfahren, das die ästhetische Wirksamkeit rechtfertigt, die sie erlangt. 988

Lieben heißt den Druck des abwesenden Körpers gegen den unseren spüren.* 989

Die Seele eines Volkes wird mit einem bestimmten Ereignis geboren, sie reift, indem sie ihr Geschick auf sich nimmt, und sie stirbt, wenn sie sich selbst bewundert und sich nachahmt.* 990

Die Seele ist für den, der liebt, schließlich die Form eines Körpers. 991

Trotz des Eindringens anmaßender Techniken in die Geisteswissenschaften sind die ästhetischen Artefakte keine Laborgeräte, sondern Fallen, mit denen man Engel jagen will. 992

Vornehm ist nur, was dauert.* 993

994 Die Anhängerschaft zum Kommunismus ist der Ritus, der dem bürgerlichen Intellektuellen erlaubt, sich seines schlechtes Gewissens zu entledigen, ohne seiner Bürgerlichkeit abzuschwören.

995 Jeder Marxist erfreut sich an zwei Marxismen: dem gewöhnlichen Marxismus, den er predigt, und dem esoterischen, mit welchem er die Kritik am ersteren widerlegt.

Für die übrigen gibt es einen dritten Marxismus: der, den der Marxist verächtlich seinen Gesprächspartnern unter dem Namen des Vulgärmarxismus zuweist.

996 Wir sollen unsere Ideen klar und deutlich darlegen, so wie es der ehrliche Gegner tun würde, der sich darauf vorbereitet, sie zu widerlegen.

Jede List erniedrigt.

997 Der Mensch kann sich weder im Guten noch im Bösen einrichten.

998 Unter den Ketzern gibt es ungeduldige Katholiken und geborene Renegaten.

999 Das Scheitern des Christentums ist christliche Doktrin.*

1000 Der Mensch lebt sich selbst als Angst oder als Geschöpf.*

1001 Jedes literarische Thema erlaubt zwei Werke: das des Begeisterten, welcher es hervorbringt, und das des Ironikers, der es begräbt.

1002 Es gibt keinen größeren Unsinn als die Wahrheit im Munde des Törichten.

1003 Die Dummheit setzt sich in der Seele ab wie ein Sediment der Jahre.

1004 Das Christentum fand im letzten Jahrhundert nur Schutz in der Häresie, der Sünde und der Kardinalswürde (Kierkegaard, Baudelaire, Newman).

1005 Im Gegensatz zum biblischen Erzengel verhindern die marxistischen Erzengel, daß der Mensch aus seinen Paradiesen entflieht.*

1006 Die demokratischen Revolutionen beginnen die Hinrichtungen mit der Ankündigung, daß sie die Todesstrafe bald abschaffen werden.

Der demokratische Historiker lehrt, daß der Demokrat nur tötet, 1007
wenn seine Opfer ihn dazu zwingen.*

Jedes Individuum, welches dem linken Intellektuellen mißfällt, ver- 1008
dient den Tod.

In den Heerscharen der linken Intellektuellen kämpfen versäuerte 1009
Kleinbürger.

Der Kommunist haßt den Kapitalismus mit dem Ödipuskomplex. 1010
Der Reaktionär betrachtet ihn nur mit Xenophobie.*

Die Zweifel des Meisters sind die Gewißheiten des Schülers.* 1011

Nach dem Tod Gottes bleibt den armen Titanen nur noch, die Ver- 1012
städterung der Erde in Angriff zu nehmen.

Die Hölle ist ein nur vom Paradies aus zu erkennender Ort.* 1013

Der Rationalismus ist Verstand, der seine Postulate vergißt. 1014

Solange die Intelligenz nicht die Lösungen ihren Problemen vor- 1015
zieht, lebt sie.

Das Leben ist kein Kriterium von Werten, sondern Tatsache, über 1016
die die Werte richten.

Der *Convent* ist ein Streit verängstigter Ratten, deren Schatten sich 1017
im Licht der Feuerbrünste in kolossalen Dimensionen über die Geschichte werfen.

Was man gegen die Kirche denkt, entbehrt – wenn man es nicht von 1018
der Kirche aus denkt – jeglichen Interesses.

Sowohl der *Bauernkrieg* des 16. als auch die Bauernaufstände des 1019
17. und 18. Jahrhunderts waren Erhebungen gegen die moderne
Gesellschaft. Die Bevölkerung erhob sich nicht gegen den Feudalismus, sondern gegen die Welt, die dabei war, ihn zu ersetzen.

Der merkantilistische Geist riß rechtliche Gewohnheiten des gegnerischen Systems an sich und verwandelte legitime Gewohnheiten in unerträglichen Mißbrauch.

1020 Hat die Sünde auch an der Entwicklung einer jeden Gesellschaft teil, so ist die moderne Gesellschaft die Lieblingstochter der Todsünden.*

1021 Meinesgleichen sind nicht die, die meine Schlußfolgerungen akzeptieren, sondern die, die meinen Widerwillen teilen.*

1022 Der Rationalist schiebt die Vaterschaft seiner Postulate der Vernunft zu, um schon im voraus die Evidenzen in Verruf zu bringen, die seine Schlaftrunkenheit bedrohen.

1023 Der Katholik muß sein Leben vereinfachen und sein Denken komplizieren.*

1024 Die Ehre des christlichen Apologeten besteht darin, dem Teufel gegenüber fair zu sein.

1025 Es gibt künstliche Paradiese, die kein teuflischer Ersatz, sondern hoffnungslose Präfiguration sind.

1026 Eine authentisch rationale Handlung ist das Parallelogramm aller axiologischen Kräfte.

Die Vernunft verdirbt, wenn sie nur einem einzigen Typ von Forderungen gehorcht.

1027 Der Konservatismus strebt nicht an, daß die Gesellschaft von Präzedenzfällen lebt, sondern daß sie sich nicht von Schwindel nährt.

1028 Es gibt keine Dichtung des Teufels, sondern Nostalgie seines verblichenen Glanzes.

1029 Das Böse siegt nicht wie Verführung, sondern wie Schwindelgefühl.*

1030 Ohne das Gute, das es als Spur oder Vorzeichen in sich einschließt, ist das Böse ästhetisch undurchsichtig.

1031 Das Böse sieht sich, wie die Augen, nicht selbst.

Wer sich unschuldig sieht, sollte zittern.

1032 Wo das Kunstwerk ist, ist kein Teufel.*

Die Dichtung ist sprachliche Trophäe einer geistigen Niederlage. 1033

Die Poesie stellt den Kritiker vor die Alternative, von allem außer 1034
von der Kunst zu sprechen oder von gar nichts, wenn er nur von ihr spricht.

Glauben ist, was uns erlaubt, uns in irgendeiner Idee zu verirren, 1035
ohne den Rückweg aus den Augen zu verlieren.

Der Gläubige ist nicht Eigentümer in Katastern eingetragener Erb- 1036
güter, sondern Vorauskommando vor den Küsten eines unerforschten Kontinents.

Wer den Rang akzeptiert, den die Natur ihm zuweist, verwandelt 1037
sich nicht in den bloßen Mangel an dem, was er nicht ist.

Selbst der Geringste ist auf seinem Platz von unschätzbarem Wert.*

Die Einsamkeit ist das Laboratorium, wo die Gemeinplätze sich 1038
bewahrheiten.

Helvetius, Holbach, Sade, Bentham, Marx, Freud, Sartre – die Plé- 1039
iade der düsteren Erzengel, der klassische Kanon meiner absoluten Unmöglichkeiten.*

Der intelligente Mensch hält seine Intelligenz auf einer Temperatur, 1040
die unabhängig von der der Umgebung ist, in der er lebt.

L'Art pour l'Art bedeutete für eine Generation die Unabhängigkeit 1041
der Kunst, für eine andere die Unabhängigkeit des Künstlers.

Die ersten verteidigten eine ästhetisch exakte These, die zweiten verbreiteten eine ethisch irrige These.

Weder die Imitation der Vergangenheit, noch die der Gegenwart 1042
sind unfehlbare Rezepte.

Nichts rettet den Mittelmäßigen vor seiner Mittelmäßigkeit.

Der Reaktionär sucht Mehrheiten zu überzeugen, der Demokrat 1043
will sie mit der Verheißung fremder Güter bestechen.

1044 „Revolution“ nennt heute eigentlich kein politisches Ereignis, sondern ein Schwindelgefühl, eine gefühlsbetonte Erschütterung, die Berauschung der vom Abschaum des Seins überfluteten Seele.

1045 Die liberalen Parteien verstehen niemals, daß das Gegenteil von Despotismus nicht Blödsinn, sondern Autorität ist.

1046 Jede Beleidigung des Lebens auf einem geliebten Gesicht nährt die wirkliche Liebe.*

1047 Die Zivilisation ist in Gefahr, wenn sie die wichtigste Warnung der Geschichte in den Wind schlägt: daß die Zivilisation ein mit einer Peitsche bewaffneter Mensch inmitten hungriger Raubtiere ist.

1048 Die historischen *hard facts* können in cartesianische Koordinatensysteme eingeschrieben werden.

Der logische Positivist würde also die Geschichte auf Gleichungen der Bewegung der menschlichen Masse reduzieren.

Jede Annäherung der Geschichte an die Wissenschaft unterdrückt die Motive, Bedeutungen und Ziele.

1049 Wer zu Risiken rät, die er nicht selbst auf sich nimmt, vertraut seiner Wissenschaft auf fürchterliche Weise.

1050 Mit dem Tod ringende Gesellschaften kämpfen mit Gesetzen gegen die Geschichte – wie die gegen das Wasser anschreienden Schiffbrüchigen. Kurze Strudel.

1051 Der Dummkopf findet sich nicht mit der Existenz des Unlösbaren ab: falsches Problem oder morgen lösbares Problem, solcherart ist das Dilemma des Dummkopfs.*

1052 Wir können weiterhin von Kindheit, Reife, Perfektion, Verfall, Korruption einer Sprache reden, weil eine Sprache ihre Funktion nicht immer auf dieselbe Weise erfüllt.

1053 Die Realität des 20. Jahrhunderts ist weniger erschreckend als die Ideale, mit denen es sich zu berichtigen hofft.*

Vor ihrer grausamen Zufälligkeit, ihrer rohen empirischen Existenz rettet die Welt nur eine Sichtweise, die sich in der mysteriösen Selbstgenügsamkeit jedes isolierten Objekts einrichtet, so wie der Liebende in der wunderbaren Selbstgenügsamkeit seiner Liebe. 1054

Die Weisheit besteht in diesem Jahrhundert vor allem darin, die Gewöhnlichkeit ertragen zu wissen, ohne in Zorn zu geraten. 1055

Jede an ihre Evidenz angepaßte Aussage behält ihren Wert, selbst wenn ein anderer tieferer Ursprung sie danach in sich einschließt. 1056

Die Geschichte des Denkens ist weder Evolution noch ein dialektischer Prozeß, sondern zufälliges Erscheinen von Fragmenten einer Struktur, in der jede Wahrheit ihren Platz vorfindet.

Um am Ende die Naivität zu verlieren, reicht nicht, die Geringschätzung der Geschichte gegenüber fremden Ideen zu sehen; notwendig ist, ihre Geringschätzung gegenüber unseren eigenen zu sehen. 1057

Nur der mittelmäßige Text läßt sich lesen, ohne vorher erraten worden zu sein. 1058

Das Gefühl ist nicht unschuldig, aber es gibt Unschuld in ihm. 1059

Es reicht der Stolz, um den zu entschuldigen, der uns verletzte, aber nicht einmal die Nächstenliebe reicht, um dem zu verzeihen, der den verletzt, den wir lieben. 1060

Ich kenne keine Sünde, die für eine edle Seele nicht ihre eigene Strafe wäre. 1061

Der historische Determinismus ist nur Symptom der Erstarrung, die die Einbildungskraft des Historikers trübt. 1062

Der moderne Mensch, progressiv und demokratisch, nimmt es auf sich, unsere Rache an sich selbst zu vollziehen. 1063

In jedem Reaktionär erwacht Platon zum Leben. 1064

1065 Heute mehr denn je läuft der Mensch jedem Schwachkopf hinterher, der ihn zur Reise einlädt, taub gegenüber dem Wächter, der ihm von der Höhe seines Turms aus verkündet, daß die Straßen zerstört und die Brücken eingestürzt sind.

1066 Der Prophet, der richtigerweise die steigende Korruption einer Gesellschaft voraussagt, kommt in Verruf, weil der Korrumpierte die Korruption desto weniger wahrnimmt, je mehr sie ansteigt.

1067 Die Poesie, welche die dichterische Musikalität geringschätzt, versteinert in einem Friedhof von Bildern.

1068 Ein großer Teil der modernen Lyrik gibt sich damit zufrieden, wie einfache Übersetzungen zu wirken.

1069 Bewundernswürdige schlechte Angewohnheiten sind bloß verdorbene Tugenden.

1070 Die allgemeinen Ideen, die man auf dem Marktplatz verkauft, ernähren niemanden, aber viele leben von ihnen.

1071 Die konkreten Beispiele sind die Henker der abstrakten Ideen.

1072 Die Geistesgeschichte muß die Geologie der Intelligenz mit der historischen Klimatologie der Empfindsamkeit ergänzen.

1073 Das Grundproblem jeder ehemaligen Kolonie: das Problem der intellektuellen Hörigkeit, der dürftigen Tradition, der subalternen Geistigkeit, der inauthentischen Zivilisation, der zwangsläufigen und verschämten Nachahmung, löste sich für mich auf äußerst einfache Weise: der Katholizismus ist meine Heimat.*

1074 Der vollständige Nominalismus gipfelt in totalitärer Hegemonie über das Universum, ausgeübt durch das Subjekt der Erkenntnis.

1075 Die Intelligenz richtet sich zu Grunde, will sie intelligent sein.

1076 Individuen und Nationen haben unterschiedliche Tugenden und gleiche Defekte.

Die Gemeinheit ist unser gemeinsames Erbe.

1077 Das Leben ist Instrument der Intelligenz.

Das Nichts ist der Schatten Gottes.* 1078

Jedes Prinzip ist Bildnis des Prinzips, jedes Ziel das des Ziels. 1079

Mißtrauen wir dem, der von der Jagd nach Argumenten lebt, um 1080
die anderen zu überzeugen.

Die Intelligenz strebt nur danach, sich selbst zu überzeugen.

Der südamerikanische Intellektuelle importiert, um sich zu ernähren, die Abfälle des europäischen Marktes.* 1081

Selbst unter Gleichheitsfanatikern stellt die kürzeste Begegnung die menschlichen Ungleichheiten wieder her. 1082

Der moderne Mensch nennt Realität das, was eine Wahrnehmung aufnimmt, die sich intentional auf die Erfassung der manipulierbaren Züge der Dinge beschränkt.* 1083

Es brauchte unsere Epoche, damit der gute Geschmack sich seiner selbst schämt. 1084

In der aufsteigenden Phase der Zivilisationen erhöhen die Bezeichnungen der Berufe und Ränge gesellschaftlich (Caballero – Kanzler – Kammerherr – etc.), in ihrer absteigenden Phase degenerieren die Bezeichnungen (Señor – Don – Sie – etc.); aber was ihre Agonie verkündet ist, daß die Bezeichnungen, die authentische Werte betreffen, zur Beleidigung werden (Literatur – Ästhetik – Künstler – Intellektueller – Kleriker – etc.). 1085

Solange sie dem Künstler als gesellschaftliche Hürden erscheinen, sind ethische Verbote keine ästhetische Knechtschaft. 1086

Das Obszöne ist nur ein Recht der Obszönen.

Das Christentum leugnet nicht den Glanz der Welt, sondern lädt ein, seinen Ursprung zu suchen, um bis zum reinen Schnee seiner Berggipfel aufzusteigen. 1087

Was von Gott entfernt, ist nicht die Sinnlichkeit, sondern die Abstraktion.* 1088

1089 Das poetische Werk des guten kommunistischen Dichters (Aragon, Eluard, Neruda, etc.) zerfällt in zwei Teile: den poetischen Teil und den kommunistischen Teil.*

1090 Das Natürliche und das Übernatürliche sind keine sich überlagernden Ebenen, sondern verflochtene Schnüre.

1091 Das männliche Alter des Denkens bestimmen weder die Erfahrung noch die Jahre, sondern die Begegnung mit bestimmten Philosophien.

1092 Die meisten Philosophien sind Hindernisse, die man durch Änderung der Route umgehen kann, aber einige wenige sind Gebirgszüge, die man unvermeidlich überqueren muß.*

1093 Die legitime Ordnung ist die spontane Kristallisation der Seele, die ihre vornehmste Form annimmt.

1094 Der Unwissende hegt insgeheim den Verdacht, daß der wortkarge Schriftsteller Scheingefechte führt.

1095 Der Dumme beschränkt sich darauf, die offensichtliche Stupidität der langweiligsten gesellschaftlichen Verhaltensweisen zu monieren, ohne ihre einzigartige Bedeutung zu verstehen.

1096 Heute lebt der Reiche seinen Reichtum mit der Gier eines neureichen Armen und der Arme seine Armut mit der Empörung eines zugrunde gerichteten Reichen.

Der Reichtum hat die ihm eigenen Tugenden verloren und die Armut die ihren.*

1097 Statt die Beseitigung der Habsucht zu verlangen, fordert die moderne Empfindlichkeit, daß wir den Gegenstand abschaffen, welcher sie hervorruft.

1098 Bevor es sich in Konvulsionen auflöst, verdichtet sich das weibliche Gesicht in eine Momentaufnahme der Ewigkeit.

1099 Die wirkliche Sinnlichkeit ist Gier nach der Ewigkeit ihres Objekts.

1100 Das Vorurteil, keine Vorurteile zu haben, ist das alltäglichste von allen.

Es gibt keinen geistigen Sieg, der nicht jeden Tag wieder neu gewonnen werden muß. 1101

Die Seele, die zur Vollkommenheit aufsteigt, pflegt das eroberte Tiefland zu räumen, wo sich untergeordnete Teufelchen niederlassen, die sie lächerlich machen und beschmutzen. 1102

Um etwas zu gründen, reicht ein Anfall von Verzückung, aber die Aufgabe der Bewahrung erfordert eine beharrliche Begeisterung der Seele. 1103

Die Lösungen des Problems der industriellen Kunst versetzen den Zeitgenossen – im Gegensatz zur authentischen Kunst – in Staunen und scheinen der Nachwelt grotesk. 1104

Die Stunde der Finsternis des Geistes schlug in der Mitte des 19. Jahrhunderts, zwischen dem Verblassen Schellings und, z. B., der Veröffentlichung der *Ethical Studie*s von Bradley, der *Einleitung* von Dilthey und den *Donnée*s von Bergson. 1105

Die heute der vulgärsten Ignoranz vorbehaltenen Dummheiten waren damals gewagte Gedanken. Morgen können wir Opfer von Unfähigkeiten sein, aber nicht vermeintlicher geistiger Triumphe.

Der Geist lacht über die Hegemonie des Universums.

Seit der ersten Generation der Romantiker verzichtete der Künstler darauf, Sprecher der Gesellschaft zu sein, um sich in ihren Richter zu verwandeln. 1106

Die „modernistischen“ Ästhetiken waren Erfindung reaktionärer Schriftsteller: Balzac, Baudelaire, Eliot. 1107

Rousseau ist der erste, der das intellektuelle, technizistische und urbane Programm des vordringenden Bürgertums verwirft, aus den eigenen bürgerlichen Reihen heraus, aus dem Stoßtrupp selbst. 1108

Die Romantik war ein Protest gegen die Beschlagnahmung der Kultur durch die *pursuit of happiness*.* 1109

Das ethische Problem besteht immer darin, zu verhindern, daß die Moral Hesiods die Moral Homers vertreibt. 1110

1111 Die schulische Erziehung hat die Volkskultur zugrunde gerichtet; die universitäre Erziehung richtet gerade die Kultur zugrunde.*

1112 Es ist leichter, den Einfältigen vom Strittigen zu überzeugen als vom Unstrittigen.

1113 Der Stolz gegenüber der Welt rettet uns vor dem Stolz gegenüber Gott.

1114 Jede Mythologie legt im wesentlichen Zeugnis über die Gesellschaft ab, die sie erfindet, aber sie auf den Ausdruck einer gesellschaftlichen Struktur zu reduzieren, ist so kindisch, wie den physikalischen Atomismus dem bürgerlichen Individualismus zuzuschreiben.

1115 Keine politische Verbrüderung hat den Wert eines geteilten Hasses.*

1116 Jedes Gut, das man beweisen kann, ist nur Mittel eines Gutes.
Ein Gut ist, was wir nur zeigen können.

1117 Nur Ruhe und Routine liefern uns das Mark der Dinge aus, des Wesentlichen, des Seienden.

1118 Die Gelehrten der feudalen Gesellschaft (Kleriker, Poeten, Chronisten) kritisierten sie nur, wenn sie ihr Prinzip verletzte, die heutigen Gelehrten (Philosoph, Poet, Schriftsteller) kritisieren die moderne Gesellschaft, wenn diese ihrem folgt.

1119 Die Drohung eines kollektiven Todes ist das einzige Argument, das das Wohlbefinden der gegenwärtigen Menschheit beeinträchtigt.
Der Atomtod beunruhigt sie mehr als ihre zunehmende Verkommenheit.*

1120 Leben ist der einzige Wert des modernen Menschen.
Sogar der moderne Held stirbt nur im Namen des Lebens.*

1121 In der Philosophie, ist der, der sich verteidigt, besiegt.

1122 Sich mit dem Irrtum abfinden, ist der Anfang der Weisheit.

Die Freiheit des anderen ist für uns von Bedeutung, denn ohne sie ist der Triumph unserer Meinung wertlos, aber vermeiden wir die Bigotterie, alberne Meinungen zu respektieren. 1123

Ich verteidige deine Freiheit, weil ich dich überzeugen möchte. Weil deine Freiheit die Bedingung meines Sieges ist. Aber indem ich deine Freiheit respektiere, trifft dies nicht auf deine Irrtümer zu, sondern auf die Möglichkeit, daß du dich meinen Wahrheiten aus freien Stücken anschließt.*

Die Geschichte pflegt von einfachen Möglichkeiten abzuhängen, Versprechungen und Drohungen können der Leitstern ganzer Epochen sein. 1124

Diese Trugbilder – manchmal im Bewußtsein präsent, ein andermal im Unbewußten versteckt – sind die Protagonisten der Geschichte – selbst wenn sie nicht ihre empirischen Hauptdarsteller sind.

Um nicht zu verkommen, muß der Rebell die Ordnung bewundern, die er bekämpft.* 1125

Die demokratischen Institutionen sind Versuche, zu institutionalisieren, was nicht institutionalisierbar ist. 1126

Was reifen will, muß der Langeweile mit Gleichmut gegenübertreten. 1127

Zivilisationen sind der Abglanz geduldig ertragener Eintönigkeiten.

Die Frage verstummt nur angesichts der Liebe. 1128

„Wozu lieben?“ ist die einzige unmögliche Frage.

Die Liebe ist nicht Mysterium, sondern der Schauplatz, wo sich das Mysterium auflöst. 1129

Das Große ist für die Sensibilität nicht die arithmetische Summe der Teile, sondern Eigenschaft bestimmter Verbindungen. 1130

Die metrische Größe – jedes moderne Gebäude zeigt es – hat keine Beziehung zur monumentalen Größe.

Zuständiger Richter auf dem Gebiet der Inspiration ist nicht der Poet, sondern der Leser. 1131

1132 Das Gefühl des Tragischen rettet den Historiker vor der Rührseligkeit.

1133 Die Dichter belasten die meisten ihrer Gedichte mit naß gewordenem Pulver.

1134 Gestern vertraute der Dichter dem traditionellen Adjektiv, heute dem ungewöhnlichen.
In keinem Falle ersetzt das Rezept das Talent.

1135 Das moderne Individuum beschränkt sich darauf, mit allen geteilte Meinungen als persönliche und eigene anzusehen.

1136 Der moderne Staat fabriziert die Meinungen, die er später respektvoll unter dem Namen öffentliche Meinung erwählt.

1137 Philologie, Kritik, Geschichte, d. h.: die Kunst, einen Autor zu lesen, seine Lehre zu verstehen, die Tatsachen zu verbinden, erwachsen aus ein und demselben Prinzip: dem des Zusammenhangs.

1138 *... the best of my thoughts shall be rather to mend myself than the world ...* sagt uns Sir William Temple, indem er von Descartes abschreibt.
Wenige bekennen – seit Jahrhunderten – ein ähnliches Verlangen. Dort liegt das echte *divortium aquarum* der Geschichte.
(Wie altmodisch ich mich fühle!)

1139 Der Konservatismus von Burke ist nicht ein *Irrationalismus*, der sich dem zeitgenössischen *Rationalismus* entgegenstellt, sondern gegenüber der *Aufklärung*, welche ihre Vorurteile Prinzipien nennt, die Unabhängigkeits-Urkunde der experimentellen Vernunft.

1140 Einige von uns haben nur die Absicht zu schreiben, um das alltägliche Leben in intelligentes Leben auszudehnen.

1141 Die abstrakte Kunst ist nicht ungerechtfertigt, aber begrenzt.

1142 Das Bewußtsein entdeckt seine Freiheit, wenn es sich gezwungen fühlt, zu verwerfen, was es gutheißt.*

1143 Die Schirmherrschaft über die Armen zu übernehmen, war in der Politik immer das sicherste Mittel, sich zu bereichern.*

In den Künsten nennt sich Authentizität die Konvention des 1144
Tages.*

Es ist nicht gerecht, daß uns eine Epoche, die uns mit ihrer Rohheit 1145
verschluckt, als Gegner alles Neuen anklagt.

Kein Wesen verdient unser Interesse länger als einen Moment. oder 1146
kürzer als ein Leben.

Parallel zu den Heerstraßen, über die Jahrhunderte lang Ideen und 1147
Gerätschaften reisen, gibt es geheime Pfade, auf denen die Abgesandten des Untergangs in die Zeit gleiten.

Das Volk duldet, daß man es ausraubt, sofern man ihm schmei- 1148
chelt.*

Was der gute Dichter sagt, existiert nur als Punkt der Übereinstim- 1149
mung eines Gefüges von Anspielungen.

Der schlechte Poet gibt sich mit vorgetäuschten Anspielungen zufrieden.

Eine Religion oder eine Philosophie können weiterhin gesellschaft- 1150
lich Einfluß ausüben, obwohl sie geistig zugrunde gegangen sind; oder sie können, umgekehrt, ihren gesellschaftlichen Einfluß verlieren, ohne daß diese öffentliche Niederlage ihren Wert beeinträchtigt.

Die fortschrittliche Hoffnung nistet nur noch in den Diskursen. 1151

Rational wäre nur ein Universum, dessen Nichtexistenz wider- 1152
sprüchlich wäre. Ein Universum, das Objekt des ontologischen Versuchs wäre.

Indem er nicht beweisen kann, daß die Vernunft spinozistisch sei, wird sich der Rationalist damit abfinden müssen, daß sie formal ist.

Eine zivilisierte Gesellschaft ist nicht das Ergebnis menschlicher 1153
Vorsätze, sondern deren gegenseitiger Neutralisation.

Der fremde Literaturkritiker muß sich darauf beschränken, mit 1154
Feingefühl zwischen den Meinungen der einheimischen Kritiker zu wählen.

1155 Der mittelmäßige Schriftsteller spricht im 17. und 18. Jahrhundert mit der unterhaltsamen und angenehmen Stimme eines gut erzogenen Mannes. Der mittelmäßige Schriftsteller des 19. und 20. Jahrhunderts ist nur ein mittelmäßiger Literat.

Heute gibt es zwischen dem Genie und der Plebs nur noch eine Hierarchie des Dünkels.

1156 Kollektive Darstellungen sind heute Meinungen, die die Propagandamedien durchsetzen.

Das Kollektive ist heute nicht, was viele verkaufen, sondern was viele kaufen.

1157 Wenn sich verschiedene Formen individueller Habsucht zusammenschließen, sprechen wir gewöhnlich von edlen volkstümlichen Sehnsüchten.

1158 Die Geduld des Armen ist in der modernen Gesellschaft nicht Tugend, sondern Feigheit.*

1159 Die liberalen Parteien machen Versprechungen als Popular-Parteien und erfüllen sie als bürgerliche Parteien.

1160 Die liberalen Parteien (Girondisten – französische Besitzer von 1830 – englische Fabrikanten von 1832 – demokratische Jacksonianer – kreolische Magnaten – etc.) haben sich durch die schöne Rhetorik, mit der sie ihre merkantilen Vorsätze ausschmückten, hervorgetan.

Der Marxismus erwächst zum Teil aus einem Nachdenken über die liberale Eloquenz.

1161 Die Treue ist ehrlich, solange sie sich nicht für eine Tugend hält.

1162 Der Spezialist unterstützt die Neigung der Geisteswissenschaften, sich in Ideologien zu verwandeln.

Mit dem Ziel, Herrschaftspositionen zu besetzen, schreibt der Spezialist seinem Spezialgebiet eine fingierte Vorherrschaft zu, die der Laie, verschüchtert durch die Esoterik jeder Spezialisierung, nicht zurückzuweisen wagt.

Wenn die aristotelische Mechanik angesichts des Trägheitsprinzips 1163
– welches die Idee der Intentionalität des Universums unterdrückt – unterliegt, wird die moderne Philosophie geboren.

Philosophieren heißt seit dem 17. Jahrhundert die Suche nach den Grenzen des Prinzips.

Als liederlicher Sohn von Provinz-Notablen blendet der Kommu- 1164
nismus die Stadtbewohner mit seinem Gerede, während er seine Rückkehr ins Dorf vorbereitet, um dort die Apotheke seines Vaters zu übernehmen.

Theater, Konferenzsäle, Konzertsäle, Ausstellungsräume sind die 1165
Tempel der Philister.

Die höchste Qualiät eines Stils ist die Autorität, das Gewicht eines 1166
Satzes.

Nicht die Geschicklichkeit, die verführt, sondern der sichere und leichte Schritt des Geistes.

Die *Introduction à la Vie Dévote* des Hl. Franz von Sales und die 1167
Chroniques von Froissart führen in Lebensweisen ein, die unseren Zeiten fremd sind: das Leben als *dévotion*, das Leben als Heldentat.

Zwei Arten, das Leben als männliche und entzückende Begeisterung zu empfinden – wie das Knattern von Flaggen in der Morgenröte.

Der breiten Masse ist es nicht wichtig, frei zu sein, sondern sich frei 1168
zu glauben.

Was ihre Freiheit verstümmelt, alarmiert sie nicht, wenn man es ihr nicht sagt.

Das Alte oder das Moderne schätzen ist leicht; aber das Obsolete zu 1169
schätzen wissen, ist der Triumph des echten Geschmacks.*

Der Jugendliche verzeiht den Schriftstellern nicht, die sein Vater 1170
las.

Gott ist die transzendentale Bedingung unseres Widerwillens. 1171

1172 Die Pessimisten prophezeien eine Zukunft in Trümmern, aber die optimistischen Propheten sind noch haarsträubender, wenn sie die Stadt der Zukunft ankündigen, wo in intakten Bienenhäusern Bosheit und Langeweile hausen.

1173 Gestern glaubten wir, daß es ausreicht zu verachten, was dem Menschen gelingt, heute wissen wir, daß wir außerdem mißbilligen sollen, was er ersehnt.

1174 Ungeachtet seiner Wut auf das Christentum ist der Stammbaum Nietzsches ungewiß. Nietzsche ist ein Saulus, der auf dem Weg nach Damaskus in Ohnmacht fällt.*

1175 Lieben heißt den Grund verstehen, den Gott hatte, das zu erschaffen, was wir lieben.*

1176 Die Metaphysik scheitert, weil sie von der Welt, diesem fehlgeschlagenen Projekt, wie von etwas Gelungenem sprechen muß.

1177 Drei Typen von Ethik treten in der Geschichte gegeneinander an: demokratische Ethiken der gesellschaftlichen Nützlichkeit, liberale Ethiken des individuell guten Willens, aristokratische Ethiken der Qualität der Person.

Im ersten hängt die Moral der Handlung vom Wesen der Wirkung ab, im zweiten vom Wesen des Motivs, im dritten vom Wesen des einzelnen Subjekts.

1178 Der unerfahrene Historiker löst das Individuum in Begriffe auf; der fähige Historiker stellt es in einen Kreuzweg von Konstanten; der große Historiker sieht in ihm ein konkretes Allgemeines, in dem der Zusammenhang sich verdichtet.

1179 Das Extreme ist heute in der Literatur uninteressant und was nicht extrem ist, ist unwichtig.

1180 Der Erfolg der übrigen Gattungen ist Anzeichen eines Verdienstes, während der „Ruhm“ des Theaters das Rätsel der Geisteswissenschaften darstellt.

Der Mensch neigt dazu, all seine Macht auszuüben. Das Unmögliche erscheint ihm die einzige berechtigte Grenze. 1181

Zivilisiert ist im Gegensatz dazu derjenige, der sich aus verschiedenen Gründen weigert, alles in seiner Macht stehende zu tun.

Indem sie sich der Fehlgriffe ihrer Kollegen von gestern erinnern, verschwenden die zeitgenössischen Kritiker ihren Weihrauch, ohne zu bemerken, daß es schwerer wiegt, vor einem mittelmäßigen Künstler vor Staunen zu erstarren, als einen großen Künstler zu ignorieren. 1182

Um einen Fehler zu korrigieren, zieht der Mensch den symmetrischen Fehler der entgegengesetzten Eigenschaft vor. 1183

Der Laie lacht über die Lösungen des Philosophen, weil er dessen Probleme nicht kennt. 1184

Subjektiv ist, was nur ein Subjekt wahrnimmt, objektiv, was alle Subjekte wahrnehmen; aber sowohl das Objektive als auch das Subjektive kann wirklich oder fiktiv sein. 1185

Die Jugendlichen erheben sich mit der Todesverachtung der Adler zum Flug in die Lüfte und landen bald darauf weich am Boden – wie eingebildete Vögel eines Hühnerhofes. 1186

Ein Wörterbuch von zehn Wörtern reicht dem Marxisten, um die Geschichte zu erklären. 1187

Der Linke schreit, daß die Freiheit untergeht, wenn seine Opfer es ablehnen, ihre eigene Ermordung zu finanzieren.* 1188

Die Dialektik der Liebe ist kein unumkehrbarer Aufstieg, sondern ein endloses Zurückkehren. 1189

Die Liebe ist ihrem Wesen nach Haften des Geistes in einem anderen nackten Körper.* 1190

1191 Weisen wir den abscheulichen Rat zurück, auf die Freundschaft und auf die Liebe zu verzichten, um das Unglück zu verbannen. Vermischen wir im Gegenteil unsere Seelen, wie wir unsere Körper verflechten.

Das geliebte Wesen möge die Erde unserer zerrissenen Wurzeln sein.*

1192 Die Definition ist willkürlich, weil wir das Objekt definieren können, indem wir irgendeine seiner Beziehungen auswählen, aber nicht, weil wir irgendeine Beziehung auswählen könnten.

Obwohl die Vernunft kein Flußbett hat, hat sie Grenzen.

1193 Die Macht der Technik ist nur unbegrenzt, um zu zerstören und zu mindern.

1194 Nichts gibt es in der Welt, was der Enthusiasmus des Dummkopfes nicht herabzuwürdigen vermöchte.*

1195 Wenn die Liebe ihre vollkommene Reife erlangt, ist die Unzucht ihr einzig hinreichender Ausdruck.*

1196 Soziales Problem nennt sich die Dringlichkeit, zwischen der offensichtlichen Gleichheit der Menschen und ihrer offensichtlichen Ungleichheit ein Gleichgewicht zu finden.*

1197 Das Proletariat verabscheut am Bürgertum nur die ökonomische Schwierigkeit, es zu imitieren.

1198 Die Politiker sind in der Demokratie die Kondensatoren der Dummheit.*

1199 Die Liebe liebt die Unaussprechlichkeit des Individuums.

1200 Je größer die Bedeutung einer intellektuellen Tätigkeit, desto lächerlicher die Anmaßung, die Fähigkeit dessen, der sie ausübt, zu garantieren.

Ein Zahnarztdiplom ist respektabel, das des Philosophen grotesk.

1201 Das Kunstwerk löst nur künstlerische Probleme.

Die Geschichte als Ergebnis eines göttlichen Willens besteht aus einer Vielzahl von Zufällen, die der Mensch, um seine Ängste zu beruhigen, bemüht ist, in Notwendigkeit zu verwandeln. 1202

Wenige begreifen, daß das, was sie sagen, nur wichtig wäre, wenn andere es sagen würden.* 1203

Das Theater lebt nur, wenn es nicht zur Literatur gehört, aber ohne diese hat es keine Dauer. 1204

Die Reform der Gesellschaft durch Gesetze ist der Traum des leichtgläubigen Staatsbürgers und die diskrete Präambel jeder Tyrannei. 1205

Das Gesetz ist die rechtliche Form von Brauch und Sitte oder Angriff auf die Freiheit.*

Die Legitimität der Macht hängt nicht von ihrem Ursprung ab, sondern von ihren Zwecken. 1206

Nichts ist der Macht verboten, falls ihr Ursprung sie legitimiert, wie der Demokrat es lehrt.*

Der Katholizismus löst nicht alle Probleme, aber er ist die einzige Doktrin, die alle aufwirft.* 1207

Nicht nur zwischen Generationen verliert sich die Erfahrung, sondern auch zwischen Perioden ein und desselben Lebens. 1208

Die Intelligenz des Fortschrittlers ist nie mehr als der Komplize seiner Karriere.* 1209

Den zu überzeugen, der eigene Meinungen hat, ist leicht, aber niemand überzeugt den, der fremde Meinungen vertritt. 1210

Niemand besteht so hartnäckig auf seine Ansichten, wie der, der nur Echo seiner Epoche ist.

Die moderne Architektur ist fähig, Industrieschuppen aufzustellen, aber es gelingt ihr weder einen Palast, noch eine Kirche zu bauen. 1211

Dieses Jahrhundert wird nur Spuren seiner Geschäftigkeit für unsere schäbigste Habgier hinterlassen.

Der moderne Mensch stellt sich keinen höheren Zweck vor als den Dienst an den anonymen Gelüsten seiner Mitbürger.* 1212

1213 Der Egoismus des einzelnen glaubt sich freigesprochen, wenn er sich in kollektivem Egoismus verdichtet.

1214 Das alltägliche Leben ist so erbärmlich, daß der Unglücklichste Opfer der Habgier des Nachbarn sein kann.

1215 Selbst wenn die Menschheit jeden Apparat, den man ihr erfindet, nutzt, schätzt sie am Ende doch nur den, der ihr etwas Unnützes hinterläßt: eine Idee, ein Gedicht, eine Kirche.

Der Rost zerfrißt schon den Ruhm der berühmtesten Klempner dieses Jahrhunderts.

1216 Das allgemeine Wahlrecht strebt nicht danach, daß die Interessen der Mehrheit den Triumph davontragen, sondern daß die Mehrheit dies glaube.

1217 Wer eine Schule einer Kirche vorzieht – der Kirche des albernsten aller Kulte – weiß weder, was eine Kirche noch was eine Schule ist.*

1218 Die träge Intelligenz endet, indem sie in die Hände des Technikers abdankt.

1219 Die Sinneswelt ist ein Staubmolekül inmitten einer Sturzflut unsichtbarer Wasser.

1220 Die Geschichte ist der Bericht von dem, was passiert, wenn Dämonen und Götter sich eines sterblichen Fleisches bemächtigen und den Boden mit Blut beflecken.

Ganze Völker, ganze Epochen kommen in Unruhe, sprechen, kämpfen unter der Geschichte. Das Menschliche hat die Bedeutungslosigkeit eines Insektengewimmels, wenn es bloß menschlich ist.

Jeder Schrei ist ein einfaches Geräusch, wenn der Schmerz ihn nicht einer göttlichen Kehle entreißt.

1221 Je wichtiger eine Sache ist, desto unwichtiger ist die Zahl ihrer Verfechter.

Um eine Nation zu verteidigen, ist ein Heer vonnöten, aber ein einziger Mensch genügt, um eine Idee zu verteidigen. Die säkularen Architrave ruhen auf einsamen Schultern.*

Der Unterlegene hat immer recht in den Disputen, weil der Über- 1222
legene sich zum Disput herabgelassen hat.

Die Zivilisation ist Blüte tausend schäbiger Wurzeln. 1223

Nichts tugendhafter als irgendein Kritiker des Christentums. 1224

Um unsere Zeit zu beurteilen, genügt es daran zu erinnern, daß die 1225
Soziologen ihre Moralisten sind.*

Das Bevölkerungswachstum beunruhigt den Demographen nur, 1226
weil er fürchtet, daß es den ökonomischen Fortschritt stört oder die Ernährung der Massen erschwert.

Aber daß der Mensch Einsamkeit braucht, daß die menschliche Vermehrung grausame Gesellschaften hervorbringt, daß man Abstand zwischen den Menschen benötigt, damit der Geist atme, entgeht seiner Aufmerksamkeit.

Die Qualität des Menschen ist ihm gleichgültig.

Damit es der Mühe wert sei zu spielen, wartet man besser darauf, 1227
daß irgendwelche Katastrophen das Spiel verändern.*

Nur das Triviale schützt uns vor dem Überdruß.* 1228

Das Gemälde der Sung-Periode stellt der immensen Landschaft die 1229
Meditation einer winzigen Figur gegenüber.

Die Würde des Menschen beruht in der Unterwerfung, die ihn befreit.

Wenn wir zwei sich ästhetisch unterscheidende Exemplare der sel- 1230
ben Art vergleichen, erscheint uns das häßliche als empirische Tatsache und das schöne als rationale Notwendigkeit.

Das Heidentum ist das andere Alte Testament der Kirche. 1231

Der Mensch bezahlt für den Taumel der Befreiung mit der Lange- 1232
weile der Freiheit.*

Von Eroberung zu Eroberung wurde die moderne Kunst schließ- 1233
lich zum Gestammel.

Das 20. Jahrhundert ist ein nicht endender Schiffbruch. 1234

1235 Für einen beliebigen Augenblick taugen nur mittelmäßige Texte.

1236 Zivilisation ist, was ein Wunder vor dem Eifer der Regierenden rettet.

1237 Es gibt Gedichte, die man langsam streicheln muß, damit sie sich hingeben.

1238 Die Geschichte des Menschen ist kein Katalog seiner Situationen, sondern der Bericht seiner unvorhersehbaren Möglichkeiten, diese zu nutzen.

1239 Um die Bedeutung des Christentums zu ermessen, zählt nicht die Originalität der Lehre, sondern die Göttlichkeit Christi.

1240 Der praktische Politiker geht an den Folgen der Theorien zugrunde, die er verachtet.

1241 Der Konsum läßt sich für den Fortschrittler nur als Mittel zur Produktion rechtfertigen.*

1242 Glücklich die Revolutionäre, die den Triumph der Revolution nicht erleben.

1243 Mehr noch als von abtrünnigen Marxisten ist unsere Zeit voll von ermüdeten Marxisten.

1244 Zwei Wesen flößen heute besonderes Mitleid ein: der bürgerliche Politiker, den die Geschichte geduldig in die Enge treibt, und der marxistische Philosoph, den die Geschichte auf geduldige Art widerlegt.

1245 Totalitärer Staat ist die Struktur, in der die Gesellschaften unter dem demographischen Druck kristallisieren.*

1246 Das beste Ergebnis der geistigen Fermentation einer Gruppe intelligenter Jugendlicher ist das Buch, das von ihrer Frustration und von ihrem Versagen berichtet.

1247 Die Blödsinnigkeit seiner Leidenschaften rettet den Menschen vor der Blödsinnigkeit seiner Träume.*

Dinge von höchstem Adel existieren, weil einige Menschen überflüssige Dinge nicht verachteten. 1248

Die Zivilisation resultiert aus dem, was der fortschrittliche, dynamische, demokratische Bürger geringschätzt.

Der überlieferte Gemeinplatz regt den modernen Menschen auf. 1249

Das subversivste Buch unserer Zeit wäre eine Sammlung alter Sprichwörter.

Der Fortschritt ist die Geißel, die Gott für uns auswählte. 1250

Die dialektische Methode benutzt man, um unser Erstaunen angesichts der unvorhergesehenen Folgen der Tatsachen zu verschleiern. 1251

Die philosophischen Gedankengänge sind nur wichtig, wenn sie im Dienst einer anmaßenden Intelligenz stehen. 1252

Jede Wahrheit überträgt sich von Fleisch zu Fleisch. 1253

Das Universum des Kranken ist keine krankhafte Sicht, sondern die Sicht der Krankheit des Universums. 1254

Also beginnt das Evangelium der Hölle: *Nihil erat in principio et credidit nihil esse deum, et factum est homo, et habitabit in terra, et per hominem omnia facta sunt nihil.* 1255

Das Böse hat nur die Wirklichkeit des Guten, das es aufhebt. 1256

Die Geschichte der Religionen ist nicht die Geschichte von Meinungen, sondern von Abenteuern. 1257

Wer die Geschichte vergöttert, vergöttert früher oder später sein Gegenüber. 1258

Nietzsche wäre der einzige adlige Bewohner einer verlassenen Welt. 1259

Nur seine Option könnte sich ohne Scham der Auferstehung Gottes aussetzen.

Authentizität und Rhetorik wechseln in ihren Ausmaßen, sind aber Bestandteile jedes Werkes. 1260

1261 Philosophie ist Tradition, Beruf, Handwerk. Am Ende Institution.

Das Denken, das sich in der Lage glaubt, den Regeln der Zunft auszuweichen, wiederholt bloß elementare Philosopheme.

In der Philosophie ist das Neue kein neuer Baum, sondern ein Sproß in einem neuen Frühling.

1262 Jede Revolution läßt uns nach der vorangegangenen zurücksehnen.

1263 In den Meistern geistigen Lebens, ob es sich nun um das Evangelium oder um Goethe handelt, ist eine Strenge der Hoffnung, eine Unnachgiebigkeit des Anspruchs, ein unbestechliches Gefühl der Dringlichkeit, die dieses schwammige Jahrhundert nicht kennt.*

1264 Je nach geschichtlichem Zusammenhang variiert der Konservatismus den prosodischen Akzent seines ewigen Satzes.

1265 Der echte Revolutionär lehnt sich auf, um die Gesellschaft, die er haßt, abzuschaffen, der heutige Revolutionär erhebt sich, um jene zu beerben, die er beneidet.

1266 Der moderne Mensch liebt nicht, sondern sucht Zuflucht in der Liebe; er hofft nicht, sondern sucht Zuflucht in der Hoffnung; er glaubt nicht, sondern sucht Zuflucht in einem Dogma.*

1267 Unterrichten besteht nicht darin, Lösungen zu lehren, sondern Probleme offenzulegen.

1268 Die ideologischen Konflikte in den amerikanischen Ländern sind bloße Streitfälle zwischen Importen unterschiedlichen Datums.

1269 Bevor er sich über die Astronomie Hegels lustig macht, sollte sich der Wissenschaftler das Lächeln Hegels vorstellen, wenn er ihn über Philosophie sprechen hörte.

1270 Schwärmer sind weitschweifig.

1271 Der liberale Politiker verbringt die zweite Hälfte seines Lebens damit, zu versuchen, die Wunden zu heilen, die er der Gesellschaft in der ersten zufügte.

1272 Der Erotismus erschöpft sich in Versprechungen.*

Der Subjektivismus ist nur bedeutend, wenn wir ihn völlig über- 1273
nehmen.

Wenn die Person sich seinem Zentrum zuwendet und sich in seiner Dichte verinnerlicht, umfängt sie ein Geräusch lebendiger Wasser in ihrem Dämmer. Dort, wo sie ihre äußerste Einsamkeit zu finden glaubte, offenbart sich eine widerspenstige Objektivität, ein unbeugsam Anderes, eine siegreiche Transzendenz.

In der auf sich genommenen Subjektivität tauchen die Geschichte und Gott auf.

Die Furcht ist der geheime Motor der Unternehmungen dieses 1274
Jahrhunderts.*

Eine zu Vertraulichkeiten degenerierte Lyrik ist die Krankheit der 1275
modernen Poesie.

Nichts so schwer wie zu lernen, daß auch die Stärke lächerlich sein 1276
kann.

Wir sollten nur lesen, um zu entdecken, was wir ewig wiederlesen 1277
sollten.

Gegen das Unglück reichen vielleicht Humor, Witz, Charakter – 1278
aber wie trösten wir uns ohne Gott über die Unzulänglichkeiten unseres Glücks hinweg?

Die Menschen, deren allgemeine Ideen interessant sind, sind ebenso 1279
selten wie jene, deren persönliche Mitteilungen des Interesses ermangeln.*

Das wahrhaftige Talent besteht darin, sich von Gott nicht unabhän- 1280
gig zu machen.*

Die Versuchung des Paganismus ist nicht die Immoralität, sondern 1281
die Moral.

Ein ungläubiger Heide hat die Ethik erfunden.*

Die unvorhersehbare Grazie eines intelligenten Lächelns reicht, um 1282
die Schichten der Langeweile hinwegzusprengen, die die Tage hinterlassen.

1283 Erotismus, Sinnlichkeit, Liebe sind, wenn sie nicht in ein und derselben Person konvergieren, vereinzelt nicht mehr als eine Krankheit, ein Laster, eine Albernheit.*

1284 Der Kommentator theologischer Texte pflegt dem Irrtum zu verfallen, einfache Details des Bildes, in dem er sich ausdrückt, seien Teile der darin ausgedrückten Idee.

1285 Eine echte Berufung führt den Schriftsteller dazu, nur für sich selbst zu schreiben: zuerst aus Stolz, dann aus Bescheidenheit.

1286 Um Held im Theater des Lebens zu sein reicht es, perfekter Schauspieler zu sein, in welcher Rolle auch immer.

Das Leben hat keine Nebenrollen, sondern Nebendarsteller.

1287 Die sinnliche Nacktheit ist die Blütezeit der Scham.

1288 In der authentischen Kultur wird die Vernunft zur Sinnlichkeit.*

1289 Die Schlichtheit zieht den Schriftsteller an, wenn er begreift, daß die Rhetorik dazu dienen kann, seine Absichten zu verheimlichen, aber nicht über das Wesen seiner Seele hinwegzutäuschen.

1290 Wissenschaftliche Abhandlungen sind langweilig, wenn der Autor nicht kompakte Blöcke von Ideen aufnimmt, ganze Systeme als Makro-Vokabeln seiner Sprache.

1291 Die Seele soll sich dem Eindringen des Fremden öffnen, auf Verteidigung verzichten, den Feind begünstigen, damit unser authentisches Sein erscheint, nicht als fragile Konstruktion, die unsere Schüchternheit schützt, sondern als unser Fels, unser unbestechlicher Granit.

1292 Der Fortschrittliche glaubt, daß alles bald veraltet, außer seinen Ideen.

1293 Die „Ideale“ sind Symptome des verkappten Narzismus. Die Pathologie des Egoismus reserviert ein Kapitel dem „Idealisten“.

Nur die konkrete und sinnliche Person, die wir lieben, ist mehr als unser maskiertes Ich.*

Der Historiker, welcher die Epochen als einfache Etappen von Prozessen behandelt, verwandelt die, welche er untersucht, in den bloßen Prolog seiner Zeit oder in die Prähistorie seiner Sehnsüchte. 1294

Im aktuellen politischen Panorama ist keine Partei näher an der Wahrheit als die andere. 1295

Es gibt einfach einige, die weiter weg sind.

Traurig wie eine Biographie.* 1296

Es gibt Schriftsteller, mit denen wir nicht eine Idee teilen, aber in denen wir trotz allem einen Bruder ahnen; und es gibt andere, die zur selben Zeit unsere Zustimmung und unseren Argwohn erregen. 1297

Literatur, die den vergnügt, der sie macht, langweilt den, der sie liest. 1298

Das Bewußtsein unserer Abhängigkeit, unseres Unvermögens, unserer Bedeutungslosigkeit, schließlich das Bewußtsein unserer Beschaffenheit als Kreatur rettet uns vor Angst und Überdruß. 1299

Für den, der niederkniet, fließt die Welt in einem geheimen Frühling.

Die Nächstenliebe des modernen Menschen besteht nicht darin, den Nächsten zu lieben wie sich selbst, sondern sich selbst im Nächsten zu lieben.* 1300

Die Intelligenz bereichert sich nur mit dem, was sie sich verbietet. 1301

Die philosophischen Schulen waren die Mönchsorden der Antike. 1302

Die pythagoreische Lehre erinnert zum Beispiel mehr an die cluniazensische Reform als an den deutschen Idealismus.

Chartres imitiert die Akademie mehr als Florenz, über seine Schule weht ein authentischerer hellenischer Wind als über dem florentinischen Garten. 1303

Auf die Geschichte zu wirken, bedeutet nicht so sehr praktische Ereignisse zu verändern, als in einer Geste, einem Werk, einem Buch eine ewige Bedeutung zu prägen. 1304

1305 Die koloniale Architektur dieses Kontinents ist Teil der Landschaft.
Die spätere Architektur beschmutzt sie bloß.

1306 Wie seine romantischen und klassischen Epochen hat der Geist auch seine stumpfsinnigen.

1307 Christ sein heißt, sich vor dem Antlitz dessen befinden, vor dem wir uns nicht verbergen können, vor dem es uns unmöglich ist, uns zu verkleiden.
Es heißt, die Last auf sich zu nehmen, die Wahrheit zu sagen, wen auch immer es verletzen mag.

1308 Der Mensch ist eher zu heroischen Akten imstande als zu anständigen Gesten.*

1309 Ich atme schlecht in einer Welt, die keine heiligen Schatten durchkreuzen.

1310 Der Philosoph, der unfähig ist zu widerlegen, beschließt Schrecken auszuüben.

1311 Der Moderne nennt seinen Ehrgeiz Pflicht.

1312 Die progressistische Predigt hat so sehr verdorben, daß niemand das zu sein glaubt, was er ist, sondern das, was er nicht zu sein vermochte.*

1313 Nichts ist so armselig, wie nicht zuzugeben, wie vielen Überlegenen wir begegnet sind.
Die Ungleichheit ist Erfahrung der wohlgeborenen Seele.

1314 Der Stein trifft, wohin auch immer er fällt.
Wer von Irrtum spricht, fordert freie Handlungen.

1315 Die experimentelle Literatur ist bloß technisches Experiment.
Literatur dagegen ist das, was dem Experiment ausweicht.

1316 Die Launen der inkompetenten Masse nennt man öffentliche Meinung, die Urteile des Experten Privatmeinung.

Die Argumente des Philosophen sind der vergängliche Teil seines Werkes. 1317

Die Argumente deuten auf einen zeitgenössischen Zusammenhang und hängen diesem an. Mit diesem sterben sie.

Dieses Jahrhundert versinkt langsam in einem Sumpf von Spermien und Scheiße. 1318

Wenn er mit den gegenwärtigen Ereignissen hantieren wird, wird der Historiker der Zukunft Handschuhe tragen müssen.*

Der erste Schritt der Weisheit besteht darin, fröhlich zuzugeben, daß es keinen Grund gibt, daß unsere Ideen irgendjemanden interessieren könnten. 1319

Hinsichtlich tausend vulgärer Probleme besteht das Intelligente nicht darin, intelligente Meinungen zu haben, sondern gar keine. 1320

„Rational" ist all jenes, mit dem uns ein routinierter Umgang vertraut macht. 1321

Die Institutionen sind die Träger des Geisteslebens. 1322

Die subjektiven Erfahrungen objektivieren sich in Institutionen, um übertragbar zu werden.

Das Konventionelle an ihnen zu kritisieren, ihre Künstlichkeit und ihre Heuchelei ist bloß albern, weil die Institutionen nicht die Erfahrung selbst sind, sondern die Gestik, die befähigt, diese wiederzubeleben.

Daß derselbe Grund unterschiedliche Folgen auslösen kann, daß dieselbe Folge von unterschiedlichen Gründen herrühren kann, ist das erste Axiom der Hermeneutik. 1323

Im düsteren und stickigen Gebäude der Welt ist das Kloster der Raum, der sich zu Sonne und Luft öffnet. 1324

Nur eine herausragende Intelligenz kann ein Thema mit Leichtigkeit behandeln, ohne daß diese Leichtigkeit es korrumpiert. 1325

Die Schwierigkeit hingegen zwingt den Mittelmäßigen zu einer Strenge, die ihn rettet.

1326 Groß- und Kleinbürgertum sind soziale Schichten, die ihre größere oder geringere Lebenskraft unterscheiden.

Großbürgertum ist die Gruppe von Individuen, die fähig ist, gesellschaftliche Macht individuell aus alleiniger Kraft zu erobern.

Zum Kleinbürgertum gehören im Gegensatz dazu diejenigen, die – unfähig zu einer ähnlichen Anstrengung – versuchen, kollektiv die gesellschaftliche Macht zu erobern.

Der Liberalismus ist die Ideologie der ersten, der Sozialismus die der zweiten Gruppe.

1327 Die Freiheit ist nicht unentbehrlich, weil der Mensch weiß, was er will und wer er ist, sondern damit er wisse, wer er ist und was er will.*

1328 Damit die Freiheit Dauer hat, muß sie das Ziel der sozialen Organisation sein und nicht die Basis.*

1329 Es gibt Theaterstücke, die ein Problem behandeln, und andere, die eines sind.

Erstere gefallen dem Publikum, aber nur die zweiten sind gut.

1330 Eine gewisse Weise, enthusiastisch von der „Moral des Evangeliums“ zu reden, verrät sofort den Atheisten.*

1331 Was die Menschheit bloß beschmutzt, ist ihr nicht wichtig.

1332 Alles, was in der Geschichte einstürzt, ist Balsam für den Neid.

1333 Im heutigen Schriftsteller ist die Menschenkenntnis nicht tiefer als in den früheren, nur wortreicher.

1334 Weder kann man das gute Theaterstück sehen, noch das schlechte lesen.

1335 Jede siegreiche Revolution scheitert schließlich, weil die Tugenden des Volkes nicht dem Armen eigen sind, sondern der Armut.*

1336 Das einzige wahrhaft Interessante ist das völlig Triviale.*

Um den physikalisch-theologischen Beweis wieder auferstehen zu 1337
lassen, müßten wir ihn auf die Unordnung der Welt gründen.

Ein naturalistischer Kosmos wäre eine perfekt regelmäßige Gestalt, eine „perfekte Sphäre“:

Glory be to God for dappled things.

Der Philosoph sucht Wahrheiten, der Intellektuelle ist Fachmann 1338
der „Tiefgründigkeit“.

Die „Tiefgründigkeit“ des Intellektuellen ist kein epistemologischer Zug, sondern gesellschaftliches Phänomen: die „Tiefgründigkeit“ besteht im Gebrauch des modischen philosophischen Wortschatzes.

Die egalitäre Leidenschaft ist eine Perversion der Kritikfähigkeit: 1339
Atropie des Unterscheidungsvermögens.*

Die Großzügigkeit trifft Unterscheidungen, um zu leben, der Neid 1340
gleicht, um leben zu können, alles an.

Das „Rationale“, das „Natürliche“, das „Legitime“ sind nicht mehr 1341
als das Gewohnte.

Leben unter einer politischen Verfassung, die andauert, unter Gewohnheiten, die andauern, mit Gegenständen, die andauern, ist das Einzige, was erlaubt, an die Legitimität der Regierenden zu glauben, an die Rationalität der Bräuche, an die Natürlichkeit der Dinge.

Weder die Geschichte eines Volkes noch die eines Individuums sind 1342
uns verständlich, wenn wir nicht zugeben, daß die Seele des Individuums oder des Volkes sterben können, ohne daß Volk oder Individuum sterben.

Die „Kultur“ ist nicht so sehr die Religion der Atheisten als die der 1343
Kulturlosen.*

Die Idee der „freien Entfaltung der Persönlichkeit“ scheint ausge- 1344
zeichnet, solange man nicht auf Individuen stößt, deren Persönlichkeit sich frei entfaltet hat.*

Gestern fing die Fortschrittslehre Leichtgläubige ein, indem sie ih- 1345
nen die Freiheit anbot; heute braucht sie ihnen nur Ernährung anzubieten.*

1346 Mit dem Christentum schützen die Reichen ihren Reichtum, während die Armen den der anderen fordern.

Um es auszunützen, heben die Reichen den Verzicht hervor, den es anrät, und die Armen die Nächstenliebe, die es predigt.

Das Christentum ist unverfälschbar nur vor Gott.

1347 Die subtilste Verkleidung der Dummheit ist die epigrammatische Kürze.

Cave …

1348 Je freier sich der Mensch vorkommt, desto leichter kann man ihn indoktrinieren.

1349 In den Demokratien nennt man diejenige Klasse herrschend, der das Votum des Volkes das Herrschen nicht erlaubt.

1350 Tyrannei ist heute ein Zustand offensichtlicher Knechtschaft und Freiheit ein Zustand heimlicher Knechtschaft.

Dort unterdrückt die Gewalt das Individuum, hier unterdrückt es die Meinung.*

1351 Die unheilbaren Vorurteile nehmen überhand, wenn die Menschen öffentlich mit ihrer Meinung prahlen.

1352 Der Demokrat achtet nur die Meinung, der ein großer Chor applaudiert.

1353 Unser Herz ist weniger dort, wo unser Schatz liegt als da, wo die versprochenen Schätze sind.

Ein Reicher kann verzichten. Aber wer überzeugt den Armen davon, die Hoffnung auf Beute aufzugeben?

1354 Wenn die Dominikaner, um die Menge zu bekehren, heute zur Erschießung von Reichen durch das Volk raten, anstatt der inquisitorischen Verbrennung der Ketzer, so schlagen auf der anderen Seite die Jesuiten vor, das Christentum der Welt anzupassen, mit dem Ziel, anstatt wie gestern die bürgerlichen Begierden zu bemänteln, die proletarischen Gelüste zu beschönigen.*

1355 Der Dialog zwischen Kommunisten und Katholiken ist möglich geworden, seit die Kommunisten Marx verfälschen und die Katholiken Christus.*

Um ein „Ideal“ abzulehnen, sollen wir weniger die Diskrepanz 1356
zwischen dem Versprechen und seiner Einlösung anprangern, als sein Wesen selbst.

Berücksichtigt man die unvermeidlichen Rahmenbedingungen sei- 1357
ner besonderen Tätigkeit, kann der Politiker nur zur Hälfte intelligent sein.

Der Politiker ist vielleicht nicht dazu fähig, jedwede Dummheit zu 1358
denken, aber er ist immer dazu fähig, sie zu sagen.*

Der Dummkopf entdeckt die radikale Not unserer Natur lediglich, 1359
wenn er krank, arm oder alt ist.*

Glaube oder Unglaube des Nächsten beeindrucken, solange er 1360
nicht die Gründe seines Unglaubens oder seines Glaubens erklärt.

Jeder befreite Prometheus nimmt sich letzten Endes das Leben – 1361
auf dem Haufen von Opfern, die er zu exekutieren befahl.

Die revolutionären Intellektuellen haben die historische Mission, 1362
das Vokabular und die Themen der nächsten Tyrannei zu erfinden.

Wer beabsichtigt, heute das zu wiederholen, was die Großen ge- 1363
stern sagten, muß häufig das Gegenteil sagen.

Die Rolle des Christen in der Welt ist die größte Sorge des neuen 1364
Theologen.

Eigenartige Sorge, da das Christentum lehrt, daß dem Christen in der Welt keine Rolle zukommt.*

Um eine Katastrophe unausweichlich werden zu lassen, gibt es 1365
nichts Wirksameres, als eine Versammlung einzuberufen, die Reformen zur Verhinderung dieser Katastrophe vorschlägt.

Überzeugten zuzuhören ist interessant, aber einen Dialog kann 1366
man nur mit Skeptikern führen.

Die Förderer des Fortschritts tragen weniger dazu bei, die Welt zu 1367
verbessern, als die Vergänglichkeit, Flüchtigkeit und Wandelbarkeit der Dinge zu beschleunigen.

1368 Die sozialen Klassen sind strukturellen, nicht historischen Ursprungs.

Die Klasse geht aus der sozialen Interaktion hervor, wie der Wert aus der ökonomischen Interaktion hervorgeht. Die Klasse ist ein strukturelles Element der Gesellschaft, wie das Kapital eines der Ökonomie ist.

Marx' klassenlose Gesellschaft äfft die Ökonomie ohne Kapital seiner naiven Vorgänger nach.*

1369 Die Dummköpfe sind heute glücklicherweise Fortschrittliche.

1370 Die katholische Kirche war die letzte Schöpfung des römischen Patriziats.*

1371 Nur ein monarchisches Regime kann konstitutionell sein.

Wo die Gesellschaft sich selbst regiert oder wo eine Autokratie herrscht, mangelt es der Verfassung an einem Wächter, der sie vor den Launen der Wähler oder den Launen der Cäsaren schützt.

Nur wo der Pakt zwischen Regierenden und Regierten auf gegenseitigem Mißtrauen der Parteien beruht, haben sowohl der Gehorsam des Untertanen als auch die Souveränität des Fürsten Grenzen, die von Garnisonen bewacht werden.

1372 Daß das Christentum die gesellschaftlichen Mißstände heilt, wie einige sagen, oder im Gegenteil die Gesellschaft, die es annimmt, vergiftet, wie andere versichern, sind Thesen, die den Soziologen interessieren, aber ohne Interesse für den Christen sind.

Zum Christentum hat sich der bekehrt, der es für wahr hält.

1373 Die kritische Intelligenz zivilisiert die Territorien, die die schöpferische Intelligenz erobert.

1374 In diesem Jahrhundert der umherziehenden Menschenmassen, die jeden glanzvollen Ort entweihen, ist die einzige Huldigung, die ein respektvoller Pilger einem verehrenswürdigen Heiligtum darbringen kann, die, es nicht zu besuchen.*

1375 Der Marxismus wird erst ruhen, wenn er Bauern und Arbeiter in kleinbürgerliche Büroangestellte verwandelt hat.*

1376 Der Rationalismus war Glaube, heute ist er ein übler Nachgeschmack.

Von einem anderen Wesen wissen wir letztendlich nur, was es uns 1377
erzählen will.

Lieben heißt, ein Wesen in seiner Undurchdringlichkeit immer wie- 1378
der zu umwerben.

Obwohl sich der heutige Historiker einbildet, ein Gott zu sein, der 1379
von oben auf die Welt blickt, ist er bloß Akademiker einfacher Herkunft.

Der Friede gedeiht nur zwischen sterbenden Völkern. Unter der 1380
Sonne eiserner Hegemonien.*

Die authentischen Regeln gehen den Werken nicht voraus, sondern 1381
tauchen aus ihnen auf und leiten sie gleichzeitig an.

Die demokratischen Gemetzel gehören zur Logik des Systems. 1382
Die einstigen Gemetzel zur Unlogik des Menschen.*

Der Kommunismus war Berufung, heute ist er Karriere. 1383

Was auch immer ihre scheinbare Rebellion ist, die Kunst ist im we- 1384
sentlichen Anerkennung des Seins.

Die Wahlstrategie des Demokraten basiert auf einer verächtlichen 1385
Vorstellung vom Menschen, die völlig im Widerspruch steht zu der schmeichelhaften Vorstellung, die er in seinen Reden ausposaunt.*

Die Demokratie feiert den Kult der Menschheit auf einer Pyramide 1386
von Schädeln.*

Der Marxist hält es nicht für möglich zu verurteilen, ohne zu ent- 1387
stellen, was er verurteilt.*

Der Marxismus nahm nicht dank seiner philosophischen Helden- 1388
taten in der Geschichte der Philosophie einen Platz ein, sondern wegen seiner politischen Erfolge.

Selbst der Fetisch ist kein Götzenbild, wenn er das Licht einer 1389
intelligiblen Sonne reflektiert.

1390 Ein katholisches Denken ruht nicht, ehe es nicht den Chor der Götter und Heroen um Christus gruppiert hat.*

1391 Reifen besteht nicht im Verzicht auf unsere Sehnsüchte, sondern im Eingeständnis, daß die Welt nicht verpflichtet ist, sie zu stillen.*

1392 Wir sind gewohnt, Wahrheiten, die sich gegenseitig ergänzen, antagonistisch zu nennen.

1393 Das Buch, das nicht Gott oder seine Abwesenheit als geheimen Protagonisten hat, ist uninteressant.

1394 Der Moderne löst seine Probleme mit Lösungen, die schlimmer als diese sind.

1395 Die einfache menschliche Bosheit bürgerlich zu nennen, ist die – vielleicht ein wenig einfache – Taktik des linken Intellektuellen.

1396 Der Marxist wird dem Linken lästig, wenn er von ihm fordert, sich ernst zu nehmen.

1397 Der Kommunismus lebt von Aufschub zu Aufschub.

1398 Der Kapitalismus verfaßt die Verteidigungsrede des Kommunisten, während der Kommunismus die Lobrede auf den Kapitalisten schreibt.

1399 Um sich in der Politik als intelligent zu erweisen, genügt es, einen dümmeren Gegner zu finden.*

1400 Dem Kult des Geldes entkommen nur die, welche die Armut wählen, oder die, welche ihr Vermögen erben.

Das Erbe ist die edle Form des Reichtums.*

1401 Die Nachwelt ist milde mit dem Kritiker, dessen Geschmack begrenzt ist, aber streng mit dem, der keine Geschmacksnerven hat.

1402 Der Mensch besitzt seine Intelligenz nicht, sie besucht ihn.

1403 Wenn ihn die Mehrheit vernichtend schlägt, muß der wahre Demokrat sich nicht nur für besiegt erklären, sondern darüber hinaus bekennen, daß er unrecht hatte.*

Fremde Ideen machen den Liberalen ungeduldig. 1404

Der Katholizismus lehrt, was der Mensch glauben möchte und nicht zu glauben wagt.* 1405

Von der Zitadelle der idealistischen Epistemologie aus beobachtet die Seele die lächerlichen Prahlereien der Materie. 1406

Der Arme neidet dem Reichen nicht die Möglichkeiten edlen Verhaltens, die diesem der Reichtum ermöglicht, sondern die Verworfenheiten, die er möglich macht. 1407

Der „Allgemeinwille" ist die Fiktion, die dem Demokraten die Behauptung ermöglicht, daß es dafür, daß man sich einer Mehrheit beugt, einen anderen Grund gibt als die bloße Furcht.* 1408

Um die Seele zu erziehen, ist es notwendig, sie der Anwesenheit der selben Mauern, dem routinierten und gewohnten Frieden der selben Landschaft unter dem selben Himmel zu unterwerfen. 1409

Im Idealismus ist das Subjekt Objekt einer nicht erklärbaren Unfreiheit – im Materialismus ist das Objekt Subjekt einer unerklärbaren Freiheit. 1410

Die Verachtung der „Formalismen" ist der Ausweis des Dummen. 1411

In den Händen des intelligenten Historikers ist die Geschichte der Ort, wo die Wahrheit in Poesie ausbricht. 1412

Die ethische Autonomie ist die flüchtige Etappe zwischen der religiösen Ergebenheit und der Souveränität des Willens. 1413

Das autonome Bewußtsein ist eine unersättliche Bestie.*

Der Mystiker rebelliert mit dem Stolz des Erzengels gegen den Priester. 1414

In seinem Eifer, seinen verlorenen Engeln zu begegnen, verfolgt der Mensch höllische Schatten. 1415

Die Beweise für die Existenz Gottes sind reichlich vorhanden für den, der sie nicht braucht.* 1416

1417 Liberal nennt sich der, der erst versteht, daß er die Freiheit opfert, wenn es zu spät ist, sie noch zu retten.

1418 Jede Ehe des Intellektuellen mit der kommunistischen Partei endet mit einem Seitensprung.

1419 Der Jugendliche ist stolz auf seine Jugend, als hätte dieses Privileg nicht selbst der größte Narr gehabt.*

1420 Indem er die kristallenen Sphären durchbrach, ließ der Komet Galileis die Luft aus dem Universum.

1421 Den Fortschritt schlechtmachen ist zu einfach. Ich strebe die Lehrkanzel für methodischen Rückschritt an.

1422 Müßiger Reichtum ist der einzige, der zu mehr Reichtum führt.

1423 Der gut erzogene Schriftsteller versucht, sich auf das Notwendige zu beschränken.

1424 Nichts schwerer als von einem Text das beiseite Gesprochene zu verbieten.

1425 Der Mensch ist weniger dumm, als es scheint, wenn er glaubt, intelligente Dinge zu sagen.

1426 Ohne die Imagination ist die Wirklichkeit ein langweiliges Schauspiel, das die Intelligenz prüft und klassifiziert. Ohne die Wirklichkeit ist die Imagination ein Mechanismus, der seine Routinen wiederholt.

Die Erlösung von der Realität ist die Aufgabe der Imagination.

1427 Wenige Menschen würden ihr Leben ertragen, wenn sie sich nicht als Opfer des Schicksals fühlten.

Die Gerechtigkeit Ungerechtigkeit zu nennen, ist die beliebteste der Tröstungen.*

1428 Wer die intellektuelle Beschränktheit des Politikers anprangert, vergißt, daß er ihr seine Erfolge verdankt.*

Die Ästhetiken zeigen dem Künstler, in welchem Teil des Univer- 1429
sums die Schönheit ist, die er sucht, aber sie garantieren ihm nicht, daß es ihm gelingen wird, sie einzufangen.

Das Vulgäre ist nicht das, was der Pöbel tut, sondern das, was ihm 1430
gefällt.*

Was ist die Philosophie für den Katholiken außer der Art, wie die 1431
Intelligenz ihren Glauben lebt?

Politische Feigheit tauft sich selbst: Respekt vor dem Sinn der Ge- 1432
schichte.

Mein Glaube füllt meine Einsamkeit mit einem unhörbaren Ge- 1433
murmel unsichtbaren Lebens.

Die Sinnlichkeit ist die immerwährende Möglichkeit, die Welt aus 1434
der Gefangenschaft ihrer Bedeutungslosigkeit zu befreien.*

Die Vernunft ist eine Hand, die sich auf unsere Brust legt, um den 1435
Schlag unseres verstörten Herzens zu besänftigen.

Das Lächeln des geliebten Wesens ist das einzig wirksame Mittel 1436
gegen den Überdruß.

Die Möglichkeit des Konflikts verändert in jedem Verhältnis die 1437
reine Kommunikation zwischen den Wesen. Nur die Geschichte erlaubt, mit fremden Leben unvorbereitet zusammenzutreffen.

Jede Philosophie ist eine bewundernswürdige Unverschämtheit. 1438

Die Menschheit teilt sich in die, die nur die Konsequenzen der Tat 1439
würdigen, und jene, die vor allem ihre Qualität schätzen.

Die Pädagogik versucht vergebens, in Reichweite eines jeden zu 1440
bringen, was nur vererbbar ist.

Die *virtus dormitiva* ist voreilige Schlußfolgerung, aber die Wissen- 1441
schaft kreist nur eine oder einige *virtutes dormitivae* ein.

Die Notwendigkeit ist eine einfache letzte Kontingenz.

1442 Romantik, Historismus, Ästhetizismus sind keine Fieberanfälle, sondern Gegenmittel.

1443 Die Bedeutung einer Philosophie liegt weder in ihren Lösungen noch in ihren Problemen, sondern im Niveau, auf dem sie ihnen begegnet.

1444 Wir lieben nur die Erscheinungen, die als Boten anderer Welten das Leben durchqueren.

1445 Wer sich seinen Instinkten ausliefert, erniedrigt sein Angesicht wie seine Seele.

1446 Die Disziplin ist nicht so sehr eine soziale Notwendigkeit, als von ästhetischer Dringlichkeit.*

1447 Sparta strebte nicht danach, den Stein zu behauen, sondern seine Seele zu formen.

Wer Sparta schlechtredet vergißt, daß es die vornehmsten Intelligenzen Athens faszinierte.

1448 „Sexualleben" ist ein Begriff, mit dem kein halbwegs feinfühliger Mensch seine Lieben bezeichnet. Nur der plumpe Zuschauer und der Fortschrittler machen ihn sich zu eigen.*

1449 Aristokrat sein heißt, nicht zu glauben, daß alles vom Willen abhängt.

1450 Die moderne Malerei ist nicht Kaprice, wie der Ignorant glaubt, sondern Tragödie.*

1451 Jene, die am meisten schreien, wenn man sie bestiehlt, sind diejenigen, die bei Straßentumulten nicht mit dem Polizisten, sondern mit dem Dieb sympathisieren.

1452 Zwischen Ungerechtigkeit und Unordnung kann man nicht wählen.

Es sind Synomyme.*

1453 Die industrielle Gesellschaft ist der Ausdruck und die Frucht von Seelen, in denen die zum Dienen bestimmten Fähigkeiten den Platz der zum Befehlen bestimmten an sich reißen.*

Die wissenschaftliche Enzyklopädie wird unbegrenzt weiterwach- 1454
sen, aber über die Natur des Universums selbst wird sie nie etwas anderes lehren als ihre epistemologischen Postulate.

Totalitäre Gesellschaft ist der gewöhnliche Name der Spezies, deren 1455
wissenschaftliche Bezeichnung industrielle Gesellschaft ist.

Der gegenwärtige Embryo gestattet es, die Scheußlichkeit des ausgewachsenen Tieres vorherzusehen.*

Niemand ist in der Lage, die moderne Landwirtschaft mit einer 1456
neuen *Georgic*a zu besingen.

Die moderne Welt ist ein Aufstand gegen Platon. 1457

Der Philologe stellt bloß fest, was der Autor sagt, während der 1458
Humanist es außerdem – wenn es zutrifft – übernimmt.

Der Dichter, der den Anspruch erhebt, aus seinem Gedicht mehr zu 1459
machen als ein Gedicht, verdient Mißtrauen.

Ohne politische Partei gibt es schon keinen dichterischen Ruhm 1460
mehr.

Indem wir nicht immer vom Tod sprechen können, ist unser ganzes 1461
Gerede trivial.*

Reden wir nicht schlecht über den Nationalismus. 1462

Ohne die nationalistische Virulenz würde über Europa und die Welt schon ein technisches, rationales, uniformes Imperium herrschen.

Rechnen wir dem Nationalismus mindestens zwei Jahrhunderte geistiger Spontaneität, freien Ausdrucks der Volksseele, reicher historischer Mannigfaltigkeit zum Verdienst an.

Der Nationalismus war die letzte Zuckung des Individuums angesichts des grauen Todes, der seiner harrt.*

Zur Literatur gehört jedes Buch, das man zweimal lesen kann. 1463

Man sollte nur für Überlegene schreiben oder denken. 1464

Die intellektuelle Nachgiebigkeit verroht den Nachgiebigen und 1465
erniedrigt den, der nachgiebig behandelt wurde.

1466 Der Geist ist kein Vermögen, das man verdient, sondern Erbgut, das hinterlassen wird.

1467 Nichts scheint leichter verständlich als das, was wir nicht verstanden haben.*

1468 Jede Formel dient der Faulheit als Vorwand, um – mit beiden Beinen gleichzeitig – über jede Idee hinwegzuspringen.

1469 Die Geschichte kann Bewunderung, Verachtung, Mitleid, Haß, Ironie einflößen, aber keinen Respekt.

Respekt flößt in der Geschichte nur ein, was den Menschen als Werkzeug, aber nicht als Autor hat.

1470 Die Wahrheit ist in der Geschichte, aber die Geschichte ist nicht die Wahrheit.*

1471 Um sich als kultiviert zu bezeichnen, reicht es nicht, daß das Individuum seine Besonderheit mit den Resten anderer schmückt.

Die Kultur ist keine Sammlung von speziellen Objekten, sondern eine spezielle Haltung des Subjekts.

1472 Nicht auf das Bestreben, ein System zu errichten, sollte die Intelligenz verzichten, sondern auf die Illusion, es erreicht zu haben.

1473 Die philosophischen Meinungen des Jugendlichen können bestenfalls seine Großmutter interessieren.

1474 Die Traurigkeit ist Wahrnehmung des traurigen Angesichts der Welt, die Langeweile die ihrer langweiligen Oberfläche, das Glück die ihrer glücklichen Aspekte, der Jubel die ihrer freudigen Züge.

Weisen wir der Epistemologie zu, was ein Vorurteil in die Psychologie der Gefühle verbannt.

1475 Der in Griechenland begonnene Dialog bleibt für den unverständlich, der die Dialogpartner vom „gesunden Menschenverstand" her befragt.

Plötzliche Interventionen sind lächerlich.

Für die einen gibt es einen höchsten Wert, für die anderen eine Vielzahl von Werten gleicher Qualität. 1476

In Wirklichkeit gibt es verschiedene Werte, die in einer Skala geordnet sind, welche in einem höchsten Wert kulminiert.

Jede Perfektion ist perfekt, aber es gibt eine Hierarchie von Perfektionen.

Um ein Land zu industrialisieren genügt es nicht, den Reichen zu enteignen; man muß den Armen ausbeuten.* 1477

Unter dem Vorwand der Arbeitsbeschaffung für den Hungernden verkauft der Fortschrittler die nutzlosen Artefakte, die er herstellt. 1478

Die Armen sind die Ausrede des Industrialismus, um den Reichen zu bereichern.*

Die Menschen sind weniger mittelmäßig, wenn sie sich nicht verpflichtet fühlen, es nicht zu sein. 1479

Wie albern ein Katechismus auch sein mag, er ist es immer weniger als ein persönliches Glaubensbekenntnis.* 1480

In einer schweigenden Einsamkeit trägt nur die Seele Früchte, die sich fähig zeigt, in öffentlichem Streit zu obsiegen. 1481

Der Schwache sucht lauten Pomp.

Der deterministische Philosoph pflegt gegen die Irrtümer und Leidenschaften zu polemisieren, welche die geschichtliche Notwendigkeit fehlleiten und umbiegen. 1482

Die Literatur stirbt, wenn sich das Publikum in hundert spezialisierte Publica unterteilt – anstelle eines kultivierten. 1483

So wie jeder Stil seine ihm eigene ästhetische Qualität besitzt, profitiert beim Beginn einer künstlerischen Erneuerung jedes neue Werk vom Eigen-Wert des neuen Stiles. 1484

Aber es genügt das Erscheinen eines ausgezeichneten Werkes im neuen Stil, damit die übrigen ihre Bedeutungslosigkeit zugeben.

Die größte Entdeckung, die wir in der Ethik machen können, ist, daß man auf dem Gebiet der Ethik keine Entdeckungen machen kann. 1485

1486 Die großen Schriftsteller sind seit der Romantik Gefangene, die wie rasend an den Gittern des Käfigs rütteln, in den sich eine Welt ohne Gott verwandelt hat.

1487 Mein Glaube wächst mit den Jahren, wie das Laubwerk eines stillen Frühlings.*

1488 Um die rohen Geburten des Psychologen adoptieren zu können, muß der Schriftsteller sie schleifen und erziehen.

1489 Der Stolz eines Chateaubriand irritiert nur diejenigen, für die die Existenz von Menschen mit Anrecht auf Stolz demütigend ist.*

1490 Der Positivist vergißt, daß man die Philosophie Kants überschreiten, aber nicht übergehen kann.

1491 Wenn die für die Ziele Verantwortlichen zögern, während die für die Mittel Zuständigen handeln, verwandeln sich die Mittel in Ziele.

Und die Menschheit hat kein anderes Ziel, als Mittel anzuhäufen.

1492 Es ist eine unauslöschliche Niedertracht in den Parteigängern des Neuen.

In den eifrigen Komplizen der Zeit, die alle Dinge tötet.*

1493 Die intelligente Diskussion muß sich darauf beschränken, Meinungsverschiedenheiten zu erläutern.*

1494 Die Freiheit war die Sorge der modernen Ära, weil die Gesundheit nur dem Kranken lästig fällt.*

1495 Wer die Welt für einen Gedanken Gottes hält, räumt ihr die größte faßbare Wirklichkeit ein.

Der Idealismus Berkeleys ist der extremste Realismus der Geschichte.

Wenn Marx klar sagt, daß die Produktivkräfte einer Gesellschaft 1496
letztendlich ihre Struktur bestimmen, und wenn andererseits die Produktivkräfte der heutigen kommunistischen Gesellschaft und der heutigen kapitalistischen Gesellschaft offensichtlich die gleichen sind, lehrt Marx selbst, daß der Unterschied zwischen Kapitalismus und Kommunismus nur im vorübergehenden Unterschied einiger seiner juristischen Aspekte besteht.

Kommunistische Industriegesellschaft und kapitalistische Industriegesellschaft erdrücken den Menschen unter der gleichen Last.

Die Bibel ist nicht Stimme Gottes, sondern die des Menschen, der 1497
ihn findet.

Mit diesem Jahrhundert lohnt kein Gespräch, da wir schon wissen, 1498
daß selbst der Sieg steril wäre.

In einer feindseligen Welt bekommt der Geist Magengeschwüre 1499
und reibt sich auf.

Die Reformer der heutigen Gesellschaft bemühen sich, die Kojen 1500
einer schiffbrüchigen Barke zu dekorieren.

Der moderne Mensch zerstört mehr, wenn er aufbaut, als wenn er 1501
zerstört.*

Jede Theorie der Welt drängt den Sinnen ihre Vision auf.* 1502

Das Dunkel ist keine einfache Abwesenheit von Licht, die Ruhe 1503
kein einfaches Fehlen von Geräuschen.

Schweigen und Dunkel sind positive Wirklichkeiten, Regionen des Seins, die von ihrer eigenen Fauna bewohnt sind.

Mit der Industrialisierung der kommunistischen Gesellschaft er- 1504
reicht die bürgerliche Hegemonie ihren Höhepunkt.

Das Bürgertum ist nicht so sehr eine soziale Klasse als das Ethos der industriellen Gesellschaft selbst.*

Die Imagination ist die sporadische Funktion der Sinne, die Bedeu- 1505
tungen im Gefühl entdeckt und symbolisch ausdrückt.

Die Sirenen sind z. B. die „Sirenität“ bestimmter lethargischer Mittagsstunden auf dem Meere.

1506 Wenn die Person eines Romans „lebt“, gleicht sie sich einer kohärenten Vorstellung an: ihre Gültigkeit beruht nicht auf einem psychologischen Phänomen.

Die Personen der großen Romane „leben“ in Gebieten, die an die Region grenzen, wo die mathematischen Axiome und axiologischen Normen anzutreffen sind.

1507 Leben und Freiheit haben nur den Wert der Beschäftigung, die sie uns mit Gott ermöglichen, für den wir sterben.*

1508 Wenn wir verlangen, daß ein Gegenstand nur die Form hat, mit der er seine Aufgabe am besten erfüllt, laufen alle Gegenstände derselben Art idealerweise zu einer einzigen Form zusammen.

Wenn die technischen Lösungen perfekt sind, wird der Mensch vor Langeweile sterben.

1509 Ersetzen wir alle Definitionen der „Menschenwürde“, die lediglich ekstatische Stoßgebete sind, durch eine einfache und schlichte: alles langsam tun.*

1510 Für die schwammige Intelligenz stellen Prophezeiungen eine unwiderstehliche Versuchung dar.

1511 Klarsichtig ein schlichtes, verschwiegenes, diskretes Leben führen, zwischen klugen Büchern, einigen wenigen Geschöpfen in Liebe zugetan.*

1512 Der Satz muß die Härte des Steins und das Zittern des Zweigs haben.*

1513 Die Zivilisation verteidigen besteht vor allem darin, sie vor dem Enthusiasmus des Menschen zu schützen.

1514 Die Regierung müßte immer den Alten anvertraut werden; nicht weil die Unfähigkeit mit den Jahren nicht zunehmen würde, sondern weil sie zunimmt.*

1515 Selig der Bewohner einer schläfrigen Gesellschaft.*

Das Genie eines La Rochefoucauld oder eines Saint-Simon hebt 1516
den repräsentativen Charakter ihrer Werke auf. Das Werk anderer dagegen, wie z. B. Sir William Temple, verdankt sein Interesse der gesellschaftlichen Klasse des Autors.

Entzückende Texte, die nur eine bestimmte Gattung von Leben hervorbringt und deren diskreter Pomp Nostalgie nach einer weiten, noblen, verschwiegenen, feinfühligen und geordneten Existenz erweckt.

Reifen bedeutet die andere Seite der Dinge entdecken. 1517

Die Ideen verraten uns, wenn wir sie nicht vorher verraten. 1518

Nur der Komplexität der Dinge gehört unsere Treue.

Die Wahrheiten sind die Belohnung eines intelligenten Lebens. 1519

Ein wenig Geduld im Umgang mit dem Dummkopf, und es bleibt 1520
uns erspart, unseren Überzeugungen unsere gute Erziehung zum Opfer zu bringen.*

Solange wir nicht auf gebildete Dummköpfe stoßen, scheint die Bil- 1521
dung wichtig.*

Der Antichrist ist wahrscheinlich der Mensch.* 1522

Der Poet sucht neue Metaphern – der Theologe versucht seine 1523
genauer zu justieren.

Man braucht am Atheisten nicht zu verzweifeln, solange er nicht 1524
den Menschen vergöttert.*

Kultiviert ist der Mensch, der die Kultur nicht zu einem Beruf 1525
macht.*

Die Metapher setzt ein Universum voraus, in dem jedes Objekt auf 1526
mysteriöse Art alle übrigen enthält.

Die Wahrheit ist eine eigentümliche Klangfülle bestimmter Stim- 1527
men, wenn bestimmte Evidenzen sie anrühren.

Die Wahrheit ruht weder in irgendeiner Evidenz, noch in irgendeiner Stimme.

1528 Die einfachste Wahrheit ist so komplex, daß keine Formel sie ausdrückt, und um sich auszudrücken, bedarf sie des Gesamtzusammenhangs einer Person und eines Lebens.

1529 Abstrakte Wahrheiten nennen wir die trockenen Flußbette, durch die das Wasser irgendeines Wolkenbruchs fließt.

1530 Der Christ hat in einer Katastrophe nichts zu verlieren.*

1531 Die Erziehung der Seele besteht darin, daß man sie lehrt, ihre Mißgunst in Bewunderung zu verwandeln.*

1532 Ernsthafte Bücher belehren nicht, sondern fragen an.

1533 Glauben heißt, in die Eingeweide dessen eindringen, was wir bloß wußten.*

1534 Der Glaube macht den Unglauben nicht zuschanden, sondern zehrt ihn auf.*

1535 Die Gesellschaft ist gewöhnlich ungerecht, aber nicht wie die Dünkelhaften es sich vorstellen.

Es gibt immer mehr Herren, die ihren Platz nicht verdienen, als Diener, die den ihren nicht verdienen.*

1536 Kultur ist alles, was die Universität nicht lehren kann.

1537 Die Romantik öffnete uns die Wege der Welt.

Wenn die klassische Kunst oder die primitive Mentalität uns faszinieren, so deshalb, weil wir das Erbe der Romantik noch nicht verschleudert haben.

Ohne Herder hätten die Neo-Klassizisten des 20. Jahrhunderts Pope nicht wiederentdeckt.

1538 Ich betrachte nur Fetzen der Wahrheit, die sich in nächtlichen Windböen drehen.

1539 Die Literatur entwirft die Probleme des Menschen in der Sprache der Intelligenz – und nicht in einem der Esperantos des Geistes.

Weil *Urizen* die „Vernunft“ ist, schließt sich das revolutionäre 1540
Evangelium Blakes nicht der siegreichen Revolution an, sondern der erstickten Konterrevolution.

Die Menge verlangt nach Kulten. 1541

Aber die Religion besteht in einer unverschämten Auflage, die winzige Minderheiten erteilen.*

Widerstand ist zwecklos, wenn alles auf der Welt sich verschwört, 1542
zu zerstören, was wir bewundern.

Trotzdem bleibt uns immer eine unbestechliche Seele, um zu betrachten, zu urteilen und zu verachten.

Verzeihen wir den Tatsachen ihre Mittelmäßigkeit. 1543

Ich höre jede Predigt mit ungewollter Ironie. 1544

Sowohl meine Religion als auch meine Philosophie beschränken sich darauf, Gott zu vertrauen.

Rationalist sein heißt, auf die universelle Vernunft der Dinge zu 1545
verzichten, um ihnen die vergängliche geschichtliche Konfiguration unserer Eintags-Vernunft aufzuzwingen.

Die zeitgenössische Literatur ist in jeder Epoche der schlimmste 1546
Feind der Kultur.

Die begrenzte Zeit des Lesers wird mit dem Lesen von Tausenden von mittelmäßigen Büchern vertan, die sein Kritikvermögen abstumpfen und seine literarische Sensibilität beschädigen.*

Die romantische Kritik lehrte uns, nicht nur Bücher, sondern auch 1547
Autoren zu lesen.

Dort lernten wir, im Werk dem Widerhall einer Seele zu lauschen.

Unsere Ungerechtigkeiten rächen sich, indem sie uns verdummen. 1548

Die Welt ist ein Buch, welches demjenigen seinen Sinn nicht ent- 1549
hüllt, der es zu langsam oder zu leichtfertig liest.

Gegen den schrecklichen Beifall der Dummen schützt das Schicksal 1550
nur die Verteidiger von verlorenen Dingen.

1551 Die Begriffe, die der Philosoph erfindet, um sich auszudrücken, und deren sich das Volk schließlich als abgenutzte Metaphern bedient, durchqueren eine mittlere Zone, in der die Halbgebildeten sie mit pedantischem Nachdruck verwenden – um Gedanken vorzutäuschen, die sie nicht haben.

1552 Gott offenbart nicht mit Reden, sondern mittels Erfahrungen.

Der Autor heiliger Bücher übermittelt nicht eine göttliche Rede, seine Worte drücken eine ihm gewährte Erfahrung aus.*

1553 In seiner äußersten Einsamkeit nimmt der Mensch erneut die Berührung unsterblicher Flügel wahr.

1554 Die eschatologische Predigt dehnt das unsichere Wesen ihrer Elemente nicht auf das ganze Universum aus. Es handelt sich um keine unrechtmäßige Metabasis.

Ihre Überzeugung gründet sich auf die existentielle Wahrnehmung der allen Dinge einwohnenden Endlichkeit, sowohl der Summanden als auch der Summe.

Bilder, Metaphern, Mythen drücken die Erfahrung dieser radikalen Begrenzung alles Existierenden aus.

1555 Mit der Theorie des *l'art pour l'ar*t tilgte die Romantik den pädagogischen Ehrgeiz, der sie korrumpierte.

1556 In jeder Literatur gibt es Gattungen und Stile, die nur dem Hausgebrauch dienen.

Gattungen und Stilrichtungen, die für den Gast so langweilig sind wie Familienanekdoten.

1557 Der Spott des Ungläubigen überrascht mich nicht. Eher sein übliches Wohlwollen gegenüber dem absurden Schauspiel des Glaubens.

Der Ruf der Reisenden in der Steppe muß den langweilen, für den sie eine Wüste ist.

1558 Die Geschichte selbst des törichtesten aller Menschen ist subtil.

1559 Das einzige methodische Prinzip der marxistischen Geschichtsschreibung ist der methodische Anachronismus.

Der Religionskritik des 17. und 18. Jahrhunderts müssen wir vor allem dafür dankbar sein, daß sie uns dazu gezwungen hat, den Monolog des gebieterischen Monarchen in den Dialog eines mitfühlenden Gesprächspartners verwandelt zu haben. 1560

An jeder Wegkreuzung stößt der Mensch auf den mysteriösen Reisenden.

Jede neue Wahrheit, die wir erlernen, lehrt uns eine andere Weise des Lesens. 1561

Das Bürgertum war trotz allem als einzige soziale Klasse fähig, sich selbst zu beurteilen. 1562

Jeder Kritiker des Bürgertums nährt sich von bürgerlichen Kritiken.*

Weil dem deutschen Pantheismus die historischen Wissenschaften entsprangen, dürfen wir nicht von Häresie, sondern von *felix culpa* sprechen. 1563

Das einzige des Schöpfers würdige Universum ist das des Pantheismus. 1564

Das der pantheistischen Sensibilität.*

Der schlimmste Fehler der Kunstkritik ist der metaphorische Mißbrauch des philosophischen Vokabulars. 1565

Es gibt Wahrheiten, die so vulgär sind, daß wir kein Recht haben, sie anzunehmen. 1566

Der biblische Prophet ist kein Augur, sondern Zeuge der Anwesenheit Gottes in der Geschichte. 1567

Es formen uns nur die Wassergräben von augenblicklichen Sturzbächen.* 1568

Nach mehreren Jahrhunderten demagogischen Rausches stellt der Kommunismus zumindest das gute Gewissen der Befehlsgewalt wieder her.* 1569

1570 Die Demokratie stößt die einen ab, weil sie die Autonomie der Werte verleugnet, die anderen, weil sie die konkreten Unterschiede der Personen verletzt.

Die Schule Platons, die Schule Burkes.

1571 Wenn das Werk nur Ausdruck seines Autors wäre, würde sein Wert nicht zuweilen mit den Verstümmelungen der Zeit wachsen.

1572 Überzeugt, in der Synthese Stellung zu beziehen, kündigt Marx eine Dialektik der Geschichte an und schreibt eine Theodizee.*

1573 Die Dialektik ist die Vortäuschung eines Dialogs innerhalb eines Selbstgesprächs.

1574 Die, denen die Romantik den grauen Star der Enzyklopädisten operierte und ihnen damit erlaubte, die Ungleichheit der Individuen zu erkennen, die Vielfalt der Ansichten und die Unterscheidung der Epochen, erwiesen sich als Reaktionäre, selbst wenn sie sich für Deterministen und Atheisten hielten.

Wie Taine.

1575 In weniger als anderthalb Jahrhunderten verwandelten die Ereignisse die „Propheten der Vergangenheit“ in einfache Propheten der Zukunft.

1576 Die Geschichte des Christentums erlebt mit dem ersten europäischen Konvertiten nach 1 700 Jahren erblichen Christentums einen neuen Anfang: mit der Bekehrung Hamanns.*

1577 Die Einsamkeit ist unerträglich, wenn der Einsame nicht transzendenten Evidenzen anhängt.

Wenn die Wahrheit stirbt, betäubt der Mensch seine Angst mit dem Verwesungsgeruch der menschlichen Menge.*

1578 Eine Philosophie übertrifft eine andere nur dann, wenn sie mit größerer Präzision das selbe unlösbare Mysterium definiert.

1579 Das Atom der Wahrheit eines philosophischen Problems befindet sich normalerweise in der These, die nicht mit dem Rest übereinstimmt, die der Philosoph sich jedoch nicht entschließen konnte, zu übergehen.

Die Heuchelei ist nicht das Werkzeug des Heuchlers, sondern sein Gefängnis. 1580

Philosophie ist die Kunst, abweichenden Druck auszugleichen. Philosoph ist, wer nicht fürchtet, sich von gegensätzlichen Evidenzen zu nähren. 1581

Die Philosophie ist Mehrstimmigkeit einer einzigen Stimme.

Die Prinzipien leiten unsere Schritte, während die Evidenzen verblassen. 1582

Glück ist jener Zustand der Empfindsamkeit, in dem uns alles Daseinsberechtigung zu haben scheint. 1583

Die krönenden Tätigkeiten des Geistes erscheinen dem Dummkopf immer parasitär. 1584

Der zivilisatorische Rang einer Gesellschaft läßt sich an der Anzahl von Parasiten ermessen, die sie duldet.*

Genf, das Genf, welches Calvin vom Krankenlager aus regiert, das Genf, dessen Schatten sich von der Kanzel Knox' bis zu den Vorzimmern des Vatikans ausdehnt, das Genf, wo eine Welt geformt wurde, hatte 1560 ungefähr 12 000 Einwohner. 1585

Die großen modernen Menschenmassen sind nicht nur ein Problem, sondern überflüssig.

Statt Erklärungen für die Tatsache der Ungleichheit sollten die Anthropologen lieber Erklärungen für den Begriff der Gleichheit suchen. 1586

Die Zivilisation ist nicht eine endlose Folge von Erfindungen, sondern die Aufgabe, den Fortbestand gewisser Dinge zu sichern.* 1587

Um die fremde Idee zu verstehen, ist es notwendig, sie wie eine eigene zu denken. 1588

Jeder Augenblick hat sein eigenes Gesetz, und nicht bloß das Gesetz, welches ihn an die anderen Momente bindet. 1589

In bestimmten erfüllten Augenblicken tritt Gott über die Ufer in die Welt, wie eine plötzlich entspringende Quelle im mittäglichen Frieden. 1590

1591 Dieselbe Lehre sollte unter dem mittäglichen Licht und in fahlen Augenblicken dienen.

Nur das ist wahr, was gleichermaßen für die bedrückte oder die erregte Seele gilt.

1592 Jede Regel ist der Kaprice vorzuziehen.

Die Seele ohne Disziplin löst sich in einer larvenhaften Häßlichkeit auf.*

1593 Wir fordern nicht die Freiheit, um frei zu sein, sondern um mit Würde dem zu dienen, dem wir dienen sollen.

1594 Nicht die geschlossene Fülle der Kugel, sondern die mittägliche Fülle des Teiches, in dem sich der Himmel spiegelt.

1595 Hinter jedem Gattungsnamen erhebt sich derselbe Name in Großbuchstaben: hinter der Liebe die LIEBE, hinter der Begegnung die BEGEGNUNG.

Das Universum bricht aus seiner Gefangenschaft, wenn wir im individuellen Augenblick das Wesenhafte spüren.

1596 Es ist unwichtig, daß der Mythos stirbt, wenn wir jenes Universum wiedererrichten, das ihn als Sprache hat.

Sollen die Götter sterben, aber nicht dieses Zittern der Blätter, in dem sie geboren werden.

1597 Verabscheuen wir die Neuheit, weil sie tötet, und nicht, weil sie erneuert.

1598 Jede Rebellion gegen die Ordnung des Menschen ist edel, solange sie nicht Widerspenstigkeit gegen die Ordnung der Welt überdeckt.*

1599 Die Idee des Opfers selbst erscheint denen absurd, die nicht wissen, daß es eine Hierarchie der Güter gibt.

1600 Die sittliche Vollkommenheit besteht darin, zu spüren, daß wir nicht tun können, was wir nicht tun sollen.

Die Ethik erreicht ihren Höhepunkt, wo die Regel als Ausdruck der Person scheint.

Die Zivilisation ist ein durch Palisaden ungenügend geschütztes 1601
Feldlager inmitten widerspenstiger Stämme.

Hüten wir uns, der Regel wie widerspenstige Sklaven zu gehor- 1602
chen.*

Die Seele ist die Aufgabe des Menschen. 1603

Jeder Mensch ist in jedem Augenblick imstande, die Wahrheiten zu 1604
besitzen, auf die es ankommt.

In der Zukunft warten die subalternen Wahrheiten.*

Ein einziges Wesen kann dir genügen. 1605

Aber daß dir niemals der Mensch genüge.*

Der Zweck des Lebens ist, daß etwas Edles geboren wird. 1606

Das Verbrechen, das zu begehen man sich anschickt, ist manchmal 1607
so furchtbar, daß der Vorwand Nation nicht ausreicht und man sich auf die Menschheit berufen muß.*

Begehe nicht die Ungerechtigkeit, deine Vorgesetzten als Gleiche 1608
zu behandeln.

Die Welt ist ein zerbrochener Plan, welchen die großherzige Seele 1609
wiederherzustellen sucht.

Die Leistungsfähigkeit des Individuums ist weniger eine Tugend als 1610
eine Bedrohung für seine Mitmenschen.*

Die Schönheit des Gegenstandes ist seine wirkliche Substanz. 1611

Der Durst versiegt vor dem Wasser.* 1612

In jeder Epoche lebt eine Minderheit mit den Problemen von heute 1613
und eine Mehrheit mit denen von gestern.*

Die moderne Erziehung übergibt der Propaganda intakte Gehir- 1614
ne.*

Vor anderen können wir nur unsere banalen Überzeugungen ver- 1615
teidigen.

1616 Die Wahrheiten der Kindheit sind selbst für den Erwachsenen Wahrheiten, aber nicht aus dem Munde des Erwachsenen.

1617 Der Zweifel triumphiert nicht über tiefe Überzeugungen, sondern bereichert sie.

1618 Mancher Verstand taugt nur für das Unwesentliche jeder Sache.

1619 Aus der Summe aller Gesichtspunkte resultiert nicht das Relief eines Objektes, sondern seine Verworrenheit.*

1620 Es gibt mißbräuchliche Wahrheiten, Wahrheiten, die in fremde Territorien einfallen.

1621 Der Mensch entfesselt Katastrophen, wenn er sich bemüht, gegensätzliche Evidenzen, zwischen denen er lebt, in kohärente zu verwandeln.

1622 Die einzige Garantie für unsere Freiheit besteht in den Barrikaden, die die anarchische Seite der Welt gegen den Imperialismus der Vernunft errichtet.*

1623 Nicht nur in der Politik lohnt es nicht dem zuzuhören, was sie sagen.

1624 Propheten, Philosophen, Politiker, alle scheitern am Ende.

Aber nichts ist absurder als ihre Geschichte als Kette von Niederlagen zu schreiben.

Jeder große Mann ist ein Sieg.

1625 Der große Mann repräsentiert seine Zeit nur im vergänglichen Teil seines Ruhms.

1626 Die Fanatiker der Freiheit enden als Theoretiker der Polizei.

Die Doktrin Fichtes zum Beispiel gipfelt in einer Theorie des Reisepasses.*

1627 Der Geist hat Gesetze, unerbittliche Gesetze.

Aber im Gegensatz zu den Naturgesetzen sind diese Gesetze nicht für eine Unendlichkeit von Instanzen gültig, sondern jedes für eine einzige konkrete Instanz.*

Letztendlich schafft es kein System, systematisch zu sein. 1628

Das Individuum glaubt an den „Sinn der Geschichte“, wenn die 1629
vorhersehbare Zukunft seinen Leidenschaften günstig scheint.

Das Gravierende ist nicht so sehr, daß die Revolution den konter- 1630
revolutionären Dichter köpft, als daß sie den Revolutionär nicht inspiriert.

Wer sich nicht mit der grundsätzlichen Asymmetrie der Welt abfin- 1631
det, verfälscht am Ende die Maße.

Die Vorsehung behält in diesem Jahrhundert das interessante The- 1632
ma dem mittelmäßigen Schriftsteller vor.*

Die Gründe, Argumente, Beweise scheinen dem, der glaubt, jeden 1633
Tag weniger offensichtlich.

Und das, woran er glaubt, offensichtlicher.

Je subtiler sich die Wahrheiten entwickeln, desto unwahrschein- 1634
licher wird ihr Triumph.

Mein eigener Gesprächspartner, wenn Gott schweigt. 1635

Es gibt Ideen, die keine Wahrheiten sind, aber die es sein sollten.* 1636

Verstehen bedeutet die gültige Erklärung für eine einzige Instanz 1637
finden.

Manchmal beschneidet Gott unsere Äste wie ein ungeduldiger 1638
Gärtner.*

Jede edle Betätigung ist ein Lauern auf ein Wunder. 1639

Der Schriftsteller hofft auf seinen Satz wie Martha auf die Auferstehung des Lazarus.

Die Intelligenz erklärt nichts und sieht nichts voraus, außer das 1640
Mittelmäßige.

Das Besondere ist immer Skandal.

1641 Wenn wir von einem Dichter sprechen, ist es töricht, auf seinen mißglückten Gedichten zu beharren. Normal ist, daß Gedichte mißglücken.

Ein Dichter ist nicht mehr als seine Triumphe.

1642 Die Literatur- und Philosophieprofessoren schauen auf den Schriftsteller und den Philosophen mit dem Überlegenheitsgefühl des Erwachsenen.

1643 Der Modernismus von Baudelaire oder der Goncourts ist nicht ein Synonym des Fortschritts, sondern des Lokalkolorits.

1644 Die zeitgenössischen politischen Ideologien irren in dem, was sie bestätigen, und liegen richtig in dem, was sie ablehnen.

1645 Die Apologetik muß Skeptizismus und Poesie vereinen.

Skeptizismus, um Götzen zu strangulieren, Poesie, um Seelen zu verführen.*

1646 Die revolutionäre Wirklichkeit tröstet den zu literarischer Wirksamkeit unfähigen Schriftsteller.*

1647 Indem man die Literatur verleugnet, macht man heute Karriere in den Geisteswissenschaften, so wie im Bürgertum, indem man das Bürgertum verleugnet.

1648 Die Erfindung von Techniken pflegt dem Erscheinen von Künstlern vorauszugehen, die fähig sind, diese zu handhaben.

1649 Die Menschheit schickt sich leichter ins Vermeidliche als ins Unvermeidliche.*

1650 In den Maße wie die gegenwärtige Mittelmäßigkeit Platz greift, scheinen sich die großen Schriftsteller dieses Jahrhunderts einem 19. Jahrhundert einzugliedern, das sich in ihnen verlängert und mit ihnen untergeht.*

1651 Die Geschichte läßt sich vielleicht nur auf Handlungen ohne Bedeutung zurückführen.

1652 Was keine physische Notwendigkeit ist, scheint dem modernen Menschen einfache willkürliche Konvention.

Ein Schriftsteller versteht mit seinem Gefühl, ein anderer fühlt mit 1653
seiner Intelligenz.

Der Schriftsteller bekennt sich nur zu dem, was die Mode geneh- 1654
migt.

Die Geschichte der Philosophie ordnet sich um zwei siegreiche Re- 1655
aktionen: Platon und Kant.

Das Werk Mallarmés ist dort angesiedelt, wo es die orphische Er- 1656
klärung der Welt ignoriert, das von Valéry in den Versen, die ihm die Götter geben, das des Surrealismus in den unversehrten Stücken träumerischer Spontaneität.

Die moderne Kunst formt sich in den Pausen ihrer doktrinären Maßlosigkeit.

Der Romancier umfaßt die Peripherie des Helden von dessen Zen- 1657
trum aus, der Psychologe sucht, die Seele von der Peripherie aus zu umfassen.

Der eine weiß, daß seine Metaphern Reste einer einheitlichen Intuition sind, der andere stellt sich vor, daß seine Gerüste Strukturen des Objekts sind.

Nichts verhält sich in der Zeit auf gleiche Weise. 1658

Die Organismen entwickeln sich, aber der biologische Fortschritt ist ein anthropozentrischer Mythos, die Wissenschaft macht Fortschritte, aber der Verstand entwickelt sich nicht weiter; die Werke wandeln sich, aber nichts verändert die Werte.

Die Geschichte der Religionen schließlich steigt bis zu einem Punkt, ab dem sie abfällt.*

Wenn der große Romanschriftsteller die Seele seiner Hauptperso- 1659
nen analysiert, löst er nicht deren Mysterium auf, sondern erschafft es erst.

1660 Es gibt keine universal gültigen Deutungen.

Eine religiöse Deutung ist grotesk in einem profanen Kontext, so wie eine profane Deutung in einem religiösen Kontext grotesk ist.

Dort sind nur wissenschaftliche Kategorien brauchbar; hier ist ist alles Zeichen, Symbol, Sakrament.

Der Regen ist für den, der anbetet, göttlicher Segen, der auf das Wunder des Weizens fällt.*

1661 Es gibt welche, die glauben, daß es gelöste Probleme gibt.

1662 Sowohl vor als auch nach Christus gibt es ein Heidentum von Vorläufern und von Gegnern.

Das Heidentum Montaignes ist das Heidentum eines getauften Fauns. Sein Katholizismus ist authentisch, aber nicht von theologischer oder mystischer, sondern gesellschaftlicher und volkstümlicher Herkunft. Katholizismus eines alten katholischen Landes, in dem der tiefe Glaube sich mit einem bestimmten skeptischen Naturalismus verbindet.

Montaigne ist nicht die Blüte eines Lebens, sondern einer katholischen Zivilisation.

1663 Außerhalb der Geschichte ist nichts erklärbar, aber die Geschichte reicht nicht, um irgendetwas zu erklären.

1664 Das 18. Jahrhundert war das der verlorenen Möglichkeiten.

Dort gab es eine zivilisierte, aber unbesiegte Natur, eine erfinderische, aber nicht unterdrückende Technik, eine geordnete Gesellschaft, die noch nicht zwischen individueller Einsamkeit und kollektiver Erstickung schwankte.

Aber das 18. Jahrhundert wußte sein Gleichgewicht nicht zu sichern und zog den Fortschritt vor.

1665 Wir Mittelmäßigen erfinden noch nicht einmal unsere eigene Art und Weise, mittelmäßig zu sein.

1666 Von jedem Einzelnen hängt es ab, ob sich seine Seele, der die Jahre ihre zahlreichen Ansprüche raubte, sich als bitterer Groll oder in ihr Schicksal ergebende Demut offenbart.

1667 Die Schlüsse des Philosophen pflegen akzeptabler zu sein als die Vernunft, auf der sie fußen.

Je undurchsichtiger, zusammenhangloser, mysteriöser das Univer- 1668
sum erscheint, desto sanfter nimmt es uns auf.

Ethik und Religion unterscheiden sich wie Technik und Abenteuer. 1669

Der ethische Imperativ zieht überprüfbare Konsequenzen nach sich, auf dem religiösen Gebiet sind Strafe und Belohnung Glaubenshandlungen.

Um die ethischen Regeln anzuerkennen reicht eine gewisse weltliche Weisheit, die Religion erfordert eine noblere Verrücktheit.

Die Katastrophe von Lissabon schien dem 18. Jahrhundert ein 1670
metaphysischer Skandal.

Die metaphysischen Skandale dieses Jahrhunderts scheinen den Zeitgenossen einfache Katastrophen.

Philosophie ist, was jeden Gedanken widerlegt, der den Geist be- 1671
droht.

Selten sind die, die sich nicht erniedrigen, wenn sie aufhören, an 1672
Lügen zu glauben.*

Die Weigerung, eine Schlußfolgerung anzuerkennen, die uns er- 1673
schreckt, genügt, um eine dauerhafte intellektuelle Versteifung zu verursachen.*

Die Gelassenheit ist die Folge akzeptierter Unsicherheit. 1674

Es genügt, daß bestimmte Wesen sich eine Idee zu eigen machen, 1675
damit man ohne weiteres weiß, daß sie falsch ist.*

Mehr noch als durch Gedankengänge läßt sich der Verstand von 1676
Sympathien und Ekel leiten.

Der Verstand beeilt sich, Probleme zu lösen, die das Leben ihm 1677
noch nicht stellt.

Die Weisheit ist die Kunst, ihn daran zu hindern.*

Wenn die Metapher bloß rhetorischer Ausdruck und nicht die 1678
zweite Potenz der Sprache ist, ist die Poesie ein Zeitvertreib von Einfältigen und die Religion eine Fabel für Schwachköpfe.

1679 Die Dekadenz einer Literatur beginnt, wenn ihre Leser nicht schreiben können.*

1680 Wie selten sind jene, die nicht Bücher bewundern, die sie nicht gelesen haben!

1681 Philosophie und Geschichte umschließen einander wechselseitig.

1682 Man darf weder irgendeine Philosophie ernst nehmen, noch sich über irgendeine lustig machen.

Wäre irgendeine einfach komisch, müßte der Mensch verzweifeln, wäre eine andere vollkommen ernst, müßte die Welt verzweifeln.

1683 Die Religion ist nicht eine Verbindung von Lösungen bekannter Probleme, sondern eine neue Dimension des Universums.

Der religiöse Mensch lebt zwischen Realitäten, die der Profane nicht kennt, aber er besitzt nicht den Schlüssel des Geheimnisses.

Der religiöse Frieden ist nicht der Frieden des gelösten Problems, sondern der angenommenen Liebe.

1684 Die Religion erklärt nichts, sondern kompliziert alles.*

1685 Ohne Theorie der Authentizität fehlt dem Begriff der Ideologie die Grundlage. Damit sich das Fälschen von Banknoten lohnt, müssen legal ausgegebene in Umlauf sein.

Ideologie und Heuchelei sind immer Parasiten.

1686 Verbeugen wir uns, wenn der Historiker aufzeigt, daß diese oder jene Sache sich ereignete, aber begnügen wir uns mit einem Lächeln, wenn er behauptet, daß sie sich ereignen mußte.

1687 Der Vor-Romantiker prüft sich als Exemplar seiner Spezies, der Romantiker horcht seine Individualität ab.

Die Romantik ist das Bewußtsein der Unterschiede: zwischen mir und den anderen, zwischen den anderen.

1688 Was in Zeiten der Ungläubigkeit vorgeht, ist nicht, daß die religiösen Probleme absurd erscheinen, sondern daß sie keine Probleme zu sein scheinen.

In einem Jahrhundert, in dem die öffentlichen Medien unbegrenzte 1689
Dummheiten unter die Leute bringen, wird der gebildete Mensch nicht an seinem Wissen erkannt, sondern an seinem Nichtwissen.*

Es gibt Reaktionäre ungeachtet ihrer Vorurteile, einfach aus gutem 1690
Geruchssinn.

Ihr bester Repräsentant ist Hume.

Interessant ist die Welt nur, wenn sie durch eine Intelligenz gefiltert 1691
ist.

Wenn wir sehen, daß der Mensch die Konsequenzen seines Han- 1692
delns nicht einschätzen kann, verlieren die politischen Probleme zwar nicht ihre Bedeutung, aber die Lösungen werden uninteressant.

Die Religion ist das Zittern, welches die Erschütterung unserer 1693
Wurzeln unseren Zweigen übermittelt.

Gott ist weder Gegenstand meiner Vernunft noch meiner Empfind- 1694
samkeit, sondern meines Seins.

Gott existiert für mich in dem selben Akt, in dem ich existiere.

Das Glück ist ein Augenblick der Ruhe zwischen zwei Geräuschen 1695
des Lebens.

Die Gewinnsucht des Händlers bestürzt mich weniger als die 1696
Ernsthaftigkeit, mit der er sie befriedigt.*

Die Kunst erwählt gleichmütig sowohl den, der sie mißachtet, als 1697
auch den, der sie verehrt.

Für den Ungläubigen ist das Leben entweder vollkommen trivial 1698
oder vollkommen ernst; nur für den Gläubigen ist das Leben trivial und ernst zugleich.

Da man ein religiöses Kriterium benötigt, um in jedem Objekt die unauflösbar trivialen sowie die unauflösbar ernsten Anteile voneinander abzugrenzen, wird das Triviale beim pessimistischen Ungläubigen zum Ernsten und das Ernste beim optimistischen Ungläubigen zum Trivialen.

Unter den Händen des Sprachlosen blüht jede Zivilisation auf. 1699

1700 Die menschliche Tätigkeit hat ihren technischen Bereich und den des Wunders.

Dort führt eine vorher festgelegte Handlung ein vorhersehbares Resultat herbei, hier ist die Wirkung nicht von ihrer Ursache herleitbar.

Die technische Vorgehensweise hat eine beständige Wirkung, während es keine Regeln gibt, um einen hervorragenden Vers zu schreiben.

1701 Der Wille allein ist der Geburtshelfer der Seele.

1702 Wer Verlangen danach verspürt, seine Beschränktheit zu messen, der zähle die Anzahl der Dinge, die ihm einleuchtend erscheinen.*

1703 Allein die lyrische Poesie überlebt, weil das menschliche Herz der einzige Winkel der Welt ist, den die Vernunft nicht zu besetzen wagt.

1704 Der literarische Kritiker muß eine Philosophie haben, aber er darf nicht wissen, daß er sie hat.

1705 Es gibt keine Wahrheit, in der es erlaubt ist, sich auszuruhen.

Jede Wahrheit ist eine verminte Stellung, eine durch Intrigen geschwächte Festung, ein von Feinden belagertes Heerlager, mit deren Feindseligkeit wir insgeheim sympathisieren.

1706 Im Glauben, bestimmte Thesen wegen der Beachtung der Kohärenz zu verteidigen, lassen wir uns oft durch einen einfachen Hang zur Symmetrie leiten.

1707 Die wissenschaftliche Wahrheit ist jene, über die wir wissen, wie wir uns einigen können.

Die Übereinkunft über Wahrheiten anderer Art ergibt sich aus bloßer Koinzidenz.

1708 Die Wissenschaft ist ein Gespräch der Menge, die Philosophie ein Selbstgespräch, an dem manche uns zuhören lassen.

1709 Nach ihrer Unterhaltung sind zwei Philosophen einander distanzierter.

In der Philosophie rettet sich oder verurteilt sich jeder Mensch 1710
allein.

In den Wissenschaften überzeugt sich die Vernunft, in der Philo- 1711
sophie konvertiert sie.

Nur der Dumme weiß eindeutig, warum er glaubt oder zweifelt. 1712

Jede Wahrheit ist ein Risiko, das wir auf uns nehmen, indem wir 1713
uns auf eine unendliche Reihe unendlich kleiner Evidenzen stützen.

Unsere Wahrheit erreicht ihre volle Authentizität nur in der Ein- 1714
samkeit unseres Denkens, weil dort der Zweifel die Härte ihrer Konturen annagt und mildert.*

Meine Wahrheit ist die Summe dessen, was ich bin, nicht die ein- 1715
fache Zusammenfassung dessen, was ich denke.

Die Phantasie fügt verstreute Züge zusammen, um einen neuen 1716
Gegenstand zu konstruieren.

Die Vorstellungskraft richtet sich im Zentrum eines realen Gegenstandes ein.

Da ich mich selbst kenne, wird mich niemand dazu bringen, die 1717
menschliche Natur freizusprechen.

Zivilisieren heißt lehren, das Untergeordnete zu gebrauchen, ohne 1718
es zu achten.

Zivilisiert sein heißt, das Wichtige nicht mit dem bloß Notwendigen vermengen.*

Der Barbar macht sich entweder gänzlich lustig, oder er verehrt 1719
gänzlich.

Die Zivilisation ist ein Lächeln, das zurückhaltend Ironie und Respekt mischt.

Die bloße Wahrhaftigkeit rettet kein Buch. 1720

Da es einfach fade Wahrheiten gibt, ist die Wahrheit, die wichtig ist, immer mehr als ein überwundener Widerstand.

Die Schamlosigkeit eines Textes ist ein weniger offenes Mittel als 1721
eine keusche Vertraulichkeit.

1722 Den Gerechtigkeitsfanatikern scheint das Universum ein säumiger Schuldner, denen, die die Gnade anbeten, ein sublimer Gläubiger.

Die ersteren behaupten, daß man ihnen alles schuldet, die anderen wissen, daß sie alles schulden.

1723 Der Kommunist entfremdet sich in seiner Zukunftsvision.

1724 Indem er den historischen Prozeß vergißt, in dem „Vernunft", „Freiheit", „Fortschritt" hervorgebracht werden, ohne ihre ideologische Bedeutung zu analysieren, indem er ihnen das Privileg einer mysteriösen Zeitlosigkeit einräumt, ergibt sich Marx bedingungslos den Idealen des bürgerlichen Radikalismus.

1725 Dem Gesetz gehorchen, das vom Mehrheitswillen abhängt, bedeutet der Laune zu gehorchen; einem Menschen gehorchen, der objektive Normen anerkennt, bedeutet dem Gesetz zu gehorchen.

1726 Die Politik sollte die Wissenschaft sein, die die sozialen Bedingungen definiert, welche die Wahrnehmung und Verwirklichung der Werte am meisten begünstigen.

1727 Der Individualismus degeneriert in einer Seligsprechung der Laune.

1728 Autorität ist nicht eine Ermächtigung von Menschen, sondern eine Vollmacht von Werten.

1729 Gesetz ist nicht, was ein Willensakt verfügt, sondern was die Intelligenz entdeckt.

1730 Die Zustimmung des Volkes ist ein Anzeichen der Legitimität, aber nicht ihre Ursache.

In der Auseinandersetzung über die Legitimität der Macht zählen weder ihr Ursprung im Votum noch ihr Ursprung in der Gewalt.

Legitim ist die Macht, die den Auftrag erfüllt, den ihr die vitalen und ethischen Erfordernisse einer Gesellschaft erteilen.*

1731 Rousseau: von der Vernunft zur Sensibilität, vom Allgemeinen zum Individuellen, vom Objekt zum Subjekt, vom unpersönlichen Wert zum persönlichen, vom Handeln zum Sein.

Zelebrieren wir, daß die Demokraten diesem Reaktionär Denkmäler errichten.

Die genauen Reglementierungen zur Verteidigung der Freiheit bringen Knechtschaft hervor. 1732

Die Freiheit blüht besser in vernachlässigten Winkeln, wie ein unausrottbares Unkraut.

Selbst wenn wir in Wirklichkeit gleich wären, gibt es keinen Grund, daß die Gleichheit ein Ideal sei. 1733

Die Gesellschaft, die offiziell die Existenz sozialer Klassen abstreitet, wird schleichend zum Besitz der maskierten sozialen Klasse, die sie regiert. 1734

Ohne die Tyrannei zu wollen, strebt das Volk Ziele an, die sie in sich schließen. 1735

Weder der Regierungschef noch Mitglieder der Legislative sind Bevollmächtigte oder Repräsentanten des Volkes. 1736

Die einen wie die anderen sind Organe des Staates zur Erfüllung seines Zieles: der Verwirklichung des Rechts.

Die Aristokratien sind die normalen, die Demokratien die Fehlgeburten der Geschichte.* 1737

Wenn der Respekt vor der Tradition abstirbt, verzehrt sich die Gesellschaft in ihrem unablässigen Streben, sich zu erneuern, auf frenetische Weise selbst. 1738

Das Kunstwerk ist ein Pakt mit Gott. 1739

Schon genügt es nicht mehr, daß der Staatsbürger sich in sein Schicksal ergibt, der moderne Staat braucht Komplizen.* 1740

Von Gott aus gesehen ist die Realität Idee, vom Menschen aus ist die Idee Realität. 1741

Die Metaphysik besteht aus einer Unmenge von Vermutungen, die die Form eines Systems haben. 1742

Die Geschichte kennt keine Lösungen, sondern Situationen. 1743

1744 Biographen und Leser stürzen sich gerührt auf die „überaus menschlichen“ Episoden im Leben jeden großen Mannes.

Ohne die Schäbigkeit bestimmter Momente verzeihen unsere Zeitgenossen nicht die Größe eines Lebens.

1745 Als gesund gelten dem Psychiater nur vulgäre Handlungsweisen.

1746 Der Journalist wählt sein Thema – der Autor wird von seinen Themen erwählt.

1747 Ohne das Tagebuch, das ihn „verzehrt“, wäre Amiel ein gewöhnlicher Genfer Lehrer gewesen. Ohne das Projekt, das ihn „sterilisiert“, wäre Mallarmé irgendein Bewohner des Parnass.

Die aktuelle Kritik bedauert nichtsdestoweniger, daß die Schönheit Helenas sie daran hindere, sich den sozialen Problemen Spartas zu widmen.

1748 Die antike Welt sah im historischen und mythischen Helden, in Alexander oder Achilles, das Modell des menschlichen Lebens. Der große Mann war beispielhaft, seine Existenz vorbildlich.

Das Muster des Demokraten ist im Gegensatz dazu ein vulgärer Mensch.

Dem demokratischen Modell muß rigoros alles Bewundernswerte fehlen.

1749 Das Proletariat taucht auf, wenn das gewöhnliche Volk sich in eine Klasse verwandelt, die die Wertmaßstäbe des Bürgertums übernimmt, ohne bürgerliche Güter zu besitzen.*

1750 Das reaktionäre Denken sichert seinen Anhängern keinerlei Ergebnis, es garantiert ihnen bloß, daß sie keinen Blödsinn sagen werden.

1751 Die Volksmeinung versteift sich noch auf eine vor-kopernikanischen Theorie der Werte.

Nach ihr werden Werte geboren und sterben, als ob der Mensch unbewegt die Drehungen des Erdgewölbes betrachten würde.

1752 Der Mensch wandert umsonst.

Wenn jeder Schritt ihn von dem Lagerfeuer entfernt, das er am Morgen verlassen hat, bringt ihn der längste Tagesmarsch nicht seinem nächtlichen Ziel näher.

Der Rationalismus ist der Hochmut der Vernunft, während ihre Demut die Geschichte ist. 1753

Der Rationalist hält die Existenz anderer Menschen für unnötig und überflüssig, während die Aufgabe des Historikers darin besteht, die Existenz der Übrigen zu feiern.

Entweder Gott oder der Zufall: alle anderen Termini verschleiern das eine oder das andere. 1754

Um einer männlichen Konfrontation mit dem Nichts aus dem Weg zu gehen, errichtet der Mensch dem Fortschritt Altäre.* 1755

Der Mensch verzweifelt manchmal mit Würde, aber selten hofft er mit Intelligenz.* 1756

Flucht schützt nicht vor der Langeweile. 1757

Wir müssen, um uns zu retten, diese schwammige und zähe Bestie zähmen.

In der innerlich angenommen Langeweile keimen die edelsten Dinge.*

Die Verehrung der Menschheit ist abstoßend wie jeder Kult seiner selbst.* 1758

Da ein neues Problem immer aus gelösten Problemen entsteht, besteht die Weisheit nicht darin, Probleme zu lösen, sondern sie zu bändigen. 1759

Dem Mittel, das heilt, ziehen wir immer die Erleichterung vor, die verschlimmert.* 1760

Jeder Akt der Resignation ist ein kurzer Todeskampf. 1761

Das einzige Mittel gegen den Neid in den niedrigen Seelen ist die Eitelkeit, die sie glauben läßt, daß sie nichts zu beneiden haben.* 1762

Jeder späteren Epoche scheinen nicht die längst vergangenen Epochen alt, sondern die gerade vergangenen. 1763

Wer seine Ideen erfindet, kann sie nicht ohne Ironie lehren. 1764

Nur der Schüler weiß.

1765 Die Vorsehung geht mit solch feiner Ironie vor, daß die Menschen nicht immer bemerken, ob sie von ihr gestraft werden oder ob sie sie verspottet.

1766 Die moderne Welt ist nur in den öffentlichen und privaten Episoden interessant, in denen ihre Mythen zerbrechen.

1767 Die „Revolution" ist ein Pakt zwischen dem Satan Miltons und dem Homais von Flaubert.

1768 Der moderne Mensch zieht aus den Katastrophen keine Lehre, sondern sieht in ihnen Unverschämtheiten des Universums.*

1769 Der Literaturkritiker, der sich nicht oft widerspricht, irrt.

1770 In seinem eifrigen Bestreben, der demokratischen Menschenfreundlichkeit zum Durchbruch zu verhelfen, faßt der moderne Katholizismus das evangelische Doppelgebot so zusammen: Liebe deinen Nächsten über alles.*

1771 Begrenzt auf sein eigenes Leben kennt das heutige Individuum jene Verlängerung seiner Persönlichkeit in Raum und Zeit nicht, die von der Zugehörigkeit zu einer Familie kam, deren verschiedene Glieder untereinander durch eine ununterbrochene Identität verbunden waren, welche von der Vererbung eines Landbesitzes über lange Jahrhunderte hinweg herrührte.

In unserer Zeit wird der Einzelne einsamer geboren und stirbt endgültiger.

1772 Solange er nicht alles besitzt, besitzt der Mensch nichts, da wir in jedem Besitz nur dessen Grenzen spüren.

1773 Wir wissen zu wenig, um die Möglichkeit oder Unmöglichkeit von irgendetwas bestätigen zu können.

1774 Nichts erleichtert es dem Revolutionär so sehr, unzählige Exekutionen anzuordnen, als das Bewußtsein, daß er ein Feind der Todesstrafe ist.*

1775 Der Gläubige weiß, wie man zweifelt, der Ungläubige weiß nicht, wie man glaubt.

Die Wichtigkeit einer „Botschaft“ hängt in der Literatur von der Qualität des Boten ab. 1776

Die Bücher der Philosophie oder der Literatur sind zum großen Teil zur Hälfte gedacht und zur Hälfte geschrieben. 1777

Im Unterschied zum Schriftsteller fehlt dem Intellektuellen die Sprache. 1778

Seine Sprache ist ein Dialekt, in dem das Vokabular aller Moden seiner Zeit zusammenstoßen.

Die Geschichte begeht Selbstmord, wenn sie jede Transzendenz abstreitet. 1779

Wenn die Realität nur zeitlich ist, ist ihr Platz die Gegenwart. Die Vergangenheit entbehrt der Wichtigkeit.

Damit uns die Geschichte angeht, muß etwas in ihr sie transzendieren: etwas muß es in der Geschichte geben, was mehr als Geschichte ist.

Die Erklärung eines historischen Ereignisses ist ein umfassenderes Ereignis, das es in sich einschließt. 1780

Der Historiker erklärt ein Ereignis, indem er von einem anderen berichtet, in dem sich das erste abspielt.

Der Törichte empört sich und lacht, wenn er bemerkt, daß die Philosophen sich widersprechen. 1781

Es ist schwierig, dem Törichten verständlich zu machen, daß die Philosophie gerade die Kunst ist, sich zu widersprechen, ohne sich damit aufzuheben.

Wer sich als Sprachrohr der öffentlichen Meinung fühlt, ist versklavt worden. 1782

Raison, Nature, Clarté sind Konzepte, die nichts bedeuten, solange wir nicht herausfinden, was einem Franzosen des 17. Jahrhunderts rational, natürlich und klar bedeutete. 1783

Jede Epoche nennt ihre Anekdote absolut.

Das Rituelle ist Vehikel des Heiligen. 1784

Jede Neuerung entweiht.*

1785 Die Geschichte ist nicht der Ort, wo die Antagonismen sich auflösen, sondern wo sie vergessen werden.

Die irdischen Siege sind nicht optimistische dialektische Synthesen, sondern tragisches empirisches Verschwinden eines der Elemente des vorhergehenden Antagonismus.*

1786 Intelligent nennt die breite Masse nur diejenigen Handlungen der Intelligenz, die im Dienste des Instinkts stehen.

1787 Die Philosophie ist kein Gegenstand des Lernens, sondern der Eroberung.

1788 Die größte politische Kinderei besteht darin, bestimmten sozialen Strukturen Laster zu unterstellen, die zur menschlichen Natur gehören.

1789 Die Mathematik ist die Poesie des Identitätsprinzips.

1790 Der richtige Gebrauch der Freiheit kann darin bestehen, einem Schicksal verhaftet zu sein, meine Freiheit besteht aber darin, es ablehnen zu können.

Das Recht auf Scheitern ist ein wichtiges Recht des Menschen.

1791 Die ungegenständliche Malerei ist der Realismus unserer Zeit.

Das Abstrakte ist das einzige der Imagination gegebene Mittel, dem Verkommenen die Stirn zu bieten.*

1792 Solange ihn seine Leidenschaften nicht versklavt haben, fühlt sich der Mensch nicht frei.

1793 Wir sollten nicht den Ehrgeiz haben, harmonische Einheiten von Ideen zu besitzen, sondern korrekte intellektuelle Reflexe.

1794 Die Gottesbeweise sind die Ideologie des Gefühls seiner Anwesenheit in der Seele.

1795 Die Gleichgültigkeit gegenüber der Kunst verrät sich in der pompösen Feierlichkeit der Ehrung, die man ihr zu erweisen pflegt.

Die wahre Liebe schweigt oder spottet.

1796 Der Schwachkopf, der einen großen Philosophen nachäfft, ist nur ein Echo seiner selbst.

Die Lektüre der großen Philosophen lehrt uns nicht, was wir denken sollen, sondern wie. 1797

Wissenschaftliche Wahrheiten können sich verbreiten, ohne dabei zu verkommen, während jede philosophische Wahrheit im Munde der breiten Masse zur Torheit wird. 1798

Die öffentliche Meinung ist immer einfältig, selbst wenn dort ein subtiles Wort widerhallt.

Die Literaturkritik schließt alles ein, was dem intelligenten Menschen über ein Buch zu sagen einfällt. 1799

Die Technik ist keine Anwendung der Wissenschaft. 1800

Die Wissenschaft ist die Theorie der Technik.

Die Welt ist nur interessant, wenn sie sich in der Vorstellung des Menschen spiegelt. 1801

Der Vers hat im Theater den Vorteil, zu verhindern, daß der Autor jene Themen behandelt, die den Pöbel begeistern. 1802

Wird er international, bereitet sich ein Stil aufs Sterben vor. 1803

Erklären heißt, den Fall einem Gesetz und jedes Gesetz einem allgemeineren Gesetz unterzuordnen. Verstehen bedeutet zu erreichen, daß unsere Erfahrung sich mit einer fremden Erfahrung identifiziert. 1804

Das Erklärte bleibt ein für alle Mal erfunden, das Verstandene muß jedesmal neu entdeckt werden.

Zu bewundern, was uns kein Vergnügen bereitet, ist die Zwischenetappe zwischen der primitiven Etappe, wo wir nur bewundern, was uns vergnügt und der Endetappe, in der uns nur vergnügt, was wir bewundern. 1805

Zwischen dem gelungenen und dem mißlungenen Werk gibt es keinen Unterschied, den die Vernunft klärt, nur Distanz, die der Geist feststellt. 1806

Fast jede Idee ist ein ungedeckter Scheck, der im Umlauf ist, solange man ihn nicht einlöst. 1807

1808 Vielleicht gibt es nichts Alberneres, als sein Leben damit zu verbringen, mittelmäßige Schriftsteller zu lesen, weil sie unsere Zeitgenossen sind.

1809 Die drei großen reaktionären Unternehmungen der modernen Geschichte sind: der italienische Humanismus, der französische Klassizismus und die deutsche Romantik.

1810 Der Autor drückt sich in seinem Werk aus und drückt gleichzeitig etwas in ihm aus.

Die klassische Ästhetik vergaß das erste, die Romantik das zweite.

Die Moderne, die nur auf den Ausdruck achtet, vergißt das erste und das zweite.

1811 Die letzten Elemente des Universums müssen tautologisch definiert werden.

Diese Elemente nehmen überhand.

1812 Das Unverständliche ist die Region, wo die Seele schließlich atmet.

1813 Die Ethik begeistert den Ungläubigen, während der Gläubige sich mit der Moral bloß abfindet.*

1814 Den modernen Historiker interessieren die Individuen weniger als ihre Umstände.

Reflex aktueller Vertauschung: die Art des Lebens ist wichtiger als die Eigenschaft dessen, der lebt.

1815 Der Neidische sieht in der Geschichte nur die Gewohnheiten, die alle teilen.

1816 Die bestimmbaren Charakteristika eines Kunstwerkes bestimmen seinen Platz, ohne seinen Rang zu definieren.

1817 Ein großer Schriftsteller ist der, der die Vorurteile seiner Ahnen unwillkürlich in Gründe verwandelt.*

1818 Die Verworrenheit eines Textes rührt nicht so sehr von einem Gebrechen des Verstandes als von einem Fehler des Charakters her.

Jede Verworrenheit rührt von der Scheu her, beim Denken bis auf den Grund zu gehen.*

Reine, jungfräuliche Ideen sind schal. 1819
Die Idee gewinnt Geschmack, sobald sie durch die Geschichte rollt.

Der Historiker, der innehält, um einen horizontalen Einschnitt in der Geschichte zu machen, schreibt ein Kapitel authentischer Soziologie. 1820
Soziologie ist die statische Sichtweise eines mehr oder weniger ausgedehnten geschichtlichen Zeitraums.

Unter Komplizen erübrigen sich Adjektive. 1821

Ein wahrer Aristokrat ist der, der ein inwendiges Leben hat. 1822
Was auch immer seine Herkunft, sein Rang, sein Vermögen sei.

Der höchste Aristokrat ist nicht der Feudalherr auf seinem Schloß, sondern der kontemplative Mönch in seiner Zelle.* 1823

Niemand eignet sich eine Idee an, die jener überlegen ist, die er selbst in der Lage ist, zu erfinden. 1824
Wer sich einer Idee zu bemächtigen glaubt, wenn er ein Vokabular usurpiert, gleicht dem, der sich für adlig hält, weil er einen Titel kauft.

Die philosophischen Lektüren sind Gespräche mit berühmten Intelligenzen, in deren Schutz sich unsere Ideen entwickeln. 1825
Unter der Sonne von Platon, Descartes, Kant sprießen gleichermaßen – je nach Samen – Rosen oder Rüben.

Nichts, was geschieht, ist notwendig, aber alles wird zur Notwendigkeit, wenn es einmal passiert ist. 1826
Alles hat einen Grund, aber jeder Grund hat eine Vielzahl möglicher Wirkungen.

Wenn die Vorstellungskraft des Beobachters nachläßt, scheint sich die Welt mit Wesen zu bevölkern, die nicht authentisch sind. 1827
Daß es dem Kritiker an intellektuellem Großmut mangelt, führt erst zur fehlenden Authentizität, die er tadelt

Nur der Dummkopf fühlt sich nie als Parteigenosse seiner Gegner.* 1828

1829 Eine Theorie einem Mythos vorziehen ist nicht die Voraussetzung der „Wahrheit“, sondern Sache der Mode.

1830 Der Linkskatholizismus ist die Prätention, Thesen zu taufen, die sich nicht bekehrt haben.*

1831 Der Christ von heute empfindet kein Mitleid mit den anderen, weil diese nicht mit ihm übereinstimmen, sondern bemitleidet sich selbst, weil er anderer Meinung ist.

1832 Die nationalistische Xenophobie bewahrt die Unversehrtheit köstlicher Speisen für die, die weder Nationalisten noch xenophob sind.*

1833 Sehen wird monoton, wenn es nicht dazu dient zu sehen, wie andere sehen.

1834 Die Literatur ist nicht „Ausdruck der Gesellschaft“. Was eine Gesellschaft ausdrückt, existiert nicht als Realität, die von ihrem literarischen Ausdruck unabhängig wäre.

Die vollständige Definition einer Gesellschaft schließt trotzdem die Literatur in sich ein, die dort geschrieben wird.

1835 Eine gerechte Gesellschaft wäre uninteressant.

Die Diskrepanz zwischen dem Individuum und dem Platz, den es einnimmt, macht die Geschichte interessant.*

1836 Eine religiöse Antwort auf das Rätsel der Welt zu geben, ist weniger ein sicheres Zeichen von Religiösität als sie mit einer religiösen Frage zu konfrontieren.

1837 Die Unklarheit eines Textes ist kein Fehler, wenn man das, was man sagt, nur auf unklare Art sagen kann.

1838 Alle Epochen zeigen dieselben Laster, aber nicht alle zeigen dieselben Tugenden.

In allen Zeiten gibt es Bruchbuden, aber nur in einigen Paläste.

1839 Die Natur flüchtet sich in die Vorstellung einiger Menschen, um nicht in den Händen der Technik zugrunde zu gehen.

Das Vulgäre besteht sowohl darin, dem Respekt zu versagen, dem er gebührt, als auch dem Respekt zu bezeugen, der ihn nicht verdient. 1840

In der Philosophie Newmans erklärt sich die in den Falten des Skeptizismus verborgene Apologetik Humes. 1841

Eine große philosophische Intelligenz ist jene, die fähig ist, scharfsinnige und feine Ideen zu erfinden, die aber auch die schroffen Kanten und klaren Umrisse grober Ideen aufweisen. 1842

Mancher berühmte Mann trägt mitunter so schwachsinnige Ideen vor, daß wir nicht zu glauben wagen, wir verstünden.* 1843

Wer den Großen ähnlich zu sein glaubt, begeht eine kleinere Dummheit als der, der glaubt, daß die Großen ihm ähnlich sind.* 1844

Der Demokrat geht davon aus, daß es zur Wahrung der eigenen Würde ratsam ist, die fremde Größe zu mißachten.* 1845

Wenn er seine Abhängigkeit zugibt, fühlt sich der noble Geist von der Huldigung bereichert, die er erweist. 1846

Das Vulgäre besteht im Wesentlichen darin, Platon und Goethe zu duzen. 1847

Die Ironie ist manchmal ein Zeichen fehlenden historischen Sinnes. 1848

Bestimmte Intelligenzen lassen das, was sie berühren, verarmt zurück. 1849

Das offensichtlich frivolste Spiel in der französischen Literatur tritt aus einem Halbdunkel des Gebets oder der Blasphemie hervor. 1850

Besser als irgend ein anderes Volk hat das französische seine Politik mit einem bewundernswürdigen Bewußtsein seiner geistigen Bedeutung zu leben gewußt. 1851

Der große Kritiker ist sowohl die Summe seiner Überspanntheiten und Launen als auch seiner Erfolge. 1852

1853 Die Probleme des 19. Jahrhunderts beschäftigen den Linken so sehr, daß er sich mit denen des 20. Jahrhunderts nicht beschäftigt.

Die Probleme, welche die Industrialisierung der Gesellschaft gestellt hat, hindern ihn, jene zu sehen, welche die industrialisierte Gesellschaft stellt.*

1854 Der Progressismus altert schlecht.

Jede Generation bringt ein neues Modell der Fortschrittlichkeit mit sich, welches das vorherige Modell abschätzig in die Ecke stellt.

Nichts grotesker als der Progressive nach der Mode von gestern.

1855 Wenige sparen ihre Energie für die wirklichen Entscheidungen auf.*

1856 Die Romantik „entdeckte" nicht die Natur, sondern die bedrohliche Trennung von Natur und Mensch.

1857 Die moderne Literatur: dieses kolossale reaktionäre Unterfangen.*

1858 Der Ungläubige stellt sich vor, daß die Religion Lösungen zu geben versucht, während der Gläubige weiß, daß sie nur Rätsel zu vermehren verspricht.*

1859 Keine Epoche ist ein Übergang.

Jede Epoche ist ein Absolutes, das sich selbst verschlingt.*

1860 Die Philosophie ist eine literarische Gattung.

1861 Das Leben ist letztendlich immer bloße Vorbereitung auf das Leben.

Unsere Ziele wandeln sich immer in Mittel.

1862 Die moderne Tragödie ist nicht die der besiegten, sondern die der triumphierenden Vernunft.*

1863 Die Einsamkeit des modernen Menschen im Universum ist die Einsamkeit des Herrn unter schweigsamen Sklaven.*

1864 Der moderne Schriftsteller schreibt einen Roman mit dem Stoff, den Balzac in einem Absatz bewältigte.

Die „Theologie der irdischen Realitäten“ führt zu einem einfachen 1865
Terrenismus, wenn sie mehr sein will als eine Ästhetik.

Nur die Schönheit ist makellose irdische Realität.

Das Zweite Vatikanische Konzil gleicht weniger einer Bischofs- 1866
versammlung als einer geheimen Zusammenkunft von Gewerbetreibenden, die verstört sind, weil sie ihre Kundschaft verloren haben.*

Der Katholizismus verkümmert, wenn er es ablehnt, sich von heid- 1867
nischer Substanz zu nähren.

Die Geladenen lehnen die Einladung zum himmlischen Festmahl ab, wenn man sie aufmerksam macht, daß Walhalla es nicht präfiguriert.*

Der Christus der Modernen ist Sohn eines Zimmermanns, den sei- 1868
ne beredte Forderung nach sozialer Gerechtigkeit zum Prototyp revolutionärer Intelligenz macht.

Oder alternativ, zum mythischen Symbol einer vergöttlichten Menschheit.

Wie plump sind jene Leser, welche diese ungewöhnliche Persönlichkeit nicht einschüchtert, die die evangelischen Hochebenen wie ein nächtliches Unwetter überquert.

Der gekreuzigte Agitator gleicht eher dem byzantinischen Pantokrator als dem Vorbild des Sozialarbeiters.

Indem es unwiderlegbar unbegründet ist, muß das Ästhetische dem 1869
Denken als höchstes Vorbild dienen.

Wir sollen die ästhetischen Kategorien als Kriterien jeder historischen Interpretation verwenden.

Das Ästhetische ist sensible und profane Manifestation der Gnade.

Die Geschichte wird reichhaltiger, wenn wir die Fakten indirekt 1870
betrachten.

Als ob wir untersuchen würden, was ein englischer Scholar zu der Meinung bemerkt, die ein deutscher Gelehrter über das äußert, was ein italienischer Humanist von dem Bezug dachte, den ein lateinischer Kommentator mit dem Gutachten herstellt, das ein alexandrinischer Schriftgelehrter über einen athenischen Tragödiendichter abgab.*

1871 Wer nicht versteht, daß zwei vollkommen konträre Haltungen zugleich vollkommen gerechtfertigt sein können, sollte sich nicht mit Kritik befassen.

1872 Die moderne Welt ist kein endgültiges Verhängnis.
Es existieren geheime Waffenarsenale.*

1873 Das Studium der Mythen gehört zur Metaphysik, nicht zur Psychologie.

1874 Das Ritual des Skandals ist ebenso konventionell wie das Ritual der Lobpreisung.*

1875 Der Moderne ist ein Gefangener, der sich frei vorkommt, weil er darauf verzichtet, die Wände seines Kerkers abzutasten.

1876 Der Schriftsteller, der haßt oder liebt, überzeugt weniger als der, der liebt und haßt.

1877 Der transzendentale Gott ist keine Projektion des leiblichen Vaters.
Ein Abglanz Gottes macht im Unterschied dazu den animalischen Erzeuger zum Vater.
Das Religiöse ist nicht Ausdruck psychologischer oder sozialer Tatsachen. Das Soziale und Psychologische sind im Gegenteil Symbole des Religiösen.
Was uns bewegt, ist immer metaphysische Realität.

1878 Für das religiöse Denken wiederholt sich das typologische Repertoire seiner heiligen Geschichte endlos in der profanen Geschichte.
Die Typen sind die Struktur seiner Universalgeschichte.
In den Momenten, in denen sein Leben Bedeutung hat, wiederholt der Mensch die Gesten eines Gottes.

1879 Wer ein ethisches Problem „harmonisch“ löst, richtet sich nur auf einer niedereren ethischen Ebene ein.

1880 Die Geschichte der Kunst ist die Geschichte ihrer Materialien, ihrer Techniken, ihrer Themen, ihrer sozialen Bedingungen, ihrer psychologischen Motive oder ihrer intellektuellen Problematik, niemals aber die Geschichte der Schönheit.
Die Werte haben keine Geschichte.*

Der Nominalist lebt zwischen Tatsachen. Der Realist unter Göttern. 1881

Eher als ein Christ bin ich vielleicht ein Heide, der an Christus glaubt.* 1882

In den Sozialwissenschaften ist man gewöhnt, zu wiegen, zu zählen, zu messen, um nicht denken zu müssen. 1883

Die „Intuition“ ist Wahrnehmung des Unsichtbaren, so wie die „Wahrnehmung“ die Intuition des Sichtbaren ist. 1884

Das Bewußtsein spannt wie eine Spinne das lexikalische Netz, um die Ideen zu fangen, die in den inneren Zwischenräumen wie trunkene Insekten umherfliegen. 1885

Um eine Überzeugung zu verteidigen, ist es nicht immer angebracht, eine andere als Rechtfertigung anzuführen. 1886

Es kommt oft vor, daß die zur Rechtfertigung angeführten Überzeugungen weniger überzeugen als die gerechtfertigten.

Die Geschichte interpretieren reduziert sich darauf, ihre Artikulationen korrekt in der Zeit zu markieren. 1887

Die Vernunft schwächt zuweilen, was sie stützt. 1888

Wahrheit ist die Formel, die unsere Sicht eines Objekts zuverlässig ausdrückt. 1889

Da sie eine Beziehung zwischen dem Objekt darstellt, das sie deutlich macht, und der Person, für die sie offensichtlich ist, ist die Wahrheit an eine konkrete Intuition gebunden.

Die Formel hört für den auf, wahr zu sein, der mit ihr nicht die Erfahrung nachvollziehen kann, auf der sie fußt.

In jeder kohärenten Intelligenz muß man eine gewisse Heuchelei vermuten.* 1890

Der mittelmäßige Dichter erfindet seine Symbole. Der große Dichter entdeckt sie.* 1891

1892 Die in Prosa abgefaßte Paraphrase des Gedichts zeigt nicht seine Bedeutung auf, sondern das Prinzip seiner Struktur.

Der prosaische Sinn des Gedichts konstituiert seine innere Form, weil es der Faktor ist, der eine Verbindung von Wörtern in einem Gedicht organisiert.

1893 Die künstlerische Objektivität kann persönlicher sein als die vertrauliche Mitteilung.

Um eine unverwechselbare Persönlichkeit darzustellen, ist es nie notwendig, von sich selbst zu sprechen.

1894 Das Programm der Jakobiner war kein bloß lokales Fieber, wie suggeriert wurde, weil es weiterhin auf der Lauer liegt.

1895 Die Romantik drückt im Wesentlichen das Verlangen aus, nicht hier zu sein: hier an diesem Ort, hier in diesem Jahrhundert, hier in dieser Welt.

1896 Wir können für unsere Evidenzen keine Beweise vorlegen, sondern nur auf die Evidenzen unserer Beweise hinweisen.

1897 Die egalitäre Gesellschaft läßt weder für den Großmütigen noch für den Demütigen Raum, Platz bleibt nur für die geschmacklosen Tugenden.*

1898 Man benötigt eine soziale Klasse von Müßiggängern, um die Regierenden in einem Klima interessenloser Ideen zu erziehen.

1899 Wenn Vorstellung und Wahrnehmung übereinstimmen, dörrt die Seele aus.

1900 Da die Weisheit nur über Oberflächen dahingleitet, ist das Denken, das sich für tiefgründig hält, nur kompliziert.

1901 Der Mensch ist nur Zuschauer seines Unvermögens.

1902 Die Illusion der Freiheit wächst mit unserer Unterwerfung unter die Welt.

Wer Sklave von allem ist, was ihn umgibt, proklamiert seine Autonomie.*

1903 Jede Befriedigung ist eine Form des Vergessens.*

Selbst die, die ein Innenleben führen, besitzen sich nicht, sondern beobachten sich nur. 1904

Wer ist weniger Herr seiner selbst als Constant, Biran, Amiel?

Die Welt ist ein System der Gleichungen, von Schneestürmen der Poesie aufgewühlt. 1905

Eine Disziplin ist wissenschaftlich, wenn es nicht nötig ist, daß der, der sie ausübt, intelligent ist. 1906

Wissenschaft ist, was nur ein intelligenter Mensch erfindet, aber was jeder Dummkopf praktiziert.

Die wirksame Ausübung einer literarischen Disziplin hängt nicht von der richtigen Anwendung der Methoden ab, sondern von der Fähigkeit der Personen. 1907

Ein Werk ist literarisch, wenn Autor und Werk untrennbar sind, wissenschaftlich, wenn irgendjemand es geschrieben haben kann. 1908

Im gebildeten Menschen stellt sich die Kultur nicht neben das alltägliche Leben. 1909

Gebildet ist der Mensch, der die höchsten Ergebnisse des Geistes in physiologische Reflexe umformt.

Das Problem der Pseudo-Bedeutung ist sonderbar: Was glauben wir zu sagen, wenn wir sagen, was nichts bedeutet? 1910

Die einzige Definition der Tugend, die die Sünde nicht attraktiv werden läßt, ist die des Hl. Augustinus: *Virtus non est nisi diligere quod diligendum est.* 1911

Die Wissenschaft verdichtet sich schließlich in Formeln und die Philosophie in Symbolen. 1912

Die Formel ist eine Rezeptur pragmatischer Gesten. Das Symbol bemüht sich, im Menschen dessen verstümmelte Flügel aufzureizen.

Die Erklärung der religiösen Erfahrung findet sich nicht in psychologischen Handbüchern. 1913

Sie liegt in den Dogmen der Kirche.

1914 Die Feinde der modernen Welt konnten im 19. Jahrhundert auf die Zukunft vertrauen.

In diesem Jahrhundert bleibt nur die nackte Nostalgie nach der Vergangenheit.

1915 Die Dummheit ist das unverzeihliche Verbrechen einer müßigen Klasse, weil intelligent zu sein die Rechtfertigung ihrer Existenz ist.*

1916 Die Intelligenz hat ihre Vollbürger und ihre Metöken.

1917 Wir sind daran gewöhnt, etwas moralische Vervollkommnung zu nennen, ohne daß es uns bewußt würde, daß wir die Laster wechseln.

1918 Wer den Dogmatismus ausschlägt, muß zwischen Indifferentismus und Hierarchie wählen.*

1919 Die Verfallserscheinungen des Katholizismus sind unterhaltsam, die des Protestantismus reizlos.

1920 Das Entmystifizieren beschränkt sich darauf, festzustellen, daß Ideologien Interessen und Leidenschaften verbergen.

Heute bleibt noch zu definieren, ob es sich um ehrbare oder bösartige Interessen handelt, großmütige oder armselige Leidenschaften.

1921 Zwischen Religion und Wissenschaft gibt es eher gefühlsmäßige Abneigung als logische Opposition.

1922 Raum und Zeit, in denen es sich ereignet sind keine wichtigeren Attribute des historischen Ereignisses als Glanz und ihr Elend.

Das Werturteil ist Urteil über einen Wert, nicht Dokumention über den Richter.

1923 Seit dem Auftreten des Surrealismus wechselte die Rhetorik ihre Mittel, ohne ihr Wesen zu ändern.

Traditionell war die schlechte Dichtung intellektuelle Rhetorik, heute ist die Rhetorik sentimental.

1924 Der Triumph dessen, der nicht an sich selbst zweifelt, ist der einer gelangweilten Majestät.

Der Wert scheint dem subjektiv, der die Objektivität des entdeckten Wertes mit der Subjektivität des Prozesses der Entdeckung verwechselt. 1925

Obwohl er kein übertragbarer Gegenstand ist, und obwohl seine Authentizität Episode eines persönlichen Abenteuers ist, ist der Wert keine Erfindung, sondern Fund.

Was gilt, gilt möglicherweise nur für mich, aber es gilt für mich, weil es gilt.

Nur der entgeht der Dekadenz, der mit Verachtung diesen unerbittlichen Vorgang ermißt. 1926

In die verfeinerte Intelligenz dehnt sich die Seele selbst aus, währenddessen die vulgäre Intelligenz ein fremder, zufälliger Apparat ist, den nur der Instinkt handhabt. 1927

Die Abfolge von Generationen ist Träger, aber nicht Motor der Geschichte. 1928

Seele ist, was den Dingen geboren wird, wenn sie dauern.* 1929

Interessante Philosophie ist nicht die, welche Evidenzen extrapoliert, sondern jene, die sie erläutert. 1930

Einige Philosophen sind so reich, daß sie nur eine minimale Quote des von ihnen angehäuften Goldes im Umlauf bringen. 1931

Die Mehrheit jedoch stirbt an chronischer Inflation.

Meinungen zu haben, ist die beste Methode, der Verpflichtung zum Denken auszuweichen. 1932

Die Idee ist die wahre Syntax des Stils. 1933

Nur mit denen, die ständig mit Leidenschaft Selbstgespräche führen, ist ein Gespräch interessant. 1934

Jene, die unerschütterlich auf ihr Ziel zugehen, bieten ein faszinierendes Schauspiel, sind aber langweilige Gesprächspartner.

Die Berechnungen der Intelligenten gehen gewöhnlich daneben, weil sie den Dummkopf, die der Dummen, weil sie den Intelligenten vergessen.* 1935

1936 Jedes Individuum mit „Idealen“ ist ein potentieller Mörder.*

1937 Weder die gesellschaftliche Überlegenheit noch die Unterlegenheit sind ein Skandal, wohl aber bestimmte Vorgesetzte und bestimmte Untergebene.

1938 Die großen Bücher haben die Höflichkeit großherziger Könige: sie nehmen den Leser auf, als wäre er einer der ihren.

Der mittelmäßige Schriftsteller versucht, uns zu erniedrigen, um seine niedere Position zu verbergen.

1939 So zahlreich sind die Dichter, die nur ein gutes Gedicht schreiben, daß wir diese einsamen Poeme als Abenteuer einer Poesie betrachten sollen, die sich im Dichter geirrt hat.

1940 Das einflußreiche Buch leidet unter seinem Einfluß.

1941 Jeder neue Stil lehrt, bestimmte ältere Werke zu entschlüsseln, macht aber auch unfähig, andere wahrzunehmen.

Bestimmte ästhetische Formen verschwinden jahrhundertelang, weil eine neue Form unsere Sicht modifizierte.

Bestimmte Bücher lesen zu lernen setzt voraus, bestimmte andere zu vergessen.

Die Musen sind Töchter des Gedächtnisses und des Vergessens.

1942 Schreiben ist erreichen, daß der Satz nahtlos an seiner Bedeutung haftet.

1943 Es reichten wenige Jahre, daß die hermetische Poesie der letzten Jahrzehnte ihren Zauber des versprochenen Schatzes gegen die Langeweile des entschlüsselten Rätsels eintauschte.

1944 Stützen wir uns auf den Fels der Göttlichkeit, während sich der Schlamm dieses Jahrhunderts talabwärts wälzt.

1945 Da offensichtlich das wahre Kunstwerk originell ist, stellt sich der Ungebildete vor, daß das originelle Werk notwendigerweise ein Kunstwerk sei.

1946 Die Geschichte dieser lateinamerikanischen Republiken sollte ohne Verachtung, aber mit Ironie geschrieben werden.

In anderen Sprachen gibt es eine korrekte Prosa für den täglichen Gebrauch, während in Spanisch nur der große Schriftsteller dezent schreibt. 1947

Das mittelmäßige Buch ist auf Spanisch noch mittelmäßiger als in anderen Sprachen.

Der Alte nimmt unnötigerweise Meinungen des Jungen an, um Zweifel über sein Alter zu säen. 1948

Nur in den Büchern, in denen sie selbst erfunden wurden, veralten die Ideen nicht. 1949

Die Intelligenz fasziniert, so langweilig auch das Thema ist, das sie behandelt. 1950

Das gebräuchliche Vokabular ist immer ungewöhnlichen, gesuchten Synomymen vorzuziehen, aber ein präziser Wortschatz entschuldigt jede Pedanterie. 1951

Die sprachliche Genauigkeit ist ästhetische Qualität, während das Seltsame einer Stimme soziologischer Tatbestand ist.

Die vornehme soziale Klasse ist die, für welche die ökonomische Aktivität Mittel ist, Mittelklasse die, für welche sie Zweck ist. 1952

Der Bürgerliche strebt nicht danach, reich zu sein, sondern reicher zu sein.*

Die Originalität bestimmter Schriftsteller kommt vom Mißverhältnis zwischen der Sicht, die sie ausdrücken, und dem Habitus der Sprache, in der sie schreiben. 1953

Jene Schriftsteller entbehrten des Interesses, schrieben sie nicht in einer Sprache, die sich gegen sie auflehnt.

Über die schleppende Authentizität der Zeugnisse erhebt sich die noblere Authentizität der Imagination. 1954

Die kürzeste Erschütterung der Seele läßt uns unsere Existenz als Grab spüren, das sich langsam füllt. 1955

Jedes Leben ist eine belagerte Festung. 1956

Nur der Zeitgenosse kann den Geschmack einer Epoche ausdrükken und nur der Historiker ihre Struktur umreißen. 1957

1958 Die Intelligenz verteidigt uns schlechter gegen die Dummen als ein absichtlicher Firnis an Dummheit.

1959 Der Besiegte flößt immer Mitleid ein, weil letzten Endes normalerweise nur der verliert, der sich weigert, diese oder jene Schurkerei zu begehen.

1960 Die Geschichte enthält Gesetze, hat aber keine.

Geschichte ist das unvorhersehbare Abenteuer, ausgeführt von den Routinen der menschlichen Natur.

1961 Wenn seine Phantasie nachläßt, greift der klassische Schriftsteller nach seinen Modellen, der Romantiker ahmt sich selbst nach.

1962 Weder muß der, der die menschliche Natur beschreibt, Gott erwähnen, noch kann der ihn übergehen, der sie deutet.

1963 Der originelle Denker ist kompliziert, ohne unklar zu sein.

Das Unklare kommt immer von der Unerfahrenheit, mit der die Schüler die Sprache des Meisters handhaben.

Der opake Text ist in einem fremden Wortschatz geschrieben.

1964 Der Schriftsteller, dem Popularität gleichgültig ist, will nicht Zeitgenosse der Schriftsteller seiner Zeit sein, sondern der Schriftsteller, die er bewundert.

1965 Nichts ist dümmer, als die Dummheit zu verachten, während wir uns um ihren Applaus bemühen.

1966 Die taktische Beschränktheit des Ehrgeizigen droht sich in echte Beschränktheit zu verwandeln.

Der Geist des senilen Demokraten enthält nur Ideen für Wahlreden.*

1967 Die edle Form der Angst ist die Antwort des Bewußtseins auf den Schrei unserer alltäglichen Misere.

Wenn uns der Tod einer Nation, oder die Zukunft der Kultur quälen, paktieren wir mit untergeordneten Ängsten.

1968 Die Schäbigkeiten der modernen Mentalität sind keine gelegentlichen Ausrutscher, sondern angeborene Charakterzüge.

Jedes Leben ist ein gescheitertes Experiment. 1969

Von Scheitern kann nur der mit Ehrlichkeit sprechen, den die ande- 1970
ren für siegreich halten.

Die Anhäufung farbloser Prädikate, die wir Personenbeschreibung 1971
nennen, ist nur eine Sammlung kartographischer Notizen für eine mögliche Reise.

Aber das Individuelle erwächst manchmal aus seiner Beschreibung, so wie eine Abwesenheit aus ihrem Duft.

Den traditionellen Schriftsteller beschäftigt nicht die Tradition, zu 1972
der er gehört; schließlich zweifelt er nicht an der Rechtmäßigkeit seiner Abkunft.

Der traditionalistische Schriftsteller dagegen imitiert minutiös seine angeblichen Vorfahren, um Familienähnlichkeit vorzutäuschen.

Um unseren Gesprächspartner zu überzeugen, müssen wir die 1973
Wahrheiten, die wir predigen, von den Irrtümern, an die er glaubt, ableiten.

Höchste Rhetorik ist die Kunst, von falschen Prämissen auszugehen, um bei wahren Schlüssen anzukommen.

Eine Tradition ist kein vermeintlicher Katalog von Tugenden, der 1974
einem Katalog von Irrtümern gegenübersteht, sondern ein Stil, Probleme zu lösen.

Tradition ist keine versteinerte Lösung, sondern flexible Methode.

Die Tugenden, die die Willenskraft formt, sind Denkmäler, die ein 1975
akademischer Bildhauer erschafft.

Noch nicht einmal für die Heiligen ist Intelligenz überflüssig. 1976

Es gibt Heilige, die die Kirche vernünftigerweise kanonisierte, aber nicht vorzeigen darf.

Daß nichts Herausragendes von uns abhängt, ist so sicher, daß uns 1977
nur das Mittelmäßige „verdienstvoll" erscheint.

In unserer Reichweite liegende Tugenden entbehren der Gnade.

1978 Die Zukunft begeistert jene, die an die Effizienz des Willens glauben, während die Vergangenheit diejenigen fasziniert, die vom Unvermögen menschlicher Vorhaben wissen.

Was der Mensch beabsichtigt, ist immer öde, aber was er erreicht, erstaunt uns zuweilen.

1979 Die Vergangenheit ist nicht die Summe dessen, was der Mensch sich vorgenommen, sondern dessen, was Gott gewährt hat.

Die Zukunft ist die Summe der menschlichen Vorhaben, die Gott mit Füßen tritt.*

1980 Gott ist das Ärgernis des modernen Menschen.

1981 Der Inspiration mißtrauen und auf die Arbeit vertrauen, wie Baudelaire oder Flaubert, heißt nicht dem Stolz unterliegen, sondern sich den Bedingungen der Gnade unterwerfen.

Wie der Mystiker der asketischen Kasteiung.

1982 Der Neider pflegt mit Arglist zu fragen, wozu dem Reichen sein Geld nütze ist, wobei er vergißt, daß es ihm zumindest dazu nütze ist, daß der Neider ihn beneidet.*

1983 Verweilen in jeder Idee.

Einen Augenblick.

1984 Die intellektuelle Mittelschicht ist wehleidig und jammernd.

1985 In diesem Jahrhundert soll man sich weder Landsleute noch Zeitgenossen gestatten.

1986 Das Unterbewußte fasziniert die moderne Menschheit.

Weil man dort seine bevorzugten Blödheiten als unwiderlegbare Hypothese unterbringen kann.

1987 Wir dürfen nicht schreiben, wie wir sprechen, sondern wie wir sprechen sollten.

Den Materialisten irritiert, wenn wir den Geist als Geist qualifizieren, aber wenn wir ihn „Geist" (in Anführungszeichen) nennen, beruhigt er sich schnell. 1988

Nachdem es nicht gelang, den Geist auf die Materie zu reduzieren, beruhigen die Anführungszeichen den Materialisten, weil sich darin eine Verkleinerung ankündigt.

Unsere Seelen leben die Kontinuität der Zeit als diskontinuierliche Folge von Ewigkeiten, die in sukzessiven Katastrophen untergehen.* 1989

Die Mehrheit der Menschen hat kein Recht, ihre Meinung zu äußern, sondern zuzuhören.* 1990

Der Mensch kann nur definieren, was er selbst erschafft. Das Übrige ist bloß beschreibbar. 1991

Die Bescheidenheit entwaffnet nicht als Symbol der vorweggenommenen Unterwerfung, sondern als plötzliche Entdeckung eines Universums, in dem Befehlen grob und vulgär ist. 1992

Die tief verborgensten Regionen der Seele sind immer die dicht besiedeltsten. 1993

Die kühnsten Erforscher der Seele gehen in verstädterten Zonen an Land.*

Die Trivialität ist nie das, was man fühlt, sondern was man sagt. 1994

Um nicht wie beleidigte Pädagogen zu handeln, müssen wir uns in Genealogen der Dummheit verwandeln. 1995

Es besänftigt, Dummheiten zu klassifizieren und ihre Herkunft zu untersuchen.

Nur feine Seelen können das Vergnügen berühren, ohne sich zu beschmutzen. 1996

Je größer die Unfähigkeit eines Volkes, umso weniger Regierung braucht es – nicht desto mehr. 1997

1998 Die axiologischen Disziplinen gehorchen alle folgender Regel: kein Wert ist konstante Funktion von operational definierbaren Ereignissen.

Keine axiologische Serie, anders ausgedrückt, stimmt eindeutig mit einer ontologischen Serie überein.

Die Götter durcheilen die Welt, manchmal in Lumpen, manchmal gekrönt.

1999 Die großen Werke haben keine Abstammung. Selbst wenn ihre Nachahmer das Gegenteil behaupten.

Nur die gestammelte Rede jenes, dessen sich eine souveräne Stimme bemächtigt, ist fruchtbar.

2000 Die Ästhetik darf keine Rezepte geben, weil es keine Methoden gibt, um Wunder zu schaffen.

2001 Es gibt die, welche sich – ohne sich zu schämen – dazu bekennen, Literatur zu „studieren".

2002 Die Hellsichtigkeit des Künstlers ist so unfreiwillig wie seine Inspiration

2003 Eine zivilisierte Nation darf nur Skeptikern gestatten, sie zu regieren.

2004 Die Regierenden, die nur eine Minderheit repräsentieren, müssen die Zivilisation erfinden, um nicht unterzugehen.

Die Delegierten einer Mehrheit hingegen können ungestraft obszön, plump, grausam sein.

Je größer die Mehrheit ist, die sie stützt, um so unvorsichtiger, intoleranter, rücksichtsloser gegen die menschliche Vielfalt ist die Regierung.

Wenn die Regierenden sich für Sachverwalter der ganzen Menschheit halten, nähert sich der Terror.*

2005 Die Menschen sind weniger anderer Meinung, weil sie anders denken, sondern weil sie gar nicht denken.

2006 Es lohnt nicht, den überzeugen zu wollen, der nicht im voraus schon überzeugt ist.

Überzeugen ist nicht mehr als implizite Überzeugungen explizit werden zu lassen.

Versuchen wir nicht zu erklären, sondern das Rätsel einzugrenzen. 2007

Die Gesellschaft bewundert ohne Heuchelei nur die Intelligenz, die niedere Triumphe erzielt. 2008

Ein einfaches Komma unterscheidet manchmal eine Banalität von einer Idee. 2009

Die Ziele jeden Ehrgeizes sind vergeblich, doch köstlich ist der Ehrgeiz selbst. 2010

Unsere Meinung über ein großes Buch ist ein Urteil, mit dem das Buch uns richtet. 2011

Der „elfenbeinerne Turm" steht in schlechtem Ruf bei den Bewohnern intellektueller Kaschemmen.* 2012

Ihr neuer Blödsinn erlaubt es jeder Epoche, sich über die vorangegangenen lustig zu machen. 2013

Es irritiert weniger, wie ein großer Schriftsteller beleidigt wird, als zu hören, wie er mit wohlwollender Nachsicht behandelt wird. 2014

Die Kritiker streifen wie schnüffelnde Hunde zwischen den Fetzen der großen toten Schriftsteller umher. 2015

Ah, wenn doch der alte Löwe erwachte!

Weise ist, wer nichts erstrebt, aber so lebt, als wolle er alles. 2016

Niemals wird einer wissen, welches ästhetische Kriterium er in Wirklichkeit anwendet. 2017

Im Licht unserer Traurigkeit oder unseres Glückes, unserer Verachtung oder unserer Begeisterung betrachtet, zeigt die Welt eine so subtile Struktur, ein so feines Wesen, daß jede intellektuelle Betrachtungsweise verglichen mit dieser Sichtweise der Gefühle nur als einfallsreiche Banalität scheint. 2018

Im Gegensatz zu den Zeitgenossen erfaßt die Nachwelt besser die Qualitäten der Meisterwerke und die Mängel der mittelmäßigen Werke. 2019

2020 Der „Fortschritt“, die „Demokratie“, die „klassenlose Gesellschaft“ fanatisieren die Menge, aber lassen die Musen mißgelaunt und kalt.

2021 Der Fortschritt atmet schlecht auf dem Parnass.

2022 Die marxistischen Kritiker defilieren an den Kunstwerken vorbei wie das Volk von Paris am 20. Juni an Ludwig XVI.

2023 Die Philosophie Schopenhauers schließt Gott nicht notwendigerweise aus. Sie schließt ihn bloß nicht ein.

Gott wäre dort das Ziel des Willens und die einzige Nahrung, die diesen sättigte.

2024 Der Todfeind Gottes ist der respektvolle Ungläubige.

2025 Nur die zögerliche, schwankende Seele ist immun gegenüber der Vulgarität.

2026 Der intelligente Mensch muß beim Altern die dogmatische Sicherheit des Erwachsenen vortäuschen.

Um den Jugendlichen zu schützen, der in ihm überdauert.

2027 Das Futurum des Verbes ist die bevorzugte Zeit des Einfältigen.

2028 Wer das Vokabular des Feindes akzeptiert, ergibt sich ohne sein Wissen.

Bevor die Urteile in den Sätzen explizit werden, sind sie implizit in den Wörtern.*

2029 Die modernen Künstler streben so sehr danach, sich untereinander zu unterscheiden, daß gerade dieser Ehrgeiz sie zu einer eigenen Spezies bildet.

2030 Der katholische Kult wurde reformiert, damit die Wärme der verklumpten Masse das Ei des *Grand-Être* von Comte ausbrütet.

2031 Der Triumph oder die Niederlage des Kommunismus raubt denen den Schlaf, welche die – rote oder andere – Farbe des Totentuchs beunruhigt.*

Soziale Alltagsarbeit erfordert eine gewisse Einfältigkeit. 2032
Intelligenzen, die die Geschichte erleuchten, wären weder fähig gewesen, ein Geschäft zu führen noch einen Staat zu regieren.

Nur wirklich bewundernswürdige Werke zu bewundern ist ein 2033
Zeichen zweifelhaften Geschmacks.
Das wahre literarische Feingefühl und die authentische Neigung schätzen den Zauber des geringeren Dichters und das Zartgefühl der subalternen Prosa.

Der Mensch meißelt nur verstümmelte Siege. 2034

Nur die Anspielung beschwört konkrete Erscheinungen. 2035

Der Dichter möchte übermitteln, was er fühlt, bekennt jedoch nur, 2036
was er ist.

So armselig es auch sei, es hat jedes Leben doch der Ewigkeit wür- 2037
dige Augenblicke.

Über die physische Liebe darf man nicht derb oder hochtrabend 2038
reden, sondern mit Leidenschaft oder mit Haß.*

Die Ideen ergeben sich nur dem, der sie abtastet wie nackte Körper. 2039

Gott ist nicht die Liebe an sich, sondern das exakte Profil meiner 2040
Liebe.

Die Nachwelt zieht die Anekdote der Idee vor. 2041
Nur der Klatsch welkt nicht dahin.

Nichts ist abstoßender als das, was der Dummkopf „eine harmoni- 2042
sche und ausgeglichene sexuelle Aktivität“ nennt.
Die hygienische und methodische Sexualität ist die einzige Perversion, die die Dämonen ebenso verabscheuen wie die Engel.*

Jede Tatsache ist immer weniger interessant als ihr Bericht. 2043

Die Phantasie beutet die Entdeckungen der Vorstellungskraft aus. 2044

Die Schönheit der edlen Dinge verbreitet in der Seele einen Auf- 2045
ruhr, der sie in Regionen fortreißt, deren Portikus der Tod ist.*

2046 Alle unsere Gefühle streben verbale Verständlichkeit und Klarheit der Intelligenz an.

Aller Reichtum der Welt atmet das Elend des Wortes.

2047 Ohne Würde, Nüchternheit und gute Manieren gibt es keine Prosa, die vollkommen zufriedenstellt.

Vom Buch, das wir lesen, erbitten wir nicht nur Talent, sondern auch gute Erziehung.

2048 In den besten Versen ist die Bedeutung kaum mehr als ein kurzer nächtlicher Blitz.

2049 Gute Erziehung ist letztendlich nur die Art, wie sich Respekt ausdrückt.

Da Respekt nur ein Gefühl ist, das die Anwesenheit einer zugegebenen Überlegenheit einflößt, stirbt die gute Erziehung dort, wo wirkliche oder fiktive, aber anerkannte Hierarchien fehlen.

Die Grobheit ist ein demokratisches Erzeugnis.

2050 Gewöhnliche Menschen leben bloß.

Nur der intelligente Mensch existiert.

2051 Die Menschheit wechselt weniger, was sie bewundert, als die Gründe, mit der sie ihre Bewunderung rechtfertigt.

Dreitausend Jahre hat man Homer aus widersprüchlichen Gründen bewundert.

Die Werke überdauern die Ästhetiken.

2052 Ästhetik ist das Nachsinnen dessen, dem es an Geschmack fehlt, über die mysteriösen Erfolge dessen, der über Geschmack verfügt.

2053 Der Kritiker formuliert unpersönliche Urteile nur, wenn er sich verkauft hat.

Der Kritiker, der nicht Komplize ist, ist einfach blind.

2054 Der heutige Mensch fordert Freiheit, damit die Bosheit ungestraft erblühen kann.

2055 Angesichts des intelligenten Mannes, der Marxist wird, fühlen wir dasselbe wie der Ungläubige angesichts des hübschen Mädchens, das ins Kloster eintritt.*

Sainte-Beuve ist das höchste *Selbstbewußtsein* der Literatur. 2056

Der reine Schriftsteller macht sich keine Gedanken, ob er zur zeit- 2057
genössischen Literatur gehört – in welcher Epoche auch immer er lebt.

Für den wahren Schriftsteller ist zeitgenössische Literatur die, die er schreibt.

Der Mode zu folgen interessiert nur den Künstler, der nie die Mode 2058
sein wird, der zu folgen es ihn drängt.

Es gibt keine Dummheit, an die der moderne Mensch nicht imstan- 2059
de wäre zu glauben, sofern er damit nur dem Glauben an Christus ausweicht.*

Das 18. Jahrhundert? 2060
Die 18. Jahrhunderte.

Die Schwächen des großen Mannes zeigen ihn nicht menschlicher, 2061
sondern bloß der breiten Masse ähnlicher.

Der unnachgiebige Individualismus, der die Krankheit des 18. Jahr- 2062
hunderts war, ist das letzte Heilmittel, das dem 20. Jahrhundert bleibt.*

Der Künstler der Gegenwart ist begierig danach, daß die Gesell- 2063
schaft ihn ablehnt und die Presse ihn lobt.*

Die bürgerliche Seele fühlt sich erlöst, wenn sie sich für nonkonfor- 2064
mistisch erklärt.

Der zeitgenössische Künstler rebelliert gegen das Bürgertum, um 2065
ihm seine Werke teurer zu verkaufen.

Der politische Extremismus dient dazu, intellektuelles Mittelmaß 2066
zu entschuldigen

Es ist immer einfacher, gewagte Meinungen zu haben als intelligent 2067
zu sein.

2068 Es ist nicht die himmlische Stadt der Apokalypse, die den progressiven Katholiken nicht schlafen läßt, sondern die Gartenstadt des Paradieses

2069 Der Atheist billigt dem Christen auf seine Art zu, daß das Christentum auf der österlichen Erfahrung fußt, während der evangelische Progressive lehrt, daß die Verfälschung des Christentums mit der österlichen Auferstehung beginnt.

2070 Wenn der Dummkopf die Schmähungen, die ein Genie ausgestoßen hat, aufnimmt, um sie seinerseits von sich zu geben, muß man auf die Seite der Beleidigten überwechseln.*

2071 Ohne den Ballast der „mittelmäßigen Christen“ kentert die Kirche wie ein Boot.

2072 Wer sich darauf spezialisiert, in den Schlamm herabzusteigen um die schäbigen Wurzeln unserer Tugenden auszugraben, erhält den Applaus unserer angeborenen Niedertracht.

2073 Der Moderne glaubt, daß die Analyse eines Produkts dieses auf seine Bestandteile reduziert.

2074 Um dem Ruf Gottes zu umgehen, nimmt der Mensch Zuflucht zu seinem Morast.

2075 Praktisch kann der Mensch Apparate konstruieren, die zu allem fähig sind.

Außer Bewußtsein seiner selbst zu haben.

2076 Es gibt keine Torheit, die eine elegante Syntax nicht erlöst.

2077 Der Glaube irgendeines intelligenten Menschen, irgendein Glaube, gerät ins Wanken, wenn er seinen Glaubensgenossen zuhört.

In keiner früheren Epoche waren die Wissenschaften und Künste 2078
so populär wie in unserer. Künste und Wissenschaften überfluten die Schule, die Presse und die Verlagskataloge.

Dennoch hat keine andere Epoche so häßliche Dinge hergestellt, noch so schäbige Träume geträumt, noch sich so gemeine Ideen zu eigen gemacht.

Man sagt, das Publikum sei gebildeter. Aber man merkt es ihm nicht an.*

Die Kunst erzieht niemanden außer den Künstler.* 2079

Der religiöse Wortschatz erhält durch den, der ihn entweiht, eine 2080
expressive Kraft, den er nie im Munde dessen hat, der ihn bloß allgemeinverständlich darstellt.

Fast jede Seele besitzt drei verschiedene Schichten: eine bittere 2081
Schale, eine weiche Essenz, einen gemeinen Kern.

Der Zuschauer von Ödipus, Hamlet, Phaedra, Faust genießt weni- 2082
ger das Stück als seine eigene „Kultur“.

Die Französische Revolution scheint dem bewunderswürdig, der 2083
sie schlecht kennt, fürchterlich dem, der sie besser kennt, grotesk dem, der sie gut kennt.

Die Vorbemerkungen zu einer Lehre können Jahre nach der Lehre 2084
selbst erscheinen.

So gibt es spätere Lehren zur Lehre, die vorangehen, und frühere Lehren zur Lehre, die nachfolgen.

Die üblichen Einwände gegen einen Kierkegaard, einen Baudelaire, 2085
einen Pater implizieren, daß man Christus tadeln müßte, weil er unverheiratet, fern der Geschäftswelt und ohne Neigung, in der öffentlichen Verwaltung irgend ein Amt zu bekleiden, gelebt hat.*

Das sicherste Zeichen der Mittelmäßigkeit eines Theaterstücks ist 2086
die Möglichkeit, sein Thema auf zufriedenstellende Weise zu bestimmen.

Weise ist nicht so sehr jener, der die Wahrheit sagt, als jener, der die 2087
genaue Reichweite dessen kennt, was er sagt.

Der nicht mehr zu sagen glaubt, als er sagt.

2088 Wer politische Erfahrung erwirbt, vertraut nur auf die klassische Maxime: Besorge nicht heute, was du auf morgen verschieben kannst.*

2089 Der Dummkopf lehnt die Gemeinplätze nicht ab, weil sie töricht sind, sondern weil sie Gemeingut sind.

2090 Reifen heißt eine wachsende Anzahl von Gemeinplätzen in authentische geistige Erfahrung verwandeln.*

2091 Trivialitäten verschlingen, sie verarbeiten, sich von ihnen nähren ist untrügliches Zeichen wahrer Originalität.

Der rechtmäßige Monarch prägt sein eigenes Bildnis auf die Münzen seiner Vorgänger.

2092 Um ein Thema zu behandeln, das wir schlecht kennen, brauchen wir ein Buch, aber wenige Sätze genügen für das, was uns bekannt ist.

Unwissenheit macht uns weitschweifig.

2093 Damit wir das Richtige tun, ist es notwendig, daß man uns widerspricht.

Denn das Universum ist widersprüchlich.

2094 Die Philosophen sind nicht auf der Jagd nach Wahrheiten – die Wahrheiten jagen die Philosophen.

2095 Die Rhetorik dient zweifellos dazu, das Fehlen von Ideen zu verbergen, aber das Wort „rhetorisch“ benutzt man, um die schönste Prosa zu verunglimpfen.

Mit diesem Ausdruck wappnet sich, wer für literarische Schönheit nicht empfänglich ist.

2096 Die Einwände dessen, der nicht die Überzeugungen teilt, die er kritisiert, sind immer unstimmig und zusammenhanglos.

2097 Wo es wirklich im Ernst gelingen wird, die soziale Mobilität zu institutionalisieren, werden die Revolutionen schwierig, die Zivilisation aber unmöglich werden.*

2098 Die Ideen tyrannisieren den, der wenige hat.*

Die Historiker der jüngeren Zeit schreiben der Geodäsie der Geschichte mehr Bedeutung zu als der Klimatologie. 2099

Ein großer Historiker kann sich jedoch erlauben, eine fehlerhafte Landkarte der Ereignisse einer Epoche zu zeichnen, solange es ihm gelingt, ihren „Geist“, ihre „Seele“, ihren „Geschmack“, ihre „Farbe“, ihr „Klima“ heraufzubeschwören.

Nach Acton versicherte Louis Philippe, daß die *Histoire des Girondins* am besten dokumentierte, was die Revolution den Zeitgenossen war.

Vielleicht ist es die Aufgabe des Gelehrten, die Lamartines und Michelets mit Anmerkungen zu versehen.

Aristokratische Gesellschaft ist jene, bei der das Streben nach persönlicher Vervollkommnung die Seele der gesellschaftlichen Institutionen ist. 2100

Die demokratische Gesellschaft begnügt sich selbst im besten Fall damit, das Zusammenleben zu sichern. 2101

Die aristokratischen Gesellschaften dagegen errichten auf der menschlichen Scholle einen Palast von Zeremonien und Riten, um den Menschen zu erziehen.*

Die demokratischen Feiertage gedenken siegreicher Aufstände. Der Adel zog liturgische Pracht vor. 2102

La Fête de Fédération endete in allgemeinem Tanz in den Stadtvierteln. Die imperiale Etikette setzte sich im gallicanischen Ritus einer Mailänder Messe fort.

Der Aristokrat verteidigt die Freiheit nicht, um die Unabhängigkeit seines Willens zu wahren, sondern die Unabhängigkeit der zur persönlichen Vervollkommnung jedes Individuums dienenden Normen selbst. 2103

Der Historiker, der die „malerische Oberfläche der Geschichte“ verschmäht, weil er zum Wünschelrutengänger der „tiefen geschichtlichen Strömungen“ werden will, vergißt, daß die Geschichte etwas ist, das Menschen in Fleisch und Blut zu einem Zeitpunkt und an einem Ort zustößt. 2104

2105 In einer bürgerlichen Ökonomie sind die Menschen Mittel, um Güter zu erwerben.

In einer feudalen Ökonomie sind die Güter Mittel, um Menschen zu erwerben.*

2106 Der Mensch muß sich zivilisiert stellen, um es sein zu können.

An seinem Talent zur Heuchelei ermißt man die Eignung eines Volkes für die Zivilisation.*

2107 Ich mißtraue jeder Idee, die meinen Zeitgenossen nicht veraltet oder grotesk erscheint.

2108 Der Kult der Menschheit wird mit Menschenopfern gefeiert.*

2109 Der Glaube – jeder Glaube – muß den Skeptizismus bitten, ihm seine politischen Programme abzufassen.

2110 Die neuen Religionslehrer bekennen, daß der Fortschritt die moderne Verkörperung der Hoffnung ist.

Aber der Fortschritt ist keine auftauchende Hoffnung, sondern das sterbende Echo der verschwundenen Hoffnung.

2111 Die drei Feinde der Literatur sind: der Journalismus, die Soziologie, die Ethik.

2112 Die Freiheit währt nur so lang, als der Staat inmitten der Gleichgültigkeit der Bürger funktioniert.

Es droht Despotismus, wenn der Staatsbürger sich für oder gegen seine Regierung begeistert.*

2113 Der Marxismus lehrt, daß die Ökonomie die Geschichte bestimmt, will den Menschen aber mit einer juristischen Reform erlösen.

2114 Europa im eigentlichen Sinne besteht nur aus den Ländern, die der Feudalismus erzogen hat.*

2115 Der Vorgänger des Marxisten ist infantil, der Marxist plump, nur der Post-Marxist ist erwachsen.

2116 An die Nachwelt glauben ist eine notwendige Torheit des Schriftstellers.

Die Zweideutigkeit des Klassenbegriffs erlaubt, die Geschichte zu verfälschen, indem man Bürgerkriege, die häufig sind, in Kriege der Unterdrückten, die selten sind, umdeutet. 2117

Der marxistische Historiker gießt einfarbigen Lack über die Vielfarbigkeit der Geschichte. 2118

Für den Marxisten ist die Rebellion in nichtkommunistischen Gesellschaften eine soziologische Tatsache und in kommunistischen ein bloß psychologischer Tatbestand. 2119

Dort rebelliert der „Ausgebeutete", hier offenbart sich ein „Verräter".

Cervantes trägt die Schuld an der Eintönigkeit der spanischen cervantinischen Kritik, weil er einem Volk ohne Ironie ein ironisches Buch hinterlassen hat.* 2120

Nur der ist intelligent, der sich nicht fürchtet, mit Dummköpfen übereinzustimmen. 2121

Wir nennen diejenigen intelligent, die sich in einer bestimmten Weise irren. 2122

Die Aufgabe der Soziologie ist die Erarbeitung eines Wörterbuchs für den Historiker. 2123

Niemand findet sich, indem er sich bloß selbst sucht. 2124

Die Persönlichkeit wird im Konflikt mit einer Norm geboren.

Das „Ich" ist nicht *haissable*, das *haissable* ist das „wir". 2125

Das Proletariat ist in unserer Zeit Herr der „Justiz", des „Gesetzes", der „Geschichte". 2126

Der Stolz des Pharisäers schlägt in proletarischen Herzen.

2127 Das Gefühl des individuellen Stolzes hat sich verloren. Die Idee der persönlichen Größe wurde durch die der Macht der menschlichen Spezies ersetzt.

Eine solche Wandlung zum Kollektiven bewahrt den Stolz über Jahre hinweg vor Erfahrungen, die ihn demütigen. Der individuelle Stolz erkennt schnell seine Unfähigkeit, während der Stolz der Spezies inmitten der Katastrophe auf zukünftige Instanzen vertrauen kann, die ihn retten.

Die Menschheit ist die letzte Zuflucht des Einfältigen.

2128 Jedermann fühlt sich dem überlegen, was er macht, weil er mehr zu sein glaubt, als er ist.

Niemand glaubt das Wenige zu sein, das er in Wirklichkeit ist.*

2129 Unsere unbedeutende Erscheinung ist glaubwürdiges Zeugnis unserer wirklichen Bedeutungslosigkeit.

2130 Nicht indem wir mit der Vergangenheit reinen Tisch machen, können wir mit Effizienz vorgehen, sondern indem wir unser Anliegen in ihren Marmor hauen.

Die Originalität ist das Plagiat eines Genies.

2131 Kohärenz und Evidenz schließen sich aus.*

2132 Ein geschmackloser Gegenstand wird dort hergestellt, wo das gesellschaftliche Prestige die Leute dazu bringt, Dinge zu erwerben, die dem Käufer keinerlei Vergnügen bereiten.

2133 Die Metapher ist barockes Ornament.

Barocke Kunst ist die, welche den metaphysischen dem direkten Ausdruck vorzieht. Klassische Kunst versucht die Metapher zu vermeiden, die Gebrauch und Abnutzung noch nicht in eine einfache Vokabel verwandelt haben.

Klassisch ist die Kunst, welche ein Maximum an Bedeutung mit einem Minimum an Metaphern ausdrückt.

2134 Der Teufel wählt in jedem Jahrhundert einen anderen Dämon aus, um die Kirche zu versuchen. Der gegenwärtige arbeitet besonders feingesponnen. Die Angst der Kirche vor dem Elend der Massen verdunkelt ihr Bewußtsein für Gott. Die Kirche fällt in die arglistigste aller Versuchungen: der Versuchung der Mildtätigkeit.*

Zerstörungen und Wiederaufbau haben in der Geschichte bekannte Urheber. 2135

Das Bauen selbst bleibt anonym.

Das Unglück dessen, der nicht intelligent ist, ist, daß es keine intelligenten Ideen gibt. 2136

Ideen, die anzunehmen genügen würde, um sich dem Intelligenten anzugleichen.

Der Ungebildete schätzt in der vergangenen Literatur nur, was ihn an die von ihm bewunderte zeitgenössische Kunst erinnert. 2137

Das Auftauchen einer Literatur von Lehrern versöhnte uns mit der Literatur von Journalisten. 2138

Der Historiker kann die Geschichte dessen schreiben, was er haßt, aber nicht dessen, was er verachtet. 2139

Bestimmte Historiker scheinen anzunehmen, Athen erwecke Interesse, weil es Weizen importierte und Öl exportierte. 2140

Das literarische Werk pflegt in den Pausen zwischen den Meditationen des Autors geschrieben zu werden – den Meditationen über das Werk, das er sich zu schreiben vornimmt und niemals schreibt. 2141

Kein authentisches Problem ist lösbar. 2142

Dies ist die Definition seiner Authentizität.*

Jede Exegese des Evangeliums überzeugt uns davon, daß der gegnerische Exeget recht hat. 2143

Das Leben ist Thema des Stillebens, nur als Bild interessant. 2144

Die Wohltätigkeit ist Tugend der Starken. 2145

Unter Schwachen ist sie Spekulation auf künftige Gegenseitigkeit.

Wer einen Autor zitiert, zeigt, daß er unfähig war, ihn in sein Werk aufzunehmen. 2146

Viele „Philosophen“ glauben zu denken, weil sie nicht schreiben können. 2147

2148 Wenn eine Nation eine andere imitiert, verachtet die Imitierte ihre Nachahmerin.

Jede Kopie erscheint dem Original grotesk.

Zwischen Nationen, die von ihren Unterschieden umschlossen sind, gibt es dagegen Feindschaft, aber keine Verachtung.

Der im Land wohnende Metöke wird vom Einheimischen eher verachtet als der einfache Fremdling.

2149 Da in der Geschichte alles Grund von allem ist, gibt es weder eine schwerere noch eine leichtere Disziplin.

2150 In intellektuell dürftigen Ländern gleicht der Patriotismus des Lesers das ungenügende Talent des Autors aus.

2151 Die großen Mächte brauchen sich nicht zu trösten, indem sie große Männer erfinden.

2152 Der labilen Seele zeigen, daß wir ihr Problem verstehen, heißt es unlösbar machen.

Ein begriffsstutziger Blick löst Beklemmung auf.*

2153 Eher noch als ethische Praxis oder Anhängerschaft an eine Lehre ist das Christentum die Treue zu einer Person.

Die Kirche konnte die Ideale des Mittelalters und die feudalen Verhaltensweisen christianisieren, weil diese, ohne christlich zu sein, derselben geistigen Art angehörten wie das Christentum.

2154 Die „objektive Sicht“ ist keine Sichtweise ohne Vorurteile, sondern eine fremden Vorurteilen unterworfene.

2155 Die Projekte des Menschen entbehren des Interesses. Nur die Geschichte ist interessant.

Das heißt: was Gott mit den Projekten des Menschen macht.

2156 Eine große intellektuelle Tradition ist für denjenigen, der sie erbt, Garantie der Besonnenheit, und ein reichhaltiges Repertoire an Unfug für den, der sie sich bloß aneignet.

2157 Es gibt zwei symmetrische Formen von Barbarei: die von Völkern, die nur Gebräuche haben, und die der Völker, die nur Gesetze respektieren.*

Die menschliche Überlegung schwankt zwischen zwei Polen: dem der exakten, aber langweiligen Wahrheiten und dem der vergnüglichen, aber falschen. 2158

Der Vorteil der Aphorismen gegenüber dem System ist die Leichtigkeit, mit der sich seine Unzulänglichkeit zeigt. 2159

Zwischen wenigen Worten ist es so schwierig, sich zu verstecken wie zwischen wenigen Bäumen.

Um zu verführen ist es nicht notwendig, daß der Schriftsteller etwas zu sagen hat, sondern daß er jemand ist. 2160

Das Denken geht nicht von einer Beobachtung oder einem Versuch aus, sondern von einem Vorurteil. 2161

Das Vorurteil ist das Organ der intellektuellen Aneignung des Universums.

Die Intelligenz ermüdet nicht, aber ihre Früchte faulen. 2162

Moralische Pedanterie besteht darin, sich selbst so zu behandeln wie wir nach der Ethik Kants die anderen behandeln sollen. 2163

Das philosophische oder wissenschaftliche Denken wurde nicht geboren, als man begann, in einer bestimmten Art und Weise zu denken, sondern als die erste Hypothese aufgestellt wurde. 2164

Denken heißt, eine vorherige Hypothese korrigieren, irgendeine Hypothese.

Das Leben lehrt nichts direkt, es widerlegt nur falsche Vorurteile. 2165

Man darf weder von jemandem etwas erwarten, noch etwas von jemandem verschmähen. 2166

Diejenigen, die inbrünstig unseren Glauben bekennen, scheinen ihn zu verraten. 2167

Unsere Wahrheit pflegt die Summe der Einschränkungen zu sein, die wir verschweigen.

Die verbale Rhetorik tötet das Buch, aber ohne intellektuelle Eloquenz scheitert es. 2168

2169 Nach Jahrtausenden der Literatur müßten wir wissen, daß die Wahrheit weniger wichtig ist als das Talent, mit dem ein Schriftsteller sich irrt.*

2170 Diejenigen, die an die „Wahrheit“ glauben, begrenzen ihre Lektüre auf die allgemein verbreiteten Irrtümer ihrer Zeit.

2171 Die Wahrheit hat etwas gemein mit bestimmten „Wahrheiten“ und „Irrtümern“, so wie die Schönheit in Werken aller Stilrichtungen.

2172 Die Wahrheit ist eher die Melodie bestimmter Seelen als das Produkt bestimmter Methoden.

2173 Wenn wir denken, daß die „Seele“ eines Schriftstellers uns interessiert, so deshalb, weil wir sein Talent als „Seele“ bezeichnen.

2174 Die gesellschaftlichen Institutionen sind Konstruktionen des Realismus, die der Nominalismus auflöst.

Wenn eine Institution aus den Menschen zu bestehen scheint, die sie repräsentieren, nähert sich ihr Tod.

2175 Um zu erfahren, was ein intelligenter Mensch gesagt hat, pflegt man nur mehr den Dummkopf anzuhören, der ihn nachahmt.*

2176 Es genügt, eine wichtige Frage zu beantworten, um grotesk zu erscheinen. (Z.B.: Was ist Ihre Meinung zur Liebe, zum Leben, zur Kunst, zu Gott?)

2177 Ein Individuum an einen Platz stellen, den es nicht verdient, ist weniger schwerwiegend als einem Wert einen Platz zuweisen, der ihm nicht entspricht.

2178 Die Psychologie ist nicht die Wissenschaft von der Seele, sondern von ihren Funktionen.

Die scharfsinnigste Selbstbeobachtung bemerkt nur die Spur von Füßen, die immer unsichtbar bleiben.

2179 Von empirisch nachweisbaren Existenzen können wir nur analoge Existenzen ableiten. Nur der axiologische Zugriff wirft transzendentale Schatten.

Die Seele ist, was der psychologischen Beobachtung entgeht, Gott weicht jedem Beweis aus.

Unter Intellektuellen ist das Gespräch Austausch fremder Ideen. 2180

Ohne Gefahr können wir griechische oder lateinische Autoren bewundern, aber wenn wir beiläufig Bewunderung für Shakespeare oder Racine bekennen, wird immer irgendein Franzose oder Engländer auf komische Art und Weise anmaßend. 2181

Der Name eines Künstlers ist gewöhnlich das nützlichste Adjektiv des kritischen Wortschatzes. Vergil zum Beispiel ersetzt Seiten verschwommener Sätze. 2182

Der originale Künstler entspricht einem sicheren Gefühl, sein Name vervielfacht unsere Denkmöglichkeiten.

Unsere Wissenschaft ist in jedem Augenblick nur die Hypothese dessen, was bis zu diesem Augenblick kein Experiment falsifiziert. 2183

Die endgültige wissenschaftliche Summe wird nie mehr sein als das geltende Vorurteil in dem Moment, in dem die Menschheit verlischt.

Die vulgäre Seele verheimlicht ihr Glück aus Angst vor dem Neid, die uneigennützige aus Mitleid mit ihm. 2184

Das Urteil über die Existenz ist Struktur von Werturteilen. 2185

Es bezeugt die Unschuld dessen, der sich vornimmt, etwas zu bejahen, ohne etwas zu riskieren.

Alles Höherstehende berührt uns unangenehm: die Schönheit oder die Güte, das Genie oder Gott. 2186

Der Begriff der Ideologie ist die ideologische Erfindung der Bemühung, das Große zu erniedrigen.

Marx und Freud machten dem Neid den Blick auf die Geschichte erträglich.* 2187

Niemandem von uns fällt es schwer, den Nächsten zu lieben, der uns unterlegen scheint. 2188

Aber es ist etwas anderes, den zu lieben, den wir überlegen wissen.

Der Egalitarismus ist keine Verbeugung vor den Rechten derer, die uns nachfolgen, sondern Intoleranz gegenüber den Rechten derer, die uns vorangehen. 2189

2190 Törichte Meinungen irritieren uns nicht länger, hören wir sie als Dokumentation über jene, von denen sie stammen.

2191 Die heutige Welt nimmt jede Neuigkeit mit so großzügiger Toleranz auf, daß sie sie in wenigen Augenblicken banalisiert.

Wer wird über die erdrosselnde Freiheit schreiben?

2192 Poesie ist die Art und Weise, irgendeinen Aspekt der Welt zu beschwören, der auf den Tod anspielt.

Die Jugend ist Thema der Poetik, weil sie nicht von Dauer ist, und das Glück, weil es vergeht.

Die Poesie des Ewigen ist der Wohlgeruch des Leichnams des Todes.

2193 Jede Idee endet als Prostituierte.

2194 Nichts Wichtiges ist nachweisbar.

Nur vorzeigbar.

2195 Der Marxismus und die Lehre Freuds verneinen die Individualität.

Sexualität und Ökonomie formen denselben gleichförmigen Teig.

Nach diesen Predigten wäre die Individualität eine bloße Summe von Anekdoten, obwohl sie das ist, was aus Anekdoten die Summe formt.

2196 Jeder Frieden wird mit Niederträchtigkeiten erkauft.

2197 Wahrheit und Glaubwürdigkeit sind keine Ziele der Literatur, sondern literarisch verwendbare Eigenschaften bestimmter Aussagen, so wie ihre verbale Musikalität oder ihre bildhafte Schreibweise.

Die katholische Theologie lehrt, daß der Glaubensakt nicht nur übernatürlich und freiwillig, sondern auch rational ist. 2198

Eine exakte These, solange man nicht daraus folgert, daß ein Gedankengang den Akt stützt, sondern die Vernunft nachweist, daß kein empirischer Grund ihn erklärt.

Der Glaubensakt ist rational, wenn die Vernunft nachweist, daß er weder von Fehlschlüssen herrührt, noch von Gefühlszuständen, infantilen Rückbildungen, sozialen Strukturen oder ökonomisch bedingten Verhaltensweisen.

Rationaler Glaube weist sich als letzter Stand der Erfahrung aus.

Als übernatürlicher Akt.

Der Heilige ist kein anderer Menschentyp, sondern eine neue menschliche Spezies. 2199

Die christlichen Doktrinen sind herrenlose Güter und Privateigentum in einem. 2200

Der Sinn ihrer aller Welt bekannten Formeln erschließt sich in einem persönlichen, unbegreiflichen und unübertragbaren Abenteuer.

Gemeinplätze, die sich plötzlich in Entdeckungen unseres Geistes verwandeln.*

So oft hat man uns überzeugen wollen, daß der Gerechte als Sünder verkleidet umherläuft, daß wir gewöhnlich vergessen, daß er manchmal als Gerechter daherkommt. 2201

Wer heute behauptet, sich von den anderen zu unterscheiden, darf kein Nonkonformist sein. 2202

Selten ist der Tote, dem der Tod nicht zu groß ist. 2203

Der Marxismus verkündet, daß er die Regierung über die Personen durch die Verwaltung der Güter ersetzen wird. 2204

Unglücklicherweise lehrt der Marxismus, daß die Regierung der Personen in der Verwaltung der Güter besteht.

Nicht, wer uns groß scheint, ist ein großer Schriftsteller, sondern wer uns, während wir ihn lesen, der einzig große zu sein scheint. 2205

2206 *Une nouvelle distribution de la richesse produit une nouvelle distribution du pouvoir*, schreibt Barnave 1785.

Ein Gesetz, das die Französische Revolution einlöst.

Aber die Wahlrechtsreformen und späteren Revolutionen bestätigen ein anderes Gesetz: *Une nouvelle distribution du pouvoir produit une nouvelle distribution de la richesse.*

Die „historischen Gesetze" haben nur kurze Gültigkeit.

2207 Es gibt so viele verschiedene Geschichten irgendeines Ereignisses wie mögliche verschiedene Historiker.

2208 Der wissenschaftliche Fortschritt rührt normalerweise von der Sorgfalt her, mit der die banale Ausnahme einer Regel untersucht wird.

Der Philosoph betrachtet in der sogenannten Geschichtsphilosophie die Ausnahmen zu seinen „Gesetzen" als simple Unhöflichkeiten der Vorsehung.

2209 Wissenschaftliche Regeln sind die, welche verwertet, aber nicht verletzt werden können, axiologische Regeln die, die man verletzen, aber nicht verwerten kann.

2210 „Notwendigkeit" ist das Attribut, welches Tautologien, ethische Normen und Kunstwerke charakterisiert.

Die Welt der Natur ist roher Sachverhalt. Einfaches Ereignis, das in keine Richtung tendiert. Das Naturgesetz beschreibt bloß das Verhalten eines bestimmten Systems.

Dort gibt es weder Notwendigkeit noch Zweck.

Die Notwendigkeit ist dort logische Metapher und der Zweck mentale Metapher.

Die Freiheit pflanzt andererseits eine Notwendigkeit in den Schoß einer Möglichkeit: einen ästhetischen Wert, z. B. in einer Konfiguration von Pigmenten.

Der Parthenon auf seinem Felsen ist eine Notwendigkeit, in einer freien Handlung über einen rohen Sachverhalt errichtet.

2211 Der Dichter übersetzt keine Vision in Worte. Seine Vision entwickelt sich in ihnen.

Der Dichter entdeckt, was er sagen will, indem er es sagt.

Die Dichtung ist eine siegreiche Rhetorik.

Der Mensch lebt von der Unordnung seines Herzens und stirbt an 2212
der Ordnung, die das Leben in ihm herstellt.*

Manchmal genügt es, daß eine Gesellschaft eine Gewohnheit unter- 2213
drückt, die ihr absurd vorkommt, damit ihr eine plötzliche Katastrophe den Irrtum vorführt.

Der fundamentale Unterschied zwischen den Menschen liegt darin, 2214
wie sie das Wort Gerechtigkeit schreiben: mit Großbuchstaben oder in Anführungszeichen.

Der fortschrittliche Klerus tadelt die „Ghettomentaliät" des heuti- 2215
gen Altchristen.

Diese Kleriker ziehen die Handels- und Börsenaktivität des modernen Juden dem Ghetto vor, in dem die Treue Israels blühte.*

Als historisches Dokument dürfen wir nicht Meisterwerke, son- 2216
dern mittelmäßige Werke benutzen.

Was die Epochen unterscheidet, ist ihre Art zu scheitern.

Der Künstler, der sich entschuldigt, indem er seine Aufrichtigkeit 2217
anführt, will uns glauben machen, daß er absichtlich scheiterte.

Das geheime Kriterium jeder philosophischen Option ist der Ein- 2218
bezug, oder der Nicht-Einbezug einer Transzendenz.

Intelligenz ohne Vorurteile ist nur jene, die weiß, welche sie hat. 2219

Das klassische Problem der Existenz des Bösen beunruhigt weniger 2220
als das romantische Problem seiner Verführung.

Die vereinfachende These eines antagonistischen Prinzips tritt angesichts der furchtbaren Anzeichen einer Fluoreszenz des Erzengels zurück.

Das Denken ist unbegrenzt in beide Richtungen: es kennt weder 2221
letzte Schlüsse noch erste Gründe.

Wer vorbehaltlos bekennt, daß die Literatur Ausdruck der Gesell- 2222
schaft sei, setzt sich der Gefahr aus, einfache Formeln traditioneller Rhetorik als geschichtliche Dokumente zu benutzen.

Die Literatur pflegt Ausdruck der vorangegangenen Literatur zu sein.

2223 Allein nur weil er befahl, die Menschen zu lieben, findet sich der moderne Klerus damit ab, an die Göttlichkeit Jesu zu glauben, wenn wir uns in Wahrheit nur aufgrund des Glaubens an die Göttlichkeit Christi damit abfinden, sie zu lieben.*

2224 Christ ist nur, wer seine Annahme des Evangeliums Christi auf seinen Glauben an das Evangelium Christi stützt.

Und nicht umgekehrt.

2225 Nur in totem Zustand sind alle Meinungen respektabel.

Nur als Kadaver stinken Dummheiten nicht.

2226 Jede Lösung ist falsch.

2227 Der Mythos ist keine veraltete Sicht, sondern semantische Funktion, die Hinweise – irrtümliche oder zutreffende je nach Fall – auf bestimmte Evidenzen erlaubt.

Der Mythos ist keine übereilte Wissenschaft des Universums, sondern eine spezifische Dimension der Sprache.

2228 Das Schauspiel verletzter Eitelkeit ist grotesk, wenn die Eitelkeit eine fremde ist und abstoßend, wenn es unsere eigene ist.

2229 Niemand, der sich kennt, kann sich selbst freisprechen.

2230 Mehr noch als die ererbte Strafe empört den Modernen am Dogma der Erbünde die vererbte Schuld.

Modern sein heißt, sich auf nachdrückliche Weise unschuldig zu erklären und die Vergebung abzulehnen.

2231 Den Menschen zum „Maß der Dinge“ erklären bedeutet nicht, seine Größe zu proklamieren, sondern seine Grenzen zu bekennen.

Urteil des prahlenden Gefangenen.

Mensch „ohne Vorurteile“ bedeutet gewöhnlich Mensch ohne Geistigkeit. 2232

Vorurteile, Aberglauben, Skrupel sind Keime des Geistes, der in einfachen Seelen sprießt. Mit ihnen aufzuräumen, um von den Seelen die Last zu nehmen, die „den freien Ausdruck des Geistes erstickt“, begünstigt lediglich die Erosion dieser armen Böden.

Den gewöhnlichen Menschen von den armseligen Zwangsvorstellungen, die ihn ängstigen, zu befreien, bedeutet nicht, ihn von einer geistig schäbigen Existenz zu erlösen, sondern ihm die einzige ihm zugängliche Geistigkeit zu versagen.*

Geistig ansteigende Rangliste: 2233

Ideen haben ohne intelligent zu sein
Weder Ideen haben noch intelligent sein
Keine Ideen haben und intelligent sein
Ideen haben und intelligent sein.

Der Intellektuelle unterscheidet sich vom Gebildeten wie Kunststoff von edlen Materialien. 2234

Was den erhabenen Satz vom lächerlichen unterscheidet ist sein Autor. 2235

Wer lehrt, das Wesentliche des Christentums sei nicht die „Doktrin“ sondern die Praxis und das Leben, predigt heimlich eine neue Doktrin. 2236

Unter dem – für den Einfältigen attraktiven – Motto des „Vorrangs des Lebens“ will man uns andeuten, daß nur unser irdisches Schicksal zähle.

Dem Unglauben gefällt es, sich mit evangelischen Requisiten zu versehen.

Die Bücher des Epigonen sind nicht mittelmäßig, weil sie jene des Meisters wiederholen, sondern weil es ihnen nicht gelingt, sie zu wiederholen. 2237

Im nachhinein sind die Gedanken des Philosophen weniger das, was er dachte, als das, was in der Geschichte unter seinem Namen zirkuliert. 2238

Alles verblödet am Ende.

2239 Die Philosophien, die das Publikum kennt und schätzt, sind auf eine Schnur aufgereihte Banalitäten, die berühmten Namen zugeschrieben werden.

2240 Der intelligente Regierende soll sich vornehmen, systematisch nur die geringste Anzahl von Problemen zu lösen.

2241 Die Freiheit des Demokraten besteht nicht darin, alles sagen zu können, was er denkt, sondern nicht alles denken zu müssen, was er sagt.*

2242 Das philosophische Wörterbuch teilt sich in Wörter zum Denken und in Wörter, die uns glauben machen sollen, daß wir denken.

2243 Der große Haufen glaubt zu denken, weil er den Sinn der von ihm benutzten Begriffe nicht kennt.

Es genügt, dem Redseligsten eine Definition vorzulegen, um ihn zum Schweigen zu bringen.

2244 Ästhetische Betrügereien greifen heute um sich, weil der Laie von heute irgendein Spezialist zu sein pflegt, dem es leicht fällt zu suggerieren, die künstlerischen Aktivitäten seien so unerreichbar für den Laien wie seine eigenen.

Kritik, Geisteswissenschaften, Künste füllen sich mit Betrügern, wenn der Laie, der schlichtweg gebildet ist, verschwindet.

2245 Das mittelmäßige Buch braucht, um lesbar zu werden, mindestens hundert Jahre.

2246 Früher sprach die Kirche die Sünder los, heute hat sie sich entschieden, die Sünden selbst loszusprechen.

2247 Wer sieht, daß seine Ideen sich verbreiten, muß argwöhnen, daß sie verraten werden.

2248 Nachdenken über etwas heißt in den Dialog mit irgendeinem Toten eintreten.

2249 Weder konkurriert die physikalische Theorie der Farbe mit deren fühlbare Qualität, noch die stilistische Analyse eines Textes mit seiner ästhetischen Qualität.

Wenn uns ein Gemeinplatz beeindruckt, glauben wir eine eigene 2250
Idee zu haben.

Überzeugt davon, eine Verabredung mit einer Idee in einem Palast 2251
zu haben, gewöhnen wir uns daran, mit einem Gemeinplatz im Bordell aufzuwachen.

Die Glaubensbeweise sind dem Glauben immanent, wie die wis- 2252
senschaftlichen Beweise der Wissenschaft.

Credo ut intelligam ist das Motto jeder Abhandlung irgendeiner Methodologie.

Nichts Frivoleres in diesem Jahrhundert der Drohungen und der 2253
Vorboten, als sich mit ernsthaften Dingen zu beschäftigen.*

Die Christen Nietzsches sind nicht die von gestern, sondern die 2254
von heute.

Kein exakter Historiker, aber vielleicht ein Prophet.*

Wie springt man wie Kierkegaard von der Ethik zur Religion? – 2255
über die Trampoline, die Hume mit Ironie zu Füßen seiner Werke aufstellte.

Der Skeptiker ist ein Philosoph, der keine Zeit hatte, Christ zu wer- 2256
den.

Um heute Puritaner zu sein, reicht es, Geschmack zu haben. 2257

Die Erzengel des deutschen Idealismus stürzten den Dämon *Auf-* 2258
klärung in den Tartarus, vergaßen dabei aber, seine Bronzetore zu versiegeln. Heute maßt sich die Aufklärung erneut den Thron der Welt an.

Trotz ihrer Anmaßung muß die *Aufklärung* ihre gebrochenen Flügel verbergen. Unter Kennern weist sie schon nicht mehr auf die Titel hin, mit denen sie ihre Überfälle zu rechtfertigen beansprucht.

Nur noch vor unwissenden Massen riskiert sie, Gesten eines legitimen Monarchen vorzutäuschen.

Damit die subtilste Idee albern wird, ist es nicht nötig, daß ein 2259
Dummkopf sie darlegt, es genügt, daß er sie hört.*

2260 Wer an Christus glaubt, weil er seine Worte bewundert oder seine Werke, ist kein Christ.

Der Christ glaubt nicht an Christus, weil Christus Werte predigt, die schon zuvor bewundert wurden. Er bezeichnet im Gegensatz dazu das als Werte, was Christus predigt, weil er an Christus glaubt.

Das Christentum wendet kein Kriterium auf Christus an, sondern wendet Christus als Kriterium an.

Das Christentum ist eine spezifische Methode, den Wert zu gründen.

2261 Wert ist, was der Wille behauptet, wenn der behauptete Wille der Wille Gottes ist.

Der Wert ist für Gott subjektiv, für den Menschen objektiv.

Der thomistische Rationalismus macht aus Gott einen Menschen, der axiologische Subjektivismus aus dem Menschen einen Gott.

2262 Der Zweck der Sozialwissenschaften ist nicht die Lösung von Problemen, sondern die Abfassung eines vollständigen Repertoires jener Fragen, die der Historiker der Geschichte stellen soll.

2263 Die empirische Vielfalt der symbolischen Systeme ist Zeichen einer Vielheit von Bezügen, die nicht aufeinander reduzierbar sind. Wir können uns nur auf die Gesamtheit der Bezüge beziehen, indem wir sie auf die Gesamtheit der Systeme anwenden.

2264 Der Mythos ist die Sprache der vermittelten Wahrnehmung, d.h. dessen, was das Transzendente im Sensiblen intuitiv erkennt.

2265 Heute bedeutet die Bezeichnung „christlich“ gewöhnlich, daß man nicht von außen gegen das Christentum kämpft, sondern von innen.

2266 Im Schoß der aktuellen Kirche sind diejenigen „Integristen“, die nicht verstanden haben, daß das Christentum eine neue Theologie braucht, und „Progressive“ diejenigen, die nicht verstanden haben, daß die neue Theologie christlich sein muß.

2267 Die Soziologie ist die Grammatik der Geschichte.

Aber nur die Geschichte ist die Sprache der Grammatik.*

Die Existenz einer Unbeschuhten Karmeliterin beleidigt den Ungläubigen ernsthafter als die gewerkschaftliche Aktivität eines Priesters. 2268

Der methodische Drang, jeden Verhaltenstypus einzeln zu untersuchen, verfälscht das Bewußtsein und verwirrt die Gesellschaft. 2269

Isoliert von seinem Gesamtzusammenhang erlangt das untersuchte Verhalten eine Bedeutung, die es zum vorherrschenden Verhalten macht. Die ihr gewidmete Aufmerksamkeit modifiziert die Gesamtstruktur des Verhaltens.

Die Vorherrschaft der ökonomischen Aktivität in der bürgerlichen Gesellschaft war eher Folge als Ursache der Entstehung der Wirtschaftswissenschaft im 18. Jahrhundert. Die methodische Notwendigkeit, einen *homo oeconomicus* zu erfinden, beeinflußte das Bewußtsein, welches sich beeilte, sein Verhalten den Normen seines abstrakten Schemas zu unterwerfen.

Heute hat sich analog dazu das Studium der Sexualität in eine Besessenheit verwandelt, die die Person auf ihr Geschlechtsleben beschränkt, die Gesellschaft auf eine Manufaktur des Erotismus und den Sexus selbst auf Varianten des Koitus.

Sobald ich glaube, Herr einer Wahrheit zu sein, interessiert mich nicht das Argument, das sie bestätigt, sondern das sie widerlegt. 2270

Die Wissenschaft ist keine Jakobsleiter, um zum kristallinen Empyreum unkorrumpierbarer Wahrheiten aufzusteigen. 2271

Da ihre Aussagen nicht von einem Prozeß von Experimenten herrühren, der sie erzwingt, befreit die momentane Summe überprüfbarer Aussagen, aus der er besteht, den Menschen nicht von seiner geschichtlichen Abhängigkeit.

Da keine verifizierten Behauptungen existieren, die aus den Wassern der Zeit aufsteigen, fließen in der Geschichte sowohl das konstruktive Bewußtsein als auch das Konstrukt unter der Oberfläche dahin.

Die Tautologien ausgenommen, existieren nur historische Zustände einer Wissenschaft.

2272 Die wissenschaftliche Aussage bietet eine abrupte Alternative: sie zu verstehen oder nicht zu verstehen. Die philosophische Aussage ermöglicht im Gegensatz dazu ein wachsendes Verständnis. Die religiöse Aussage schließlich ist ein vertikaler Aufstieg, der erlaubt, dieselbe Landschaft aus verschiedenen Höhen aus zu betrachten.

Die Wissenschaft stellt den Unwissenden Wissende entgegen. Die Philosophie stuft Schüler und Meister ab. Im Christentum unterscheidet sich letztendlich nicht, was die Betschwester glaubt von dem, was der Heilige glaubt.

Der einzige Bereich, wo wir Meinungen teilen können, ohne uns gedemütigt zu fühlen, ist eine Kirche.

2273 Seien wir *livresques*, das heißt, verstehen wir es, unserer beschränkten individuellen Erfahrung die in einer tausendjährigen Tradition angehäufte Erfahrung vorzuziehen.

2274 Selbst der hellsichtigste Schriftsteller verbringt genausoviel Zeit damit, das zu tun, was er nicht kann, wie das, was er kann.

2275 Es gibt weder einen Menschen, der weniger töricht ist als seine Meinungen, noch Gesten, die weniger vulgär sind als die Kommentare, die sie begleiten.

2276 Die Anonymität der modernen Stadt ist so wenig tolerierbar wie die Vertraulichkeit der heutigen Sitten.

Das Leben sollte einem Salon gut erzogener Leute gleichen, wo sich alle kennen, aber keiner den anderen umarmt.

2277 Leidenschaften und Laster sind die einzigen Mechanismen, mit denen der Politiker umzugehen weiß, ohne sich mit Blut zu beflecken.

Die Durchsetzung tugendhafter Ziele erfordert die Mitarbeit der Polizei.

Terror und Ethik sind Brüder.

2278 Es wird nicht leicht sein, ohne Übelkeit zu verspüren Zeuge jenes „Endes der Ideologien“ zu werden, das man uns jubelnd ankündigt.

Der Verzicht auf eine Ideologie führt bei den gewöhnlichen Menschen nur dazu, daß sie die Scham verlieren.

Den Geschmack der Massen charakterisiert nicht ihre Abneigung 2279
gegen das Ausgezeichnete, sondern die Passivität, mit der sie gleichermaßen das Gute, das Mittelmäßige und das Schlechte genießen.

Die Massen haben keinen schlechten Geschmack, sie haben ganz einfach keinen Geschmack.*

In der Intimität der Lektüre scheint uns der große Schriftsteller 2280
nicht einzuschränken, sondern zu ergänzen.

Unser wahres Sein ist das Endprodukt eines Läuterungsprozesses 2281
der Seele durch gute Manieren und guten Geschmack.

In unseren Ansichten nicht zu schwanken ist die sicherste Art, die 2282
Feinheiten der Intelligenz und die Nuancen der Sensibilitäten zu unterdrücken, die der größte Reiz des Lebens sind.

Die diskreteste Haltung ist die desjenigen, der seine Intelligenz ge- 2283
nießt ohne zu versuchen, Recht zu haben.

Der Mensch flüchtet sich in die Sprache. 2284

Beredsamkeit ist im Grunde ein Anschlag auf das Schamgefühl.* 2285

Die schreiben, um zu überzeugen, lügen immer. 2286

Um nicht zu schwindeln, muß man mit Gleichgültigkeit schreiben.*

Der mögliche Bewunderer verdirbt die Prosa. 2287

Der Denker, der sich vornimmt zu verführen, endet in den Armen 2288
der Ausschweifung.

Die Originalität eines Buches soll nicht den beschäftigen, der es 2289
schreibt, sondern den, der es liest.

Aufrichtigkeit dagegen ist eine professionelle Pflicht, die für den Leser ohne Belang ist.

Eine intelligente Lüge muß den mit Befriedigung erfüllen, der sie hört, und den mit Scham, der sie erzählt.

Solange es jemand ungerecht bewertet, lebt das Werk. Die Indiffe- 2290
renz ist sein Tod.

Solange man Platon beleidigt, hat die Demokratie nicht gesiegt.

2291 Die Lichter, die dem Geistesleben Orientierung bieten, sind ein unerwartetes Aufglänzen von Banalitäten.

2292 Die französischen Historiker sind nicht selten, für welche die Geschichte der Welt eine Episode der Geschichte Frankreichs ist.*

2293 Der moderne Christ bittet Gott nicht um Vergebung, sondern darum, daß er zugibt, daß die Sünde nicht existiert.

2294 So wie Lamennais der Theologe der heutigen katholischen Religiosität ist, ist Béranger ihr Dichter.

Der *Dieu des bonnes gens* ist die Hymne der Gemeindeversammlungen.

2295 Die Linguistik – historisch und strukturell – ist das formale Paradigma der Disziplin, die fähig ist, den Staatsmann zu erziehen.

2296 Eine Religion des Bürgertums war die, zu der sich die Bürger des vergangenen Jahrhunderts bekannten – eine bürgerliche Religion ist die, zu der sich die revolutionären Christen dieses Jahrhunderts bekennen.

Dort handelte es sich um eine, vielleicht heuchlerische Huldigung an die christliche Idee – hier handelt es sich um die aufrichtige Begeisterung für die irdischen Ambitionen und die utilitären Ideale des Bürgertums.*

2297 Keiner Partei anzugehören erlaubt uns, nur das wirklich Verachtenswürdige zu verachten.

2298 Der Autodidakt zeichnet sich dadurch aus, daß er das Elementare nicht beachtet.

2299 Der wissenschaftliche Beitrag des Marxismus besteht weniger in seinen Thesen als in der Unbeirrbarkeit, mit der er sie behauptete.

Sein intoleranter Dogmatismus zwang dazu, eine Art historischer Interpretation anzunehmen, für den der Ökonomismus nur ein Fallbeispiel ist.

Daß man hinter dem bewußten Ansatz eine vielfältige Struktur von Bedingtheiten suchen muß, hätte der Historiker ohne die marxistische Hartnäckigkeit nicht verstanden.

Um sich mit dem Kommunisten verbünden zu können, behauptet 2300
der linke Katholik, daß der Marxismus bloß die bürgerlichen Konzessionen des Christentums kritisiert, obwohl er sein Wesen verurteilt.

Der fortschrittliche Katholik fordert, das Urchristentum wieder- 2301
herzustellen, indem er den humanitären Moralismus der ungläubigen Geistlichen des 18. Jahrhunderts nachäfft.

Viele lieben den Menschen nur, um Gott mit ruhigem Gewissen zu 2302
vergessen.*

Die marxistische Literaturkritik muß den psychoanalytischen An- 2303
satz der Literaturkritik fördern, damit es jemanden gibt, der sie an Schwachsinn übertrifft.

Indem sie die Gemeinplätze des zeitgenössischen Journalismus in 2304
die fade Sprache der vatikanischen Kanzlei übersetzt, will die postkonziliare Kirche wieder in die „Hürde“ heimholen.

Wenn wir heute Ausrufe hören wie: Sehr zivilisiert! Sehr mensch- 2305
lich!, brauchen wir nicht zu zögern: es handelt sich um irgendeine abartige Schweinerei.

2306 Der Gott bestimmter katholischer Theologen ist lediglich ein begüterter Erbe des Demiurgen Platons.

Obwohl sie sich implizit zur Schöpfung *ex nihilo* bekennen, führen diese Theologen in ihr kosmogonisches Schema wieder eine Urmaterie ein, denn sie unterwerfen den göttlichen Töpfer äußerlichen Regeln, indem sie behaupten, Gott wolle das Gute weil es gut sei, statt zu lehren, daß das Gute gut sei, weil Gott es wolle.

Diese Theologen errichten eine Struktur von Gründen, Werten, Prinzipien gegenüber einem unterjochten Gott. Für eine solche Theologie ist der Schöpfer ein unterwürfiger Demiurg.

Dieser Gott, der wie ein agnostischer Moralist ethischen Normen gehorcht, ist weder der Gott des israelitischen Dornbuschs noch der trinitarischen Theologie.

Sowohl die biblischen Metaphern als auch die Begriffe der Kirchenväter versuchen nur, die Allmacht Gottes auszudrücken. Der Grund, der dort willkürliche Eingriffe häuft, ist der gleiche, der dort die trinitarische Ökonomie errichtet.

Der unergründliche Gott ist der, der in sich selbst die ordnende und wirkende Vernunft aufnimmt, der belebende und erhaltende Hauch.

Wenn *logos* und *pneuma* sich in die unaussprechliche Transzendenz einfügen, artikuliert der judäische Jahwe seine Allmacht im christlichen Dogma.

2307 Es ist nicht dringlich, neue Konzile einzurufen, sondern auf einen Decius oder einen Diokletian zu warten.

2308 Hat man den typischen modernen Menschen wütend gemacht, ist das ein sicheres Zeichen, recht gehabt zu haben.

2309 Wir haben nichts begriffen, solange wir nicht den Vorschriften jeder Art entgegentreten, so wie wir den verschiedenen Stilen entgegentreten: gleichgültig gegenüber den Theorien, die sie verschleiern, aufmerksam nur gegenüber dem Erfolg oder Scheitern jedes Werkes.

2310 Nicht in dem, was er ausspricht, sollen wir das suchen, was ein intelligenter Mensch zu sagen hat, sondern in dem, was er als selbstverständlich voraussetzt.*

Der Determinismus wird ausgerufen, um die Gnade auszutreiben. 2311
Mit der Kantilene von Ursache und Wirkung versuchen wir unsere Angst zu betäuben und unsere Schuld verstummen zu lassen.

Der Zustand der Spannung zwischen sozialen Klassen, ein struktu- 2312
relles und konstantes Phänomen, wird nur dann zum Klassenkampf, wenn ihn eine politische Klasse als demagogischen Mechanismus nutzt.

Der Politiker lebt vom intellektuellen Saldo dessen, was er nicht ist. 2313

Freiheit, Gleichheit, Brüderlichkeit. 2314
Das demokratische Programm wird in drei Etappen eingelöst: die liberale Etappe, welche die bürgerliche Gesellschaft begründet, deren Wesen uns die Sozialisten vermitteln; die egalitäre Etappe, die die sowjetische Gesellschaft begründet und über deren Wesen wir von der Neuen Linken erfahren; die brüderliche Etappe, deren Vorspiel die Drogensüchtigen liefern, die in kollektiven Haufen kopulieren.

Die Götter strafen nicht die Suche nach Glück, sondern das Bestre- 2315
ben, es mit unseren eigenen Händen zu schmieden.
Erlaubt ist nur die Sehnsucht nach dem Unverdienten, nach dem, was in keiner Weise von uns abhängt. Einfache Spur eines Engels, der einen Augenblick lang seine Hand über den Staub unseres Herzens legt.

Es gibt eine heimliche Sympathie zwischen allen, die die Göttlich- 2316
keit des Menschen bestreiten, obwohl einige unter ihnen nicht an Gott glauben.

Das Talent ist nutzlos, wenn sich eine literarische Gattung er- 2317
schöpft.

Gott ist der Name des einzigen Rätsels, dessen Entschlüsselung 2318
keine Enttäuschung wäre.

Der doktrinäre Individualismus stellt keine Gefahr dar, weil er In- 2319
dividuen schafft, sondern weil er sie abschafft.
Das Produkt des doktrinären Individualismus des 19. Jahrhunderts ist der Massen-Mensch des 20.

2320 Die Theologie der Sakramente verfügt über die einzigen Kategorien, die einer strengen Theorie der Zivilisation angemessen sind.
In der Tat ist die Zivilisation nicht ein System von servilen, sondern von sakramentalen Akten.*

2321 In unserer Zeit gibt es drei professionelle Verächter des Bürgers:
den Intellektuellen – diesen typischen Vertreter des Bürgertums;
den Kommunisten – diesen treuen Vollstrecker bürgerlicher Pläne und Ideale;
den fortschrittlichen Kleriker – diesen endgültigen Triumph des bürgerlichen Geistes über die christliche Seele.*

2322 Dem modernen Menschen ist es gleichgültig, in seinem Leben keine Freiheit zu finden, wenn er sie in den Reden jener verherrlicht findet, die ihn unterdrücken.

2323 Wenn der Zelebrant bekennt, daß die Liturgie nicht auf die Götter gerichtet ist, sondern auf die Gläubigen wirken soll, verliert der Kult jede religiöse Bedeutung und wird zur kollektiven Therapie.

2324 Wenn ich höre, wie jemand feierlich das Wort „Vernunft" ausspricht, stelle ich mich immer darauf ein, einen Satz ohne Sinn zu hören.

2325 Die Gleichgültigkeit gegenüber der fremden Meinung ist sowohl Bedingung des Lasters als auch der Tugend.

2326 Nichts vervielfältigt so die Anzahl der Idioten wie das Vorbild der großen Männer.

2327 Zwischen dem gebildeten Menschen und dem Progressiven erlischt bald jeder Dialog.
Der erste schweigt vor so viel Vulgarität, der zweite vor soviel „Obskurantismus".

Einer Philosophie, die erklärt, ziehe ich eine Philosophie vor, die etwas zeigt. 2328

Die erste löst das Konkrete auf, die zweite schärft meine Wahrnehmung des Realen.

Die Evidenzen dauern hier ohne Zweifel in ihrer reinen Kontingenz an, aber die letzte Notwendigkeit, die sich uns dort präsentiert, ist letztendlich bloße empirische Feststellung.

Hinter der konkreten Evidenz gibt es nur eine andere, ärmere Evidenz.

Der symmetrische Doppelfehler besteht darin zu glauben, daß es entweder jenseits dessen, was wir wissen können, nichts gibt, oder zu wissen, was es dort gibt. 2329

Positivismus und Mythologie sind Brüder.

Jede Philosophie hat die Verpflichtung, dem ungenügend zu erscheinen, der nicht ihr Autor ist. 2330

Wenn wir nicht rechtzeitig lernen, daß jedes Leben mittelmäßig ist, vertauschen wir nur die Prosa eines Ladens in Charleville mit der Rhetorik einer Handelsniederlassung in Abessinien.* 2331

Die Energie der revolutionären Rhetorik einer geheimen Zusammenkunft bürgerlicher Intellektueller übertrifft die Energie aller Revolutionen der Geschichte. 2332

Der Niedergang Spaniens stellte kein Problem mehr dar, seit es seinen Siegern von gestern zufiel, dasselbe Schicksal zu teilen. 2333

Von jetzt an wird es ausreichen, herauszufinden wie die Nationen sterben.

Für den progressiven Katholiken ist das Gebet eine Ermahnung an sich selbst. 2334

2335 Während der Kampf um die Freiheit das edelste aller Vorhaben ist, erniedrigt sich der Mensch in einer freien Gesellschaft.

Die Seele verweichlicht und verkommt, wo alles gesagt und alles getan werden kann. Die männlichen Anstrengungen, die gefahrvollen Zeugenschaften, die tragischen Spannungen finden ein Ende, und der Mensch, vom Zwang zur Vornehmheit befreit, überläßt sich der natürlichen Gemeinheit seiner Instinkte.

Zuletzt daran gewöhnt, ihre Gegensätze zu tolerieren, enden die Prinzipien in beredsamer Nachgiebigkeit.

Der Preis der Freiheit ist eine fortwährende Abtrünnigkeit.*

2336 Die Aktion ist die Zuflucht der verängstigten Geister.*

2337 Das Individuum zeichnet sich weniger durch die Götter aus, die es anruft, als durch den Weihrauch, den es nicht verbrennt.

2338 Der Kampf gegen die Unordnung ist edler als die Ordnung selbst.

Der Mensch, der Herr seiner selbst ist, ist weniger edelmütig als der, der den Aufstand seiner Seele niederschlägt.

Das tiefste Schweigen ist das einer in Schrecken versetzten Menschenmenge.

2339 Eloquente Verachtung ist verdächtig.

2340 Das politische Problem ist grundsätzlich unlösbar, weil es in dem widersprüchlichen Anspruch besteht, mit Macht Werte durchzusetzen, die sich aufheben, wenn die Macht sie durchsetzt.

Der Politiker begeht gleichermaßen Verrat, sei es, daß er die Machtlosigkeit des Guten zugibt, sei es, daß er es bewaffnet.

2341 Niemals ist uns bewußt, etwas Wichtiges zu bemerken, sondern nur, es bemerkt zu haben.

2342 Ein Heraldiker muß uns ein Wappen des Fortschritts zeichnen: ein Atompilz über einem Lager gefräßiger Menschenmassen.

2343 Die Eloquenz ist die Verführung der Jugend: des jungen Menschen, des jungen Volkes, der jungen Literatur.

2344 Unsere Gesellschaft besteht auf der Wahl ihrer Regierungen, damit der Zufall der Geburt oder die Laune des Monarchen die Macht nicht vielleicht einem intelligenten Menschen übergeben.

Die neutrale Haltung ist die Tochter der Faulheit und der Angst. 2345

Die Körper der nachgiebigen Seelen werden schlaff. 2346

Der Begriff des wissenschaftlichen Fortschritts ist unbestreitbar 2347
und klar. Der Begriff des technischen Fortschitts ist dagegen fraglich und konfus.

Der Begriff ist dort unbestreitbar und klar, weil die Triebfeder selbst des wissenschaftlichen Fortschritts das Kriterium seines Fortschritts ist. Der Begriff des Fortschritts ist, mit anderen Worten, eindeutig Teil der Definition der Wissenschaft selbst.

In der Tat besteht der wissenschaftliche Vorgang in der fortwährenden Falsifikation von Hypothesen, der wissenschaftliche Fortschritt besteht im selben Verfahren: der Falsifizierung.

Hier dagegen ist der Begriff fraglich und unklar, weil der Zweck des technischen Prozesses außerhalb desselben liegt.

Nur die äußerliche Norm, welche die durch den Prozeß verwirklichten Ziele bewertet, kann in Wirklichkeit entscheiden, ob der technische Prozeß einen Fortschritt darstellt.

Zur Feststellung, ob es heute einen technischen Fortschritt gibt, muß man vorher überprüfen, ob die Sehnsüchte, Gelüste, die Habgier, welche die moderne Technik stillt, Werte sind, die durch eine autonome axiologische Untersuchung gerechtfertigt werden.

Christ sein nach der heutigen Mode besteht weniger darin, unsere 2348
Sünden zu bereuen, als unser Christentum zu bereuen.

Der moderne Christ fühlt sich beruflich dazu gezwungen, sich jo- 2349
vial und fröhlich zu geben, die Zähne in einem wohlwollenden Lächeln zu zeigen, geifernde Herzlichkeit zu bekunden, um dem Ungläubigen zu beweisen, daß das Christentum keine „düstere“ Religion, keine „pessimistische“ Lehre, keine „asketische“ Moral ist.

Der fortschrittliche Christ schüttelt uns die Hand mit dem breiten Lachen des Wahlredners.*

Die Zivilisation erscheint als Erfindung einer verschwundenen Art. 2350

Die Erklärung, eine These sei offensichtlich ideologisch, sagt uns 2351
etwas über ihren Autor, aber nichts über die These.

Das reaktionäre Denken ist machtlos und hellsichtig. 2352

2353 Der Besitz ist eine Empfindung, die durch die Intelligenz bereichert wird.

2354 Die künftige Bourgeoisie der kommunistischen Gesellschaften bereitet den Göttern der Hölle heitere Feste vor.

2355 Das Christentum ist für den einfachen Beobachter eher ein neuer Typ der Hermeneutik als eine neue Religion. Ein System der geschichtlichen Hermeneutik angesichts der rationalistischen Hermeneutik.

Das Christentum ist die Interpretation eines konkreten, unwiderruflichen, einmaligen Sachverhalts als Grund des Universums.

Nach der christlichen Hermeneutik legt nicht die Vernunft die Bedeutung der Tatsachen fest. Es gibt im Gegenteil einen Tatbestand, der die Bedeutung der Vernunft bestimmt.

Hier erwächst die Vernunft aus der Geschichte, aus einer Tatsache, die sich selbst transzendiert, aus einer empirischen Begebenheit, die zur axiologischen Norm wird.

Das Christentum konstruiert in der Tat keine rationale Erklärung Christi sondern konstruiert das Universum als Summe der für die Existenz Christi notwendigen Postulate, verdeutlicht im Bewußtsein der Kirche.

Das Christentum lehrt also eine Hermeneutik, die es uns verbietet, einen Wert zu definieren indem wir den Sachverhalt, der ihn hervorbringt, vorwegnehmen, eine Hermeneutik, welche uns die Geschichte zeigt, wie sie sich selbst in ihre axiologische Epiphanien transzendiert, eine Hermeneutik, in der das konkrete Werk sich als verstehbarer Grund erhebt.

Radikal entgegengesetzt dem abstrakten Rationalismus ist das Christentum das höchste Paradigma der historischen Vernunft.

2356 Kultiviert ist der Mensch, für den nichts ohne Interesse ist und fast alles unwichtig.**

2357 Sterben die Aristokratien, so explodieren sie, die Demokratien lassen die Luft ab.

2358 Eine politische Verfassung dauert nicht, weil sie gut ist, sondern ist gut, weil sie dauert.*

2359 Der Historiker muß vor allem Kolorist sein.

Die schändlichsten Verträge entstehen mit den besten Absichten. 2360

Die größte wissenschaftliche Heldentat besteht darin, törichte Fragen beantworten zu können. 2361

Das durch das 2. Vatikanische Konzil ausgelöste Gezeter hat den hygienischen Nutzen der Inquisition gezeigt. 2362

Als wir den „freien Ausdruck des katholischen Denkens“ erlebten, haben wir erkannt, daß die Intoleranz des alten römischen Pontifikats weniger ein imperialer Limes gegen die Ketzerei als gegen Schäbigkeit und Einfältigkeit war.

Der Nachfolger der Apostel proklamiert vom päpstlichen Thron aus *urbi et orbi*, daß er den „Fortschritt der Völker“ in Richtung auf ein Vorstadtparadies anführen wird. 2363

Wer versucht, dem Christentum das in Jahrtausenden Hinzugewachsene zu beschneiden, um es zu seiner „primitiven Reinheit“ zurückzuführen, deklariert nur die Faktoren als „original“ und „authentisch“, die die alltägliche Mentalität ihrer Zeit gutheißt. 2364

Seit zwei Jahrhunderten paßt sich das „primitive Christentum“ in jedem neuen Jahrzehnt den herrschenden Meinungen an

Früher griffen die Narren die Kirche an, heute reformieren sie sie. 2365

Der Glaube erzeugt den Formalismus, damit der Formalismus den Glauben erzeuge. 2366

Das Vorurteil des Spontanen hat uns für das Symbolische blind gemacht. 2367

Zu fordern, daß jede Geste „authentisch“ sei, kommt der Verleugnung des autonomen Wertes des Unpersönlichen gleich, als ob man von uns fordere, daß wir jedes Wort, das wir aussprechen, neu erfinden müßten.

Das Wissen um persönliche Würde entspringt im Individuum aus dem Gefühl seiner Verschiedenheit. 2368

Alles was unsere wechselseitige Ähnlichkeit vergrößert, schwächt das Bewußtsein, mit Recht verlangen zu können, daß die Gesellschaft unser Schicksal respektiert.*

2369 Je gleicher sich die Menschen fühlen, desto leichter dulden sie, daß man sie als austauschbare Figuren behandelt, ersetzbar und überflüssig.

Die Gleichheit ist die psychologische Vorbedingung der wissenschaftlichen und kalten Enthauptungen.

2370 Die drei Erscheinungformen des Egoismus sind: der Individualismus, der Nationalismus, der Kollektivismus.

Die demokratische Trinität.

2371 Die Kirche ist eine Geschichte, die sich selbst als System dachte.

Solange es keinen Historiker gab, der sie befragte, konnte die Kirche sich als von Anbeginn an unbeweglich erklären, ohne den unbewußten Prozess ihres historischen Metabolismus zu stören.

Als sie aber ihre eigene Unermeßlichkeit als eine simple logische Struktur sah, bemühte sich die Kirche, diese Offensichtlichkeit abzustreiten anstatt implizite Kategorien ihrer Praxis theoretisch explizit werden zu lassen.

So brachte sie einen Integrismus hervor, der ihr Hinzugewachsenes verbirgt und alternativ dazu einen Progressismus, der ihre Beständigkeit verletzt.

2372 Die „Geschichtsphilosophie" des 19. Jahrhunderts entfaltet bloß zeitgemäß das Wesen des abstrakten Menschen, welchen das 18. Jahrhundert hervorbrachte.

2373 Die „Geschichtsphilosophen" behaupten, daß es möglich sei, die Geschichte zu schreiben, ohne sie zu studieren.

2374 Sobald der Staat alle menschlichen Tätigkeiten wie Fäden miteinander verwickelt hat, wird das Regieren jeden Tag schwieriger, befehlen jedoch leichter.

2375 Der Reaktionär hat den Dialog erfunden, indem er die Unähnlichkeit der Menschen und die Vielfalt ihrer Absichten beobachtete.

Der Demokrat praktiziert den Monolog, weil die Menschheit sich durch ihn äußert.*

2376 Das Pharisäertum ist die Stachelhülle, die den Samen zwischen zwei religiösen Frühlingen bewahrt.

Daß der Prophet den Pharisäer verflucht, rechtfertigt nicht, daß die Nachwelt ihn im Winter verachtet.*

Launenhafte Voreingenommenheiten eines Historikers stören we- 2377
niger als seine systematischen Vorurteile.

Beim Christen, der von der sozialen „Gerechtigkeit" besessen ist, 2378
ist es nicht leicht zu wissen, ob die Nächstenliebe blüht oder der Glaube erlischt.

Da die religiösen Konflikte nicht aus dem Antagonismus zwischen 2379
spekulativen Thesen erwachsen, sondern zwischen unbewußten und pauschalen Haltungen, drücken sich die Gegenspieler in Formeln aus, deren Banalität den Zuschauer glauben macht, daß es sich um verbale Streitigkeiten auf Grund grotesker Meinungsunterschiede handelt.

Tiefste Überzeugungen können nur stammeln.

Der linke Katholik hat recht, wenn er im Bürger den Reichen des 2380
Gleichnisses entdeckt, aber er irrt, wenn er das militante Proletariat den Armen des Evangeliums gleichsetzt.*

Die Welt duldet nicht mehr systematische Ordnung als die alphabe- 2381
tische Ordnung des Wörterbuchs.

Die Menschen teilen sich in jene, die sich beharrlich die Ungerech- 2382
tigkeiten von heute zunutze machen, und in jene, die sich die von morgen zunutze machen möchten.*

Der Historiker tötet die Irrtümer, die Geschichte verletzt sie nur. 2383

Nach wenigen Jahren respektiert nur der reaktionäre Historiker 2384
den aus der Mode gekommenen Revolutionär.

Dem Gott als Postulat der Ethik ziehe ich einen Gott vor, den die 2385
Ästhetik postuliert.

Die Ethik reduziert sich auf die Treue. 2386

Die übrigen Tugenden sind Kasuistik.

Die Liebe der Armut ist christlich, aber den Armen schmeicheln ist 2387
bloße Technik der Wahlwerbung.

In der demokratischen Heiligengeschichte ist ein Anwalt der Ar- 2388
men ein Demagoge, der sich bereichert hat.

2389 Nicht weil es „literarisch“ ist, ist dieses oder jenes Gemälde schlecht, sondern weil es häßlich ist.

2390 Den ästhetischen Wert des Themas abzustreiten, weil irgendein Tölpel glaubte, daß der Wert der Kunstwerke von bestimmten Themen abhängt, kommt der Verneinung des ästhetischen Wertes der Farbe gleich, sofern es einem anderen Dummkopf einfiele, zu denken, daß der Wert der Werke von bestimmten Farben abhängt.

Themen, Formen, Farben, Rhythmen etc. sind ästhetische Ingredenzien des Werkes

2391 Um nicht an die Welt zu denken, die die Wissenschaft beschreibt, berauscht sich der Mensch an der Technik.

2392 Das Individuum sucht in diesem Jahrhundert die Wärme der Menschenmassen, um sich vor der Kälte zu schützen, die der Kadaver der Welt ausströmt.

2393 Angesichts der triumphierenden Kirche und der kämpfenden Kirche schließt sich der neue Klerus der schwankenden Kirche an.

2394 Am Ende schämen wir uns immer, an einer kollektiven Begeisterung teilgehabt zu haben.

2395 Die Ironie ist immer reaktionär, selbst im Munde eines glühenden Demokraten.

Die kommunistische Gesellschaft bekommt Risse, wenn ein Kämpfer lächelt.

2396 Der Historiker geht über das Dilemma zwischen Psychologismus und Logizismus hinaus, weil jedes Thema, das er untersucht, immer eine Handlung ist, die das Denken und das Gedachte einschließt.

2397 Ohne einen integren Gegner ist es nicht leicht, luzide zu sein.

Wir lokalisieren den Pol, den wir ansteuern, wenn wir die Mentalität, die die unsrige schaudern läßt, sich dem entgegengesetzten Pol zuwenden sehen.

Der einzig brauchbare Präzeptor ist unser mitgeborener Gegner.

2398 Das Christentum zu predigen besteht nicht darin, von ihm zu sprechen, sondern von seinem Standpunkt aus zu sprechen.

Das Christentum würde den Christen empören, wenn es die Welt nicht empören würde. 2399

Die vorsätzliche und systematische Originalität ist die zeitgenössische Uniform der Mittelmäßigkeit.* 2400

Der Künstler beendet seine Lehrzeit, wenn er letztlich darauf verzichtet, genial zu sein. 2401

Niemand spricht so klar von sich selbst wie der, der von anderen Dingen spricht. 2402

Wer sich nur ausdrücken will, stellt sich lediglich zur Schau.

Zwischen den beiden größten *Bildungsromanen*: Wilhelm Meister und Bouvard et Pécuchet fällt das Feuer des 19. Jahrhunderts für die Bildung in Agonie. 2403

Auf das Zweite Vatikanische Konzil sind nicht Feuerzungen herabgekommen, wie auf die erste Apostelversammlung, sondern ein Bach von Feuer: ein *Feuerbach*.* 2404

Der Jugendliche wagt es nur, intelligente Ideen zu haben. 2405

Der Gedanke an den zukünftigen Leser verpflichtet uns dazu ehrlich zu sein und hindert uns gleichzeitig daran. 2406

Journalismus bedeutet, ausschließlich für die anderen zu schreiben. 2407

Die Religionen verkümmern, wenn die Bittgebete aufhören. 2408

Die Kunst wird zum langweiligen Automatismus, wenn sie systematisch ein Vorbild imitiert oder wenn sie sich systematisch weigert, eines zu imitieren. 2409

Wenn alle etwas sein wollen, ist es nur dezent, nichts zu sein. 2410

Eine Schulbildung ohne Humaniora ist steril, weil der Mensch sich nicht dadurch bildet, daß er einige Techniken erlernt, sondern indem er sich alte Gemeinplätze einprägt. 2411

2412 Der intelligente Historiker durcheilt die Ödländer der Geschichte um den Schatten aufzulauern, welche sie mit Gesten des Schrekkens, der Schönheit, der Großartigkeit und der Schande durchqueren.

Thema der Geschichte sind nicht die banalen Routinen der menschlichen Art, sondern die flüchtigen Erscheinungen eines Dämons oder eines Gottes.

Geschichte ist das Studium der Zeiten, in denen eine Wesentlichkeit sichtbar wird.

2413 Wenn die Schwärmer von 89 und ihr Gegenstück, die Mörder von 93, in den Ganoven des Direktoriums *aufgehoben* werden, erreicht die Französische Revolution ihren Höhepunkt.

2414 Wenn Jesus nicht Christus ist, fehlt dem Evangelium die Autorität, aber wenn Jesus der Christus ist, postuliert das Evangelium eine Christologie.

Christentum ist die Doktrin, der das Evangelium allein nicht ausreicht.

2415 Bei den atheistischen Progressiven und den katholischen Progressiven haben die einen auf die Blasphemie, die anderen auf das Gebet verzichtet, um die Kommunion zusammen im selben Kult der Vorstadt-Kanalisationen zu empfangen.

2416 Wo die Gesellschaft keine Rangstufen kennt, fehlt der Ironie das Echo.

2417 Die tödliche Virulenz des Hegelianismus besteht darin, eine Theorie der Nation zu sein, gedacht als Polis, die glaubte, auf den modernen Staat anwendbar zu sein.

2418 Die Persönlichkeit ist kein realisierbares Ziel, sondern das, was sich aus einem realisierten Ziel ergibt.

2419 In den Naturwissenschaften wäre es ernst, wenn sich die Antworten verlieren würden, in der Philosophie, wenn man die Fragen vergäße.

Geist ist, was im Menschen geboren wird, wenn sich ihm eine abrupte Option einpflanzt. 2420

Wo der Mensch „seine Persönlichkeit frei ausdrücken“ kann, oder wo seine Aktivität „spontan in kollektiven Bahnen fließt“, wird der Geist abgetrieben.

Wenn irgendeine Disziplin die Existenz des Individuums nicht zu einem originalen Drama werden läßt, rezitieren alle unermüdlich dasselbe animalische Repertoire. 2421

Nur der, der weiß, daß er legitimer Erbe der Geschichte ist, ist stolz auf seine Abhängigkeit von der Vergangenheit. 2422

Wer die Aufhebung der Vergangenheit fordert, gehört zu den unlängst Befreiten, die bestrebt sind, die Sklavenunterkunft, in der sie geboren wurden, zu verheimlichen.

Die Vulgarität ist keine Eroberung. 2423

Das Universum verkommt, wenn wir glauben, im Konkreten wissenschaftliche Fiktionen wahrzunehmen. 2424

Die Sonnengötter verlöschen, wenn unser Blick zum Spektroskop des Gehirns wird.

Wenn die Geschichte das wäre, was irgendein „Geschichtsphilosoph“ behauptet, wäre die Menschheit vor Langeweile gestorben. 2425

Wer die Essenz der Geschichte auf ihre empirischen Grundlagen reduziert, versündigt sich an der Geschichte. 2426

Die römische *gravitas* z.B. setzt die Geschichte Roms voraus, aber weder seine Ökonomie, noch seine soziale Organisation noch seine Politik erklären sie.

Die historische Essenz ist für den einzelnen Tatbestand das, was die Farbe für die Welle ist. Weder ist das Grün ein elektro-magnetisches Phänomen noch die *gravitas* ökonomisch-soziale Struktur.

Das moralische Gewissen dieses Jahrhunderts, das jeder ethische Konflikt erschreckt, möchte insgeheim die Wahrheiten in jedem Winkel der Geschichte strangulieren. 2427

2428 Die modernen Konflikte haben ihren Ursprung weniger in der Absicht, den Gegner zu besiegen als in dem Bestreben, den Konflikt zu unterdrücken.

Beute, Ideologie oder Abenteuer haben in unserer Zeit weniger Kriege begründet als der idyllische Traum vom Frieden.

2429 Nur Epochen, die den Konflikt als Raster des Lebens akzeptieren, lassen sich nicht in blutige Schändlichkeiten verwickeln.

2430 Der Katholizismus ist für den linken Katholiken die große Sünde des Katholiken.

2431 Der fortschrittliche Katholik ist nur darin eifrig, das zu suchen, was er der Welt noch ausliefern kann.

2432 Es gibt keine intelligenten, sondern nur siegreiche Politiker.

2433 Wer gewöhnlich nur darüber nachdenkt, was er tut, scheint dem kindlich, der gewöhnt ist, über das nachzudenken, was er denkt.

2434 Die Politik ist nicht die Kunst, die besten Lösungen durchzusetzen, sondern die schlechtesten zu verhindern.

2435 Niemand rebelliert gegen die Autorität, sondern gegen jene, die sie sich zu Unrecht anmaßen.

2436 Der Mensch hat einen angeborenen Appetit auf Hierarchien, den falsche Hierarchien in Widerwillen verwandeln.

2437 Revolutionäres Ferment ist nicht, was ein Volk aufbringt, sondern was in einer führenden Klasse verfault.

2438 Das Volk besetzt nur Paläste, die zuvor schon aufgegeben wurden.

2439 Die Armen hassen in Wirklichkeit nur den stupiden Reichtum.*

2440 Die freie Gesellschaft ist nicht jene, die das Recht hat, den, der sie regiert, zu wählen, sondern jene, die den wählt, der das Recht hat, sie zu regieren.*

Die Trennung zwischen denen, die auf eine weltliche Vollendung der Geschichte lauern und denen, die ein abruptes Ende ihres empirischen Fortganges erwarten, ist radikal. 2441

Die Rasse der einen verfällt einem Teufelskreis, in dem sich manische Überspanntheit angesichts des apokalyptischen Triumphes mit melancholischer Depression angesichts routinemäßigen Scheiterns abwechseln.

Die anderen dagegen betrachten die unveränderbare Mittelmäßigkeit der menschlichen Existenz mit christlicher Ergebenheit oder skeptischer Ironie.

Zwischen Christen und Skeptikern existiert ein Pakt zur Rettung des Menschen vor dem fortschrittlichen Schwachsinn.

Die moderne Mentalität leugnet nicht so sehr die Existenz Gottes, es gelingt ihr nur nicht, dem Wort eine Bedeutung zu geben. 2442

„Den Mut haben, sich zu akzeptieren“ ist eine von vielen modernen Formeln, die die Niedertracht des Menschen verdecken wollen, indem sie das Leichte schwer nennen. 2443

Der moderne Mensch behauptet, daß dem Menschen nichts soviel Mühe bereitet, als seiner Animalität nachzugeben.*

Die Gegnerschaft zwischen der Gesellschaft und dem Künstler war im 19. Jahrhundert der gesellschaftliche Ausdruck des Konflikts zwischen der Romantik und den Enzyklopädisten. 2444

Die Rückzugsgefechte der Romantik begründen die Kunst des Jahrhunderts, während die tragische Existenz ihrer Künstler die Vergeltung des industriellen und bürgerlichen Enzyklopädisten ist.

Der Progressive verteidigt den Fortschritt indem er sagt, daß er existiert. 2445

Der Mörder existiert auch, und der Richter verurteilt ihn.

Um herauszufinden, welches die einflußreichen Ideen sind, muß man im Bodensatz der Geschichte stochern. 2446

Zu erwarten, daß Spinoza und Reimarus Fragen stellten, war so einfältig wie zu hoffen, daß ein ausgeblichener Protestantismus, von Baur bis Bultmann, die Antworten gäbe. 2447

Eine theologische Erneuerung wird die Taufe ganzer Stämme germanischer Invasoren mit sich bringen. 2448

2449 In unserer ersten Etappe haben wir alle Probleme und Lösungen von Jugendlichen.

In den späteren Etappen hat nur eine intellektuelle Minderheit Probleme von Jugendlichen mit Lösungen von Erwachsenen, während die Mehrheiten Probleme von Erwachsenen mit Lösungen von Jugendlichen haben.

2450 Unter verschiedenen plausiblen Interpretationen muß der Historiker, wie in der Textkritik, die *lectio difficilior* auswählen.

2451 Die großen Intelligenzen legen Ideen aus Marmor vor, die die breite intellektuelle Masse in Gips kopiert.

2452 Das Christentum hat in unserer Zeit keine Evolution, sondern eine „Involution".

Indem es die trinitarische Christologie zurückweist, das Gemeinschaftswesen der Kirche betont, eine immanente Eschatologie predigt, weicht das gegenwärtige Christentum auf einen unitaren Monotheismus zurück, einen mystischen Tribalismus, einen politischen Messianismus.

Eine Mischung von vor-prophetischem und nach-exilischem Judaismus, übergeht das progressive Christentum nur den prophetischen Judaismus, in dem der Samen des evangelischen Baumes keimte.

2453 Einige handhaben ihre Ideen mit ererbter Eleganz, andere mit der Plumpheit des Neureichen.

2454 Wer eine Idee erfindet, mißt ihr weniger Bedeutung bei als der, der sie kauft.

2455 Der intelligente Mensch hat ein Recht darauf, sich zu irren.

Nur der Törichte hat die Pflicht, immer recht zu haben.

2456 Die Ideen sind Fabeltiere, welche die Dummen verschlingen.

Den Dummen nähren und vergiften sie.

2457 Im Aas der Idee vermehren sich die Larven der Dummköpfe.

2458 Die Mittelmäßigkeit, die uns schreckt, kann der Schatten sein, den unsere Mittelmäßigkeit auf die Welt wirft.

Die disziplinierten Kohorten der „Rebellen“ defilieren in unserer Zeit unter dem frenetischen Beifall des Publikums und unter dem Schutz der zivilien und kirchlichen Autoritäten, während die verfolgten „Konformisten“ flüchten und auf einsamen Dachböden konspirieren. 2459

Revolutionäre Meinungen sind in der Gesellschaft von heute die einzige Karriere, die eine respektable, lukrative und ruhige soziale Position sichert. 2460

Der Primat des hl. Petrus stört den progressiven Klerus, der Mystizismus des hl. Johannes ist ihm lästig, die Theologie des hl. Paulus irritiert ihn. 2461

Ist sein Schutzheiliger nicht der Apostel, der soziales Gewissen hatte, der gegen die zeremonielle Verschwendung von Salben protestierte, der vorschlug, die liturgische Myrrhe zu verkaufen, um den Erlös unter die Armen zu verteilen?

Die kraftlose Kirche von heute vergißt, daß nur der Mächtige sich nicht in Verruf bringt, wenn er Unsinn redet. 2462

Die geschichtlichen Perioden sind Zeiträume, in denen ein bestimmter Typus von Norm vorherrscht. 2463

Das 18. und 19. Jahrhundert war die Periode der juristischen Normen. Das 20. Jahrhundert ist die Periode der ökonomischen Normen gewesen.

Eine neue Periode deutet sich an, in der biologische Normen dominieren; die Epoche, die jetzt beginnt, steht im wesentlichen vor ethnischen Konflikten, einem wachsenden demographischen Druck und einer wachsenden Verkommenheit der Art.

Die Genetik erlaubt zu definieren, was der Fehler der Ideologien war, die sich von der *Aufklärung* ableiteten. 2464

Das elementarste Genetik-Lehrbuch verwirft Theorien, die sexuelle Verbindungen und genetische Mutationen vergessen, indem sie – um die Geschichte zu interpretieren oder zu reformieren – ausschließlich Umwelteinflüsse beachten.

Außerhalb ihres spezifischen Kontextes verkommt das Vokabular jeder Wissenschaft zu anmaßenden Allgemeinheiten. 2465

2466 Die intellektuelle Orientierungslosigkeit, in der wir leben, rührt nicht von der wachsenden Aufsplitterung der Wissenschaft, sondern der zunehmenden Strenge der Philosophie her.

Der Mensch bewegt sich ruckartig vorwärts, wenn die Philosophie ablehnt, sich die Hände schmutzig zu machen

2467 Die Statistik ist das Werkzeug dessen, der auf das Verstehen verzichtet, um manipulieren zu können.*

2468 „Zu vernachlässigende“ Fehler einer auf den Menschen angewandten Rechnung sind Stücke blutigen Fleisches.

2469 Der Mensch wird sich am Ende selbst zerstören, legt er seinen Ehrgeiz nicht ab, alles zu verwirklichen, wozu er fähig ist.

Die Gesamtheit der Pflanzenarten enthält die giftigen Pflanzen.

2470 Der Mensch weiß schon nicht mehr, ob die Wasserstoffbombe der abschließende Horror ist oder die letzte Hoffnung.*

2471 In einem Universum lebend, welches die Wissenschaft mit jedem Tag abstrakter werden läßt, zwischen Techniken, die ihn im wachsenden Maße abstrakten Verhaltensweisen unterwerfen, inmitten eines menschlichen Gedränges, das immer abstraktere Beziehungen aufzwingt, versucht der heutige Mensch dieser Abstraktion zu entkommen, die ihm das Leben unterschlägt und seine Seele schrumpfen läßt, indem er von der Zukunft träumt – diesem Abstrakten unter den Abstraktionen.

2472 Die Glaubensbekenntnisse des Wissenschaftlers genügen, um die Existenz des Metaphysischen zu beweisen.

Ihre Dummheit wäre nicht so offensichtlich, existierte nicht etwas, gegen das sie sich versündigen könnten.

2473 Von Wissenschaft zu Wissenschaft fließt heute eine „Flut von Geringschätzung“.

Die Spezialisten begrüßen sich mit brüderlichen Gesten und verächtlichen Blicken.

2474 Die Verhaltenspsychologie zieht der verständlichen Geschichte des Teilnehmers den unzusammenhängenden Bericht des Zuschauers vor.

Die moderne Psychologie hat auf die Selbstbeobachtung verzichtet, 2475
weniger um genauere Ergebnisse zu erlangen, als weniger beunruhigende.

Nicht um dem Menschen eine fiktive Innerlichkeit zuzubilligen 2476
unterscheiden wir eine Möglichkeit des Verstehens von der Möglichkeit zu erklären.

Im Gegenteil, weil wir fähig sind zu verstehen und nicht bloß zu erklären, unterscheiden wir von einer simplen Äußerlichkeit eine geistige Innerlichkeit.

Wenn die Individualität welkt, blüht die Soziologie. 2477

Die stillschweigenden Voraussetzungen jeder Wissenschaft sind 2478
wichtiger als ihre Lehren.

Nur was eine Wissenschaft nicht von sich selbst weiß, bestimmt, was sie sagt.

Die Erkenntnistheorie entmystifiziert die Ideologien, die der 2479
menschlichen Vernunft angeboren sind.

Nur der Einsame rettet sich vor dem Provinzialismus.* 2480

Wir nennen jeden Prozeß einer Gesellschaft, der sie der aktuellen 2481
Gesellschaft angleicht, „Fortschritt“.

„Fortschritt“ ist nicht die wachsende Annäherung an eine Norm, sondern an einen vorübergehend herrschenden Typus von Zivilisation.

Es gibt nur Augenblicke. 2482

Die Kunst besteht in einer Vielzahl einzelner Prozesse der Vervoll- 2483
kommnung, geordnet durch eine Folge einzelner Brüche.

Die moderne Gesellschaft vernachlässigt die grundlegenden Pro- 2484
bleme des Menschen, hat sie doch kaum Zeit, sich der Probleme anzunehmen, die sie selbst aufwirft.

Der Primitive wandelt die Objekte in Subjekte, der Moderne die 2485
Subjekte in Objekte.

Wir können vermuten, daß der erste sich täuscht, aber wir wissen mit Sicherheit, daß der zweite sich irrt.

2486 Die Immoralität des Regierenden ist der letzte Schutz des Staatsbürgers gegen die wachsende Macht des Staates.

Vom pflichtvergessenen Beamten kann man Mitleid erhoffen, aber nicht vom Doktrinär.*

2487 Seelen, die nicht Schauplatz von Konflikten sind, sind leere Bühnen.

Jede Übereinstimmung ist öde.

2488 Den Dualismus kritisieren, indem man den, der unterscheidet, mit dem verwechselt, der entgegensetzt, führt zu einer raschen Umwandlung des Christentums in eine naturalistische Immanenzphilosophie.

2489 Die Monismen sind Theateraufführungen, in denen das Drama Schwindel und die Schauspieler chinesische Schatten sind.

2490 Die hartnäckigsten Überzeugungen sind gewöhnlich Kristallisationen von zufällig gehörten Fehlmeinungen.*

2491 Wer Dinge verachtet, von denen wir wissen, daß sie Respekt verdienen, scheint uns bloß lästig und grotesk, aber niemals vergeben wir dem, der Dinge verachtet, die wir schätzen, ohne sicher zu sein, daß sie unsere Wertschätzung verdienen.

Die Unsicherheit ist empfindlich.

2492 Die Welt respektiert nur den Christen, der sich nicht entschuldigt.

2493 Seit zwei Jahrzehnten schleppt das Volk nicht nur jene auf seinem Rücken mit, die es ausbeuten, sondern auch seine Befreier.

Sein Rücken krümmt sich unter dem doppelten Gewicht.

2494 Sobald ihre religiöse Tiefe verschwindet, reduzieren sich die Dinge auf eine Oberfläche ohne Dichte, durch die das Nichts scheint.

2495 Dem Menschen gelingt nicht die Lösung des kleinsten Problems.

Im besten Fall steht er plötzlich vor gelösten Problemen.*

Die Fortschritte des Buchdrucks regten die Vermehrung schlampiger und geschwätziger Bücher an, während der Zwang, auf einen Schreiber und eine Rolle Papyrus zurückzugreifen, zu Kürze und Sorgfalt führte. 2496

Die Unvollkommenheit eines Textes war gestern unfreiwillig, heute ist sie es nicht notwendigerweise.

Die Druckerpressen spucken Müll aus, der gar nicht vorgibt, etwas anderes zu sein.

So wie es keine Tragödie gibt außer unter Fürsten und unter Göttern, so gibt es keine Architektur außer für Götter und Fürsten. 2497

Die moderne Architektur ist ein bürgerliches Melodram.*

Gewöhnlich teilt man die Objekte in aller Ruhe in reale und fiktive ein, als ob wir nicht ständig gegen Fiktionen stießen und als ob wir nicht ständig Rippenstöße erhielten, wenn wir uns an eine Realität anlehnen. 2498

Um unseren Gesprächspartner zu überzeugen, ist es gewöhnlich notwendig, sich verächtliche, betrügerische und lächerliche Argumente auszudenken. 2499

Wer den Nächsten respektiert, scheitert als Apostel.*

Die vergnüglichen Bücher beschämen den Ungebildeten. 2500

Die demokratische Sentimentalität verpöbelt die Volksseele und prädisponiert sie für das Verbrechen. 2501

Die Aufweichmittel der Seele machen sie blutdürstig.*

Mit dem Padre de las Casas ging in Amerika die Linke an Land und es ereignete sich beispielhaft, was bei der Linken die Regel ist: man befreite nicht die Indianer, aber versklavte die Neger.** 2502

2503 Gezwungen, die unterbewußte Konditionierung der Tatsachen durch die geographischen, ökonomischen, sozialen etc. Umstände zu studieren, schreibt der heutige Historiker am Ende eine Geschichte, die niemand erlebte.

Die Geschichte muß aber die Geschichte des Bewußtseins in der historischen Epoche sein, um zu vermeiden, daß sie zum Manifest der mißlichen Meinungen des Historikers wird.

In der Tat ereignete sich gestern unzweifelhaft nur, was sich im Bewußtsein ereignete.

Der Rest ist bloß die Meinung von heute über das, was gestern geschah.

2504 Die ökonomischen Werte verschiedener Epochen sind nicht miteinander vergleichbar, da es sich um subjektive Werte handelt, ausschließlich festgelegt durch die Option von Individuen, die ihrerseits in ihrem sozialen Kontext verwoben sind.

Die objektiven Werte sind vergleichbar; aber was, in irgendeiner Vergangenheit, eine bestimmte Summe Geldes bedeutete, ist ein Rätsel, das wir vielleicht niemals entziffern werden.

2505 Die Predigt des „alleinigen Evangeliums" schließt nicht jede Theologie aus, sondern ersetzt bloß die der Kirche durch die des Predigers.

2506 Die religiöse Infrastruktur jeder Handlung zu verleugnen heißt heute denen zu gleichen, die gestern ihre ökonomische Infrastruktur verkannten.

Die Marxisten nehmen heute in intellektueller Hinsicht eine der den Anti-Marxisten von gestern analoge Position ein.*

2507 Der Tod Gottes ist eine interessante Meinung, aber sie berührt Gott nicht.

2508 Die berufsbedingte Immoralität des Historikers besteht in der Unmöglichkeit, das Nichtvorhandensein irgendeiner Sache, die existierte, zu ersehnen.

Historiker sein heißt, sich unfähig zu fühlen, zu ersehnen, etwas aus der Geschichte gestrichen zu sehen, selbst wenn wir es verurteilen.

Der Historiker weiß sich Komplize des Bösen, weil er ohne dieses kein Thema hätte.

Das Wort „Menschlichkeit“ im Munde eines Katholiken ist Zeichen des Abfalls vom Glauben, im Munde des Ungläubigen Vorzeichen von Gemetzeln. 2509

Mathematische Axiome oder religiöse Dogmen werden durch ein Experiment weder bestätigt noch widerlegt. 2510

Das Christentum welkt in Epochen, die nicht von Natur aus christlich sind. 2511

Die Inkohärenz einer Deutung der Welt ist kein Anzeichen von Wahrheit, wird eine Kohärenz behauptet, ist das allerdings ein Zeichen von Irrtum. 2512

Meine Schutzpatrone: Montaigne und Burckhardt. 2513

Wenn der Historiker entdeckt, daß der Marxismus ihn unter dem Namen der Geschichte der Ökonomie dazu verleitete, eine Geschichte juristischer Institutionen zu schreiben, wird die Vergangenheit ihr Antlitz verändern. 2514

So ist es tatsächlich nicht der Lohn, der die moderne Welt ökonomisch bestimmt, sondern die Fabrik; so gründet die mittelalterliche Ökonomie nicht auf dem Diener, sondern auf der Villa.

Römische oder karolingische Villa, feudale Burg oder benediktinisches Kloster, Landsitz, *Chateau*, *Country-House*, die Hacienda waren die wirkliche Infrastruktur des vergangenen Europa.

Die westliche Zivilisation war eine Verschwörung von Gutsbesitzern.

Um den Ehrgeiz der Titanenmacht zu strafen, reichte es, daß Gott sie gewähren ließ. 2515

Die Weisheit besteht heute nicht darin, auf das zu verzichten, was nicht in unserer Reichweite ist, sondern was sich in unserer Reichweite befindet.

Die Ethik versucht immer dort herumzuschleichen, wohin sie nicht paßt. 2516

2517 Da der Protestantismus Luthers sich in zwei verschiedene Haltungen spaltet, muß man zwei protestantische Familien unterscheiden.

Jene, deren Protestantismus die sakramentale Theologie, das Mönchwesen, das Priesteramt ablehnt, und jene, deren Protestantismus freudige Ergebung in die Gnade ist.

Sie zu verwechseln bedeutet, nicht zwischen einem Christentum zu unterscheiden, das sich verflüchtigt und einem, das sich läutert.

2518 Der intolerante Christ sündigt gegen seine Lehre, da diese lehrt, daß der Glaube die Gabe der Gnade ist. Der Rationalist hingegen kann nicht tolerant sein, da er behauptet, daß nur die Leidenschaft die Offensichtlichkeit der Vernunft trübe.

Die Verfolgungen sind Resultat der rationalistischen Krankheit, selbst wenn der Inquisitor Dominikaner und kein „Repräsentant in Mission“ ist.

2519 Auf eine Art sprechen, die die Zuhörerschaft versteht, heißt nicht zu predigen, was sie hören will.

Das liberale Christentum der Vergangenheit, das progressive Christentum von heute passen das Christentum – nur um die Welt zu bekehren – an die Welt an, statt eine Sprache anzunehmen, die die Welt versteht.

2520 Christentum, Demokratie, Nationalsozialismus, Kommunismus haben so viele notwendige Wörter in Verruf gebracht, daß es heute schwer ist, von irgendeiner Sache zu sprechen ohne Komplize von etwas Niederem und Bösen zu sein.

2521 Die Zeitgenossen respektieren langweilige Bücher, wenn sie prätentiös und pedantisch sind.

Die Nachwelt lacht über diese verstaubten Götzenbilder, um, das ist klar, die entsprechenden Heiligen ihrer Zeit zu verehren.

2522 Jede fremde Religion schwankt zwischen dem Lächerlichen und dem Diabolischen.

2523 Überlegungen überzeugen nur den, der eine Ausrede braucht, um sich zu unterwerfen.

2524 Die Kirche wollte, als sie ihre Türen weit öffnete, den Eintritt für die von draußen erleichtern, ohne zu bedenken, daß sie vielmehr den Austritt derer erleichterte, die drinnen waren.

Die Zivilisation des Abendlandes war das Resultat einer Allianz zwischen Großgrundbesitzern und Bischöfen.* 2525

Reifen bedeutet, die Anzahl der Dinge anwachsen zu sehen, über die es grotesk scheint, eine Meinung zu haben, sei es dafür oder dagegen. 2526

Marxistischer Historiker und katholischer Exeget, beide lügen. 2527

Die Geschichte ist weniger Bericht von Tatsachen als Dialog unter Historikern. 2528

Die irrtümlichen Deutungen seiner Vorgänger zum Thema sind das wahre Thema des Historikers.

Intelligent ist der, dem schwierig scheint, was den anderen leicht scheint. 2529

Die Anzahl der kühnen Lösungen, die ein Politiker vorschlägt, wächst mit der Dummheit der Zuhörer.*

Eine mythische Sprache deuten, besteht darin, den Rahmen der erkenntnistheoretischen Postulate explizit zu machen, in den sie ortet, und nicht darin, ihre Texte der Syntax der Wissenschaft zu unterwerfen. 2530

Die ehrliche Überzeugung weist die Möglichkeit, sich im Irrtum zu befinden, nicht zurück, sie begreift nur nicht, daß dies wahrscheinlich ist. 2531

Der Wissenschaftler fühlt sich berechtigt zu philosophieren, weil er einige Homonyme mit dem Philosophen teilt. 2532

Die moderne Zivilisation: jene Erfindung eines weißen Ingenieurs für einen schwarzen König. 2533

Die Philosophie, die dem Problem des Bösen ausweicht, ist ein Ammenmärchen für dumme Kinder. 2534

Komplizieren ist das höchste Vorrecht des Menschen.* 2535

2536 Die Enzyklopädisten waren weniger Kind von Descartes, als schlaue Findelkinder auf der Jagd nach einem respektablen Vater.

Wir bezweifeln das Recht der Dummen, die „cartesianische Vernunft“ verehren zu dürfen.

2537 Ein extremer Rationalismus (*Constitutio de Fide* des 1. Vaticanums) und ein virulenter Anti-Historismus (*Pontificia Commissio Bíblica*) hinderten die Kirche zu sehen, daß ein romantischer Heiliger Georg, vom Streitroß der Geschichte aus jene „Vernunft“ mit seiner Lanze aufgespießt hätte, die die Kirche verschlingen wollte.

2538 Die wachsende Gleichartigkeit des Menschen kündigt eine Gesellschaft an, in der die Spur der *distincti non discreti* der angelischen Gesellschaft ausgelöscht sein wird durch die *discreti non distincti* der höllischen Gesellschaft.

2539 Es gibt niemanden, der nicht zuweilen die Wichtigkeit von Tugenden entdeckt, die er verachtet.

2540 Die Literaturen dieser lateinamerikanischen Republiken taugen, wie ihre Armeen, nicht für internationale Gefechte.

2541 Der lateinamerikanische Intellektuelle muß Probleme für die Lösungen suchen, die er importiert.*

2542 Die „Aliteratur“ hat das Ziel, all jenes hervorzuheben, was die Literatur absichtlich auslassen wollte.

Der heutige Schriftsteller verbreitet vorzugsweise, was der Schriftsteller von gestern verschwieg, nicht aus Mangel an Erfahrung oder aus Angst, sondern aus Verachtung.

Um langweilig und grob zu sein, braucht man weniger Talent als man glaubt.

2543 Von Homer bis Yeats haben die plebejischen Werte wie unterdrückte Proletarier in den Vorstädten der Literatur vegetiert. Die Literatur der Gegenwart wird von Thersites geschrieben.*

2544 Die Literatur ist zu reich, unsere Erinnerung zu kärglich um den Schriftsteller nicht darauf hinzuweisen, daß bloßes Talent nicht genügt.

Die Nachwelt des Kunstwerks pflegt uns dazu zu bringen, zu be- 2545
dauern, daß es existierte.

Die aktuelle Malerei hat mehr Liebhaber als die aktuelle Literatur, 2546
weil das Gemälde sich in zwei gelangweilten Sekunden ansehen läßt, während sich das Buch in nicht weniger als zwei Stunden Überdruß lesen läßt.

Trotz des Kitzels, der mit ihrer Originalität verbunden ist, wird die 2547
moderne Literatur von verschämten Bibliothekaren geschrieben.

Die modernen Werke halten die Versprechen ihrer Programme wie 2548
die Wundermittel, die von Quacksalbern auf Jahrmärkten angepriesen werden.

Aber wenn auch Mallarmé und Rimbaud mit dem Geschwafel begonnen haben, so füllen doch erst unsere Zeitgenossen einfach Leitungswasser in Flaschen ab.

Die geschwollene Eloquenz der ästhetischen Theorien wächst mit 2549
der Mittelmäßigkeit der Werke, so wie die der Redner mit dem Niedergang ihres Vaterlandes.

Der Schriftgelehrte verfängt sich mit seinen Füßen im Saum des 2550
Prophetenmantels.

Welches auch immer seine plebejische Abstammung sei, wer er- 2551
reicht, daß der mittelalterliche Katholizismus ihn annimmt, scheint von patrizischem Geschlecht.

Der Körper ist eine Erfindung der Seele. 2552

Jede Neuheit ist eine winzige Anmerkung zu einer kolossalen Erb- 2553
masse alter Geschichten.

Der Mensch läuft mit gebundenen Füßen umher.

Von außen ist alles Wichtige komisch. 2554

2555 Da die Katholische Kirche immer eine abrupte Unterscheidung zwischen Orthodoxie und Häresie bewahrt hat, während der Protestantismus eine Skala doktrinärer Nuancen aufweist, ist die Geschichte der katholischen Theologie weniger interessant als das intellektuelle Monument, das sie errichtet, während die Geschichte der protestantischen Theologie interessanter ist als das stillose Gebäude, welches sie erbaut.

2556 Die gegenwärtige Krise des Christentums wurde nicht von der Wissenschaft oder der Geschichte hervorgerufen, sondern von den neuen Kommunikationsmitteln.

Der religiöse Progressismus ist das Bestreben, die christlichen Lehren den von den Nachrichtenagenturen und Werbeagenturen favorisierten Meinungen anzupassen.*

2557 Der Gehorsam des Katholiken ist zu einer grenzenlose Fügsamkeit geworden – allen Winden der Welt gegenüber.

2558 Die breite Masse glaubt nur frei zu denken, wenn ihre Vernunft in den Händen kollektiver Begeisterungen kapituliert.

2559 Wer von extremen Regionen der Seele spricht, braucht bald ein theologisches Vokabular.

2560 Allgemeine Ideen sind die Zauberei, mit der der große Historiker seine Toten zum Leben erweckt, und die Verfluchung, mit der der mittelmäßige Historiker sie zum zweiten Mal tötet.

2561 „Gott ist tot" rief jener Karfreitag aus, der das 19. Jahrhundert war.

Heute leben wir im schrecklichen Schweigen des Samstags. Im Schweigen des besetzten Grabes.

In welchem Jahrhundert wird über dem verlassenen Grab der Ostersonntag anbrechen?

2562 Die Fürsten der Intelligenz sind normalerweise verzagte Bürgerliche.

2563 Wenn sich die vermeintlichen Pilger *in hoc mundo* mit den *civibus huius saeculi* zusammentun, sehen wir bald, daß es sich um Eingeborene handelte, die sich als Ausländer aufspielten.

Die marxistische Kritik adoptierte Balzac, weil sie annahm, daß Balzac die Niederlage seiner reaktionären Ideen zugibt, wenn er vom Triumph der Bourgeoisie erzählt. 2564

Doktrinär darauf festgelegt, kein anderes Kriterium als die „historische Notwendigkeit“ zu dulden, versteht der Marxist nicht, daß Balzac genau deshalb Reaktionär ist, weil die Bourgeoisie triumphiert.

Der Erfolg ist keine axiologische Kategorie.

Die Meditation bringt nichts hervor. 2565

Sie brütet bloß vorhergehende Einfälle aus.

Die Systeme sollen nur die vorübergehende Spur des Denkens sein. 2566

Denken besteht normalerweise aus dem plötzlichen Verstehen einer Idee, die wir eines Tages hatten und vergaßen, ohne sie verstanden zu haben. 2567

Das eigene Denken langweilt am Ende genauso wie das eigene Gesicht. 2568

Die Logik regelt die Diskurse unter Gleichgesinnten, aber Bekehrungen hängen vom Bereich Literatur und Schöne Künste ab. 2569

Um das Volk, während sie es ausbeuten, zu zerstreuen, greifen die dummen Despotismen zu Zirkuskämpfen, während der schlaue Despotismus Wahlkämpfe vorzieht.* 2570

Selbst der gute Demokrat erkennt widrige Wahlniederlagen nicht an, weil er an das Recht der Mehrheit glaubt, sondern weil ihn entweder der umstrittene Punkt nicht interessiert, oder weil er weiß, daß er machtlos ist. 2571

Nachdem sie nicht erreichte, daß die Menschen praktizieren, was sie lehrt, hat die gegenwärtige Kirche beschlossen, zu lehren, was sie praktizieren.* 2572

Bald kommt der Moment, in dem beim Denken nur seine Funktionsweise fasziniert. 2573

Die Linken sind nicht Repräsentanten der Armen, sondern Delegierte armer Ideen. 2574

2575 Die wertvollste Erinnerung fast jeden Individuums ist normalerweise etwas Schäbiges.

2576 Ein einziges Konzil ist nicht mehr als eine einzige Stimme im wirklichen ökumenischen Konzil der Kirche, welches ihre vollständige Geschichte ist.

2577 Keine Partei, Sekte oder Religion darf denen vertrauen, die die Gründe kennen, warum sie in ihre Reihen eintreten.

Jeder authentische Anschluß in Religion, Politik, Liebe geht rationalen Überlegungen voraus.

Der Verräter hat immer rational die Partei gewählt, die er verrät.

2578 Bis gestern beklagten die Schriftsteller das Fehlen von Kritikern.

Heute durchkämmt eine Meute von Kritikern unermüdlich das Gelände.

Früher gab es niemanden, der aß, heute gibt es nichts zu essen.

2579 Das Volk glaubt nie, daß der, der emphatisch spricht, Blödsinn redet.

2580 Der volkstümliche Katholizismus ist die Zielscheibe allen fortschrittlichen Zorns.

Volkstümlicher Glaube, volkstümliche Hoffnung, volkstümliche Nächstenliebe irritieren einen Klerus kleinbürgerlicher Abkunft.

2581 Wenn wir mit Plebejern unterwegs sind, schützen uns unsere Laster, unsere Tugenden verraten uns.

2582 Die ihre Hoffnung auf die Welt setzen sind kaum alberner als die, welche das Schauspiel der Welt nicht erheitert.

2583 Mit Humor und Pessimismus ist es weder möglich, sich zu irren noch sich zu langweilen.

2584 Die Nächstenliebe wurde als beste Ausrede patentiert, um vom Glauben abzufallen.

Die zeitgenössische Geschichte beweist, daß ein bescheidener Lohn 2585
Ausführende für die schlimmsten Verbrechen und Mitwirkende an den humanitärsten Vorhaben anheuert.

Das Geld erreicht in diesem Jahrhundert das, wofür die Mitwirkung des Teufels oder Gottes notwendig schien.*

Die Wichtigkeit eines religiösen Begriffes leitet sich nicht von den 2586
Konsequenzen ab, die er hat, sondern vom autonomen religiösen Wert, den er zeigt.

Es empfiehlt sich ohne Zweifel , den notorischen Reaktionär zu 2587
beleidigen (den Renegaten der Whigs – *lost leade*r – den Pamphletisten der Heiligen Allianz – den von der Commune erschreckten Bürgerlichen – etc.), aber es ist besser, die Liste der vorsichtigen Reaktionäre zu verschweigen, wenn wir nicht wollen, daß die Überzeugungen des Demokraten Risse bekommen.

Dem Schriftsteller darf nur das Thema wichtig sein, das er behan- 2588
delt, uns nur der Schriftsteller.

Um bestimmte Menschen zu interpretieren, reicht die Soziologie. 2589

Die Psychologie ist überflüssig.

Was nennen wir eigentlich „Geschichte“? 2590

Die Welt, gesehen mit den Augen des 19. Jahrhunderts.

Der Revolutionär ist im wesentlichen ein Mensch, der nicht ahnt, 2591
daß sich die Menschheit gegen sich selbst wenden kann.*

Die Avantgarde bietet ein köstliches Schauspiel der Entrüstung, 2592
wenn sie sich nach einigen Jahren in eine Nachhut verwandelt sieht.

Der Mensch kann nichts Wichtiges zustandebringen. Bloß hoffen, 2593
daß sich das, was er tut, als wichtig herausstellt.

Wir können nur den Ort abstauben, auf den sich vielleicht eine makellose Spur setzt.

Je stupidere Motive wir einer Tat zuschreiben, um so weniger lau- 2594
fen wir Gefahr, uns zu irren.*

Der Reaktionär sympatisiert mit dem Revolutionär von heute, weil 2595
dieser ihn an dem von gestern rächt.

2596 Als Ethos einer Mittelschicht, einer Klasse zwischen zwei Klassen, ist das authentische bürgerliche Ethos eines der unbestrittenen Erfolge der westlichen Menschheit.

Das gegenwärtige Unheil leitet sich nicht von der Existenz des bürgerlichen Ethos ab, sondern vom gesellschaftlichen Ehrgeiz eines Teils des Bürgertums, der ins Obergeschoß des Gebäudes wechselte, ohne seine Seele zu wechseln.

2597 Das demokratische Denken pflegt die Konsequenzen der Handlung mit demselben geradlinigen Vertrauen abzuleiten wie die Implikationen eines Prinzips.

Was der Reaktionär hingegen zu sehen weiß, ist das paradoxe Wesen der Handlungen, der Menschen, der Welt.*

2598 Der paradoxe Charakter der empirischen Welt, der paradoxe Charakter der christlichen Lehre, der paradoxe Charakter des reaktionären Denkens sind die dreifache Spur des Willens, der etwas erschafft, etwas offenbart, der sich dem höchsten Willen unterwirft.

2599 Die sozialen Mißgriffe des Christentums im letzten Jahrhundert hatten ihre Ursache in dem Fehler, seinen angeborenen Konservatismus an die Verteidigung sozialer Bedingungen eines revolutionären Projekts anzupassen, welches seiner Doktrin feindlich gegenübersteht.

Das Christentum leidet an den Folgen, den Prozess der Industrialisierung einer demokratischen Gesellschaft verteidigt zu haben.

2600 Die Messe kann in Palästen oder in Hütten zelebriert werden, aber nicht in Villenvierteln.*

2601 Um nicht den Begriff des Respekts in Mißachtung geraten zu lassen, müssen wir ein eminentes Individuum, das vom Volk respektiert wird, selbst dann respektieren, wenn es diesen Respekt nicht verdient.

2602 Ein Verzicht auf Verbote bedeutet heute nicht die Erlaubnis, sondern Förderung von etwas, was zuvor verboten war.

Die Kirche lebte anderthalb Jahrtausende in Allianz mit dem „Thron". 2603

Aber nur mehr oder weniger ein Jahrhundert im geheimen Einverständnis mit dem Kapitalismus.

Alles deutet darauf hin, daß ihre proletarischen Verbindungen noch kürzer sein werden.

Außer der Benediktinerregel, sind alle Statuten menschlicher Gemeinschaften grotesk und grob. 2604

Das Mentale hängt offensichtlich vom Physischen ab, aber mental und physisch sind einfach Ideen des Geistes. 2605

In Gesellschaften, in denen sich alle für gleich halten, führt die unvermeidliche Überlegenheit einiger weniger dazu, daß sich die anderen gescheitert vorkommen. 2606

Umgekehrt richtet sich in Gesellschaften, in denen Ungleichheit die Norm ist, jeder in seiner eigenen Unterschiedlichkeit ein, ohne den Drang zu verspüren oder die Möglichkeit zu sehen, sich zu vergleichen.

Nur eine hierarchische Struktur zeigt Mitleid mit den Mittelmäßigen und den einfachen Leuten.

Die Epigramme gegen die Demokratie und den Fortschritt gehen auf Rechnung der Geschichte. 2607

Die Aufgabe des Historikers besteht weniger darin, zu erklären was geschah, als verständlich zu machen, wie der Zeitgenosse das Geschehene verstand. 2608

Im marxistischen Historiker atmet die Geschichte während der Unterbrechungen des Marxismus. 2609

Erotismus ist die sexuelle Aktivität des Impotenten auf dem Kadaver der Sinnlichkeit.* 2610

Die Verteidigung gegen die „Metaphysik der Lehrkanzel" nimmt die Aufmerksamkeit der Fanatiker der linguistischen Analyse so in Beschlag, daß sie nicht bemerken, daß sie von der Metaphysik der Straße überrollt wurden. 2611

2612 So wie in unserer Gesellschaft die soziale Unterwelt triumphiert, so triumphiert in unserer Literatur die Unterwelt der Seele.

2613 Der wahre Katholik verbirgt seinen Glauben.

Nicht weil er sich seines Glaubens schämt, sondern damit sich dieser nicht seiner schämt.

2614 Wenn sich die fortschrittlichen Versprechungen erfüllen, rettet die Menschheit vielleicht ein erlösender Ekel.

2615 Wenn die letzte Anbetung des letzten Fetischs endet, löst sich das Universum im Nichts auf.

2616 Wenn die öffentliche Meinung ihn im Stich läßt, bleibt dem Demokraten nur noch ein Wimmern.

2617 Heute veröffentlicht man mit Erfolg einen Typ von Buch, der zwischen dem Ernsthaften und dem Populären liegt: den Bestseller für Intellektuelle.

2618 Der „Paternalismus“ erzürnt die Söhne unbekannter Väter.

2619 Angesichts des gegnerischen Denkens erstarrt das reaktionäre Denken nicht in einer indignierten Ablehnung.

Es versucht es im Gegenteil, in sich aufzunehmen, da es weiß, daß man sich von giftigen Säften ernähren kann.

2620 Ich respektiere nur die emphatische Deklaration, die mit heimlichen Fragen angefüllt ist.

2621 Die Kunst des Sehen-Lernens verdient unsere größte Sorgfalt.

Die Kunst, das durch unsere gewohnte Sichtweise nicht Faßbare zu sehen.

Die Kunst, in der unerbittlichen Vulgarität des sichtbaren Universums Züge zu sehen, die die ästhetische Imagination entdeckt.

Wir sind bei einer so extremen Unfähigkeit angelangt, daß wir nur das für real halten, was auch bei einer Abschaffung der Künste erhalten bliebe.

2622 Der Schriftsteller verheddert sich in den Tatsachen, wenn seine Sätze keine Schneide haben.

Die „Philosophie der Geschichte“ wird ernstlich nur irgendein müßiger Erzengel vermitteln können, der über dem Leichnam der Welt meditiert.* 2623

Wer es ablehnt, sich im plebejischen Trubel dieses Jahrhunderts zu prostituieren, muß von Neuem zu respektieren lernen. 2624

In den Händen des Soziologen wird die Geschichte zu einem langweiligen Katalog sezierter Paradigmen. 2625

Die egalitären Ideen verzerren unsere Wahrnehmung des Zeitgenössischen und entstellen unsere Sicht der Geschichte. 2626

Niemand kann sich in unserer Zeit mit der Hoffnung auf Sieg gegen den fortschrittlichen und demokratischen Obskurantismus auflehnen. 2627

Sondern nur weil er sich verpflichtet fühlt, Zeugnis abzulegen.*

Der Reaktionär ist heute bloß ein Passagier, der mit Würde Schiffbruch erleidet.* 2628

Unsere Wahrheiten sind zu gewiß, als daß wir auf etwas so Unpassendes verfallen würden, sie mit wissenschaftlichen Lehren zu stützen, die gerade in Mode sind. 2629

In den *Geisteswissenschaften* werden die Werturteile nur durch Vorurteile ersetzt. 2630

„Rationalismus“ ist die krankhafte Unfähigkeit, zwischen Form und Inhalt der Urteilsfähigkeit zu unterscheiden. 2631

Die große Intelligenz ist keine Intelligenz, die größer als die gewöhnliche ist, sondern von anderem Wesen. 2632

In den *Geisteswissenschaften* sind Theorien keine Lösungen ihrer Probleme, sondern neue Möglichkeiten, von ihnen zu sprechen. 2633

Der „Cartesianismus“ ist eine Verleumdung Descartes´. 2634

Philosophie, die sich im nachhinein nicht damit zufriedengibt, Schwierigkeiten zu katalogisieren, wirkt auf Dauer bloß komisch. 2635

2636 Ein gebildeter Mensch ist der, dem es gelingt, über den symmetrischen Säulen des französischen Klassizismus und der deutschen Romantik einen griechischen Architrav zu errichten.

2637 Der Mensch bezeichnet nicht die Formel als Lösung, die Probleme löst, sondern die, welche sie verdeckt.

2638 Menschliche Würde ist, was man sich erwirbt, indem man im Namen einer Norm gegen sich selbst kämpft.

Was nicht von einem Konflikt herrührt, ist animalisch oder göttlich.

2639 Gegenstand der Philosophie ist vor allem, zu verhindern, daß die Torheiten der Zeit die Fenster verhängen und die Türen vermauern.

2640 Für den Dummkopf sind nur die Verhaltensweisen authentisch, die mit der letzten psychologischen Mode übereinstimmen.

Indem er sich selbst beobachtet, sieht der Dummkopf immer irgendeinen Unsinn für experimentell bestätigt, den er für wissenschaftlich hält.

2641 Sich böswillig über die Niederlagen der modernen Gesellschaft freuen bedeutet nicht, die Demütigungen des Menschen zu genießen.

Es heißt, das Scheitern des unseligen Willens begrüßen, der sie antreibt.

2642 Die menschliche Einfältigkeit schreckt jene, die glauben, daß das Schicksal eines Wertes vom Willen des Menschen abhängt.

Aber sie vergnügt jene, die wissen, daß der Wert sich weder in seiner Reichweite befindet noch seiner Unfähigkeit ausgesetzt ist.

Der Mensch kann nur sich selbst verstümmeln.

2643 Im Wortschatz des Historikers sollten reziproke Verben vorherrschen.

2644 Meine Brüder? Ja.- Meinesgleichen? Nein.

Denn es gibt Geringere und Größere.*

2645 Der pornographische Roman wird immer mißlingen, weil der Koitus nicht Akt des Individuums, sondern Aktivität der Gattung ist.*

Gott verlangt nicht unsere „Mitarbeit“, sondern unsere Demut.* 2646

Wer sich zu Meinungen bekennt, die unsere Zeitgenossen nicht ge- 2647
ringschätzen, muß sich schämen.*

Wenn ihn der Progressive verurteilt, soll sich jeder intelligente 2648
Mensch geschmeichelt fühlen.

Der Tod der Vergangenheit entschuldigt jene, die ihre dürftige Vor- 2649
stellungskraft dazu zwingt, die Gegenwart vorzuziehen, aber nichts entschuldigt den, der die moderne Kunst vorzieht, wenn die vergangene Kunst überlebt.

Die Dimensionen der historischen Tatsache neigen dazu, spezifi- 2650
sche Kategorien der Deutung aufzuerlegen.

Die Anekdote zum Beispiel legt psychologische Motive nahe, das Ereignis soziologische Erklärungen, die Periode ökonomische Grundlagen, die Epoche Bedingtheit durch „Ideen“.

Schließlich erfordern die großen historischen Zeiten: Zivilisationen, Kulturen, Zeitalter, etc. die Dienste metaphysischer Einheiten: Vision, Perspektive, Stil, *Stimmung* etc.

Nichts schwieriger als fremdes Unverständnis zu verstehen. 2651

Der Kunstkritiker pflegt das Werk zu verurteilen, welches am be- 2652
sten den Prinzipien huldigt, in deren Namen er urteilt.

Um der Versuchung zu entgehen, der modernen Ästhetik die Übel- 2653
keit erregende Mittelmäßigkeit der aktuellen Kunst zur Last zu legen, erinnern wir an die ähnliche Mittelmäßigkeit der künstlerischen Plebs in jedem Stil.

Die Mittelmäßigkeit hat weder Vaterland noch Zeitalter.

Die Literaturgeschichte lehrt, daß das Werk eines jeden großen 2654
Dichters in zwei Teile zerfällt: in den, den wir weiter bewundern, und in den, der die Literatur beeinflußt hat.*

Die Katholiken haben selbst die sympathische Fähigkeit verloren, 2655
zu sündigen, ohne zu argumentieren, daß die Sünde nicht existiert.*

Der Völkerkundler stellt bloß Daten für die zukünftigen Histori- 2656
ker zusammen.

2657 Auf freiem Felde besiegt, schleicht sich der Marxist zu seiner Rettung in die Hegelsche Festung – durch das Türchen, das die Marxschen Jugendschriften ihm öffnen.

2658 Wenn seine logischen Konsequenzen den Marxismus gegen eine Tatsache schmettern, zwingt das den Marxisten zu einer anmutigen und unehrlichen Verrenkung, indem er sich auf die *obiter dict*a von Marx oder Engels stützt.

2659 Die Geschichte ist nicht als Werk des Menschen verehrenswürdig, sondern als Schauplatz einiger willkürlicher göttlicher Epiphanien.

2660 Es ist schwer, mit dem modernen Klerus zu sympathisieren, seit er antiklerikal geworden ist.*

2661 Beschränken wir unseren Ehrgeiz darauf, gegen die moderne Welt systematische geistige Sabotage zu betreiben.

2662 Zu berichten, was der Mensch macht oder sagt, ist untergeordnete Aufgabe des Historikers.

Der Hauptteil der Geschichte beschäftigt sich mit den Variationen der Sensibilität in der Zeit.

2663 Der veraltete Konformismus ist das Ärgernis des herrschenden Konformismus.*

2664 Niemand verachtet so sehr die Dummheit von gestern wie der Dummkopf von heute.*

2665 Jeden Tag rechne ich weniger damit, auf jemanden zu treffen, der nicht mit Sicherheit weiß, wie man die Übel der Welt heilt.

2666 Der einfache Mensch hat normalerweise im täglichen Umgang Persönlichkeit.

Aber das Streben, sie auszudrücken, wandelt ihn in einen Träger modischer Gemeinplätze.

2667 Die Vulgarität entsteht, wenn sich die Authentizität verliert.

Die Authentizität verliert sich, wenn wir sie suchen.

2668 Das typisch Vulgäre dieses Jahrhunderts ist der Anspruch, uns von unseren Artgenossen zu unterscheiden, obwohl wir identisch sind.

Die Menschen sind weniger gleich als sie sagen und mehr als sie denken.* 2669

Das interessanteste Kapitel der Soziologie ist noch zu schreiben: die Untersuchung körperlicher Auswirkungen sozialer Tatbestände. 2670

Unter dem strengen Blick der Demokraten hüpft der heutige Anthropologe rasch, wie über die Glut, über die ethnischen Unterschiede hinweg. 2671

Wer mit Eifer und Nachdruck proklamiert: Effizienz! Effizienz! verantwortet Blutbäder. 2672

Die Taktiken der herkömmlichen Polemik scheitern am unerschrockenen Dogmatismus des zeitgenössischen Menschen. 2673

Zu seiner Zerstörung bedürfen wir der Kriegslisten eines Guerillakämpfers.

Wir dürfen ihm nicht mit systematischen Argumenten gegenübertreten, noch methodisch mit alternativen Lösungen aufwarten.

Wir müssen mit jeder x-beliebigen Waffe aus jedem x-beliebigen Gestrüpp auf jede x-beliebige Idee schießen, die allein auf dem Weg vorrückt.*

Jede strikt zeitgenössische Literatur ist immer zäh. 2674

Um sie zu kosten ist es ratsam, sie ablagern zu lassen.

Dem Philosophen ist es unmöglich zu glauben, daß das, was er denkt, endgültig sei, und unmöglich, daß es das nicht sei. 2675

Hier ist seine geheime Wunde.

Lesbaren Unsinn zu schreiben ist Privileg der großen Intelligenzen. 2676

Damit er ohne Skrupel alle bürgerlichen Ämter ausfüllen kann, genügt es dem Linken, ihre Ausübung mit dem Exorzismus der Schmährede einzuleiten.* 2677

„Reinheit", „Poesie", „Authentizität", „Würde" sind Schlüsselstimmen des aktuellen technischen Wörterbuchs, um über irgendeine pornographische Erzählung zu sprechen. 2678

2679 Eine bestimmte Rasse von Apologeten weist dem Christentum einen Platz in der modernen Gesellschaft zu, indem sie günstige Gutachten von Physikern und Biologen vorweist.

Als ob man Empfehlungen von Dienstboten erbettelte, um den ruinierten Herrn in ein Sanatorium zu sperren.

2680 Schlimmer als die Rührseligkeit der Tugend ist die Rührseligkeit des Lasters.

19. Jhdt. – 20. Jhdt.*

2681 Auf ernsthafte Probleme bezogen, hat das Wort „Lösung" einen grotesken Klang.

2682 Das Argument, das nicht tötet, stärkt.

2683 Die erste demokratische Verfälschung eines christlichen Textes findet sich im Prolog des Johannes-Evangeliums (V. 13).

Der vulgäre Text ist in allen handschriftlichen Traditionen gleich (außer im *Codex Veronensis*) aber die korrekte Lesart ist die des Justinus und Irenaeus.

Tertullian *(De Carne Christi)* warf den Valentinianern vor, den Text verdorben zu haben.

Offensichtlich kreisten die Gnostiker um dieses Evangelium.

War etwa nicht Heraklion sein erster Kommentator?

2684 Die revolutionäre Aktivität der modernen Jugend ist ein eindeutiger Beweis ihrer Eignung für die Verwaltungslaufbahn.

Die Revolutionen sind hervorragende Brutstätten von Bürokraten.*

2685 Am Ende wird das Christentum durch die Zeit gerächt, denn die Strenge der Abtrünnigen mündet in vergnüglichen Albernheiten.

2686 Eine bestimmte Dosis an Vulgarität popularisiert jedes Buch.

2687 Der Kommunismus war keine letzte Schicksalswendung der proletarischen *Verelendung*, sondern finale Metamorphose des Proletariats zur Bourgeoisie.

2688 Um das Christentum zu demokratisieren, müssen sie die Texte verfälschen, indem sie dort lesen: „gleich", wo „Bruder" steht.

Das Alter drängt den intelligenten Menschen nicht in den Hintergrund, sondern ihm selbst tritt die Welt in den Hintergrund. 2689

Die Tyrannei ist reif, wenn sie ihren Feind bereits nicht mehr zu exekutieren braucht. 2690

Noch langweiliger als die Arbeit ist die Lobrede auf sie.* 2691

Wer Vernunft mit Großbuchstaben schreibt, bereitet einen Betrug vor. 2692

Die Tragödie der Linken? 2693

Die Krankheit richtig diagnostizieren, aber mit ihrer Therapie verschlimmern.

Die Kirche wurde zur Mittelschicht, wie alles. 2694

Die Förderung der Kultur schwächt sie. 2695

Die spontane und die rituelle Geste gehören verschiedenen Kategorien an, haben aber denselben Rang. 2696

Es gibt andererseits nichts Niedrigeres als die reglementierte Spontaneität: die demagogische Fratze.

Das höchste, was der Mensch erreicht, hängt nicht davon ab, was er tut. 2697

Sondern was die ästhetische Vorstellungskraft ihn tun sieht.

Die systematischen Überzeugungen sind Zeichen der Intelligenz bei dem, der sie erfindet, der Dummheit bei dem, der sie annimmt. 2698

Wer ein System annimmt, hört auf, Wahrheiten aufzunehmen, die sich in seiner Reichweite befinden. 2699

Die Unabhängigkeit, der sich jede Jugend rühmt, ist nicht mehr als die Unterwerfung unter die neue herrschende Mode. 2700

Das Schicksal der Welt liegt immer in Händen eines unbekannten Durchreisenden. 2701

Der gewaltige Lärm der Geschichte ist nicht mehr als der Widerhall des Dialogs zwischen einigen wenigen Einsamen.* 2702

2703 Falsche Antwortern gehen in Rauch auf, richtige faulen.
Es bleiben nur Beschreibungen und Fragen.

2704 Die technische Brillanz der intellektuellen Arbeit hat sich so weit entwickelt, daß die Bibliotheken bis zum Bersten mit Büchern voll sind, die wir nicht geringschätzen dürfen, aber die es nicht der Mühe wert sind zu lesen.*

2705 Der Name des Meisters geht auf seine Schüler über, der Geist im allgemeinen auf einen Fremden.*

2706 Im Bannkreis einer fremden Intelligenz fühlt sich jeder Mensch erstickt.

2707 Das Vorhergesehene überrascht den erfahrenen Menschen mehr als das Unvorhergesehene.

2708 Die wahre Dialektik schreitet mit den Schritten einer improvisierenden Tänzerin voran, nicht im monotonen dreiphasigen Rhythmus eines preußischen Unteroffiziers.

2709 Was wir in der Geschichte bewundern ist nie absichtliche Folge eines Vorsatzes gewesen, sondern zusammenhangloses Resultat.

2710 Zufall ist ein Name, den wir Gott geben, sowohl aus Respekt vor dem Menschen als auch vor Gott.

2711 Das Leben ist eine Werkstatt von Hierarchien.
Allein der Tod ist Demokrat.*

2712 Auf der Suche nach Gleichheit fährt der Demokrat mit der Meßlatte über die Menschheit, um zu kürzen, was herausragt: den Kopf.
Das Köpfen ist der zentrale Ritus der demokratischen Messe.

2713 Wenn wir irgendetwas dringend verstehen müssen, ist es besser, den intelligenten Menschen zu befragen, der es nicht weiß, als den Dummkopf, der es weiß.*

2714 In jedem Schauspiel sehen wir normalerweise nur das, worauf einige wenige uns lehrten, die Blicke zu lenken.

„Ende der Ideologien“ ist der Titel, mit dem sie den Triumph einer 2715
bestimmten Ideologie feiern.*

Die hinterhältigste Versuchung ist die, sich heute zur Wahrheit von 2716
morgen zu bekennen.

Der Kadaver einer überlebten Wahrheit stinkt weniger als der Embryo einer zukünftigen Wahrheit.*

„Kulturelle Aktivitäten“ ist ein Ausdruck, den wir nicht aus dem 2717
Munde dessen hören, der sie spontan ausübt, sondern aus dem Munde dessen, der sie aus Gewinnstreben oder Prestigegründen betreibt.

Im Spezialisten koexistieren die raffiniertesten Ideen über Frag- 2718
mente des Universums mit den trivialsten Klischees über dieses Universum.

Die Rhetorik ist respektabel, wenn wir fremde Rechte verteidigen. 2719

Aber selbst wohlwollende Zuhörer lächeln, wenn wir zur ethischen Urteilsbegründung ausholen, um unsere eigenen Rechte einzufordern, statt sie uns einfach zu nehmen.

Wenn die kulturellen Lautsprecher einen Moment schwiegen, wür- 2720
de das Publikum zur offiziellen Malerei des letzten Jahrhunderts zurückkehren.

Der asketische Bewunderer abstrakter Bilder würde an die Wände seines Hauses, mit Seufzern der Erleichterung, Gemälde hängen, die anekdotisch, sentimental oder auf diskrete Weise pornographisch wären.

Die kulturelle Propaganda der letzten Jahrzehnte (in den Schulen, 2721
der Presse etc.) hat nicht das Publikum erzogen, sie hat nur – wie manche Mission – erreicht, daß die Eingeborenen ihre Zeremonien im Verborgenen abhalten.*

Die schon uralte Aufgabe, die „Kultur zu demokratisieren“ hat 2722
nicht erreicht, daß mehr Leute z.B. Shakespeare oder Racine bewundern, sondern daß mehr Leute glauben, sie zu bewundern.

2723 Nichts überdauert mit Sicherheit, und nur Augenblicke zählen, aber der Augenblick behält seinen Glanz für den, der ihn sich als ewig vorstellt.

Es zählt nur das Vergängliche, das unsterblich scheint.

2724 Ein wahrer Schriftsteller ist nicht der, welcher uns mit der exotischen Stimme eines pittoresken Tischgenossen bei einer zufälligen Begegnung anredet, sondern wer uns mit derselben Stimme anspricht, mit der wir in unserer Einsamkeit zu uns sprechen.

2725 Der Mensch hört auf das zu sein, von dem er weiß, daß er es ist.

2726 Die Stimme des Schriftstellers hat nicht unsere angeborene Taubheit durchstoßen, solange die Phantasmen unserer Träume nicht in seinen Worten Zwiesprache halten.

2727 Der Mensch nennt das „neutral“, was er durchsetzen will, ohne seine Beweggründe zuzugeben.

2728 Der Teufel ist viel zu intelligent um Rationalist zu sein, aber er haucht seinen Anhängern rationalistische Orakel zu, damit sie ihn ohne Skrupel verehren.

2729 Die Geschichte hat nicht die Absicht, uns zu erzählen, was der Mensch macht, sondern was er ist. Die Geschichte katalogisiert nicht seine Handlungen, sie enthüllt seinen Modus.

Die Geschichte verfaßt keine Zusammenfassung der menschlichen Abenteuer, die Geschichte legt das Wesen aufeinander folgender Menschheiten dar.

2730 Weder Stil, noch Werke, noch Individuen entdecken ihren wahren Kern, indem sie eine Oberfläche von stilistischen Resten, eingefleischten Gebräuchen und sozialer Tarnung verfeinern.

Der Stil baut sich auf einem vorangegangenen Stil auf. Das Werk wird über Werke, die es imitiert, geschaffen. Das Individuum wird über die Einflüsse, die es übernimmt, zur Person.

Authentizität ist nicht der einfache Ausdruck eines Wesens, sondern die Eroberung einer Bedeutung.

2731 Die authentische Intelligenz sieht spontan selbst den bescheidensten Sachverhalt des täglichen Lebens im Lichte der allgemeineren Idee.

Übernimmt der Historiker die Kunstgeschichte als Paradigma der 2732
Geschichtsschreibung, urteilt er immer richtig.

Die durch die Kunstgeschichte vorgeschlagenen Kategorien sind für eine mit Geschmack und Kritikfähigkeit begabte Intelligenz das Gattungs-Modell der spezifischen Normen jedes geschichtlichen Gebietes.

Wer eine Sache kennenlernen möchte, weil er sie für wichtig hält, 2733
unterscheidet sich radikal von dem, der sie kennenlernen möchte, weil er es für wichtig hält.

Die intellektuelle Liebe bewegt den ersten, das pädagogische Prestige der „Kultur“ zieht den zweiten an.

Zwischen dem Kunstwerk und seinem Trugbild gibt es keinen 2734
greifbaren Unterschied.

Nichts Bestimmbares unterscheidet sie, nur die von dem, der Werte erkennt, festgestellte Differenz.

Außer der rohen Tatsache ihres ästhetischen Unterschieds gibt es zwischen ihnen weder ein mehr noch ein weniger, das identifizierbar, analysierbar, spezifizierbar oder vorzeigbar wäre.

Was der Schriftsteller als erstes erfindet, ist die Person, die seine 2735
Werke schreiben wird.

Der Ausruf ist das höchste Gericht in der Kunst. 2736

Linke und Rechte sind durch die verschiedenen Deutungen charak- 2737
terisiert, die sie dem zweideutigen Motto geben, das Goya für ein Capricho wählt: *El sueño de la razón produce monstruos.**

Die Linke übersetzt: *sueño* mit Schlaf, die Rechte mit Traum.*

Verschiedene berühmte Künstler der letzten Jahrzehnte werden 2738
nur als Personen überleben, die eine verlorene Sichtweise vergangener Stile einführten.

Seit einem Jahrhundert nehmen die unfreiwilligen Präraffaeliten überhand.

Wer einer Partei beitritt, hört auf, ein möglicher Gesprächspartner 2739
zu sein, um zu einem Gesprächsthema unter Gesprächspartnern zu werden, die nicht beitreten.

2740 In Epochen wie dieser kann sich der, der Stolz hat, nicht auf die „Höhe der Zeit" herabbegeben.

2741 Wer darauf beharrt, „auf dem Laufenden" zu sein, was dieses Jahrhundert sagt, besteht darauf, daß über seine Seele das Abwasser der Kanalisation ausgeschüttet wird.

2742 Wenn der Künstler denkt, daß die Originalität ausreicht, wird die Originalität zum akademischen Rezept.

2743 Die breiten Volksschichten können sich jeder Idee bemächtigen, aber nicht der Intelligenz, die sie hindert, zur Trivialität zu entarten.

2744 Im Gegensatz zum Künstler von früher, der Welten erdachte, die seinen edelsten Träumen nahe waren, erfindet der moderne Künstler Welten, in denen es genügen würde, ihn unterzubringen, um ihn in die Hölle zu sperren.

2745 Offen gesagt: die Schönheit des Werkes liegt in dem, was über jede Definition des Kritikers hinausgeht.

2746 Die „radikale Theologie" ist eine Theologie des Ölbergs, die nicht mit der Ergebung in den Willen Gottes, sondern in den Willen des Menschen abschließt.

2747 So wie der Arme dem Reichtum Bosheiten unterstellt, die eigentlich den Menschen eigen sind, so unterstellt der Reiche sie der Armut.

Jeder weist nur dem anderen die gemeinsame Bosheit zu, statt die Tugenden zu bewundern, die nur in der Armut blühen und jene, die nur im Reichtum gedeihen.

2748 Die Vorstellungskraft erlangt in der Geschichte das verlorene Gefühl jener Dichte zurück, die der menschlichen Existenz eigen ist und die wir in dieser aktuellen Welt fadenförmiger Wesen schon nicht mehr spüren.

2749 Selbst wenn wir nur langweilige Dinge wissen können, ist ihr Erlernen eine vergnügliche Sache.

2750 Nur der Soziologe ohne Botschaft redet manchmal keinen Unsinn.

Der Soziologe gewöhnt sich daran, mit ungeschliffenen Instrumenten zu operieren, weil er sich in einem solchen Abstand zu den Tatsachen einrichtet, daß seine Ungeschicklichkeiten ihm nicht, wie dem Historiker, das Gesicht mit Blut bespritzen. 2751

Es ist ethisch nicht zulässig, Schüler jener zu sein, die Normen brechen. 2752

Nichts nachzuahmen ist die ethische Grundhaltung gegen die Normverletzung.

Der „Immoralist" ist in diesem liederlichen Jahrhundert der heroische Angreifer auf Festungen ohne Verteidiger.* 2753

Solange der Historiker nicht seine Aufmerksamkeit der Bewußtseinsstruktur der Epoche schenkt, die er untersucht, ist alles falsch, was er über die Gesellschaftsstruktur sagt. 2754

Der Vater des laizistischen Staates war Gregor VII. 2755

Um das Schauspiel fremden Ehrgeizes lächerlich machen zu dürfen, ist es erforderlich, vorher unseren eigenen Ehrgeiz zu erdrosseln. 2756

Nachdem es unmöglich ist, den Dummkopf zum Schweigen zu bringen, besteht die Zivilisierung darin, ihn dazu zu zwingen, einen Katechismus herzusagen. 2757

Irgendeinen Katechismus.*

Jeder klammert sich an den ihm möglichen Snobismus. 2758

Der progressive Katholik hebt den „kommunitären" Charakter der Kirche nicht hervor, um die Gläubigen an die mystische Solidarität mit einer geschichtlichen Gemeinschaft zu erinnern, sondern um ohne Lärm die uralte Doktrin der Kirche auf den Altären des Tages zu opfern. 2759

Die Kollektivismen opfern immer die erhabene Gemeinschaft der Jahrhunderte dem augenblicklichen kollektiven Appetit.

Nachdem wir uns mit jemandem „richtig Modernen" unterhalten haben, sehen wir, daß die Menschheit den „Jahrhunderten des Glaubens" entfloh, um in jenen der Leichtgläubigkeit steckenzubleiben. 2760

2761 Die modernen Kleriker beschlossen den Menschen im Allgemeinen zu schmeicheln, weil sie den Verdacht hegten, daß das Proletariat die späte Verehrung, die sie ihm entgegenbrachten, mit Ironie betrachtete.

2762 „Menschenwürde“, „Größe des Menschen“, „Menschenrechte“ etc.; verbale Hämorrhagie, die der bloße morgendliche Anblick unseres Gesichtes im Spiegel beim Rasieren, stillen müßte.*

2763 Die menschlichen Probleme sind weder exakt definierbar noch im entferntesten lösbar.

Wer drauf hofft, daß das Christentum sie lösen möge, hört auf, Christ zu sein.*

2764 Nachdem die Demokratie das Dogma der ursprünglichen Unschuld verkündet hat, zieht sie daraus den Schluß, daß nicht der neidische Mörder schuldig ist, sondern das Opfer, das dessen Neid geweckt hat.

2765 Die revolutionären Episoden dieses Jahrhunderts sind einfache Farce, selbst wenn es darin von Leichen wimmelt.

2766 Die Demokratie ist nicht so sehr das Reich der Worte, als das der Lügen.

2767 Dieses Jahrhundert stellt sich als interessantes Schauspiel heraus: nicht durch das, was es erschafft, sondern durch das, was es zerstört.

2768 Um „die Welt aufzubauen“ scheint es notwendig zu sein, den Menschen zu erniedrigen.

2769 Der Historiker einer Literatur verwendet das Wort „Genie“ mehrfach umgekehrt proportional zur Bedeutung dieser Literatur.

2770 Der moderne Mensch fürchtet das destruktive Potential der Technik, wo es doch ihr konstruktives Potential ist, das ihn bedroht.*

2771 Zu allerletzt gibt der Prediger auch nach, damit man ihm zuhört.

Wenn die Rasse der Egoisten erlischt, die von ihrer eigenen Vervoll- 2772
kommnung in Anspruch genommen ist, erinnert uns niemand mehr daran, daß wir die Pflicht haben, unsere Intelligenz zu retten, selbst nachdem wir die Hoffnung verloren haben, unsere Haut zu retten.

Die Schiffbrüchigen verzeihen leichter dem unvorsichtigen Kapi- 2773
tän, der das „Schiff" versenkt, als dem intelligenten Passagier, der das Auflaufen auf die Klippe vorhersagt.

Immer wenn der Stolz den Neid erstickt, steigen wir auf, selbst 2774
wenn es in den Hierarchien des Teufels ist.

Es gibt die Laster eines gefallenen Erzengels und die Laster einer 2775
bloßen höllischen Plebs.*

Weder gibt es auf der Welt einen Gegenstand ohne Bedeutung, 2776
noch in der Gesellschaft eine langweilige Aufgabe, wenn wir die Gegenstände in einer ontologischen Stufenleiter ordnen und die Aufgaben in einer systematischen Hierarchie.

Jeder Teil verfügt in einer geordneten Gesamtheit über die Unterstützung der anderen und ist stolz darauf, sie zu unterstützen.

Wenn er sich nicht das Leben nimmt, hat der Atheist nicht das 2777
Recht, sich für hellsichtig zu halten.

Jedes Individuum nennt die Summe der Dinge, die es mit respekt- 2778
voller Langeweile betrachtet, „Kultur".

Die moderne Poesie wurde unlesbar, seit sie beschloß, der Elo- 2779
quenz das Genick zu verrenken ohne aufzuhören zu schreiben.

Die Zivilisation des Abendlandes ist ein Haufen von Luxusartikeln, 2780
hergestellt von Parasiten für den Konsum von Müßiggängern.

Von der Epoche der ionischen Dichter bis zu jener der bürgerlichen Romanciers haben die Herrschaften alle religiösen, ästhetischen, politischen, kurzum alle zivilisatorischen „Entfremdungen" des Menschen finanziert. Die ganze Herrlichkeit des Abendlandes.

Glücklicherweise ist die moderne Zivilisation hingegen die Gesamtheit der den arbeitenden Klassen nützlichen Kenntnisse.*

2781 Als Nacheiferer der Pfarrer, die heilige Ornate und fromme Bilder verkaufen, beschloß die Kirche einen Total-Ausverkauf, indem sie ihre Doktrin auf die effektive Nachfrage des Jahrhunderts herabstufte und die skandalöse Verschwendung ihrer Liturgie abschaffte.

2782 Kleriker und Journalisten haben das Wort „Liebe" mit soviel Sentimentalem verschmiert, daß schon sein Echo riecht.

2783 Die Demokratie hat in friedlichen Zeiten keinen inbrünstigeren Anhänger als den Stupiden, und in Zeiten der Revolution keinen aktiveren Mitkämpfer als den Wahnsinnigen.

2784 Bis gestern verdiente der Mensch nicht, daß man ihn als rationales Tier bezeichnete.

Die Bezeichnung war solange ungenau, wie er mit Vorliebe religiöse Haltungen und ethische Verhaltensweisen ersann, ästhetische Aufgaben und philosophische Betrachtungen.

Heute dagegen beschränkt sich der Mensch darauf, ein rationales Tier zu sein, das heißt: Erfinder praktischer Rezepte im Dienste seines animalischen Wesens.

2785 Wer grundsätzlich anderer Meinung ist, kann nicht argumentieren, sondern nur darlegen.

Die Epoche des Argumentierens endete für den, der die modernen Postulate ablehnt.

Da wir keine Überzeugungen mit unseren Zeitgenossen teilen, können wir den Ehrgeiz haben, sie zu bekehren, aber nicht, sie zu überzeugen.

Dem Reaktionär ist es nur noch möglich, apodiktische Urteile zu verkünden, die dem Leser schwer im Magen liegen.

2786 Da der Mensch Realität nur dem zuerkennt, was Widerstand bietet, wird seine Freiheit um so größer sein, je mehr seine Wirksamkeit zunimmt, um so unwirklicher aber die versklavte Welt.

Der befreite Mensch wird seine Langeweile zwischen der gespenstischen Bedeutungslosigkeit der Dinge spazierenführen.*

2787 Es gibt kein Individuum, welches nicht abwechselnd unser Vertrauen oder unser Mißtrauen verriete.

Erziehen besteht nicht darin, die freie Entwicklung des Individu- 2788
ums zu unterstützen, sondern das, was es an Anständigem in allen gibt, gegen das, was es an Verdorbenem in allen gibt.

Die wirklichen Probleme haben keine Lösung, sondern Geschich- 2789
te.*

Wer fordert, daß sich die Kirche dem modernen Denken anpaßt, 2790
verwechselt gewöhnlich den Drang, bestimmte methodologische Regeln zu achten mit der Pflicht, ein Repertoire an dümmlichen Postulaten anzunehmen.

Die christlichen Dogmen sind implizite Widerlegungen. 2791

Die dogmatischen Formeln legen nicht den Inhalt des Glaubens dar, sondern schließen Interpretationen aus, die ihn verfälschen.

Die dogmatische Metapher zeigt einen Weg auf, ohne Beschreibungen des Ziels vorwegzunehmen.

Jede „Totalisierung" des menschlichen Abenteuers, die sich außer- 2792
halb eines unvorstellbaren himmlischen Jerusalems erfüllen soll, wird nur ein totalitäres Gefängnis sein.

Die größte Sünde des Historikers liegt darin, irgendeine Epoche 2793
nur als Vorwegnahme, Vorbereitung oder Grund einer anderen zu sehen.

Zweiter Band

Unsere Beachtung der zeitgenössischen Literatur läßt mit den Jahren nach, nicht weil die Sinne abstumpfen, sondern weil wir verschiedene zeitgenössische literarische Strömungen einander ablösen sahen, welche bloß eine Handvoll problematischer Erfolge in einem riesigen Haufen von Müll hinterlassen haben. 2794

Die Objektivität des Historikers besteht nicht im Verzicht auf Werturteile, sondern darin, treffend zu urteilen. 2795

Das Kunstwerk ist kein Artefakt, um unsere Fähigkeit zur Analyse zu üben, sondern ein Instrument, das uns dazu antreiben soll, Werturteile abzufeuern. 2796

Zuzugeben, daß jede Epoche eine andere Geschichte der Vergangenheit schreibt, heißt nicht anzuerkennen, daß alle Interpretationen gültig sind. 2797

Bestimmte Epochen haben eine Berufung für die Geschichte, während anderen das Talent zur Geschichtsschreibung fehlt.

Jede Epoche hat ihre eigene Sichtweise der Geschichte, aber das historiographische Genie einiger gibt ihrer Sicht einen zeitlosen historiographischen Wert, entsprechend der Zeitlosigkeit des ästhetischen Urteils.

Die Ungeschicklichkeit der Geschichtsschreibung anderer Epochen entwirft andererseits Interpretationen, die bloß ein Dokument der Epoche sind, die sie erzeugt.

Wenn ihn nicht eine physische Leere vom Verschwinden eines Dinges überzeugt, beharrt der Mensch darauf, solange dessen Phantom besteht, es als gegenwärtig anzusehen. 2798

In der Welt von heute halten die Dinge noch ihre intakte äußere Erscheinung aufrecht, aber das Jahrhundert saugt unerbittlich ihr Mark aus. Das dichte Fruchtfleisch der Dinge verdirbt, verfault, löst sich zusehends auf.

Der Mensch richtet sich blindlings in der irdischen Beständigkeit seines Geschickes ein, während die Substanz der Welt heute durch eine geheime Wunde ins Nichts ausfließt.*

2799 Nur ein offensichtliches Talent bewirkt, daß man dem Reaktionär seine Ideen verzeiht, während die Ideen des Linken bewirken, daß man sein fehlendes Talent entschuldigt.

2800 Wir verstümmeln Pflichten und Vergnügungen, wenn wir nicht wissen, daß jede Sache das Kriterium in sich trägt, das sie verurteilt oder freispricht.

2801 Nominalismus und Realismus sind keine parallelen oder aufeinander folgenden Strömungen, sondern historische Perioden.

In bestimmten Epochen zerfällt die Realität in Individuen. In anderen Zeiten sind Universalien die Protagonisten der Geschichte.

2802 Die Seele blüht nur in der biologischen Phase, die dem Zustand entspricht, in dem sie geboren wird.

Wer geboren wird, um jung zu sein, wirkt grotesk, wenn er altert. Diejenigen, die geboren werden, um alt zu sein, sind während ihrer bitteren Jugend grotesk.

2803 Wer sich bloß mit dem Schicksal abfindet, fühlt sich durch dieses Leben ohne Sinn seiner Hoffnung beraubt. Wer es demütig annimmt, weiß, daß er nur nicht die Bedeutung der ihn betreffenden göttlichen Entscheidung versteht.

2804 Der einzige Schriftsteller des 18. Jahrhunderts, den die Bewunderung unserer Zeitgenossen wieder zum Leben erweckt hat, ist de Sade. Es gibt eben Palastbesucher, die nur die Latrinen bewundern.*

2805 So wie einige, wenn sie ihre Bitterkeit und ihren Geifer ausspeien, von „offen sprechen“ reden, so nennen andere ihren Drang, in Blut und Scheiße abzutauchen, „authentische soziale Beziehungen herstellen“.

2806 Die zeitgenössische Literatur gemahnt an ein Gezeter von brünftigen Eunuchen.*

2807 Es gibt heute zwei Klassen von ramponierten und abgegriffenen Gemeinplätzen: die, denen es gleichgültig ist, so zu sein, und jene, die erbost abstreiten, es zu sein.

Die Meinungen des Kleinbürgers bilden die erste Klasse. Jene des linken Intellektuellen die zweite.

Es ist heute leichter, christliche Verhaltensweisen zu finden als christliche Seelen. 2808

Nachdem der heutige Christ sein Christentum in die äußere Zone der Persönlichkeit vertrieben hat, unterwirft er ihm zwar teilweise sein Verhalten, ordnet ihm aber nicht seine radikalen Einstellungen unter.

Schon werden jene unzerstörbar christlichen Wesen selten, in deren von Hochmut, Wollust oder Blasphemie getrübten Augen unser Auge einen heimlich-brüderlichen Blick erahnt.

Wenn der Katholik sich besser gegen die Laster als gegen die Irrlehre verteidigt, ist in seinem Kopf nicht mehr viel vom Christentum übrig. 2809

In den *Geisteswissenschaften* dient die Mathematik *à cacher les défauts de l'ésprit.* 2810

Die deutsche Geistesgeschichte lehrt uns, daß der Geist mit Vorliebe in den Seelen weht, die ihre Größe durch ein Leben der grauen Routine erkämpfen.* 2811

Wer zu sagen lernt „Ja, aber …“ oder „Nein, aber …“ öffnet sich die Tore der Geschichte. 2812

Der Progressive vergißt, daß die Sünde jedes Ideal, das er verehrt, zum Scheitern verurteilt, der Konservative vergißt, daß sie jede Realität verdirbt, die er verteidigt. 2813

Die philosophische Deduktion ist die Kunst, eine genaue, aber begrenzte Beobachtung in ein verständliches, aber falsches System umzuformen. 2814

Der Besuch eines Museums oder die Lektüre eines Klassikers sind für die zeitgenössischen Massen einfache ethische Verhaltensweisen. 2815

Wenn Jahre vergangen sind entdecken wir häufig, daß die wohlüberlegten Lösungen weniger zu tolerieren sind als die Probleme. 2816

Eine „unfruchtbare“ Kritik bewirkt manchmal jene Wandlungen der Seele, welche die Probleme substantiell verändern. 2817

Die „konstruktive“ Kritik vermehrt nur Katastrophen.

2818 Für den Christen von heute war die Kreuzigung ein bedauerlicher Justizirrtum.

Die Fähigkeit, die geheimnisvolle Notwendigkeit des Furchtbaren wahrzunehmen, endete mit dem griechischen Theater und den christlichen Altären.

2819 Wenn der Aberglaube verschwände, würde die Theologie über Nacht die Religion beseitigen.

2820 Um das christliche Schiff zu leichtern, dem in modernen Gewässern das Kentern droht, hat sich die liberale Theologie gestern der Göttlichkeit Christi entledigt, die radikale Theologie entledigt sich heute der Existenz Gottes.*

2821 Der linke Intellektuelle greift nur jene Ideen mit Verwegenheit und Arroganz an, die er für tot hält.

2822 Offensichtlich erfinden wir in vielen Fällen unsere Ideen, aber wir sind weder die ersten noch die einzigen, die sie erfinden.

2823 Eine Revolution ist nur legitim, wenn der Revolutionär in seinen Knochen spürt, daß die Gesellschaft, gegen die er sich erhebt, die legitime Beschuldigte der Rebellion ist.

2824 Um die Habgier zu zügeln, fällt dem Demokraten nur ein, die begehrten Güter abzuschaffen.

2825 Der vollkommene Historiker wäre jener, der mit Böswilligkeit analysiert und mit Sympathie niederschreibt.

2826 Jeder hat das Recht dumm zu sein, aber nicht, von uns zu fordern, seinen Dummheiten zu huldigen.

2827 Im Zenith der Intelligenz steht weder die philosophische noch die wissenschaftliche, sondern die literarische Intelligenz.

2828 Die Intelligenz altert nicht, trägt aber ein Datum.

2829 Wenn er erfährt, daß die Beweise für die Existenz Gottes nicht stichhaltig sind, glaubt der Dummkopf automatisch, daß sie für die Existenz der Welt stichhaltig seien.*

Die „wissenschaftliche Geschichte“ mißtraut der persönlichen Wahrheit der Memoiren, um der unpersönlichen Lüge der Archive Glauben zu schenken. 2830

Der pädagogische Nutzen abergläubischer Handlungen ist auf die Abwesenheit eines verständlichen Zusammenhangs zwischen den Mitteln zurückzuführen, die sie einsetzen, und den Zielen, die sie suchen. 2831

Nur der Aberglaube zeigt der Masse, daß es keine rationale Technik für das Wichtige gibt.

Die Schuld der modernen Welt liegt eher darin, die *chaumiéres* abgerissen als die *chateaux* angezündet zu haben. 2832

Was im Laufe des 19. Jahrhunderts erlischt, ist die Würde der einfachen Menschen.

Um zu überreden, müssen wir subtile Argumente in Formeln ohne Subtilität ausdrücken. 2833

Im Wissenschaftler verbinden sich die Sorgfalt des intelligenten Menschen mit der Geduld des Dummkopfs. 2834

Mein bevorzugtes Jahrhundert ist das 19. Weil es uns den Blick auf andere Jahrhunderte lehrte. 2835

Aber Zivilisation ist das, was mit dem 18. Jhdt. stirbt.

Die moderne Geschäftigkeit erschwert es nicht, an Gott zu glauben, aber sie macht es unmöglich, ihn zu spüren. 2836

Die Widerspenstigkeit der Menschheit gegen jeden noblen Ansatz ist angeboren. Um etwas Herausragendes zu schaffen, ist es notwendig, daß die Geschichte die Menschen dazu drängt und sie in die Enge treibt. 2837

Erwarten wir nicht die Wiedergeburt der Zivilisation, solange der Mensch sich nicht wieder gedemütigt fühlt, wenn er sich wirtschaftlichen Aufgaben widmet. 2838

Die Vorsehung gesteht nur einigen wenigen Menschen das Recht zu, ohne Falsch zu sein. 2839

Sowohl die Ästhetik als auch die Ethik fordern lauthals, die anderen mögen sich so schnell als nur möglich verfälschen.*

2840 Der Einzelne wird nicht geboren, um das keimende Gespenst seiner Seele zu „entdecken“ und „auszudrücken“.

Sondern um seine Person in den Dienst des vornehmsten Herrn zu stellen, den er trifft.

2841 Die zeitlosen Gemeinplätze stärken die Intelligenz, die lokal und zeitlich gebundenen schwächen sie.

2842 Es ist leicht, mit irgendeinem Menschen zu sympathisieren, solange er nicht seine Meinung äußert.

2843 Solange wir uns keine Verdienste zuschreiben können, können wir stolz auf das sein, was wir sind.

2844 Es gibt Seelen, welche die Absolution nicht reinigt, sondern welche die Absolutionen beschmutzen.

2845 Es nützt dem Mittelmäßigen gar nichts, dorthin auszuwandern, wo die Großen wohnen.

Wir tragen alle unsere Mittelmäßigkeit auf dem Rücken mit uns.

2846 Die Eleganz irgendeiner Uniform hängt von der Haltung ab, mit der sie getragen wird.

2847 Die Jugend loben heißt nichts anderes, als unsere früheren Dummheiten vergessen.*

2848 Die Abstraktion ist das Werkzeug der Macht des Menschen und der Herr seiner Langeweile.

2849 Die Tatsachen benötigen den Historiker, um interessant zu werden.

Solange es die Vorstellung nicht läutert, ist jedes Ereignis trivial.

2850 Wir nennen Literaturgeschichte die Aufzählung der Werke, die sich der Geschichte entzogen.

Die Geschichte ist das Feld, auf dem die Zahl täuscht. 2851

Arithmetische Genauigkeit ist hier eine heimtückische Form des Anachronismus.

Wer eine größere Wahrhaftigkeit erreichen will, indem er exakte und miteinander vergleichbare Ziffern darstellt, tauscht unnützerweise etwas, was ausschließlich als konkrete Unähnlichkeit existiert, gegen eine abstrakte Ähnlichkeit ein.

Die historische Zahl ist unveränderlich qualitativ.

Indem man plombierte Fracht mit dem Wort „Gerechtigkeit“ etikettierte, war es seit Jahrhunderten leicht, irgendeine Schmuggelware einzuführen. 2852

Es gibt Evidenzen, die mit denen verschwinden, die es verdienten, sie wahrzunehmen. 2853

Die Geschichte ist objektiv, solange sie sich darauf beschränkt, das Bewußtsein zu rekonstruieren, das eine bestimmte Vergangenheit von sich selbst hatte. 2854

Dagegen schließt sich der Historiker, der „Gründe“, „Strukturen“ und „Gesetze“ untersucht, in seine eigene Subjektivität ein.

Der Ehrgeiz, über die empirischen Darstellungen des fremden Bewußtseins hinauszugehen, formt die Geschichte in eine bloße Projektion des Historikers um.

Jenseits des Bewußtseins der historischen Subjekte entdeckt der Historiker nur sein eigenes Bewußtsein.

Die Geschichte stellt eine Folge von Welten dar, die im Bewußtsein sich einander ablösender Subjekte präsent sind. 2855

Geschichte ist das, was eine Vorstellung rekonstruiert, die fähig ist, sich in fremdes Bewußtsein zu versetzen. 2856

Der Rest ist Politik.

Weder entstehen die gesellschaftlichen Doktrinen aus den Umständen, noch die wissenschaftlichen Hypothesen aus den Tatsachen. 2857

Beide Behauptungen sind Aspekte einer abgestorbenen Erkenntnistheorie.

2858 Selbst wenn jeder weiß, daß es keine dumme Überzeugung gibt, die nicht Märtyrer und zahlreiche Opfer fordert, beunruhigt doch die Naiven die Zahl der Adepten einer Doktrin.

Als ob die psychologische Tatsache der Dummheit ein logisches Kriterium der Wahrheit wäre.

2859 Der Erfolg eines Buches ist weder ein Beweis zu seinen Gunsten noch zu seinen Ungunsten.

Aber wenn wir seine Mittelmäßigkeit ahnen, bestätigt der Erfolg automatisch unseren Argwohn.

2860 Das Leben unter niedrigen Seelen wandelt unseren Appetit auf Größe in Leidenschaft.

2861 Das Individuum kann, um „seinen Fortbestand zu sichern", Konzessionen machen, aber die Idee des Individuums wandelt sich mit diesen Konzessionen.

Wenn die Kirche bloß eine Gruppierung von Individuen ist, die an der Verteidigung ihrer kollektiven Existenz interessiert sind, sind ihr taktische Zugeständnisse erlaubt. Aber wenn die Kirche der Träger des Glaubens und der Körper Christi ist, pervertiert sie jedes *aggiornamento*.

2862 Die Distanz zwischen Jungen und Alten ist heute so wie seit jeher.

Heute spricht man von einem „Abgrund" zwischen Generationen, weil sich der heutige Erwachsene weigert, zu altern und der Junge ihm mit gebührender Respektlosigkeit versichert, daß er älter geworden ist.

2863 Diesem Jahrhundert fällt das Privileg zu, die Pedanterie der Obszönität erfunden zu haben.

2864 In dem Maße, wie die Fluten dieses Jahrhunderts steigen, flüchten sich die zarten und vornehmen Gefühle, der sinnesfrohe und verfeinerte Geschmack, die diskreten und tiefen Ideen in einige große Seelen – wie die Überlebenden der Flut auf einige stille Berggipfel.

2865 Was ich diesem Jahrhundert am wenigsten verzeihe ist, daß es mich mit solcher Widerwärtigkeit niederdrückt, daß ich vergesse, daß seine Verworfenheit den unberührten Frühling nicht beschmutzt.

Die Weisheit dieses Jahrhunderts beschränkt sich darauf, die Welt 2866
mit dem bitteren und schmutzigen Blick eines verkommenen Jugendlichen zu beobachten.*

Der Körper kerkert im 20. Jahrhundert die Seele nicht bloß ein, er 2867
verstümmelt sie außerdem.

Wie diese moderne Welt ertragen, wenn wir nicht schon ein fernes 2868
Geraune der Agonie hörten?*

Was die Vorstellungskraft erfindet, ist nicht weniger real, als was die 2869
Sinne berührt.

Nur empfindlicher.

Der Appetit des Menschen nimmt zu, weil er nicht immer Hunger 2870
hatte.

Nichts ist gewagter, als sich vorzustellen, den Moment der Ge- 2871
schichte zu kennen, in dem wir uns befinden.

Wer sich einbildet ihn zu kennen, maßt sich mit dogmatischer Unverschämtheit die Mission an, den Menschen die Vollendung seines Schicksals aufzuerlegen.

Der Historizismus des Zwangsläufigen krönt ihre Anmaßung mit nutzlosen Verbrechen.

Der Geschichte fehlt die Struktur. Der Mensch hat nur die Verpflichtung, bestimmte Normen anzuerkennen, was auch immer der problematische Moment in der Geschichte sei, in dem er sich befindet.

Jeder Mensch kennt seine Pflicht. Niemand kennt die vermutliche Aufgabe seiner Zeit.

Solange die *Aufklärung* nicht tot ist – jetzt erst breitet sie sich in die 2872
letzten Winkel der Erde aus und durchdringt die letzten sozialen Schichten – bleibt das deutsche Denken zwischen 1770 und 1830 die modernste Geisteshaltung.

Wir brauchen ein Leben, um zu begreifen, was ein Außenstehender 2873
mit einem Blick erkennt: daß wir so unbedeutend sind wie die anderen.

2874 Der Historiker unterscheidet sich vom Publizisten, der ihm nacheifert, weil er die Unterschiede zwischen den Epochen hervorhebt und jener die Ähnlichkeiten.

2875 Der Determinist verliert die Geduld mit seinen Gegnern, als ob diese sich zurecht frei nennen dürften.

Deterministen sind sehr leicht irritierbar.

2876 Unter dem Zwang, sich an die „moderne Mentalität" anzupassen, wurde das Christentum zu einer Doktrin, die nicht schwer, aber nicht mehr interessant zu befolgen ist.

2877 Wer versucht, seiner Rasse zu entfliehen, ist bestrebt, über seinen Schatten zu springen.

Aber da das authentische Wesen einer Rasse immer ein Mysterium ist, taugt ihr Geist nicht als bewußte Norm unserer Handlungen.

Das Individuum ist seinem Blut treu, wenn es loyal zu seiner intimsten Berufung ist.

2878 Nur die Intelligenz kann optimistisch sein, die in der modernen Zivilisation schon einen fauligen Geruch wittert.

2879 Die lateinamerikanischen Revolutionen haben nie mehr im Sinn gehabt, als die Macht irgendeinem Direktorium zu übergeben.

2880 Das Christentum einer Gesellschaft verhält sich direkt proportional zur Anzahl der Klöster, die sie gründet.

2881 Nichts irritiert die Dummen so sehr wie das Christentum. Besonders die dummen Christen.

2882 Das Christentum ist keine Doktrin für die Mittelklasse.

Weder für eine ökonomische Mittelklasse noch für eine intellektuelle Mittelklasse.

Es hat folglich keine Zukunft.*

Aus Scheu davor, feudale Strukturen in Amerika einzupflanzen, haben sowohl die Katholischen Könige wie auch die Habsburger und die Bourbonen jeden Embryo des Feudalismus vernichtet. Auf diese Weise erreichten sie, daß drei Faktoren die Geschichte dieses Kontinents bestimmten: der Kleinmut der Bürokraten, die Gier der Krämer und die Anarchie der Mestizen.* 2883

Zu Homer, dem Dichter der ionischen Aristokratie und Dante, dem Dichter der mittelalterlichen Ordnung, muß man Shakespeare hinzufügen, den „Dichter des Feudalismus" (laut Morley). 2884

Was die Dichter angeht, steht die Reaktion nicht schlecht da.

Viele glauben, daß der Teufel gestorben ist, während er heute bloß als Mensch verkleidet herumgeht. 2885

Die Literatur wird wieder zum Leben erweckt, wenn die Schriftsteller darauf verzichten „die Welt zu verändern". 2886

Die Strafe des Idealisten besteht im Triumph seines Anliegens. 2887

Heute schließen die hermetischsten, experimentellsten, arbiträrsten Texte und die mystischsten oder asketischsten religiösen Haltungen die Ambition ein, „mitzuwirken" und zu „nützen". 2888

Der literarische und himmlische Ruhm ist heute ein dem sozialen Servilismus vorbehaltener Preis.*

Viele maßen sich die heitere Gemütsruhe des Weisen an, weil sie die Einfalt der Tiere haben. 2889

Jene, deren Dankbarkeit für die erhaltene Wohltat sich in Ergebenheit gegenüber der Person wandelt, die sie gewährte, – statt in den üblichen Haß herabzusinken, den jeder Wohltäter weckt – sind Aristokraten. 2890

Selbst wenn sie in Lumpen umherlaufen.

Gesegnet sei die Geschichte, die uns von der Vernunft unabhängig machte. 2891

Die Schriften wären kürzer, wenn ihre Autoren sich weniger auf ihre Wichtigkeit einbilden würden. 2892

2893 Der Feuereifer des Kultes, mit dem der Demokrat der Menschheit huldigt, ist nur mit der Kälte vergleichbar, mit der er das Individuum mißachtet.

Der Reaktionär verachtet den Menschen, ohne auf ein Individuum zu treffen, das er geringschätzt.

2894 Das wirkliche Verbrechen des Kolonialismus war, die großen asiatischen Völker in Vororte des Westens verwandelt zu haben.

2895 Jede Zivilisation ist die Summe der Absichten, die sie nicht zum Ziel hatten.

Planmäßiges Produkt einer Absicht zu sein unterscheidet das Esperanto vom Griechischen.

2896 Das Persönliche im Künstler ist nicht die Person, sondern seine Vision der Welt.

2897 Die Ideologie, die jeweils einem bestimmten Stand eigen ist, ist keine simple kriegerische Spitzfindigkeit.

Von jedem Stand aus erblickt man ein unterschiedliches Antlitz der Welt.

2898 Gott wollte im Newtonschen Universum überleben, ein blutleeres Phantom, vergessen in einem fernen Himmel.

Dort starb er vor Langeweile.

Um ihn wieder zum Leben zu erwecken, war es notwendig, mehrdeutige Anrufungen zu psalmodieren: *Ich, Geist* etc.

Die ohnmächtige Theologie muß dem deutschen Idealismus für die Öffnung des Grabes danken.

2899 Was wir tun können, hängt nicht von uns ab, aber von uns hängt es ab, daß wir es tun.

Die Freiheit nur erklärt den Mißerfolg.

2900 Die aristokratische Geste ist jene, die von keiner Notwendigkeit hervorgebracht wird und die ein authentischer Wert hervorruft.

2901 Der Bewerber um den himmlischen Thron ist heute kein gefallener Erzengel, sondern ein mystischer menschlicher Bienenschwarm.

In der Theologie des mystischen Körpers incubiert die größte moderne Irrlehre.

Die Heuchelei ist nicht die unwirksamste Propädeutik der Tugend.* 2902

Sowohl Subjektivismus als auch Materialismus sind Ideologien der metaphysischen Angst. 2903

Die Intelligenz ist eine Rasse, zu der nicht alle Intelligenzen gehören. 2904

Zivilisiert sein heißt, das kritisieren zu können, woran wir glauben, ohne aufzuhören, daran zu glauben. 2905

Das Kampffeld der Philosophie zerfällt in eine Zone des Aristoteles und eine Kants. 2906

Die Siedler des jeweiligen Bereiches sind für die des anderen stets absurd und unverständlich.*

Da die Philosophie ein von Aristotelikern und Kantianern kolonisiertes Gebiet ist, erscheinen Kierkegaard und Nietzsche eher als imperiale Usurpatoren denn als konstitutionelle Souveräne ihrer Reiche. 2907

Man kann ungestraft einen großen Mann verachten, vorausgesetzt man bewundert keinen mittelmäßigen. 2908

Die Familien sind meist vor Dummheit und Unglück eiternde Zellen, da eine ironische Notwendigkeit es will, daß die Regierung so elementarer Strukturen ebensoviel Intelligenz, List, Diplomatie erfordert wie die eines Staates.* 2909

Die vernünftigsten politischen Unternehmungen sind wie die weisesten ökonomischen Maßnahmen Wagnisse, bei denen man nur mit Glück das Richtige tut. 2910

Der Staatsmann behauptet, eingebildet von seinem Erfolg, daß er im voraus wußte, daß das Los, das er kaufte, gewinnen werde.

Die Werke de Sades sind die geheimen Nachträge zur *Encyclopédie*. 2911

Die libertären Forderungen des modernen Bürgers beschränken sich auf die Einforderung seines Rechts, ungehindert zu kopulieren in den Sklavenunterkünften, in die man ihn einsperrt. 2912

2913 Nichts ist so kostbar wie eine plötzliche Kolik, um den Redefluß dessen zu unterbrechen, der feierlich von der „Würde des Menschen“ schwafelt.

2914 Nicht im Leben, sondern in der Kultur stoßen wir auf die tiefsten menschlichen Probleme.

2915 Die über die Jahrhunderte der westlichen Zivilisation entwickelte Tradition der Unterweisung lehrt – auf der griechischen Palestra oder in Benediktinerklöstern – daß die höhere Bildung weder das Ziel hat, das soziale Verhalten wissenschaftlich zu begründen noch zur Pflege der Originalität beizutragen, sondern natürliche und niedrige Gelüste durch künstliche und noble zu ersetzen.

2916 Wenn Katastrophen den kulturellen Koordinationsrahmen zerstören, mit welchem eine uralte Tradition den Problemen ihre Bedeutung zuweist, öffnen wir plötzlich die Augen und sehen die Welt verängstigt und verständnislos wie das Tier, das von Irrenhäuslern gequält wird.

2917 Welches auch immer ihre Schlag- und Aufprallkraft sei, den zeitgenössischen Ereignissen fehlen Kontur, Relief, Kanten, solange die Einbildungskraft keinen Wortschatz zutreffender Bedeutungen erfindet, um diese zu erkennen.

Die Wahrnehmung stumpft ab, wenn die Künstler selten werden.

2918 Die Tragödie des besiegten Marxisten verkommt zu pathetischem Unglück, weil der Marxismus die Kategorie des Tragischen nicht kennt.

Sei es, daß ihn seine eigenen Leute erschießen oder Feinde, der Marxist geht sprachlos zugrunde.

2919 So wie die Wissenschaftsphilosophie nur in einer Betrachtung der Tätigkeit des Wissenschaftlers besteht, kann die Geschichtsphilosophie nur in einer Betrachtung der Tätigkeit des Historikers bestehen.

2920 Die musikliebenden Engel der christlichen Mythologie werden im Paradies der Progressiven durch Sportlehrer ersetzt.

2921 Wer schaut, ohne zu bewundern oder zu hassen, hat nicht gesehen.

Wenn wir uns in derselben Epoche von einer Sprache zur anderen begeben, finden wir hier frische und intakte Möglichkeiten des literarischen Ausdrucks, die dort schon erschöpft sind. 2922

Die literarische Zeitgenossenschaft besteht nur innerhalb jeder linguistischen Gruppe.

Solange der Klerus noch nicht endgültig vom Glauben abgefallen ist, wird es für ihn schwierig sein, zu konvertieren. 2923

Der Historiker untersucht offensichtlich nicht die Vergangenheit, sondern gegenwärtige Angaben, mit denen er sie sich vorstellt. 2924

Historiker nennen wir einen Menschen, der fähig ist, Spuren in Gegenständen zu finden.

Der Historiker begibt sich nicht mit dem Vorsatz in die Vergangenheit, die Gegenwart besser zu verstehen. 2925

Was wir waren, interessiert ihn nicht, um zu untersuchen, was wir sind.

Was wir sind, interessiert ihn, um herauszufinden, was wir waren.

Die Vergangenheit ist nicht das scheinbare Ziel des Historikers, sondern sein wirkliches Ziel.

Zusammen mit der ontologischen ist die axiologische Individualität Gegenstand der Geschichtswissenschaft. 2926

Das schwierigste Problem der Geschichte ist das der Individualität des Wertes: das Problem der konkreten Wertigkeit.

Die fortschreitende Zersetzung der Person läßt sich ermessen, wenn man den Ausdruck „Liebesabenteuer", der im 18. Jahrhundert gebräuchlich war, mit dem Ausdruck „sexuelles Erlebnis" vergleicht, den das 20. Jahrhundert verwendet.* 2927

Nichts fader als Wahrheiten, die in der gemäßigten Zone des Geistes reifen. 2928

Mit dem, der bestimmte Bücher nicht kennt, ist keine Diskussion möglich. 2929

2930 „Wir selbst sein“ ist die vermeintliche Pflicht, mit der wir unseren echten Pflichten auszuweichen versuchen.

Unsere Pflicht ist nicht die ontologische Authentizität des Tieres, sondern die axiologische Authentizität.

2931 Das authentische Buch ist nur dem Leser verständlich, der durch die Erfahrung seiner Lektüre gewandelt, zu diesem zurückkehrt.

2932 Der Grieche nimmt an, daß nur bestimmte Individuen oder auch bestimmte Familien in eine tragische Situation eintreten, welche ausschließlich ein initialer Akt des Hochmuts aufwiegelt.

Im Gegensatz dazu lehrt das Christentum, daß die menschliche Existenz generell und an sich eine tragische Situation ist.

Das Christentum ist die Interpretation der menschlichen Existenz mit den Kategorien der griechischen Tragödie.

2933 Jeder, der über Sensibilität und ein wenig Geschmack verfügt, versucht zu überzeugen, daß die moderne Welt nicht auf dem gründet, was er bewundert.

Das Monster, welches jeder vermeintliche Erzeuger zurückweist.

2934 Sprechen wir nie vom Heidentum im Hinblick auf die moderne Zeit.

Der Glaube an die Souveränität des Menschen ist der charakteristische Zug des Modernen, während der Heide sich als Sklave tausend göttlicher Souveräne fühlte.

Noch nicht einmal der Stolz der Stoiker erklärt sich zum Herrn des Schicksals.

Paganismus und Christentum verbrüdern sich im gemeinsamen Bewußtsein der Situation menschlicher Knechtschaft.

Da der moderne Architekt auf die unendlichen Möglichkeiten menschlichen Fortschritts setzt, trägt das Gebäude, das er baut, in seinem architektonischen Kern die Überzeugung seiner baldigen Hinfälligkeit in sich. 2935

Der Architekt von gestern fühlte im Gegensatz dazu nicht, daß seine technische Fähigkeit ein Übergangsstadium wäre, sondern daß er ein einzigartiges Ergebnis schuf.

Der aktuelle Architekt gibt seinen riesigen Konstruktionen weder Heiterkeit noch Größe, während die in ihren Ausmaßen bescheideneren Paläste und Tempel vor dem erstaunten Betrachter eine feierliche und majestätische Weite entfalten.

Die Philosophie beabsichtigt nicht, neue Gegenstände darzustellen, sondern bekannten Gegenständen ihre wahre Farbe zu geben. 2936

Wir Reaktionäre betrachten die Prinzipienlosigkeit der Linken mit demselben böswilligen Vergnügen, wie die dörflichen Antiklerikalen die Fehltritte des Pfarrers. 2937

Es gibt kein Individuum, das sich unvoreingenommen selbst beobachtet und sich nicht als vielen unterlegen, wenigen überlegen und niemandem gleich entdeckt. 2938

Um das Individuum zu versklaven gibt es keinen besseren Vorwand als die „Würde des Menschen“. 2939

Das religiöse Leben beginnt, wenn wir entdecken, daß Gott nicht ein Postulat der Ethik ist, sondern das einzige Abenteuer, in das es sich zu stürzen lohnt.* 2940

Gott ist der Grund dafür, daß eine sonst schale Sache Geschmack gewinnt. 2941

Die Literatur versorgt die Lampe, die unser törichtes Leben vernachlässigt, mit Öl. 2942

Sozialistisch nennt sich diejenige Wirtschaftsform, welche die spontanen Mechanismen des Kapitalismus mit Fleiß und Bedacht zusammenmontiert. 2943

2944 Was uns an den Revolten dieses Jahrhunderts erfreut, ist nicht der Triumph des neuen notleidenden Insurgenten, sondern die Niederlage des alten, zu Besitz gekommenen Insurgenten.

2945 Der Witz ist so legitim wie die Kunst, aber es ist nicht erlaubt, uns dadurch zu verwechseln, indem man eine Ansammlung sympathischer und einfallsreicher Witze als avantgardistische Kunst bezeichnet.

Was heute geschrieben, gemalt, gebaut wird, gehört zur Kategorie des Witzigen, weil das Interesse, das ein Kunstwerk erweckt, mit jedem neuen Kontakt wächst, während die Neugierde, die der Witz hervorruft, mit jedem neuen Kontakt nachläßt.

Wir sollten nicht das Genie unserer „Künstler“ in Frage stellen, sondern ihren Anspruch.

2946 Die Feindseligkeit, auf die eine Idee anfänglich stößt, ist weniger verhängnisvoll für sie als der Enthusiasmus, den sie schließlich erweckt.

Jede Wahrheit stirbt am bewundernden Gaffen des Dummkopfs.*

2947 Wer seine Ideen respektiert, sollte für ihre Niederlage beten.

2948 Mit dem Ziel, gefährliche Konzentrationen ökonomischer Macht in den Händen einiger weniger anonymer Aktiengesellschaften zu verhindern, schlägt der Sozialismus vor, die Gesamtheit der ökonomischen Macht einer einzigartigen anonymen Gesellschaft namens Staat anzuvertrauen.

2949 Seit zwei Jahrhunderten verbannt die Demokratie zuerst den Reaktionär, um ihn später dafür zu verurteilen, emigriert zu sein.

2950 Der Gegner der modernen Prinzipien hat keine treueren Verbündeten als die Auswirkungen dieser Prinzipien.

2951 Der Reaktionär irrt, wenn er annimmt, daß der Demokrat seine Gründe ablehnt, aber seinen Widerwillen teilt.

Die moderne Welt ist ein Schweinestall, in dessen Morast der Mensch von heute sich fröhlich wälzt.*

Es wäre leichter, die modernen Probleme zu lösen, wenn man z. B. 2952
utopischerweise annehmen könnte, allein die Raffgier des Fabrikanten vermehre die Waren aus Plastik, und nicht die idiotische Bewunderung der potentiellen Käufer.

Der moderne Mensch vertreibt Gott nicht, um die Verantwortung 2953
für die Welt zu übernehmen.

Sondern um sie nicht übernehmen zu müssen.

Gott in der Geschichte zu suchen ist so kindisch, wie zu glauben, 2954
daß er dort nicht ist.

Da der christliche Gott nicht abstrakte Vernunft, sondern persönli- 2955
cher Wille ist, weist der Christ der Geschichte keine logische, sondern eine von der Vorsehung bestimmte Struktur zu.

Eine „christliche Geschichtsphilosophie“ kann kein spekulatives System sein, sondern ein Vorgang des Verstehens und der Beurteilung der konkreten historischen Tatsache durch eine christliche Intelligenz.

Das Gremium professioneller Philosophen leidet an Entkräftung, 2956
wenn nicht manchmal einer Sokrates, Descartes, Hume, Kierkegaard, Nietzsche verschlingt.

Das moderne Denken taucht aus den Trümmern des scholastischen 2957
Ordnungsbegriffs auf.

Die Scholastik selbst verursachte die Katastrophe, indem sie den ursprünglichen Begriff des platonischen Himmels auf die aristotelische sublunare Welt anwandte. Der Begriff versagt in einer Welt, die der Begriff der antagonistischen Unordnung besser erklärt.

Es reichte trotz allem das Dogma der Erbsünde, um das christliche Denken die Ordnung nur hinter den Dingen suchen zu lassen, so wie wir die logischen Strukturen hinter dem empirischen Material der Psychologie suchen.

Ordnung ist, was in der Welt durchscheint, ohne Teil dieser zu sein, wie die Normen, die Strukturen, die Werte.

In dieser allgemeinen Verbürgerlichung trauere ich weniger der to- 2958
ten Aristokratie als dem verschwundenen Volk nach.

Unter dem Einfluß des progressiven Klerus ist die Religion, statt 2959
Opium des Volkes zu sein, sein Gift.*

2960 Die wissenschaftlichen Theorien werden nicht zu historischen Kräften, außer wenn sie als Ideologien religiöser Bewegungen handeln.

2961 Die Menschheit tarnt ihren religiösen Hunger mit der Maske weltlicher Begierden.

2962 Die Wissenschaft verkommt leicht zu einer Mythologie der Idioten.

2963 Die Geschichte ist eher ein Konflikt zwischen Mythologien als unter Habgierigen.

2964 Die vorsätzliche Originalität ist das Profil dessen, was die übrigen denken.

2965 Wer verkündet, daß das Vornehme gemein sei, endet damit zu verkünden, das Gemeine sei vornehm.

2966 Intelligenz besteht nicht in der Handhabung kluger Ideen, sondern in der klugen Handhabung irgendeiner Idee.

2967 Die Unfähigkeit und Albernheit des bischöflichen und päpstlichen Geredes würden uns bestürzen, hätten wir als alte Christen nicht glücklicherweise von Jugend an gelernt, während der Predigt zu schlafen.

2968 Wenn wir die letzten Akkorde einer Nationalhymne hören, wissen wir mit Sicherheit, daß gerade jemand Unsinn geredet hat.

2969 Wir nennen heute jene Haltung nonkonformistisch, die mutig Mehrheitsmeinungen teilt und konsequent ihre körperlichen Funktionen ausübt.

Der Nonkonformist glaubt sich beim Stuhlgange auf einer Barrikade.

2970 Gott ist der Begriff, mit dem wir dem Universum mitteilen, daß es nicht alles ist.

Der wahre Gott atmet authentischer in der göttlichen Plebs der *Indigitamenta* als in diesem Gespenst moderner Theologie, das nicht mehr ist als die Kontur ethischer Hügel, die über den Horizont der Wüste ragt. 2971

Die „Kulturen“ stehen sich nicht unverständlich gegenüber, wie von der Außenwelt abgeschnittene Welten. 2972

Noch sind sie für einander durchsichtig, als ob sie aus logischen Aussagen bestünden.

Sondern sie sind gleichzeitig durchscheinend und opak, wie Individuen untereinander.

Der Techniker hält sich für ein höheres Wesen, weil er weiß, was *per definitionem* ein jeder lernen kann. 2973

Die alten naturwissenschaftlichen Bücher interessieren nur den Wissenschaftshistoriker. 2974

In den Humanwissenschaften erfüllt die Intelligenz nur ihre Aufgabe, wenn sie in jedem Moment auf eigene Rechnung und Risiko die gesamte Vergangenheit dieser Wissenschaften auf sich nimmt.

Den Menschen erfüllen seine Werke mit Stolz, weil er vergißt, daß zwar sein ist, was er tut, nicht jedoch die Fähigkeit zu haben, es zu tun. 2975

Die Prosa verdirbt, wenn sie statt einfach verständlich zu sein, überzeugend sein will. 2976

Wir sollten ohne Verbiegungen sagen, was wir denken, es aber dem Leser überlassen, sich selbst zu überzeugen.

Der Dialog verdirbt seine Teilnehmer. 2977

Entweder beharren sie aus Streitlust, oder sie konzedieren aus Trägheit.

Länger als ein Jahrtausend währte die geschichtliche Periode, in der soziale Rettung möglich war. 2978

Und mehrere Male erlangt wurde.

Aber in demokratischen Zeiten, oder in cäsarischen, können wir allein die Seele retten.

Und das nicht immer.*

2979 Der Mann der Tat verwirrt und täuscht den Intellektuellen, der ihn interpretiert, gerade weil er nie Zeit dafür hat, subtil zu sein.

2980 Empört über den Bürgerlichen, der „sein Gewissen beruhigt", indem er Almosen von seinem Vermögen gibt, schlägt der linke Katholik vor, dies selbstlos zu tun – indem er fremdes Vermögen verteilt.

2981 Die politische Wissenschaft wird weiter auf einen unzusammenhängenden Katalog historischer Vorfälle reduziert bleiben, solange keine Axiologie existiert, die ihr Ziele festlegt und eine politische Biologie, welche ihr Mittel beschafft.

2982 Indem der Dichter auf das Versmaß verzichtet, liefert er die Dichtung dem Intellektualismus aus.

2983 Damit er sich dazu entschließt, irgend etwas zu unternehmen, muß der intelligente Mensch heute eine unauslotbare Langeweile verspüren.*

2984 Jede Gerade führt geradeaus in eine Hölle.*

2985 Die Straßen faszinieren die Vorstellungskraft nur, wenn sie sich zwischen blinden Mauern schlängeln.

2986 Die Revolutionen sind keine Töchter der neidischen und hungernden Armen, sondern kleinmütiger und ehrgeiziger Reicher.

2987 Es genügt zu sehen, wer uns beleidigt, um uns gerächt zu wissen.

2988 Die moderne Gesellschaft birgt das eigentümliche Vorhaben in sich, systematisch gesellschaftliche Autoritäten gegen politische auszutauschen.

D.h. zivilisatorische Instanzen gegen administrative Lasten.

2989 Die Propaganda wählt sowohl in Rußland als auch in China, so vorsätzlich plumpe Argumente und offensichtliche Fälschungen, daß man den Triumph des Kommunismus der Verachtung zurechnen muß, mit welcher er den Verstand der Massen behandelt.

2990 Was der heutige Psychologe nachdrücklich zurückweist, ist weniger der Begriff des Instinkts als das Wort Instinkt.

Da Erklären Definieren bedeutet, ist die Erkenntnis dort nicht erläuternd, wo die Individualität ihr Gegenstand ist. 2991

Die immanente Gerechtigkeit fordert, daß nur ein Revolutionär einen anderen erschießt. 2992

Die Wirksamkeit als Gegenstand, die Technik als Ziel, die Mittel als Zweck. 2993

Der Sozialismus erbte in diesem Jahrhundert von der bürgerlichen Gesellschaft, die er begräbt, nur die Deformationen, die der Sozialismus des vergangenen Jahrhunderts anprangerte. 2994

Es ist nicht einfach zu unterscheiden, ob der zeitgenössische Journalismus das zynische Vorhaben ist, sich zu bereichern, indem man den Menschen herabwürdigt, oder eine „kulturelle" Mission unheilbar ungebildeter Hirne. 2995

Je mehr sich die Philosophie der Literatur annähert, desto vernünftiger wird sie. 2996

Die klare Prosa ist die Klippe der extravaganten Spekulation.

Die Voraussetzung der geistigen Klarheit im 20. Jahrhundert ist der Verzicht auf die Hoffnung. 2997

Viele halten eine lakonische Äußerung für dogmatisch und beurteilen die Großzügigkeit einer Intelligenz proportional zur Geschwätzigkeit ihrer Prosa. 2998

Das Individuum muß in der Sprache einer philosophischen Tradition denken, so wie es sich in der Sprache einer Sprachgemeinschaft ausdrückt. 2999

Die Originalität hängt nur von der Wendung des Geistes ab.

Eine Kultur stirbt, wenn niemand weiß, worauf sie beruht, oder wenn alle es zu wissen glauben.* 3000

Die moderne Welt kritisiert jene mit Bitterkeit, die „dem Leben den Rücken zukehren". 3001

Als ob man mit Sicherheit sagen könnte, daß dem Leben den Rücken zukehren nicht bedeutet, das Gesicht dem Licht zuzuwenden.

3002 In einer gesunden Gesellschaft entfalten sich soziale Konflikte zwischen funkionellen Bereichen, in einer kranken Gesellschaft zwischen ökonomischen Schichten.

3003 Da der Mensch im hintersten Winkel seiner Seele ein Tier versteckt hält, müßte sich selbst eine gerechte Gesellschaft gegen die menschliche Verderbtheit schützen.

Der soziale Zwang ist keine Konsequenz der Sozialgeschichte, sondern der Natur des Menschen.

3004 Selbst in Arkadien ist es vernünftig, ein Auge auf verträumte Utopisten zu haben.

3005 „Historische Notwendigkeit" ist der Name der letzten Wandlung, die der blutrünstigste aztekische Gott durchmacht.*

3006 Wenn die Paläontologen nicht mit ihrer Behauptung irren, der Hominide sei vor 20 Millionen Jahren erschienen, wird der Progressive ungefähr nochmal so lange warten müssen, daß der Mensch seine alte Perversität gegen eine neue eintauscht.

3007 Beschuldigen wir den Modernen nicht, Gott getötet zu haben. Dieses Verbrechen liegt nicht in seiner Reichweite.

Sondern die Götter getötet zu haben.

Gott bleibt intakt, aber das Universum welkt und fault dahin, weil die niedereren Götter starben.

3008 Es lohnte nicht, den Altären des Augustus, der letztendlich etwas von Gott hatte, den Weihrauch zu verweigern, um am Ende mit blasphemischen Lobliedern die Massen zu feiern, die nichts Göttliches an sich haben.

3009 Um seine Ängste zu ersticken, die ihn angesichts der Transzendenz überkommen, erfindet der Mensch eine Mythologie unterbewußter Larven.

Nichts beruhigender als die Evidenzen, die Schrecken verbreiten, auf innere Fermentationen zurückzuführen.

3010 Die Wahrheit des Christentums sitzt nicht in seiner Mythologie, aber sie ist im Mythos wie die Präsenz in der Hostie.

Unsere sittliche Pflicht heute besteht nicht so sehr darin, bestimm- 3011
ten ethischen Regeln zu folgen, als die Vorstellung vom Heiligen zu
retten.*

Unser Bruder ist nicht der, dessen körperliche Gestalt der unseren 3012
ähnlich ist, sondern der dasselbe Mysterium spürt.

Die Religion flüchtet sich in die Poesie, wenn der Mensch sie aus 3013
dem Universum verbannt.

Die Poesie ist der Fingerabdruck Gottes im menschlichen Lehm. 3014

Unterhalb der Dogmen, auf welchen sich die Naturalismen grün- 3015
den, sammelt die Imagination schweigend ihr Dynamit.

Heute sollte man sich jeder Zensur entgegenstellen, damit das mo- 3016
derne Aas schneller verwest.

Um von der profanen zur heiligen Welt zu gelangen, bietet sich de- 3017
nen, die das Tor der religiösen Konversion einschüchtert, die Hin-
tertür der ästhetischen Erfahrung an.

Der Bereich des Universums, der dem Bewußtsein klar ist, hat sich 3018
so sehr zusammengezogen, daß wir nur noch den Schatten der Materie wahrnehmen.

Wir, die wir nicht zu diesem Jahrhundert des Neides gehören wol- 3019
len, müssen dem Neid unseres Herzens täglich sieben Köpfe abschneiden.

Da alles, was heute errichtet wird, automatisch zum Feind über- 3020
geht, sollten wir warten, bevor wir mit dem Aufbau beginnen, bis
die Zeit Materialien zur Verfügung stellt, die keinen Verrat üben.

Wer den Regeln eines Systems treu ist, nennt den anmaßend, der in 3021
jedem einzelnen Fall frei seine Meinung äußert.

Als ob sich für ein ganzes System zu entscheiden nicht anmaßender wäre als begrenzte Urteile zu wagen.*

Der Historiker pflegt die Wahrscheinlichkeitskriterien seiner Zeit 3022
für universal anzusehen.

3023 Die Apostel der „geschichtlichen Notwendigkeit“ vergessen, daß diese ein Werk derer ist, die sich ihr nicht unterwarfen.

3024 Um zu leben, ist es nicht notwendig, einen Thron zu besetzen. Es genügt, sich als legitime Prätendenten der Krone zu wissen.

Aber es ist unmöglich zu leben, wenn wir den Verdacht hegen, daß unsere Ansprüche nicht legitim sind.

3025 Jede Lösung erscheint dem trivial, der das Problem nicht kennt.*

3026 Ideen zu äußern ist leicht, aber es ist fast unmöglich, den Kontext zu vermitteln, der sie verständlich macht.

Wer unsere Erfahrungen nicht teilt, täuscht sich, wenn er glaubt, uns zu verstehen.

3027 Gegen so manchen geistlosen Intellektuellen, so manchen Künstler ohne Talent, so manchen stereotypen Revolutionär erscheint ein Bürger ohne Prätentionen wie eine griechische Statue.*

3028 Wer sich in knappen Worten ausdrückt, ohne den üblichen Apparat von Referenzen und Zitaten, strebt danach, daß ihn seine Gebärden allein glaubhaft machen.

3029 Mißtrauen wir jenen, die Ursprungszertifikate brauchen, um ihren Adel zu beweisen.

3030 Es ist nicht der Reichtum, der den Armen empört, sondern die Bereicherung.

3031 Das Volk hat sich immer über die Neureichen lustig gemacht und respektiert – wenn er es auch enteignen mag – den alten Reichtum.

3032 Diese verarmte Welt ist das Produkt einer Vision, die durch wieder verjährte Vorurteile deformiert ist.

Beschäftigen wir uns nicht damit, Widerlegungen zu wiederholen, sondern Riten zu erfinden, die einer Läuterung der Sinne günstig sind.

Weder besitzt der Mensch religiöse und künstlerische Instinkte, 3033
noch hängen Philosophie und Wissenschaft mit Fähigkeiten zusammen, die der menschlichen Natur innewohnen.

Keine dieser Aktivitäten ist ein konstitutives Element der menschlichen Beschaffenheit. Alle sind Akzidenzen seiner Geschichte.

Gott, die Schönheit, die Wahrheit können sterben, weil sie nicht bloß angeborene Projektionen der menschlichen Natur sind.

Nur die Gelüste, die er mit den Tieren teilt, sind unsterblich.

Jede Theorie, die beabsichtigt, als Täuschung zu bewerten, was uns 3034
irgendwann in edler Weise angerührt hat, ist falsch.

Die Mehrheit der Menschen stirbt, ohne daß ihnen eine Seele gebo- 3035
ren wurde.

Die Meinung der Nachwelt über unsere Sprachen ist nicht vorher- 3036
sehbar, aber die modernen Ideen werden in Vulgärlatein gedacht erscheinen.

Die intellektuelle Syntax des Modernen erinnert an die grammatikalische Syntax Fredegars.

Die Wahrheiten sind keine Werkzeuge zur Ausbeutung des Plane- 3037
ten, sondern Standarten, unter denen es sich, wie wir glauben, zu sterben lohnt.

Der Historiker verübt Selbstmord, wenn er die korrekte Interpre- 3038
tation einer Begebenheit in einen Schlüssel der Geschichte wandelt.

Unser Elend rührt weniger von unseren Problemen her als von den 3039
Lösungen, die sich für sie eignen.*

Das Los der Wahrheit beunruhigt viele und raubt ihnen den Schlaf. 3040
Als ob der Mensch mehr könnte als sich umzubringen!

Eine christliche Kultur ist kein Pakt mit einer profanen Kultur, 3041
sondern Widerhall des christlichen Kampfes mit der Welt.

Die Kirche konnte die mittelalterliche Gesellschaft taufen, weil es 3042
eine Gesellschaft von Sündern war, aber ihre Zukunft in der modernen Gesellschaft, wo sich jeder für unschuldig hält, ist nicht verlockend.

3043 Die Kirche soll in die Politik eingreifen. Aber ohne politisches Programm.

3044 Nur der Katholik, der kurz vor dem Glaubensabfall steht, empört sich über die von der Vorsehung gesandten Dämmerzustände der Kirche.

3045 Der korpulente und geile Chorherr, der an Gott glaubt, ist auf unbestreitbarere Weise Christ als der strenge und verhärmte Seelsorger, der an den Menschen glaubt.*

3046 Die dialektische Methode scheint erfunden um der Notwendigkeit auszuweichen, jede Sache an ihren von der hierarchischen Methode festgelegten Platz zu stellen.

3047 Viele Theorien taugen weniger wegen der Treffer, die sie enthalten als wegen der Irrtümer, die sie zurückweisen.

3048 Der Mensch kann sich weder selbst verurteilen noch freisprechen.
Der Mensch ist nur eine Instanz, der verziehen wird.

3049 Verstehen ohne zu rechtfertigen ist die einzige Haltung, die es erlaubt, die oft zwingende Wahl zwischen Mitschuld und Torheit zu umgehen.

3050 Dieses blöde Jahrhundert läßt es zu, daß es die Vulgarität des Erotismus der Wonnen der Unzucht beraubt.*

3051 Selbst wenn die Notwendigkeit den Lauf der Geschichte bestimmen würde, selbst wenn wir seinen Kurs in jedem Moment wüßten, würden uns zeitlose Normen oft dazu verhalten, uns gegen den Strich zu verhalten und absichtlich das Desaster zu wählen.

3052 Imagination, Phantasie und Humor sind Wege, die von der Metapher abweichen.
Die Imagination, wenn die metaphorische Identifikation zu einer Schicht oberhalb des Seins aufsteigt.
Die Phantasie, wenn die Termini der Metapher derselben Schicht angehören.
Der Humor, wenn die Identifikation zu niederen Schichten herabsteigt.

Nachdem sie im voraus festgelegt hat, daß die religiösen Formen 3053
nur Etappen eines Entwicklungsweges sind, beschränkt die Religionsphilosophie seit Lessing die authentische Religion darauf, daß sie sich an die zugewiesene Richtung jenes angenommenen Fortschritts hält.

Dieser seichten Lösung stellt sich der Katholizismus entgegen, der den magischen Ritus wie die mystische Betrachtung, ethisches Verhalten wie theologische Gedankengänge in sich einschließt.

Der Katholizismus ist die hierarchische Gestaltung der Religionsgeschichte.

Der Reaktionär wird nur in solchen Epochen ein Konservativer, die 3054
etwas bewahren, das wert ist, bewahrt zu werden.*

Auch in der Unendlichkeit des Raumes fühlen wir uns eingesperrt. 3055

Das Mysterium ist das einzig Unendliche, das nicht Gefängnis zu sein scheint.

Wer sich übereilt, verscheucht Schwärme von Göttern. 3056

Auch Tugenden sind unübersetzbar. 3057

Einige sprechen nur Latein. Andere können nur Englisch. Es gibt vorzügliche in Französisch, die in anderen Sprachen verderben. Einige benötigen das Deutsche, um ihre gewissenhafte Ernsthaftigkeit auszudrücken. Wiederum andere scheinen nur auf Spanisch keine bloß plebejischen Haltungen zu sein.

Aus dem Griechischen schließlich hat noch niemand eine einzige Tugend zu übersetzen vermocht.

Die heutige Kirche schließt netterweise alles von den offenbarten 3058
Überlieferungen aus, was die öffentliche Meinung verurteilt.

Die neuen Liturgiker haben die heiligen Kanzeln abgeschafft, damit 3059
kein Böswilliger behauptet, die Kirche beabsichtige, mit den weltlichen Kathedern zu rivalisieren.

Der heutige Papst betet für jenen Fortschritt, den Bury – sein Hi- 3060
storiker – „Ersatz für die Vorsehung“ nannte.

Die Heiden, die Schismatiker, die Häretiker sind die Strebepfeiler 3061
der katholischen Kathedrale.*

3062 Was den heutigen Christen am Mittelalter irritiert, ist das Christentum.

3063 Mein Christentum ist weniger ethisch als ontologisch: ich erlebe mich weniger als Sünder denn als Geschöpf.

3064 Autorität charakterisiert das, was uns – wie die Dichtung Homers oder der Geist Platons – bezwingt.

Autorität ist nicht etwas, dem es gelingt zu herrschen, sondern etwas, dem sich zu widersetzen – ohne wahnsinnig zu sein – nicht vorstellbar ist.

3065 Nichts Authentisches läßt sich mit Argumenten beglaubigen.

Wir können unseren Anschluß an Personen oder unsere Bewunderung für Kunstwerke nur begründen, wenn die Person Mittel egoistischer Zwecke und das Werk ideologischer Vorwand ist.

3066 Der Mensch liebt nicht die empirische Wirklichkeit des geliebten Wesens, sondern seine konkrete Idee.

Weder eine Summe von Akzidenzen noch bloßer Vertreter eines Gattungsideals, ist das geliebte Wesen die konkrete Idee seiner individuellen Perfektion.

Jedes Wesen ist eine verstümmelte Statue, der nur die Liebe ihre abgeschlagenen Gliedmaßen zurückgibt.

3067 Die Philosophie ist die Kunst, mit Scharfsinn Probleme zu formulieren.

Lösungen zu finden ist keine Beschäftigung ernsthafter Intelligenzen.

3068 Jede allgemeine Aussage ist falsch.

Außer diese.

3069 Die die Entfremdung des Menschen aufheben wollen, indem sie die rechtliche Struktur der Wirtschaft ändern, gemahnen an den, der das Problem seines ehelichen Unglücks löste, indem er das Sofa des Ehebruchs verkaufte.*

3070 Der Dummkopf stellt sich vor, daß die Wonne, Regeln zu brechen unbeschreiblich wächst, wenn man die Regeln selbst abschafft.

3071 Alles Irdische, das Ziel zu sein glaubt, verdirbt.

Das immanente Sein glänzt nur, wo es Risse bekommt. 3072

Fast alle Menschen enttäuscht es, wenn die herrschenden Doktrinen ihnen wie heute das Recht auf die legitime Unterordnung absprechen, nach der sie insgeheim trachten.* 3073

Die Muse besucht, wen sie Lust hat, und nicht den, der mehr arbeitet, oder der weniger arbeitet. 3074

In den Demokratien, in denen der Egalitarismus verhindert, daß die Bewunderung die Wunde heilt, die die fremde Überlegenheit in unseren Seelen aufreißt, wuchert der Neid. 3075

Der Neid ist der schändliche demokratische Ersatz für die Ehrerbietung.*

Die Literatur maßte sich die religiösen Funktionen nicht an, die sie seit einiger Zeit ausübt. 3076

Sobald die Religion in den Dienst des Menschen gestellt wurde, war es notwendig, daß sich jemand in den Dienst Gottes stellte.

Es gelingt uns nur, zu sagen, was wir wollen, wenn wir zufälligerweise sagen, was wir müssen.* 3077

Die moderne Welt verlangt von uns, daß wir gutheißen, wofür sie nicht einmal unsere Duldung zu erbitten wagen dürfte.* 3078

Die Kolonie, die ihre Unabhängigkeit erringt, geht von der eingestandenen Nachahmung zur nachgemachten Originalität über.* 3079

Journalisten und Politiker wissen nicht zu unterscheiden zwischen der Entwicklung einer Idee und der Ausdehnung eines Satzes. 3080

So wie im 19. Jahrhundert zwei Malereien parallel existierten: eine offizielle, und eine authentische, so fließt das Denken des 20. Jahrhunderts in parallelen Bahnen. 3081

Die Reaktionäre sind die Impressionisten dieses Jahrhunderts.

Die, die dem Menschen seine Ketten nehmen, befreien nur ein Tier. 3082

Die Theodizeen sind Plädoyers vermeintlicher Anwälte Gottes vor dem grotesken Gerichtshof der menschlichen Intelligenz. 3083

3084 Für den, der es beobachtet, hat das Ereignis so viele Bedeutungen wie Zusammenhänge.

3085 Je mehr wir uns zu erkennen geben, desto mehr glauben die Mitglieder anderer Kasten, daß wir uns verstecken.*

3086 Die Geschichte würde sich auf ein typologisches Inventar beschränken, wäre nicht jeder einzelne ihrer typischen Momente mit einer Person verknüpft.

3087 Logik, Dialektik, Paradoxie, Hierarchie.

Die logische Methode, die vom Prinzip der Identität bestimmt wird. Die dialektische Methode, die vom Prinzip des Widerspruchs geleitet wird. Die paradoxe Methode, die dem Prinzip der Koinzidenz der Gegensätze gehorcht. Die hierarchische Methode, die das Prinzip der Ordnung anwendet.

Weder bestimmt die hierarchische Methode die Termini, noch vereinnahmt sie sie, noch gleicht sie sie aus – sie ordnet sie.

3088 Die historische Interpretation fordert ethische Kategorien. Der Historiker, der ihnen ausweicht, verarmt seinen Gegenstand.

In der Vergangenheit schien es notwendig, sie wegzulassen, denn sie verwirrten den liberalen, fortschrittlichen und demokratischen Akademiker mit angeborenen Vorurteilen. Aber es ist unangemessen, die Ethik abzuschaffen, bloß um die Entrüstung des Progressiven über die „Unmoral der Vergangenheit“ zu vermeiden.

3089 Nichts Nützlicheres als töricht zu sein, um nicht zu zögern, wenn man uns ausfragt.

3090 Der gebildete Mensch hat die Pflicht, intolerant zu sein.*

3091 Das Allgemeine ist das mehreren Individuen Gemeinsame.

Das Universelle in ihnen ist das jedem einzelnen Eigene.

3092 Wie die Tatsache, die unseren Stolz demütigt, erfreut mich die edle Geste, die die Sorge über unsere radikale Niedertracht zerstreut.

3093 Die Demokratie ist das einzige politische Regime, welches mit Bedacht begründet wurde, um das bewaffnete Gesetz zu vergewaltigen.

Wenn uns eine Lösung nicht wenigstens teilweise unannehmbar vorkommt, liegt es daran, daß wir schlecht gehört haben. 3094

Es gab einen dorischen Katholizismus: den der romanischen Kirchen und der Ritterorden. Einen benediktinischen und feudalen Katholizismus. 3095

Es gab auch einen ionischen Katholizismus: den der gotischen Kathedralen und der scholastischen Summen. Einen Katholizismus der Mönchskutten, der Bettlerorden und der königlichen Lilien.

Es gab schließlich einen korinthischen Katholizismus: den der barocken Kirchen und der tridentinischen Gegenreformation. Einen Katholizismus der ländlichen Soutanen und des römischen Prunks.

Die Notwendigkeit der Gnade rührt weniger von unserer Unfähigkeit her, das Gesetz zu vollstrecken, als von der Sterilität seiner Vollstreckung. 3096

Nicht aus der Machtlosigkeit des Willens, sondern aus dem Scheitern seiner Werke erscheint die Dringlichkeit der Gnade.*

Der Intellektuelle mißtraut dem Intellektuellen, der sich badet. 3097

Niemals können wir auf den zählen, der sich nicht selbst mit dem Blick des Insektenforschers betrachtet.* 3098

Die Welt scheint dem weniger fremd, der handelt, als die eigene Seele demjenigen, der sich beobachtet. 3099

Der Reaktionär plädiert für die Freiheit des Sklaven, mit dem Ziel, die Freiheit des Herren zu begrenzen. 3100

Der Reaktionär ist weniger Freund der Freiheit als Feind des Absolutismus.*

Der Fortschritt reduziert sich letzten Endes darauf, dem Menschen das zu rauben, was ihn adelt, um ihm das billig verkaufen zu können, was ihn erniedrigt. 3101

Um den Deterministen zufrieden zu stellen, sagen wir, es gebe keine Wirkung ohne Ursache; um ihn zu ärgern: daß es keine Ursache ohne Wirkung gibt. 3102

3103 Unter dem Windhauch des zeitgenössischen Progressismus hat sich der Historiker in Luft aufgelöst und die Geschichte erneut den Händen des einfachen Gelehrten überlassen.

Die moderne Gelehrsamkeit – verfeinerter als die des barocken Folianten, aber verfälscht durch hermeneutische Kategorien, die gleichermaßen anachronistisch sind – archiviert die Geschichte, diese subtile und fragile Erfindung einiger Reaktionäre des 19. Jahrhunderts.

3104 Der Vertreter des Determinismus dämmert in Frieden vor sich hin, weil die morphologische Ähnlichkeit des determinierten und des freien Aktes ihm als Vorwand dient, sie zu vermengen.*

3105 Wenn die Europäer auf ihre Partikularismen verzichten, um den „guten Europäer" zu zeugen, so sollten wir die Befürchtung hegen, daß sie bloß einen zweiten Nordamerikaner hervorbringen.*

3106 Statt weiterhin unpassenderweise zu sagen, daß wir die Schönheit der Welt bewundern, sagen wir richtig, wir bewundern die Schönheit, die durch die Welt wandert.

3107 Das Tor zur Wirklichkeit ist horizontal.

3108 Die schlimmsten Demagogen werden nicht unter den neidischen Armen rekrutiert, sondern unter den verschämten Reichen.*

3109 Die Geschichte ist die Summe der Irrwege, die schwachköpfige Mentalitäten intelligenten Ideen auferlegen.

3110 Zu behaupten, alle Epochen stünden in der gleichen Nähe zu Gott, heißt nicht zu lehren, daß alle gerettet werden, sondern daß alle gerettet werden können.

Ranke schert die Geschichte nicht über einen Kamm, sondern verurteilt die fortschrittliche Verirrung.

3111 Die Historiker sind gewöhnlich interessanter als die Historie.

3112 Solange es die marxistische Flamme nicht läutert, ist das reaktionäre Denken reich an kindischer Schlacke.

3113 Der Marxist hegt an der Perversität seines Gegners keinen Zweifel.

Der Reaktionär hegt nur den Verdacht, daß der seine dumm ist.*

Der Historiker behandelt die Geschichte als Porträtist. 3114
Der Soziologe als Polizist, der sie in Karteien erfaßt.

Der Ungläubige verzeiht dem Apostaten nicht, daß er ihm seine 3115
Ungläubigkeit bestätigt.

Die Katholiken ahnen nicht, daß die Welt sich mit jeder Konzessi- 3116
on, die der Katholizismus ihr macht, betrogen fühlt.*

Die Türme der Kirche von heute ziert der progressive Klerus nicht 3117
mit dem Kreuz, dafür aber mit einer Wetterfahne.*

Die Revolution – jedwede Revolution, die Revolution an sich – ist 3118
die Gebärmutter der Bourgeoisien.*

Rentier, pensionierter Professor, Herrensöhnchen unter Kuratel. 3119
Denkt sich ein linker Intellektueller schlimmere bourgeoise Parasiten aus?

Kierkegaard, Nietzsche, Baudelaire.

Die Dummheit des Greises hält sich für Weisheit, die des Erwach- 3120
senen für Erfahrung und die der Jugend für Genie.*

Wer protestiert, wenn wir behaupten, daß das Gute sich in das Böse 3121
verwandelt, oder das Böse in das Gute, wenn Gott es will, daß dieselbe Handlung abwechselnd sowohl böse als auch gut sein könnte, versteht nicht, daß Gottes Wille das Wesen der Dinge ändert, nicht bloß die Terminologie.

Die erste Revolution brach aus, als irgendein Dummkopf auf den 3122
Einfall kam, daß man das Recht erfinden könnte.*

Eine historische Periode ist der Zeitraum, in dem eine bestimmte 3123
Definition des Rechtmäßigen vorherrscht.

Revolution ist der Übergang von einer Definition zur anderen.

Der Mensch erreicht, was er will nur, wenn er es am wenigsten ver- 3124
mutet.

Wo doch die Dinge, welche das Alter nicht adelt, so selten sind wie 3125
die Menschen, welche das Alter adelt, zerstört die moderne Welt die alten Dinge und verlängert das Greisenalter des Menschen.*

3126 Wenn der Historiker entdeckt, daß sich in einem christlichen Heiligen ein heidnischer Gott versteckt hat, hören alle auf, an den Heiligen zu glauben.

Ich beginne an Gott zu glauben.*

3127 Geschichte, Kritik, Philosophie.

Die Methode, die ich anzuwenden versuche, besteht aus einem Dreiphasen-Verfahren.

Die verbindende intellektuelle Handlung
die eine historische Interpretation integriert,
in welcher ein kritisches Urteil eingeschlossen ist,
die Bedingungen der Möglichkeit
sowohl der Kritik
als auch der Geschichte.

Eine Handlung, die also umfaßt:
die Geschichtlichkeit des Wirklichen,
sein axiologisches Relief und
seine epistemologischen Bedingungen.

3128 Je größer die Zahl der wissenschaftlichen Begriffe ist, die der Philosoph in sein System integriert, desto schneller bricht das System zusammen.

3129 Selbst in der Philosophie verhindert nur der Stil, daß der Text zu einem bloßen Dokument wird.

3130 Die Vorurteile sind Forderungen, die sich als Eindeutigkeiten aufspielen wollen.

3131 Ich glaube nur an den Glauben dessen, der Gott nur um das bittet, worum wir ihn bitten sollen.

3132 Die Lektüre der Zeitung erniedrigt, wen sie nicht verdummt.*

3133 Jeder für sich genommen sind die Menschen vielleicht unsere Nächsten, aber alle auf einem Haufen sind sie es sicher nicht.

3134 Viele Künstler riechen nur als Leichen nicht.

3135 Die Demokratie vertraut die Macht dem nicht an, der ihr nicht die Huldigung erweist, ihr Gewissen und Geschmack zum Opfer zu bringen.*

So groß ist der Glauben des Marxisten an Marx, daß er gewöhnlich davon Abstand nimmt, ihn zu lesen. 3136

Der Glaube an Gott löst die Probleme nicht, aber er macht sie lächerlich. 3137

Die Gelassenheit des Gläubigen ist keine Anmaßung der Wissenschaft, sondern Kraft des Vertrauens.

Der Egoist kann gerettet werden, wenn er beschließt, sich zu bekehren. 3138

Der Altruist ist verdammt, weil er sich für bekehrt hält.*

Die, die sich einbilden, die Formel des universellen Glücks zu besitzen, enden damit, den Nächsten zu erwürgen, der sich störrisch zeigt. 3139

Der Despotismus ist nicht so sehr eine Frucht der *libido dominandi*, als des Dogmatismus der Nächstenliebe.

Ohne die Philosophie wissen die Wissenschaften nicht, was sie wissen. 3140

Einen Unterschied zwischen *Urtheil* und *Beurtheilun*g zu begründen ist das Kapitalverbrechen gegen die Integrität des Universums. 3141

Die Gemeinheit gehört, wie das fahle Gesicht, zum ausschweifenden Wesen.

Selbst wenn wir es aus Höflichkeit verschweigen: die Mehrheit unserer Zuhörer widerspricht uns nur aus Ignoranz. 3142

Die Strafe dessen, der sich sucht, ist, daß er sich findet.* 3143

Zu wissen, welche Reformen die Welt braucht, ist das einzige eindeutige Symptom der Dummheit.* 3144

Ein versteckter Anachronismus banalisiert das Werk des Historikers, der sich unfähig zeigt, die Struktur der Tatsachen in erklärende Kategorien jeder Epoche zu verwandeln. 3145

Der Demokrat entrüstet sich darüber, daß seine Opfer sich entrüsten.* 3146

3147 Wenn der Satz und seine Bedeutung sich trennen lassen, hat der Schriftsteller versagt.

3148 Jeder sieht in der Welt nur das, was er zu sehen verdient.

3149 Die Zahlen sind in der Geschichte lediglich eine neue Farbskala auf der Palette des Historikers.

3150 Selbst wenn die Ungleichheit nicht unauslöschbar wäre, müßten wir sie aus Liebe zur Vielfarbigkeit der Gleichheit vorziehen.

3151 Was den Philosophen mit einem Datum verbindet sind nicht seine Ideen, sondern die Argumente, mit denen er sie verteidigt.

3152 Die Demokratie duldet nur zwei Parteien: den Sprecher dummer Ideen und den Beschützer schäbiger Habgier.

3153 Vorzugsweise die Positivität des Existenten zu sehen ist die geistige Veranlagung, die für den Historiker unentbehrlich ist.

Jeremiaden sind in der Geschichte statthaft, die Exkommunikation nicht.

3154 Ein großer Geschichtsschreiber ist nicht so sehr, wer Mängel an dem bemerkt, was er bewundert, als der, der Tugenden bei dem zugibt, was er verabscheut.

3155 Die alten Despotien beschränkten sich darauf, den Menschen ins Privatleben einzuschließen, die neuen ziehen es vor, daß er nur mehr öffentliches Leben habe.

Um den Menschen zu domestizieren genügt es, alle seine Gesten zu politisieren.*

3156 Die Geschichte muß als Tragödie erzählt werden, nicht als Fehlschlag.

3157 Der Terror ist das natürliche Regime einer jeden Gesellschaft ohne Spuren von Feudalismus.*

3158 Da er weiß, daß er nicht gewinnen kann, hat der Reaktionär keine Lust zu lügen.

Wo keine Absicht ist, gibt es keine Struktur, sondern einen *a priori*-Sachverhalt. 3159

Jede Struktur ist Summe der formalen axiologischen Bedingungen einer Behauptung.

Eine Behauptung zu verifizieren wäre nur möglich, wenn man von einer falschen Behauptung nicht wahre Folgen ableiten könnte. 3160

Geben wir der Nacht das Positive zurück, das ihr unsere unzulängliche Astronomie verweigert. 3161

Unsere dringendste Aufgabe ist, das Mysterium der Welt zu rekonstruieren.

Die Geschichte erfindet für jeden neuen Wert eine neue Sprache. 3162

Die Untersuchung von Strukturen verwechselt Gültigkeit und Geltung. 3163

Eine Folge von empirischen Konfigurationen einer Struktur wird mit der *a priori* vorausgehenden Struktur, die sie stützt, verwechselt.

Juristen, Ökonomen, Soziologen etc. gehen so vor, als ob zum Beispiel die Logik ein Kapitel der Psychologie wäre.

Die Sammlungen von Werten bestimmen sich nicht durch ihren Inhalt, sondern durch die Art der Beziehung, die sie mit uns herstellen. 3164

In einer soziologischen Abhandlung erfrischen Eigennamen und Daten wie ein Quell in der Wüste. 3165

Mindestens drei aufeinanderfolgende Generationen derselben Familie sind notwendig, um ein Haus zu humanisieren. 3166

Die „rationale Gesellschaft" stellt sich der „traditionellen" nicht entgegen wie das Kohärente dem Unlogischen. 3167

Sondern wie das Animalische dem Menschlichen.

„Rational" bedeutet in diesem Zusammenhang, sich ohne Anstand vollzufressen und ungehindert zu kopulieren.

3168 Die Ausführung irgendeiner Handlung ist in einer „traditionellen“ Gesellschaft von der Gesamtheit der Kategorien abhängig, die das Bewußtsein dieser Gesellschaft anerkennt.

In einer „rationalen“ Gesellschaft dagegen läßt jede Handlung nur die Bedingungen zu, die ausschließlich zu dieser Kategorie gehören.

3169 Hoffentlich werden die „Philosophen“ des 18. Jahrhunderts wieder vom Tode erweckt, mit ihrem Scharfsinn, ihrem Sarkasmus, ihrer Verwegenheit, um die „Vorurteile“ dieses Jahrhunderts zu unterminieren, auseinanderzunehmen und zu zerschlagen.

Die Vorurteile, die sie uns hinterlassen haben.

3170 Wir nennen Geschichte, was mit dem geschieht, der auf irgendeine Weise wichtig ist.

3171 Verallgemeinerungen erweitern unsere Macht und verarmen unseren Geist.

3172 Das Konzept ist der gemeinsame Bodensatz verschiedener Termini.

Die Idee ist ihre Zusammenfassung.

3173 Das widerlichste und groteskeste der Schauspiele ist das der Überlegenheit des lebenden Professors über das tote Genie.*

3174 Die Sünden, die die Öffentlichkeit schockieren, sind weniger schwerwiegend als die, die sie duldet.

3175 Die verhängnisvollsten Irrtümer kann nur der erkennen, der sie begeht.

3176 Die Politologen sagen die Erwachsenenmerkmale eines sich im Embryostadium befindlichen politischen Modells so treffsicher voraus, wie die Gynäkologen die geistige Verfassung eines Fötus.

3177 Die gegenwärtigen Revolutionäre sind nur ungeduldige Erben.

Von Revolution wird ernsthaft die Rede sein, wenn der verhaßte „Konsum“ nicht mehr nur der Konsum der anderen sein wird.*

3178 An der Fäulnis der modernen Zivilisation wird nur in unterentwickelten Ländern gezweifelt.*

Ohne strenge erkenntnistheoretische Ausbildung können wir die Eroberung des Rechts auf Aberglauben nicht in Angriff nehmen. 3179

Denjenigen, denen soziale Probleme grundlegend erscheinen, können wir – was auch immer ihre Intelligenz sei – eine starke Dosis an Naivität nicht absprechen. 3180

Heute können wir, ohne uns zu schämen, nur Meinungen teilen, wenn wir die Motive und Gründe unserer Teilhaber nicht teilen. 3181

Ein guter Leser ist der, der die ausgezeichnete Qualität mittelmäßiger Texten entdeckt. 3182

Dem Kunstwerk die Subjektivität der Vorstellungskraft, die es erschafft, zuzuschreiben, kommt einer Verwechslung eines logischen Satzes mit einem psychologischen Urteil gleich. 3183

Der Wissenschaftler revanchiert sich für die intellektuelle Strenge, die ihm die Wissenschaft aufzwingt, indem er sich schäbige und vulgäre Ideen zu eigen macht, wenn er philosophische Themen behandelt.* 3184

Die drei Feinde des Menschen sind: der Teufel, der Staat und die Technik.* 3185

Die romantische Ästhetik irrt nicht, wenn sie lehrt, daß das Kunstwerk Ausdruck seines Autors ist, aber sie macht einen Fehler, wenn sie als Kriterium des Werturteils die Authentizität des Ausdrucks nimmt. 3186

Der Wert hängt nicht von der Authentizität des Ausdrucks ab, sondern von den Eigenschaften des Menschen.

Die Ehrlichkeit des Dummkopfes ist unwichtig.

Die Physiologie auf der einen Seite, die Soziologie auf der anderen, haben die Teilung ... der Psychologie unterzeichnet. 3187

Das persönliche Leben wurde abgeschafft wie der polnische Reichstag.

Gott ist die Region, in die schließlich gelangt, wer sich nach vorn bewegt. 3188

Wer sich nicht in einer Kreisbahn bewegt.*

3189 Das Moderne ist all das, was der Mensch als Folge seiner *schlechthinnigen Unabhängigkeit* tut.

3190 Tiefen Glauben hat nur der betende Skeptiker.*

3191 Die gesellschaftlichen Institutionen brechen zusammen, wenn sie ihre Funktionen technisieren, um ihre Effizienz zu erhöhen.

Tatsächlich nimmt der Mensch nur das gelehrig an, was mysteriös ist.

Der Terror ist unvermeidlich der rationale Ersatz irrationaler Zeremonien.

3192 Der Wandel ist in der modernen Welt nicht Folge des Veraltens, sondern das Veralten Folge des Wandels.*

3193 Das zeitgenössische Modell des Törichten zeichnet sich durch die Begeisterung aus, mit der er sich frei von Vorurteilen erklärt.

3194 Heute ist der alte Mensch so nutzlos wie das alte Tier.

Wo es keine Seele gibt, die die Jahre vielleicht adeln, bleibt nur ein unabwendbar erniedrigter Körper.

3195 Die ethische Vervollkommnung ist jener Zustand der Moral, der so spontan ist, daß es absurd ist, dieser Seele irgendeinen Verdienst zuzuschreiben.

3196 Die durchschnittlichen Intelligenzen gravitieren auf natürliche Weise in Richtung soziologischer Abhandlungen.

3197 Es ist nicht der sattsam bekannte plebejische Neid, der dazu verleitet, jeden Triumph zu beflecken – was ein verdächtiges Licht auf die moralische Eigenschaft dessen wirft, der in diesem Jahrhundert nicht scheitert.

3198 Im Marxismus klingt die deutsche Romantik nach, wie in der Küche die Konversationen des Salons.*

3199 Die Naturkräfte sind religiöse Erscheinungen, aber keine göttlichen.

Zwischen der profanen und der göttlichen Welt gibt es eine heilige.

Wenn der Christ Demokrat sein könnte, hätten ihn alle Wurfspieße Nietzsches durchbohrt. 3200
Aber die Demokratie verkündet die Souveränität des Menschen, das Christentum die Gottes.

Die bedenklichste der modernen Perversionen ist die Scham, einfältig zu erscheinen, wenn wir nicht mit dem Bösen kokettieren.* 3201

Lieber eine kleine Kirche, aber mit Katholiken, als eine vielköpfige – mit Rotariern.* 3202

Der Historiker muß uns zeigen, daß die Vergangenheit gleichzeitig trivial wie jede Gegenwart und faszinierend wie jede Vergangenheit ist. 3203

Ich bin kein nonkonformer moderner Intellektueller, sondern ein aufgebrachter mittelalterlicher Bauer. 3204

Individualismus oder Subjektivismus sind erst katastrophal, wenn sie zu Psychologismus pervertieren. 3205

Es gibt Wahrheiten, die auf so armselige Weise zurechtgemacht sind, daß man sie sofort entkleiden muß, wie eine hübsche, aber schlecht angezogene Frau. 3206

Der Schriftsteller kann sich nicht der Treffer rühmen, die er erzielt, sondern der Mißgriffe, die er umgeht.* 3207

Die moderne Zivilisation heuert automatisch alles an, was sich bewegt.* 3208

Niemandem würde das einfallen, was die Geschichte erfindet. 3209

Die Absicht, ein Zwiegespräch zu führen, setzt heute die Absicht voraus, Verrat zu üben,.* 3210

Das Kartenlegen kostet weniger als die Futurologie und irrt sich nicht häufiger. 3211

Selbst unsere Lieblingsideen langweilen uns bald, wenn wir nicht hören, daß sie mit Ironie, Grazie und Schönheit ausgedrückt werden. 3212

3213 Wenn der gute Geschmack und die Intelligenz in Einklang sind, scheint die Prosa nicht von einem Autor, sondern von ihr selbst geschrieben zu sein.

3214 Das Universum ist nicht deshalb eine schwierige Lektüre, weil es ein hermetischer Text wäre, sondern weil es ein Text ohne Zeichensetzung ist.

Ohne die angemessene Betonung, steigend oder fallend, ist seine ontologische Syntax unverständlich.

3215 Da uns die Geschicklichkeit des Demokraten im Wahlkampf als Beweis der Intelligenz erscheint, erscheinen uns die Abgeschmacktheiten seiner öffentlichen Erklärungen als Berechnung.

Bis wir bestürzt entdecken, daß er an sie glaubt.*

3216 Die dummen Ideen sind unsterblich.

Jede Generation erfindet sie von neuem.*

3217 Versuchen wir, während wir älter werden, Haltungen einzunehmen, die unsere Jugend gebilligt, und Ideen zu haben, die sie nicht verstanden hätte.*

3218 Die Wahrheit ist weder Geschichte noch außerhalb der Geschichte.

3219 Der heutige Schriftsteller versucht nicht, ins Schwarze zu treffen, indem er ein einzelnes Wort abfeuert, sondern, indem er einen Schwall von Büchern schleudert.

3220 Nichts häufiger, als daß wir uns im Besitz von mehreren Ideen glauben, weil wir nur inadäquate Ausdrücke ein und derselben erfassen.*

3221 Das Ärgerliche an allem Gegenwärtigen ist, daß es immer glaubt, recht zu haben, nur weil es gegenwärtig ist.

3222 Der aus der Mode gekommenen Orthodoxie ist nur ihr Kritiker von gestern treu, während ihr folgsamer Anhänger der neuen Orthodoxie nachläuft.

3223 Die Seele der jungen Leute würde weniger langweilen, wenn sie sie nicht so sehr zur Schau stellten.*

Ein guter literarischer Geschmack ist der, der das fade findet, was 3224
der Jugendliche bewundert.

Wer von seiner „Generation“ spricht, gesteht ein, Teil einer Herde 3225
zu sein.

Der Liebhaber des Lächerlichen wird vom fortschrittlichen Kleri- 3226
ker nie enttäuscht.

Es ist leichter, dem Progressiven den Fortschritt zu verzeihen als 3227
seinen Glauben.

Der Moderne glaubt fest, daß nur das Unreine authentisch ist. 3228

Der Moralismus, der der Kunst feindlich gegenübersteht, verklei- 3229
det sich heute als revolutionäre oder erotische Kunst.

Die Treue ist die einzige Tugend, so wie der Verrat im Grunde die 3230
einzige Sünde ist.

Der Marxist erbte seine Verachtung gegenüber dem Besiegten von 3231
der Verachtung des Bürgers gegenüber dem Bankrotteur.

Die Poesie liegt in den letzten Zügen, wenn der Poet argwöhnt, daß 3232
das Universum wissenschaftlich erklärbar sei.

Die Geschichte des Christentums offenbart dem Christen, welche 3233
Präsenz Christus in der Geschichte haben wollte.

Diese Geschichte auslöschen zu wollen, um zum alleinigen evangelischen Christus zurückzukehren, ist keine Geste der Verehrung, sondern des Hochmuts.

Offenbarung ist der Wert, der plötzlich über eine psychologische 3234
Tatsache hereinbricht.

Da die Fakten nichts lehren, bewegt sich der Dummkopf zwischen 3235
ihnen, ohne die Erfahrung zu erwerben, die flattert.

Erfahrung ist, was dem intelligenten Menschen von den fehlgeschlagenen Erfindungen seiner Intelligenz bleibt.*

3236 Innerhalb jedes revolutionären Prozesses hängt das aufeinanderfolgende Auftreten reaktionärer Gruppen von einem Mechanismus ab, welcher von dem unterschiedlichen Grad der Anfälligkeit der Individuen für den Ekel angesichts des Mordes bestimmt ist.

3237 Eine Geste allein reicht manchmal, um die Existenz der Welt zu rechtfertigen.

3238 Zwischen zwei Sprachen ästhetisch zu unterscheiden ist so absurd, wie es vernünftig ist, zwischen dem Maß der ästhetischen Geschicklichkeit seiner jeweiligen Sprecher einen Unterschied zu machen.

Es gibt keine ungeschickten Sprachen, sondern ungeschickte Schriftsteller.

3239 Wenn die Vernunft zum Flug ansetzt, um aus der Geschichte zu fliehen, ist es nicht im Absoluten, wo sie aufsetzt, sondern in der Mode des Tages.

3240 Der Begriff der Struktur ist heute, wie jener der Natur im 18. Jahrhundert, ein ideologischer Vorwand, um die Geschichte zu verschweigen.

3241 Die Verwirrung ist eine normale Folge des Dialogs.

Außer wenn ein einzelner Autor ihn erfindet.

3242 Was uns letztendlich als einziges daran hindert, uns zu schämen Mensch zu sein, ist, daß es Mönche gab.

3243 Literatur ist die Kunst, dem bedeutungstragenden Wort die ausdrucksstarke Funktion des Schreis zurückzugeben.

3244 Die Zeit verändert die Topographie unserer Überzeugungen.

3245 Die Geschichte besteht im allgemeinen aus Problemen, die den intelligenten Menschen interessieren, ohne Probleme des intelligenten Menschen zu sein.

Die zeitgenössischen Denker unterscheiden sich untereinander wie die internationalen Hotels, deren einheitliche Struktur sich oberflächlich mit Motiven der Eingeborenen schmückt. 3246

Wo doch in Wirklichkeit nur der lokale geistige Tonfall interessant ist, der sich in kosmopolitischem Wortschatz ausdrückt.

Bis heute hat jede Umfrage die Ideen bestätigt, die der Soziologe ihr vorgab. 3247

Der Kapitalismus ist abscheulich, weil er den widerlichen Wohlstand bewirkt, den der Sozialismus, der ihn haßt, vergebens versprochen hat.* 3248

Dank der phänomenologischen Beschreibung befreite sich die Religionsgeschichte vom evolutionistischen Schema, das sie zur Entwicklung in Richtung auf die Vorurteile des Historikers vom Dienst konvertiert hatte. 3249

Der religiöse Individualismus vergißt den Nächsten, der Kommunitarismus vergißt Gott. 3250

Immer ist der zweite Irrtum der schwerwiegendere.

Die alltäglichste Art, Selbstmord zu begehen, ist in unserer Zeit die, sich eine Kugel durch die Seele zu schießen.* 3251

Die Geschichte verliert ihre Farbe und ihre Kontur, wenn der Historiker kein Werturteil wagt. 3252

Der Optimismus ist Geste des erschrockenen Kranken. 3253

Letztendlich ist für ein Volk nicht eine ergebnisreiche Politik auf der Erde wichtig, sondern eine bewundernswürdige Geste in der Geschichte. 3254

Und den, der uns spöttisch fragt: was bleibt von dem, der verliert?

fragen wir mit Ironie: Was bleibt von dem, der gewinnt?

Sobald sie den Teufel aus der Schweineherde der Welt vertrieben hatten, brachten ihn die modernen Exorzisten in der Seele unter. 3255

Der Abstand zwischen Gott und dem menschlichen Verstand ist so gewaltig, daß nur eine kindliche Theologie nicht kindisch ist.* 3256

3257 Der Reaktionär respektiert nicht alles, was die Geschichte mit sich bringt, aber er respektiert nur das, was sie mit sich bringt.*

3258 Unter intelligenten Reaktionären sehen wir schon zufriedenes Augenzwinkern, unter Progressiven hören wir nur noch Seufzer des Beileids.

3259 Jedes System ist ein Zentaur: halb Mensch, halb Tier.

3260 Hüten wir uns, in diesem Jahrhundert zu säen, in dem alles, was aufgeht, verdirbt.*

3261 Das alte intelligente Buch veraltet nie, weil das neue intelligente Buch nur Ideen expliziert, die im alten Buch impliziert waren.

Die Intelligenz ist eine Landschaft, deren Beleuchtung variiert, deren Relief sich aber nicht ändert.

3262 Der moderne Theologe ersehnt die Umwandlung der christlichen Lehre in eine einfache Ideologie gemeinschaftlicher Verhaltensweisen.

3263 Wer mehr prophezeit als endlose Wechsel von Aufstieg und Dekadenz, versteckt irgendein verdächtiges Produkt für den Barverkauf.

3264 Die Doktrinen, die Massen bewegen wollen, müssen schamhaft die unvermeidliche Willkür ihrer Postulate und die unvermeidliche Ungewißheit ihrer Schlußfolgerungen verbergen.*

3265 Soziologische Verallgemeinerungen sind für die Geschichte nur Beleidigungen.

3266 Auf authentische Weise modern zu sein ist in jedem Jahrhundert Anzeichen der Mittelmäßigkeit.

3267 Die gegenwärtige Menschheit hat den Mythos eines vergangenen goldenen Zeitalters durch den eines zukünftigen Zeitalters aus Plastik ersetzt.*

Die Komplexität einer Technik erfordert bis zu einem bestimmten 3268
Punkt eine steigende Komplexität des Geistes; aber von diesem Punkt an begünstigt die steigende Komplexität der Technik eine abnehmende Komplexität des Geistes.

Der unendlich komplexe Apparat handhabt besser eine unendliche Summe von unendlich einfachen Einheiten.

Die in Zusammenarbeit mit dem Teufel geschriebenen Bücher er- 3269
schrecken bald nicht mehr und werden dümmlich.

Wer die Landkarte der Welt zeichnet, dem wird gewöhnlich die 3270
Welt zur Landkarte.

Nach einigen Jahren hören wir nur noch die Stimme dessen, der 3271
schrille Töne vermied.

Wer ohne Sünde sein will, streitet die Sünde am Ende ab, um keine 3272
Vergebung annehmen zu müssen.

Niemals gab es einen Konflikt zwischen Vernunft und Glauben, 3273
sondern zwischen zwei Glaubensrichtungen.

Credo ut intelligam. 3274

Übersetzen wir so: Ich glaube, um intelligent zu werden.*

Die „Lösungen“ sind die Ideologien der Dummheit. 3275

Dem Leser scheint am Ende nur der Autor wichtig, der sich nicht 3276
für wichtiger hält als sein Werk.

Verglichen mit einer romanischen Kirche ist alles weitere, ohne 3277
Ausnahme, mehr oder weniger plebejisch.

Es reicht, daran zu erinnern, was die Verlage herausgeben, um einen 3278
Schwindel angesichts dessen zu spüren, was sie zurückweisen.

Überlassen wir Gott das Mitleid mit den moralischen Leiden des 3279
Dummkopfes.

Nur sein physischer Schmerz muß Einfluß auf unsere Absichten haben.*

3280 Ist die Jugend einmal vorüber, wird Keuschheit weniger zum ethischen Problem als zur Frage des guten Geschmacks.*

3281 Das Antlitz Christi im Gesicht des modernen Menschen zu entdekken erfordert eher als einen Glaubensakt einen Akt der Leichtgläubigkeit.*

3282 Solange der Moderne nicht seine Vulgarität aufknöpfte, war es möglich, von der Würde oder der Schande der Sexualität zu reden.

3283 Nichts bewegt die göttliche Transzendenz, die menschlichen Haltungen regeln dagegen die Gezeiten ihrer Immanenz.

Gott dringt bis zur Spitze der Zweige vor, oder er weicht in seinen Himmel zurück.

3284 Wer sich außerstande erklärt zu betteln, flößt mir tiefen Abscheu ein.*

3285 Wir können dem Leben weder Bedingungen stellen, noch alles annehmen, was es uns gibt.

3286 Wenn das Alter Schönheit erlangt, gibt es keine jugendliche Schönheit, die sie übertrifft.

3287 Alle werden wir ein bißchen bösartiger, wenn wir für eine gewisse Zeit den Kontakt zu den großen Dichtern der Romantik verlieren.

3288 Wenn er mit seinen Hirngespinsten Schluß macht, entdeckt der gewöhnliche Mensch nicht die Wahrheit, sondern die Anziehungskraft der Niedertracht.*

3289 Wir müssen höflich in unseren Seelen die ganze Schönheit der Welt aufnehmen.

Ohne unser ewiges Herz diesem vorübergehenden Gast auszuliefern.

3290 Sogar dem intelligenten Menschen kostet es Mühe, nicht zu versuchen intelligent zu sein.

3291 Wenn im Vaterlandsbegriff nicht mehr Tempel und Gräber ihren Stellenwert haben, wenn er zur Summe von Interessen wird, ist Patriotismus unehrenhaft.*

Die Erwartung des Sieges ist für den intelligenten Menschen nur ein Vorwand dafür, den Kampf aufzunehmen. 3292

Die Treue ist die einzige Sache, die im Triumph nicht zu Grunde geht. 3293

Wir müssen uns damit abfinden, daß nichts dauert, uns aber weigern, sein Ende zu beschleunigen.* 3294

Geschichte ist, was uns zustößt, wenn der animalische Konflikt zwischen Instinkten zum Kampf zwischen Überzeugungen wird, die die Instinkte uns ausbrüten. 3295

Die intelligente Liebe wird nicht geboren, solange die Begeisterung nicht stirbt. 3296

Wer an Gott glaubt, braucht das Chaos der Welt keinem willkürlichen Zusammenhang zu unterwerfen 3297

Die Ordnung lebt hinter unseren abweichenden Evidenzen.

Vielleicht retten den Menschen die Launen seiner Leidenschaften vor der Katastrophe, in die ihn die Automatismen seiner Intelligenz stürzen. 3298

Die Literatur durchläuft drei Zeitalter: zuerst den Traum, dann die Bestandaufnahme, schließlich die Beichte. 3299

Um die Sensibilität für ihre wachsende Benommenheit angesichts des Mysteriums zu wecken, kommt man nicht umhin, die Intelligenz zu kurieren. 3300

Gott ist nicht der Schlüssel des Rätsels, sondern das, was seinen Skandal aufhebt. 3301

Der Glaube benötigt keine Theodizeen.

Gott ist die Wahrheit aller Illusionen. 3302

Die Axiologie ist die authentische natürliche Theologie. 3303

Das Begehren glaubt zu begehren, was es begehrt, aber es begehrt nur Gott.* 3304

3305 Die wahre Religion ist monastisch, asketisch, autoritär, hierarchisch.*

3306 Es genügt, die Werke des Menschen ohne rhetorisches Kriterium zu bewerten, damit uns sein Hochmut weniger blasphemisch als lächerlich erscheint.

3307 Zu guter Letzt gelingt es uns, den zu verstehen, der weiß, was er sagt, so kompliziert es auch sei, was er sagt.

Aber es ist unmöglich, den zu verstehen, der sich bloß vorstellt, es zu wissen.*

3308 In den kulturellen Indizes eines Landes mißt sich die Dekadenz seiner Kultur durch die Häufung von Fehlern in den lateinischen und griechischen Zitaten und durch das Wuchern vermeintlich literarischer Adjektive in seiner wissenschaftlichen Prosa.

3309 Um an der Existenz Gottes zu zweifeln, würde es reichen, daß es Beweise seiner Existenz gäbe.

Ein im Universum implizierter Gott wäre nicht der Gott, an den wir glauben.

Die Transzendenz kann keine Folge irgendeiner Immanenz sein.

Sondern senkrechter Einbruch des Göttlichen.

3310 Der Fortschritt der Verfälschung des Universums findet seinen Höhepunkt in der Fotografie, die den Gegenstand seiner Vielseitigkeit beraubt, um ihn auf eine nominalistische Abstraktion zu reduzieren.

3311 Die Menschen sind von Natur aus so niederträchtig, daß wir nur wenigen die Ehre erweisen können, ihnen ihre Niedertracht nicht zu verzeihen.*

3312 Der Historiker darf nie vergessen, daß die wesentlichen Charakterzüge des Menschen niemals ein zureichender Grund für ein konkretes Ereignis sind.

Zu verkennen, daß die einmalige Tat einen einmaligen Grund hat, bildet die Sünde eines Hyper-Chronismus.

Der Glaube an die grundsätzliche Lösbarkeit der Probleme ist das 3313
typische Merkmal der modernen Welt.

Daß jeder prinzipielle Antagonismus einfach ein Mißverständnis sei, daß es für jeden Kopfschmerz Aspirin gebe.

Der große Künstler setzt sich als autonomes Subjekt durch; auf an- 3314
dere Wesen stoßen wir wie auf Gegenstände, die uns lästig oder nützlich sind.

Philosophische Konzepte sind kein Ergebnis einer letztlich er- 3315
wachsen gewordenen Intelligenz, sondern Kadaver alter Mythen.

Uns fähig zu halten, literarische Texte mit der neutralen Haltung 3316
des Professors zu lesen, ist das Eingeständnis, daß die Literatur aufgehört hat, uns zu gefallen.

Der Feudalismus gründete auf vornehmen Empfindungen: Treue, 3317
Schutz, Dienst.

Die übrigen politischen Systeme gründen auf gemeinen Gefühlen: Egoismus, Habgier, Neid, Feigheit.

Hüten wir uns, daß der praktische Drang zu klassifizieren uns zu 3318
der Vermutung verleitet, daß wir die konkrete Handlung verstehen, wenn wir den Typus bestimmen, zu dem sie gehört.

Das Verhältnis zwischen Christentum und Christus ist der Proto- 3319
typ einer feudalen Beziehung.

Der Herr, der sein Leben für die Getreuen hingibt. Die Vasallen, die ihrem Herrn selbst bis zum Martyrium treu sind.

Das Christentum ist mystisches Vasallentum.

Die Nachwelt, jener Trost des Künstlers, beschränkt sich auf einige 3320
wenige mißgelaunte und von Verdauungsproblemen geplagte Gelehrte.

Die Archäologie hält sich für wissenschaftlicher als die Geschichte, 3321
weil sie sich darauf beschränkt, Gegenstände zu vergleichen, ohne sich mit Personen auseinanderzusetzen zu können.

3322 Je radikaler er die Vorurteile seiner Zeit teilt, desto leichter fällt es dem Historiker, sich im Besitz objektiver Kriterien zu glauben, um über die Geschichte zu richten.

Die Mode ist das einzige Absolute, das niemand anzuzweifeln pflegt.

3323 Der Akt, durch den ein Individuum seiner Güter beraubt wird, heißt Raub, wenn ein anderes Individuum ihn begeht.

Und soziale Gerechtigkeit, wenn eine ganze Gruppe plündert.*

3324 Die Objektivität des hellsichtigen Historikers besteht darin, sich immer seiner Parteinahme bewußt zu sein.

3325 Die Biographen des Schriftstellers eliminieren normalerweise die Person, um sich mit dessen unbedeutendem Leben zu beschäftigen.

3326 Gott ist die Wirklichkeit, die der Deist verliert und die der Pantheist wiedererlangt.

3327 Es gibt keinen Gegenstand, den eine freche Deutung nicht in einen Zusammenhang stellen könnte, der ihn herabwürdigt.

3328 Es ist in Reichweite eines jeden, alles zu banalisieren.

3329 Am Ende des vergangenen Jahrhunderts gab es nur eine „Kunst ohne Stil“, in der zweiten Hälfte dieses Jahrhunderts gibt es nur einen Stil ohne Kunst.*

3330 Die Extravaganzen der modernen Kunst lehren uns, die Geschmacklosigkeiten der klassischen Kunst gebührend zu würdigen.

3331 Bürokratien folgen nicht zufällig auf Revolutionen.

Revolutionen sind die blutigen Geburten der Bürokratien.

3332 Die Argumente, die auf der Welt umherirren, sind von jener Sorte, daß der gewöhnliche Mensch nur irrtümlich ein richtiges Urteil fällen kann.

3333 Das Universum, das der Makedonier durchquerte, ist wenigstens fähig zu Erzengeln.

Wer sich nicht von vornehmer Rhetorik anrühren läßt, ist nicht 3334
ausgewogen, praktisch, gleichmütig, sondern niederträchtig.

Die edelsten Dinge auf Erden existieren vielleicht nur in den Wor- 3335
ten, die sie heraufbeschwören.

Aber es genügt, daß es sie dort gibt, damit sie seien.*

Der Schriftsteller soll ohne Epitheta die Gemeinheiten, die er meint, 3336
vorzeigen, damit sich der Leser, der sich nicht spontan entrüstet, sich automatisch selbst verurteilt.

Die Geschichte ist die Kunst, den Allgemeinbegriffen die unter- 3337
schiedliche Färbung zu geben, die sie in jeder Epoche haben.

Die Götter bewohnen nur die Landstriche, Herbergen, Seelen, in 3338
denen die Geschichte, die bescheidene Geschichte, mitleidig ihr Gerümpel anhäuft.

Der Fluch der modernen Werke besteht darin, daß sie nur auf blankem Boden ruhen können.

Auf sterilem Stein.

Die Frechheiten des Jünglings sind die bloß die Tritte des Esels, der 3339
sich an seinen Stall gewöhnt.

Dagegen ist der Übermut des Erwachsenen, der jäh von seinem gekrümmten Rücken die Jahre der Geduld abschüttelt, ein bewundernswertes Schauspiel.*

Verpflichtungen oder Freuden, Gegenstände oder Personen: es ge- 3340
nügt, sie von jenem untergeordneten Platz, der jedem von ihnen entspricht, fortzubewegen, um sie in nichts zu verwandeln.

Von einer Sache fordern, was ihr nicht zu geben bestimmt war, ist 3341
eine wirksame Art, das lächerlich zu machen, was sie gibt.

Jeder Nonkonformist weiß im Grunde seiner Seele, daß der Platz, 3342
den seine Eitelkeit zurückweist, der ist, den ihm seine Natur zuwies.

Es gibt weniger Ehrgeizige auf der Welt als Individuen, die sich mo- 3343
ralisch verpflichtet fühlen, es zu sein.*

3344 Wenn die Hierarchien verschwinden, ist es nicht so sehr das Chaos, was überwiegt, sondern die Geschmacklosigkeit.

3345 Jede Generation versteht nur einige wenige Bücher der Bibliothek, die sie ererbt.

3346 Der marxistische Historiker muß – zu seiner größeren Beruhigung – die Bücher des ernsthaften Historikers in seiner Bibliographie vorsichtig übergehen.

3347 Lehren verteidigen sich besser gegen überzeugende Argumente als selbst gegen die leichteste Geringschätzung.

3348 Religion und Wissenschaft dürfen keine Grenzverträge unterzeichnen, sondern einen Pakt gegenseitiger Ignoranz.

3349 Nur die Probleme seiner Zeit erscheinen dem Schwachkopf wichtig.

3350 Erziehen heißt, jemandem beibringen, sich für das zu begeistern, was keine Gültigkeit mehr hat.

3351 Das Höchste, das der Mensch, der sich kennt, anstreben kann, ist so wenig abstoßend wie möglich zu sein.

3352 Der Satz, der sich nicht selbst interpunktiert, ist formlos.

3353 Die begeisterten Anhänger der Ökumene vergessen, daß Christ sein nicht nur darin besteht, an Gott zu glauben, sondern an den Gott zu glauben, an den man glauben soll.

3354 Der Soziologe drückt mit großartigen Dezimalzahlen Tatbestände aus, deren Teile er in einigen Fällen nicht zu zählen, in anderen nicht einmal zu bestimmen vermag.

3355 Grundpostulat der Demokratie: Das Gesetz ist das Gewissen des Staatsbürgers.*

3356 Der Individualismus ist eine Rückzugsposition, von der aus es immer möglich ist, den Kampf wieder aufzunehmen.

Aber es ist keine Position, deren Eroberung den glücklichen und friedlichen Besitz des menschlichen Territoriums sichert.

Die *Aufklärung* besiegt bei den französischen Romantikern am Ende die Romantik. 3357

Die wahre Geschichte fließt unterhalb der Tatsachen. 3358

Sowohl Überbau als auch Innenstruktur sind Ausdruck des Klimas der Seele.

Alles was passiert, ergibt sich aus den Veränderungen in der Substanz der Menschen selbst.

Der Begriff der Vorsehung kann keinen Teil irgendeiner Philosophie bilden. 3359

Aber jede Philosophie, die nicht auf geheime Weise ihre Wurzeln in sie versenkt, erweist sich als grotesk.

Der von der Vorsehung bestimmte Charakter einer Handlung existiert nur für den, der ihn erlebt. 3360

Die Vorsehung ist lächerlicher Mythos oder absolute Evidenz, je nach der Position als Handelnder oder Zuschauer, in der wir uns befinden.

Die Toleranz besteht in einem festen Entschluß, zu erlauben, daß man alles beleidigt, was wir zu lieben und zu respektieren beanspruchen, vorausgesetzt, daß man unsere materiellen Bequemlichkeiten nicht bedroht. 3361

Der moderne, liberale, demokratische, fortschrittliche Mensch toleriert, daß man seine Seele beschmutzt, sofern man ihm nicht auf die Hühneraugen tritt.

Zu sagen, daß die Freiheit in etwas anderem besteht, als zu tun, was wir wollen, ist Lüge. 3362

Daß es andererseits angebracht ist, die Freiheit zu beschränken ist offensichtlich.

Aber der Betrug beginnt, wenn man sie mit den Schranken gleichsetzen will, die man ihr setzt.*

Die moderne Geschichte beschränkt sich in letzter Instanz auf die Niederlage des Bürgertums und den Sieg der bürgerlichen Ideen. 3363

Die Paläste verbrennen nicht immer, wenn die Hütten in Brand gesteckt werden, aber das Feuer, das Paläste verzehrt, ergreift Hütten.* 3364

3365 Kein Wunder erscheint denen als Wunder, für die es nicht bestimmt war.

3366 Der Prediger des Reiches Gottes endet, wenn es nicht Christus ist, den er predigt, damit, das Reich des Menschen zu predigen.

3367 Die Wahrheit ist für den Christen die Spannung zwischen bestimmten gegensätzlichen Aussagen.

Die Theologie hat nicht die Funktion, den Konflikt zu lösen, sondern seine Notwendigkeit zu zeigen.

3368 In ungeschickten Händen wird die Theologie zur Kunst, das Mysterium lächerlich zu machen.

3369 In letzter Instanz besteht das philosophische Problem darin, zu wissen, ob das Universum eine Reflexion oder Geschichte ist.

3370 Der heilige Thomas: ein *Orléaniste* der Theologie?

3371 Die Vernunft hat in der Theologie nur die Aufgabe, Götzenbilder zu zerstören.

3372 Wenn in uns die Sehnsucht nach anderen Orten, nach anderen Jahrhunderten erwacht, ist es nicht wirklich in dieser oder jener Zeit, in diesem oder jenen Land, wo wir leben möchten, sondern in den Sätzen des Autors selbst, der uns von jenem Land oder jener Zeit zu sprechen wußte.

3373 Von seltenen Ausnahmen abgesehen benehmen sich Nationen und Individuen nur anständig, wenn die Umstände ihnen nichts anderes gestatten.

3374 Die Intelligenz hat keinen schlimmeren Feind als die Ungeduld, die unvorsichtigerweise den logischen Automatismus der Idee in Gang setzt.*

Solange der Historiker nicht zugibt, daß der Grund der Existenz 3375
oder Nichtexistenz bestimmter Begebenheiten in bestimmten Epochen die Anwesenheit oder Abwesenheit von Individuen ist, die fähig oder unfähig sind, diese hervorzurufen, wird weiterhin eine zunehmende Wucherung von Theorien die Vaterschaft der Begebenheiten jenen Ursachen zuschreiben, die ungeeignet sind, diese hervorzubringen.

Wenn der Bourgeois von gestern Gemälde kaufte, weil ihr Thema 3376
sentimental oder pittoresk war, so kauft der Bourgeois von heute sie nicht, wenn sie ein pittoreskes oder sentimentales Thema haben.

Das Thema verkauft weiterhin das Gemälde.

Die Deutung irgendeiner historischen Tatsache erfordert eine un- 3377
endliche Anzahl von Theorien.

Um zu beurteilen, daß eine Norm gestorben ist, reicht es dem 3378
Dummkopf zu wissen, daß sie nicht eingehalten wird.

Die Ethik muß die Ästhetik des Benehmens sein. 3379

Wer das Alter nicht ins Auge faßt, verlängert nicht seine Jugend, 3380
sondern verdirbt selbst seine Erinnerungen.

Bestimmte literarische Blöcke – Gattungen, Epochen, Sprachen – 3381
die unlesbar und schal geworden waren, erscheinen in unserem intellektuellen Leben, wie in der Geschichte, von heute auf morgen wieder, verjüngt und frisch.

Jeder intellektuelle Leichnam kann plötzlich wieder mit wunderbarer Vitalität auferstehen.

Solange wir die Gleichheit nicht in ein Dogma verwandeln, können 3382
wir einander als Gleiche behandeln.*

Erwarten wir nichts vom Roman, solange der gute Romancier sich 3383
nicht dazu entschließt, wie im vergangenen Jahrhundert, „schlechte“ Romane zu verfassen.

Der am wenigsten beweiskräftige der Beweise in der Philosophie ist 3384
der, der die These eines Systems mit der These eines anderen zu bestätigen sucht.

3385 Der intelligente Mensch hat nur dann konfuse Ideen, wenn er unbewußt nicht einzugestehende Absichten hegt.

3386 Selbst wenn heute die Gelehrsamkeit blüht, erwürgen die Geisteswissenschaften die Geschichte.

Psychologie, Soziologie, Wirtschaftswissenschaften konstruieren zeitlose Schemata, die heimlich den abstrakten Menschen des 18. Jahrhunderts wiedereinführen.

3387 In einer Demokratie scheint jede Wahrheit paradox.

3388 Die wahren Götter leben an intransferablen Orten und in nicht wiederholbaren Augenblicken.

3389 Nur das ist wirklich wichtig, was dem bloßen Beobachter als triviale Geste erscheint.

3390 Die Welt soll als Thema dienen, aber nicht als Richtschnur.

So wie ein vulgäres Schauspiel sich auf der Leinwand ästhetischen Zwängen fügt.

3391 Die Kultur besteht nicht aus der Summe der Objekte, die sie bilden, genausowenig wie der Mensch aus der Summe der Organe, aus denen er sich zusammensetzt.

3392 Der Vers neigt dazu, spontan zu lügen.

Aber nur im Vers gelingt es der Seele manchmal, ein Bekenntnis abzulegen.

3393 Die Fähigkeit, übersetzte Gedichte zu lesen, ist ein eindeutiges Zeichen für Gleichgültigkeit gegenüber der Dichtung.*

3394 Ich sehne mich nicht nach einer jungfräulichen Natur, einer Natur ohne bäuerliche Spur, welche sie veredelt, und ohne den Palast, der den Hügel krönt.

Sondern nach einer Natur, die vor plebejischer Industrialisierung und respektloser Behandlung sicher ist.

3395 Wir sollten weder die Verdienste des untergeordneten Autors vergessen noch Zeit damit verlieren, ihn zu lesen.

Wenige Leser erahnen die List, die ein Satz braucht, um naiv zu 3396
erscheinen.

Der Schriftsteller, der seine Sätze nicht gefoltert hat, foltert den Le- 3397
ser.*

Unumgängliche Voraussetzung der Zivilisation ist, daß wir Mittel- 3398
mäßige ohne jede Scham imitieren.

Daß nur wenige es wagen, etwas Neues einzuführen.

Der Duft klösterlicher Gärten und das Geräusch der Wälder, die 3399
das einsame Kloster umgeben, kreisen im düsteren Latein des Hochmittelalters.

Wie die romanischen Steine, die Kunst adliger Landwirte in ihren klösterlichen Festungen.

Das Gewimmel mittelmäßiger Schriftsteller in bestimmten Epo- 3400
chen beunruhigt den, der vergißt, daß es ein ähnliches Gewimmel in allen gibt und daß wir es bloß nicht wahrnehmen, wo es vom unerklärlichen Erscheinen eines großen Schriftstellers verborgen wird.

Der moderne Mensch schloß sich in seiner Autonomie wie in einem 3401
Gefängnis ein, taub gegenüber dem mysteriösen Geräusch des Wellengangs, der gegen unsere Einsamkeit schlägt.

Wer nicht an die Mythen glaubt, die der große Dichter erfindet, hat 3402
ihn nicht verstanden, selbst wenn er sein Leben damit verbracht hat, ihn zu studieren.

Die Rebellen gegen eine Tradition zählen entweder nicht, oder sie 3403
sind dieser zuletzt treuer als deren vermeintliche Getreue.

Der Mensch verschließt die Augen vor den wahren Problemen, wie 3404
der Kommentator angesichts der wahren Schwierigkeiten des Textes.

Der Mensch soll sich nicht verlocken lassen, jede Wahrheit zu um- 3405
armen, sondern er soll mit seinen Göttern sterben.

Anpassen erniedrigt.

Wenn der Dialog der letzte Ausweg ist, dann läßt sich die Situation 3406
nicht mehr retten.*

3407 Das Christentum hat nicht den Begriff der Sünde erfunden, sondern den der Verzeihung.*

3408 Die Texte unserer Zeitgenossen verwirren und entmutigen den Philologen, weil er vermutet, daß sie mit derselben gewissenhaften Sorgfalt geschrieben wurden, mit der er sie liest.

3409 Je mehr wir verallgemeinern, desto mehr wachsen Fehler, Leere, Langeweile.

3410 Es genügt, daß uns ein System das Geheimnis des Daseins zu entziffern scheint, um zu wissen, daß seine Lösungen falsch sind.

3411 Der höchste Glanz dorischer Kunst – erhaben, robust, heiter – blüht in den Sequenzen des Adam von St. Viktor.

Siegeshymnen eines Chors von Kriegern unter Mönchskutten.

3412 Die Literatur wird zu leerem Gerede, wenn sich die ethischen Konflikte, von denen sie handelt, in Psychologie auflösen, anstatt sich in Metaphysik zu projizieren.

3413 Um den Bereich der Ethik zu überschreiten muß man sie mit sich führen.

3414 Das Universum rächt sich an denen, die es als leblosen Mechanismus behandeln nicht, indem es jene erniedrigt sterben läßt, sondern erfolgreich und abgestumpft.

3415 Die moderne Gesellschaft behandelt die Alten unfreundlich und vermehrt zur gleichen Zeit ihre Zahl, indem sie ihr Leben verlängert.

3416 Die griechische Tragödie und die christliche Lehre sind Meditationen Erwachsener über das Schicksal des Menschen – im Vergleich zur jugendlichen Sentimentalität der modernen Philosophie.

3417 Der Moderne traut sich schon nicht mehr zu predigen, daß das Individuum als weißes Blatt geboren wird.

Zu viele Niederlagen zeigten ihm, daß wir gebeugte Erben unserer Familie, unserer Rasse, unseres Blutes sind.

Blut ist keine unschuldige Flüssigkeit, sondern klebriger geschichtlicher Brei.

Der Demokrat erstarrt, wenn er von der ungewöhnlichen Koalition Kenntnis erhält, die ihn bedroht, wenn er entdeckt, daß die Klassik des Sophokles sich mit der Romantik Kierkegaards verbündet hat, um ihn zu verurteilen. 3418

Wenn er dabei den bischöflichen Pomp Bossuets mit dem dionysischen Atheismus Nietzsches paktieren sieht.*

Nur der sehr intelligente Mensch besitzt nicht die Lösungen der aktuellen Probleme. 3419

Jedes Individuum denkt heute, daß die Welt in schlechtem Zustand sei, weil man ihm nicht zuhört. 3420

Bestimmte Dinge sind nur als Erlebnis interessant, andere nur als Vorstellung. 3421

Da der Wert keinen Regeln gehorcht, wissen wir nie im voraus, ob der Geist, den wir anrufen, der eines Teufels oder der eines Gottes ist. 3422

Die Jagd nach Werten ist ein Abenteuer, bei welchem sich nur der Ignorant der Gefahr aussetzt, ohne zu zittern.

Geben wir niemandem die Gelegenheit, niederträchtig zu sein. 3423

Er nutzt sie aus.

„Alle Verse sind noch nicht geschrieben“. 3424

Jede Kultur ist jedoch Individualisierung des Geistes, in der die abstrakte Möglichkeit des Menschen durch die Möglichkeit eines menschlichen Typus begrenzt wird.

Die Möglichkeiten des Menschen einer gegebenen Kultur erschöpfen sich folglich; die Menschheit wiederholt über Jahrhunderte eine sterile Gegenwart.

Tausend Anzeichen legen nahe, daß die Karawane von Neuem in eine *Sahara of the higher intelligence* vordringt.

Ein und dieselbe Dummheit schafft es, viele Male übernommen zu werden, wenn sie jedes Mal ihre Kostümierung wechselt. 3425

Der Blick des Historikers ist der, der die Bedeutung des Individuums sieht, ohne das Individuum in seine bloße Bedeutung zu verwandeln. 3426

3427 Es ist nicht sicher, daß der Mensch „keine Natur, sondern Geschichte“ hat.

Die menschliche Natur ist die Summe all jener Pflichten, denen der Mensch in der Geschichte die Anerkennung nicht verweigern kann, ohne sich selbst zu belügen.

3428 Der Mensch konstruiert sich nicht in der Handlung: entweder er drückt sich eher aus oder er verfälscht sich.

3429 Die Gelehrsamkeit besteht nicht darin, eine Unendlichkeit an Bezügen anzuführen, sondern darin, dem Leser das Gefühl aufzuzwingen, daß wir es tun könnten.

3430 Die Vernunft korrigiert logische Fehler, aber geistige Fehler sind nur durch eine Konversion der Person zu korrigieren.

Vermeintliche Evidenzen lösen sich in Schweigen auf, wenn wir sie von einer höheren geistigen Ebene aus betrachten.

3431 Viele Dinge scheinen der Verteidigung wert, bis wir ihre Verteidiger sehen.

3432 Vom Buch der Welt kennen wir nur die Seiten, die in einer Sprache geschrieben sind, die wir nicht kennen.

3433 Es nähert sich die Epoche, in der die Natur, vertrieben durch den Menschen, nur in Herbarien und Museen überleben wird.

3434 Weisheit besteht nur darin, weder das Nichts, das der Mensch ist, noch die Schönheit, die manchmal in seinen Händen entsteht, jemals zu vergessen.*

3435 Es wäre leichter, das anzunehmen, was die Dichter denken, wenn sie sich nicht manchmal in Prosa äußern würden.

3436 Nennen wir nicht den täglichen Alptraum Realität, sondern jene Andeutung, die in der flüchtigen Stimme eines Verses aufblüht.

Da die Soziologen das formalisierte Schema der Umstände, unter denen sie leben, auf die Vergangenheit projizieren, sollten wir nicht erwarten, daß ein so grober Subjektivismus Ideen hervorbringt, sondern Fabeln. 3437

Die Soziologie ist eine prosaische Fabel, die von pedantischen Mythologen improvisiert wurde.

Nur die umgingen die Enttäuschung jedes erfüllten Traumes, die die einzige rationale Unternehmung der Geschichte in Angriff nahmen: in Judäa ein leeres Grab zu erobern. 3438

Falls das Universum ein System ist, kann es keine Evidenzen geben, die sich widersprechen. 3439

Aber wer garantiert uns, daß es eines ist?*

Da der Intellektuelle nicht Erfinder, sondern bloßer Nutzer von Ideen ist, ist der Morgenstern, nach dem er seine Unternehmungen ausrichtet, immer der des Vorabends. 3440

Nichts leichter als eine edle Seele zum ersten Mal zu hintergehen. 3441

Alles, was den Menschen fühlen läßt, daß das Geheimnis ihn umhüllt, macht ihn intelligenter.* 3442

Um an ihren erlesensten Honig zu kommen, gibt sich die Intelligenz nicht mit den Blüten eines einzigen Frühlings zufrieden. 3443

Der Sturz des Mächtigen erscheint uns eine Fügung der Vorsehung, denn er erfreut unseren Neid. 3444

Viele, die sich etwas darauf einbilden, Ironiker zu sein, sind nur furchtsame Sektierer. 3445

Die Demokratisierung der Erotik diente zumindest dazu, uns zu zeigen, daß die Jungfräulichkeit, die Keuschheit, die Reinheit nicht spröde und kränkliche alte Jungfern sind, wie wir glaubten, sondern schweigsame Vestalinnen einer reinen Flamme.* 3446

Was die literarischen Gattungen betrifft, können wir nur ermitteln, welche Krankheit sie tötet, nicht warum sie sterben, denn sterben müssen doch alle. 3447

3448 Die Rhetorik gewinnt nicht alleine die Schlachten, aber niemand gewinnt Schlachten ohne sie.*

3449 Das Einzige, was der Reiche am Reichtum ignoriert, ist dessen edler Gebrauch – genauso wie das Einzige, was der Arme an der Armut ignoriert, deren Tugenden sind.

3450 Der Mensch versichert, daß das Leben ihn herabwürdigt, um zu verbergen, daß es ihn lediglich enthüllt.*

3451 Die Welt wäre noch öder, wäre es so leicht zu handeln wie zu träumen.

3452 Der intelligente Mensch gibt sich normalerweise solch subtilen Kombinationen hin, daß er die Wahrheit den Tölpeln überläßt.

3453 Das Talent eines Schriftstellers allein langweilt uns früher oder später, aber der intelligente Schriftsteller langweilt uns niemals.

3454 Die Dummköpfe unterteilen sich in zwei Klassen:
die „wie die anderen sein möchten“
die „nicht wie die anderen sein möchten“.

3455 Wenn wir aus der reinen Immanenz die Prinzipien der immanenten Handlung ziehen, entfesseln wir Katastrophen.

Die Vorstellungskraft erfindet Wahrheiten nur unter transzendenten Einflüssen.

3456 Es ist nicht unmöglich, daß die klerikalen Bataillone, die im Dienste des Menschen stehen, noch von einigen Leuten von Gottes 5. Kolonne unterwandert werden.

3457 Der Marxismus ist Symptom, mehr noch als Diagnose.

3458 Es ist nicht das einfache Scheitern der modernen Welt, dem wir heute beiwohnen, sondern dem Scheitern ihres Erfolges.

3459 Die Bürokratie ängstigt nicht, weil sie hemmt, sondern weil sie funktioniert.*

3460 Die marxistische Scholastik kam mit einem einzigen Schritt im 15. Jahrhundert an.

Gedichte werden nicht geschrieben, damit wir sie lesen, sondern damit wir uns ihrer erinnern. 3461

Die Feinde des Christentums wenden in jeder Epoche ein, daß die Offenbarung nicht mit den jeweils abweichenden Überzeugungen jeder folgenden Epoche übereinstimme. 3462

Der Glaube des Reichen irritiert den linken Katholiken, weil nur der Glaube dessen, der mit irdischen Gütern überhäuft ist, außer Verdacht steht, bloß kompensatorische Ideologie zu sein. 3463

Ein steter Informationsfluß bricht heute in das Dasein ein und zerstört die Ruhe und den Frieden der einfachen Menschen, ohne seine Langeweile aufzuheben. 3464

Die Wahrnehmung der Wirklichkeit scheint heute zwischen der modernen Arbeit und dem modernen Vergnügen zermalmt zu werden.* 3465

Die ökonomischen Erklärungen nehmen die mittlere Zone der Geschichte ein. 3466

Zwischen der oberflächlichen Zone, die von psychologischen Deutungen besetzt ist und der tiefgründigen Zone, welche die phänomenologische Untersuchung der geistigen Strukturen vornimmt.

Wo sich gesellschaftliche Veränderungen beschleunigen und die Anonymität wächst, bröckeln die Gewohnheiten ab, diese Töchter der Zeit und nachbarlicher Wachsamkeit, und gehen unter. 3467

Da diese der Mechanismus der Justierung zwischen Gesetz und Ethik sind, hinterläßt ihr Verschwinden ein wehrloses und nacktes Bewußtsein vor dem Staat.

Da andererseits der schnelle gesellschaftliche Wandel und die städtische Anonymität am Individuum kratzen, es glätten und abschleifen, bringt eine Gesellschaft, die jedem Bewußtsein schwierigere Urteile überläßt, Individuen hervor, die noch weniger in der Lage sind, solche Urteile zu fällen.

Die Kulturen sind Echo jener seltenen Augenblicke, in denen der Mensch sich nur das zu eigen macht, was er, wie er fühlt, sich auf ewig zu eigen machen will. 3468

3469 Das Wesen des Besitzes ist die unauflösbare Einheit einer Familie und eines Landgutes.

Der Rest besteht aus verdächtigen und demoralisierenden Besitztümern.

3470 Durch das allgemeine Wahlrecht den Launen des Volkes ausgeliefert zu sein – das bezeichnet der Liberalismus als Garantie der Freiheit.

3471 Der demokratische Politiker übernimmt nicht die Ideen, an die er glaubt, sondern die, von denen er glaubt, daß sie siegen.

3472 Wenn wir die Geschichte mit den Augen des Parteigängers verfolgen, statt sie mit dem Blick des Neugierigen zu betrachten – bietet sie uns einen törichten Wechsel von Wehmut und Zorn.

3473 Der unverbesserliche politische Fehler des Menschen guten Willens ist, arglos vorauszusetzen, daß es in jedem Moment möglich ist, zu tun, was nötig ist.

Hier, wo das Notwendige das Unmögliche zu sein pflegt.

3474 Die moderne Gesellschaft erniedrigt sich mit solcher Schnelligkeit, daß wir an jedem neuen Morgen mit Nostalgie des Gegners von gestern gedenken.

Die Marxisten fangen schon an, uns als die letzten Aristokraten des Okzidents zu erscheinen.*

3475 Wenn die ökonomischen und sozialen Revolutionen nicht bloß ideologischer Vorwand religiöser Krisen sind, geht nach einigen Jahren der Unordnung alles weiter wie zuvor.

3476 Die wirklichen Revolutionen beginnen nicht mit ihrem offenen Ausbruch, sondern enden mit ihm.*

3477 Erscheinungen als ästhetische Tatsachen sehen – die Realität als religiöse Tatsache anschauen.

3478 Das Geschichtsbuch, das unserer Bewunderung und unserem Haß nicht gleichzeitig lästig ist, wurde nicht von einem Historiker geschrieben.

3479 Die Parabel ist der geringste Abstand zwischen zwei Ideen.

Unter sozialer Gerechtigkeit versteht man, jedem das zu geben, was 3480
ihm nicht gehört.
Alienum cuique tribuere.

Das beste Mittel, um die Angst zu lindern, ist die Überzeugung, 3481
daß Gott Sinn für Humor hat.*

Die Demagogie hört bald auf, ein Instrument demokratischer Ideo- 3482
logie zu sein, um die Ideologie der Demokratie zu werden.

Es ist ungerecht, von einer bedrohten Bourgeoisie zu fordern, daß 3483
sie keine Angst habe.
Wir können andererseits von ihr verlangen, die Angst vor der Angst zu verlieren.

Der Intellektuelle kocht Ideen aus zweiter Hand und serviert sie 3484
kalt.

Die Neuigkeit der Arbeit, die die historischen Studien „revolutio- 3485
niert", besteht immer darin, Verschiedenartigkeit oder Kontinuität der Geschichte wiederzuentdecken.

Nicht an Gott, sondern an seine Gerechtigkeit zu appellieren führt 3486
uns verhängnisvollerweise dazu, ihn vor das Tribunal unserer Vorurteile vorzuladen.

Verallgemeinerungen sind kein endgültiges Urteil der Weisheit, 3487
sondern ihr erstes Gestammel.

Als Feind des König-Gottes wie des Volk-Gottes darf das Chri- 3488
stentum weder eine Apotheose des Cäsar noch der Plebs zelebrieren.

Von Gott spricht man nur in der Dichtung mit einiger Genauigkeit 3489
und einigem Ernst.

Entweder wir erschießen den, der „mit Gott zusammenzuarbeiten" 3490
behauptet, oder er erschießt unweigerlich uns.*

Was zum Beispiel Ludwig XIV. oder Goethe nicht brauchten, kann 3491
uns als Kriterium des Unnützen dienen.*

3492 Das Gewimmel von Propheten ist die Krankheit moderner Geisteswissenschaften.

3493 Die Menschheit braucht das Christentum nicht, um die Zukunft zu gestalten, sondern um ihr die Stirn bieten zu können.*

3494 Mißtrauisch gegenüber dem himmlischen Bankett hat die Kirche beschlossen, sich ohne Einladung auf allen Banketten zu zeigen.

3495 Die Mahnung des Paulus, „in dem Stand zu bleiben, in den wir berufen wurden" erregt den Dummkopf, für den die Eschatologie im Umzug der Menschheit von einem Stadtviertel in ein anderes besteht – auf dem Umweg über eine Universität.

3496 Nutzlos, wie eine Revolution.

3497 In der Absicht, der modernen Welt die Arme zu öffnen, öffnete die Kirche ihr die Beine.*

3498 Das *aggiornamento* ist der Ausverkauf der Kirche.

3499 Anstatt einer Theologie des mystischen Körpers lehren die Theologen heute eine Theologie der mystischen Masse.*

3500 Der progressive Katholik sammelt sich seine Theologie aus dem Mülleimer der protestantischen Theologie zusammen.

3501 Die Werte werden wie die Seele in der Zeit geboren, gehören ihr aber nicht an.

3502 Unsere Beziehung zu Werten sieht unserer Beziehung zu Personen ähnlich, und ist weit davon entfernt, unserer Beziehung zu Meinungen zu gleichen.

3503 Gesellschaften sind weder Mechanismen noch Organismen, sondern Strukturen.

Wir können daher vorab behaupten, daß die Anzahl korrekter gesellschaftlicher Formen geringer ist als die möglicher Kombinationen.

Die politischen Programme pflegen ein Gewebe von Verstößen gegen die gesellschaftliche Grammatik zu sein.

Die Gesellschaft zivilisiert sich nicht unter dem Impuls sonorer Predigten, sondern durch die katalytische Wirkung diskreter Gesten. 3504

Die Metaphern sind Metaphysiken des Waldes. 3505
Die Metaphysiken sind Metaphern des Herbariums.

Solange keine Verteidiger der wichtigen Dinge auftreten, haben wir keinen Grund zu fürchten, daß man sie angreift. 3506

Die „Evangelismen“ sind Verschwörungen gegen die Göttlichkeit Christi. 3507

Diejenigen, die kohärente Erklärungen historischer Episoden haben, irren mit Sicherheit. 3508

Als Revolutionär muß man ein wenig einfältig, als Konservativer, ein wenig zynisch sein.* 3509

Minerva überzeugt nicht, solange man nicht entdeckt, daß sie bewaffnet ist. 3510

Der Reichtum erleichtert das Leben, die Armut die Rhetorik.* 3511

Das Glück des Reichen ist die Strafe des neidischen Armen. 3512

Feine Intelligenz hat nur der, dessen Leben ihn nicht dazu zwingt, intelligent zu sein. 3513

Jesus Christus würde heute nicht erreichen, daß man ihm zuhört, wenn er als Sohn Gottes statt als Sohn des Zimmermanns predigen würde. 3514

Jede Doktrin, die den Dingen eine geringere Bedeutung zuschreibt, als wir uns vorstellen können, ist falsch. 3515

Historiker zu sein, erfordert ein seltenes Talent. 3516
Um Geschichte zu machen genügt ein wenig Schamlosigkeit.

Wie im 19. Jahrhundert die Ethik den Protestantismus aufweichte, so im Zwanzigsten die Soziologie den Katholizismus.* 3517

3518 Unterrichten befreit von der Pflicht zu lernen.

3519 Interessanter als die Speisen der Geschichte sind die Küchen des Historikers.

3520 Neu erworbenes Wissen und neugekaufte Schuhe knarren.

3521 Die menschliche Vorstellung hat in bestimmten Epochen das Repertoire eines Provinztheaters.

3522 Die egalitären Gesellschaften strangulieren die Einbildungskraft, um nicht einmal den Neid zu befriedigen.*

3523 Der Mythos ist die einzige Art, einfache Wahrheiten auszudrücken.

3524 Wenn wir nicht unser Wissen, sondern die Qualität unserer Unwissenheit mit fremdem Wissen vergleichen, gibt uns das manchmal das Gefühl der Überlegenheit.

3525 Zwei gegensätzliche Haltungen hemmen gleichermaßen die Einsicht in eine Idee: zu glauben, daß wir sie verstanden haben und zu glauben, daß wir sie nicht verstehen werden.

3526 Die veranschlagte Ignoranz des zukünftigen Lesers veranlaßt die Weitschweifigkeit des Textes.

3527 Die Liebe ist die Transmutation des erotischen Feldes, die sich ereignet, wenn zwischen seinen Polen ein Ungleichgewicht herrscht.

Zwischen Gleichen gibt es nur Kopulation.*

3528 Die respektvolle und herzliche Behandlung des Untergebenen ist das klassische Syndrom der reaktionären Psychose.*

3529 Was das Unerkennbare angeht, so sind nur die ererbten Meinungen nicht eingebildet.

3530 Was kein Speichellecker einem Despoten zu sagen wagt, das sagt der Demokrat dem Volk.*

Es gibt keinen synoptischen Text, den die radikale Kritik als retrospektive Projektion ihres Glaubens nicht irgendwann einmal der ersten christlichen Generation zugeschrieben hätte. 3531

Außer denen, die ein bald bevorstehendes Weltende mit einschließen.

Viele Phänomene ökonomischen Ursprungs stellen sich am Ende als biologisch heraus, weil die Wirtschaft bloß die gesellschaftliche Vorherrschaft bestimmter biologischer Faktoren bedingte. 3532

Die Objektivität ist in den Naturwissenschaften Forderung, während sie in den Geschichtswissenschaften Aufgabe ist. 3533

Der Stoizismus ist definitiv die Wiege aller Irrtümer. 3534

(Vergöttlichung des Menschen – Determinismus – Naturrecht – Egalitarismus – Kosmopolitismus, etc.)*

Die wahrheitsgetreue Anekdote ist die Seele der Geschichte. 3535

Reuig wie ein siegreicher Revolutionär.* 3536

Unkenntnis ist die notwendige und hinreichende Bedingung der Verallgemeinerung in der Geschichte. 3537

Einen Tatbestand kennen heißt entdecken, daß kein Gesetz ihn erklärt.

Erwachsene? – Vielleicht gab es nur zwei: Thukydides und Burckhardt. 3538

Die Phantasie ist der einzig bewohnbare Platz in der Welt. 3539

Um zu regieren, verbindet sich der Mensch die Augen mit Ideologien. 3540

Die Metaphysik verliert ihre Gültigkeit, sobald sie ihre Formeln wörtlich nimmt. 3541

Da sie nur „poetisch“ zu sprechen versteht, verdirbt sie der Anspruch auf Eindeutigkeit.

Die Metaphysik kann nicht von einer Formel zur anderen übergehen, sondern von einer Intuition zur anderen.

Deduktionen sind in der Metaphysik verbale Witzchen.

3542 Das Dogma der Inspiration des Wortes lieferte die Evangelien dem Gegner aus.

Die kritische Analyse mündet in eine „rationalistische" Konstruktion, wenn ihre unbestreitbaren Schlüsse – statt vom katholischen Exegeten mit religiösen Kategorien ausgelegt zu werden – zurückgewiesen werden, damit andere sie mit profanen Kategorien auslegen.

3543 Zweck der Kultur ist, der Seele einen köstlichen Geruch zu geben.

3544 Nicht einmal vom Skeptiker kann man erwarten, daß er niemals lügt.

3545 Die Werte sind keine Bürger dieser Welt, sondern Pilger anderer Paradiese.

3546 Um ein kohärentes System der Welt zu entwerfen, muß man zuvor die Werte verbannen.

3547 Die Dinge haben keinen Sinn, aber es gibt einen Sinn in vielen Dingen.

3548 Solange sie nicht zur *ancilla geneticae* wird, bleibt die Pädagogik weiterhin eine trügerische Aufgabe.

3549 Die moderne Zivilisation würde Selbstmord begehen, würde sie es wirklich erreichen, den Menschen zu erziehen.

3550 Der Mangel an Vorstellungskraft bewahrt ein Volk vor vielen Katastrophen.*

3551 Schierling = Getränk, das beim demokratischen Bankett dem Reaktionär vorbehalten bleibt.

3552 Die Philosophie macht, ohne kumulativ zu sein, nur Fortschritte, indem sie in jeder Etappe die Gesamtheit ihrer Vergangenheit auf sich nimmt.

3553 Der Historiker pflegt zu vergessen, daß der Mensch in jeder Epoche nur die Probleme hat, die er zu haben glaubt.

Der intelligente Optimismus ist nie Glaube an den Fortschritt, sondern Hoffnung auf Wunder.* 3554

Der moderne Mensch ist nicht so sehr Opfer dämonischer Besessenheit als einer Kolonisation durch törichte Ideen. 3555

Zu behaupten, daß „alle Ideen respektabel sind“, ist nichts anderes als eine hochtrabende Unfähigkeit. 3556

Trotzdem gibt es keine Meinung, die nicht infolge der Unterstützung durch eine ausreichende Zahl von Idioten ertragen werden muß.

Verschleiern wir nicht unsere Machtlosigkeit mit Toleranz.

Die Intelligenz besteht nicht darin, Lösungen zu finden, sondern die Probleme aus den Augen zu verlieren.* 3557

Die Religionen sterben, nicht aber die Götter. 3558

Nicht einmal die falschen.*

Die einzigen Denkmäler, die sich die moderne Welt nicht alle zwanzig Jahre gezwungen sieht abzureißen, sind die ihrer Feinde. 3559

Ich versuche nicht die Quellen zu vergiften. 3560

Sondern zu zeigen, daß sie vergiftet sind.

Immanent ist im Grunde, was wir definieren können. 3561

Transzendent, was wir nur zu beschreiben vermögen.

Die Vorstellung, die nicht an die Realität dessen glaubt, was sie erfindet, darf die Welt nicht mit ihren Fehlgeburten bevölkern. 3562

Nur das Symbol fasziniert und überzeugt, welches sein Schöpfer nicht für ein Symbol hält. 3563

Die Hegemonie der Rhetorik im Erziehungssystem der Antike ist eher zu verteidigen als die heutige pädagogische Vorherrschaft von Wissenschaften, die nicht erziehen. 3564

Die Sozialwissenschaften erfinden elastische Vokabeln, damit der Benutzer sie strecken und zusammenziehen kann, je nach Laune. 3565

3566 Wer sich weigert, Erbe zu sein, stirbt an intellektueller Entkräftung.*

3567 Nichts Gefährlicheres für den Glauben als mit Gläubigen Umgang zu haben.

Der Ungläubige kräftigt unseren Glauben.*

3568 Revolutionäre zerstören letzten Endes nur, was die Gesellschaften, gegen die sie rebellieren, erträglich machte.

3569 Der Fachmann bekundet dem Laien gegenüber Verachtung, um seinen Neid zu verbergen.

3570 Ab einer bestimmten Tiefe verfällt die psychologische Interpretation der reinen Willkür.

3571 Wenn der Philosoph die Führung abgibt, übernimmt sie der Journalist.**

3572 Aufgabe und Pflicht des Historikers ist es, die Verallgemeinerungen des Soziologen auseinanderzunehmen.

3573 Die Probleme des „unterentwickelten" Landes sind der beliebteste Vorwand des linken Eskapismus.

Mangels neuer Ware zum Angebot auf dem europäischen Markt verkauft der linke Intellektuelle seine verblichenen Ladenhüter in die dritte Welt.*

3574 Unglücklicherweise besteht die Philosophie aus einem Diskurs, der nichts ist, wenn er nicht kohärent ist, über ein Universum, das nichts ist, wenn es kohärent ist.

3575 Der Atheist ist respektabel solange er nicht lehrt, daß die Menschenwürde das Fundament der Ethik und die Menschenliebe die wahre Religion ist.

3576 Der Stolz des Menschen ist mit der wachsenden Bestätigung seiner Bedeutungslosigkeit angewachsen.

Heliozentrismus, natürliche Auslese, unbewußte Zwänge, ökonomischer Determinismus etc., jede neue Erniedrigung stärkt seinen Hochmut.

Unsere Biographie ist nicht die Summe dessen, was mit uns geschah, sondern dessen, von dem wir glauben, daß es als Geschehen für uns wichtig gewesen wäre. 3577

Die Wissenschaft kann nicht mehr tun, als eine Inventur unseres Gefängnisses vorzunehmen. 3578

Die Natur starb schließlich in diesem Jahrhundert. 3579

Nur in der Kunst vergangener Jahrhunderte entdecken wir, daß die Natur kein einfaches physikalisches Experiment ist, ausgebeutet von emsigen Organismen.

Der Moderne von gestern glaubte nur an die Tauglichkeit einer naturalistischen Definition des Menschen. 3580

Der Moderne von heute empfindet sie schon als tauglich.

Eine erfüllte Existenz ist jene, die nach langen Jahren einen Jugendlichen dem Grab übergibt, den das Leben nicht verdorben hat. 3581

Die Erfahrung des Menschen, der „viel gelebt" hat, beschränkt sich gewöhnlich auf einige triviale Anekdoten, mit denen er einen unheilbaren Schwachsinn ausschmückt.* 3582

Wenn wir in dieser verworfenen modernen Welt nicht empfinden, daß uns der Nächste mit jedem Tag weniger gleicht, sollten wir zittern. 3583

Wenn die Freiheit nicht mehr Unterordnung unter die höchsten Werte der Epoche ist und sich zum Recht wandelt, unsere unbedeutende Individualität auszudrücken, dann ist die Disziplin der sozialistischen Kaserne noch besser. 3584

Das Leben zu beobachten ist zu interessant, um die Zeit damit zu verlieren, daß man es lebt.* 3585

Nicht indem wir sie mit dem Leben konfrontieren, können wir unsere Intelligenz schärfen, sondern indem wir sie mit der Intelligenz der großen Toten konfrontieren. 3586

Nicht wer beladen mit Antworten daherkommt, ist ein kultivierter Mensch, sondern wer Fragen zu stellen weiß. 3587

3588 Verstehen heißt nicht, einen Satz zu berühren, sondern ihn zu ergreifen.
Zur größeren Klarheit soll man schreibend verstehen.

3589 Die Wichtigkeit einer Begebenheit ist umgekehrt proportional zum Raum, dem ihr die Zeitungen widmen.

3590 Die Haltung derer, die die Geschichtlichkeit Jesu verwerfen, gleicht der Haltung der Väter der evangelischen Tradition.
Die Persönlichkeit schien beiden so fremd, daß die einen, sobald sie in einem Text auf sie stießen, ihre Existenz verneinten und die anderen, sobald sie sie in Fleisch und Blut kennenlernten, ihre Göttlichkeit erklärten.

3591 Nur indem man das nahe bevorstehende Weltgericht ankündigt, vermeidet man, daß die eschatologische Predigt zu langweiliger Fortschrittlichkeit degeneriert.
Die Mehrdeutigkeit bedingt den Erfolg.

3592 Die Geschichtswissenschaft emanzipiert sich endlich, wie die Naturwissenschaften, wenn sie darauf verzichtet, „Ursachen“ zu suchen.
Hinter der Suche nach dem „Warum?“ stecken in der Geschichtswissenschaft wie in der Physik verschämte Metaphysiken.*

3593 Der zeitgenössische Leser lächelt, wenn der mittelalterliche Chronist von „römischen Rittern“ spricht, aber er bleibt ernst, wenn der Marxist über die „griechische Bourgeoisie“ oder den „amerikanischen Feudalismus“ dissertiert.*

3594 Jedes wichtige Werk läßt uns drei Etappen durcheilen: Bewunderung, Enttäuschung, Bewunderung.

3595 Die Mißachtung der Individualität ist Gegenstand der Erziehung.
Das Vergessen dieser so offensichtlichen Wahrheit ist zum Teil der Grund für das Entstehen des modernen Pöbels.

3596 Jeden Tag erscheint es mir weniger wahrscheinlich, daß die Forderungen der Vernunft mit dem Wesen des Universums übereinstimmen.
Ich vertraue nur auf das, was Skandal ist.

Eine ruhige bürgerliche Existenz ist der wahre Wunsch des mensch- 3597
lichen Herzens.*

Der intelligente Mensch scheitert gewöhnlich, weil er nicht an das 3598
wahrhafte Ausmaß der menschlichen Dummheit zu glauben wagt.*

Das Proletariat strebt nach dem bürgerlichen Leben wie die Körper 3599
nach dem Mittelpunkt der Erde.*

Das Individuum erklärt sich zum Teil irgendeines Kollektivs, mit 3600
dem Ziel, in dessen Namen einzufordern, was es im eigenen Namen aus Scham nicht verlangen würde.

Die Weitschweifigkeit pflegt das Verteidigungsinstrument unbe- 3601
deutender Ideen zu sein.

Eine Dummheit hört nicht auf, dumm zu sein, weil es jemanden 3602
gibt, der für sie stirbt.

Die politische Farbe ist genetisch, wie die Farbe der Augen.* 3603

Für eine Gesellschaft, die inmitten von Statistiken lebt, ist die Ver- 3604
mutung, daß jede Einheit eine einzigartige Person und ein eigenes Schicksal ist, störend und beunruhigend.

Die Dummen denken, daß die einzige Art und Weise, ein Individu- 3605
um aus seinen psychologischen Verwirrungen zu befreien, darin besteht, von diesen zu reden.

Wer außerhalb des Beichtstuhles bekennt, will sich nur um die Reue 3606
drücken.*

Jedes edle Gefühl muß sich verbergen. 3607
Damit es den Demokraten nicht stört.

Nichts empört einen Demagogen mehr als ein anderer Demagoge.* 3608

Aufgrund seines Lebens liegt jedes Wesen in Stücke versprengt am 3609
Boden; es ist unserer Liebe unmöglich, alle aufzulesen.

Nie gab es ein glückliches Ereignis, das so frei von Bedrohung war, 3610
daß wir es riskieren würden, es noch einmal zu leben.

3611 Der Katholik, den das Los der Kirche mit Besorgnis erfüllt, hat aufgehört, Katholik zu sein.*

3612 Das Individuum, das eine authentische Berufung hat, ist reaktionär. Welcher Art die Überzeugungen auch seien, die es hegt.

Demokrat ist, wer erwartet, daß die Außenwelt ihm Ziele setzt.*

3613 „Politik" ist die der Demokratie eigene Betätigung, weil sie nur für den aufhört, notwendiges Übel zu sein, der denkt, daß der Mensch ein künstliches Produkt des Menschen darstellt.

Für den Reaktionär ist Politik eine untergeordnete Tätigkeit.

3614 Der Künstler kann nur die Partei des Politikers ergreifen, der ihn nicht in seine Reihen ruft.

3615 Der Liberalismus hat nicht für die Freiheit gekämpft, sondern für die Verantwortungslosigkeit der Presse.

3616 In der paradiesischen Zukunft fortschrittlicher Träume schwingt die Erdkugel im Rhythmus allgemeiner Kopulation.

3617 Das Volk verheiratet sich nur mit prostituierten Ideen.*

3618 Politiker wohnen nicht Ideen bei, sondern deren Schatten.

3619 Die „Politik" ist Beschäftigung leerer Seelen.

3620 Zugeständnisse sind die Sprossenleiter zum Galgen.

3621 Die moderne Welt zwingt uns, Torheiten zu widerlegen, statt die Dummköpfe zum Schweigen zu bringen.

3622 Die einzige Alternative am Ende dieses Jahrhunderts: östliche Kaserne oder westliches Bordell.

3623 Die Revolutionen der Linken ordnen die Spielkarten nur neu.

Die Revolution ist nutzlos, solange nicht neue Kartenspiele mit noch unbekannten Farben erfunden werden.

Der Reaktionär ist heute Antipode des Konservativen. 3624

Das heißt: des Verteidigers der bürgerlichen Demokratie von gestern gegen die kleinbürgerliche Demokratie von morgen.

Aber der Reaktionär erwartet von einer Revolution nichts.

Wenn Langeweile und Überdruß günstige Zeiten hervorbringen, wird die Reaktion nicht einfach revolutionär sein, sondern auf radikale Weise metanoiatisch.

Der intelligente Linke gibt zu, daß seine Generation nicht die perfekte Gesellschaft aufbauen wird, setzt aber Vertrauen auf eine zukünftige Generation. 3625

Seine Intelligenz entdeckt seine persönliche Machtlosigkeit, aber seine linke Gesinnung verhindert die Entdeckung, daß der Mensch machtlos ist.

Das Individuum wird erst interessant, wenn es die Illusionen verliert.* 3626

Verleumdet wie ein Reaktionär.* 3627

Das Wesen der Oberflächlichkeit ist der Haß auf die Widersprüche des Lebens.* 3628

Die Hierarchie ist das Prinzip, das die Widersprüche rettet. 3629

Die Ästhetik verkommt in der Soziologie und erblüht in der Religion. 3630

Man darf weder von der Schönheit der Religion sprechen noch von der Religion der Schönheit. 3631

Sondern von der Komplizenschaft zwischen Schönheit und Religion.

Die glühendste Leidenschaft trügt nicht, kennt sie die Unangemessenheit ihres Gegenstandes. 3632

Die Liebe ist nicht blind, wenn sie auf übertriebene Art liebt, sondern wenn sie vergißt, daß selbst das unersetzliche geliebte Wesen nur ein mysteriöser Vorgeschmack ist.

Die Liebe, die sich nicht für gerechtfertigt hält, ist kein Verrat, sondern Propädeutik.

3633 Sowohl die heidnische wie auch die romantische Liebe ist unschuldig; lasterhaft ist nur die satte und hygienische Sexualität zwischen Gleichen.*

3634 Saint-Just ist, trotz seiner Manieren einer Hyäne, ein eminent bürgerlicher Denker: sein berühmter Satz über *le bonheur* verdient es, Zeitschriften für Damen als Motto zu dienen.

3635 Versuchen wir nicht zu überzeugen, das Apostolat ruiniert die guten Manieren.

3636 Akzeptieren wir die Soziologie solange sie klassifiziert und nicht den Anspruch erhebt, zu erklären.

3637 Der Durst nach dem Großen, dem Noblen, dem Schönen ist der Hunger nach Gott, der ignoriert wird.

3638 Die Vielfalt (Mannigfaltigkeit, Verschiedenartigkeit), die nicht von der Natur herrührt, sondern vom Willen, ist trivial und monoton.

3639 Die „Wahrheit außerhalb der Zeit" zu suchen ist das Mittel, die „Wahrheit unserer Zeit" zu finden.

Wer die „Wahrheit seiner Zeit" sucht, findet die jeweils aktuellen Gemeinplätze.

3640 Mit der Unabhängigkeit endete die geistige Authentizität Lateinamerikas.

Während der Kolonialzeit fähig, Formen des Mittelmeerraumes den neuen Landschaften anzupassen und selbst dem Barock eine eigene Ausprägung zu geben, äfft es danach nur mit plebejischer Gelehrigkeit die Moden der Zeit nach.

Seine begrenzte, aber authentische Originalität einer spanischen Provinz der Kolonialzeit, wurde zu einem kitschigen – für ärmliche Stadtviertel typischen – Plagiat.

3641 Wenn der Mensch sich nicht von den Göttern in Zucht nehmen läßt, nehmen ihn die Dämonen in Zucht.*

3642 Was höchstwahrscheinlich auf uns zukommt ist nicht ein revolutionärer, sondern ein kontrarevolutionärer Terror, ins Werk gesetzt von angeekelten Revolutionären.*

Die Intelligenz ist spontan aristokratisch, weil sie die Fähigkeit ist, Unterschiede zu erkennen und Rangstufen festzulegen. 3643

Nietzsche ist das Musterbeispiel des Reaktionärs, der wankt indem er die Waffen des Feindes übernimmt, weil er sich nicht mit der Niederlage abfindet. 3644

Der ehrliche Bürger muß um ein Gewehr bitten, das gleichzeitig in gegensätzliche Richtungen feuert, um an den sozialen Konflikten dieses Jahrhunderts teilzunehmen. 3645

Der Sozialist versteht nicht, daß die, welche den Triumph des Sozialismus voraussehen, Reaktionäre sind. 3646

Sind sie es doch gerade deshalb, weil sie ihn voraussehen.

Man darf unter den Anhängern der Ungleichheit nicht auf die zählen, die die ökonomische Gleichheit zurückweisen, weil sie wissen, daß nur das Glück sie unterscheidet. 3647

Energische Individuen erscheinen nur im Schoße strenger gemeinschaftlicher Disziplin. 3648

Damit der Stamm der Individualität wächst, muß man verhindern, daß die Freiheit ihn in Zweige verschwendet.* 3649

Das Aufkommen des Nationalismus deutet in jeder Nation darauf hin, daß ihre Originalität am Erlöschen ist.* 3650

Pracht eines Barock-Palasts oder Nacktheit einer romanischen Zelle. 3651

Auf keinen Fall Luxus der Industriegesellschaft.

Weder Individuen noch Völker sind ursprünglich, wenn sie bloß ausdrücken, was sie sind, sondern wenn sie universale Prinzipien auf ihr Bildnis prägen. 3652

3653 Der kulturelle und der ästhetische Rang des Kunstwerks sind unterschiedliche Kategorien.

Der kulturelle Rang hängt von der Qualität der Kultur ab, zu der das Werk gehört, der ästhetische Rang allein von der Qualität des Werkes.

Werke von niederem ästhetischen Rang können einen hohen kulturellen Rang einnehmen, weil sie die Werte der grandiosen Kultur repräsentieren, zu der sie gehören.

Umgekehrt können sich Werke von niederem kulturellen Rang durch ihre ästhetischen Vorzüge retten.

3654 Das Universum ist nicht System, das heißt: logischer Zusammenhang.

Sondern hierarchische Struktur von Paradoxen.*

3655 Daß das Christentum die sozialen Probleme nicht löst, ist nur für diejenigen Grund, abtrünnig zu werden, die vergessen, daß es niemals versprach, sie zu lösen.

3656 Das Christentum der authentisch christlichen Jahrhunderte war kein Kind der Schwäche, sondern der Stärke.

Der Stärke, die ihre Schwäche kennt.

3657 Keine Weinrebe.

Bloß Staub, im Schutze seines Schattens.

3658 Das Christentum steht der Theokratie auf radikale Weise feindlich gegenüber.

Eine in eine Kirche verwandelte Gesellschaft präfiguriert nicht das Reich Gottes.

Sie zeichnet im Gegenteil ihre teuflische Karikatur.

Die Kirche fordert die parallele Existenz des Reiches.

Persönlich halte ich nur eine Welt für legitim, deren Herrschaft der Römische Papst und der Deutsche Kaiser auf symmetrischen Thronen ausüben.

3659 Niemals gab die Christenheit vor, das Reich Gottes zu sein, noch wird sie es vorgeben, falls sie wiederaufersteht.

Sondern eine Gesellschaft christlicher Sünder.

3660 Nicht eine Restauration ersehnt der Reaktionär, sondern ein neues Wunder.*

Nur die Seele, die in der Vergangenheit verankert ist, erleidet in nächtlichen Winden keinen Schiffbruch. 3661

Der Glaube des modernen Klerus reichte nicht aus, um ein Gegengewicht zum Plebejischen seiner niederen Herkunft zu bilden. 3662

Eine bestimmte schmerzliche Ironie ist nur ein ausgleichender Reflex des Neides. 3663

Devise für den jungen Linken: Revolution und Fotze.* 3664

Jeder Wert ist individuell. 3665

Unvorhersehbar, folglich zufällig, und unersetzlich.

(Niemand wird die verlorenen Tragödien des Aischylos rekonstruieren.)

Der Skeptiker, den der Glaube nicht mehr reizt, nimmt gewöhnlich alberne Überzeugungen an.* 3666

Wenn wir nicht auf eine Zukunft „in Großbuchstaben“ hoffen, verdummt uns die Hoffnung nicht auf verhängnisvolle Weise. 3667

Die Hoffnung auf einen neuen weltlichen Glanz ist nicht unzulässig, vorausgesetzt wir erhoffen einen verletzten, schwachen, sterblichen Glanz.

Wir können ohne Schuld das Weltliche lieben, solange wir uns daran erinnern, daß es vergänglicher Lehm ist, den wir lieben.

Unsere intellektuelle Unabhängigkeit wächst mit wachsender Gleichgültigkeit der Jahre. 3668

Die Fähigkeit, das Auf-der-Hand-Liegende zu verkomplizieren, war grundlegende Bedingung der Metamorphose vom Tier zum Menschen. 3669

Direkt von der Begierde zu ihrer Befriedigung überzugehen, charakterisiert das Tier.

Im Sichbekleiden und nicht im Sichentkleiden besteht immer die Kultur.* 3670

Die einzigen wichtigen Lehren sind die, welche nur der Tonfall der Stimme übermitteln kann.* 3671

3672 Spezialist und Journalist sind gerade dabei, die Erbschaft der erdrosselten Kultur endgültig unter sich aufzuteilen.

3673 Heute ist es nicht möglich, die Christen zu respektieren.
Aus Respekt vor dem Christentum.

3674 Die Unauflösbarkeit des Paktes zwischen der Antike und dem Christentum bewies sich in der gleichzeitigen Rebellion der modernen Mentalität gegen die antike und gegen die christliche Geisteshaltung.

3675 Die moderne Mentalität ist jene, die sich der Kultur aussetzen kann, ohne naß zu werden.*

3676 Zivilisationen sind Perioden, in denen die Manieren einen Teil der Ethik bilden.

3677 Die christliche Demut ist nicht scheinheilige Verleugnung der Tugenden, die wir haben, sondern die ausdrückliche Anerkennung, daß diese nicht unser Verdienst sind.

3678 Christ sein heißt nicht, eine falsche Bescheidenheit zu bekunden.
Es ist das Bekenntnis, daß alles Erhabene unverdient ist.

3679 Vor der Philosophie der Geschichte rettet nur die Epistemologie der Geschichte.*

3680 Das Christentum hat nie gelehrt, daß die Geschichte einen Zweck hätte.
Sondern ein Ende.

3681 Das Unglück des modernen Menschen ist nicht, daß er ein mittelmäßiges Leben zu leben hat, sondern, daß er glaubt, er könnte eines leben, das nicht mittelmäßig wäre.*

3682 Die Demokratie ist die politische Regierungsform, in der der Bürger die öffentlichen Interessen denjenigen anvertraut, denen er niemals seine privaten Interessen anvertrauen würde.

3683 Die äußerste Immoralität besteht in jeglichem Beitrag zum Fortschritt.*

Um nicht ein Lump zu sein, ist heute eine fast ebenso starke Seele vonnöten wie in anderen Jahrhunderten, um ein Heiliger zu sein.* 3684

Jedes Werk spricht uns von Gott. 3685
Was es auch sage.

Die Welt ist glücklicherweise unerklärbar. 3686
(Was wäre eine Welt, die dem Menschen erklärbar wäre!)

Das Glück des Menschen hängt letztendlich davon ab, daß er die Fähigkeit wiedererlangt, das Verb „verzichten" zu konjugieren. 3687

Das einzige Respekt erheischende Unternehmen des Menschen wäre, auf allen Hügeln Klöster zu errichten. 3688

Die Literatur ist die subtilste und vielleicht die einzige exakte der Philosophien.* 3689

Vornehm ist die Person, die fähig ist, nicht alles zu tun, was sie tun könnte. 3690

Kulturen sind das Werk jener, die dem Menschen ein Ziel jenseits dieser Welt zuweisen. 3691
Ihre Zerstörung ist das Werk derjenigen, die ihn auf ein weltliches Schicksal festlegen.

Mit denjenigen einen Dialog zu führen, die unsere Postulate nicht teilen, ist nur eine törichte Art, die Zeit totzuschlagen. 3692

Die Verbreitung der Kultur hatte zur Folge, daß der Dummkopf das Recht erhielt, von dem zu schwatzen, was er nicht kennt.* 3693

Gesellschaftliche Traditionen sind der Ersatz für Macht. 3694
Staatliche Gewalt oder Gewalt des Volkes ist die Alternative der Gesellschaften in „stetigem Fortschritt".

Gemeineigentum, allgemeiner Wille, historische Notwendigkeit sind die Namen, mit denen der gerade zuständige Schleicher die Kapricen der Macht tauft. 3695

3696 Die Sozialgeschichte kann sich nicht damit zufriedengeben, eine Bestandaufnahme zu machen ohne zu werten.
Die Existenz von Strukturen setzt Werturteile voraus.

3697 Als Kriterium des Besten kennt der moderne Mensch nur die Nachwelt.*

3698 Um den Dummkopf zu entlarven, gibt es kein besseres Reizwort als: mittelalterlich.
Er sieht sofort rot.

3699 Der Mensch gewöhnt sich mit entsetzlicher Leichtigkeit an die absolute Häßlichkeit und an das reine Böse.
Eine Hölle ohne Qualen verwandelt sich leicht in einen etwas heißen Urlaubsort.*

3700 „Feudale Anarchie" ist der Spitzname, mit welchem der demokratische Terrorismus die einzige Periode konkreter Freiheit schlechtredet, die die Geschichte kennt.

3701 Die Werte sind nicht unbeweisbar, weil sie Postulate, sondern weil sie Präsentationen sind.
Sie haben kein Datum der Erfindung wie die Ideen, sondern eines der Entdeckung wie die Kontinente.
Die Axiologie ist empirische, historische und persönliche Einsicht in Absolutheiten.

3702 Gott ist nicht in der Welt wie ein Fels in einer greifbaren Landschaft, sondern wie die Sehnsucht in einer gemalten Landschaft.

3703 Nicht um die Übereinstimmung unserer Evidenzen, sondern um deren Unterordnung sollen wir uns bemühen.

3704 Der Amtsmißbrauch und die Bestechung sind in demokratischen Zeiten die letzten Schutzräume der Freiheit.*

3705 Die hebräische und profane Eschatologie waren geschichtlich.
Die christliche war es im Gegensatz dazu nie.
Selbst die eschatologische Ungeduld der apostolischen Generation erwartete nicht die Fülle der Geschichte, sondern den apokalyptischen Abschluß der Zeit.

Für den Christen hat die Geschichte keine Richtung, sondern ein Zentrum. 3706

Hätte die Geschichte Sinn, wäre die Inkarnation überflüssig. 3707

Die Dinge sind nicht stumm. 3708
Sie wählen bloß ihre Zuhörer aus.

Die Bürokratie ist eines jener Mittel der Demokratie, die sich in eines ihrer Zwecke verwandeln. 3709

Die Namen der berühmten Linken enden als beleidigende Adjektive im Munde des Linken. 3710

Der Intellektuelle tritt dem Staatsmann nicht mit der Integrität des Geistes gegenüber, sondern mit dem Radikalismus der Unerfahrenheit.* 3711

Eine demokratische Zeremonie hört nur auf, vulgär zu sein, wenn sie furchtbar wird. 3712

Die optimistischen Ideologien beginnen aus Liebe mit Erschießungen. 3713
Um die Menschheit zu heilen.
Am Ende erschießen sie aus Groll.
Weil die Menschheit sich als unheilbar herausstellt.

Das reaktionäre Denken ist keine Reaktion der Angst, sondern eine Reaktion angesichts des Verbrechens. 3714

Es gibt weder eine bescheidene Aufgabe, die uns nicht erfüllen würde, noch eine spektakuläre Handlung, die nicht langweilen würde. 3715

Vielleicht hat die Geschichte zum Schluß keinen anderen Zweck, als den Historiker zu unterhalten. 3716

Der Linke zahlt nur mit vorausdatierten Schecks.* 3717

Der Linke entdeckt nur in den geistigen Armenvierteln Vorfahren. 3718

3719 Ein „Sozialismus mit menschlichem Antlitz“ ist ein alkoholfreier Branntwein.

3720 Der von den Propheten der Demokratie des 19. Jahrhunderts angekündigte Messias war bloß eine Ausgeburt des Antichristen.

3721 Anders als bei den Jungen, redet unter den Alten nur der Dumme Unsinn.

3722 Diese Befreiung der Menschheit, die das 19. Jahrhundert ausgerufen hat, war schließlich nicht mehr als der internationale Tourismus.*

3723 Der fortschrittliche Katholik verfügte, daß der Atheismus darin besteht, die Göttlichkeit des Menschen in Zweifel zu ziehen.

3724 Der christliche Fortschrittsglaube ist ein Rausch des Verrats.

3725 Nichts von dem, was wir ehrlicherweise an einem Individuum bewundern, hängt von diesem ab.

3726 Das gelungene Kunstwerk unterscheidet sich radikal vom mißlungenen, aber das mißlungene unterscheidet sich wenig vom gelungenen.

Verwerfen ist in der Kunst schwieriger als wählen.*

3727 Dem, der auf der Suche nach einer stimmigen Erklärung der Welt ist, empfehlen wir, sie zu erfinden.

Damit das Risiko geringer ist, daß er an sie glaubt.

3728 Wenn wir über Ozeane des Schwachsinns segeln, braucht die Intelligenz den guten Geschmack als Beistand.

3729 Die Gerechtigkeit war einer der Motoren der Geschichte, weil es der Name ist, zu dem der Neid im Munde des Klägers wird.

3730 Das 19. Jahrhundert lebte mit seinen sexuellen Repressionen nicht angstvoller als das 20. mit seiner sexuellen Befreiung.

Die gleiche Besessenheit, wenn auch mit umgekehrtem Vorzeichen.

Erstreben wir, daß erhabene Momente in der geschichtlichen Routine flüchtig triumphieren. 3731

Aber geben wir uns nicht der albernen Hoffnung hin, das irdische Ende ihres monotonen Kreisens zu erhoffen.

Wenn die Intellektuellen schweigen, besteht die Möglichkeit, daß die Literatur wieder aufersteht. 3732

Der Moderne denkt, daß der Teufel verschwunden ist, aber er ist zurückgekehrt, nur subtiler als früher. 3733

Ein Problem, so begrenzt es auch sei, interessiert auf ewig, wenn es ein intelligenter Mensch behandelt. 3734

Die Nachwelt schaut mit Ironie auf das Werk des siegreichen Revolutionärs, aber sie hat noch nicht gelernt, ohne Wehleidigkeit den Namen der besiegten Revolutionäre zu zitieren. 3735

Sowohl die authentische Wahrnehmung jeder irdischen Herrlichkeit als auch die Legitimität unserer Erkenntnis bedingen das vorhergehende Eingeständnis ihrer radikalen Abhängigkeit.* 3736

Die Unparteilichkeit verbietet die Ungerechtigkeit, nicht den Kampf. 3737

Wenn im Konservativen nicht der Reaktionär erwacht, handelt es sich nur um einen gelähmten Fortschrittlichen. 3738

Jene, die das Evangelium als aufrührerisch bezeichnen, verwechseln in burlesker Weise die revolutionäre Ablehnung der Gesellschaft mit der apokalyptischen Ablehnung der Welt.* 3739

Die Ewigkeit tritt in der Zeit nur zutage, wenn wir diese als eine ontologisch bedrohte Dauer leben. 3740

Alles ist vergänglich in einer gesicherten Dauer.*

Der Katholizismus ist die Summe der Formen, welche ihm die hartnäckige Absicht, ihn zu beseitigen, aufzwang. 3741

Der Katholizismus ist keine Folge von Verträgen mit der Welt, sondern eine Spur triumphaler Schiffbrüche.

3742 Ohne *radikale Eschatologie* und ohne *das ganz Andere* löst sich das Christentum in den schwarzen Wassern der Zeit auf.

3743 Eschatologisch leben heißt nicht, die Gegenwart zu leben, indem man auf die Zukunft lauert, sondern die Zukunft so zu leben, als wäre sie schon gegenwärtig.

3744 Der Exeget, der weder Christ noch Skeptiker ist, sieht am Ende in Jesus Christus einen angesehenen Hals-Nasen-Ohren-Arzt.

3745 Reaktionär sein heißt nicht an bestimmte Lösungen glauben, sondern ein scharfes Gespür für die Komplexität der Probleme haben.*

3746 Die kapitalistische Gesellschaft häufte Reichtum an, indem sie die Ignoranz eines durchtriebenen Unternehmers, der führt, mit dem Wissen eines törichten Technikers, der ausführt, zusammenkoppelte.

Der Sozialismus strebt an, Reichtum zu schaffen, indem er die Führung dem Techniker anvertraut.

3747 Als ob ihr der Begriff der Inspiration inspiriert worden wäre, ordnete die Kirche ihre Exegese einer fordernden Definition des Begriffes unter.

Statt sie empirisch zu definieren, dem Wesen der eingegebenen Texte nach.

3748 Schlimmer als die *corruptio optimi* ist die *corruptio rei optimae*.

Das Individuum stirbt, aber der beschmutzte Wert überdauert.

3749 Die Feierlichkeit ist ein scharlachroter Umhang, der in die Hände von Hofnarren gefallen ist, der aber dringend für unverzichtbare Liturgien gerettet werden muß.

3750 Der Wesenszug ist nicht der, der mit besonderer Häufigkeit auftritt, sondern jener, der von besonderer Bedeutung ist.

Die Statistik ersetzt nicht die Intuition.*

3751 Selbst die rigorosesten soziologischen Konzepte sind nicht einmal annähernd exakt.

3752 Die Psychologie systematisiert bloß das Augenfällige, wenn ihre Konzepte die ethischen Konnotationen verlieren.

Selbst wenn die Definition in Wirklichkeit die Klasse konstruiert, 3753
scheint die Klasse die Definition zu konstruieren.

Es genügt in der Tat um eine Klasse zu konstruieren, daß man irgendeine Beziehung wählt, die mehreren Individuen gemein ist, um in ihnen ein Gefühl der Teilhabe zu wecken, das die Definition der Klasse in eine bestimmte Klasse verwandelt.

Das Klassenbewußtsein ist nicht der Reflex einer Situation, sondern eine Reflexion über sie.

Ohne den Radikalismus des christlichen Anspruchs entgehen nur 3754
wenige der Überheblichkeit ethischer Selbstzufriedenheit.

Die bürgerlichen Reformer bereiten juristische Präzedenzfälle für 3755
jene vor, von denen sie in der Zukunft ausgeplündert werden.

Die Beendung der Lektüre irgendeines Buches ist immer eine 3756
Großtat.

Wer die Routine aus dem Leben vertreibt, quartiert sie in seinem 3757
Kopf ein.*

Wer eine verstümmelte Weltsicht ersinnt, verstümmelt sich am En- 3758
de selbst.

Manchmal müssen wir die Versuche des Menschen, sein Elend zu 3759
verbergen, verurteilen.

Und manchmal diejenigen verurteilen, die sie verurteilen.

Ich weiß nicht, ob der Teufel in einer anderen Welt die irreligiöse 3760
Gesellschaft straft.

Aber ich sehe, daß sie hier bald von der Ästhetik betraft wird.

Skeptizismus ist keine Verspottung des Mysteriums, sondern der 3761
Rezepte, mit denen der Schwachkopf sie zu entziffern sucht.

Die Fotografie ermordete die Vorstellungskraft. 3762

Es reicht nicht, sich etwas vorzustellen, damit es existiere, aber es 3763
existiert nur, was wir uns vorstellen.

Der Glaube ist nicht Kenntnis des Objekts, sondern die Verbin- 3764
dung mit ihm.

3765 Der Schreiber der Linken knurrt, wenn er über Politik schreibt.
Aber wenn er über ein anderes Thema schreibt, sondert seine Feder Zartes ab.
Was für ein großes Geschäft waren die Demütigen!

3766 Der Respekt vor allen Religionen ist irreligiös.
Wer glaubt, verehrt keine Idole.*

3767 Niemand ist „anderen Glaubensbekenntnissen" gegenüber respektvoller als der Dämon.

3768 Gewisse Gesten erscheinen nur dem Eunuchen grotesk, so wie gewisse andere nur dem Ungläubigen grotesk vorkommen.

3769 Das Frustration ist die psychologische Eigenschaft, die die demokratische Gesellschaft unterscheidet.
Wo alle den Gipfel anzustreben dürfen, ist die ganze Pyramide eine Anhäufung von Frustierten.

3770 Die uneingeschränkte Verbreitung von Nachrichten, die die Massenkommunikationsmittel erzwungen haben, hat es erforderlich gemacht, daß die öffentliche Lüge im Staat die traditionelle Funktion des Geheimnisses übernahm.*

3771 ‚Real' ist nicht das Prädikat des Körper, der sich bewegt, sondern der Bedeutung seiner Bewegungen.

3772 Die Künste sterben nicht, aber manchmal befinden sie sich jahrhundertelang in Lethargie.

3773 Pseudo-Erklärungen mästen unsere Blödheit.

3774 Die Dummköpfe glauben, daß die Menschheit erst heute bestimmte wichtige Dinge weiß, wo es doch nichts Wichtiges gibt, was die Menschheit nicht von Anfang an wußte.

3775 Den *Sitz im Leben* eines Textes zu suchen hat nicht den Zweck, ihn zu relativieren, sondern das, was an ihm nicht relativ ist, besser zu bestimmen.

3776 Wenn der linke Intellektuelle sich den Bart abrasiert, zeigt ihm der Spiegel das pausbäckige Gesicht des Bourgeois.

Dem Teufel gelingt es nicht, sich der Seele zu bemächtigen, die zu 3777
lächeln weiß.*

Es gibt Wissenschaften, die man lehren kann und andere, die wir 3778
nur lernen können.

Naturwissenschaften, Humanwissenschaften.

Die Nachwelt wird nicht begreifen, welche Ruhmestat die bloße 3779
Besonnenheit in diesem wahnsinnigen Jahrhundert ist.

Das Schlüssel-Ereignis dieses Jahrhunderts ist die demographische 3780
Explosion verrückter Ideen.

Das uneingeschränkte Lob des „Natürlichen" ist eine Ausflucht, 3781
um der Pflicht auszuweichen, unter natürlichen Dingen Unterscheidungen zu treffen.

Der Mensch ist nicht eingekerkert, er kerkert sich ein. 3782

Demystifizieren wir die Zukunft, welche die ewige Routine der 3783
Geschichte wiederholen wird, damit sie sich nicht in ein Asyl blutiger Utopien verwandelt.

Jemand, der Anhänger der Gleichheit ist ohne neidisch zu sein, 3784
kann das nur sein, weil er dumm ist.

Solange der Soldat überlebt, wird die völlige Verkommenheit er- 3785
schwert.

Die Ontologie ist die Wissenschaft der Erscheinungen, die Axiolo- 3786
gie die Wissenschaft der Wirklichkeit.

Die Urteilssprüche am Tage des Gerichts werden weniger entschie- 3787
den und emphatisch sein als die eines jeden beliebigen Journalisten über jedes beliebige Thema.*

Die Ideologien sind ein demokratisches Sekret. 3788

Der gewöhnliche Mensch läßt ja weder zu, daß ihm ein von seinem persönlichen Interesse abweichendes Ziel vorgeschlagen wird, noch daß man es ihm mit klarem Zynismus vorschlägt.

3789 Sowohl Individualismus als auch Kollektivismus sind der gesellschaftliche Widerhall des Glaubens an die Unsterblichkeit der Seele.

Das Individuum wendet sich nach innen, prüft sich, beobachtet sich und entdeckt seine Individualität, oder es wendet sich nach außen, projiziert sich, löst sich auf und vermischt sich mit einem Kollektiv, je nachdem ob es an ein unbestechliches Tribunal glaubt oder nicht.

3790 Um letztendlich nicht gezwungen zu sein, die Gesellschaft zu kasernieren, muß man in ihr die Armee kasernieren.

3791 In demokratischen Epochen verbringt jede Überlegenheit die Zeit damit, sich zu entschuldigen.

3792 Da es nur zwei vertretbare Typen von Festen gibt: populäre Lustbarkeit und aristokratischer Pomp, sind die Feste in diesem Jahrhundert der Mittelklasse grotesk.*

3793 Eine Wahrheit hebt sich nicht dadurch auf, daß auf einer tieferen Ebene eine andere existiert, die sie nicht kennt.

3794 Die Jugend segelt, ohne es zu bemerken, in einem Meer von Konformismus.

An jeder Welle bemerkt sie nur die kurze Schaumkrone, die sie von den anderen unterscheidet, und nicht die allgemeine Flut, die alle treibt.

3795 „Erklärungen“ sind bloßer Zeitvertreib, nur „Vorstellungen“ sind ernstzunehmen.

3796 Die Ideen, die auf die Politik am wenigsten Einfluß haben, sind die politischen.*

3797 Die gehässigste Rhetorik ist die des Individuums, das die Tatbestände nur noch in ihrer innerweltlichen Nacktheit sieht, aber von ihnen spricht, als sähe es dort noch immer Reflexe einer jenseitigen Welt.

3798 Die Dichtung ist gestorben, erstickt von den Metaphern.

Der Sozialist versichert, daß seine Meinungen Ergebnis rationalen Denkens sind, weil er einfach ignoriert, daß sie die Nachkommenschaft geheimer Verbindungen von ungenauen Beobachtungen mit heimlichen Forderungen sind. 3799

Keine soziale Klasse hat die anderen unverschämter ausgebeutet als die, die sich heute selbst „Staat" nennt.* 3800

Kunst, Literatur, Philosophie sind zu wichtig, um von ihnen mit Nachdruck zu sprechen. 3801

Es ist ungerecht, den Schriftstellern dieses Jahrhunderts ihren schlechten Geschmack vorzuwerfen, ist doch der Begriff des Geschmacks selbst zu Grunde gegangen. 3802

Abzustreiten daß eine „menschliche Natur" existiert, ist ein ideologischer Kunstgriff des Optimisten, um sich vor der Geschichte zu verteidigen. 3803

Die neue Evidenz ist nicht perfekter als die alte. 3804
Sie ist bloß neu.

Wenn der Mensch es fertigbringt, einen Menschen herzustellen, wird das Rätsel des Menschen nicht entschlüsselt, sondern verfinstert werden. 3805

Aus dem reinen, durch den revolutionären Rausch entfesselten Aktivismus erwacht der Mensch eines Morgens mit bleichem Gesicht zwischen Erbrochenem und Blut. 3806

Wer gegen das Altern kämpft, altert bloß ohne zu reifen. 3807

Wenn wir an Gott glauben, dürfen wir nicht sagen: Ich glaube an Gott. Sondern: Gott glaubt an mich.* 3808

Haben wir Mitleid mit dem Gleichheitsfanatiker. 3809
Was für ein Unglück, nicht zu bemerken, daß es Ränge und Ränge oberhalb unserer Mittelmäßigkeit gibt.

Manchmal zweifeln wir an der Ehrlichkeit dessen, der uns schmeichelt, aber nie daran, daß seine Schmeicheleien zutreffend sind. 3810

3811 Zwei Bedingungen sind notwendig, damit eine Aristokratie heranwächst: daß die Gesetze es nicht verhindern und daß sie es nicht erleichtern.

3812 Das Gedächtnis einer Zivilisation besteht in der Fortdauer ihrer Institutionen.

Die Revolution, die sie unterbricht, indem sie sie zerstört, befreit die Gesellschaft nicht von einem lähmenden Panzer, sondern zwingt sie bloß, noch einmal von vorn anzufangen.

3813 Den geistigen Kampf gewinnt man nicht, indem man Barrikaden errichtet, sondern höflicherweise das offene Feld verläßt, damit die Dummheiten des Gegners sich allein die blutigen Nasen holen.

3814 „Der Welt entsagen" hört auf, eine Ruhmestat zu sein, um, in dem Maße wie der Fortschritt fortschreitet, eine Versuchung zu werden.*

3815 Niemand darf sich ernst nehmen.

Nur hoffen, sich als ernstzunehmend zu erweisen.

3816 Die protestantische Theologie verfällt leicht der Versuchung, sich in eine geschichtliche Hermeneutik zu verwandeln, die katholische Theologie jener, eine juristische Hermeneutik zu werden.

3817 Die Spezialisten können sich nicht gegenseitig die Besonderheiten mitteilen, die sie wirklich kennen, sondern die Allgemeinheiten, die sie irrtümlicherweise zu kennen glauben.

3818 Ein christlicher Humanist? Ja.

Ein christlicher Humanismus? Nein.*

3819 „Patriot" ist in den Demokratien jener, der vom Staat lebt; „Egoist" jener, von dem der Staat lebt.*

3820 Die Probleme der Lebenskunst löst nur der, der sie nicht sieht.

3821 Der gegenwärtige Mensch lebt nicht im Raum und in der Zeit.

Sondern in der Geometrie und den Chronometern.*

Respekt vor der Geschichte zu haben heißt nicht, jede Sache, die sich ereignete, zu billigen. 3822

Es heißt, den verkörperten Wert der fehlgeschlagenen Absicht vorzuziehen.

Die Trägheit der menschlichen Intelligenz nimmt auf unerklärliche Weise die von einer Theorie zurückgewiesene Tatsache auf, um diese der zurückweisenden Theorie anzupassen. 3823

Das Volk war geistreich, bis es den Halbgebildeten gelang, es zu bilden. 3824

Die „Unterrichtung“ ist tödliches Gift für den Geist. 3825

Die nüchternen Epochen des Geistes müssen den Betrug, der sie verführt, durch die Intelligenz ersetzen, die sie rettet. 3826

Nur Gott können wir die Unverschämtheit verzeihen, daß er verzeiht, weil er versteht. 3827

Die Undurchsichtigkeit eines sozialen Sachverhalts löst sich nicht auf, solange wir uns damit zufriedengeben, ihn einem empirischen Gesetz unterzuordnen. 3828

Solange wir ihn nicht *a priori* in ein Strukturschema einordnen.

Im ständigen phänotypischen Wandel der Seele ereignen sich plötzliche genotypische Mutationen. 3829

Die literarische Intelligenz ist die Fähigkeit, das Konkrete zu denken. 3830

Die sozialen Probleme sind das wunderbare Refugium jener, die vor ihren eigenen Problemen fliehen. 3831

Der, der nicht jedem Einzelnen das Seine zu geben weiß, beschließt, allen das Gleiche zu geben. 3832

Die Kirche gibt sich nicht damit zufrieden, ihre Verteidiger in einem dezenten Vergessen zu bestatten. 3833

Früher oder später hilft sie, deren Grabstätten zu entweihen.

3834 Die Kunst ist das gefährlichste reaktionäre Ferment in einer demokratischen, industriellen und fortschrittlichen Gesellschaft.*

3835 Eine irreligiöse Gesellschaft erträgt die Wahrheit über die *conditio humana* nicht.

Sie zieht eine Lüge vor, so blödsinnig sie auch sei.

3836 Der Einzige, der dem Leben dankt, was das Leben ihm gibt, ist der, der nicht alles vom Leben erwartet.

3837 Was sowohl die mittelmäßige Epoche als auch das mittelmäßige Individuum vor der Enttäuschung rettet, ist nicht das fieberhafte Schaffen, sondern ein ehrbietiges Schweigen.

3838 Nur im Niederknien drückt sich die Wahrheit des Menschen aus.

3839 Niemand kann sicher sein, daß nicht irgendein Hergelaufener irgendwann das Recht haben wird, ihn zu duzen.

3840 Wenn wir keine geistige Tradition erben, die sie deutet, lehrt uns die Lebenserfahrung nichts.

3841 Nicht jene, die das intellektuelle Inventar der Welt bereichern, sind Wohltäter unserer Intelligenz, sondern diejenigen, welche den Beleuchtungswinkel der Dinge verändern.

3842 Damit eine Kultur eine andere befruchte, ist es notwendig, daß sie sich schlecht kennt.

Das historische Wissen erschwert die kreative Nachahmung.

3843 Leben heißt eine Wahl treffen.

Und eine Wahl treffen heißt, ungerecht sein.

Wählen wir also die Ungerechtigkeit, die am wenigsten unintelligent ist.

3844 Die Geistesgeschichte ist kein dialektischer Prozeß, sondern ein Dialog – am Faden der Zeit – zwischen genetisch beschränkten Individuen zu unvorhersehbaren Sichten der Welt.

3845 Der Ehrgeiz, „die Welt zu verändern“ berauscht nur die Epochen, in denen diejenigen fehlen, die sie mit Talent malen, beschreiben oder denken können.

Die Stadt verschwindet, während die ganze Welt verstädtert. 3846

Die Stadt des Okzidents war Person.

Heute lösen sie hypertrophes Wachstum und staatlicher Zentralismus in eine leblose Anhäufung von Wohnstätten auf.

Entweder man gehört zur Nachkommenschaft Hegels oder man 3847
gehört zur Nachkommenschaft Schopenhauers.

Tertium non datur.

Das Eindringen der nichteuropäischen Geschichte in die Tradition 3848
des Westens ist eine Episode des intellektuellen Lebens des 19. Jahrhunderts.

Die Teilnehmer dieser Tradition sind nicht zwingend Erben dieser Geschichte und können sie nur beerben, wenn sie die intellektuellen Bedingungen ihres Eintritts in das Erbe des Westens respektieren.

Mit anderen Worten, kann es z. B. Sinologen im Westen geben, aber keine Taoisten.

Der Atheismus einer Philosophie besteht weniger darin, Gott zu 3849
verneinen, als ihn nicht vorzufinden.

Die politischen Parteien streiten heute nicht wegen der Program- 3850
me. Sie streiten sich im Gegenteil um die Programme.

So wie die allegorische oder tropologische oder bildliche Deutung 3851
dem Christen von gestern literarische Lektüren ermöglichte, so erlaubt sie die ökonomische Deutung heute dem frommen Marxisten.

Hegel, „Philosoph des preußischen Staates"? – „Philosoph der 3852
französischen Revolution"?

Als ob nicht jede „französische Revolution" im „preußischen Staat" enden würde!

Die Materialismen waren nie Philosophien, sondern Politik. 3853

In den Literaturgeschichten sind es nicht die ersten Kapitel, die mit 3854
den Jahren schrumpfen, sondern die letzten.

Die Sub-Literatur ist die Gesamtheit von achtenswerten Büchern, 3855
die jede Generation mit Genuß liest, die aber niemand wiederlesen kann.

3856 Das Organ des Vergnügens ist die Intelligenz.

3857 Die Vergnügen der Intelligenz und die Mühen der Sexualität.

3858 Wir alle kennen, in allen Lagern, hochmütige Unteroffiziere Alexanders des Großen.

3859 Der bürgerliche Schriftsteller flüchtet sich aus Angst vor dem Volk auf die Toilette.

3860 Ein perfekter Satz kann in Vergessenheit geraten, aber er ist dem Tod entgangen.

3861 Bestimmten Schriftstellern würde man gern die Fenster der Seele öffnen, weil sie nach Schimmel riechen.

3862 Die bloß ökonomische Ungleichheit dauert nicht an.
Sie verdient keine Dauer.

3863 Händler, Banquiers, Industrielle sind keine typischen Phänomene der bürgerlichen Gesellschaft, da sie ja in den verschiedensten Gesellschaften existieren.
Das typische bürgerliche Phänomen ist der Intellektuelle.*

3864 Die Ethik, die nicht zu entsagen befiehlt, ist ein Verbrechen gegen die Würde, nach der wir trachten müssen, und gegen das Glück, das wir verlangen können.*

3865 Das Publikum ist heute so vielfältig, daß jedes Buch, so mittelmäßig es auch sei, Ungebildete findet, die es verführt.

3866 Wenn sich das Gros des Publikums für die Künste begeistert, vereinfacht sich der ästhetische Ausdruck zu einem reinen Aufprall.

3867 In der Kunst wie in der Politik gilt: je tiefer man zielt, desto besser trifft man.

3868 Es gibt keinen Toten, der toter ist als der talentierte Schriftsteller, der sich für ein Genie hielt.

3869 Der Lärm um ein Kunstwerk ist heute nicht Anzeichen für ästhetische Bedeutung, sondern für politische Ausschlachtung.*

Die Begabung ist die Belohnung des Genies und die Strafe des Mittelmäßigen. 3870

Die Mittelmäßigen retten uns, wenn wir so mittelmäßig sind, daß es uns gelingt, es zu sehen. 3871

Die Anhänger der egalitären Gesellschaft sind fast immer klein. 3872

Die Geschichte bietet kein komischeres Schauspiel als das des fortschrittlichen Historikers, der beleidigt gegen die Geschichte ankämpft. 3873

Bei der Mehrheit der Historiker scheint in den Urteilen die Vorstadt durch, in der sie aufwuchsen. 3874

Der halbe Globus unternimmt es heute, die Fehler der despotischen Demokratie darzulegen, die andere Hälfte jene der liberalen Demokratie. 3875

Der materielle Wohlstand erniedrigt weniger als die intellektuellen und moralischen Hilfsmittel zu seiner Erlangung.* 3876

Von dem Zeitpunkt ab, in dem sich eine Meinung in einem Text kristallisiert, beurteilt sie nicht mehr das komplizenhafte Ohr der Zeitgenossen, sondern der steinerne Blick der Toten. 3877

Niemand protestiert so lautstark gegen die Bescheidenheit der Aufgaben, die das Leben ihm übertrug, wie der, der unfähig ist, andere zu übernehmen. 3878

Wir können um Erbarmen bitten. 3879

Aber mit welchem Recht fordern wir Gerechtigkeit?

Die heutige soziale Sentimentalität ist so grotesk wie die erotische Sentimentalität von früher. 3880

Der revolutionäre Intellektuelle ist die Kameliendame des neuen Theaters.

Um Talent zu haben, machte auch Beaumarchais nicht mehr, als die Mühe auf sich zu nehmen, geboren zu werden. 3881

3882 Das Volk würde nach ein paar Jahren den Namen der berühmten Demagogen vergessen, wenn deren Nachfolger nicht den Steuerzahler zwingen würden, die Kosten für Gedenk-Riten zu übernehmen.

Das Gedächtnis des Volkes beherbergt nur Namen von Königen.

3883 Niemals gibt es zu viele Schriftsteller, sondern zu viele Leute, die schreiben.

3884 Die Lösungen, die der Mensch findet, sind immer weniger interessant als die Probleme.

Die einzigen interessanten Lösungen sind jene, die Gott für sich reserviert.

3885 Die Triebfeder der Geschichte der Philosophie ist nicht die Hoffnung, das Rätsel zu entschlüsseln, sondern das Bestreben, eine wachsende Genauigkeit in der Analyse der Probleme zu erreichen.

3886 Ein wenig Staub auf einem Text verscheucht den gewöhnlichen Leser.

Als ob sich der Marmor nicht durch einen Hauch von Intelligenz säubern ließe.

3887 Nur der Glaube erlaubt Überlegungen, die von Postulaten unabhängig sind.

Die nur Evidenzen weiterführen.

3888 Der Schriftsteller, der keinen intellektuellen Ramsch zu verkaufen hat, kann sich nicht über seinen geringen Erfolg beklagen.

3889 Wenn eine Epoche sich mit Gemeinplätzen herumquält, heilt niemand sie mit Ideen.

3890 Es gibt Meinungen, die noch eitler sind als ihre Bekenner.*

3891 Der Dummkopf braucht, um perfekt zu sein, etwas Bildung.

3892 Das Talent des Schriftstellers besteht nicht darin, eine Person, Landschaft, Szene zu beschreiben, sondern uns glauben zu machen, daß er es getan hat.

Petrarca ist der Vater des Intellektuellen. 3893

Und derjenigen, deren Vater nicht zu sein wir versuchen.*

Dummheiten, die ein Genie äußert, werfen kaum einen Schatten auf das Relief seiner Texte. 3894

Aber der Einfältige, der sie wiederholt, stirbt unter ihrem Gewicht.

Die modernen Apostel sind gegenüber ihren Bekehrten so nachsichtig wie Prostituierte mit ihren Freiern. 3895

Es ist leichter, bestimmte Gehässigkeiten zu verzeihen als bestimmte Bewunderungen zu teilen. 3896

Zwischen dem Tier und dem Menschen gibt es keine größere Barriere als einen Zaun von Tabus. 3897

Menschheit ist der Rang, zu dem das Tier aufsteigt, das Verbote befolgt. 3898

Die Wichtigkeit der Moral liegt weniger darin, was sie verbietet, als in der Tatsache des Verbietens selbst. 3899

Wir dürfen nicht den Krieg zwischen den Menschen rühmen, sondern den Krieg im Menschen. 3900

Wer ein Individuum mit sich selbst versöhnt, erniedrigt es.* 3901

Die kranke Seele gesundet nicht, indem sie ihre armseligen Konflikte unterdrückt, sondern indem sie sich in edle Konflikte stürzt.* 3902

Auch wenn wir wissen, daß alles zu Grunde geht, müssen wir jedes unserer Quartiere für eine Nacht in Granit bauen. 3903

Nicht indem wir ihn in eine andere Sprache übersetzen, entschlüsseln wir den christlichen Mythos. 3904

Wenn er uns unübersetzbar scheint, haben wir ihn entschlüsselt.

Nur der intelligente Mensch braucht nicht Egoist zu sein, um die Ruhe des Nachbarn nicht zu gefährden. 3905

3906 Der Egoismus des Dummkopfes ist der Schutzwall seiner Nächsten.*

3907 Der Zorn der Dummköpfe ist weniger fürchterlich als ihre Philantropie.*

3908 Auf seine redliche Absicht vertrauend, erlaubt sich der wohlmeinende Dummkopf Attentate gegen den Menschen, die noch gefährlichere sind als jene des Bösewichts mit böser Absicht.

3909 Man muß den Dummen den Egoismus predigen.
Um Tote einzusparen.

3910 Der Egoist weiß möglicherweise nicht, was ihm entspricht, aber wenigstens handelt er nicht, als wüßte er, was den anderen entspricht.*

3911 Heute nennt man komischerweise nicht das Humanismus, was ein florentinischer Humanist lehren würde, sondern was der paduanische Averroist lehrte.

3912 Mit seinen demokratischen Händen erwürgte Lamennais die Seele von Sainte-Beuve.
Die erste Trophäe des fortschrittlichen Katholizismus war die Ungläubigkeit des intelligentesten Menschen seines Jahrhunderts.

3913 Die Offenherzigkeit dessen, der sich selbst nicht achtet, wandelt sich in einfaches Fehlen von Schamgefühl.

3914 Heute wimmelt es von Lastern, welche Tugenden sind, die von törichten Geistern pervertiert wurden.

3915 Daß das Christentum als Verschwörung von Proletariern entstanden sei, kann nur glauben, wer meint, daß der Reichtum sein Herz erfüllen würde.*

3916 Wenn unsere Beschreibungen der *pathetic fallacy* aus dem Weg gehen, verfälschen wir vorsätzlich unsere Sicht.
Die gesuchte angebliche „Objektivität“ ist ein „subjektiveres“ Produkt als die spontane Übernahme von Verhaltensweisen und Anschauungen.

Die Dichtung des 18. Jahrhunderts lesen zu lernen, gehört zum 3917
Reisepaß des Zivilisierten.

Die geschichtliche Kausalität ist erst *post eventum* greifbar, da der 3918
Wille Gesetzen gehorcht, aber dasjenige wählt, das sie einhält.

Wenn die ethischen Normen aufweichen, lösen sich die psychologi- 3919
schen Konflikte nicht auf, sondern werden schäbig.

Manchmal ist die Jugend eine Krankheit, die das Alter nicht immer 3920
heilt.

Das Fehlen gegenseitigen Respekts wandelt die Freundschaft oder 3921
Liebe zwischen plebejischen Seelen bald in einen bloßen zweiseiti-
gen Vertrag zum Austausch von Grobheiten.

Die völlige Ausdrucksfreiheit gleicht das fehlende Talent nicht aus. 3922

Die Stärke der Wirkung eines Textes ist proportional zum Raffine- 3923
ment seiner absichtlichen Auslassungen.*

Zivilisiert ist die Epoche, die die Intelligenz nicht für die berufli- 3924
chen Aufgaben reserviert.*

Schlechter Geschmack ist der gemeinsame Begriff der Verkramp- 3925
fungen, die der Schriftsteller der letzten zwei Jahrhunderte, so talentiert er auch sei, in uns immer wieder erzeugt, und die der Schriftsteller früherer Jahrhunderte, so mittelmäßig er auch sei, niemals in uns hervorrief.

Wo das Publikum ihn nicht erzieht, neigt der Schriftsteller dazu, in 3926
Hemdsärmeln zu schreiben.

Eine gebildete Seele ist jene, in der der Lärm der Lebenden nicht die 3927
Musik der Toten erstickt.

3928 Um die Höhe unseres kulturellen Gipfels zu berechnen, vergleichen wir ihn:
mit der Schwerelosigkeit eines attischen Textes
oder mit der Würde eines lateinischen Abschnitts
oder mit der Färbung einer mittelalterlichen Sequenz
oder mit der Klarheit einer Seite des 18. Jahrhunderts,
mit dem verbalen Mörtel des zeitgenössischen Schriftstellers.

3929 Die Neigung, indiskreterweise zu verallgemeinern, behandelt man mit einer Dosis von Geschichts-Methodologie.

3930 Wenn uns das, was einem intelligenten Menschen gefiel, langweilig vorkommt, sollten wir unsere Meinung abhorchen.

3931 Gedanken des Jugendlichen und Komplimente des Fünfzigjährigen sind gleichermaßen harmlos.

3932 Das Publikum findet keine Ruhe, solange die Journalisten dem berühmten Zeitgenossen nicht Züge alberner Sentimentalität zuschreiben.

3933 Den Sozialismus herbeizusehnen und vor dem Kommunismus zu erschrecken, kommt dem gleich, die Schlacht von Wörth zu loben und die von Reichshoffen zu tadeln.

3934 Es gibt Augenblicke, während derer wir sowohl in unserer Seele als auch in unserem Körper spüren, daß wir bloß posieren.

3935 Gäbe es historische Gesetze, würde ihre Entdeckung zu ihrer Ungültigkeit führen.*

3936 „Ein nützliches Glied der Gesellschaft sein“ ist der Ehrgeiz – oder die Entschuldigung – einer Prostituierten.*

3937 Der Wille ist nicht Motor, sondern Bremse.

Das Bewußtsein kann nur wollen, was es will, aber es kann sich versagen, was es will.

Das Bewußtsein wählt zwischen existierenden Tendenzen diejenige, die sich durch den Willen, der die gegnerische unterjocht, behauptet.

Die so gewählte Tendenz wächst und dehnt sich im positivem Ausdruck des Willens aus.

Die kritische Geschichte ist die erwachsene Form der Intelligenz. 3938

Der Religion fehlt der gesellschaftliche Nutzen. 3939

Wenn die Götter nicht existieren, dient die Religion zu gar nichts.

Wenn es bloß darum geht, ein weltliches Paradies zu organisieren, 3940
sind die Pfarrer überflüssig.

Der Teufel reicht.

Die Komplexität der historischen Begebenheiten ist so groß, daß 3941
jede Theorie Fälle findet, auf die sie anwendbar ist.

Die Nationen haben zwei edle Existenzweisen: Aufstieg und Nie- 3942
dergang, und eine vulgäre: Prosperität.*

Die Revolutionen sind nicht die Lokomotiven, sondern die Ent- 3943
gleisungen der Geschichte.*

Wer uns niemals verraten würde, verzeiht uns seinen Verrat. 3944

Aufs Neue noble Seiten zu schreiben wird solange nicht möglich 3945
sein, wie wir dem Universum nicht seine andere Dimension zurückgeben.

Die permanente Konterrevolution besteht darin, dem Mysterium 3946
permanent den Firniß an Verständlichkeit abzukratzen, mit dem man es permanent zu verdunkeln sucht.

Die historische Periode ist kein historiographischer Behelf. 3947

Die historische Periode ist der Zeitraum, in dem sich die Folgen einer freien Handlung entwickeln.

Die Seele des Gegenstands ist die perfekte Form ihrer selbst, die der 3948
Gegenstand evoziert.

Die Versprechungen des Lebens betrügen nur den, der glaubt, daß 3949
sie sich hier erfüllen.

Unser Durst hört hier nur das Rauschen des Wassers. 3950

3951 Es genügt, unsere Fenster des Nachts zu öffnen, damit der Windhauch eines mysteriösen Frühlings die verglühte Asche unserer Seele anfacht.

3952 Die Nacht wandelt die bitteren Schreie des Tages in Gesang.

3953 Es gibt Wesen, die in jedem Morgengrauen nur die günstige Gelegenheit für einen Verrat sehen.

3954 Treue ist die edelste Musik der Welt.

3955 Die Ideologie löst sich bald von dem Interesse, welches sie hervorbringt, und läuft auf eigene Rechnung durch die Welt.

3956 Kurze Erschütterungen reichen, um Bauten des Geistes niederzureißen, während unsere naturgemäße Gemeinheit die technischen Lösungen schützt.

3957 Der Historiker relativiert nur, wenn er dem Wert irrtümlicherweise die Konditionierung seiner empirischen Erscheinung zurechnet.

3958 Die Allokierung eines Wertes am Ort seines geschichtlichen Ursprungs beeinträchtigt nicht seine Gültigkeit.

Es zeigt nur an, in welchen Breiten er geboren wurde und von wo aus er sich beobachtet.

3959 Der doktrinäre Individualismus ebnet den Boden, damit der Kollektivismus bauen kann.

3960 Kritische Geschichtsschreibung und reaktionäre Gedanken stammen vom gleichen intellektuellen Akt, der die radikale Verschiedenartigkeit des Menschen entdeckte.

3961 Der progressive und demokratische Historiker gießt in die vielfältig geformten Weinschläuche der Geschichte dieselbe farb-, geruch- und geschmacklose Flüssigkeit.

3962 Die Geschichtlichkeit ist weder Evolution noch Dialektik noch Fortschritt.

Noch ein Keim, der wächst, noch eine Annäherung an ein Ziel.

Die Geschichtlichkeit ist nicht definierbar. Bloß Beispiel gebend.

Für den doktrinären Individualismus ist die Ethik naturrechtlich 3963
oder soziologisch.

Für den historischen Individualismus ist die Ethik weder absolutistisch noch relativistisch.

Weder das erste, weil die Wahrnehmung des Wertes sich auf konkrete Situationen bezieht. Noch das zweite, weil man von jeder Situation aus ein Absolutes wahrnimmt.

Historiker sein heißt, die Fähigkeit zu haben, aus der Zeit aufzutau- 3964
chen.

Das Talent des Historikers ist die Fähigkeit, einen Wert von einer 3965
Position aus wahrzunehmen, die sich von der seiner normalen Wahrnehmung unterscheidet.

Die Geschichte koordiniert paradoxerweise die Koordinaten räum- 3966
lich-zeitlicher Aussagen mit den absoluten Koordinaten des Urteils.

Selbst wenn nur der wahrgenommene Wert verpflichtet, prallen wir 3967
gegen unsichtbare Werte, so wie wir gegen Felsen stoßen, die wir nicht sehen.

Die schrille Prosa bekommt schnell ein faltiges Gesicht. 3968

Jede nicht hierarchische Gesellschaft teilt sich in zwei.* 3969

Das Individuum ist nur eines der vielfältigen Individualitäten der 3970
Geschichte.

Das Raffinierte wird nach wenigen Jahren oder wenigen Meilen lä- 3971
cherlich.

Die Pedanterie ist unverzichtbare Pflicht dessen, der einen pedanti- 3972
schen Beruf hat.

Die Schlagfertigkeit des Professors oder die Anmut des Theologen beschämen die Grazien.

Anstatt die Geschichte aufeinanderfolgender Mentalitäten zu 3973
schreiben, verfassen die Historiker Inventare von Speisekarten und von Kostümierungen immer der gleichen Marionette.

3974 Die Geschäftigkeit der Massen in der modernen Gesellschaft verwandelt die Seelen in Trampelpfade von Viehherden.

3975 Der Experte darf seinen Beruf nicht wie eine Arbeitskleidung an- und ausziehen.

Nur indem es sich dem, was es tut, vollständig verpflichtet, kann das Individuum seinem Leben Stil geben.

3976 Wir ziehen es vor, im „allgemein Menschlichen" Entschuldigungen für unsere persönliche Bosheit zu suchen.

3977 Das Gewimmel von Würmern im Kadaver einer Gesellschaft ist, wenn es nach dem Demokraten geht, ein Zeichen von Gesundheit.

3978 Daß die „Zivilisationen sterblich sind" ist der größte Trost dessen, der heute lebt.*

3979 Jeder Wert ist Urteil über sich selbst.

3980 Täglich sehen wir die Zahl der Wörter weiter ansteigen, die ihr Gegenteil bedeuten.

3981 Um uns vor der Verrohung zu bewahren, genügt es, Gesprächen von Jugendlichen und Vergnügungen von Erwachsenen aus dem Weg zu gehen.

3982 Die „Liebhaber der Schönheit" sind – wenn sie nicht affektiert sind – Diebe.

3983 Widersprüche zwischen Ästhetik und Ethik zeigen sich nur, wo es Betrüger gibt, die den Anspruch erheben, Verwalter der einen oder der anderen zu sein.

3984 Es gibt Bekenntnisse ästhetischen Glaubens oder ethischen Glaubens, die bloße Ideologien von Plebejern der Seele sind.

3985 Der Laie, der die Bienenkörbe der Philosophie ausnimmt, kommt unter dem Stachel ihrer Bienen um.

3986 Als er uns die Vielfalt der Geschichte darlegte, lehrte uns der Historismus, das Fremde vom Lächerlichen zu unterscheiden.

Vernunft, Fortschritt, Gerechtigkeit sind die drei theologischen Tugenden des Schwachkopfes. 3987

Die drei Epochen des Kapitalismus: in der ersten ist der Unternehmer geschäftig, um sich Paläste zu errichten; in der zweiten, um seine Gewinne zu reinvestieren; in der dritten, um Steuern zu zahlen.* 3988

Um die Bürger in Verruf zu bringen, stellt Marx sympathischerweise den Begriff von der „gesellschaftlichen Klasse ohne Eigeninteresse“, den Voltaire zum Nutzen der Bourgeoisie erfand, in den Dienst des Proletariats. 3989

Das 18. Jahrhundert hinterließ dem neunzehnten seine ganzen Güter – außer dem guten Geschmack.* 3990

Der Historiker muß sich regelmäßig gegen den endemischen Pragmatismus impfen, der ihn mit der Wiederholung und dem Typischen täuscht. 3991

Historiker und Kritiker müssen lernen zu urteilen, ohne sich auf Gesetzbücher zu stützen und ohne Rechtsgutachten auszuarbeiten. 3992

Die politischen Regime zivilisiert nur, was die Geschichte selten erlaubt: Dauer. 3993

Es gibt keine toten, sondern nur vorübergehend unterdrückte Ideen. 3994

Wo es möglich ist, zu sagen, was man will, gibt sich niemand die Mühe, nur das zu sagen, was wichtig ist.* 3995

Echte soziologische Gesetze sind keine Rezepte, die voraussagen, was unter bestimmten Umständen geschehen muß, sondern Formeln, die anzeigen, was unter bestimmten Umständen nur unter Schwierigkeiten geschieht. 3996

Der Historiker hat drei Themen: die Individualität der Personen, die Individualität der konkreten Totalitäten, die Individualität des Augenblicks. 3997

3998 Meinungen, Gewohnheiten, Institutionen, Städte, alles wurde geschmacklos und platt, seit wir darauf verzichteten, das Alte zu verbessern, um täglich die schrille Neuheit zu kaufen.

3999 Entmythologisieren ist ein Unternehmen derer, die treuherzig vermuten, daß z. B. die Himmelfahrt für den Gläubigen eine Raumfahrt-Episode darstellt.

4000 Gott wäre nicht Gott, wenn unsere Art, ihn zu erkennen, in Handbüchern der Psychologie darzustellen wäre.

4001 Wenn etwas die Kruste der modernen Seele spaltet, fließt durch den Riß das tote Mark in den Staub.

4002 Der „Sinn der Geschichte" wäre bedeutungslos, wenn es unserer Intelligenz gelänge, ihn zu verstehen.

4003 Bestimmte Intelligenzen erwachen plötzlich wie ein subtiler Flügelschlag. Andere wachsen langsam wie hundertjährige Eichen.

4004 Reaktionär sein heißt nicht, toten Vergangenheiten zu verfallen, sondern sich aus einer tödlichen Krankheit reißen.

4005 Relief und Dichte sind Attribute, die die Dinge aus ihrem religiösen Halbschatten empfangen.

4006 Der, der die Geschichte wie ein Sammelwerk von Anekdoten sieht, irrt weniger als jene, die sie als Beispiel eines Systems sehen.

4007 Der Nominalismus genügt den Naturwissenschaften, während der Historiker auf Universalien stößt, wo er auch geht.

4008 Ohne die Intelligenz zu prostituieren, ist es unmöglich, eine Sache vor dem Gerichtshof dieses Jahrhunderts zum Sieg zu führen.

4009 Geistige Zeitgenossenschaft ist eher eine verallgemeinerte genetische Variation als ein gemeinsam geteilter Einfluß.

4010 Modern sein ist nicht, die Probleme von gestern überwunden zu haben, sondern zu glauben, sie überwunden zu haben.

Die Geschichte ist auf der irdischen Ebene der Vorgang zwischen 4011
zwei Unfällen.

Lassen wir – statt unsere Idee zu verteidigen – eine Mine unter dem 4012
Altar explodieren, auf dem man ihre Niederlage feiert.

Wenn wir auf Gott vertrauen, darf uns nicht einmal unser eigener 4013
Triumph erschrecken.*

Reichtum und Macht sind der Trost dessen, den die Geisteswissen- 4014
schaften und die Künste verachten.

Wenn sein Begriff nicht existierte, wäre der universale Determinis- 4015
mus verständlich.

Die Philosophie ist der Teil der Rhetorik, in dem Redner und Au- 4016
ditorium sich in einer einzigen Person vereinen.

Philosoph ist, wer nur Argumente annimmt, mit denen er sich
selbst überzeugt hat.

So wie das Bewußtsein nur Illusion des Bewußtseins sein könnte, 4017
so könnte die Freiheit nur Illusion der Freiheit sein.

Was einige Religion nennen, verwundert uns kaum mehr als das, 4018
was andere als Wissenschaft bezeichnen.

Die moderne Gesellschaft ist dabei, die Prostitution mittels der 4019
Promiskuität abzuschaffen.*

Die Sexualität ist ein Gas, das mit dem selben Volumen die gleiche 4020
Dichte irgendeines Raumes füllt.

Der Pornograph verfaßt die *De re coquinaria* einer armseligen Kü- 4021
che.

Hat der Fortschritt vielleicht die einfache Funktion, all dem Glanz 4022
zu geben, was er zerstört ?

In den Demokratien ist der Jurist kein Experte der Gesetze, son- 4023
dern der Funktionäre.

4024 Die gesellschaftlichen Gewebe werden von Krebs befallen, wenn die Pflichten der einen zu Rechten der anderen werden.

4025 Wir sollten erbeben, wenn man uns Recht gibt.
Wir haben mit den Vorurteilen der Zuhörer übereingestimmt.

4026 Der Streit innerhalb demokratischer Sekten lenkt diese zeitweise von der Demontage der Gesellschaft ab.

4027 Solange die Demokratie ihn nicht bemerkt, kann der kultivierte Mensch in demokratischen Zeiten überleben.*

4028 Der Neid, den der Demokrat absondert, wenn er über die Dinge gleitet, hinterläßt eine Spur von Geifer zurück.

4029 Die Metaphysik ist eher ein Geruchsnerv als ein Sehnerv.

4030 An welche Götter werden jene geglaubt haben, die nicht an ihn glauben?

4031 Die fortschrittlichen Geschichtsphilosophien sind Schundromane für junge Damen, die süchtig nach *happy ending*s sind.

4032 Entweder lernen wir von der griechischen Tragödie, die menschliche Geschichte zu lesen, oder wir lernen sie nie zu lesen.*

4033 Die schlechte Laune ist ein spezifisches Sekret des linken Intellektuellen.

4034 Der linke Ironiker beunruhigt durch die Härte seiner Pupillen und die Länge seiner Eckzähne.

4035 Der Triumph des Niedrigen ist manchmal notwendig, um uns zu zwingen, das Erhabene zu ersinnen.

4036 Die Plebs beunruhigt nur, wenn sie eine andere Plebs über sich hat.

4037 Keinerlei Paradies wird in den Grenzen der Zeit entstehen.
Weil das Gute und das Böse nicht von der Geschichte verflochtene Fäden sind, sondern Fasern ein und desselben Fadens, den uns die Sünde gesponnen hat.*

Von der Schönheit einer Landschaft wird – was auch immer man sagen mag – nur ihr Eigentümer überwältigt. 4038

Unsere Seele ist nur der unmittelbarste unserer Umstände. 4039

Der Vorgang der Rechtfertigung der Todsünden nennt sich moderne Mentalität. 4040

Dieses Jahrhundert bringt die Intelligenz so zur Verzweiflung, daß es sie daran hindert, schläfrig zu werden. 4041

Jede Gesellschaft löst auf irgendeine Weise das Problem der Herrschaft. 4042

Aber das Problem der Qualität der Herrschaft, das die Antike ängstigte und das die modernen Menschen ignorieren, wußte nur das Mittelalter zu lösen.

Die Albernheiten, an die der Ungläubige am Ende glaubt, sind seine Strafe. 4043

Wenn die Romantik sich mit dem Okkultismus durchtränkt, der sie zur Auflösung bringt, ist das Endprodukt, das sich dabei absetzt, der demokratische Pseudo-Romantizismus. 4044

In der ökonomischen Interpretation der Geschichte kommt eine genuine Überzeugung des Bürgertums zum Ausdruck.* 4045

Der Geist ist das Aufblühen der Stille und der Routine. 4046

Der Überdruß ist das Gegenteil der Einsamkeit. 4047

Wir bilden uns ein, die Geschichte zu erklären, und wir scheitern am Geheimnis dessen, den wir am besten kennen.* 4048

Wie lange wird der Rationalismus noch zulassen, daß die Menschheit ihre Leichen verbrennt, statt sie zu verzehren? 4049

Nicht betrügerisch zu sein ist in demokratischen Zeiten ein unerreichbarer Luxus. 4050

Ohne Feind an den Grenzen vergißt der Regierende, vernünftig zu sein. 4051

4052 Die Existenz verlor Dichte, seit der innovatorische Kitzel sie hindert, zwischen dem Unrat der Vergangenheit zu leben.

4053 Die Ideologien sind Fauna eines demokratischen Klimas.
Arten, die entstehen, wo die Auslese durch Wahlen wirkt.

4054 Der Historiker muß sich an das Wahrscheinliche halten, ohne sich dem Unmöglichen zu verschließen.

4055 Die Kultur bewohnt nur adlige Stammsitze.
In Universitäts-Hörsälen erfriert sie.

4056 Selbst der rechte Flügel irgendeiner Rechten erscheint mir immer zu links.

4057 Wir können auf tausenderlei Art adäquat sehen, aber nicht jede Art zu sehen ist adäquat.

4058 Die frühere Gesellschaft demütigte nur den Ehrgeizigen; in der heutigen Gesellschaft lebt der Demütige gedemütigt.*

4059 Weder ist es ratsam, die Meinung eines Dummkopfs zu ignorieren, noch ist es angebracht, sie anzuerkennen oder zu befolgen.

4060 Die Dummköpfe kümmern sich nur um die Orthographien und vergessen die Syntax.*

4061 Die Seele ist Efeu für Mauern aus Stein, sie faßt keine Wurzeln in Wänden aus Zement.

4062 Kultur ist, was aus all dem resultiert, was dem Bürger, der „keine Vorurteile" hat, absurd vorkommt.

4063 Mit dem Erscheinen „rationaler" Beziehungen zwischen den Individuen beginnt der Prozeß der Verwesung einer Gesellschaft.

4064 Der Progressive eilt mit der Rute einer Domina durch die Geschichte.

4065 Die ästhetische Dürftigkeit einer Gesellschaft wächst proportional zur Anzahl der Pferdestärken, die sie in Dienst stellt.

Ein reifer Gedanke ist der, welcher nicht vergißt, daß alles verfault. 4066

Mensch der Moderne sein heißt den fremden Tod kalten Herzens 4067
sehen und nie an den eigenen denken.*

Der Dummkopf bringt in ein und derselben Bewunderung alles 4068
durcheinander, was er bewundert.

Er hat weder eine Skala der Bewunderung, noch eine der Verachtung.

Es stünde nicht so schlecht um die Welt, wenn die Dummköpfe die 4069
Illusionen mit den Haaren verlieren würden.

Der struppige Dummkopf hinterläßt dem kahlen Dummkopf ein unversehrtes Erbe.*

Die Kultur ist Familienerbe. Oder Geheimnis unter Freunden. 4070

Der Rest ist Geschäft.*

Keine pädagogische Linse korrigiert die axiologische Kurzsichtig- 4071
keit.

Da die Gründe, die den Wert rechtfertigen, im Wert selbst liegen, 4072
hört sie der nicht, der ihn nicht sieht.

Die sich zum Begriff des Naturrechts bekennen, versetzen Gott in 4073
den Ruhestand – in die Pförtnerloge irgendeines Justizministeriums.

Ohne „ungerechtes“ Eigentum, geschützt durch eine „Klassenju- 4074
stiz“, entgeht niemand der Notwendigkeit, in einer servilen Haltung zu leben.*

Wenn sie den Flitter abschafft, läßt die egalitäre Gesellschaft die 4075
Imagination ohne Nahrung zurück.

Die Worte des intelligenten Menschen entfernen von der Welt den 4076
rauhen Krepp des Überdrusses.

Die breite Masse mißtraut der Wahrheit, die mit Zartgefühl ausge- 4077
drückt wird.

4078 Die Masse schwankt zwischen niedrigen Sorgen und dem Vokabular uneigennütziger Sorgen.

4079 Von Gott abzuhängen ist das Sein des Seins.

4080 Unsere Autonomie ist das ontologische Fundament der Möglichkeit unserer Nichtigkeit.*

4081 Wenn der Autor bisweilen erreicht, einen Satz zu öffnen und zu schließen, wie eine Hand einen Fächer zusammenfaltet und ausbreitet, verführen uns seine Ideen, was auch immer sie sein mögen.

4082 Ein berühmter Schriftsteller ist nicht der, den viele lesen, sondern der, den viele glauben, gelesen zu haben.

4083 Dem modernen Schriftsteller gelingt es in seiner Verehrung des Menschen und in seinem Glauben an die Menschheit, nur schäbige Szenen darzustellen.

4084 Klassisch ist der Schriftsteller, bei dem es reicht, daß er den Gegenstand benennt, um ihn uns sichtbar zu machen.

4085 Die Unersetzlichkeit des Individuums ist die Lehre des Christentums und das Postulat der Geschichtsschreibung.*

4086 Das tätige Leben vertiert.*

4087 Die Definition der optimalen demographischen Dichte muß die Ästhetik geben.

4088 Das einzig Sinnvolle ist es, Gott starrsinnig mit unseren Gebeten zu belästigen.

4089 Revolutionen richten den Nationen nur die Seele zu Grunde.

4090 Die Konservativen der Gegenwart sind nicht mehr als von der Demokratie mißhandelte Liberale.*

4091 Obsolet ist ein lobendes Beiwort.

Wenn sie nicht auf der Treue zu einer Person gründen, sind die politischen Parteien Verschwörungen verschämter Gier. 4092

Vor der Schamlosigkeit der Ideologien rettet uns nur die Ergebenheit des Parteigängers.

Die Götter sind seßhaft.* 4093

Die Fluten, die nicht an ruhigen Stellen einschlafen, lassen nur ausgetrocknete Flußbetten zurück. 4094

Es gibt Arten der Liebe, die die Seele verzehren, und andere, die die Flamme nähren, in der sie sie verbrennen. 4095

Die Jahre der Jugend genügen in einer zivilisierten Gesellschaft, um die Sensibilität, die Intelligenz, die Seele zu erziehen. 4096

Heute ist dies durch den Einsatz eines ganzen Lebens kaum zu erreichen.*

Nichts seltener als eine unbestechliche Sensibiliät. 4097

Der Wert einer Emotion ist sowohl von der mit Sicherheit mittelmäßigen Idee, die sie ausdrückt, als auch vom wahrscheinlich trivialen Objekt, das sie hervorruft, unabhängig.* 4098

Die überlegenste Methode wäre die, die uns erlauben würde, Gott unter Lumpen zu entdecken. 4099

An die Göttlichkeit des Menschen zu glauben ist die Wurzel des Irrtums, so wie die Menschheit mit Christus zu verwechseln die Wurzel der Häresie ist. 4100

Zuerst springt uns die Wahrheit an. 4101

Danach offenbart sie sich.

Gestern sprach man von Politik, um das Ökonomische zu verbergen. Heute spricht man von Ökonomie, um das Technische zu verstecken. Morgen wird man von der Technik sprechen, um das Biologische zu verschweigen. 4102

Wo man doch vor allem über die Axiologie sprechen müßte.

Die authentische Ethik ist die Kunst, die Normen mit Anstand zu verletzen.* 4103

4104 Die bewundernswerten Eigenschaften einer Rasse sind gewöhnlich nur der Abdruck einer Zucht, die stolze Minderheiten dem Volk auferlegt haben.*

4105 Die Universalgeschichte ist der Bericht über die verpaßten Gelegenheiten.

4106 Intellektuelle Vulgarität ist das Wesen jener, die nur zu den Wahrheiten ihrer Zeit fähig sind.

4107 Die Kultur geht ihrem Ende zu, wenn die Landwirtschaft aufhört eine Lebensform zu sein und zur Industrie wird.*

4108 Damit das Schauspiel dieses Jahrhunderts nicht zu Geschwüren in der Seele führt, ist es ratsam, den tiefen Widerwillen, den es hervorruft, in Ideen zu verwandeln.

4109 Die „Gesetzmäßigkeiten der Geschichte“ würden nur dem erlauben, auf die Geschichte einzuwirken, der sich außerhalb der Geschichte befände.

4110 Direkte Wirkungen zu erzielen liegt nicht in unserer Macht, wir können nur Ursachen unterdrücken.

4111 Die Götter sind Landbewohner, die den Menschen nur bis zu den Toren der großen Städte begleiten.*

4112 Nur in der Stille der Wälder kommt es zu Epiphanien.
Oder in der Stille der Seele.

4113 Es genügt, den Stolz zum Schweigen zu bringen, um das Geräusch heiliger Schwärme zu vernehmen.

4114 Leidet die Kirche unter Gedächtnisschwund, oder ist sie feige geworden?

4115 Selbst in bewundernswürdigen Büchern sind perfekte Sätze ein Wetterleuchten in der öden und weiten Nacht der Texte.

4116 Wohltäter der Menschheit sind nicht die, welche kolossale Apparate erfinden, sondern die ihr unscheinbare Altäre hinterlassen.

Liturgischer Weihrauch ist der Sauerstoff der Seele. 4117

Die große Mehrheit der Menschen glaubt eine Wahl zu treffen, 4118
wenn sie geschoben wird.*

Rhetorik ist schädlich, wenn sie Emotionen vortäuscht, aber nicht, 4119
wenn sie die Seele darauf vorbereitet, daß sie erblühen.

In diesem Jahrhundert gab es keine Geburten, sondern Todesfälle. 4120

Die Erfindung ist heute schon nur mehr eine Abhilfe für die vorhergehende Erfindung.* 4121

Der Fortschritt ist das Kind der Kenntnis der Natur. 4122

Der Glaube an den Fortschritt ist das Kind der Unkenntnis der Geschichte.*

Sterben und Verschwinden sind bei einer Nation nicht identisch.* 4123

Die Ideen blühen als siegreiche oder unterdrückte, aber verwelken als tolerierte.* 4124

Technik ist die Nutzung der Wissenschaft durch Ungebildete. 4125

Die Wissenschaften sind letztendlich experimentelle Beweise der Grenzen der Wissenschaft. 4126

Was in der modernen Kunst durch die moderne Mentalität angesteckt ist, gehört nicht zur Ästhetik. 4127

Sondern zur Geschichte.

Nichts gibt dem Menschen die Sicherheit, daß das, was er erfindet, ihn nicht tötet. 4128

Die moderne Welt scheint unbesiegbar. 4129

Wie die ausgestorbenen Saurier.*

Die Reihenfolge, in der die Künste verschwinden, regelt sich durch den Grad ihrer jeweiligen Geselligkeit. 4130

Von der verloschenen Architektur bis zum einsamen Aphorismus, der erlischt.

4131 Vielleicht sind die Dichter nicht die „Gesetzgeber“ der Welt, aber die Gesellschaften brechen zusammen, wenn sie die Phantasie verbannen.

4132 Der Fortschritt ist die Fusion von Hybris und Nemesis.*

4133 Nicht indem wir in andere Epochen emigrieren, besiegen wir die moderne Welt.

Sondern indem wir sie zwingen, sich selbst kennenzulernen, damit das Licht der Intelligenz sie verzehrt.

4134 Authentische gesellschaftliche Wandlungen sind kein Werk der Frustration und des Neides, sondern Nachspiel von Epidemien des Überdrusses und der Langeweile.

4135 Außerhalb des streng wissenschaftlichen Feldes widersprechen sich Behauptungen nicht, sondern ordnen sich unter.

Der Irrtum ist eine Wahrheit niedrigsten Ranges.

4136 Nachdem die Kunst getötet wurde, die Literatur, die Philosophie, bleibt uns immer noch die Funktion von Staatsanwälten vor dem Tribunal der Intelligenz.

4137 Schwerwiegender als der Tod der Künste ist, daß die Toten nicht schweigen wollen.

Magenknurren des Aases.

4138 Die Ideologien sind erfunden worden, damit der seine Meinung äußern kann, der nicht denkt.*

4139 Eine Intelligenz nimmt uns mit ihrem Scharfsinn für sich ein, aber mit ihrer Aufrichtigkeit verführt sie uns nur.

4140 Nur das kann uns zufriedenzustellen, was wir nicht planen konnten.

4141 Auf dem Gebiet der Liturgie Neuerungen einzuführen ist kein Sakrileg, sondern Dummheit.

Der Mensch verehrt nur uralte Gewohnheiten.

Die Theorie irrt, wenn sie die Realität auf Kategorien beschränkt, 4142
die ihre Manipulation erlauben.

Die Praxis irrt, wenn sie so vorgeht, als ob die Theorie nicht irrt.

Der erfolgreiche Machtmißbrauch setzt die Anonymität des Unter- 4143
drückers oder die Anonymität des Unterdrückten voraus.

Die Despotismen scheitern, wenn unverwechselbare Gesichter einander gegenüberstehen.*

Ohne etwas zu analysieren, verstehen wir es nicht. 4144

Bilden wir uns aber nicht ein, verstanden zu haben, weil wir analysiert haben.

Die Geschichte zieht es vor, den Tatsachen banale Gründe zuzu- 4145
schreiben, die Historiker ernsthafte.

Der Prozentsatz von Wählern, die sich der Wahl enthalten, ist 4146
Gradmesser für die konkrete Freiheit in einer Demokratie.

Wo die Freiheit fiktiv ist oder wo sie bedroht ist, strebt der Prozentsatz gegen Null.*

Wenn wir nicht hierarchisieren, sind wir am Ende zu allen unge- 4147
recht.

Selbst zu dem, was wir waren, oder zu dem, was wir sind.

Um ein Paradies zu errichten, genügt es nicht, das Böse abzuschaf- 4148
fen, wenn das Gute verdorben ist.*

Das Böse verspricht, was es nicht einlösen kann. 4149

Das Gute löst ein, was es nicht zu versprechen vermag.

Sobald sie sich von jeder „Literatur“ reinigen, enden die bildenden 4150
Künste als bedeutungslose Arabesken.

Was nicht vom Wort ausgeht oder nicht zu diesem tendiert, ist ein 4151
einfacher Funke.

Die Idee, die populär wird, verliert nach und nach die Vorbehalte, 4152
von denen ihre Wahrheit abhängt.*

Gegen die Gewohnheiten appelliert man gewöhnlich an eine 4153
„Wahrheit“, die nichts anderes als eine angehende Gewohnheit ist.

4154 Dem gewöhnlichen Menschen ist es nicht gegeben, zwischen Wahrheiten, sondern zwischen Gewohnheiten zu wählen.*

4155 Die Sinne neigen zum Nominalismus.
Das ist ihr Laster.

4156 Die modernen Dummheiten sind ärgerlicher als die alten, weil ihre Jünger den Anspruch erheben, sie im Namen der Vernunft zu rechtfertigen.

4157 Der Mensch kann sich gegen die Inkohärenz des Universums nur mittels einer analogen Inkohärenz schützen.*

4158 Die Leute erlauben uns eher, ihre ernsthaften Beschäftigungen zu verachten als ihre Vergnügungen.

4159 Der Erotismus ist das letzte Scharmützel gegen die eindringende Belanglosigkeit der Welt.*

4160 Der Gedanke, der eine männliche Intelligenz beeinflußt, verleiht ihr keine Richtung, sondern Flügel.

4161 Ein bürokratisches Schicksal erwartet den Revolutionär wie das Meer die Flüsse.*

4162 Die Kirche der Gegenwart schließt die Demokratie nicht in die Arme, weil sie ihr vergibt, sondern damit die Demokratie ihr vergibt.

4163 Der geeignete Platz für ein Mahnmal des „authentisch christlichen Geistes" der französischen Revolution ist der Jardin de Carmes.

4164 Heute gibt es niemanden, für den es zu kämpfen lohnte.
Nur gegen den man kämpfen könnte.

4165 Nichts von dem, was gegen das Bürgertum gesagt wird, kommt der vollen Wahrheit auch nur nahe.
Aber wer hat in unserer Zeit das Recht, es zu sagen?

4166 Die heutigen Kommunikationsmittel erlauben es dem modernen Staatsbürger, sich über alles zu informieren, ohne irgend etwas zu verstehen.*

Marx diagnostizierte treffend die Ursachen der Krankheit, und die Reaktionäre des 19. Jahrhundert beschrieben treffend ihre Symptome, aber das Brenneisen des ersten tötet den Kranken, und das Getue der zweiten heilen sie nicht. 4167

Weder ist der abgetrennte Arm bloß verkürzt, wie die Reaktionäre glaubten, noch würde ihn die Wiederholung der Geste, die ihn abtrennte, wieder herstellen, wie Marx es glaubte.

Der Linksparteiler ist die Karikatur des Marxisten und der Konservative die des Reaktionärs.* 4168

Die Menschen sind dem zutiefst dankbar, der etwas Erhabenes schlechtredet. 4169

Der Revolutionär will nur die Karten mischen, der Gegenrevolutionär ein neues Spiel beginnen.* 4170

Die Ehre ist der Skandal der Ethik. 4171

Tatsächlich können die Normen, welche die Ehre anerkennt, mit universellen Normen übereinstimmen, aber die Ehre befiehlt uns bloß, sie anzuerkennen, weil wir sie als unsere eigenen übernommen haben.

Ehre ist Treue zu meiner Pflicht, weil es meine ist.

Die Ehre verkommt zu Ehrgefühl, wie die Ethik zu Moralismus. 4172

Man muß mit leiser Stimme schreiben. 4173

Es gibt Geister, die alle kranken Ideen anziehen. 4174

Hervorsprudeln wie eine Quelle im Wald, nicht wie eine städtische Fontäne auf einem öffentlichen Platz. 4175

Nichts Possenhafteres als Namen von berühmten Gläubigen als Bestätigung der Existenz Gottes anzuführen.* 4176

Eine konkrete Universalie ist ein Pleonasmus. 4177

Das Abstrakte ist bloß allgemein.

Der Intellektuelle weiß nichts, er ist nur über alles auf dem Laufenden. 4178

4179 Für unsere Gedankenketten sind wir gewöhnt, abwechselnd reale und verbale Glieder zu schmieden.

4180 Die Wahrnehmung des Flußes der Geschichte bietet weniger der Vergleich zweier aufeinanderfolgender Epochen als der zweier aufeinanderfolgender Historiker derselben Epoche.

4181 Es gibt eine unumgängliche strukturelle Voraussetzung, damit der Staat die Eigenschaft des Kunstwerkes anstreben kann: daß der Teil als Teil berufen ist.

Nur so wird das Gesamte nicht bloß zufällige Anhäufung vermeintlich verstümmelter Gesamtheiten sein.

4182 Das Glück des geliebten Wesens ist das einzige irdische Gut, welches uns vollkommen zufriedenstellt.

4183 Eine Stimme, trunken vor Glück, ist etwas, das Geheimnisse über das Wesen der Welt selbst enthüllt.

4184 Wir müssen uns mit so diskreter Höflichkeit ausdrücken, daß wir einfache Dinge zu sagen scheinen.

4185 Glauben ist einem Betasten ähnlicher als einem Hören.

4186 Der Psychologismus saugt seine Bedeutung aus dem Universum.

4187 Es gibt keinen Sieger, der fähig wäre, sich bloß vom Glück begünstigt zu fühlen.

4188 Wer nur das Schmutzige beschreibt, schildert nicht die Gegenstände, sondern ihre Schatten.

4189 Sobald er sich in dem Land niederläßt, das er bewundert, bastardisiert der Fremde genau das, was er bewundert.

4190 Die Jungen glauben, daß die Jugend eine Bestimmung sei, wo sie doch nur eine Haltestelle in der Provinz ist.*

4191 Für den, der nicht seine eigene Syntax beisteuert, ist das Universum ein nutzloses Wörterbuch.*

Wer sich auf seine Verdienste berufend, Ansprüche erhebt, stößt uns, die wir nur betteln, ab. 4192

Der Frühling ist der Schlaf des ewigen Herbstes der Welt. 4193

Das Christentum hat in bestimmten Epochen Komplizen in der Welt. 4194

In anderen hat es nur Feinde.

Dort erniedrigt es sich nicht, wenn es in Verhandlungen eintritt, hier erniedrigt es sich, wenn es keine Minen legt.

Jede Definition des Möglichen, die sich als irrig herausstellt, dient dem Dummen als Beweis für die Möglichkeit des Unmöglichen. 4195

Die wirksamste und authentischste revolutionäre Aktivität des modernen Zeitalters war das routinemäßige Ameisengewimmel des Kleinbürgertums.* 4196

Wer die Lügen anderer Zeiten mit Verachtung entlarvt, läßt sich immer von denen seiner Zeit täuschen. 4197

Kunst, Literatur, Philosophie, Religion sind frivole Aktivitäten, wenn sie nicht Routine sind. 4198

Aller Prunk ist hier Betrug.*

Die Unnachgiebigkeit in der Politik ist gewöhnlich ein Anspruch, der zum Ausgleich der persönlichen Schwächen dient.* 4199

Weder revolutionäre Eloquenz noch Liebesbriefe können von dritten gelesen werden, ohne Heiterkeit zu erregen.* 4200

Der Schriftsteller darf nur sein eigener Sprecher sein. 4201

Der Schriftsteller kann nur tangential mit kollektiven Überzeugungen übereinstimmen. 4202

Wo wir heute die Wörter Ordnung, Autorität, Tradition hören ist jemand dabei zu lügen.* 4203

Der Politologe verbrennt sich die Finger, wenn er die Geschichte anrührt.* 4204

4205 Die politische Morphologie springt vom Verhaltenskodex über die kritische Geschichtsschreibung zur soziologischen Bestandaufnahme.

4206 Das Politische hat, wie die Ästhetik, weder Regeln noch ist es einfaches Ereignis.

Hier wie dort ist das konkrete Werk gleichzeitig empirische Tatsache und axiologische Kategorie.

4207 Das politische Werk ist unwiederholbar wie das Kunstwerk und ebenso fähig zur gleichen Ewigkeit.

4208 Die demokratische Theorie ist der Akademismus der Politik.

Die demokratischen Schöpfungen sind der *Grand Prix de Rome*.

4209 Der moderne Mensch will kein organischer Teil des gesellschaftlichen Ganzen sein, sondern nur in einem seiner mechanischen Teile tätig sein.

Das Individuum will seine Autonomie bewahren, indem es sich von der Funktion, die es ausübt, unterscheidet.

Es erreicht damit bloß, von der Funktion benutzt zu werden, statt daß es sie benutzt, um Erfüllung zu finden.

4210 Der Sozialismus ist ein zwergenhafter Reflex der mittelalterlichen Gesellschaft.

Wie die höllischen Hierarchien Reflex der engelhaften sind.

4211 Die Geschichte hat nicht die Schönheit des dialektischen Prozesses, sondern die Komik des Dialogs.

Kaum kommt man zu einer Übereinkunft, erweckt irgendein Schwachkopf eine schon begrabene These.

4212 Die Leser des berühmten Schriftstellers teilen sich in zwei Gruppen: die, die ihn bewundern, ohne ihn zu lesen, und die, die ihn geringschätzen, ohne ihn gelesen zu haben.*

4213 Jede Revolution verschärft die Übelstände, gegen die sie ausbricht.*

4214 Der Zeitgenosse darf nie auf die Unvermeidbarkeit von etwas vertrauen.

Weder des Guten, noch des Bösen.

Beschuldigen wir nicht die Technik des Unheils, das durch unsere Unfähigkeit, eine Technik der Technik zu erfinden, verursacht wurde. 4215

Die Dialektik dient dazu, um von den Ursachen eines historischen Prozesses die auszuschließen, welche die Symmetrie unserer Vorurteile stören.* 4216

Sogar der Schmerz wird trivial, wenn wir ihn für einen physiologischen Prozess anstatt für einen metaphysischen Skandal halten.* 4217

Der Moderne streitet jede metaphysische Dimension ab und hält sich für einen bloßen Gegenstand der Wissenschaft. 4218

Aber er schreit, wenn sie ihn als solchen vernichten.

Wenn die Seele Mythos ist, ist der Völkermord ein einfaches Problem effizienter Anästhesie. 4219

Der Moderne erschrickt, wenn er auf seinen Doppelgänger stößt. 4220

Der moderne Staat ist kein Unterstand olympischer Quadrigen oder von Streitrossen, sondern ein Stall für tributpflichtige Lasttiere. 4221

Nichts wichtiger als die Methode. Wir müssen sie ab und zu wechseln.* 4222

Die Konzentration der Macht in der egalitären Gesellschaft erlaubt es nur dem obersten Machthaber, frei zu sein. 4223

Die Aufsplitterung der Macht in der hierarchischen Gesellschaft hingegen schafft eine Pyramide von Freiheiten.

Die egalitäre Gesellschaft reiht Epochen der sklavischen Lähmung an Perioden anarchistischer Konvulsionen.

Das Individuum in der hierarchischen Gesellschaft braucht sich im Gegensatz dazu nicht aufzulehnen, noch erniedrigt es sich, wenn es sich nicht auflehnt.*

Es gibt eine politische Kritik gleichen erkenntnistheoretischen Ranges wie die ästhetische Kritik. 4224

Aber es gibt weder eine Wissenschaft der Kunst, noch der Politik.

Weder Lehrmeister, noch Politologen.

4225 Der feste Boden befindet sich jenseits der sumpfigen Stellen des absoluten Relativismus.
Nicht in den hiesigen Morästen.

4226 Der absolute Relativismus ist die Wassertaufe der Intelligenz.

4227 „Rational sein" oder „nicht rational sein" sind Ausdrücke, die nur innerhalb der konkreten Universen des Diskurses verständlich sind.

4228 Die „Vernunft" des 18. Jahrhunderts war kein Symptom eines überentwickelten Intellekts, sondern verkümmerter Sensibilität.
„Rational" war die Bezeichnung, die den primären Trieben der Sensibilität vorbehalten war.

4229 Der Mensch ist Geschöpf oder Gott.
Die Alternative ist abrupt und die Wahl unumgänglich.
Alles, was wir denken, fällt unter eine der zwei Kategorien.*

4230 Wenn sie das Universum „erleuchtet", zieht sich die Menschheit in die unteren Schichten des Mysteriums zurück.

4231 Im Universum gibt es Inseln der Ordnung.
Aber die angebliche Ordnung des Universums ist ein ideologisches Artefakt.*

4232 Die gegenwärtige Linke umwirbt die Revolution wie ein hinfälliger Fünfzigjähriger eine Sekretärin.*

4233 Die moderne Welt ist nicht Epoche, sondern Programm.
Wer sie inkriminiert, inkriminiert nicht eine historische Konfiguration, sondern eine Idee.*

4234 Wenn der Historiker ein soziologisches Vokabular verwendet, das er für neutral hält, bringt er den Leser dazu, unzählige Anachronismen zu begehen.

4235 Freiwillig arm oder unfreiwillig reich.
Anderes verbittert.

Die „historischen Kräfte“ bewegen die Geschichte. 4236

Aber ihr Kurs hängt von der unnachgiebigen Kurve einiger Schienen ab.*

Welches ist das authentische Bild von Jesus? 4237

Das der Synopse? – Das des 4. Evangeliums?

Das authentische Bild ist nicht so sehr das, welches aus gemeinsamen Zügen beider besteht, als das, welches aus der Spannung zwischen den abweichenden Zügen besteht.

Der Diskurs erschöpft seine Mittel bevor er das Reale erreicht. 4238

Das Reale ist der Punkt des Zusammenlaufens verschiedener paralleler Diskurse.

Das Paradoxon ist Zusammentreffen gegensätzlicher Aussagen im 4239
selben Satz.

Das Paradoxon ist die Divergenz einer einzigen Realität in verschiedenen, streitigen Ausdrücken.

Gott bewahre uns vor der Reinheit, auf allen Gebieten. 4240

Vor der Mutter des politischen Terrorismus, dem religiösen Sektierertum, der ethischen Unbarmherzigkeit, der ästhetischen Sterilität, der philosophischen Albernheit.*

Was die kritische Geschichte des Christentums im nachhinein zeigt, 4241
ist, daß die Kirche einen folgenschweren Irrtum beging, als sie, um ihre Geschichte zu entschlüsseln, die antihistorische Mentalität ihrer Gegner übernahm.

Der geistige Aufstieg besteht nicht darin, allmählich von der Lektü- 4242
re mittelmäßiger Bücher zur Lektüre hervorragender Bücher überzugehen, sondern plötzlich unfähig zu sein, mittelmäßige zu lesen.

Auch ist Gott nicht das letzte Ende einer Skala, sondern die Lösung der endgültigen Kontinuität.

Strenggenommen neu in der Welt ist nur jede neue Seele. 4243

Die Neuigkeit der Dinge ist folglich nur die Farbe, in der die Seele jene badet, die ihr über den Weg laufen.

4244 In Gesellschaften, in denen das gesellschaftliche Amt statt mit einer Person verbunden zu sein bloß einen vorübergehenden Auftrag darstellt, wird der Neid zügellos.

La carriére ouverte aux talents ist ein Hippodrom des Neides.

4245 Die modernen Seelen verwesen nicht einmal, sie oxydieren.

4246 Der reine Schriftsteller katechesiert nicht, er strebt nur danach, daß sein Satz der unsterbliche Jäger des Augenblicks sei.

4247 Die Philosophie wird immer so unpopulär sein, daß sie Zeit damit verliert, schlecht gekleidet umherzulaufen.

4248 Es gibt klare Ideen, aber keine klaren Tatsachen.

Erinnern wir uns daran, um die Geschichte nicht zu quälen.

4249 Dem besiegten Reaktionär bleibt immer der Ausweg, sich mit den Albernheiten des Siegers zu erheitern.

4250 Der revolutionäre Enthusiasmus läßt den Deutschen düster werden, den Franzosen geschmacklos, den Engländer verschroben, den Spanier gräßlich.

Es gibt kein Volk, das er nicht in eine Skala einordnet, die von der Dummheit bis zum Wahnsinn reicht.*

4251 Der fortschrittliche Kleriker endet in revolutionären Zeiten als Toter, aber nicht als Märtyrer.*

4252 Die Dummheit ist der Brennstoff der Revolution.*

4253 Was auch immer man beabsichtigt, die Revolution endet in der Überflutung der sozialen Abwasserkanäle.

4254 Für eine Laufbahn, die der bürgerliche Vater vielleicht unglücklicherweise vereitelt hat: wieviele künstlerische Laufbahnen zu vereiteln wäre nicht verdienstvoll gewesen!*

4255 Der Demokrat schiebt seine Irrtümer den Umständen in die Schuhe.

Wir sind dem Zufall für unsere Erfolge dankbar.*

Die Kommunikation zwischen den Menschen wird erschwert, wenn die Rangstufen verschwinden. 4256

Die Individuen reichen sich nicht die Hand, wenn sie herdenweise verkehren, sondern sie behandeln sich mit Ellbogenstößen.*

Die Ethik, die ihre heteronome Härte verliert, endet in sentimentaler Onanie. 4257

Die Demokraten teilen sich in solche, die die Perversität für kurierbar halten, und in solche, die leugnen, daß es sie gibt.* 4258

Man machte Schluß mit den Analphabeten, um die Zahl der Ungebildeten zu vermehren. 4259

Die Romantik hält die Verwesung der Seele auf, aber ihr Verfall beschleunigt sie. 4260

Die Dummheiten sind intelligente Ideen, die in die Hände von Dummen gerieten. 4261

Die Menschheit erträgt es, ohne sich zu ärgern, über Jahrhunderte hinweg miese Luft zu atmen. 4262

Das Schicksal der Gesellschaften hängt weder von den Sternen, noch von der Erde, noch vom Blut ab. 4263

Sondern von unterirdischen Wellen, angestoßen von Veränderungen und Mutationen der feurigen Masse der Seele.

Die Literatur geht nicht zugrunde, weil niemand schreibt, sondern wenn alle schreiben.* 4264

Die Menschheit richtet sich behaglich im schlechten Geschmack ein. 4265

Die Linke lebt davon, daß sie über die Genetik betrügt. 4266

Wir wissen uns gegenüber der Welt nur mit Anstand zu verhalten, wenn wir wissen, daß sie uns nichts schuldet. 4267

Ohne die klägliche Grimasse des enttäuschten Gläubigers.

Es gibt originale Imitationen und imitierte Originalitäten. 4268

4269 Freiheit und Kausalität sind in der Geschichte mit soviel Spitzfindigkeit dosiert, daß der Historiker es niemals schafft, ihre Grenzen festzulegen.

4270 Die psychologische Erklärung scheitert angesichts von Akten der Gnade.
Das ist es, was „Gnade“ bedeutet.

4271 Vereinfachen wir: der Samen alles Noblen und Gesunden des 19. Jahrhunderts hat seinen Ursprung in den Eichenwäldern von *Waverley Honour*.

4272 Der Leser glaubt sich vor einem Irrtum.
Und befindet sich vor einem Hinterhalt.

4273 Eine ernsthafte Philosophie ist kein Netz von der Intelligenz gesponnener Konzepte, sondern ein Schwarm von Metaphern, ausgerichtet durch ihren Gegenstand.

4274 Man muß lernen, parteiisch zu sein, ohne ungerecht zu sein.*

4275 In intellektuellen Dingen gibt es keine verdächtigeren Verbündeten als den Feind unseres Feindes.*

4276 Die Synthese ist keine Komposition der Malerei, sondern Mischung von Farbresten der Palette.

4277 Man muß unsere Lösungen schütteln, damit sie sich nicht zu einem System absetzen.

4278 Die profanen Ideen, mit welchen die Kirche heute im Konkubinat lebt, sind häßlich wie Barchentmäntel eines armen Pfarrers.

4279 Um die Argumente des Reaktionärs zu widerlegen, fällt dem Demokraten nur ein, daß es Argumente eines Reaktionärs seien.

4280 Alle Welt ist heute links.
Welche Erleichterung!*

4281 Solange der Mensch fähig ist, niederzuknien, ist nichts verloren.

Der Rationalist nennt den Schatten, den sein Körper an irgendeinem Tag auf die vorbeiziehende Wolke wirft „absolut". 4282

Der romantische Relativismus ist im Gegensatz dazu ein Gehör, aufmerksam für das unsterbliche Herz jeder Sache.

Was zählt, ist nicht, was vom Grunde der Seele kommt, sondern was in sie eindringt. 4283

In der modernen Welt begegnen wir keinen verirrten Reisenden, sondern strebsamen Passagieren. 4284

Trotz der Bärte von Forschungsreisenden, mit denen sich viele maskieren, kaufen alle Fahrscheine für dieselbe Untergrundbahn.*

Untersuchen wir, wo und wann eine neue Mentalität geboren wird, aber geben wir uns damit zufrieden, nicht zu wissen warum. 4285

Auch Mentalitäten sind Reiche, die zusammenbrechen. 4286

Wenn sie das Unsichtbare, das Unhörbare, das Nicht-Greifbare verlernt, ersetzt die Menschheit bloß das Animalische des Instinkts durch das Animalische der Vernunft. 4287

Sinnlich ist das Objekt, das seine Seele den Sinnen offenbart.* 4288

Der menschliche Geist kann nehmen, aber nicht geben. 4289

Wir tragen nur das zur Welt bei, was einschüchtert und beeinträchtigt.

Was begeistert, existiert.

Die Lächerlichkeit ist das exklusive Erbe militanten Unglaubens. 4290

Es gibt intelligente und dumme Gefühle. 4291

Weil das Gefühl nicht bloß subjektiver Zustand ist.

Der gealterte Progressist hat die Nostalgien einer alten Kokotte.* 4292

Jede abrupte Erscheinung in der Geschichte ist Projektion unserer Ignoranz. 4293

So wie jede identische Wiederholung ihr Echo ist.

Wir nennen „Ursprünge" die Grenzen unseres Wissens.* 4294

4295 Der Skeptizismus lähmt uns, wenn er weiß, was er nicht weiß, und ist fruchtbar, wenn er nicht weiß, ob er weiß.

4296 Die Epochen sind spröde und harte Körner, die erst in den Händen des Todes ihre aromatische Essenz verströmen.

4297 Das fortschrittliche Denken leitet sich von dem Glauben an unsere *Mündigkeit* ab.

Das reaktionäre Denken von dem Bewußtsein unserer *Kreatürlichkeit*.

4298 Sowohl die Sensibilität ohne Intelligenz als auch die Intelligenz ohne Sensibilität führen zur Hölle.

4299 Um sich von der zunehmenden Verrottung zu retten, wird der Mensch selbst seine Seele bis aufs Mark im Skeptizismus waschen müssen.*

4300 Zahlreich sind die Argumente, die uns zum Lachen bringen, weil sie hochmütig an die Logik appellieren, während sie uns vielleicht beunruhigen würden, wenn sie bescheiden als Rhetorik erschienen.

4301 Gegenmittel für die Leiden der modernen Gesellschaft finden wir nicht in der Technik wissenschaftlicher Pharmazie, sondern in alten Herbarien.

4302 Es ist nicht mehr der gesunde Menschenverstand, der manchmal den gemeinen Mann vor der Invasion dümmlicher Ideen schützt, sondern die durch das Explosionsgeknatter von Dummheiten hervorgerufene Schwerhörigkeit.

4303 Es ist immer möglich, daß selbst dem härtesten Gehör eine diskrete Melodie das Getöse der Welt übertönt.

4304 An Stelle des Erbadels zuerst bürgerliche Plutokratie, dann sozialistische Polizei.

Die Geschichte trägt nicht sehr schmackhafte Speisen auf, wenn wir anstatt alter Fiktionen Realitäten bestellen.*

4305 Das reaktionäre Denken ist des Irrationalismus angeklagt worden, weil es sich weigert, die Canones der Vernunft den Vorurteilen des Tages zu opfern.*

Populärer Aberglaube gehört zur Religion. 4306
Die religiösen Überlegungen des Ungebildeten zum Kitsch.

Streben wir nicht an, das Richtige herauszufinden. 4307
Geben wir uns mit dem intelligenten Irrtum zufrieden.

Die Werte werden, wie die Seelen für den Christen, in der Ge- 4308
schichte geboren, sind aber unsterblich.

Von Zivilisation kann nur die Rede sein, wo nicht verlangt wird, 4309
daß die geschmackvollen Gegenstände von Künstlern gemacht werden.*

Die authentische Originalität ist das Ergebnis der gescheiterten Ab- 4310
sicht, zu imitieren.*

Der Mensch taucht aus der Animalität mit den Schlägen der My- 4311
then auf wie eine Statue aus Stein mit den Schlägen der Meißel.*

Die Reaktion der Sensibilität im 18. Jahrhundert durchläuft zwei 4312
Etappen.

Die vor-romantische Sensibilität ist vom Genuß in Anspruch genommen, der durch das Vergnügen an sich selbst hervorgerufen wird.

Die romantische Sensibilität ist Sinnesorgan für die Wahrnehmung der Welt.

Setzen wir jedes Ding an seinen Platz, so können wir Gefallen an 4313
allem finden, ohne etwas zu beleidigen oder herabzusetzen.

Das Religiöse, das Militärische, das Politische institutionalisieren 4314
sich.

Aber weder die Philosophie, noch die Künste, noch die Literatur.

Dem, der keine Jugend auf dem Land hatte, stirbt die Seele bald. 4315

Die demokratischen Revolutionen sind kein Kindergeschrei, son- 4316
dern das Röcheln Sterbender.

Niemand weiß, wie man etwas schaffen soll. 4317
Der Mensch entdeckt bloß auf einmal, was er schuf.

4318 Der dickbäuchige Bürger ist der Schatten, den der magere Revolutionär auf die Geschichte wirft.*

4319 Die Demokratie hat zu wiederholten Malen die Empörung des einfältigen Reaktionärs benützt, um ihn zu einem Mithelfer ihres revolutionären Unternehmens zu machen.*

4320 Wenn die Ritenkongregation scharfsinnig und klug wäre, müßte sie die Heiligsprechung dessen vorantreiben, der fähig war, gleichzeitig den methodischen Skeptizismus zu erfinden und auf eine Wallfahrt nach Loreto zu gehen.

4321 Das religiöse Problem verschärft sich täglich, weil die Gläubigen keine Theologen und die Theologen nicht gläubig sind.

4322 Die Spuren der Vorsehung in der Geschichte sind keine Spuren der Wanderung, sondern des Tanzes.

4323 Womit wird man am Ende *la Liberté guidant le peupl*e umbringen?
Mit dem Gewehr des Zylinder tragenden Bourgeois?
Mit den Pistolen des kleinen Proletariers?

4324 Der linke Intellektuelle schreibt gewöhnlich so, als ob ihm das Universum auf die Hühneraugen treten würde.

4325 Der Demokrat glaubt nur an die eloquente Unaufrichtigkeit oder an die platte Aufrichtigkeit.

4326 Dem Demokraten genügt es nicht, daß wir respektieren, was er mit seinem Leben machen will, er verlangt darüber hinaus, daß wir respektieren, was er mit unserem machen will.*

4327 In der Literatur stirbt das Lachen schnell, aber das Lächeln ist unsterblich.

4328 Der Name alles Bewundernswürdigen wird im Munde des Pöbels schnell zur Beleidigung.

4329 Die Kultur lebt, wenn sie Zeitvertreib ist und stirbt, wenn sie Beruf ist.*

Die Aufrichtigkeit eines Buches ist eine der seltenen Eigenschaften, die nicht zusammen mit ihrem Papier vergilben. 4330

Die gegenwärtige demokratische Alternative: bedrückende Bürokratie oder widerliche Plutokratie sind dabei, sich aufzuheben. 4331

Um zu einem einzigen Terminus zu verschmelzen: opulente Bürokratie.

Widerlich und bedrückend in einem.*

Am ehrlichsten denunziert eine Epoche der Tonfall ihrer Texte. 4332

Der Schriftsteller verliert einen einmonatigen Sündennachlaß für jedes überflüssige Wort. 4333

Der authentische Schriftsteller sucht die Vollkommenheit nicht aus Eitelkeit, sondern aus Höflichkeit vor dem Leser. 4334

Der Linke lebt niedergekniet vor seinen Tugenden. 4335

Die menschliche Seele hat in bestimmten Epochen einen schlechten Atem. 4336

Die Intelligenz kennt keine Schranken, hat aber Stufen. 4337

Die Geschichte kann nur den Mittelmäßigen in dem Jahrhundert festnageln, in dem er geboren ist. 4338

Das alarmierendste Symptom der Dekadenz ist der Niedergang der Heuchelei.* 4339

Der Moderne wird niemals zugeben, daß die von vielen geteilte Dummheit nicht respektabel, sondern bloß furchterregend ist. 4340

Die Tugend ist weniger selten geworden als die gute Erziehung.* 4341

Wie der Satz nicht geschrieben ist, so ist der Mensch nicht erzogen, solange man zwischen Form und Inhalt unterscheiden kann.* 4342

Der Grad der Zivilisation einer Gesellschaft mißt sich durch die Zahl der Verbeugungen, die im täglichen Umgang üblich sind. 4343

Der Kritiker ist der Sachwalter der Ordnung. 4344

4345 Das „Leben“ ist so offensichtlich zum höchsten Ziel der modernen Welt geworden, daß wer immer für etwas anderes lebt – und sei es fürs Essen – unsere Sympathie erweckt.*

4346 Der Stierkämpfer, der der Kultur den Gnadenstoß versetzt, ist der Stand der Pädagogen.

4347 In einer ehrwürdigen Universität müßte die bloße Erwähnung eines zeitgenössischen Problems verboten sein.*

4348 Die Universität erzieht, sofern sie den Jugendlichen lehrt, sich für all das zu begeistern, was später nutzlos sein wird.*

4349 Der Kampf gegen die moderne Welt muß in Einsamkeit geführt werden.

Wo zwei sind, ist Verrat.*

4350 Die methodologischen Regeln fordern nicht, daß der Historiker sich des Urteils enthält, sondern daß er nicht schon mit einem fertigen Urteil zum Sachverhalt kommt.

4351 Das Werturteil ist keine Anwendung einer abstrakten Norm, sondern das unerwartete Auftauchen einer konkreten Norm.

4352 Das Jesuitentum ist eine Verteidigungsstellung.

Symptom der Schwäche der Kirche.

Das Jesuitentum ist der Versuch, technisch das Prestige und die Effizienz profaner Handlungen zum Nutzen der Kirche einzusetzen.

Einfache äußere Nutzbarmachung von Gegenständen, die die abgezehrte Flamme der Kirche nicht mehr zu christlicher Bronze einschmilzt.

4353 Die Kirche kann weder Methoden eines technischen Rechners, noch eines politischen Intriganten, Börsenspekulanten oder Schachspielers annehmen. Die nach außen gerichtete Einstellung zur kombinatorischen Aktivität ist ihr verboten.

Die Kirche kann nur vor Kraft strotzen oder in Gedanken versinken.

Überwintern oder blühen.

Oder sich gleichzeitig im Lateran-Palast einrichten und in die Nitrische Wüste zurückziehen.

Solange der Mensch nicht aus seinem gegenwärtigen Rausch des 4354
Hochmuts aufwacht, lohnt nichts der Mühe.

Nur Blicke, die den Stolz nicht verhüllen, besitzen die klare Sicht der Welt, die unsere Argumentation bestätigt.

Wenn die Gesellschaft vollständig in die Gußform des Staates fließt, 4355
verdunstet die Person.

Die Individuen sind in der modernen Gesellschaft lediglich biegsa- 4356
me Verbindungen zwischen den starren Teilen der sozialen Institutionen.*

Sympathie und Abneigung sind die Antennen der Intelligenz. 4357

Die Intelligenz untersucht die Gründe dessen, was sie abstößt und anzieht.

Der Egalitäre betrachtet verstohlen die Gegenstände des Museums. 4358

Nicht der professionelle Altruist nährt zu guter Letzt unseren 4359
Geist, sondern der Egoist, der sich mit Früchten überhäuft.*

Um die Literatur zu retten, müssen wir sie dem Literaten entreißen 4360
und dem Gebildeten zurückgeben.

Die heutigen marxistischen Texte werden in der Geschichte des 4361
modernen Denkens soviel Gewicht haben wie die *summula*e der römischen Kanonisten des 18. Jahrhunderts.

In einer Umgebung allgemeiner Toleranz wird alles tot geboren. 4362

Die moderne Mentalität siegt weiter. 4363

Aber seit dem Aufstand der Romantik sind die Totenfeuer der Besiegten die einzigen Triumphe in der Geistesgeschichte.

Viele bilden sich ein, Einsiedler zu sein, während sie nur in den 4364
Hintergrund gedrängt wurden.

Die Mittelmäßigkeit eines jeglichen Triumphes ist es nicht wert, 4365
daß wir uns mit den Eigenschaften beschmutzen, die er erfordert.*

4366 Der moderne Mensch glaubt, daß das Durcheinander seiner Seele der Flug von Samen sei, wo es nur ein hochgewirbelter Bodensatz ist.*

4367 Man nenne es wie man will, die Art wie mir Gott ist, ist die Art, wie ich mir selbst bin.

4368 Die politische Betätigung ist der Vorwand, mit welchem die Intelligenz ihren Pflichten ausweicht.

4369 Nur dem Beschaulichen stirbt die Seele nicht vor dem Körper.*

4370 Um sich mit ruhmreichen Namen brüsten zu können, muß die moderne Welt die ihrer Feinde ins Treffen führen.*

4371 Das Volk glaubt an die Uneigennützigkeit seiner professionellen Wohltäter – bis sie ihm die Rechnung präsentieren.*

4372 Die echte Größe ist im 20. Jahrhundert so radikal individuell, daß wir gegen den Mißtrauen hegen müssen, der Nachfolger hinterläßt.*

4373 Nicht emigrieren sollen wir, sondern konspirieren.*

4374 Dem Individuum reaktionären Charakters ist es gleich, ob es sich in der Gesellschaft oben, in der Mitte oder unten befindet.

Das Individuum demokratischen Wesens beleidigt es, nicht oben zu sein.

4375 Da die Unzufriedenheit mit seiner gesellschaftlichen Stellung den Eifer und die Betriebsamkeit des Demokraten anspornt, sammeln sich die Temperamente der Linken in der Oberschicht der bürgerlichen Gesellschaft.

4376 Das Kleinbürgertum rekrutiert sich in dem Sektor des Proletariats, dem es an reaktionärem Charakter fehlt.

4377 Das Volk ist nicht notwendigerweise vulgär.

Noch nicht einmal in einer Demokratie.

Die höheren Klassen in einer Demokratie sind es hingegen notwendigerweise, denn sie wären in einer Demokratie sonst nicht hochgekommen.

Eine Aristokratie muß in extreme Dummheit verfallen, damit das Volk sie stürzt, denn nichts stimmt mit den volkstümlichen Instinkten mehr überein als eine Aristokratie. 4378

Die „menschliche Natur" ist axiologische Kategorie. 4379
Der Mensch ist eine Verpflichtung, gegen die der Mensch regelmäßig verstößt.

Je weiter der Umkreis ist, in dem sich das Individuum bewegt, desto ärmer ist das Milieu, in welchem es lebt. 4380

Die Gesetze wuchern, wo das Recht nur noch spärlich wächst. 4381

Sobald die Kirche der Verführung des Jesuitentums verfällt, beginnt sie zu benutzen und endet damit, benutzt zu werden. 4382

Es ist höchste Zeit, Mönchskutten zu vermehren, weniger als Protest gegen die Unmoral des Jahrhunderts denn als glänzender Ritus angesichts seiner Gewöhnlichkeit. 4383

Die Reichen sind nur dort unschädlich, wo eine Aristokratie sie geringschätzt.* 4384

Damit das Individuum interessant sei, muß die Ethik sein Leben komplizieren.* 4385

Heimat ist – ohne nationalistisches Geschwätz – nur der Raum, den ein Individuum rundherum überschaut, wenn es einen Hügel besteigt.* 4386

Der moderne Mensch betreibt seine Verlobung mit einem Märchen, während man ihn mit der Geschichte verheiratet. 4387

Die moderne Gesellschaft wälzt die Freiheiten nieder wie ein Panzerregiment eine Prozession von Betschwestern.* 4388

Nur das Besondere ist interessant. 4389
Aber wieviel Besonderes ohne Interesse!

Worauf steuert die Welt zu? 4390
Auf dieselbe Vergänglichkeit, aus der sie kommt.*

4391 Schreiben wir dem Intellekt nicht die Katastrophen zu, welche durch die Habgier verursacht werden, die uns blendet.

4392 Die Ursache der modernen Ungläubigkeit ist nicht die Freiheit des Denkens.
Sondern das unverdiente Vertrauen in seine Fundamente.

4393 Alles was eine Tradition unterbricht, zwingt zu neuem Anfang.
Und jeder Anfang ist blutig.*

4394 Der menschliche Schwarm kehrt gehorsam in den kollektiven Bienenstock zurück, wenn die Nacht einer Kultur sich nähert.*

4395 Die Zweideutigkeit bestimmter Wörter ist ein Hinweis auf die Eindeutigkeit, mit der sie an der zweideutigen Realität hängen, die sie bezeichnen.

4396 Die Monismen sind Postulate des Stolzes.
Der Pluralismus ist eine Ohrfeige für den Hochmut.

4397 Die These der Einheit der Wissenschaft ist kein epistemologisches Erfordernis.
Nicht einmal ein intellektuelles Programm.
Sondern angstvolle Verkrampfung angesichts des Geheimnisses.*

4398 Die Scholastik versündigte sich, als sie sich vornahm, den Christen in einen Besserwisser zu verwandeln.
Der Christ ist ein Skeptiker, der an Christus glaubt.

4399 Einstweilen fällt uns nur die Aufgabe zu, zu verhindern, daß man die Graffiti löscht, die unsere Vorgänger an den Wänden dieses Kerkers hinterlassen haben.*

4400 Die Vererbung ist die einzige ökonomische Institution, die die völlige Hingabe an die Habgier bremst.*

4401 Obgleich es den Angelismus des Demokraten kränkt: eine Zivilisation kann man nicht mit miserablem biologischen Material errichten.

Da sie die Kunst des Möglichen ist, ist die Politik in gewissen Epochen nicht von Interesse.* 4402

Der gesetzgeberische Eifer sondert einen Faden ab, in dessen Netz die Spinne sich selbst verwickelt. 4403

Und stirbt.

Der gesellschaftliche Gigantismus ist eine ausgleichende Hypertrophie für die verstümmelte Individualität. 4404

Der Altruismus ist Berechnung, die sich in Geifer zersetzt. 4405

Wird einem Demokraten ein Finger brandig, dann fällt ihm nur ein, ein Gesetz zu verlangen, das das Abschneiden aller Hände anordnet.* 4406

Das Fehlen des kontemplativen Lebens verwandelt das tätige Leben in ein Getümmel pestilenzialischer Ratten.* 4407

Die Historiker geben fast immer zu verstehen, daß sie die Verfallserscheinungen, die sie beschreiben, zu verhindern gewußt hätten. 4408

Die reaktionäre Haltung wäre heute Anmaßung, wenn sie mehr erstreben würde, als sich hinter der Objektivität des Wertes zu verschanzen.* 4409

Während eine Maschine in der Lage wäre, die Konsequenzen der demokratischen Prinzipien richtig zu deduzieren, benötigt man behutsame, wachsame und subtile Intelligenzen, um die Konsequenzen reaktionärer Prinzipien zu deduzieren. 4410

Die Trennungslinie zwischen zwei Epochen ist eine Mutation der Sensibilität. 4411

Die heutige Menschheit teilt sich in Individuen, einfach und hart wie Stahlkugeln, und in Individuen, schwammig und formlos wie ein Haufen schmutziger Fetzen.* 4412

Lassen wir es nicht zu, daß sich jene des Wortes „Empirismus" bemächtigen, die drei Viertel des auf der Hand Liegenden leugnen. 4413

4414 Die Mythen stellen nicht deshalb vor ein Problem, weil wir sie nicht anerkennen können, sondern weil wir sie nicht von uns weisen können.*

4415 Je komplexer die Aufgaben sind, die der Staat übernimmt, desto mehr hängt das Schicksal des Staatsbürgers von immer untergeordneteren Beamten ab.

4416 Der moderne Staat ist ein Pädagoge, der seinen Schülern nie das Reifezeugnis verleiht.*

4417 Die Ideen erschrecken und emigrieren von dort, wo man sich entschließt, im Team zu denken.*

4418 Der Naturwissenschaftler, der sich in die Humanwissenschaften einschleicht, rutscht wie ein Tolpatsch auf gewachstem Boden aus.

4419 Die großen intellektuellen Aufgaben werden nicht von dem gelöst, der sie willentlich in Angriff nimmt, sondern von dem, der bescheiden persönliche Probleme zu lösen versucht.*

4420 Hüten wir uns davor, zu planen, was wir vollendet sehen wollen.

4421 Selbst wenn es keine unfehlbaren Rezepte gibt, nicht einmal für das Scheitern, ist jedenfalls der Vorsatz, etwas ausgezeichnet statt nur gut machen zu wollen, eine wirksame Methode zu scheitern.

4422 Wenn dem Historiker eine augenscheinlich gültige Interpretation einer Epoche gelingt, die offensichtlich ungültig für die anderen ist, feiert die Geschichtsschreibung einen ihrer seltenen Siege.

4423 Solange die Kunst nicht zeigt, was sie sind, ist der Bericht darüber, was die Menschen tun, unverständlich.

4424 Wenn es die Kunst nicht gäbe, wäre die Geschichte zur Soziologie entartet.*

4425 Die Historiker der Zukunft werden es schwer haben, zwischen den Träumen und den Alpträumen dieses Jahrhunderts zu unterscheiden.

4426 Kein Märchen begann jemals so: Es war einmal ein Präsident…*

Das Christentum verkommt, sobald es seine alten liturgischen 4427
Sprachen abschafft, zu extravaganten und rohen Sekten.

Nachdem der Kontakt mit der griechischen und römischen Antike abgerissen und sein mittelalterliches und patristisches Erbe verloren ist, verwandelt sich jeder Dummkopf in einen Exegeten des Christentums.

Der Progressist durchblättert die Geschichte mit dem verächtlichen 4428
Finger dessen, der sie enträtselt hat.*

So wie das Ökonomische unter dem Politischen zum Vorschein 4429
kam, als man von der Geschichte ihre uralten Vorurteile abschabte, so wird das Genetische und das Pathologische zum Vorschein kommen, wird man erst ihre neuen Vorurteile abschaben.*

Der Wissenschaftler lebt überzeugt davon, daß die letzte Theorie 4430
die letzte sein wird.

Jede Erklärung scheint ungenügend, hören wir sie zu wiederholtem 4431
Male.

Wie die Adelstitel ist der Aberglaube grotesk, wenn er nicht einmal 4432
auf das Mittelalter zurückgeht.*

Das einzige politische Regime, daß nicht spontan zum Despotis- 4433
mus neigt, ist das feudale.*

Die Pseudo-Erklärungen sind die persönliche Gleichung des Hi- 4434
storikers.

Jedes erläuternde Schema ist in der Geschichte hilfreich, vorausge- 4435
setzt wir verstehen in jedem konkreten Fall, es in angemessener Weise zu vergewaltigen.

Armselige Ideen sprechen mit dem pompösen Getue armer Ver- 4436
wandter.

Der Progressive hat harte Hände und eine schwammige Sensibili- 4437
tät.

Literarische Eleganz bei Wissenschaftlern verursacht ein unange- 4438
nehmes Gefühl an den Zähnen.

4439 Der Historiker muß die Geschichte ausreichend kennen, um die wissenschaftlichen Wahrheiten seiner Zeit zu nutzen, ohne zu vergessen, daß sie provisorisch sind.

4440 Die Vorlieben sind der Durchgang der Geschichte durch den Tierkreis der Werte.

4441 Der Progressive wird im Alter gereizt, wenn er sieht, daß die Geschichte zu den Akten legt, was er in der Jugend Fortschritt nannte.

4442 Wir leben eingetaucht in den zeitgenössischen Banalitäten, mehr als es unserer Gesundheit guttut.

4443 Nichts rührt den Bürger mehr als der Revolutionär eines fremden Landes.*

4444 Die Redlichkeit des Soziologen liegt in der Behutsamkeit, mit der er Gebiet und Zeitraum der Gültigkeit seiner Konzepte definiert.

4445 Wer die Gründe einer Revolution erforscht, darf sie niemals aus ihren Wirkungen herleiten.

Zwischen den Ursachen einer Revolution und ihren Wirkungen gibt es Wirbelstürme von Zufällen.

4446 Der ehrliche Verstand mißtraut grundlegend seinen eigenen Evidenzen.

Evidenzen sind für den ehrlichen Verstand Einladungen, herauszufinden, ob es sich auf evidente Weise um Evidenzen handelt.

4447 Klare Ideen sind in der Geschichte Privileg des Ignoranten und des Begriffsstutzigen.

4448 Der intelligente Mensch kommt schnell zu reaktionären Schlußfolgerungen.

Heute jedoch schüchtert ihn der universale Konsens der Dummköpfe ein.

Wenn man ihn vor aller Öffentlichkeit befragt, leugnet er, Galiläer zu sein.*

4449 Wenn die Ausbeuter verschwinden, teilen sich die Ausgebeuteten in Ausbeuter und Ausgebeutete.*

Die Soziologie sucht nach den Gesetzen eines dynamischen Systems, in dem die Gesetze eine der Variablen sind.* 4450

Alles, was die Industriegesellschaft herstellt, erweist sich als Sepiazeichnung. 4451

Da er um die wahre Bedeutung der hierarchischen Struktur für die Gesellschaft weiß, schockiert den Reaktionär das Vorhandensein von Dummköpfen in den höchsten Rängen nicht. 4452

Das „Elitedenken" ist eine demokratische These.*

Das Christentum überschreitet jede Ethik, weil es nicht verlangt, daß wir ohne Sünde seien, sondern begierig zu sein, Vergebung zu finden. 4453

Die Empfindsamkeit des Idealisten hat keinen Platz in jenen, die uns vor der Silhouette eines Galgens niederwerfen. 4454

Alle prüfen mit größerer Sorgfalt das rationale Denken als die Evidenz, die es stützt. 4455

Je mehr sich die rationalen Gedankengänge von ihrem Ursprung entfernen, desto größer ist die Eleganz, mit der sie sich aufrichten, desto hochmütiger erheben sie sich, desto anmaßender bewegen sie sich. 4456

Wer wissenschaftliche Haltungen in der Philosophie akzeptiert, in der Geschichte, in der Kritik, ist nicht seriös. 4457

Die Musen tragen sowohl zu viele bescheidene als auch zu viele kostbare Gewänder. 4458

Minderheiten, die sich zu Mehrheiten wandeln, halten sich weiterhin für tapfer. 4459

Heute läutet man Sturm, um zu den friedfertigsten Zeremonien aufzurufen. 4460

Meine einzige Angst ist die, daß meine Mittelmäßigkeit entwürdigen könnte, was ich bewundere.* 4461

4462 Wenn der Begriff der Pflicht den der Berufung vertreibt, bevölkert sich die Gesellschaft mit verstümmelten Seelen.*

4463 Das Grundlegende befindet sich nicht an dem Ort, auf den der Plan verweist, sondern an dem Ort, auf den nur eine Geste hinweist.

4464 Der Reaktionär strebt nicht die vergebliche Wiederherstellung der Vergangenheit an, sondern den unwahrscheinlichen Bruch der Zukunft mit dieser schäbigen Gegenwart.

4465 Der Reaktionär ist kein nostalgischer Träumer, sondern ein unbestechlicher Richter.

4466 Die Polizei ist die einzige geistige Verknüpfung zwischen den Dörflern der modernen Großstadt.*

4467 Das Individuum strebt, je weniger Erfahrung es hat, nach umso größerer Unabhängigkeit.*

4468 Dem Historiker obliegt es, uns zu lehren, die Geschichte zu verehren oder zu verabscheuen, aber nicht, sie in dümmliche Allgemeinheiten zu entfärben.

4469 Der Revolutionär ist zu guter Letzt ein Individuum, das es nicht wagt, allein auf Raub zu gehen.*

4470 Nehmen wir als Epigraph für die steifen wissenschaftlichen Monographien der Geschichtsschreiber der Revolutionen dieses Distichon eines Guillotinierten:
Nul ne resterait donc pour attendrir l'histoire
Sur tant de justes massacrés?

4471 Die Dummheit ist die Mutter der revolutionären Greuel.
Die Grausamkeit ist nur die Taufpatin.*

4472 Der Thermidor ist der Punkt jeder Revolution, wo die Greuel aufhören, über die Schande vorzuherrschen, damit die Schande über die Greuel vorherrsche.

4473 Der Revolutionär wird klebrig, sobald er aufhört, hart zu sein.

Die „Welpen des spanischen Löwen“ waren so gemein, sich dank der Prügel, die die Nachbarn dem „Mutterland“ versetzten, davon zu machen und es seinem Elend zu überlassen. 4474

Der Demokrat beginnt damit, alle gesellschaftlichen Kräfte zu befreien, um sie am Ende einer einzigen zu unterwerfen. 4475

Der Reaktionär sucht das Parallelogramm der Kräfte.

Der Demokrat möchte, daß im Nachhinein alle Noten zu einer einzigen verschmelzen.

Der Reaktionär hätte gern, daß die gesellschaftliche Symphonie die polyphonen Themen vervielfacht.

Die Voraussagen von Marx waren falsch, die von Burke erfüllten sich. 4476

Darum lesen einige wenige Burke und die halbe Menschheit verehrt Marx.

Danken wir den Aulard, Mathiez, Lefebvre, Soboul dafür, bestätigende Anmerkungen für eine zukünftige kritische Ausgabe der *Reflections on the Revolution in France* vorbereitet zu haben. 4477

Die Kultur ist Ergebnis von überlegten Tätigkeiten. Die Kultur kommt von absichtlosem Wirken. 4478

Die Kultur ist Vorhaben des Intellekts. Die Kultur ist Ausdruck der Seele.

Die Kultur ist das Brot der Herberge von Emmaus. Die Kultur ist die unnachahmliche Geste, die es teilt.*

Wenn sie schöpferisch wäre, wäre die Einbildungskraft bloße Phantasie. 4479

Die Einbildungskraft ist die Wahrnehmung dessen, was der gewöhnlichen Wahrnehmung entgeht.*

Die Wahrheit mag den Ausschlag geben. 4480

Aber nur der Stil rettet.*

Wenn das Individuum sich in Statistiken einfügt, taugt es nicht mehr für Romane. 4481

Das Mißtrauen der modernen Gesellschaft gegen die Zukunft, gestern noch dem intelligenten Menschen vorbehalten, lastet heute selbst auf dem Dummkopf.* 4482

4483 Die Routine ist die einzige Beschwörungsformel, die die menschliche Not einschläfert.*

4484 Die intellektuelle Unabhängigkeit ist heute unerreichbar für den, der einen freien Beruf ergreift.

Die moderne Gesellschaft zerrüttet die Intelligenz, die in ihren Dienst tritt.*

4485 Nicht was er schreibt erniedrigt den Schriftsteller, sondern die Leser, für die er schreibt.*

4486 Wer die laufenden Gegenstände der Bewunderung seiner Zeitgenossen nicht teilt, braucht eines Tages nichts zu bereuen.

4487 Der Anti-Historismus Schopenhauers trägt mehr zur Deutung unserer radikalen Geschichtlichkeit bei als der Historizismus Hegels.

4488 Alles im Individuum hat seinen Ursprung im Schnittpunkt von Raum und Zeit.

Außer dem Individuum selbst.

4489 Das Individuum ist nicht eine Kreuzung von Wegen, sondern der an ihr errichtete geheimnisvolle Kalvarienberg.*

4490 Die Literatur riecht, wie jeder Reichtum, besser in den Händen der Erben.

4491 Es gibt mehr törichte Bewunderung als törichte Verachtung.

Aber mehr Dummköpfe, die verachten, als solche, die bewundern.

4492 Aus Angst, aus der Mode zu kommen, identifizieren sich viele Künstler sukzessive mit allem Flüchtigen, was vorbeikommt und stirbt.

4493 Wie der einstige Polemiker glaubt der Linke eine Meinung dadurch zu widerlegen, daß er den, der sie äußert, der Immoralität bezichtigt.*

4494 Unter den seriösen Werken unserer Epoche wird man ihre komischen Ergebnisse suchen müssen.

Die ein soziologisches Vokabular handhaben, stellen sich vor, verstanden zu haben, weil sie klassifizierten. 4495

Die Zivilisationen erbauen ihre Kloaken nicht aus Heuchelei unterirdisch, sondern aus Rücksicht auf den Geruchssinn. 4496

Der Marxist ist verblüfft, wenn sich unter seinen Händen das Politische vom Sozialen unabhängig macht. 4497

Die Autonomie des Politischen ist der Unterrichtsstoff, den die kommunistischen Staaten auf brutale Art in das Hirn des Marxisten hineinprügeln.

Unsere Zeitgenossen schwärzen die Vergangenheit an, um sich nicht vor Scham und Nostalgie umzubringen.* 4498

Die ästhetische Norm geht dem Urteil nicht voraus, sondern folgt diesem. 4499

Der intelligente Mensch fühlt sich in die moderne Welt verstrickt, aber nicht einbezogen. 4500

Die Museen sind die Erfindung einer Menschheit, die für die Kunstwerke weder in ihrem Haus noch in ihrem Leben Platz hat.* 4501

Allgemeine Behauptungen, die das Individuum subsumieren, definieren, was uns nichts bedeutet, wenn wir es erfahren. 4502

Die Einmütigkeit in einer klassenlosen Gesellschaft ist nicht Folge der Abwesenheit von Klassen, sondern der Anwesenheit der Polizei.* 4503

Jedes aufgehobene Tabu läßt die menschliche Existenz in Richtung auf die Schalheit des Instinkts zurückweichen.* 4504

Die Religionen werden der Menschheit geboren, wo und wann sie es am wenigstens erwartet. 4505

Zu den routinemäßigen Phänomenen der Meteorologie der Geschichte kommt ein mysteriöser geologischer Prozeß, der bewirkt, daß sich die Eiszeiten und Zwischeneiszeiten der Seele abwechseln. 4506

4507 Mit jedem einfachen Problem, das sie löst, erzeugt die industrielle Gesellschaft verschiedene schwerwiegende Probleme.

4508 Wenn wir den Nominalismus nicht auf methodologische Postulate der Wissenschaft beschränken, wenn wir ihm erlauben, unsere tägliche Sichtweise einzufärben, löst sich das Universum in eine Unendlichkeit von nicht verbundenen Punkten auf, die die Intelligenz wegen des Fehlens von Regeln zu willkürlichen Konfigurationen gruppiert.

4509 Stilrichtungen sind Personen, nicht einfache teilhabende Fälle einer gemeinsamen Essenz.

4510 Der gesunde Menschenverstand ist keine Eigenschaft der menschlichen Natur, sondern Erbe der Geschichte.

Leicht sich verflüchtigend.

4511 Die Philosophie verteidigt uns vor den pompösen Doktrinen.

4512 Mißtrauen wir der Prosa, die nicht lächelt.

4513 Der Historiker muß sich anachronistischer Liebe und Haß enthalten.

Aber er begeht keinen Fehler, wenn er liebt oder haßt, denn er teilt die Liebe und den Haß, den seine Persönlichkeiten empfanden.

4514 Der Historiker begeht nur eine läßliche Sünde, wenn er beim Suchen eines Motivs für eine Handlung irrt, vorausgesetzt das irrtümlich zugesprochene Motiv gehört zum Repertoire möglicher Motive der Epoche, die er untersucht.

Der Anachronismus ist in der Geschichte die einzige Sünde ohne Vergebung.

4515 Die Lösungen, die dieses Jahrhundert seinen Problemen gegeben hat, sind weniger interessant als die Probleme, die aus ihnen erwuchsen.

4516 Die Kunst, nichts zu verstehen beschränkt sich auf die operationale Regel, die die Bedeutung mit der pragmatischen Äußerung identifiziert.

Mit derselben Geste opfert man sich oder bringt sich um.

Nicht mit der Natur müssen wir in Harmonie leben, noch mit dem 4517
Universum, noch mit dem Kosmos.

Sondern mit jenen axiologischen Besuchern, die Risse in die Routine des Seins bringen.*

Es gibt Themen, über die derjenige, der keine Banalitäten äußert, 4518
nur Dummheiten sagt.

Die sozialen Probleme sind nicht lösbar. 4519

Aber wir können sie entschärfen, indem wir verhindern, daß das Bestreben, ein einziges zu vermindern, sie alle vergrößert.*

Den Antikonformisten kennzeichnet die Fügsamkeit, mit der er 4520
den antikonformistischen Moden folgt.*

Der authentische Historiker ist ein Gelehrter, der dem Stimmenge- 4521
wirr der Geschichte mit der Vorstellungskraft eines Kindes lauscht.

Drücken wir uns ein wenig zweideutig aus, damit der Dummkopf 4522
glaubt, er verstehe uns.*

Der Einsame ist der Delegierte der Menschheit für das Wichtige.* 4523

Die Moral einer Handlung beurteilt man nicht, indem man die 4524
Ethik konsultiert, sondern die Handlung untersucht.

Die Neue Welt erwies sich als ein weiteres eschatologisches Fiasko. 4525

Die vulgäre Epistemologie der Naturwissenschaften ist ein burles- 4526
ker Idealismus, in dem das Gehirn die Rolle des Ich übernimmt.*

Wer öffentlich beichtet, sucht nicht Lossprechung, sondern Zu- 4527
stimmung.*

Wenige Schriftsteller schneiden bei Straßentumulten gut ab. 4528

Die Seelen verbreiten krankheitserregende Keime, wenn sie die 4529
Keimfreiheit der Stille mißachten.

Der Progressist nennt Fußblöcke die Krücken, die dem Menschen 4530
das Gehen ermöglichen.*

4531 Niederlagen sind nie endgültig, wenn sie gut gelaunt angenommen werden.

4532 Ohne alles in Schwarz und Weiß aufzuteilen, ohne die Farbskala zu ignorieren, ohne die unsensiblen Tönungen zu negieren, müssen wir uns trotzdem an die Färbung halten, die uns zufällt.

4533 Die sterbenden Gesellschaften häufen Gesetze an wie die Sterbenden Heilmittel.*

4534 Die politische Literatur von gestern ist noch von Interesse, weil sie Disput im Bahnhof war. Die heutige ist ohne Interesse, denn sie ist Kolloquium im Zug.*

4535 Unter den Postulaten existieren auch Hierarchien.

Es gibt Postulate für die perfekte Sicht, Postulate für Kurzsichtige und Postulate für Blinde.

4536 Der Reaktionär hat Gegenstände der Bewunderung, keine Modelle.

4537 Der Autor, der fähig ist, in Klarheit das Konkrete zu sehen, bewegt sich unverletzt zwischen idiotischen Ideen.

4538 Das Alltägliche und Gewöhnliche soll unser Ziel sein, das Außergewöhnliche bloß unser Fund.

4539 Die großen Romane bekunden die Voreingenommenheit der Philosophien und die Unschuld der Wissenschaften.

4540 Die Berühmtheit verwandelt den Schriftsteller in eine Kokotte.*

4541 Die militärischen Techniken skandieren das Versmaß der Geschichte.

4542 Die Nachwelt ist nicht die Gesamtheit der künftigen Generationen.

Sondern eine kleine Gruppe von wohlerzogenen, gebildeten Menschen mit Geschmack in jeder Generation.*

4543 Geben wir der Menschheit keine Gesetze.

Weder öffentlich, noch privat.

Nachdem uns der Dialog mit Mittelmäßigen offenkundig beschränkt: ist die Beschränktheit unserer Gesprächspartner nicht vielleicht Widerschein unserer eigenen Mittelmäßigkeit?* 4544

Die Paradoxe haben bald das Gesicht einer Vierzigjährigen am Morgen nach einem Fest. 4545

Anstelle des Paternalismus will der Sozialismus die Zucht der Waisenhäuser.* 4546

So uneigennützig auch der Grund eines Rebellen sei, seine Rebellion bricht normalerweise aus, weil seine Eitelkeit Schrammen abbekommen hat. 4547

Wir können die Dekadenz einer Gesellschaft schildern, es ist aber unmöglich, sie zu definieren. 4548

Wie die zunehmende Demenz eines Blickes.*

Gott hat die Werkzeuge geschaffen, der Teufel die Maschinen.* 4549

Wenn das authentische Mysterium verblasst, berauscht sich die Menschheit an blödsinnigen Mysterien. 4550

Der Künstler kann sich vornehmen, was er will, aber was er will, kann albern sein. 4551

Was immer der heutige Romancier meint, weder eine linke Haltung noch die Pornographie ersetzen das Talent. 4552

Wir glauben an die vielen Dinge, an die wir nicht zu glauben glauben.* 4553

Die Unvoreingenommenheit des Historikers ist normalerweise einfach fehlende Vorstellungskraft. 4554

Das Böse scheint uns vor allem Anmaßung, das Gute scheint uns vor allem rechtmäßig zu sein. 4555

4556 Die Unterwerfung ist eine Beziehung zwischen Gruppen. Die Unterordnung ist eine Beziehung zwischen Personen.

Dem unpersönlichen Herren fühlt sich das Individuum unterworfen.

Dem persönlichen Herren fühlt es sich nur untergeordnet.

Dort gibt es Revolutionen, hier Aufstände.

Das Herkommen wiegelt dort auf, hier bloß der Mißbrauch.

4557 Die intellektuellen Eroberungen bleiben prekär, solange es nicht gelingt, die sentimentalen Versorgungsquellen des Gegners zu vergiften.*

4558 Bescheidenheit ist die erkenntnistheoretische Bedingung bestimmter Wahrnehmungen.

4559 Um zu verstehen ist es notwendig, die Wahrheiten zu hierarchisieren.

4560 Der Satz dessen, der im Grundsatz anderer Meinung ist, muß nackt wie eine Peitsche sein.

4561 Verwechseln wir nicht das Denken der modernen Epoche mit dem Denken in der modernen Epoche.

Weder die Literatur, noch die Kunst.

4562 Die Intelligenz entkommt am Ende immer.

Aber die demütige Seele verdurstet auf diesem Asphalt.

4563 Nie gab es Tempel falscher Götter.

Sondern Tempel, aus denen sich Gott eines Tages zurückzog.

4564 Die biologischen Gesetze allein haben keine Finger, die fein genug sind, um die Schönheit eines Gesichts zu modellieren.

4565 Wenn die Macht nicht korrumpiert, sondern veredelt, kniet die Menschheit nieder.

4566 Die Generationen unterscheiden sich weniger durch die Lösungen, die sie finden, als durch jene, die sie suchen.*

4567 Je lebhafter und intensiver unsere Wahrnehmung des Sichtbaren ist, um so deutlicher fühlen wir die Realität des Unsichtbaren.*

Das Recht auf die Befehlsgewalt war das zentrale Thema der Politik von gestern. 4568

Die Techniken der Erschleichung der Befehlsgewalt sind heute das zentrale Thema der Politik.*

Wo es *rotten boroughs* gibt, ist wenigstens dieser Teil des Parlaments in Ordnung.* 4569

Die Geschichte macht sich über unsere strengen Deduktionen lustig wie über unsere jähen Alternativen. 4570

Die Popularität einer Idee liegt in ihrer Tiefe, wie die Extension eines Konzepts in seiner Intension. 4571

Besser heilen als vorbeugen, denn es geschieht immer das Unvorhergesehene.* 4572

Wo Einmütigheit herrscht, sind Befürchtungen und Mißtrauen angebracht. 4573

Weit davon entfernt, als Ganzes respektabel zu sein, verdienen fast alle Meinungen, respektlos behandelt zu werden. 4574

Die intellektuellen Verrenkungen dessen, der an einen einzigen Typus von Wahrheit glaubt, ruinieren ihm letzten Endes seine Seele. 4575

Der Roman blühte, solange das Klima den Individualismus begünstigte, und welkt in dem Maße, wie es hartherzig wird. 4576

Die Überkreuzung der horizontalen Beziehung Freund – Feind mit der vertikalen Beziehung Vorgesetzter – Untergebener bildet die elementare politische Struktur. 4577

Die Hoffnung, eine der beiden abzuschaffen, ist nicht nur utopisch, sondern darüber hinaus widersprüchlich.*

Nichts Selteneres heute als ein Literaturkritiker, der an der Literatur Gefallen findet.* 4578

Die Botschaft tötet die Kunst und das Dekorative begräbt sie. 4579

4580 Da die Dummheit vorherrscht, ist es nur natürlich, daß der Demokrat überrascht ist, wenn er verliert und der Reaktionär, wenn er gewinnt.

4581 Die vom 19. Jahrhundert gefeierten Fahnenträger der Freiheit stellten sich als Avantgarde des industriellen Despotismus heraus.

4582 Still und leise überträgt die Nachwelt die Namen der demokratischen Führer aus der politischen Abhandlung ins Lehrbuch der Psychiatrie.*

4583 Der Bürger von gestern verzieh sich alles, wenn sein sexuelles Benehmen strikt war.
Der von heute verzeiht sich alles, wenn es anrüchig ist.*

4584 Die Nachwelt ist ein Abendessen weniger Eingeladener.
Mit wenigen Gastgebern.

4585 Der Progressive durcheilt die Literatur-Epochen wie der Puritaner die Kathedralen: den Hammer in der Hand.

4586 Der Fortschrittliche nimmt an der literarischen Messe teil, allergisch auf Weihrauch, verächtlich der Liturgie gegenüber, fremd dem Opfer, ungläubig gegenüber der Segnung.
Aufmerksam nur gegenüber der Predigt.

4587 Die Kunst ist das höchste sinnliche Vergnügen.

4588 Die Erfindung der Fotografie machte der Poesie der Geschichte ein Ende.

4589 Die Fotografie verwandelt die Ereignisse in Anekdoten.

4590 Um die Größe einer Persönlichkeit anzuerkennen, ist es nötig, vorher ihre Fotografien zu verbrennen.
Der Held kann nur durch die Imagination dargestellt werden, in Marmor oder im Mythos.

4591 Der Stil resultiert weder aus dem Gehorsam gegenüber einer Regel, noch dem Ausdruck eines Temperaments, sondern dem Zusammentreffen einer Eigenart und einer Norm.

Das allgemeine Wahlrecht erkennt dem Individuum letztlich nur 4592
das „Recht" zu, abwechselnd Unterdrücker und Unterdrückter zu sein.*

Über den zeitgenössischen Schriftsteller kann nur der, der aus dem- 4593
selben Land kommt, eine Meinung haben.

Zu den Toten haben wir alle den gleichen Abstand.

Die Dinge hören auf, leer zu sein, wenn sie jemand mit Talent malt. 4594

Anstatt Hermeneutik der Religion zu sein war die Theologie ein 4595
Rationalismus, der eine Struktur von Metaphern als System von Postulaten behandelte.*

In der Politik ist der kürzeste Weg zwischen zwei Punkten nicht 4596
der gerade, wie es der Progressive vermutet, sondern die Kurve.

Die politischen Fehlgriffe wiederholen sich, weil sie Ausdruck der 4597
menschlichen Natur sind.

Die richtigen Entscheidungen wiederholen sich nicht, denn sie sind ein Geschenk der Geschichte.

Schwerwiegende Probleme ängstigen den Dummkopf niemals. 4598

Diejenigen, die sich z.B. angesichts des qualitativen Verfalls einer Gesellschaft Sorgen machen, bringen ihn zum Lachen.

Die Bourgeoisie erreichte als Konsequenz ihrer langen und intensi- 4599
ven revolutionären Betätigung, daß sie statt von ihren Vorgesetzten von ihren Untergebenen regiert wird.

Die Reaktionäre rekrutieren sich aus den Zuschauern der ersten 4600
Reihe bei einer Revolution.

Der demokratische Intellektuelle kann nur zwischen den Möglich- 4601
keiten wählen, Diener der Bourgeoisie oder Sklave des Proletariats zu sein.*

Die intellektuelle Tragödie des demokratischen Regierenden ist der 4602
Zwang, das Programm zu verwirklichen, das er ausgerufen hat, damit sie ihn wählen.*

4603 Die Geschichte gehört in jeder Epoche denen, die als erste Grundlagen postulieren, welche die Übrigen am Ende für Offensichtlichkeiten halten.

4604 Der Begriff des Fortschritts gilt in der Prähistorie.
Die Geschichte dagegen definiert sich genau wie die Periode, in der der Begriff keine Gültigkeit hat.

4605 Die Geschichte läßt einige kumulative Prozesse zu: die lästigen.

4606 Die Grundüberlegung des Progressisten ist wunderhübsch: das Beste setzt sich immer durch, weil man das Beste nennt, was sich durchsetzt.*

4607 Der Fortschrittsglaube ist die Folge einer angeborenen Kurzsichtigkeit, die die Wahrnehmung der Individualität des Wertes erschwert.

4608 In einem Universum, das im Wesentlichen paradox ist, hat der intelligente Mensch keine Zeit, sich zu langweilen.

4609 Das Authentische konzentriert sich in jeder Epoche in bestimmten Ländern.

4610 Der moderne Mensch behandelt das Universum wie ein Wahnsinniger einen Idioten.*

4611 Die Natur hat nicht die theologische Aufgabe, als Grundlage für rationales Denken zu dienen, sondern als Sockel für eine Epiphanie.

4612 Rousseau, Thoreau, Tolstoi, Lawrence sind die *lunatic fringe* der Reaktion.*

4613 Der Satz muß feine Manieren zeigen, aber Kanten haben und kurz sein.

4614 Jeden Tag fordern wir mehr von der Gesellschaft, um weniger von uns selbst fordern zu müssen.

4615 Es gibt keine Prosa, die zu dem sporadischen Glanz oder der gewohnheitsmäßigen Langeweile des Gedichts fähig ist.

Die hierarchischen Strukturen brechen zusammen, wenn der Mensch der freien Unterordnung die Gewalt vorzieht, die die servilen Insurrektionen der Seele unterdrückt.* 4616

Die Überfülle an Gesetzen ist Anzeichen dafür, daß schon niemand mehr intelligent zu befehlen weiß. 4617

Oder daß schon niemand mehr frei zu gehorchen weiß.*

Zivilisiert sein heißt, die Gesten, die Sensibilität, die Intelligenz zu einer wachsamen gesellschaftlichen Umgangsform zusammenzufalten. 4618

Vertraulichkeiten suchen keine Kommunikation zwischen den Seelen, sondern Absolution durch Komplizenschaft. 4619

Das gute Benehmen ist manchmal eine akzeptable Imitation der Nächstenliebe. 4620

Vulgäre Zerstreuung und vulgäre Beschäftigung sind heute die einzigen, für die man sich nicht zu entschuldigen braucht.* 4621

Als Folge der technischen Weiterentwicklungen überlassen die alten Propheten der Katastrophe ihren Platz den Zeugen vorhergesagter Katastrophen. 4622

Unter Verfechtern des Egalitarismus – handle es sich nun um Individuen oder um Nationen – erreicht der Untergeordnete sogar, daß man ihn einlädt, aber nie, daß man ihn anhört.* 4623

Die authentische „doppelte Wahrheit" ist die gleichzeitige Stellung des Bewußtseins in der Welt und der Welt im Bewußtsein. 4624

Haltungen, die unausweichlich und unversöhnlich sind.

Die Wahrheit ist weder in dem, was wir vorfinden, noch in dem, was wir uns vorstellen, sondern in dem, was wir uns vorstellen, vorzufinden. 4625

Die Zivilisationen unterscheiden sich radikal untereinander. 4626

Von Zivilisation zu Zivilisation erkennen sich trotzdem die wenigen Zivilisierten einander an einem diskreten Lächeln.

4627 Soziologen, Psychologen, Psychiater sind sattelfest in allgemeinen Aussagen.

Sehen sie sich dann im konkreten Fall den spitzen Hörnern gegenüber, verhalten sie sich alle wie angelsächsische Matadore.*

4628 Die Vernunft ist kein Stellvertreter des Glaubens, so wie die Farbe kein Vertreter des Klanges ist.

4629 Dialektische Prozesse sind szenische Selbstgespräche, die jeder öffentliche Lärm verwirrt und zum Schweigen bringt.

4630 Die Industrie vermehrt überflüssige Gegenstände, so wie die Lobredner des späten Kaiserreichs überflüssige Sätze vermehrten.

4631 Das Individuum, das sich selbst belügt und die Gesellschaft, die sich nicht belügt, werden schnell morsch und gehen zugrunde.*

4632 Es gibt Meinungen, die man gerechterweise mit Respekt hinwegfegt – den Besen allerdings fest im Griff.

4633 Die intellektuelle Ehrlichkeit ist eine Tugend, bei der sich jede der aufeinanderfolgenden Generationen einbildet, sie zum ersten Mal zu praktizieren.

4634 Nicht immer ist es leicht, auf Spanisch mit Feingefühl zu sprechen ohne kitschig zu erscheinen, oder ernsthafte Dinge zu sagen, ohne pompös zu wirken.

4635 Der Linke schließt seine vehementen Anklagen gegen die Gesellschaft mit einem zarten Seufzer von Selbstmitleid ab.

4636 Der Satz soll aus der verbalen Draperie auftauchen – fleischig, sauber, frisch wie eine Jugendliche, die sich auszieht.

4637 Wir dürfen nur für den Jugendlichen schreiben, der in dem Erwachsenen fortlebt.

4638 Die schnelle Entwicklung einer Gesellschaft zermalmt ihre Sitten.

Und zwingt dem Individuum – statt einer stillen Erziehung der Gebräuche – Zügel und Peitsche der Gesetze auf.

Jeder Morgen, der unser Herz berührt, ist ein Reflex der Morgendämmerung, in die wir eintreten werden. 4639

Unsere Toleranz wächst mit unserer Verachtung.* 4640

Die Vorstellungskraft ist die Fähigkeit, über die Sinne die Eigenschaften des Gegenstands wahrzunehmen, den die Sinne nicht wahrnehmen. 4641

Allein der Historiker, der über seine Erklärungen lächelt, erscheint uns seriös. 4642

Banale Träume erfüllen sich hier. 4643

Aber jene, die der Jugendliche unter dem lastenden Laubwerk des Sommers träumt, nisten hier nicht.

Die Inbrunst der noblen Seele kann sich im Gegenstand täuschen ohne sich in der Richtung zu irren. 4644

Die Literatur verhält sich würdelos, wenn sie zu beeinflussen statt zu unterhalten sucht. 4645

Das Thema des authentischen Schriftstellers sind seine Probleme, das des unechten die seiner Leser. 4646

Der demokratische Politiker, abgerichtet dazu, sich den Wählern zu verkaufen, nimmt die Gewohnheit an, sich an jeden Meistbietenden zu verkaufen. 4647

Der fortschrittliche Kleriker verwandelt die Gärungen seines Blutes in die Krise der Kirche. 4648

Wer fordert, daß die Literatur gesellschaftliche Funktionen erfüllt, fällt scheinheilig ihr Todesurteil. 4649

Seine Beliebtheit beschmutzt den Schriftsteller nicht, solange er sie nicht den Ideen verdankt, die er angreift oder verteidigt. 4650

Die Emphase ist das gemeinsame Laster der Literatur des 19. und 20. Jahrhunderts. 4651

Sich mit Emphase aufzublasen, gestern.

Heute, sich emphatisch wegzuducken.

4652 Die Literatur braucht häufig Aderlasse an Adjektiven.

4653 Der übersetzte Dichter hat mehr Bewunderer als seine Gedichte.*

4654 Wir sollen vom Philosophen verlangen, daß er nicht die unsichtbaren Teile des Modells darstellt, welches er nachbildet.

4655 Die Freiheit ist das Ergebnis des unvollkommenen Zusammenspiels der Teile der sozialen Maschine.*

4656 Respektieren wir die zwei Pole des Menschen: konkretes Individuum, menschlicher Geist.

Aber nicht seine mittlere Zone als Tier, das eine Meinung äußert.

4657 Unsere Kenntnisse in Sozialpathologie sind so oberflächlich, daß hier das Fieber vielen als ein Symptom der Gesundheit erscheint.*

4658 Damit der Mensch das Mysterium bemerkt, das die Welt durchzieht, ist es je nach Jahr und Jahrhundert ratsam, es entweder mit Substantiven, Adjekiven, Verben, oder mit einfachen Ausrufen zu bezeichnen.

4659 Es gibt ein negatives Mysterium, Schatten unserer Ignoranz.

Und ein positives Mysterium, Schatten der Realität.

4660 Es ist unsere unfaßbare Pflicht, weit eher als unser Verhalten unser Sein zu bereuen.*

4661 Der Künstler hätte gern, daß der Ruhm die Besessenheit Liebender wäre, wenn er doch, im besten Falle, Dankbarkeit von Tischgenossen ist.

4662 Um über das Ewige zu sprechen, genügt es, mit Talent von Tagesereignissen zu sprechen.

4663 Die Kohärenz unserer Prinzipien soll nur in der Wendung unserer Sätze zum Vorschein kommen, so wie die gute Erziehung nur in unseren Gesten.

Chaos, Gaia, Eros. 4664

Die wissenschaftlichen Lehren von der Entstehung der Welt mußten sich bloß damit zufriedengeben, der Trinität Hesiods weniger pittoreske Namen zu geben.

Ernst ist, was die ernsthaften Menschen für Spiel halten.* 4665

Der Geist des Individuums erfährt keine „Weiterentwicklung". 4666

Wir inszenieren nur, mit mehr oder weniger Talent, die Themen, mit denen wir zur Welt kommen.

Alles ist Geschichte, aber nicht alles ist Zeitrechnung. 4667

Die modernen Probleme bedürfen nicht der Lösung, sondern der 4668
Abtreibung.*

Das tätige Leben mündet nicht in den Gewässern eines Meeres, 4669
sondern in den Sanddünen einer Wüste.*

Nur der Schwachkopf sieht die Konflikte zwischen Individuen in 4670
Schwarz und Weiß.

Nur der Intelligente sieht die Konflikte zwischen Ideen in Schwarz und Weiß.

Die Fähigkeit, unter bestimmten Bedingungen zu überleben, ist ein 4671
Beweis der Minderwertigkeit dessen, dem es gelingt.*

Die Behauptung, daß die kulturelle Entwicklung in der Geschichte 4672
die biologische Evolution ersetzt, ist eine These, die nach Ideologie riecht.

In der Tat scheint die menschliche Gesellschaft ein Mechanismus zu sein, der den selektiven Prozeß mittels gesellschaftlicher Regeln vorantreibt, die direkt oder indirekt das genetische Repertoire zerstören oder verteidigen.

Bedauern wir weniger die Obszönität des heutigen Romanciers als 4673
sein Unglück.

Wenn der Mensch unbedeutend wird, werden Kopulation und Darmentleerung zu bedeutenden Handlungen.

Wir kennen die Bedingungen der Erscheinung eines Wertes nicht, 4674
aber wir kennen die, die dieses Erscheinen verhindern.

4675 Die neue Linke sammmelt jene, die die Wirkungslosigkeit des Mittels zugeben, ohne den Glauben an das Rezept zu verlieren.

4676 Der Mensch ist selektive Kraft, erzeugt aber keine Antriebskräfte.

4677 Der Mensch kann den Wert wählen, den er sieht, kann aber nicht den Wert sehen, den er will.

4678 Dekadenz-Erscheinungen gehen nicht aus einem Übermaß an Zivilisation hervor, sondern aus dem Versuch, die Zivilisation auszunutzen, um die Verbote zu umgehen, aus denen sie besteht.

4679 Der intelligente Progressive entdeckt zu spät, daß Fortschritt nicht das ist, was den intelligenten, sondern den dummen Progressiven begeistert.

4680 Der moderne Mensch nimmt bereitwillig jedes Joch auf sich, solange nur die Hand, die es aufzwingt, unpersönlich ist.*

4681 Die Diskriminierung erscheint dem Falschmünzer schändlich.

4682 Dem Intellektuellen, der über die „Verbürgerlichung des Proletariats“ empört ist, fällt es niemals ein, auf jene Dinge zu verzichten, deren Nutzung durch das Proletariat – als Beweis der Verbürgerlichung – ihn empört.

4683 Wenige Generationen genügen, um das bloße Talent nicht mehr wahrnehmbar zu machen.

Das Talent ist nur unter Zeitgenossen ein verkäuflicher Artikel.

4684 Für nichts wirklich Wichtiges ist es je zu spät.

4685 Der Skeptizismus ist die asketische Nachtwache vor dem Kreuzzug.

4686 Es gibt keine Wahrheit, die zu erdrosseln nicht erlaubt wäre, wenn sie den verletzen muß, den wir lieben.*

4687 Ohne Latein und Griechisch ist es möglich, die Gesten der Intelligenz auszubilden, aber nicht die Intelligenz selbst.*

Angesichts der stillen Fülle der einfachen ästhetischen Darstellung soll die Philosophie mit ihrem leeren Gerede schweigend niederknien. 4688

Die gegenwärtigen „zwei Kulturen“ sind nicht die literarische und die wissenschaftliche, sondern die, welche den modernen Menschen verherrlicht und die, die ihn anklagt. 4689

Mit dem Sonnenuntergang der Individualität verschwinden die ethischen Probleme zugunsten simpler soziologischer Konflikte. 4690

Die Kunst ist das Werkzeug, das uns in den Besitz der Welt bringt, ohne sie in einen Leichnam zu verwandeln. 4691

Solange die Vergnügungen banal genug sind, protestiert niemand. 4692

Die Erscheinung ist kein Schleier, sondern Vehikel der Realität. 4693

Um das Volk zu zivilisieren, muß man ihm Flußbette geben, nicht Quellen. 4694

Alles im Mittelalter, von einer romanischen Kirche oder einem Lehnsverhältnis bis zu einem gotischen Kreuzweg oder einem Pilger aus Canterbury ist urwüchsig, sinnlich, konkret. 4695

Denn der mittelalterliche Mensch empfand die Transzendenz als ein wahrnehmbares Attribut des Objekts.*

Das Wappenzeichen des Denkers ist nicht der Spinnrocken, sondern die Harpune. 4696

Beklagen wir uns nicht über den Boden, auf dem wir geboren wurden, sondern über das Gewächs, das wir sind. 4697

Die Ordnung ist Täuschung. 4698

Aber die Unordnung ist keine Lösung.*

Ohne die emotionale Funktion der Sprache wäre es nicht möglich, uns auf die Totalität des Gegenstandes zu beziehen. 4699

Die Literatur ist die Wissenschaft von der Qualität. 4700

4701 Würden die Menschen als Gleiche geboren, erfänden sie die Ungleichheit, um die Langeweile zu vertreiben.*

4702 Es ist unmöglich, in der Welt umherzureisen und zugleich intelligent zu sein.

Die Intelligenz ist eine Angelegenheit von Sitzfleisch.

4703 Vertrauen wir nur darauf, was der Mensch nicht ändern kann.

4704 Geben wir uns nicht damit zufrieden, Hauskatzen auszustopfen, wenn wir gelernt haben, Raubkatzen zu präparieren.

4705 Wie eine Tradition aufrecht erhalten? Indem man nicht von ihr spricht.*

4706 Die Prosa, die sich einer dem Metrum equivalenten Disziplin nicht fügt, kann man nicht wiederlesen.

4707 Ruhm bedeutet für den echten Künstler nicht den Lärm von Lobreden, sondern die schreckliche Stille des Augenblicks, in dem er glaubt, das Richtige getroffen zu haben.

4708 Wenn die öffentliche Meinung beginnt, sich mit irgendeiner Angelegenheit zu befassen, denkt die Geschichte schon an etwas anderes.

4709 Die Invasion der Technik tötete die kleineren Gottheiten nicht, aber sie verschreckte sie.

4710 Die revolutionäre Kunst schmückt am Ende die Salons des reichen Eisenwarenhändlers.

4711 Wissenschaft ist das, was mit nichts Intimität wird.

4712 Die Eugenik entsetzt diejenigen, die ihr Urteil fürchten.

4713 Die zwei Hauptprobleme der gegenwärtigen Welt: demographische Expansion und genetische Degeneration sind heute unlösbar.

Die liberalen Prinzipien verhindern die Lösung des ersten, die egalitären die des zweiten.*

4714 Wenn es sich um etwas Grundsätzliches handelt, ist das Vernünftige nicht, zu beweisen sondern vorzuweisen.

Die Verantwortlichen für große geistige Interessen können grausam oder gut sein, nicht aber liebenswürdig. 4715

Wenn wir die Seele erwähnen, geben wir nicht vor, ein Problem zu lösen, sondern versuchen, nicht unehrlicherweise ein Mysterium zu verbergen. 4716

Der perfekte Satz ist in der gesellschaftlichen Syntax derjenige, der nur asyndetische Subordinationen enthält. 4717

Die Einbildungskraft verkümmert in einer Gesellschaft, deren Städte keine von hohen Mauern umschlossenen Gärten haben.* 4718

Wenn wir gutgelaunt unsere Mittelmäßigkeit akzeptieren, läßt uns die Selbstlosigkeit, mit der wir die fremde Intelligenz genießen, fast intelligent werden. 4719

Die Sprachen verkamen gestern durch die Schuld unwissender Bauern. 4720

Heute verkommen sie durch die Pedanterie und Nachlässigkeit des ungebildeten Spezialisten.*

Verwechseln wir nicht glauben mit glauben zu wissen. 4721

Eine Art zu wissen mit einer kaschierten Mutmaßung.

Gegen eine Idee kämpfen, kann unnütz sein, ist aber nicht absurd. 4722

Gegen eine Mentalität hingegen kann man nicht kämpfen.

Man muß darauf warten, daß sie stirbt.

Die Philosophie hat nicht die Aufgabe, eine Welt zu ändern, die sich von allein ändert. 4723

Sondern die, diese veränderte Welt zu beurteilen.

Um zu erwarten, daß etwas Irdisches alle unsere Erwartungen erfüllt, reicht es nicht, Atheist zu sein, man muß dazu auch noch dumm sein. 4724

Der intelligente Mensch soll den Umgang mit Ideen meiden, die ihm zu groß sind. 4725

Bestimmte Aussagen erscheinen uns bloß widersprüchlich, weil unserem Vokabular bestimmte Nuancen fehlen. 4726

4727 Immer wenn sie eine bestimmte Abkürzung nehmen, läßt sich die Natur von den unwahrscheinlichsten Dummköpfen überraschen.

4728 Jede Restauration ist ein umgekehrter Jakobinismus.

4729 Die Wahrheit einer Metaphysik hängt davon ab, daß man sie als Metapher denkt.

4730 Der Politiker ist dumm, wenn er nicht errät, wer gewinnt.
Der Kontemplative, wenn er nicht erkennt, wer gewinnen sollte.

4731 Solange ein Buch nicht seine Aktualität eingebüßt hat, weiß niemand, ob es wichtig ist.

4732 Auf offener Steppe findet das Individuum keinen Schutz gegen die Gnadenlosigkeit der Natur, noch in der egalitären Gesellschaft gegen die Gnadenlosigkeit des Menschen.*

4733 Die, die wir absichtlich wiederholen, lassen uns letzten Endes weniger als Echo aussehen als die, die sich vornehmen, Neues zu bringen.

4734 Wir können persönlich mittelmäßig, aber geistig aus guter Familie sein.
Oder wichtig und halbseiden.

4735 Daß die Evangelien Reflex der Urkirche sind, ist eine annehmbare These für den Katholiken.
Aber tödlich für den Protestantismus.

4736 Während der Protestant von einem Text abhängt, sind wir Katholiken der Prozeß, in dem der Text geboren wurde.

4737 Als Christus starb, hinterließ er keine Dokumente, sondern Jünger.

4738 Sobald das Gemälde seine öffentliche Funktion als Akt des Gedenkens und der Didaktik verlor, um sich in einen Schmuck bürgerlicher Wände zu wandeln, begann – mit glänzender Meisterschaft – sein Absterben zur Arabeske.

Wenn man statt des Wortes „rational“ immer dessen Definition: „*zweckdienlich*“ verwendet hätte, hätte man uns Tonnen von Rhetorik erspart. 4739

Verstehen ist die Bestätigung von etwas schon im voraus Gesehenem. 4740

Die Anderen schulden mir, was sie mir versprochen haben, nicht, was sie mir meiner Meinung nach versprechen sollten. 4741

Auf dem Kadaver dieser den Göttern der Hölle als Sühneopfer geschlachteten Binsenweisheit erheben sich die Fundamente des linken Denkens.

Die Barmherzigkeit ist die ethische Quelle des Rechts. 4742

Ich appelliere an die Barmherzigkeit des Vorbeigehenden, damit er sich als Pflicht auferlegt, was zu meinem Recht werden soll.

Falls der Passant sich entzieht, kann ich gegen seine Ungerechtigkeit keinen Einspruch erheben.

Selbst wenn ich gegen seine Sünde anschreien kann.

Die moderne Industrie ist die Gesamtheit der Aktivitäten, die jenen zu Reichtum und sozialem Aufstieg verhelfen, die nur dienende Stellungen bekleiden dürften.* 4743

Der Schwachkopf glaubt, daß eine Aussage notwendigerweise falsch sei, wenn sich die Argumente, mit denen einige sie stützen, als falsch erweisen. 4744

Damit eine Gesellschaft blühe, ist ein schwacher Staat und eine starke Regierung vonnöten.* 4745

Die Institution, die sich nicht mit einer flüchtigen Effizienz zufriedengibt, muß sich mit Prunk und Flitter versehen. 4746

Was unsere Imagination nicht zu faszinieren weiß, ist nicht von Dauer. 4747

Dekoration und Vergnügen sind legitime Ziele der Kunst, nicht aber die Zurschaustellung. 4748

Historiker, so wie Grammatiker, ist nicht der, welcher die Regeln anwendet, sondern der, der die Ausnahmen kennt. 4749

4750 Eine jähe demographische Expansion verjüngt die Gesellschaft und verschlimmert ihre Albernheiten.

4751 Zur Verteidigung muß die Intelligenz auf allen Bastionen wachsam sein.
Um anzugreifen genügt ein vergessenes Ausfalltor.

4752 Wir sind nur Mitbürger jener, die mit uns dasselbe Repertoire an Referenzen teilen.

4753 In den Künsten gibt es ausdrucksvolle Visionen und lediglich deformierende Systeme.

4754 Die edle Seele zieht die Gefahr des Verrats dem Bewahren des Argwohns vor.

4755 Der Christ wird von dem gegenwärtigen Übermaß an Unrat weder erstaunt noch niedergeworfen.
Die Christen sind Experten des Verfalls.

4756 Für die Sklaverei gibt es nur das Vasallentum als dauerhafte Alternative.*

4757 Nicht die Seele, welche nichts verletzt, ist vornehm, sondern die, welche schnell heilt.*

4758 Bestimmte Berufe werden unnütz, wenn sie korrigieren, was der Dummkopf berufstypische Deformationen nennt

4759 Wenn wir wollen, daß etwas Bestand hat, sorgen wir für Schönheit, nicht für Effizienz.

4760 Die ein wenig feinsinnige Seele sieht sich oft gezwungen, ihrem Gesprächspartner die Lüge zu erleichtern.

4761 Es gibt keine trostlosere Morgendämmerung als die beim Anbruch einer Utopie.*

4762 Der Marxismus befreit die Ungebildeten von kulturellem Druck, indem er ein in sich kohärentes und klebriges Vokabular in den Dienst ihrer Unbildung stellt.

Die Kultur geht davon aus, daß wir uns noch im Sterben weiterbilden werden – in jedem Alter, in dem wir sterben. 4763

Den Jugendlichen erziehen heißt nicht, ihn mit seiner Epoche vertraut zu machen, sondern dafür zu sorgen, daß er sie solange wie möglich ignoriert.* 4764

Der Mensch hat soviel Seele wie er zu haben glaubt. 4765
Wenn dieser Glaube stirbt, wird der Mensch zum Gegenstand.

Weil er die Wachsfiguren, die ihm die Psychologie fabrizierte, für lebendig hielt, hat der Mensch langsam das Wissen über den Menschen verloren. 4766

Die Ewigkeit ist der kristalline Zustand unserer kurzen und flüchtigen edlen Gefühle. 4767

Die Gesellschaft verwandelt sich in eine Hybride zwischen Gefängnis und Asyl, wenn das Glück des Staatsbürgers Ziel des Regierenden ist.* 4768

Zum Glück derer, die wir am meisten lieben, vermögen wir einzig und allein mit einer verschwiegenen Zärtlichkeit und einem machtlosen Mitleid beizutragen.* 4769

Die Demokratie nutzt den Liberalismus als Köder. 4770

Die Fotografie zeigt uns, wie der Dumme die Welt sieht. 4771

Die moderne Stadt wird den zukünftigen Archäologen nur Kloaken hinterlassen. 4772

Dem 19. Jahrhundert gelang nur eine ethische Konstruktion großen Stils: das preußische Offizierskorps.* 4773

Die Linke ist eine schnurgerade Straße, die die Landschaft mißachtet. 4774
Die Reaktion ist ein gekrümmter Fußweg zwischen Hügeln.

Nicht in den Schlamm taucht uns das Leben ständig, sondern voll ins Triviale. 4775

4776 Die moderne Gesellschaft respektiert die Wissenschaft nur als unerschöpfliche Lieferantin ihrer Habsucht.*

4777 Das Ende einer Kultur kündigt sich an, wenn ihre Fiktionen Betrug zu sein scheinen.

4778 Das Wunder ist kein Bruch zwischen den Ereignissen, sondern ihre flüchtige Verklärung.*

4779 Künstlich die Triebe zu wecken, um sich an ihrer Befriedigung zu bereichern, ist das unverzeihliche Verbrechen des Kapitalismus.*

4780 Vor einer Weile begrub der Kapitalismus seine Feinde.
Heute stirbt er von Erben umringt.

4781 In der Kapelle der modernen Seele läuten die Totenglocken.

4782 Ihre Befreier haben der Menschheit mehr Ketten geschmiedet als ihre Henker.*

4783 Die moderne Welt bekommt schon Risse und knirscht ausreichend, um uns den Schrecken davor zu nehmen, daß sie nicht einstürzen würde.

4784 Der Mensch glaubt sich zwischen den Fakten verloren, während er nur in seine eigenen Definitionen verstrickt ist.*

4785 Wenn wir am Gemälde kratzen, finden wir nicht den Sinn des Bildes, sondern eine weiße und stumme Leinwand.
Ebensowenig finden wir den Sinn der Natur, wenn wir in ihr herumstochern.

4786 Wenn sich der Spezialist Spekulationen hingibt, wird die Philosophie rot vor Scham.

4787 Seit dem Aufstand des Assoziationismus, der das Subjekt in einen Haufen von Fragmenten zerstückelte, sind die Kapitel der Geschichte der Psychologie Episoden der Wiedereinsetzung des Subjekts auf den Thron seiner Einzigartigkeit und seiner Aktivität.

4788 Tugenden ohne Höflichkeit sind geringerer ethischer Herkunft als die höflichen Laster.*

Es nennt sich Kommunist, wer kämpft, damit der Staat ihm eine 4789
bürgerliche Existenz sichert.*

Vermeiden wir jede Metaphysik der Natur, solange man nur zwi- 4790
schen einem rohen Physikalismus und einem langweiligen Vitalismus wählen kann.

Man muß lernen zu bewundern, aber nicht die Bewunderung vor- 4791
zutäuschen.

Es gibt Regeln des guten Geschmacks, aber wir können sie nicht 4792
kennen.

Wir können sie nur anwenden.

Unsere Projekte müssen bescheiden sein, unsere Hoffnungen maß- 4793
los.

Die menschliche Natur überrumpelt den Progressiven immer. 4794

Der Politiker erledigt nur das Triviale mit Ernst.* 4795

Der Aktivismus ist das Asyl dessen, der weder etwas hat, wo er 4796
hingehört, noch etwas, wohin er gehen soll.

Die gesetzliche Freiheit des Ausdrucks ist parallel zur soziologi- 4797
schen Hörigkeit des Denkens gewachsen.*

Jesus Christus ist der einzige Punkt in der Geschichte, wo Axiolo- 4798
gie und Ontologie verschmelzen.

Das Individuum konstruiert sich heute nicht selbst mit den Univer- 4799
salien, die es übernimmt, sondern verdunstet in ihnen.

Der Baum des Abendlandes blühte in diesem Jahrhundert. 4800

Seit dem Frühling des letzten Jahrhunderts hat er jedoch keinen Saft mehr für neue Zweige.

Nur aus dem Schwert und aus dem Weizen strömt das Geld ohne 4801
Schandfleck.*

Die Idee ist nicht Summe verschiedener Tatsachen, sondern mögli- 4802
che Dimension einiger.

4803 Wenn die Erniedrigung den Menschen so ängstigen würde wie der Tod, wäre die axiologische Übereinstimmung so allgemein wie die wissenschaftliche.

4804 Die politische Wissenschaft ist die Kunst, die Quantität der Freiheit, die der Mensch erträgt, und die Qualität der Hörigkeit, die er braucht, zu dosieren.*

4805 Die Kindheit auf dem Lande herrschte bis gestern vor.
Aber was können wir von demjenigen erwarten, der in seiner Seele nicht einen Geruch feuchter Erde birgt.

4806 Die Langeweile ist eine Spur der verschwundenen Transzendenz.*

4807 Wir nennen das unbedeutend, was nur eine immanente Bedeutung hat.

4808 Die Transzendenz, die in die Dinge einsickert, ist das Salz, das ihrer Schalheit Würze verleiht.

4809 Mit Sexus und Gewalt ersetzt man nicht die exilierte Transzendenz.
Noch nicht einmal der Teufel bleibt dem, der Gott verliert.

4810 Die Winde einer neuen Eiszeit werden nötig sein, um den Spermiengeruch hinwegzufegen, der über der Welt zu schweben beginnt.*

4811 Kein „Ideal" ist länger als ein paar Tage erträglich.*

4812 Die Sprachgemeinschaft des Schriftstellers ist nicht die ephemere Gruppe von Sprechenden, die ihn umgeben, sondern die Literaturgeschichte, der er angehört.

4813 Die Kultur wird eingeschüchtert und verbirgt sich, wenn es Funktionäre sind, die ihr die Armenspeisung reichen.

4814 Die Voraussetzungen dafür, etwas mit Intelligenz zu sehen, interessieren mich fast mehr als das, was wir sehen.

4815 Bestimmte Doktrinen sind bloß ausgleichende Ideologien der Vogelscheuche, die der Ideologe in seinem Spiegel sieht.

4816 Der Schmerz formt, aber nur der ethische Konflikt erzieht.*

Wer lehrt, glaubt am Ende, daß er weiß. 4817

Verwechseln wir nicht die Möglichkeit des Beweises mit der Authentizität der Evidenz. 4818

Indem wir lernen zu bewundern, heilen wir uns von den schlechten Angewohnheiten der Mittelmäßigkeit. 4819

Die Schattierungen sind aus der Welt sowie aus jeder öffentlichen Äußerung verstoßen worden. 4820

Dummkopf ist, wer Meinungen hat zum Gesprächsstoff des Tages.* 4821

Wer alles verzeiht, weil er alles versteht, hat bloß nichts verstanden.* 4822

Die letzten beiden Jahrhunderte scheinen weniger das *prestissimo* der abendländischen Symphonie als der Lärm einiger aufbrechender Musiker im Orchester zu sein. 4823

Die Revolutionen schaukeln zwischen Puritanismus und Ausschweifung, ohne den zivilisierten Boden zu berühren.* 4824

Revolution ist die Periode, in der es Mode ist, die Handlungen „idealistisch“ zu nennen, die jedes Strafgesetzbuch ahndet. 4825

Wenn ihm nur die Universitäten als Raum zur Verfügung stehen, bringt der Geist, wie Raubtiere in Gefangenschaft, nur unter Schwierigkeiten etwas hervor. 4826

Der Linke ändert seine Definitionen, um uns zu überzeugen, daß er die Dinge verändert hat. 4827

Die so oft erwähnte „Veränderung der Welt“ stellt sich als bloße Verfälschung des Vokabulars heraus. 4828

Wenn die religiöse Flut sinkt, breitet sich der Gestank der Seelen aus. 4829

Die Intelligenz wird immer Kirche der Katakomben sein. 4830

4831 Trotz allem respektiert der Mensch eher den, dem es gelingt, einen Fehler weniger zu haben als den, der eine Kornähre mehr ernten kann.

4832 Wenn sich die Kirche in eine politische Partei verwandelt, werden die Tore der Hölle so viele Wähler ausspeien, wie nötig sind, um sich gegen sie zu behaupten.

4833 Wenn das Objekt seine sinnliche Fülle verliert, um sich in ein Instrument oder in ein Zeichen zu verwandeln, verdunstet die Realität und Gott entweicht.*

4834 Die Wahrheit ist nicht interessant, solange die Imagination sie nicht stilisiert.

4835 Kunstwerk ist heute jedes Ding, das sich teuer verkauft.*

4836 Die Examensarbeit des Historikers soll in dem Begräbnis irgendeiner historischen Verallgemeinerung bestehen.

4837 Es kostet weniger Mühe, den Abgrund zu überspringen, der uns von einigen menschlichen Wesen trennt, als die langweilige Ebene zu überqueren, die uns von anderen trennt.*

4838 Niemand mißbraucht die Vernunft.
Viele ihren Namen.

4839 Die Aufgabe, unsere Behauptungen zu verändern, ist weder Arbeit der Vernunft, noch des Willens.
Sondern der Intelligenz.

4840 Die moderne Mentalität glaubt zu Sternennebeln zu reisen und befindet sich doch seit der *Encyclopédie* in der Umlaufbahn der Erde.

4841 Innovation hat sich in den Künsten als adäquater kommerzieller Ersatz für das Talent herausgestellt.

4842 Schulen, Doktrinen, Stilrichtungen nehmen seit 100 Jahren überhand: Proteismus der Kunst in den Klauen des Todes.

4843 Ökumenismus und Indifferentismus sind Verse desselben Distichons.*

Solange der Historiker der Ideengeschichte nicht zwischen der Ver- 4844
nunft und dem, was sich deren Namen anmaßte, zu unterscheiden weiß, wird er die moderne Geschichte nicht schreiben können.

Das Publikum begeistert sich nur für soeben erschienene Bücher 4845
und verwelkte Ideen.

Nur die Großen werden mit dem Recht zu verachten geboren. Wir 4846
anderen müssen es erobern.*

Die abstrakten Wissenschaften sind dem Jugendlichen angemessen. 4847

Der Erwachsene bewegt sich in einer so überreichen und dichten Realität, daß ihn, wenn er intelligent ist, nur der Mythos zufriedenstellt.*

Solange man die Nicht-Existenz des Bewußtseins und des Willens 4848
nicht nachweist, wird es unnütz sein, den Menschen in das Gehege der Immanenz einzusperren.

Der Dieb ist drinnen.

Wer von der Kultur erwartet, was nur die Ethik zu geben vermag, 4849
oder von der Ethik, was nur die Religion bietet, wird unangenehm überrascht werden.

Ein Gran an Ironie verhindert, daß uns die Empörung vergiftet. 4850

Viele können nicht mit einer Wahrheit schlafen, ohne sie mit Feh- 4851
lern zu schwängern.

Die moderne Geschichte ist der Dialog zwischen zwei Männern: 4852
einer, der an Gott glaubt, ein anderer, der Gott zu sein glaubt.*

Die Geschichte entbehrt des Interesses, hat sie nicht mehr Hinter- 4853
grund als die schlichte Pracht einer sternklaren Nacht.

In welcher Gesellschaft auch immer er geboren wird, der Schrift- 4854
steller ist immer ein Fremder.

Es gibt Leute, die so arglos sind, daß sie die Schlußfolgerungen ei- 4855
ner soziologischen Monographie überraschen.

4856 Die Struktur des Kunstwerkes ist ein einfaches Gerüst, wenn sie der Autor mit Bedacht konzertiert.

4857 Das Individuum ist bloß Anwärter für den Rang der Seele.

4858 Sprechen wir nicht von Respekt, wo wir nur Mitleid haben sollten.

4859 Solange sie rastlos in den Trümmern der abendländischen Seele weiter wühlen, wird noch nicht einmal Unkraut in diesen Ruinen aufkommen.

4860 Die Menschen unterteilen sich in solche, die sich das Leben schwermachen, um die Seele zu gewinnen, und die, welche die Seele verschleißen, um sich das Leben zu erleichtern.

4861 Der Mensch wurde geschaffen, um als wohlhabender Bauer zu leben.

Weder als gutbezahlter Fachmann noch als reicher Industrieller.*

4862 Nur für Gott sind wir unersetzlich.*

4863 Wenn die Schriftsteller eines Jahrhunderts nur Langweiliges schreiben können, wechseln wir Leser das Jahrhundert.

4864 Prüfen wir mit Bedacht die Wörter, die wir übernehmen, um zu vermeiden, daß sie uns in lexikalische Bereiche mitreißen, deren konzeptuelle Forderungen unzulässig sind.

Wir glauben verwaiste Wörter zu heiraten und erwachen mit einer lausigen Verwandtschaft.

4865 Nicht vor der Mathematik müssen wir die Humanwissenschaften schützen, sondern vor den Liebhabern der Mathematik.*

4866 Innerhalb der reinen Immanenz ist alles bloßes Da-Sein.

Sinn und Transzendenz sind Synonyme.

4867 Die Trägheit des Intellekts pflegt das einzige Gegengewicht zum menschlichen Wahnsinn zu sein.

4868 Der Schüler banalisiert das Denken des Meisters, indem er die Widersprüche verschweigt, die es in sich schließt.

Die weltliche Bedeutung der Religion liegt weniger im Einfluß auf unser Verhalten als in der edlen Klangfülle, mit der sie die Seele bereichert. 4869

Gefühlsmensch ist jener, der ein Gefühl annimmt, weil die öffentliche Meinung es gutheißt. 4870

Heute kann man jedes Individuum in Verruf bringen, indem man ihm irgendeine Tugend unterstellt. 4871

Es gibt Wörter, um die anderen zu betrügen, wie „rational". 4872

Und andere, wie „Dialektik", um sich selbst zu betrügen.*

Die Erniedrigung ist gegenwärtig der Preis der Brüderlichkeit.* 4873

Der spezielle Wortschatz der Humanwissenschaften dient dazu, den Leser zu erschrecken. 4874

Technische Verfeinerung und intellektuelle Naivität wachsen korreliert in den Humanwissenschaften. 4875

Das Christentum ist eine Unverschämtheit, die wir nicht als Liebenswürdigkeit tarnen dürfen.* 4876

Der Römerbrief ist der *locus classicus* der Beziehungen zwischen Axiologie und Ontologie. 4877

Ohnmacht des Menschen, den Wert zu verwirklichen, nicht aber die Handlungen auszuführen, in denen sich der Wert verwirklicht.

Gesetz des Verses und Anmut der Dichtung.

Die moderne Welt wird nicht bestraft werden. 4878

Sie ist die Strafe.*

Die „Wahrheit", die unsere Seele ersehnt, ist ein Gefühl, das von Dauer ist. 4879

Modern ist, was bleibt, wenn die Poesie getötet wurde. 4880

Die „Klarheit" ist jeder Sprache während des politischen Höhepunkts ihrer Sprecher eigen. 4881

Die verbale Unklarheit ist Schutz des Thronanwärters oder des Entthronten.

4882 Die wissenschaftliche Nüchternheit erspart uns in den Naturwissenschaften den Fehler.

In den Geisteswissenschaften, das Richtige zu finden.

4883 Nach einigen Minuten Plauderei bleibt von wenigen Personen mehr als ein ausgepreßter Tresterkuchen übrig.*

4884 Intelligent zu sein ohne Konzepte zu haben ist das Vorrecht des Künstlers.

4885 Wissenschaftliche Bücher derselben Epoche sind austauschbar.

Die Überlegenheit einiger ist nicht wissenschaftlich begründet.

4886 Der spezialisierte Wortschatz erlaubt in den Naturwissenschaften mit Genauigkeit zu sprechen und in den Geisteswissenschaften Trivialitäten zu verschleiern.

4887 Wenn die Kirche darauf besteht, profane Ideen zu übernehmen, bitten wir sie, nicht die albernen zu übernehmen.

4888 Schönheit der Sprache nennen wir die Gewandtheit, mit der einige schreiben.

4889 Wenn sie ehrbietig sind, salben unsere Hände, was sie berühren.

4890 Selbst im großen Dichter ist die Dichtung nur ein Zwischenfall.

4891 Nicht an Auszehrung stirbt manchmal der Geist, sondern an Übersättigung durch Trivialitäten.

4892 Es ist notwendig, sich durch zeitliche Zeichen auf das Absolute zu beziehen, so wie auf die geliebte Person durch universelle Zeichen.

Aber die Geschichtlichkeit des Zeichens gegenüber dem Absoluten enttäuscht uns so wenig, wie die Universalität gegenüber der Person.

4893 Die Seele ist nicht im Körper, sondern der Körper ist in ihr.

Aber wir ertasten sie im Körper.

Das Absolute ist nicht in der Geschichte, sondern die Geschichte in ihm.

Aber wir entdecken es in der Geschichte.*

Nach verschiedenen Epochen des Urbanismus, im Wechsel mit verschiedenen kriegerischen Zwischenspielen, wird der ländliche und städtische Kontext des kultivierten Zeitalters nur in linguistischen Atlanten und etymologischen Wörterbüchern überleben. 4894

Gewisse Naturforscher wissen noch immer nicht, daß die Proletariate die verpuppten Bourgeoisien sind.* 4895

Mit ein wenig Geschicklichkeit gelingt es, die schlimmsten neuen Wortbildungen zu vermeiden und dem Vokabular über den Kontext neue Nuancen hinzuzufügen. 4896

Alles endet im Geschäft.* 4897

Geben wir uns damit zufrieden, die Textur der Geschichte zu analysieren, ohne die Hände zu suchen, die sie weben. 4898

Heute heißt „gesunden Menschenverstand haben" nicht gegen die Niedertracht protestieren.* 4899

Wir können eine These respektieren, die wir zurückweisen, vorausgesetzt man stützt sie nicht auf verfälschte Tatsachen. 4900

Wer sich „ohne Vorurteile" irgendeinem Thema stellt, redet Unsinn. 4901

Die Intelligenz darf sich nicht der Ausschmückung unser gegenwärtigen Gefangenschaft widmen, sondern der Aufgabe, mit allen Mitteln unserer Flucht Vorschub zu leisten.* 4902

In dem Maße, wie die Seele vertrocknet, wächst die Zahl der Wörter, die ungenutzt in den Wörterbüchern vor sich hin dösen. 4903

Die moderne Stadt retten nur die Brennesseln, die in ihren Ruinen wachsen. 4904

Das Triviale ist in den Religionen das bevorzugte Mittel des Wichtigen. 4905

Um zu wissen, was uns im Christentum nährt, genügt es zu spüren, woran wir uns verschlucken. 4906

4907 Wer einen Ritus reformiert, verletzt einen Gott.*

4908 Seit einigen Jahrhunderten öffnet und schließt die Kirche ihre Pforten zur Unzeit.

4909 Die Theologie, die stammelt, findet uns aufmerksamer als jene, die Reden hält.

4910 Einige marxistische Thesen scheinen unterschobene Zuweisungen unehrlicher Gegner.

4911 Marxist sein scheint darin zu bestehen, die kommunistischen Gesellschaften von der marxistischen Interpretation auszunehmen.*

4912 Wird der Revolutionär eines Tages lernen, in Revolutionen zurechtzustutzen statt auszurotten?

4913 Eine Landschaft entsteht nur mit dem ersten Blick, den uns verwandte Augen auf sie werfen.

Diese südamerikanischen Landschaften sind noch rauh und ungastlich, weil dieser Blick kaum vier Jahrhunderte über sie streifte.

Andere Augen sahen sie früher.

Augen, die ich in unserem Schatten funkeln sehe, feindlich oder unterwürfig, aber niemals brüderlich.

4914 Unterschiedliche Abenteuer identischer Protagonisten oder identische Abenteuer unterschiedlicher Protagonisten: wer von der ersten Interpretation zur zweiten übergeht, entdeckt die Geschichte.

…und den Unterschied zwischen Feuilleton und Roman.

4915 Der Historiker betrügt auch, wenn er den Glanz bestimmter Augenblicke verschweigt.

4916 Die Unvoreingenommenheit des Historikers darf nicht darin bestehen, am Ende keine Unterscheidung zu treffen.

4917 Alles kann dem Elend des Volkes geopfert werden.

Nichts darf seiner Habgier geopfert werden.*

4918 Wir dürfen weder vor dem Instinkt kapitulieren, noch ihn durch Regeln ersetzen.

Sondern müssen ihn zivilisieren.

Imitieren wir nicht jene, die systematisieren, um ihre Unordnung 4919
zu verbergen: bringen wir in Unordnung, um unser System zu verwischen.*

Die Jahre des Klimakteriums der Geschichte sind kein Resultat ver- 4920
schiedener Tatsachen, sondern – mittels dieser Tatsachen – die Bekundung einer neuen Haltung des Menschen gegenüber der Welt.

Ein sexuelles, kollektivistisches, emsiges Milieu charakterisierte die 4921
Vorherrschaft des Weibchens in der archaischen Horde.

Ist die durch die Reiter begründete männliche Vorherrschaft einmal verschwunden, kehrt die individualistische und kriegerische Gesellschaft der letzten Jahrtausende in ihre klebrige Gebärmutter zurück.*

Die moderne Pädagogik kultiviert weder, noch erzieht sie, sie über- 4922
mittelt bloß Begriffe.*

Der Schriftsteller sollte vom Sinn ausgehen, der Leser vom Wort. 4923

Üblicherweise geht jedoch der Schriftsteller vom Wort und der Leser vom Sinn aus.

Ich habe nicht die Strenge einer Lehre angestrebt, sondern die Fle- 4924
xibilität einer Haltung.

Niemand und nichts verzeiht am Ende. 4925

Außer Christus.

Der Mensch findet sich nicht nur zwischen Gegenständen hin- und 4926
hergeworfen.

Er ist auch eingetaucht zwischen religiöse Erfahrungen.

Die Religion ist keine erklärende Abhandlung, sondern eine uner- 4927
klärbare Tatsache.

Ein industrialisiertes Land ist ein solches, in dem die Flüsse den, der 4928
in ihnen badet, nicht ertränken, sondern vergiften.*

Zu Gott gelangt man nicht in jeder Epoche über den selben Weg. 4929

Die modernen ethischen Vorschriften sind Einladungen zur Unver- 4930
schämtheit.

4931 Die Natur entsteht in den Händen der Metapher aufs neue.

4932 Die Langsamkeit ist die Gebärmutter der Qualität.

4933 Vorrechte sind ethisch unverzichtbar.

4934 Die radikale Historizität unterdrückt nicht Normen, sie unterdrückt nur Formeln.

Die Historizität der Welt zwingt zu einer immer wachsamen Verantwortlichkeit.

4935 Das 20. Jahrhundert vermochte die stilistische Anarchie des 19. nur mit dem Despotismus eines vorsätzlichen stilistischen Programms zu korrigieren.

4936 Die Kohärenz des Doktrinärs ist letztendlich ein einfaches linguistisches Phänomen.

4937 Wenn sie sterben, kommen die Intellektuellen in die Vorhölle.

4938 Selbst der Teufel scheint den gegenwärtigen Menschen verlassen zu haben.*

4939 Stellen wir den Begriff der Inspiration der Schrift richtig, indem wir daran erinnern, daß man immer von heiligen, nicht von göttlichen Schriften spricht.

4940 Ordnung ist, was spontan aus einer Norm entsteht.

Nicht was einige Regeln aufzwingen.

4941 Stil bedeutet im ontologischen Sinne Differenz; axiologisch bedeutet es ein spezifisches Niveau ästhetischer Qualität.

4942 Die Intelligenz bedeutet wenig, lastet die ganze Seele nicht auf ihr, wie auf ihrer Spitze.

4943 Die Treue zu einer Idee findet ihren Höhepunkt in der Katastrophe oder degeneriert zu semantischer Akrobatik.

Uneingeschränkte Treue dürfen wir nur Personen schwören.

Wenn sie sich institutionalisieren, behaupten die Doktrinen zuletzt, daß sie im Grunde das Gegenteil dessen lehren, was sie zu predigen scheinen. 4944

Wer des Vokabulars ermangelt, um seine Ideen zu analysieren, tauft sie Intuitionen.* 4945

Die Popularität einer Philosophie hängt von ihrer Eignung ab, sich in einen simplen Automatismus zu verwandeln. 4946

Der Mensch glaubt, daß etwas von Dauer ist, weil er als Kind alles dauern sieht.* 4947

Lernen wir jene, die wir lieben in ihren Irrtümern zu begleiten, ohne zu ihren Komplizen zu werden. 4948

Die Weisheit weiß, daß sie mit verbundenen Augen und gekreuzten Armen gehen muß, um sich nicht zu verirren. 4949

Die Aktualität wählt dem Dummen seine Lektüre aus. 4950

Um eine Idee zu züchtigen, verdammen die Götter sie dazu, den Dummkopf in Begeisterung zu versetzen.* 4951

Der Mensch kann sich sowohl zu Freiheit und Kultur als auch zu Sklaverei und Ignoranz „entfremden“. 4952

Das authentische Symbol hat keinen symbolischen Charakter, sondern individuelle Realität. 4953

Im Angesicht der wirklich Großen fühlen wir uns nie gedemütigt, sondern spüren eine mysteriöse Verwandtschaft. 4954

Wir rufen Gott nicht wie Angeklagte an, sondern wie dürstende Äcker. 4955

Der axiologische Relativismus ist defensiver Reflex von Epochen, die ihre eigene Gemeinheit ahnen. 4956

Um eine wichtige Idee zu verstehen, muß man sie im Sturm nehmen.* 4957

4958 Die politische Reife besteht in der Zurückweisung jedes Ziels, das nicht operativ definiert ist.*

4959 Das Ontologische definiert sich, das Axiologische erkennt man intuitiv.

4960 Eine poetische Idee ist nicht die, die für ein Gedicht dienen könnte, sondern die für eines gedient hat.

4961 Jede Typologie menschlicher Handlungen endet in terminologischem Chaos, wenn sie nicht zugunsten der Geschichte abdankt.

4962 Soziale Verbesserungen rühren nicht von starken Erschütterungen her, sondern von leichten Stößen.

4963 Der Roman der Gegenwart ersetzt die langweiligen ethischen Allegorien von gestern durch langweilige soziologische Allegorien.*

4964 Kunstwerke sind genauere „Darstellungen" der Wirklichkeit als Philosophien oder die Wissenschaft, weil sie zweideutig wie jene sind.

4965 Nichts ist mehr zu erwarten, wenn der Staat die einzige Zuflucht der Seele gegen ihr eigenes Chaos ist.

4966 Philosophische Thesen sterben nicht als widerlegte Unsinnigkeiten, sondern wie ein melancholischer Hafen, der im Landesinneren versandet ist.

4967 Die historische Imagination ist in Zeiten der Dürre die einzige Quelle.*

4968 Es gibt kein Wissen, das nicht durch eine ausreichende Menge von Trivialitäten zufriedenzustellen wäre.*

4969 Die Zahl derer, die an dem Versuch verzweifeln, uns zu ändern, wächst glücklicherweise in dem Maße wie wir älter werden.

4970 Die erhabensten intellektuellen Wesen ergeben sich aus der Destillation einer mittelmäßigen Existenz durch eine glühende Intelligenz.

In verwegene Hände legt das Leben nur einige Tropfen Rhetorik. 4971

Die wachsende Freiheit der Umgangsformen in der modernen Gesellschaft hat die häuslichen Konflikte nicht abgeschafft. 4972

Sie hat ihnen nur die Würde genommen.

Gott ist der Schöpfer, nicht die erste Ursache. 4973

Nicht der Terminus, der Folgehandlungen auslöst, sondern ein Terminus außerhalb aller anderen.

Wenn es der modernen Industrie noch nicht gelungen ist, Körper herzustellen, gelang ihr hingegen schon die Herstellung von Seelen.* 4974

In einer durch und durch zivilisierten Umgebung gelangt das Beste nicht zur Blüte. 4975

Einem Erdbeben die Leviten lesen kann grotesk sein, aber ihm schmeicheln ist dumm und bösartig. 4976

Um ein großer Redner zu sein ist es notwendig, eine ernsthafte Erscheinung mit einer wenig ernsthaften Intelligenz zu verbinden. 4977

Große gesellschaftliche Wandlungen kann man auf subtile Weise nur in banalen Episoden untersuchen. 4978

Jedes Thema wird schal, wenn man es von der Ethik desinfiziert. 4979

Entia non sunt praeter necessitatem multiplicanda ist das Motto dessen, der denkt um zu handeln. 4980

Das Motto dessen, der denkt um zu verstehen lautet *entia non sunt temere minuenda.*

Die Unwahrheit einer Meinung, die uns zuwider ist, genügt, um uns über ihren Sieg hinwegzutrösten. 4981

Das Volk macht sich sogar scharfsinnige Meinungen zu eigen, wenn man sie ihm mit plumpen Argumenten predigt.* 4982

Die mittelmäßigen Epochen, die sich nicht mit ihrer Mittelmäßigkeit abfinden, verhalten sich oft so lächerlich wie mittelmäßige Individuen, die sich nicht mit der ihren abfinden. 4983

4984 Um etwas Neues einzuführen, ohne mit einer Tradition zu brechen, müssen wir uns von unseren unmittelbaren Vorgängern befreien, indem wir uns mit unseren entfernten Vorgängern verbinden.

4985 Tugenden im Dienst von Irrtümern verdienen nicht die gerührte Nachsicht, mit der eine schwammige Sentimentalität sie betrachtet.

4986 Wenn die Lyrik zu einem Selbstgespräch verkommt, rettet sie vielleicht eine Dosis didaktischer Methode.

4987 Die moderne Lyrik wurde zur metaphorischen Umschrift des Miauens eines mit Füßen getretenen Intellektuellen.

4988 Der Dichter, der nicht singt, äußert lediglich eine Meinung.

4989 Der Vers ist die nicht einzugestehende Bestrebung der Prosa.

4990 Die Intellektuellen sind das Proletariat des Parnaß.*

4991 Die Zeit respektiert nur Sätze mit Kanten.

4992 Die Poesie kennt keine Grenzen.

Die Rhetoriken hingegen sind national.

Zu diesen zählt auch die Rhetorik des Senats und der Tribune.

4993 Die Kunst ist das Paradigma alles Unerklärlichen.

4994 Die modernen Ideen sind eine Orthodoxie, die über geknebelte Skeptiker herrscht.

4995 Das Überwiegen des autobiographischen Elements in der Literatur reduziert sie zu einem Gemurmel von Vertraulichkeiten im Schlafsaal eines Spitals.*

4996 Wenn das Individuum die Überzeugung seiner religiösen Bedeutung verliert, wird die Lyrik zum Zeugnis seiner empirischen Bedeutungslosigkeit.

4997 Symbol ist der Name, den wir der hinreichend tiefgründigen Auffassung von etwas Besonderem geben.

4998 Das Fragment umfaßt mehr als das System.

Der Dummkopf verdankt seine Dummheit nicht der Mittelmäßig- 4999
keit seiner Existenz, sondern der Gewöhnlichkeit seiner Seele.

Indem er die gegenwärtige Aufteilung des Universums unter den 5000
Wissenschaften für legitim hält, beschränkt sich der aktuelle Schriftsteller darauf, sein sentimentales Magenknurren zu verzeichnen.

Ohne eine gewisse religiöse Kindlichkeit ist eine bestimmte intel- 5001
lektuelle Tiefe unerreichbar.

Es genügt, daß ein intelligenter Politiker irgendeine Idee für wahl- 5002
strategisch wirksam hält, und schon weiß man ohne weiteres, daß die Idee falsch ist.*

Die „Dialektik" ist der Lendenschurz des Progressiven. 5003

Wissenschaftliche Arbeiten, so berühmt sie auch seien, setzen die 5004
atavistische Geduld eines geerbten Sklaven voraus.

Poesie ist manchmal Folge des bloßen sprachlichen Unvermögens, 5005
die Beschreibung mit dem Beschriebenen in Übereinstimmung zu bringen.

Die Poesie hat keinen Platz in der Welt. 5006

Sie ist ein Glanz, der durch deren Risse einsickert.

Die politische Tätigkeit schädigt die feinsten Gewebe der Intelli- 5007
genz.

Rationalismus und Optimismus sind die polychromen Pfeiler eines 5008
Heiligtums, in dem dreiköpfige Götter verehrt werden.

Die unmittelbare Nachwelt verurteilt die Zurückhaltung des 5009
Künstlers angesichts der zeitgenössischen Kunst.

Die entfernte Nachwelt bestätigt ihn normalerweise.

Ideen, in die sich niemand mehr verliebt, nennen wir respektabel. 5010

Wo den Gesten der Stil fehlt, wird selbst die Ethik schäbig. 5011

Die Opfer, über die der demokratische Historiker Tränen vergießt, 5012
sind gewöhnlich enthauptete Henker.

5013 Die bürgerliche Welt behandelt ihre verschiedenen Feinde unterschiedlich: sie spuckt auf die der Rechten, sie vereinnahmt die der Linken.

5014 Eine bestimmte diskrete Albernheit ist, wie das einfache Essen, das einzige Nahrungsmittel, dessen man nicht überdrüssig wird.

5015 Der Einfallsreichtum ist die Grimasse der im Sterben liegenden Künste.

5016 Nur die Imitation minderer Werke macht fruchtbar.

5017 Unser Feind ist nicht so sehr der, welcher unsere politischen Meinungen nicht teilt, als der, der unsere literarischen Vorlieben nicht teilt.

5018 Das Unglück des neuen Reichtums ist, daß selbst käufliche Dinge erst über Prestige verfügen, wenn sie vererbt sind.

5019 Nur die ästhetische Sichtweise der Geschichte ist einer rebellischen Wirklichkeit angemessen, sowohl was die theoretische Spekulation als auch was die pragmatische Interpretation angeht.

5020 Literatur ist, was unser Jugendalter gelesen hat.

Das Übrige ist Belesenheit.

5021 Wenn ein künstlerischer Stil in die Hände eines anderen Volkes übergeht, lassen nur die Vorurteile nicht erkennen, daß er seinen Geist ändert.

5022 Der Konservatismus ist nicht, wie die fortschrittliche Predigt, ein Bordbuch der Meere des Schlaraffenlandes.

Als einfacher Versuch, das hydrostatische Gleichgewicht des berühmten Schiffes zu erhalten, eilt der Konservatismus nach Backbord, wenn die Ladung nach Steuerbord rutscht und umgekehrt.

Der Konservatismus jeder Epoche ist das Gegengewicht zur Dummheit des Tages.

5023 Die Vorstellungskraft trügt nicht, indem sie falsches Prestige zuschreibt, sondern indem sie es falsch zuschreibt.

Keine vorstellbare Excellenz kann subjektive Fiktion sein.

Die eine philosophische Transkription des Dogmas verlangen, sind 5024
dieselben wie die, die eine Paraphrase des Gedichtes in Prosa fordern.*

Die authentische Kunst unserer Zeit ist nicht der Sprecher, sondern 5025
der Ankläger der modernen Welt gewesen.

Die moderne Verirrung besteht darin zu glauben, daß nur das real 5026
sei, was die vulgäre Seele wahrnehmen kann.

Nichts riecht so übel wie geringschätzig von etwas zu reden, was 5027
wir insgeheim begehren.

Wenn wir unseren Neid nicht erdrosseln können, ist es besser, ihn nicht zum Schweigen zu bringen.

Die *dramatis personae* der Metaphysik sind real, aber was die Meta- 5028
physiker uns von ihnen erzählen, ist Erfindung.

Der Rang eines Werkes und der seines Stils sind nicht notwendiger- 5029
weise identisch: in einem minderen Stil wie z. B. dem hellenistischen gibt es berühmte Werke, die archaischen Skulpturen dagegen stehen oft ihrem berühmten Stil nach.

Es gibt kein triviales Ereignis, wenn ihm ein bedeutender Histori- 5030
ker begegnet.

Selbst wenn die „neue Linke“ nur einfältige Lösungen vorschlägt, 5031
wirft sie wenigstens in einer Gesellschaft, die nur noch administrative Wirren hat, genuine Konflikte auf.

Der Akademismus wechselt nicht seine Natur, wenn er das Un- 5032
ebene dem Glatten, das Eckige dem Runden vorzieht.

Form und Gehalt sind eins, werden aber nicht als ein Einziges ge- 5033
boren.

In ihrer perfekten Verschmelzung gipfelt ein langwieriger Prozeß.

In der neuen Linken kämpfen heute die desorientierten und hilf- 5034
losen Reaktionäre.*

Der Spezialist weiß nicht, was er weiß. 5035

5036 Die Werte haben keine „übernatürliche Sanktion".
Die Werte sind die übernatürliche Sanktion.

5037 Die Marxisten nennen alles marxistisch, was Marx übernimmt, selbst wenn es das Identitäts-Prinzip ist.

5038 Die Wahrheiten vergehen, der Stil dauert.*

5039 Die ernsthafte Prosa erfordert eine Minimal-Dosis an Humor, um nicht ungenießbar zu werden.

5040 Die „Praxis" ist der Vorwand, mit dem die Philosophie abdankt.

5041 „Viel erlebt haben" bedeutet normalerweise bloß den regelmäßigen Besuch von Bordellen.

5042 Der Metaphysiker ohne das Talent eines Romanciers ist unlesbar.

5043 Die moderne Welt zensiert nur noch den, der gegen die Niedertracht rebelliert.

5044 Es ist offensichtlich nicht die Bedeutung der Ökonomie oder der Sexualität, welche die Reaktionäre abstreiten, sondern das ökonomische oder sexuelle Wesen des Wertes.

5045 Nur Tautologien sind „ewige Wahrheiten".
Jede Wahrheit ist eine zufällige Epiphanie.

5046 Die Ewigkeit der Wahrheit und die Ewigkeit des Kunstwerkes sind beide Töchter des Augenblickes.

5047 Unsere Vorgesetzten zu respektieren, ist vor allem ein Beweis guten Geschmacks.

5048 Die Wahrheit wird nicht angenommen, sie bringt sich hervor.
Gezeugt und autonom gleichzeitig

5049 Was jede Epoche „Ergebnisse der Wissenschaft" nennt, interessiert den Historiker der Mentalität dieser Epoche.
Nicht den Philosophen.

5050 Die Religion beweist sich nicht, sie überträgt sich.

Die Empörung der Dummen richtet sich nur gegen die Konsequenzen. 5051

Nur mittels des „emotionalen Gebrauchs der Sprache“ können wir komplexere Aussagen formulieren. 5052

Wir müssen das Leben in Riten einbalsamieren, damit es nicht fault. 5053

Die moderne Gesellschaft hat kein Rückgrat, sondern das Skelett eines Krebses. 5054

Im oberen Bereich der Ethik geht es nicht um moralisches Verhalten, sondern die Qualität der Seele. 5055

Vielleicht ist alles Mode. 5056

Aber es gibt vornehme und bösartige, schöne und häßliche.

In der Axiologie *omnis determinatio est adfirmatio.* 5057

Die Reichen sind nur für den, der sie beneidet, ein sicherer Skandal. 5058

Jeder „Befreier“ präsentiert am Ende die Rechnung. 5059

Die Bedeutungen sind die Wirklichkeit, die Erscheinung ihr materielles Vehikel. 5060

Es gibt viele Sünden, die langweiliger sind als jede Tugend. 5061

Da sie keine Ansammlung von Begriffen, sondern Integration von Haltungen ist, geht die Zivilisation ohne die konkrete Kontinuität einer gesellschaftlichen Infra-Struktur von Majoraten zugrunde. 5062

Die individuelle und egalitäre Gesellschaft ist der Traum des Intellektuellen und der Alptraum des Künstlers. 5063

Die demokratische Unterschlagung öffentlicher Gelder ist unverzeihlich, weil sie scheinheilig, hinterhältig und verschämt ist. 5064

Ich ziehe Vaux-le-Vicomte dem Schweizer Bankdepot der demokratischen Magnaten vor.

Die Brücke zwischen der Natur und dem Menschen ist nicht die Wissenschaft, sondern der Mythos. 5065

5066 Nur in der Epistemologie entdecken wir unverrückbare Wahrheiten.

5067 Die Geschichte der Demokratie ist die der Entwicklung der *grands simplificateurs* von Sainte-Beuve zu den *terribles simplificateurs* Burckhardts.*

5068 Wenn der Konflikt authentisch ist, beendet ihn die Vernichtung einer seiner Parteien nicht, weil er sich intakt in die Seele des Siegers überträgt.

5069 Wenn ein Reaktionär von „*unvermeidlicher Restauration*" spricht, dürfen wir nicht vergessen, daß der Reaktionär in Jahrtausenden rechnet.*

5070 Die großen demokratischen Erschütterungen schädigen unvermeidlich die Seele eines Volkes.

5071 Verschiedene Zivilistionen wurde geplündert, weil die Freiheit dem Feind unerwartet die Tür öffnete.

5072 Da beweisbar und formal Synonyme sind, brauchen wir für keines der Dinge, für die wir zu sterben bereit sind, einen Beweis zu finden.

5073 Niemand ist unbedeutend – bis er im Extrem in der Definition seiner Klasse aufgeht.

5074 Die Übersetzungen verzerren die Sprache, wenn sie behaupten, eine Sicht auszudrücken, die von einem unterschiedlichen linguistischen Universum beherrscht wird.

Der an Übersetzungen gewöhnte Leser ist am Ende Opfer einer mentalen Verrenkung.

5075 Wenn die Kunst nicht mehr „kopiert", um „kreativ" zu sein , wiederholt sie sich bald nur noch.

5076 Jede reaktionäre These erfüllt den Bourgeois mit Entsetzen.*

5077 Die fiduziarische Kunst ist eine Neuerung unserer Zeit.

Das heißt: die Gesamtheit von Werken der „Kunst" ohne ästhetischen Wert, die aber an der Kunstbörse notiert werden.

Eine bedeutungsvolle Gesamtheit zergliedert sich nur in ihre bedeutungstragenden Faktoren. 5078

Sie über ihre analytische Zergliederung hinaus auszudehnen, vervollständigt nicht ihre Interpretation, sondern hebt ihre Bedeutung auf.

Rationale Gedankengänge stimmen nur über kurze Strecken mit Wahrheiten überein. 5079

Nicht das Unverständnis, welches verachtet, ist lästig, sondern jenes, das bewundert. 5080

Überlassen wir Gott das Vorrecht, dem zu vergeben, der „aufrichtig" schändliche Meinungen hegt. 5081

Den gewöhnlichen Menschen verehren nur der Demagoge und der Dummkopf. 5082

Der Demagoge nur in der Öffentlichkeit, der Dummkopf bis ins Private hinein.

Der Egalitäre ist der Ansicht, Höflichkeit sei ein Eingeständnis der Unterlegenheit. 5083

Unter Egalitären markiert die Grobheit den Rang.

Die Tat beraubt uns, die Betrachtung bereichert uns. 5084

Wir müssen uns alle damit zufriedengeben, anfangs nicht zu genügen und später überflüssig zu sein. 5085

Die moderne Trivialität rührt von einem Fehler der Prosodie her, die den Akzent der Existenz auf das Leben, ihre schwache Silbe, und nicht auf die harte Silbe des Todes setzt.* 5086

Jede Tat für heute ist unfruchtbar. 5087

Ehe wir etwas tun, sollten wir abwarten, daß die Wächter den Bruch der Dämme durch unsichtbare Fluten des Ekels ankündigen.

Ein leichter Druck wird eines Tages genügen, daß dieser Unrat einstürzt. 5088

5089 Der Engel trägt das Buch *in quo totum continetur* nicht mit sich, um der Welt den Prozeß zu machen, sondern um zu verhindern, daß auch nur der leichteste Wohlgeruch verlorengeht.

5090 Der abrupten Originalität ziehe ich das geistige Erbe vor, das langsam anwächst.

5091 Jede Erklärung erscheint schnell naiv.

5092 Der moderne Optimismus ist ein kommerzielles Produkt, geeignet als Schmiermittel für das Funktionieren der Industrie.*

5093 Der Staat ist seinem Wesen nach totalitär.
Der totale Despotismus ist die Form, nach der er spontan strebt.*

5094 Totalitarismus ist die unheilvolle Verschmelzung von Religion und Staat.

5095 Der laizistische Staat war bloß die vorbereitende Etappe des marxistischen Caesaropapismus.

5096 Die totalitäre Erstarrung des gesellschaftlichen Organismus unter dem Druck des Staates kam nur während eines wunderbaren Frühlings zum Stillstand, und zwar durch die Barrieren, die der Dualismus von *imperium–sacerdotium* und der feudale Pluralismus errichteten.

5097 Liberale Ära nennen wir die vier Jahrhunderte, die die Liquidierung der mittelalterlichen Freiheiten dauerte.*

5098 Die Tiefe ist das Opfer, das die Effizienz fordert.

5099 Man muß die Wahrheit entkleiden, nicht häuten.

5100 Echte Originalität ist eine Unterwerfung in anderer Gestalt.

5101 Die bescheidenen Künstler bereichern eine Kultur.
Das betrügerische Genie vergiftet sie.

5102 Die Höflichkeit ist mit nichts unvereinbar.

Grobheit ist kein Beweis der Authentizität, sondern der schlechten 5103
Erziehung.

Um die Kunst wieder zum Leben zu erwecken, wird es erforderlich 5104
sein, daß der Künstler sich für einen Handwerker hält und nicht für ein Genie.

Treffen wir keine abgeleiteten Aussagen, sondern unter Umständen 5105
ableitbare.

Texte, die nichts zurückhalten, setzen keine freie Intelligenz voraus, 5106
sondern grobe Sensibilität.

Literarische Eleganz ist keine Arabeske, die eine geschickte Hand 5107
entwirft, sondern die unverzichtbare Tangente einer Vielfalt verstümmelter Kurven.

Das „Experiment" ist in den Künsten der Versuch, das Talent durch 5108
die kombinatorische Fähigkeit des Intellekts zu ersetzen.

Alles ist datiert, aber nicht alles altert. 5109

Jede neue Generation kritisiert die vorangegangene, um unter glei- 5110
chen Umständen den umgekehrten Fehler zu begehen.

Der Feuereifer, mit dem der Marxist die zukünftige Gesellschaft 5111
beschwört, wäre berührend, wenn die Beschwörungs-Riten weniger blutig wären.

Das Leben verbittert und betrübt den Menschen, der intelligent, 5112
aber unfähig ist, seine Erfahrung ästhetisch zu erlösen.

Ohne schmutzige Hände gibt es für den Linken kein reines Gewis- 5113
sen.

Nichts gewöhnlicher als die Pflicht, die uns stört, in ein „ethisches 5114
Problem" zu verwandeln.

Die Prosa des Freskenmalers kann man nicht wiederlesen, nur die 5115
des Miniaturisten.

Ein Wesen lieben heißt, sich in seine Fehler zu verlieben. 5116

5117 Es gibt keine Alten mehr, sondern gebrechliche Jugendliche.

5118 Das Populäre mit dem Demokratischen zu verwechseln, ist ein taktischer Kniff des Demokraten.

5119 Der Reaktionär, der in demokratischen Zeiten zu regieren versucht, würdigt seine Prinzipien herab, indem er sie mit jakobinischen Methoden aufzwingt.

Der Reaktionär darf nicht auf Abenteuer vertrauen, er muß auf eine Mutation des Geistes warten.*

5120 Der Aktivismus verbrennt, ohne Licht zu spenden.

5121 Die Idee ist keine Struktur von Konzepten, sondern die Seele dieser Strukturen.

5122 Es gibt Intelligenzen, die majestätisch in langsamen Spiralen emporsteigen, um sich umso treffsicherer auf irgendein Aas herabzustürzen.

5123 Im Normalfall gleicht der Jugendliche am Ende dem Erwachsenen, den er am meisten verachtet hat.*

5124 Unser Elend ist alles, was wir zu erreichen vermögen, unsere Größe liegt in dem, was wir nur empfangen können.

5125 Die „Beweise“ der Wahrheit des Christentums sind eine der Quellen des Unglaubens.

5126 Nichts unverzeihlicher, als uns freiwillig selbst in fremden Überzeugungen einzusperren, wo wir doch versuchen sollten, den Kerker unserer Intelligenz zu zerbrechen.

5127 Die edle Schlichtheit ist sowohl im Stil als auch im Leben Tochter des freiwilligen Verzichts, nicht des unfreiwilligen Mangels.

5128 Die unbeherrschten Seelen verwandeln jede Melodie, die das Leben in ihnen versucht, in Lärm.

5129 Der Mensch korrumpiert das Politische ins Religiöse, wenn er bestrebt ist, die Welt zu verändern.

Nichts scheint in der Gesellschaft oder in den Künsten eine größere 5130
Unordnung als die authentische Ordnung.

Dem Christentum, das ihr nicht den Rücken kehrt, kehrt die Welt 5131
den Rücken.*

Die Universitäten sind die Faulkammern der Geisteswissenschaf- 5132
ten.*

Geistige Kriege werden nicht von regulären Streitkräften, sondern 5133
von Freischärlern gewonnen.

Was der Schriftsteller sagt, ist bloß Teil des Materials, mit dem er 5134
schreibt.

Nichts verdient mehr Respekt als das unglückliche Volk, das bittet 5135
– und nichts weniger als die absurden Drogen, die es fordert, um sein Unglück zu heilen.

Da man jedem Diskurs seine Postulate abstreiten kann, ist die ein- 5136
zige Apologetik von Wert die moralische Verführung eines Lebens, die intellektuelle Verführung einer Idee, die ästhetische Verführung einer Prosa.

Der Dummkopf erscheint dem Intelligenten eher intelligent als der 5137
Intelligente dem Dummkopf.

Die Kohärenz ist ein Netz, mit dem nur das Paradox Wirklichkei- 5138
ten fängt.

Aus der „neuen Linken" wird die Infanterie der Reaktion rekru- 5139
tiert werden.

Die Allmacht des Geldes war der Preis der gesellschaftlichen 5140
Gleichheit.

Die Allmacht des Staates wird der Preis der ökonomischen Gleichheit sein.

Selbst die Überzeugungen, die Respekt verdienen, werden selten 5141
mit Argumenten verteidigt, die Respekt verdienen.

Zynismus ist kein Zeichen von Scharfsinn, sondern von Ohnmacht. 5142

5143 Nur in der Krypta der romanischen Kathedrale kann man heidnischen Göttern authentische Altare weihen.

5144 Die Höflichkeit befähigt uns, unsere Gesprächspartner zu respektieren, ohne an ihre Bedeutung zu glauben.

5145 Bemühen wir uns nur, unsere Fehler zu vermindern.
Die Tugenden gehen auf das Konto Gottes.

5146 Revolutionen sind Mechanismen, um die Welt an die Programme der Bourgeoisie anzupassen.

5147 Das Problem ist weder die sexuelle Repression noch die sexuelle Befriedigung, sondern der Sexus.*

5148 Die Revolution ist progressistisch und bezweckt die Stärkung des Staates; die Rebellion ist reaktionär und bezweckt seine Auflösung.
Der Revolutionär ist ein potentieller Funktionär; der Rebell ist ein Reaktionär *in actu*.*

5149 Es reicht aus, daß man einen Unsinn systematisiert, damit er zur Meinung von vielen wird.*

5150 Aus den rationalistischen Gefängnissen flüchten wir mit Hilfe der Vernunft, nicht mit Unterstützung des Irrationalismus.

5151 Die demokratischen Gerichte jagen nicht dem Schuldigen Angst ein, sondern dem Angeklagten.*

5152 Bestimmte tausendjährige Gebote, die die Instinkte disziplinieren, und bestimmte kaum hundert Jahre alte Programme, die sie entfesseln, bezeichnet der Dumme gleichermaßen als bürgerlich.

5153 Die Menschheit wird sich nur retten, wenn sie sich nicht den Automatismen ihrer Werke ergibt.

5154 Durch jeden Riß seiner Intelligenz dringt die Gemeinheit in die Werke des Menschen ein.

5155 Der Neid ist nicht Laster des Armen, sondern des Reichen.
Des weniger Reichen angesichts des Reicheren.*

Ich verfasse bloß meinen Steckbrief für eine eventuelle Proskription. 5156

Die Interpretation ist in der Geschichte ein deskriptives Verfahren. 5157

Selbst der Feind der Technik prangert mehr ihre offenkundigen, aber banalen Unfälle an als ihre unsichtbaren, aber verheerenden Zerstörungen. 5158

(Als ob z. B. die fieberhafte Herdenwanderung des heutigen Menschen wegen der Verkehrsunfälle beunruhigen würde.)

Der Erotismus ist die tollwütige Zuflucht von Seelen und Zeiten, die in Agonie liegen. 5159

Weil der Mensch nicht die Pflanze eines einzigen Erdreichs ist, stellt man sich heute vor, daß er nicht die Pflanze irgendeines Erdreichs sei. 5160

Die Rebellion ist Reaktion gegen einen unerträglichen Zustand; die Revolution ist Technik eines bürgerlichen Projekts. 5161

Die Laster der modernen Welt ersticken weniger als ihre Tugenden. 5162

Woher er auch kommen mag, der Kritiker der modernen Gesellschaft verführt mich bis zu dem Moment, in dem er seine Lösung aufdeckt. 5163

Dann begreife ich, daß er das Problem nicht begriffen hat.

Die Zweideutigkeit der Französischen Revolution ist nicht Ausnahme, sondern Regel. 5164

Die Revolutionäre sind nur die leichte Truppe, die das Gelände räumt, die Bourgeoisie ist die Infanterie, die es besetzt.

Bourgeoisie heißt jede revolutionäre Klasse, die Besitz ergriffen hat.*

Bewahren wir in jeder Institution die „Mängel“, die die moderne Mentalität anprangert. 5165

Es sind die letzten Luftlöcher.

Die wirklichen gesellschaftlichen Veränderungen sind das Werk derer, die an etwas anderes denken. 5166

5167 Jede Rechte in unserer Zeit ist nicht mehr als eine Linke von gestern, die in Ruhe zu verdauen wünscht.

5168 Die Revolutionen entsetzen, aber die Wahlkampagnen ekeln einen an.*

5169 Das kulturelle Niveau eines intelligenten Volkes fällt in dem Maße, in dem sein Lebensstandard steigt.*

5170 Bestimmte außergewöhnliche Seelen verwandeln selbst den Irrtum, dem sie verfallen, in eine noble Melodie.

5171 Das Volk ist nicht demokratisch, solange die Bourgeoisie ihm nicht seine Seele einhaucht.*

5172 Wäre die Freiheit der „Sinn" der Geschichte, so wäre die Geschichte eine reine Verfügbarkeit ohne Sinn.

5173 Die Geschichte wäre eine gräßliche Farce, hätte sie einen irdischen Höhepunkt.

5174 Die Schlaflosigkeit einer Gesellschaft in der Trance ständiger Innovation verblödet sie am Ende.

5175 So wie es Wahrheiten gibt, die wir nur malen können, so gibt es andere, die sich nur in Legenden ausdrücken.

5176 Die „Modernität" ist die taxonomische Charakteristik des Bourgeois, nicht die ästhetische Inkompetenz, nicht die ökonomische Funktion.

5177 Wer nicht bereit ist, von Zeit zu Zeit seine Prinzipien zu verletzen, endet eher als Mörder denn als Märtyrer.*

5178 Der moderne Mensch, der sich zugutehält, daß er die Tugenden der Bourgeoisie verwarf, ohne ihre Laster zurückzuweisen – wagt, diese Klasse schlechtzureden, die früher mehr als sieben Gerechte und mehr als sieben Weise hatte.

5179 „Klarheit" ist die Reinheit der Linie, mit der wir ein Mysterium eingrenzen zu können.

Wenn der demokratische Politiker ehrlich ist, ist er nicht intelligent, 5180
und wenn er intelligent ist, ist er nicht ehrlich.

Das Gute hat keinen Boden. 5181
Das Böse hingegen führt bald zu monotoner Wiederholung.

Oft glaubt der Mensch, ein Märchen durch eine Wahrheit auszu- 5182
tauschen, wenn er bloß ein Märchen durch ein anderes ersetzt.

Der Mechanismus der Wahlen ist kein Beruhigungsmittel für die 5183
Meinungsverschiedenheiten der Bürger, sondern ein gefährliches Aufputschmittel.

Der Mechanismus polarisiert die Skala miteinander verwobener und ineinander greifender Unterschiede zu schroffen Gegensätzen.

Der Mechanismus schafft politische Parteien, die Vielfalt in Widerspruch und eine fließende Gestaltung in einen strukturierten Konflikt verwandeln.

Die Meinungen sind nicht der Ursprung der Parteien. 5184
Die Parteien sind der Ursprung der Meinungen.*

Der Materialist entrüstet sich über den, der die fleischlichen Wur- 5185
zeln des Geistes aufzeigt.

Im Evangelium allein können wir uns nicht einquartieren, so wie 5186
wir uns nicht in den Samen der Eiche flüchten können, sondern zum krummen Stamm unter das Gewirr der Äste.

Nichts veranlaßt uns mehr, Dummheiten von uns zu geben als die 5187
Befürchtung, dem Dummen gegenüber als dumm zu erscheinen.

Der gegenwärtige Mensch schwankt zwischen der sterilen Strenge 5188
des Gesetzes und der vulgären Unordnung des Instinkts.
Disziplin, Höflichkeit, guter Geschmack sind ihm fremd.*

Gebildet ist der Mensch, der nach unten hängend erledigt, was der 5189
normale Mensch nach obenhin tun muß.

Die Literatur ist nur in massiver Dosis harmlos. 5190

Es sind nicht *les mots de la tribu,* die der Dichter reinigen soll, son- 5191
dern jene der städtischen Menge.

5192 Ein Treffer kann sich in der Literatur nicht aus einem Gestammel ergeben, wie es in anderen Künsten möglich ist, sondern nur aus einer perfekten Ausdrucksweise.

5193 Wir dürfen nicht imitieren, sondern müssen uns beeinflussen lassen.

5194 Die fälschlicherweise sogenannten ländlichen Demokratien waren keine Demokratien.

Ohne Zweifel wählte das Volk dort den Regierenden, aber das Gewohnheitsrecht herrschte.

Das Wesen der Demokratie ist also nicht die Wahl des Regierenden, sondern die launenhafte Manipulation des Gesetzes.

5195 Die humanistischen Schulfächer lehrten den Schriftsteller wenigstens, keinen Blödsinn zu reden.

5196 Lösungen vorschlagen?

Als ob die Welt nicht in Lösungen ertrinken würde.

5197 Die Argumente zugunsten der Religion, die eine Generation überzeugen, scheinen bald so komisch zu sein wie die Gegenargumente, die sie beunruhigen.

5198 Die moderne „östliche Spiritualität" ist wie die östliche Kunst der letzten Jahrhunderte ein Artikel des Basars.

5199 Der Christ, den die „Ergebnisse" der Wissenschaft beunruhigen, weiß weder, was das Christentum noch was die Wissenschaft ist.

5200 Die Spur des Teufels in bestimmten Seelen riecht weniger nach Schwefel als nach Moder.

5201 Auch wenn es so ist, daß die Falschheit eines Postulats *per definitionem* ein Begriff ohne Sinn ist, beschnüffelt die Intelligenz dumme Postulate.

5202 Der Marxismus stärkt den Willen und schwächt die Intelligenz.

5203 Der Schwachsinn wechselt in jeder Epoche sein Thema, damit er nicht erkannt wird.*

Der soziologische Typus ist mehr als eine methodologische Fiktion, wenn er individuelle Totalitäten sekundärer Stufe bildet. 5204

Die Geschichte schwankt zwischen der Unsicherheit der Anekdote und der Bedeutungslosigkeit der Ziffer. 5205

Die Feinde des Mythos sind keine Freunde der Wirklichkeit, sondern der Banalität. 5206

Es ist lächerlich, eine Technik des Stammelns zu perfektionieren, um zu verhindern, daß die technische Perfektion die Kunst garrotiert. 5207

Das, was den klassischen Pharisäer vom modernen Pharisäer, der heutzutage jenen verachtet, unterscheidet, ist nicht, daß der neue sein Elend bekennt, sondern daß er nicht einmal Danke sagen kann. 5208

Jeder Wechsel des Blödsinns scheint anfänglich ein Fortschritt. 5209

Die tiefsten geistigen Wesensverwandtschaften sind immer heimlicher Natur. 5210

Der Rassist gerät außer sich, weil er insgeheim den Verdacht hegt, daß die Rassen gleich sind; der Anti-Rassist, weil er insgeheim vermutet, daß sie es nicht sind. 5211

Die Hierarchien sind himmlisch. 5212
In der Hölle sind alle gleich.*

Es gibt Argumente, die überzeugen würden, kämen sie zwischen einem „vielleicht“ und einem „möglicherweise“ daher. 5213
Die Liebe unschuldig?
Vielleicht wie eine hungrige Raubkatze.*

Niemand drückt besser das *Wesen des Christentums* aus wie ein dreijähriges Kind, das auf Knien wiederholt: ich vertraue, ich vertraue. 5214

Dem Reichtum neide ich nur die Fähigkeit, uns in weiträumigen stillen Gemächern unterzubringen. 5215

5216 Um ein Lächeln in ein trauriges Gesicht zu zaubern, fühle ich mich zu jeder Niedertracht fähig.

5217 Was mich bei dieser oder jener Wissenschaft anzieht, ist nicht, was sie lehrt, sondern die intellektuelle Klangfülle, die ihr eigen ist.

5218 Die ästhetischen Unreinheiten sind die katalytischen Elemente des Kunstwerkes.

5219 Nichts deprimierender als einer Menschenmenge im Raum zuzugehören.

Nichts aufregender, als einer Menschenmenge in der Zeit zuzugehören.

5220 Zeitungsnachrichten sind der moderne Ersatz für die Erfahrung.

5221 Eine spontane Treue ist noch schöner als eine mit Bedacht beschworene.

5222 Akademische Kunst ist keine spezielle Kunst, sondern jede in den Händen von Künstlern, die auf der Jagd nach dem Applaus der gebildeten Masse sind.

5223 In der Spontaneität dessen, was ich fühle, suche ich die Kohärenz dessen, was ich denke.

5224 Zivilisation ist vielleicht die einfache Über-Struktur vorindustrieller Wirtschaftssysteme.

5225 *La derecha y la izquierda: o diestra y sinistra.*

5226 Da der Wert eines Kunstwerkes offensichtlich nicht von seinem Sujet abhängt, gibt es keinen Grund, schäbige Themen zu bevorzugen.

5227 Intellektuelle Moden gewinnen, wenn sie sich von dem Ort entfernen, an dem sie geboren werden, an Schärfe und verlieren an Tugend.

5228 Ich finde mich nicht damit ab, daß der Mensch auf dumme Weise mit dem Tod kollaboriert – verwüstend, zerstörend, reformierend, abschaffend.

Die progressiven Christen suchen eifrig in den Handbüchern der 5229
Soziologie das, womit sie die Lücken des Evangeliums auffüllen könnten.

Die moderne Welt entdeckte das Geheimnis, selbst das Schäbige 5230
noch abzuwerten.

Die Literatur kann die Wahrheit nur durch Kompromisse zwischen 5231
Zurückhaltung und Offenheit ausdrücken.

Das Böse ist nicht interessanter als das Gute, sondern leichter zu 5232
erzählen.

Imperative – ethische und ästhetische – müssen negativ sein. 5233

Die positiven vervielfachen den Betrug.

Was den Ungläubigen empört, ist nicht, was seine herablassende 5234
Genehmigung findet, sondern das authentisch Christliche.

In der Politik müssen wir selbst dem intelligenten Optimisten miß- 5235
trauen und den Befürchtungen des Einfältigen vertrauen.

Die Leute haben die geheimnisvolle Macht, die Wahrheit, der sie 5236
Beifall klatschen, in Irrtum zu verwandeln.*

Die Laster verbrauchen am Ende Substitute, die immer billiger 5237
werden.

Der Mensch tendiert zur Oberflächlichkeit wie der Korken zur 5238
Oberfläche.*

Das Kunstwerk ist der einzige definitive Sieg. 5239

Der Reiz der Originalität ist eine Neigung, die auf fehlendem Ta- 5240
lent beruht.

Jede Frage erscheint dem Schwachkopf als eine hinterlistige Be- 5241
hauptung.

In bestimmten Epochen verliert der Geist, wer auch immer ge- 5242
winnt.

5243 Der Demokrat ist nicht der Ansicht, daß seine Kritiker Unrecht haben, sondern daß sie Blasphemie betreiben.

5244 Den Liberalen wecken noch nicht einmal die Huftritte der Geschichte.

5245 Was der Künstler sich vornahm, soll man berücksichtigen, um ihn zu verstehen, nicht aber, um ihn zu beurteilen.
Es gibt keine Ästhetik des guten Willens.

5246 Die ironische, elegante, anspielungreiche Prosa stört den diplomierten Plebejer genauso wie die höflichen Manieren den Plebejer ohne Diplom.

5247 Die zwei Flügel der Intelligenz sind die Gelehrsamkeit und die Liebe.

5248 Nur die Kunst offenbart uns die authentische Persönlichkeit, weil nur die Kunst uns die Einsamkeit der Person darbietet.

5249 Es ist anmaßender, sich diskret Schüler eines Herrn Soundso zu nennen, als sich mit Pomp als Lehrer einer Menge beliebiger Leute zu bezeichnen.

5250 Es ist dringend erforderlich, die Ehe der Tugend mit der Dummheit zu scheiden.

5251 Viele Probleme sind nur irrig plazierte Fragestellungen.

5252 Der Egalitäre gerät außer sich, wenn er sieht, daß die Schulpflicht nur eine fiktive Ungleichheit beseitigt, um die angeborene zu verschärfen.

5253 Die Jugendlichen schütteln wild das Haupt, um ihre Nacken besser für das Joch vorzubereiten.

5254 Dem, der Axiologie und Geschichte nicht zusammenfügt, bleibt letztendlich
entweder ein Absolutismus – der eine Form ohne Stoff ist,
oder ein Relativismus – der Stoff ohne Form ist.

Geschichte ist, was nicht existiert hätte, wäre die hegelianische Theologie zutreffend. 5255

Der Historismus ist verdauter Hegel. 5256
Der Historizismus ist unverdaulicher Hegel.

Empfehlen wir nicht mit Pomp, das Unausweichliche mit „Heroismus“ hinzunehmen, sondern daß man es mit höflicher Resignation annimmt. 5257

Die dialektische Methode ist die Strategie einer Rebellion, die sich in der Immanenz einschließt. 5258
Die hierarchische Methode ist das Schema einer aufmerksamen Erforschung der Gliederungen des Universums.

Der Absolutismus ist das Lebensprinzip der Demokratie. 5259
Die unterwürfigen Juristen der Severer sind seine hellsichtigsten Doktoren.

An der Existenz des Plebejischen zweifelt nur der Plebejer, so wie am schlechten Geruch der, der ihn verbreitet. 5260

Das grundlegende Laster der Dialektik ist, daß sie die Prozesse, die sie artikuliert, in Fortschritte umwandelt. 5261

Der Dummkopf kann das Subtile erfassen, sieht aber nicht das Offensichtliche. 5262

Die Intelligenz hat heute die Pflicht, bis zum Ende Schlachten auszukämpfen, die schon im voraus verloren sind. 5263

Der Marxismus fällt auf die Intelligenz wie ein grauer Regen vulkanischer Asche auf das Ackerland. 5264

Mehr als ein vorgeblich „theologisches Problem“ kommt nur von dem geringen Respekt, mit dem Gott unsere Vorurteile behandelt. 5265

Der Historiker ist der Fachmann, der den Auftrag hat, die Unähnlichkeit des Ähnlichen zu entdecken. 5266

Die „Talente“, deren „Abortus“ das „Leben“ bewirkte, waren mit Sicherheit Verdauungsbeschwerden. 5267

5268 „Allgemein“ ist, was wir mit anderen gemein haben, „universal“, was wir an profunder Einzigartigkeit haben.

5269 Deuten wir die nächtlichen Geräusche, die durch die Mauern eines Palastes dringen, nicht plump wie vulgäre Passanten.

5270 Alles, was wirklich ist, wäre rational, wenn der Mensch nicht Sünder wäre.

Alles, was rational ist, wäre wirklich, wenn der Mensch nicht Geschöpf wäre.*

5271 Ich kann den nicht ausstehen, der die rettende Wahrheit in einer Weise predigt, als wolle er sie retten.

5272 Das Höchste und das Niedrigste gehörten früher zur selben Art.

Heute gehören sie verschiedenen Arten an.

Es gibt heute keine gemeinsamen Wesensmerkmale zwischen dem, was von Wert ist und dem, was herrscht.

5273 Werke, so bedeutend wie die größten, sind in diesem Jahrhundert entstanden, aber unzeitgemäß und fremd.

Arabesken, die ein Genie an die Ränder eines albernen Textes zeichnet.

5274 Die Literatur zielt auf einen Gegenstand oder eine Idee.

Nur die Rhetorik behandelt ein Thema.

5275 Die Liturgie kann letztlich nur in Latein sprechen.

Vulgar ist sie vulgär.

5276 Eine Anthologie zeitgenössischer Dichtung stellt sich in jeder Epoche bald als Friedhof von Fehlgeburten heraus.

5277 Im Leben des Renegaten hat die „Religion der Menschlichkeit“ die Funktion des Schoßhündchens im Leben alter Jungfern.

5278 Das bloße Talent ist in der Literatur, was die guten Vorsätze im Verhalten sind. *(L'enfer en est pavé)**

5279 Auch wenn der Individualismus nur dazu ermuntert, an das Gewissen zu appellieren, glaubt die Mehrheit, daß er dazu ermuntert, nur auf die Unwissenheit zu vertrauen.

Die Christenheit ist menschliche Möglichkeit, das Reich Gottes ei- 5280
ne rein göttliche Möglichkeit.

Christus befindet sich in der Geschichte wie ein Punkt auf einer 5281
Linie.

Aber seine erlösende Handlung ist für die Geschichte wie der Mittelpunkt des Umkreises.

Wenn wir etwas zu verstehen glauben, müssen wir vermuten, daß 5282
wir nicht verstanden haben.

In den Engpässen der Epistemologie ruhen die Kadaver der Mate- 5283
rialismen.

Der Enthusiasmus des Fortschrittlers, die Argumente des Demo- 5284
kraten, die Beweisführungen des Materialisten sind die köstliche und kräftigende Nahrung des Reaktionärs.*

Die Dummheiten, die dem Niveau einer uns überlegenen Intelli- 5285
genz eigen sind, erscheinen uns als verehrenswürdige Offenbarungen.

In den Universitäten überwintert die Philosophie nur.* 5286

Die Kohärenz ist die Voraussetzung der Verständlichkeit jeder ab- 5287
strakten Struktur und das Postulat, das die Deutung jeder konkreten Konfiguration verfälscht.

Das Christentum verdirbt, wenn es seine Theologie den vermeint- 5288
lichen Bedingungen einer effizienten Apologetik unterwirft.

Enthüllen, um zu erfreuen, ist die Absicht jeder Kunst. 5289

Es erscheint alles unbedeutend, wenn die Ergebnisse nur immanent 5290
erscheinen.

Die immanente Bedeutung ist transitiv, die transzendente Bedeu- 5291
tung ist intransitiv.

Die erste tilgt den Gegenstand, die zweite öffnet ihn.

Der Optimist lebt am Ende von der schlechten Laune. 5292

5293 Der Mensch reift, wenn er aufhört zu glauben, daß die Politik seine Probleme löst.

5294 Früher bestand die Poesie aus Felseninseln, die aus dem zu Verständlichen auftauchten, heute besteht sie aus Inseln, die aus dem Unverständlichen ragen.

5295 Von den „Menschenrechten" verteidigt der moderne Liberalismus schon nur mehr das Recht auf Konsum.*

5296 Zukunft hat nur der Künstler, dem die Kritik die Aktualität abspricht.*

5297 Wenn wir eine Sache bloß im Namen einer „Tradition" verteidigen, läuten wir die Totenglocken.

5298 Die ästhetischen Urteile würden weniger voneinander abweichen, wenn die, die eine Meinung äußern, das lesen würden, was sie verurteilen oder loben.

5299 Der Schwachkopf glaubt den Schlüssel des Universums zu besitzen, wenn er von der Materie einer Wissenschaft in der Terminologie einer anderen spricht.

5300 Echter geistiger Ernst ist nicht düster, sondern lächelt.

5301 Keine Predigt kann der Masse Ideen geben, nur Wörter.

5302 Toleranz ohne Pflichtvergessenheit ist nur möglich, wenn wir hierarchisieren.*

5303 Das Christentum „reinigen" bedeutet, das von ihm getaufte Heidentum auszutreiben, damit es seine rohe Bosheit wiedererlangt.

5304 Der Patriotismus, der keinen körperlichen Bezug zu konkreten Landschaften hat, ist die Rhetorik Halbgebildeter, um Ungebildete zum Schlachthof zu treiben.

5305 Die moderne Seele ist eine Mondlandschaft.*

5306 Was entpersonalisiert, verschlechtert.

Mehr als Produkt der Methoden sind die Konklusionen das Motiv, 5307
das uns diese oder jene Methode wählen läßt.*

Für die moderne Mentalität ist in den Geisteswissenschaften nur 5308
das „wissenschaftlich“, was erlaubt, der Betrachtung der Seele auszuweichen.

Nicht im trügerischen Lehm der Geschichte sollen wir den Tri- 5309
umph der Dinge suchen, die wir lieben, sondern im Granit der Kunst.

Die wissenschaftliche Genauigkeit ist analytisch, die der Kunst 5310
synthetisch.

Keiner, der nicht in tiefster Seele die Poesie des flüchtenden Monar- 5311
chen mehr bewundert als die Rhetorik des siegreichen Proletariats.*

Das Lächeln, mit dem das Schwein dem zuhört, der den Schlamm 5312
kritisiert.*

Was ich hier sage, wird dem trivial erscheinen, der all das nicht 5313
kennt, worauf ich anspiele.

Das Dreieck: Weiler, Schloß, Kloster ist nicht eine mittelalterliche 5314
Miniatur.

Sondern ein ewiges Paradigma.*

Die Zivilisationen werden auch nicht *avec des idée*s geschaffen, 5315
sondern mit Manieren.

Eine Bedeutung übersetzt sich nicht, sie drückt sich aus. 5316

Die Schriftsteller, die mich am meisten verführen, sind die, die mich 5317
am meisten irritieren würden, wenn sie nicht so intelligent wären.

Wenn das, was wir bewundern, so gewesen wäre, wie wir es uns 5318
vorstellen, hätte die Geschichte es nicht zerstören können.

Was ich verteidige, ist die Authentizität der edelmütigen Träume, 5319
die sich über den Boden der Geschichte erheben.

5320 Mit den Ideen der Rechten schaffen wir Poesie, mit denen der Linken Rhetorik.

5321 Die Traum-Dichtung prophezeit nicht, sie schnarcht.

5322 Weiterhin als Symbol zu behandeln, was schon zum Zeichen degenerierte, ist das Markenzeichen des Rhetorikers.

5323 Der Leser läßt sich die Gelegenheit nicht entgehen, das banal zu interpretieren, was wir mit Klarheit auszudrücken wußten.

5324 Jede intellektuelle Aktivität ist in unserer Zeit eine Provinz, die sich, wie in Zeiten der Dekadenz, empört und die Herrschaft zu usurpieren versucht.*

5325 Aus der Trivialität der Existenz können wir nicht durch die Türen entkommen, sondern über die Dächer.*

5326 Die literarische Intelligenz ist die Intelligenz des Konkreten.*

5327 Der gewöhnliche Leser erlebt die Literatur als Folge, der gebildete als geordnete Gleichzeitigkeit.

5328 Die Menschheit geht immer auf den Stern zu, der am Horizont steht, weil sie ihn näher an der Erde glaubt als die, die über ihren Weg leuchten.*

5329 Der Grund der modernen Krankheit ist die Überzeugung, daß der Mensch sich selbst heilen kann.*

5330 Geistige Unverschämtheit kann keine Partei-Parole sein, sondern die Herausforderung des einsamen Abenteurers.

5331 Die Behandlung der notwendigen Bedingung als ausreichende Bedingung ist das Rezept, mit dem der moderne Alchimist die Edelmetalle in gewöhnliche Metalle verwandelt.*

5332 Das geistige Elend wird von den Bedürftigen nicht als eine Zwangsenteignung empfunden, sondern als ein erreichter Ausgleich.

5333 Die revolutionäre Agitation ist städtische Endemie, aber nur ländliche Epidemie.*

Jede geschichtliche Bewegung scheint den Teilnehmern gradlinig 5334
und unbegrenzt.

Voraussetzen, daß Meinungen und Interessen ein und dasselbe sind, 5335
ist eine gute Arbeitshypothese, aber eine schlechte apodiktische Behauptung.

Laut dem Spezialisten gibt es nur vage Ideen oberhalb des Niveaus, 5336
auf dem er sich einrichtet, wo doch in Wahrheit die dort hausenden Ideen die speziellen Ideen eines neuen Niveaus sind.

Der Jurist neigt spontan zum Absolutismus. 5337
Die Freiheiten sind Lücken im Gesetz.*

Nicht die Sichtweise, die von Anfang an geistreich scheint, stellt 5338
sich als wahr heraus, sondern die, die anfangs nicht richtig erfaßt scheint.

Es gibt ein Schweigen, das nur mit Unsinn ausgefüllt ist. 5339

Die literarische Intelligenz ergibt sich aus dem Zusammenfließen 5340
von Sinnlichkeit und Intellekt.

Uns vor einer Mehrheit zu beugen, ist nur vernünftig, wenn wir 5341
ohne Waffen sind.*

Der Haß auf die Vergangenheit ist eindeutiges Symptom einer Ge- 5342
sellschaft, die verpöbelt.*

Selten ist der offizielle Diskurs, der nicht verkleinert, was er lobt. 5343

Wir sollen weniger danach streben, schlicht zu sein, als auf schlich- 5344
te Art kompliziert oder einfach zu sein.

Es gibt zwei Arten, die höchsten Normen zu verletzen: sie nicht 5345
zuzugeben oder sie aufzuzwingen.

Die authentische Kunst dieses Jahrhunderts ist eine Erforschung 5346
der Leere, eine Bestandsaufnahme der Abwesenheit.*

In der Sprache der modernen Architektur kann man nichts Kom- 5347
pliziertes ausdrücken.

5348 Jede Zivilisation war eine Lösung – außer der abendländischen, die eine Methode war.*

5349 Dem, der sich weigert, die Inkohärenz der Dinge zu vergewaltigen, pflegt man zu sagen, daß er sich widerspricht.
Wo er doch der Realität allein Treue geschworen hat.*

5350 Großen Unsinn kann man nur auf öffentlichen Plätzen von sich geben.

5351 Die Beliebtheit des Philosophen rührt oft von den Gedanken her, die seinem Ruhm den Glanz nehmen.

5352 Die Geschichte verdankt ihre Bedeutung den Werten, die in ihr auftauchen, nicht den Menschheiten, die in ihr Schiffbruch erleiden.*

5353 Generation ist ein inhaltsleeres Wort, wenn es nicht Zeitgenossen eines großen Mannes bezeichnet.

5354 Philosophieren heißt nicht Probleme lösen, sondern sie auf einem bestimmten Niveau leben.*

5355 Der Wert ist mögliche Prämie und kein zuverlässiger Ertrag technischer Aktivitäten.

5356 Die Objektivität des Wertes war die Entdeckung des ersten Gescheiterten ohne servile Seele.*

5357 Fremde Überzeugungen stören den nicht, der nicht zweifelt.

5358 Die Sünde des Reichen ist nicht der Reichtum, sondern die exklusive Bedeutung, die er ihm zuschreibt.

5359 „Die Folgen aus einer Tatsache ableiten" ist unmöglich.
Wir können nur die Folgen dessen ableiten, was wir darüber meinen.

5360 Nur indem wir uns in der Niederlage einrichten, können wir aufbauen.
Der Boden des Sieges ist schlüpfrig und prekär.*

Die einträglichste Industrie ist die Ausbeutung der Niederträchtig- 5361
keit.*

Gott belohnt den guten Willen, der irregeht. 5362
Aber in subalternen Paradiesen.*

Die geistige Unruhe zerrüttet die gemeine Seele. 5363
Für den, der nicht intelligent ist, ist ein träger Geist besser.*

„Konstruktiv" ist in unserer Zeit jene Kritik, die an der Perfektio- 5364
nierung der Gefängnisse mitwirkt.*

Der katholische Theologe erfüllt seine Pflicht nur, indem er den 5365
Buchstaben des Vortrages und den Geist des Tages mißachtet.*

Gott drückt seinen Willen nicht mit der Niederlage oder dem Tri- 5366
umph aus, sondern in der Qualität des Triumphes oder der Niederlage.

Die Vergangenheit ist die Quelle der Poesie; die Zukunft ist das 5367
Arsenal der Rhetorik.*

Die Vorstellungskraft ist nicht der Ort, wo die Wirklichkeit ver- 5368
fälscht wird, sondern wo sie sich erfüllt.

Der Spezialist verwirrt und unterhält uns mit dem Gegensatz zwi- 5369
schen der intellektuellen Reife seiner Konzepte und der geistigen
Unreife seiner Ideen.

Ein Ereignis begeistert weniger, wenn seine Protagonisten interes- 5370
sant, als wenn seine Zuschauer intelligent sind.*

Jede Epoche schätzt nur die Originalität, die in Mode ist.* 5371

Nur wenn wir hierarchisieren, können wir den Imperialismus der 5372
Idee und den Absolutismus der Macht begrenzen.*

Die drei Elemente des Universums sind: 5373
die individuellen Totalitäten,
die abstrakten Strukturen,
die rechtlichen Konstanten.

5374 Nach den verlorenen Sachen sind nur uralte Sachen ehrwürdig.

5375 Der Kristall Zivilisation ist bei einer bestimmten Bevölkerungsdichte schmelzbar.*

5376 Die durch allgemeines Wahlrecht gewählten Parlamente verlieren zuerst ihr moralisches Ansehen und dann ihre politische Bedeutung.*

5377 Die Rechte verliert die Macht, wenn das Volk die von den Linken verursachten Katastrophen vergißt.

5378 Das, was das Volk Geschichte nennt, ist die Blütenlese irriger Interpretationen, für die Leidenschaft des Tages zusammengestellt.

5379 Um eine Wahrheit aufzuzeigen, reichen wenige Linien.

Um einen Irrtum zu widerlegen, ist nicht einmal eine Bibliothek ausreichend.

5380 Die sexuelle Promiskuität ist das Trinkgeld, mit dem die Gesellschaft ihre Sklaven beschwichtigt.*

5381 Statistiken entfalten nur im Lichte von Anekdoten Glanz.

5382 Ich bin das Asyl aller Ideen, die durch die moderne Schande verbannt wurden.

5383 Heute sind wir nicht Zeugen einer Krise, sondern halten Totenwache bei einem Kadaver.*

5384 Um unser Elend zu bedecken, bleiben uns nur mehr die durch die Totengräber der Seele in eine Ecke des Kerkers geworfenen Lumpen.

5385 Schließt man von den Meinungen einer Epoche die intelligenten aus, bleibt die „öffentliche Meinung“.*

5386 Ebenso gefährlich wie das Wünschenswerte für möglich zu halten, ist es, das Mögliche für wünschenswert zu halten.

Sentimentale Utopien und Automatismen der Technik.*

5387 Nur harte Steine und starke Seelen lassen sich glätten.

In der Geste des Haltung-Annehmens sind die Grundbegriffe jeder 5388
Erziehung verschlüsselt.

Die gute Erziehung ist die zivile Anpassung der militärischen Disziplin.

Die Seelen erniedrigen sich, wenn die Körper es sich bequem ma- 5389
chen.*

Die moralische Qualität dessen, der in der Politik nicht verliert, 5390
muß uns beunruhigen.

Eine Wissenschaft wird experimentell, wenn sie darauf verzichtet, 5391
zu erklären.

Was Formel ist, muß mit der Unpersönlichkeit des Ritus gehand- 5392
habt werden.

Nichts grotesker als ein warmer und herzlicher Formalismus.

Mehr als eine ideologische Strategie ist die Linke eine lexikographi- 5393
sche Taktik.*

Die subtile Interpretation jedes Ereignisses scheint dem Linken im- 5394
mer suspekt.

Den Anforderungen eines Systems fügen sich nur Fiktionen. 5395

Die empirischen Demokratien leben im Alarmzustand, indem sie 5396
versuchen, den Folgen der theoretischen Demokratie auszuweichen.

Die Konstitution ist in einer Demokratie ein verschämter Anschlag 5397
auf die Souveränität des Volkes.*

Evolution ist dort ein inhaltsloser Begriff, wo wir ihren Mechanis- 5398
mus nicht bestimmen können.

Die Demokraten beschreiben eine Vergangenheit, die nie existiert 5399
hat, und sagen eine Zukunft vorher, die sich nie verwirklicht.*

Das soziologische Studium einer Revolution erlaubt, ihren Geruch 5400
nach Blut zu verdrängen.

5401 Wir Reaktionäre sind am Ende davon angeödet, vor einem Tribunal von Gleichgültigen die Rehabilitierung von Ermordeten zu betreiben.

5402 Unter patriotischen und demokratischen Rednern sind die verfügbaren Torheiten praktisch ausgeschöpft.

5403 Die Legitimität eines Regimes hängt heutzutage von der Anzahl der Leichen ab, die es ansammelt.

5404 Wir nennen literarische Intelligenz die, die kohärent sein kann, ohne ein System zu brauchen.*

5405 Die politische Begeisterung kann den Optimisten alle möglichen Gemeinheiten begehen lassen.

5406 Das Ansehen jeder vergangenen Revolution gründet auf vagen Erwägungen.

Und stürzt im Zuge genauer Untersuchungen in sich zusammen.

5407 Die Anzahl der Stimmen, die einen Regierenden wählen, ist nicht Gradmesser seiner Legitimität, sondern seiner Mittelmäßigkeit.*

5408 Die monarchistischen Absolutismen verfügen mit weniger Leichtigkeit über das Los eines Individuums als die populären Absolutismen über das Schicksal ganzer sozialer Klassen.*

5409 Der Bürger spendet nicht dem Beifall, den er bewundert, sondern dem, den er fürchtet.*

5410 Die Demokratie hat den Terror als Mittel und den Totalitarismus als Zweck.*

5411 Die Schamlosigkeit, mit der der Revolutionär tötet, ängstigt mehr als seine Gemetzel.

5412 Wer die Souveränität des Volkes anerkennt, hat im voraus die Willkür für rechtmäßig erklärt, deren Opfer er sein wird.

5413 Die Journalisten sind die Kurtisanen der Plebs.*

Die Freiheit des Buchdrucks ist die erste Forderung der entstehenden und das erste Opfer der reifen Demokratie.* 5414

Wenn die ideologischen Gifte langsam wirken, diagnostizieren die Dummköpfe unter den Historikern natürlichen Tod.* 5415

Die politische Geschichte verliert ihre Bedeutung um die Mitte des 19. Jahrhunderts. 5416

Das interessante Phänomen seither ist die Zersetzung des Menschen durch die Bakterien der Industrie und der Technik.

Die unvoreingenommene Geschichte einer jeglichen Revolution wirkt wie eine Diatribe. 5417

Der Dummkopf lobt am großen Mann nur dessen Bodensatz an gemeiner Humanität. 5418

Die gemäßigten Demokraten verkünden die Gesetze, mit denen sie von den reinen Demokraten liquidiert werden. 5419

Niederträchtiger als die, welche Dekrete der Ächtung unterschreiben, sind die anonymen Menschenmassen, die ihnen applaudieren. 5420

Die Demokratie spricht nur die Organisatoren von Massakern heilig. 5421

Die Demokraten teilen sich in zwei Klassen: 5422

die, die untergehen, weil sie es nicht schaffen, die Leidenschaften, die sie mit Rhetorik entfesselten, mit Reden zu unterdrücken,

die, die überleben, weil sie von der Beredsamkeit, die das Volk erregt, zu den Kartätschen wechseln, die es befriedeten.

Die Revolutionen sind die eiternden Abszesse der Geschichte. 5423

Die Rhetorik ist die einzige Blume des demokratischen Gartens.* 5424

Der marxistische Historiker verdankt seine Sicherheit seiner Ignoranz. 5425

„Volksjustiz“ ist ein Euphemismus des Blutbads. 5426

5427 Die linke Gedankenwelt ist nicht die Ideologie einer bestimmten sozialen Herkunft, sondern einer bestimmten mentalen Deformation.

5428 Seit der Klerus verpöbelt ist, verflucht die Kirche alle Besiegten und bringt allen Siegern Ovationen dar.*

5429 Das Gesindel ist selbst in die Dachböden der Seele eingedrungen.

5430 Um zu verhindern, daß der Mob es entweiht, genügt dem Buch das Hermetische einer schlichten, intelligenten und klaren Prosa.

5431 Über die „geistige Einsamkeit" beklagt sich nicht die Intelligenz, sondern die Eitelkeit.

5432 Der Tyrannenmord muß heute im Erdolchen gewisser Ideen bestehen.*

5433 Selbst der Kommunismus ist intellektuell aufgeweicht.
Die sowjetischen Botschafter haben die gespreizte Würde von Nuntien.*

5434 Was schillernd, unbeständig und mobil ist, ist nicht der Geschmack, sondern der schlechte Geschmack.

5435 Wer beeinflussen will, ist weitschweifig.
Die Kürze ist Zeichen des Respekts vor dem Leser.

5436 Die Frau hat die intellektuelle Temperatur des Milieus, in dem sie lebt: ungestüme Revolutionärin oder unerschrockene Konservative, je nach Umständen.
Reaktionär kann sie nie sein.*

5437 Eine Literatur, die schreit, verletzt auf nicht gutzumachende Weise die literarische Sensibilität ihrer Leser.*

5438 Wer heute nicht schreit, wird weder gehört noch verstanden.*

5439 Wenn das moderne Bewußtsein seine ökonomischen Routinen unterbricht, schwankt es nur zwischen politischer Befürchtung und sexueller Besessenheit.

In der modernen Seele fließen schon keine Bäche mehr. 5440
Industrialismus hat die Quellen kanalisiert.*

Unter dem Vorwand, Geheimnisse zu entschlüsseln, doch mit dem 5441
Ziel, den Menschen herabzuwürdigen, fordert die moderne Mentalität, die schützenden Verbände von allen Wunden zu reißen.

Aufgezwungene Knechtschaft und gewährte Freiheit erniedrigen 5442
gleichermaßen.
Vor der Erniedrigung retten nur die eroberte Freiheit oder die auf sich genommene Knechtschaft.*

Wenn die Hierarchien verschwinden, wird die Autorität zu nackter 5443
oder versteckter Gewalt.

Die Ideen der Linken erzeugen Revolutionen, die Revolutionen er- 5444
zeugen die Ideen der Rechten.*

Die Trockenheit unseres Stils muß sich aus der innerer Glut unserer 5445
Flamme ergeben.

Die Soziologie beschützt den Soziologen vor jedem Kontakt mit 5446
der Wirklichkeit.*

Die Existenz einer „geschichtlichen Intuition" zu beweisen ist so 5447
unmöglich, wie daran zu zweifeln, daß es sie gibt, wenn wir einen Historiker lesen, der sie nicht besitzt.

Es gibt eine Verschlagenheit, die sich für unmoralisch hält und ge- 5448
rade einmal dümmlich ist.

Die Wissenschaft ist bestrebt, das Universum in einen atomaren 5449
Lehrsatz zu verdichten.
Die Geschichte will das menschliche Abenteuer mit einem verständlichen Bericht begleiten.

Die guten Manieren bestehen darin, diejenigen als Zweck zu behan- 5450
deln, die wir als Mittel behandeln könnten.

Die „Notwendigkeit" ist die anthropozentrische Projektion der 5451
Tautologie über die Zufälligkeit der Welt.

5452 Der Reaktionär muß sich daran gewöhnen, in der violetten Dämmerung der Niederlage zu leben.

5453 Der Reaktionär ist einfacher Pathologe.
Er bestimmt die Krankheit und die Gesundheit.
Aber Gott ist der einzige Therapeut.

5454 Es sind nicht die Wahrheiten der *Philosophia perennis*, was zusammenstürzt, sondern die Struktur der rhetorischen Argumente, auf die sie sich stützten.

5455 Jedes Laster verbürgerlicht leicht.

5456 Nicht was man sagt, sondern die Intelligenz ist von Dauer.

5457 Die modernen Kunstwerke, die wir ohne Einschränkung bewundern, sind alle ohne Ausnahme Niederlagen der modernen Mentalität.

5458 Wir sollen unermüdlich gegen die Neigung des Intellekts ankämpfen, die Vergangenheit zu vereinfachen.

5459 Die Doktrinen verfaulen noch vor einigen ihrer Korollarien.

5460 Eine Gesellschaft hört auf, gebildet zu sein, wenn sie Literaten statt Gebildeter hervorbringt.

5461 Glück ist die herbe Blume der klugen Resignation.

5462 Mit der Vokabel „Demokratie" bezeichnen wir weniger einen politischen Fakt als eine metaphysische Perversion.*

5463 Die Kunstkritik starb, seit die verschreckten Kritiker beschlossen, alles zu „verstehen".

5464 Die Klassenkämpfe sind Episoden.
Das Gewebe der Geschichte bildet der Konflikt zwischen Gleichen.*

5465 Poetische Prosa ist die, die über die Dichte guter Poesie verfügt, nicht über die Verzierungen der schlechten.

Vielleicht bleibt dem Globus kein anderes Mittel, als sich im Weltraum wie ein durchnäßtes Tier zu schütteln. 5466

Die linken Ideologien sind die Strategie, mit der sich das Kleinbürgertum der Welt bemächtigt hat.* 5467

Die herrschende Klasse einer ländlichen Gesellschaft ist eine Aristokratie, die einer Industriegesellschaft eine Oligarchie. 5468

Wenn die hierarchische Struktur der Gesellschaft einstürzt, degeneriert das Bürgertum zum Kleinbürgertum, welches die übrigen Klassen in sich aufsaugt. 5469

Heute stoßen wir an den verschiedensten Orten auf denselben Blödsinn, so wie wir manchmal auf aufeinanderfolgenden Festen immer denselben Dummkopf treffen. 5470

Mißtrauen wir dem Denker von ausschließlich heimischer Berühmtheit, und dem Schriftsteller von ausschließlich auswärtiger Berühmtheit. 5471

Literatur ist, was das Interesse gelehrter Exegeten herausfordert, dieses aber nicht braucht. 5472

Der Fortschrittler betrachtet die Vergangenheit mit ironischem Lächeln. 5473

Der Reaktionär gibt sich damit zufrieden, den Fortschrittlern mit Ironie zu betrachten.

Nicht nur die Tugend ermüdet die Völker, auch die Wahrheit langweilt sie bald. 5474

Über die Qualität einer Epoche informiert uns ihre Kunst, nicht ihre Diskurse. 5475

Gott müssen wir glücklicherweise nichts erklären. 5476

Verachten wir nicht die „Religiösität“, selbst wenn sie sentimental und wortreich ist. 5477

Es ist die nostalgische Huldigung des Ungläubigen.

5478 Ich ziehe die schneidende Einseitigkeit eines intelligenten Menschen der geifernden Unvoreingenommenheit eines Dummkopfs vor.

5479 Geistige Vulgarität deprimiert mich mehr als eine schlechte Nachricht.

5480 Dem heutigen Bourgeois kann man im Namen des Fortschritts jeden Unsinn eintrichtern und im Namen der Kunst jeden Kitsch verkaufen.

5481 Die Frauen, die die neue Liturgie dazu verleitet, das paulinische Verbot zu verletzen, sprechen in der Kirche immer mit näselnder und schriller Stimme.

5482 Die Literatur ist Gestik des Schiffbruchs geworden, wo sie doch die Beschreibung des Schiffbrüchigen sein sollte.

5483 *La insuficiencia del suficiente es nuestra suficiente venganza.*

5484 Imitation ist in den Künsten weniger schädlich als Rezepte.

5485 Wir sollen die Dinge für das bewundern oder verachten, was sie sind, nicht für die Folgen, die sie haben.

5486 Ich verstehe den Kommunismus, der Protest ist, aber nicht den, der Hoffnung ist.

5487 Die Wahrheit ist so subtil, daß sie nie so viel Vertrauen einflößt wie eine irrige These.*

5488 Die Authentizität eines wertlosen Gedankens ist wertlos.

5489 Den „Konformismus" zu tadeln erlaubt, allen intellektuellen Automatismen der Epoche anzuhängen.

5490 Erotische Bücher schwitzen die Tristesse eines Morgengrauens im Bordell aus.

5491 Die Seele wächst nur dem, der an sie glaubt.

Die Kirche verteidigt nur verlorene Sachen, wenn sie Torheiten wa- 5492
ren.

Der gegenwärtige Riß zwischen den Generationen rührt von einem 5493
Gegensatz zwischen zwei verschiedenen Typen des Schwachsinns
her.*

Die Zeit setzt das, was man über die Seele sagt, bald der Erosion 5494
aus, aber sie kratzt noch nicht einmal an, was die Seele sagt.

Naturwissenschaften, Geisteswissenschaften, Künste dienen – weit 5495
davon entfernt, die vulgäre Seele zu erziehen – als Schild gegen die
Erziehung.

Die ideologischen Brüche zeigen sich in den linken Parteien jedes 5496
Mal dann, wenn die Parteioligarchie einer neuen Gruppe von Anwärtern nicht die lukrativen Positionen überläßt.

Die Dialektik des Denkens auf der Linken hat den Ehrgeiz des bürokratischen Aufstiegs zum Antrieb.

Die politische Aktivität des Schriftstellers ist der Ersatz für sein er- 5497
schöpftes Talent.

Die Talente scheinen reichlich vorhanden, wo die Präsenz eines au- 5498
thentischen Talents sie nicht automatisch taxiert.

Die Kirche wird Jahrhunderte des Gebets und des Schweigens 5499
brauchen, um ihre weich gewordene Seele aufs Neue zu formen.

Heute, wo man das konkrete Individuum gegen ein typisiertes 5500
Schema eintauscht, meint man endlich, es zu kennen.

Erst einige Jahrhunderte Anarchie werden die Menschheit aus ihrer 5501
immer schlimmeren Gefangenschaft befreien.

Die moderne Welt hat mit soviel List erreicht, den „Wechsel“, die 5502
„Revolution“, den „Non-Konformismus“ zu institutionalisieren, daß jeder Ausbruch eine Routine ist, die in der Gefängnisordnung vermerkt ist.

Noch nicht einmal der Plebejer glaubt den Lobreden auf die Plebs. 5503

5504 Die Revolutionen lösen nicht mehr Probleme als das ökonomische Problem ihrer Chefs.

5505 Von der zeitgenössischen Kunst läßt sich nur der subalterne Künstler inspirieren.

5506 Unsere Seele hat Zukunft.
Die Menschheit hat keine.

5507 Das Volk glaubt zu triumphieren, wenn es die wählt, die seine Ideen teilen, wenn es doch in Wirklichkeit nur triumphiert, indem es diejenigen wählt, die sie nicht teilen.

5508 Das Eigentum ist nicht zu rechtfertigen, weil es aus der Arbeit entsteht, sondern weil es erblich übertragen werden kann.

5509 Die christliche Ethik der Vervollkommnung in eine Ethik des Dienstes zu verfälschen, bedeutet an der Umwandlung ethischen Verhaltens in legales Verhalten mitzuwirken.

5510 Die augenscheinlichen Streitereien dieses Jahrhunderts verbergen den einmütigsten Konsens.

5511 Der „Politiker“ mit dem feinfühligsten Gewissen bringt es nicht einmal dazu, eine schamhafte Hure zu sein.*

5512 Die Macht „neigt“ vielleicht dazu, zu korrumpieren, aber das Gute triumphiert nur unter ihrem Schutz.

5513 Der moderne Staat wird sein Wesen verwirklichen, wenn die Polizei, wie Gott, allen menschlichen Akten beiwohnen kann.*

5514 Es gibt keine Schande, zu welcher die Angst, nicht modern zu erscheinen, den heutigen Menschen nicht verleiten würde.

5515 Der moderne Staat ist die Umwandlung des Apparats, den die Gesellschaft zu ihrer Verteidigung entwickelte, zu einem autonomen Organismus, der sie ausbeutet.

5516 Der Mythos, weit davon entfernt auf einfachste Termini reduzierbar zu sein, ist im Gegenteil der Terminus, auf den sich die übrigen am Ende reduzieren.

Obwohl wir uns der Flut kollektiver Dummheiten überlassen müssen, deren Strömung uns mitreißt, sollten wir nicht zulassen, daß sie uns in ihrem Schlamm auflöst. 5517

Stabilitas loci – wie die benediktinische Regel es verfügt. 5518

Der Umherschweifende irrt.

Formen wir unsere meisten Behauptungen in Fragen um. 5519

Der Mensch ist das blutüberströmte Spielzeug jener Götter, die der Geschichte innewohnen. 5520

Das bitterste Gefühl der Ohnmacht kennt nur der, der glaubte, daß die Intelligenz eine Macht sei. 5521

Die Meinungen wären am Ende gesund, wenn sie nur Interessen widerspiegelten. 5522

Wenn sie nicht ein undurchsichtiges Medium idiotischer Vorurteile brechen würde.

Wo die Anspielung nicht genügt, erübrigt sich der Dialog.* 5523

Die Welt ist weder unversehrt, noch verlassen. 5524

Was die Nachwelt unbewußt an der Demokratie Athens bewundert, sind die überlebenden aristokratischen Ideale, die sie zerstörte. 5525

Heute endet nur der Einzelgänger nicht als Komplize. 5526

Die Verachtung, mit der wir den Pharisäer betrachten, ist ein Pharisäertum zweiten Grades.* 5527

Die Tüchtigen finden sich bereit, sich zu erniedrigen, um zu triumphieren. 5528

Und enden besiegt, weil sie sich erniedrigt haben.

Wenige Leser wissen zu lesen, ohne sich durch die literarischen Moden ihrer Zeit überwacht zu fühlen. 5529

Es gibt Seelen, die spontan gegen jeden Schatten der Schönheit anbellen. 5530

5531 Eine Kultur ist keine authentische Tradition, außer wenn sie sich in der Stille der Nacht wie eine geheime Losung übermittelt.

5532 Gegen die heutige Welt konspirieren wirksam nur die, die insgeheim die Bewunderung der Schönheit verbreiten.*

5533 Vertrauen wir weniger auf die wiedererlangte Verständigkeit, als auf die verrückt gewordene Dummheit.

5534 Die Kulturen sind Gebäude, die aristokratische Hände errichten und die Demokratien mit Gewalt niederreißen.

5535 Die moderne Mentalität stimmt nur einem Christentum zu, das sich selbst verleugnet.

5536 Das Berechenbare ist subaltern.

5537 Viele glauben, daß die moderne Kunst, die moderne Architektur, die moderne Philosophie nicht gestorben sind, weil sie keine Nachfolger gehabt haben.

5538 Die Anpassung an die moderne Welt erfordert die Verödung der Sensibilität und die Abwertung des Charakters.

5539 Ländlicher Wohlstand adelt, der industrielle vulgarisiert.

5540 Der Demokrat ist dazu imstande, selbst seine Interessen seinem Ressentiment zu opfern.*

5541 Die Erinnerung des Lesers ist eine mit dickem Pinsel gemalte Replik dessen, was wir mit Finesse malten.

5542 Die öffentliche Meinung ist heute nicht die Summe persönlicher Meinungen.

Die persönlichen Meinungen sind im Gegenteil Echo der öffentlichen Meinung.*

5543 Eine poetische Ausdrucksweise ist nur durch eine andere poetische Ausdrucksweise ersetzbar.

Literaten, die durch die Linke auf der Suche nach ihren Vorfahren 5544
wieder zum Leben erweckt werden, gehören noch nicht einmal zur Quasi-Literatur.

„Sozial“ ist ein Adjektiv, das als Vorwand für jeden Schwindel 5545
dient.

Die Wähler zwingen die Politiker, servile Schwindeleien zu erfin- 5546
den, die in Amtstracht einherschreiten.

Um von irgendeiner Sache angemessen reden zu können, müssen 5547
wir dem Wort die flexible Vielfalt der Bedeutungen erhalten.

Ich glaube nicht an die Existenz des „Willens“, sondern an die des 5548
„Nichtwillens“.

Determinismus und Voluntarismus sind nicht gegensätzliche The- 5549
sen, sondern symmetrische Irrtümer.*

Vom Menschen hängt es ab, nicht zum Bösen beizutragen. 5550

Aber nur von Gott hängt es ab, daß der Mensch zum Guten beitragen kann.

Jugendliche sind nicht notwendigerweise revolutionär, sondern 5551
notwendigerweise dogmatisch.

Wir kommen nur hinter wichtige Dinge, indem wir langsam lernen, 5552
was sie nicht bedeuten.

Die despotischen Entscheidungen des modenen Staates trifft zu gu- 5553
ter Letzt ein anonymer, kleinmütiger und wahrscheinlich gehörnter Bürokrat.*

Auf der Suche nach Kultur begeben sich heute in die Fakultäten der 5554
Geisteswissenschaften Massen, die intellektuell für manuelle Arbeiten bestimmt sind.

Der Immoralismus entbehrt des Interesses, wenn er eine Ethik der 5555
Leichtigkeit ist.

5556 Die Nachwelt wird sich sicher ein ungewöhnliches Bild dieses Jahrhunderts bilden, sind erstmal die törichten Stimmen verstummt, die es verblödeten, und nur das Echo der bewundernswerten Stimmen überlebt hat, denen es nicht zuhörte.

5557 Wenn der Mensch sich in die Immanenz einschließt, werden die menschlichen Konflikte zu Krawallen im Zoo.

5558 Die aktuelle Liturgie protokolliert die säkulare Scheidung von Klerus und Kunst.

5559 Die Seele erlangt die Ungeschliffenheit oder das Zartgefühl, mit der sie beobachtet wird.

5560 Zwischen Zivilisation und Landschaft gibt es keine Zwischeninstanz, die unsere Treue verdient.

5561 Die Technisierung der Welt stumpft die Sensibilität ab und verfeinert die Sinne nicht.*

5562 Das Übermaß an Etikette lähmt, der Mangel vertiert.

5563 Die Struktur der Beziehungen zwischen Christentum und Kultur muß paradox sein.

Eine dynamische Spannung von Entgegengesetztem.

Kein Zusammenfließen zu gegenseitiger Auflösung, keine Kapitulation.

5564 Die sogenannten praktischen Intelligenzen sind nur kurzsichtige Intelligenzen.

5565 Der intelligente Mensch beunruhigt den Dummkopf und erscheint ihm zugleich lächerlich.*

5566 Was nicht vererbt wurde, erscheint immer mehr oder weniger gestohlen.*

5567 Der Stolz würde seinen Eiter aufstauen, wenn die Eitelkeit uns nicht verwundbar gegenüber den demütigenden Lanzenstößen des Lebens machte.

Die primitive und mittelalterliche Kirche wußte das Gesunde aufzunehmen. 5568

Die tridentinische Kirche wußte nichts aufzunehmen.

Die heutige Kirche nimmt nur das Giftige auf.

Die Vulgarität ist kein volksstümliches Produkt, sondern ein Nebenprodukt bürgerlichen Wohlstands. 5569

Eine alberne Vorliebe irritiert nicht, solange sie sich nicht zum Wert erklärt. 5570

Die Verwesung der modernen Welt nicht zu spüren, ist ein Indiz der Ansteckung. 5571

Der intelligente Mensch akzeptiert nicht alle Folgen der Prinzipien, die er annimmt. 5572

Die Menschen drängen sich in der modernen Welt voller Angst zusammen – wie Ratten im Labyrinth eines Versuchslabors.* 5573

Die Nächstenliebe ist für den Egalitären ein schlechter Nachgeschmack des Feudalismus. 5574

Noble intellektuelle Betätigungen dürfen nicht öffentlich unternommen, sondern müssen stillschweigend usurpiert werden. 5575

Die Jungen sind weniger die Zukunft als die langweilige Wiederholung der Vergangenheit.* 5576

Unter Gesprächspartnern verschiedener Generationen existiert ein Riß, der im Verhältnis zur Dummheit jedes Gesprächspartners steht. 5577

Die Emigration ist der letzte Ausweg des Reaktionärs. 5578

Der letzte Ausweg des Demokraten ist Terror.*

Das Volk ist weniger pervers als stumpf.* 5579

Der Menschheit ist es nicht gegeben, in der Politik zwischen vernünftig und unsinnig zu wählen, sondern zwischen einem noblen Unsinn und einem bösartigen. 5580

5581 Was der geistreiche Zuschauer als bloßen Vorwand des politischen Kampfes einschätzt, ist oft der Kern des Konfliktes selber.

5582 Die Anachronismen, die dem reinen Gelehrten niemals unterlaufen sind jene, die keine Bedeutung haben.

5583 Die Herzlichkeit pflegt weniger ein Ausfluß der Güte als der schlechten Erziehung zu sein.*

5584 In den Epochen ohne Stil ist die nackte Intelligenz das einzige Kunstwerk.

5585 Behaupten wir nur, was uns ohne jede Konzession aufrechtzuerhalten möglich ist.

Machen wir dem Gegner, der Recht hat, keine Konzessionen.

Ergeben wir uns auf saubere Art.

5586 Nehmen wir keine These an, die nachzubessern ist, weil wir verloren oder weil wir gewonnen haben.

5587 Die moderne Vorstellung begreift keine bessere Alternative zum Alptraum als die Geometrie.

5588 Die unausweichliche Aufgabe der Kritik wird morgen die Wiederentdeckung des Geschmacks sein.

5589 Die marxistische Philosophie ist die aristotelische Physik der Sozialwissenschaften.*

5590 Die Macht korrumpiert nicht unausbleiblich, sondern nur den Revolutionär, der die Macht übernimmt.

5591 Die totale Befreiung ist der Prozeß, der zur Errichtung des perfekten Gefängnisses führt.*

5592 Die intellektuelle Vulgarität zieht die Wähler wie Fliegen an.*

5593 Schreiben, wie man spricht, ist ein gesundes Gebot der Rhetorik, wenn die Konversation eine Kunst darstellt.

Schreiben, wie man heute spricht, hieße, zwischen Gestammel und Geknurre zu schwanken.

Das Gegenmittel zum Pompösen ist die Unterscheidungsfähigkeit, 5594
nicht die Geschmacklosigkeit.

Um zu indoktrinieren zielt man nie zu tief. 5595

Die wirkliche Beredsamkeit erschüttert die Zuhörerschaft, aber 5596
überzeugt sie nicht.

Wo keine Beute in Aussicht gestellt wird, gibt es keine wirkliche Redekunst.*

Auf bestimmten Feldern technisch vorzugehen, heißt, sich gegen 5597
die Essenz der Technik selbst zu versündigen

Die moderne Mentalität ist nicht die Erfinderin der Technik, son- 5598
dern der Zwecke, die sie pervertieren.*

Eine technifizierte Welt ist nicht so sehr Zeugnis des Erfolgs der 5599
Technik als des Bankrotts der Intelligenz.

Der Marxismus nährt nicht einen vermeintlichen religiösen In- 5600
stinkt, sondern schmeichelt der dogmatischen Neigung des Menschen.

Der marxistische Historiker forscht nicht, um zu entdecken, son- 5601
dern um zu bestätigen.

Der Mensch braucht weniger eine Lösung seiner Probleme als den 5602
Glauben, daß sie gelöst worden sind.*

Die Geschichte ist irreversibel. 5603

Aber sie ist nicht unwiederholbar.

Während der demokratische Wähler über fremdes Schicksal ver- 5604
fügt, bestimmt über das seine der Bürokrat.

Die Wirtschaft ist „Unterbau“ in „kritischen Epochen“. 5605

„Überbau“ in „organischen Epochen“.

Anstatt die Technik zu vermenschlichen, zieht der moderne Mensch 5606
es vor, den Menschen zu technisieren.*

5607 Wir versuchen, die Fehler, die wir haben, zu entschuldigen, indem wir annehmen, sie seien die Kehrseite von Qualitäten, die wir uns falscherweise zuschreiben.

5608 An den Früchten erkennen nur die den Baum, die einen kritischen Gaumen haben.*

5609 Die Überfülle an Gegenständen, inmitten derer wir leben, hat uns unempfindlich gegenüber der Qualität, Struktur und der Individualität des Gegenstandes werden lassen.

5610 Der schlechte Geschmack wird endemisch, wenn es nur Neureiche oder neue Mächtige gibt.*

5611 Indem sie uns das Gefühl gibt, intelligent zu sein, zeigt uns die Natur an, daß wir Dummheiten von uns geben.

5612 Der Finalismus ist die nicht wiedergutzumachende Sünde des Historikers.*

5613 Selbst jener, der am üppigsten damit prahlt, ein Gründer zu sein, würde es vorziehen, Erbe zu sein.

5614 Der Mensch bewundert aufrichtig nur das Unverdiente.
Talent, Abstammung, Schönheit.*

5615 Die marxistische Dialektik ist nicht Methode, sondern Abklatsch.*

5616 Jedes dogmatische System stiftet zur Lüge an, weil es dem Anhänger erlaubt, Tatsachen zu verfälschen, wenn er glaubt, sie bloß richtigzustellen.

5617 Ohne Geschichtsphilosophie gäbe es für Massaker keine ideologischen Freisprüche.

5618 Die Herrschaft, die der Mensch über die Natur errang, dient ihm nur dazu, sie ohne Furcht zu erniedrigen.

5619 Anspielungen, die einen Text bereichern, sind die, die man bemerkt, ohne daß sie erklärt werden müssen.

Die einzigen kostbaren Güter des Menschen sind die Erinnerun- 5620
gen, die in der Vorstellung blühen.

Daß der Wert eines Werkes nicht von seinem Thema abhängt, ist 5621
wahr.

Solange der Autor es nicht weiß.

Ein trivialer Formalismus belauert das Werk des Autors, der es weiß.*

Die Analyse „tötet“ nicht, weil sie falsch oder richtig ist, sondern 5622
weil sie aufhört, bevor sie ihre Unzulänglichkeit analysiert.

Kein öffentliches Anliegen verdient den uneingeschränkten Zu- 5623
spruch eines intelligenten Menschen.

Statt ein unterwürfiges Benehmen und eine hochmütige Seele zu 5624
haben wie der Demokrat, verbergen wir unsere Demut hinter verletzenden Gesten.

Die Presse erwählt mit immer zuverlässig schlechtem Geschmack, 5625
was sie lobt.

Die Zuerkennung von Preisen an mittelmäßige Schriftsteller ist lä- 5626
cherlich, an große Schriftsteller unverschämt.

Im Jugendlichen, der anklagt, keimt der erwachsene Umfaller. 5627

Nur die Kirche schätzt sich als Kongregation von Sündern ein. 5628

Jede andere Gemeinschaft, religiös oder laizistisch, fühlt sich als Bruderschaft von Heiligen.

Im vergangenen Jahrhundert konnte man befürchten, daß die mo- 5629
dernen Ideen recht haben könnten.

Heute sehen wir, daß sie sich nur durchgesetzt haben.*

Die Menschen leben weder im Universalen noch im Konkreten, 5630
sondern im Generellen.

Alles, was eine mäßige Dosis Absurdität enthält, versöhnt uns mit 5631
dem Leben.*

5632 Statt „Industriegesellschaft“ ist jetzt der Ausdruck „Konsumgesellschaft“ üblich, um dem Problem auszuweichen, indem man so tut, als sähe man ihm ins Auge.*

5633 Im romanischen Mittelalter fließen Evangelium und Ilias zusammen.

5634 Der Mensch verstümmelt seine Probleme, wenn er ihre ethische Klangfülle erstickt.

5635 Die moderne Kunst ist ein vollendeter Zyklus.
Von jetzt ab wird Kunst sein, was die ästhetischen Probleme der letzten hundert Jahre meidet.
Die „moderne Kunst“ von heute ist eine alte Klamotte.

5636 Die Wahrheiten verenden in den Händen der Argumente, mit denen die Dummen sie verteidigen.

5637 Jeder legitime Prätendent stirbt im Exil.*

5638 Nur eine lange einsame Buße spricht uns vom kurzen, mit einer Menge geteilten Vergnügen frei.

5639 In den Augen des Demokraten ist suspekt, wer sich nicht erniedrigt.*

5640 Um eine genaue Erklärung der *Conditio humana* zu erlangen, fügen wir zum Dogma der Erbsünde das Dogma des erblichen schlechten Geschmacks hinzu.

5641 Alles ist zufällig.
Außer dem Wert, der notwendig wird.

5642 Die Irrtümer des großen Mannes schmerzen uns, weil sie Anlaß geben, daß ein Dummkopf sie richtigstellt.*

5643 Die Wissenschaft ist nützlich als *Naturwissenschaft*, aber interessant als Gegenstand einer *Geisteswissenschaft.*

5644 In einem, der denkt, ohne seine Begriffe zu bestimmen, entwickelt sich schon der Redner.

Das Erdachte ist Kind der Abstraktion und des Begriffs. 5645
Der erdachte Gegenstand ist der wahrgenommene Gegenstand, wenn man ihn von den entstellenden Begleitumständen abstrahiert.

In den Geisteswissenschaften sorgt nicht der für Klarheit, der expli- 5646
ziert, sondern jener, der verkompliziert.

Gesunden Menschenverstand zu haben bedeutet, in jedem einzel- 5647
nen Fall die zur Sache gehörenden Beschränkungen des Intellekts vorauszuahnen.

In den Enteignungen, zu denen die Geschichte sie zwingt, sehen 5648
Gesellschaften in Dekadenz nur eine Erleichterung.

Der, der ein niederträchtiges Gefühl zu entschuldigen glaubt, in- 5649
dem er es als ehrlich bezeichnet, verschlimmert es nur.

Eine mysteriöse senile Bluterkrankung macht gealterte Zivilisatio- 5650
nen dafür anfällig, an irgendeiner Kratzwunde zu sterben.

Therapien können nur anstreben, das zu töten, was tötet. 5651
Die direkte Einwirkung auf das Leben ist uns unerreichbar.

Nicht alles verrät uns, aber es gibt nichts, was uns nicht verraten 5652
könnte.

Selten ist die Seele, die nicht in einem kurzen Lächeln eine unbe- 5653
stechliche Fähigkeit zu Verrat, Grausamkeit oder Schande offenbart.

So wie das Böse der erste Verrat war, ist der Verrat die einzige 5654
Sünde.*

In der modernen Gesellschaft gleichen die Individuen einander täg- 5655
lich mehr – und täglich haben sie miteinander weniger zu tun.
Identische Monaden, die sich mit blindwütigem Individualismus gegenübertreten.*

Die Presse will den Leser nicht informieren, sondern überzeugen, 5656
daß sie ihn informiert.*

5657 Der Moderne glaubt nur an die Verstandesschärfe derer, die etwas in Verruf bringen.

5658 Wer sich von allem befreit, was ihn bedrückt, entdeckt bald, daß er sich auch von dem befreite, was ihm Schutz bot.

5659 Weil die Methoden der Wissenschaften der Mittel in den Wissenschaften der Ziele scheiterten, entschied der Moderne, daß diese letzteren nicht existieren.

Der Mensch lieferte sich so einer automatischen Häufung von Mitteln aus, die nur noch durch ihren Appetit allein gelenkt sind.

5660 Da er der gnoseologische Ort sowohl der Wissenschaft der Mittel als auch Wissenschaft der Ziele ist, ist der Mensch der ontologische Schnittpunkt beider Wissenschaftsarten.

5661 In jeder Aussage über den Menschen soll dessen paradoxe Fusion von Determinismus und Freiheit zu Tage treten.

5662 Wir sollen den Neidischen nicht trösten, sondern zur Verzweiflung bringen.

5663 Die Tiefe der menschlichen Seele kennen nur der Sklavenhändler und der Kuppler.*

5664 Daß man lokal sein konnte, ohne provinziell zu sein, war eines der mittelalterlichen Wunder.*

5665 Niemals dürfen wir mit denen diskutieren, die nur Echo einer anderen Stimme sind.*

5666 Die Probleme lösen sich nicht, sie kommen bloß aus der Mode.*

5667 Schnell wird jede Intelligenz von einem Kondensstreifen in den Lüften zum Hufabdruck eines Pferdes.

5668 Heute gibt es zwei Arten subversiver Bewegungen: die, die eine Gruppe von Experten auf methodische Art fördert, und die, die einmütig und spontan ausbrechen.

Die ersten sind Verschwörungen der Linken. Die zweiten Aufstände gegen die Linke.

Die Nachwelt ist die winzige Minderheit, der die Vergangenheit wichtig ist.* 5669

Das Denken ist die eitle Eiterung einer Wunde.* 5670

Nichts Schwierigeres als an der Schuld unserer Opfer zu zweifeln.* 5671

Wenn wir aufhören, an die Seele zu glauben, behandeln wir uns am Ende gegenseitig als vergängliche Güter. 5672

Die äußerste Lächerlichkeit besteht darin, selbst Banalitäten „aus Prinzip“ zu machen. 5673

Jene, die sich mit dümmlichen Ideen vermählen, sollen uns nicht bitten, daß wir die Idioten adoptieren, die sie in die Welt setzen. 5674

Die Wahrheit ist objektiv, aber nicht unpersönlich. 5675

Der Bourgeois ist von Natur aus ein Linker, und ein Rechter bloß aus Angst. 5676

Die Befreier sterben reumütig oder im Koma. 5677

Um die Kulturgeschichte des 19. Jahrhunderts zu entschlüsseln, müssen wir zwischen dem fortschrittlichen Bürgertum, welches im Laufe des Jahrhunderts wächst, und dem traditionellen Bürgertum, das damals erlischt, unterscheiden. 5678

Das eine ist der Boden, auf dem seine Kultur blüht, jenes der Wind, der sie austrocknet.

Das Schicksal der Kirche kann nur den ungläubigen Sympathisanten alarmieren. 5679

Der sozialistische Staat kuriert das Proletariat vom Fieber, das ihm die sozialistische Doktrin einimpft. 5680

Liberal nennt sich ein Individuum, das öffentlich die Meinung nicht zu äußern wagt, die es privat über die Demokratie hegt.* 5681

Es gibt verzerrende und erhellende Mythen. 5682

Der Mythos ist eine Kategorie der Aussage, die sich wie jede Aussage für die Wahrheit oder den Irrtum eignet.

5683 Nie wissen wir, ob ein neuer Gott authentisch ist.

Aber nie ist es eine Sünde, an die Trümmer eines alten Altars gelehnt zu sterben.

5684 Die Geschichte ist eine Folge von Nächten und Tagen.

Von kurzen Tagen und langen Nächten.*

5685 Die anachronistischen und asymmetrischen Teile ihrer Struktur sind die tragenden Pfeiler einer Gesellschaft.

5686 Jede subtile Wahrheit irritiert den Dummkopf mehr als ein offensichtlicher Irrtum.

5687 Biographien sind die Keimzellen der Geschichte, die Statistiken ihr Leichnam.

5688 Es gibt einen Analphabetismus der Seele, den kein Diplom heilt.*

5689 Jede menschliche Handlung scheint der Seele unwürdig.

5690 Wie viele Dinge erschienen uns weniger irritierend, wären wir weniger neidisch!

5691 Wenn sie weniger Retter hätten, würden die Gesellschaften weniger der Rettung bedürfen.*

5692 Von den Ideen sind nur die stupiden unsterblich.*

5693 Der Revolutionär ist bestrebt, den Anbruch der Morgendämmerung zu beschleunigen, indem er Fackeln schwenkt

Der Reaktionär erwartet von den Revolutionen der Welt das Tagen der Sommersonnenwende.

5694 Bezeichnenderweise glaubt der Dumme, daß alles absichtlich gemacht wird.

5695 Die Zustimmung der Dummköpfe ist der endgültige Faktor der Siege.

5696 Die Verbreitung einer absurden Idee erfordert niemals eine Erklärung.

Jede Generation fühlt, daß die Geschichte sich unter ihren Füßen bewegt. 5697

Aber sie glaubt, daß sie in ihr ihren Höhepunkt erreicht.

Die Geschichte bestraft unerbittlich die Dummheit, aber belohnt nicht notwendigerweise die Intelligenz.* 5698

Wer sich respektiert, kann nur in den Zwischenräumen der Gesellschaft leben.* 5699

In bestimmten Epochen läuft die Seele ein, schrumpft zusammen und vertrocknet wie ein altes Weib. 5700

Nur seine demütigsten Routinen geben dem Leben etwas Ernsthaftigkeit und etwas Gewicht. 5701

Wenn der Mensch nur in der Immanenz verankert ist, sieht selbst die heroische Geste nur wie ein animalischer Krampf aus. 5702

Kein Nutznießer von Sklaven ist Befürworter der Geburtenkontrolle.* 5703

Das Furchtbare an den Orthodoxien sind nicht ihre Härten, sondern ihre Launen.* 5704

Das Dezente muß sich heute ins Verborgene flüchten. 5705

Der Reaktionär argumentiert nicht gegen die moderne Welt, weil er sie zu überwinden erwartet, sondern damit die Rechte der Seele nicht verjähren. 5706

Die Menschheit ist in die moderne Geschichte gegangen wie ein Tier in eine Falle.* 5707

Gott zieht ein unbeschnittenes Herz einer kastrierten Intelligenz vor. 5708

Der Begriff des Geschöpfes hält den Abstand zwischen dem Menschen und Gott aufrecht, ohne den Kontakt abzubrechen oder, alternativ, hält den Kontakt aufrecht, ohne die Distanz aufzuheben. 5709

5710 Gott ist jenes undurchschaubare Gefühl der Sicherheit in unserem Rücken.

5711 Die Rhetorik, die sich der Fäkalsprache bedient, verfälscht genauso wie die sentimentale.

5712 Einfache Arbeiten veredeln das Gesicht, die übrigen erniedrigen es bei fast allen.

5713 Das Unbewußte tritt nur dort zutage, wo man nicht versucht, es zu ergründen.

5714 Hölle ist jeder Ort, von dem Gott sich entfernt.

5715 Die Verkündigung unserer Autonomie ist der Gründungsakt der Hölle.

5716 Nur der Theist kann ohne metaphorische Zweideutigkeiten von der Ewigkeit sprechen.

5717 Der Wert ist gewöhnlich kurze Zeit verbindlich, aber er ist ewig gültig.*

5718 Nur die persönliche Version kann objektiv sein.
Das Unpersönliche ist Subjektivität einer Gruppe.*

5719 Wenn es an Originalität mangelt, wuchert die Neuerung.*

5720 Alles kann Gegenstand einer Vorliebe sein, aber nur vereinzelte Gegenstände haben einen Wert.

5721 Die Welt ist axiologisch neutral.
Wert und Anti-Wert sind Epiphanien.

5722 Die heutige Menschheit stellt sich keine andere Alternative vor als die Unterwerfung der Welt oder den Rücktritt des Menschen.

5723 Gott verlangt nicht die Unterwerfung der Intelligenz, sondern eine intelligente Unterwerfung.*

Damit mir weder Zeit fehlt noch bleibt, verfestigt sich mein Werk 5724
wie ein Kristall von identischer Struktur in jeder Dimension, die
kristallisiert.

Hüten wir uns davor, der Unfähigkeit die vorsätzliche Absicht zu- 5725
zuweisen, eine Idee bedeutsamen Deformationen zu unterwerfen.

Kreation ist der bevorzugte Terminus jener, die Rezepte kombinie- 5726
ren.

Den Intellektualismus heilt kein Eintauchen ins Unbewußte, son- 5727
dern die Übernahme durch die Intelligenz.

Der Universalismus der formbaren mittelalterlichen Sprachen ge- 5728
staltete sich in regionalen Modulationen zum Ausdruck, während
die örtlichen Varianten der aktuellen kosmopolitischen Kunst bloße Solözismen der Aussprache sind.

Goya ist der Seher der Dämonen, Picasso der Komplize.* 5729

Notwendigkeit, Freiheit, Gnade sind die drei Grundfarben. 5730
Das Unvermeidbare, das Willkürliche, das Unverdiente.
Indem wir unsere Palette verkürzen, erreichen wir niemals, den
chromatischen Reichtum der Welt nachzubilden.

Der Kampf gegen das Böse ist heute ein Gefecht der Nachhut. 5731

Die Zeit respektiert nur Fragmente, selbst in den Werken, die sie 5732
intakt weitergibt.

Mit Verachtung von „Dogmen“ zu sprechen – von welchen auch 5733
immer – zeichnet den Einfaltspinsel aus.

Die Seele des Schriftstellers enthüllt sich nicht in anekdotischen In- 5734
diskretionen, oder in autobiographischen Vertraulichkeiten, sondern im Widerhall seiner Prosa.

Der Drang über alles Bescheid zu wissen, ist das Lösungsmittel der 5735
Kultur.

Daß jede Wahrheit persönlich ist, bedeutet nicht, daß jede Über- 5736
zeugung wahr ist.

5737 Von den Mängeln eines großen Schriftstellers soll man mit Respekt sprechen.

5738 Beten ist der einzige Akt, auf dessen Wirksamkeit ich vertraue.*

5739 Der axiologische Relativismus ist keine Lösung, sondern gerade das Problem.

5740 Nur wenn wir an Gott glauben, müssen wir nicht beim Blick auf die Welt zwischen Zittern und Selbstbetrug wählen.

5741 Die aufsteigende gesellschaftliche Klasse erbt nur die Fehler der Klasse, die sie verdrängt.

5742 Die Abwesenheit Gottes schafft nicht Platz für das Tragische, sondern für das Schäbige.

5743 Der große Künstler experimentiert nicht auf der Suche nach einer selteneren, sondern einer reineren Qualität.

5744 Nicht zwischen der Zeitlosigkeit des Kunstwerks und der Geschichtlichkeit künstlerischer Formen unterscheiden zu können, ist der Grund ästhetischer Fehlschlüsse.

5745 Die Reformer sind bevorzugte Opfer des Mob, der durch deren Reformen mutig geworden ist.

5746 Es gibt nur drei grundlegende Formen politischer Aktion: demagogische, bürokratische, militärische.*

5747 Die moderne Mentalität begreift nicht, daß sich Ordnung durchsetzen läßt, ohne auf Polizei-Ordnungen zurückzugreifen.

5748 Die Wahrheit soziologischer Doktrinen liegt in der Summe ihrer gegenseitigen Beschränkungen.

5749 Die Häßlichkeit der modernen Welt ist die spezielle Herausforderung reaktionären Ekels.

5750 Die Kritiker wissen schnell, über wen es sich zu reden lohnt, selbst wenn sie immer anderer Meinung über den Anlaß sind.

Der Mißbrauch des Buchdrucks ist auf die wissenschaftliche Me- 5751
thode und die expressionistische Ästhetik zurückzuführen.

Auf die erstere, weil sie jedem Mittelmäßigen erlaubt, eine korrekte und unnütze Monographie zu verfassen, und auf die letztere, weil sie die Ergüsse jedes Idioten legitimiert.

Kultur ist, was geboren wird, wenn die Seele sich nicht ihrem ange- 5752
borenen Plebejertum unterwirft.

Fortschrittlich heißt Trägheiten verlängern. 5753

Reaktionär heißt Automatismen demontieren.

Der Schriftsteller ist die Summe sporadischer Wunder, welche das 5754
Gemurmel seiner Prosa unterbrechen.

Den ökonomischen und sozialen Kräften geringe Bedeutung zuzu- 5755
schreiben, ist die Sünde des marxistischen Historikers.

Weit davon entfernt, unterschiedliche Menschheiten vorzustellen, die sich in den ökonomischen und sozialen Schmelztiegeln der Geschichte vereinigen, zeigt der marxistische Historiker nur einen identischen menschlichen Teig, dessen unterschiedlicher sozialer Standort sie in ideologischen Reflexen schillern läßt.

Man muß an der Echtheit der Bewunderung dessen zweifeln, der 5756
alles Bewunderswürdige bewundert.

In den Künsten ist die Kühnheit in jedermanns Reichweite. 5757

Dem Volk hält nur der eine Lobrede, der vorhat, ihm etwas zu ver- 5758
kaufen oder etwas zu rauben.

Die Ereignisse beginnen mich zu interessieren, wenn die Presse sie 5759
vergißt.

Das empirische Verschwinden einer politischen Form ist kein „Ver- 5760
sagen der Geschichte".

Die Weltgeschichte ist nicht das Weltgericht.

Der Pöbel ordnet die Ideen wie der unwissende Verleger die Les- 5761
arten: indem er hundert Manuskripten derselben verdorbenen Familie ein Übergewicht über ein einziges, vollkommenes Manuskript zumißt.

5762 Die Internationalisierung der Künste vervielfacht nicht ihre Quellen, sondern die Gründe, die sie korrumpieren.

5763 Jeder Teil guten Geschmacks, den der Künstler unterdrückt, ist eine Barriere weniger zwischen der Öffentlichkeit und seinem Werk.

5764 Das 19. Jahrhundert war für den Reaktionär unheilvoll, weil ihm das Los zufiel, inmitten der Mittagsstunde dümmlicher Hoffnungen zu leben.

Heute hingegen tröstet uns das Schaupiel der Abenddämmerung der Katastrophe.

5765 Die Ideen der Linken sind vor allem langweilig.

5766 Marx war der einzige Marxist, den der Marxismus nicht verblödet hat.*

5767 Naiv wie die Idee des Spezialisten über ein Thema eines fremden Fachgebiets.

5768 Das wirksame Abschreckungsmittel der modernen Dummheit wird die Peitsche des marxistischen Galeerenvogts sein.

5769 Ordnung lähmt. Unordnung verursacht Krämpfe.

Institutionalisierte Unordnung einer umfassenden Ordnung einzuschreiben, war das Wunder des Feudalismus.

5770 Es gibt keine Schriftsteller mehr. Nur Schreibkräfte überleben.

Sekretäre toter Musen.

5771 „Irrationalist" schreit man der Vernunft zu, welche die Fehler des Rationalismus nicht verschweigt.

5772 Der auf spontane Art originale Künstler hat nur vor, Nuancen zu verändern.

Die vorbedachte Originalität hingegen beansprucht, neue Welten zu erschaffen, und macht sich an ein leichtfertiges Flickwerk.

5773 In dem Maße, in dem der konkrete Zusammenhang zurücktritt, verdampft das historische Konzept zu soziologischer Rhetorik.

Die Prosa Cäsars ist die Stimme des Patriziats selbst: hart, einfach, 5774
klar.

Die Aristokratie ist nicht ein Haufen Flittergold, sondern eine schneidend scharfe Stimme.*

Wenn die Intelligenz mit irgendeiner ihrer Methoden zusammen- 5775
fällt, automatisiert sie sich bald und stumpft ab.

Die systematischen Verkürzungen zu einem einzigen Begriff (Freu- 5776
de und Schmerz, Interesse, Ökonomie, Sexualität etc.) fabrizieren Vorspiegelungen der Verständlichkeit, die den Unwissenden verführen.

Die „Entscheidungen des menschlichen Gewissens" sind das gehei- 5777
me Echo der Mode.

Die Wirkung der demokratischen Rhetorik auf den Geschmack 5778
heißt Ekel.*

Das Leben straft jene, die es berauscht, und belohnt die, die es an- 5779
widert.

Nur das Alter des intelligenten Menschen ist nicht unheilvoll, weil 5780
nur die Intelligenz nicht altert.

Weder ist die Liebe ein bloßes sexuelles Phänomen, noch das Eigen- 5781
tum bloßes ökonomisches Phänomen.

Eigentum und Liebe sind spezifische Beziehungen, hier mit einer Person, dort mit einem Gegenstand, eingefügt in Ökonomie und Sexualität.

Wenn ein schulischer Lehrplan einen Autor übernimmt, lebt dessen 5782
Name und stirbt dessen Werk.

Die konfuse Idee zieht den Dummkopf an wie die Flamme das In- 5783
sekt.*

Etikette, Skrupel, Ritus sind die Finger, die den animalischen Teig 5784
des Instinkts zu einer Seele formen.

5785 Das Individuum gliedert sich nicht in die Gesellschaft ein, wenn man anstrebt, es direkt mit der gesellschaftlichen Totalität zu verbinden, sondern indem man es mittelbar in eine pyramidenförmige Struktur einbindet, über eine Gruppe, die ihrerseits unmittelbar mit anderen Gruppen verbunden ist.

Kollektivismus und Individualismus sind Irrtümer, die jener korrekten Lösung symmetrisch entgegenstehen, welche das Abendland in den römischen *clientes*, den etruskischen *etera* und den keltischen *ambacti* vorausahnen ließ.

5786 Die einfachen Ideen verführen nur komplexe Intelligenzen.

5787 Der Romancier der Linken scheitert immer, weil er die Lösung aller Probleme kennt.

5788 Die breite Allgemeinheit respektiert das Herausragende, begeistert sich aber nur für das Mittelmäßige.

5789 Keine Arbeit entehrt, aber alle setzen herab.*

5790 Ich vertraue weniger den Argumenten der Vernunft als den Antipathien des Verstandes.*

5791 Wo es einfach ist zu widerlegen, wie in den Naturwissenschaften, kann der Schwachkopf nützlich sein, ohne gefährlich zu sein.

Wo eine Widerlegung schwierig ist, wie in den Geisteswissenschaften, ist er gefährlich ohne nützlich zu sein.

5792 Vielleicht legitimiert ein Präzedenzfall jeweils die jüngsten liturgischen Reformen, aber der Geist, der sie beseelt, unterscheidet die aktuellen von den vergangenen.

Damals der Anspruch christlicher Wahrnehmung, heute die Ambition weltlicher Effizienz.

5793 Die Welt der Technik stellt sich nicht der Welt des Geistes entgegen.

Sondern der Welt der Gnade.*

5794 Die Ideologien erheben den Anspruch zu entschuldigen, aber sie verschlimmern nur.

Die Geschichte verlor in jenem Flußarm an Interesse, der zwischen 5795
den monotonen Stadtlandschaften eines industriellen Kosmopolitismus dahinfließt.

Die literarischen Avantgarden füllen mit ihren Leichen die feindli- 5796
chen Schützengräben, damit sie der einsame Autor in Ruhe überqueren kann.

Die Metamorphose von Konzepten zu universalen Kategorien, die 5797
der Soziologe aus zeitgenössischem Material entwickelt, setzt im Namen der Wissenschaft unausweichlich die Anachronismen wieder ein, die der vor-kritischen Sicht der Geschichte eigentümlich sind.

Der Moderne nimmt nur die Evidenzen an, welche die breite Masse 5798
wahrnimmt.

Vom Objektiven grenzt ihn also der Konsens derer ab, die schwer von Begriff sind.

Die „kulturellen“ Äußerungen dieser „neuen Länder“ gehen nicht 5799
organisch auseinander hervor wie Äste ein und desselben Stammes.

Da sie importiert werden, überlagern sie einander im Gegenteil mechanisch wie äolische Ablagerungen.*

Nicht derjenige, der predigt, überzeugt, sondern der, der darlegt, 5800
ohne daß ihm etwas daran läge, zu überzeugen.

Ein echter Leser ist der, der zum Vergnügen die Bücher liest, die die 5801
anderen nur studieren.*

Die Irreligiosität laminiert die Seele. 5802

Die „Lösungen“, die die Zeitgenossen vor Stolz aufblasen, erschei- 5803
nen in wenigen Jahren von einer unbegreiflichen Dummheit.

Das Leben verlangt von uns, daß wir zu Schlußfolgerungen gelan- 5804
gen, aber nicht, daß wir auf sie vertrauen.*

Der „wissenschaftliche Sozialismus“ ist die Ideologie des ver- 5805
schämten Utopismus.“

5806 Der Historiker vereinfacht nicht, um zu verstehen, sondern um zu betrügen.

5807 Wenn die „Rechten“ morden, schreit die Linke empört auf wie angesichts eines usurpierten Privilegs.*

5808 Zivilisation ist der kurze Zeitraum, in dem die Tugend noch nicht schrumpelt und das Gefühl noch nicht fault.

5809 Der Verständnisprozeß einer Idee ist nicht wie eine allmähliche Aneignung der Teile eines Ganzen, sondern wie die Ausdehnung einer vom ersten vollendeten Augenblick an vollkommener Kugel.

5810 Die tiefgründige Idee ruft nicht unsere unmittelbare Zustimmung hervor, sondern eine allmähliche Niederlage unserer Widerspenstigkeit.

5811 Der moderne Mensch versucht mit der Unzucht, der Gewalt und der Niedertracht die Unschuld eines höllischen Paradieses zu schaffen.*

5812 Je größer seine Rebellion gegen die Mittelmäßigkeit der Existenz gewesen ist, desto größer pflegt die endgültige Mittelmäßigkeit eines Lebens zu sein.

5813 Nichts ist oberflächlicher als Intelligenzen, die alles verstehen.*

5814 Das Rätsel der Kritik ist, daß die Jahre sie allein machen.*

5815 Die „Auflösung des Staates“ und sein Austausch durch eine freie Verbindung gesellschaftlicher Mechanismen nennt sich Feudalismus.

5816 Was gestern Wahrheit war, ist heute nicht immer Irrtum, wie die Einfältigen glauben.

Aber was heute als Wahrheit gilt, kann morgen Irrtum sein, wie die Einfältigen vergessen.

5817 Um jedes Mysterium abzuschaffen, genügt es, die Welt mit den Augen eines Schweines zu betrachten.*

Hüten wir uns davor, im notwendigen Umgang der Seele mit den 5818
unterirdischen Göttern dem Einbruch infernalischer Mächte den Weg zu bereiten.

Als Prospero abdankte, wurde Ariel zu Caliban. 5819
(Shakespeare, The Tempest; 2. Akt)

Solange ein Schriftsteller nicht aus der Mode kommt, wissen wir 5820
nicht, ob er Talent hat.

Nur die Güte des Starken ist unverdächtig. 5821
In der Güte des Schwachen argwöhnen wir Ideologie.*

Was etwas taugt, kann nur spontan geboren werden. 5822
Aber wenig von dem, was spontan geboren wird, taugt etwas.

Den Unterlegenen zu beleidigen, ist nicht viel bösartiger, als ihn zu 5823
loben.

Die „Diktatur des Proletariats" wäre weniger erschreckend, wenn 5824
sie nicht die Regierung des Kleinbürgertums wäre.*

Der demokratische Politiker verkauft sich immer. 5825
Den Reichen bar.
Den Armen auf Raten.*

Von einer Regel pflegen mir nur die Ausnahmen gültig zu erschei- 5826
nen.

Respektieren wir den Mann von Prinzipien, aber entwaffnen wir 5827
ihn.
Er ist kurzsichtig und starrköpfig.

„Prinzipien" sind versteinerte Werte. 5828

Der krasse Irrtum ist die Identifikation des Wertes mit irgendeiner 5829
Klasse von Gegenständen.

Wir können bestimmte Klassen von Objekten von Wert bilden, 5830
vorausgesetzt der taxonomische Ansatz ist streng axiologisch.

5831 Von bestimmten Epochen sind nur die tödlichen Keime ihres nahen Todes interessant.

5832 Für die Nachwelt ist das Charakteristikum einer Epoche, was die Zeitgenossen ignorierten oder was ihnen belanglos erschien.

5833 Nie wird eine „politische Wissenschaft" existieren, weil die politische Handlung der Mikrokosmos des totalen historischen Moments ist, in dem er sich ereignet.

5834 Die intellektuelle Blütezeit einer Epoche ist oft auf den überlebenden Einfluß abgeschaffter Strukturen zurückzuführen.

5835 Die liberale Mentalität ist ein Engel auf Erden, irdischen Erfahrungen unzugänglich.

5836 Die demokratischen Pamphletisten sind die Verfasser der kanonischen Interpretation der Geschichte.

5837 Die Begeisterung ist in linken Regimen ein durch die Polizei erzeugtes künstliches Produkt.

5838 Wenn der uniformierte Sektor der Bürokratie heute die Macht übernimmt, glauben die Narren, daß sie eine Armee übernommen hat.

5839 „Soziale Gerechtigkeit" ist der Begriff, um Anspruch auf irgendeine Sache zu erheben, auf die wir kein Recht haben.

5840 Das Adjektiv in einem historischen Bericht muß mit ebensolcher Strenge wie das Komma in einer Ziffer gesetzt werden.

5841 Der Historiker verletzt die Geschichte einer Epoche nicht, wenn er ihre Leidenschaften annimmt, sondern wenn sich seine eigenen einmischen.

5842 Das größte Vergnügen des wahren Historikers ist das Schauspiel einer These, wenn sie mit einer Tatsache zusammenprallt und in tausend Stücke zerschellt.

Unabhängig von ihrer möglichen verbalen Eleganz kann die Philo- 5843
sophie über eine intellektuelle Eleganz verfügen, die von der eleganten Syntax der Idee abhängt.

Die marxistische Ästhetik ist der ideologische Ausdruck der Aller- 5844
gie gegenüber der Kunst, welche die kleinbürgerliche Mentalität charakterisiert.

Der Marxismus ist das Zeughaus des Philisters. 5845

Nachdem sie in einem nordamerikanischen Geist eingezogen sind, 5846
bleibt den Ideen ein Coca-Cola-Geschmack.*

Der Reaktionär verurteilt nicht die bürgerliche Mentalität, sondern 5847
ihre Vorherrschaft.

Was wir Reaktionäre bedauern, ist die Absorption der Aristokratie und des Volkes durch die Bourgeoisie.

Abwechselnd unter dem Mantel der Freiheit oder der Gleichheit.

Die „Apostel der Kultur“ machen sie am Ende zum Geschäft. 5848

Gott hat die Unverschämtheit der Tatsache, nicht die Evidenz der 5849
Vernunft.

Der Intellekt war im vergangenen Jahrhundert gefangengehalten, 5850
aber die Sensibilität war auf freiem Fuße.

In diesem Jahrhundert befreite sich der Intellekt, aber die Sensibilität sitzt im Gefängnis.

Der Erotismus ist kein Produkt der Vorstellungskraft, sondern ih- 5851
res Todes.

Was anzieht, selbst sexuell, ist weniger ein nackter Körper als eine 5852
Fleisch gewordene Seele.

Die Vulgarität ist die einzige Barriere, die völlig undurchdringlich 5853
für jede Wahrheit ist.

Daß wir „Wahrheit“ sagen, wo man „Schönheit“ zu sagen pflegt, ist 5854
eine Sache, die jene irritiert, die zu entdecken fürchten, welcher Wahrheit die Schönheit die Stimme leiht.

5855 Niemand soll ohne Zittern wagen, auf irgendein Schicksal Einfluß zu nehmen.

5856 *A mesure qu'on a plus d'esprit on trouve qu'il y a plus d'hommes originaux*, schreibt Pascal.

Das wirkliche Patent des Historismus.

5857 Was der Demokrat „der Mensch" nennt, ist nicht mehr als die Spektral-Projektion seines Hochmuts.

5858 Wenn das Vokabular einer Doktrin sich verbreitet, sieht die breite Masse nur, was das Vokabular erlaubt.

5859 Der intellektuelle Treffer ist das höchste Vergnügen.

5860 Dumm ist, wer das, was er kennt, ohne Mysterium glaubt.

5861 In Gegenwart dessen, der uns nicht versteht, fühlen wir uns vor einer Wand.

In Gegenwart dessen, der uns versteht, fühlen wir uns in einem Kerker.*

5862 Alles ist voluminös in diesem Jahrhundert.

Nichts ist monumental.*

5863 Mehr noch als vor dem Genie selbst ist es vor der Reinheit bestimmter Intelligenzen, vor der wir manchmal gern auf die Knie fallen würden.

5864 Um bei den Linken Anstoß zu erregen, reicht es, die Wahrheit zu sagen.

5865 Ohne die Komplizenschaft der Imagination verwandelt sich die Macht in rohe Gewalt.

Man muß die Macht mit Theater-Kulissen einrahmen oder mit Maschinengewehren umgeben.

5866 Die absolute Revolution ist das bevorzugte Thema derer, die sich noch nicht einmal zu protestieren trauen, wenn ihnen auf die Füße getreten wird.

Das einzige, was den Modernen beschämt, ist, Bewunderung für einen aus der Mode gekommenen Autor zu zeigen. 5867

Der Linke vermeidet mit übernatürlichem Takt, dem wirklich Mächtigen auf die Hühneraugen zu treten. 5868

Der Linke behandelt nur die Götzen der Macht mit Verachtung.

Den Linken, der gleichermaßen gegen linke und gegen rechte Verbrechen protestiert, nennen seine Kameraden mit Recht reaktionär.* 5869

Die linke Ideologie ist die Fahne, unter welcher die bürgerliche Mentalität des 19. Jahrhunderts ihre Hegemonie im 20. erhält. 5870

Der Eifer, mit dem man heute in der Psychologie des Unbewußten eine Erklärung für alles sucht, ist der Reflex der modernen Angst vor der Transzendenz. 5871

Der Unterschied zwischen Originalität und Nachahmung in den Künsten hängt vom Grad der Verschmelzung ab, den im Geist des Künstlers die Materialien erreichen, die eine kulturelle Tradition angesammelt. 5872

Die Dramen, die durch Gesetze der Menschen und nicht durch Gesetze der Welt verursacht werden, erscheinen der Nachwelt bald als einfache ethnographische Kuriositäten. 5873

Alles kann Ausdruck sein, aber nur das Wort ist die letzte Offenbarung. 5874

Die Kultur ist im wesentlichen das Regelwerk der guten Manieren der Intelligenz. 5875

Nicht der, der die Fragen beantwortet, sondern wer sie schwieriger macht, kennt das Thema. 5876

Selbst wenn sie recht hat, löst eine Revolution nichts. 5877

Der Journalismus war die Wiege der literarischen Kritik. 5878

Die Universität ist ihr Grab.

5879 Der literarischen Exzentrizität fehlt ästhetische Wirksamkeit, wenn sie mehr als eine Abkürzung ist, um schnell zum wirklichen Weg zu gelangen.

5880 Ich bin wie das Volk: der Luxus empört mich nur in unwürdigen Händen.*

5881 Was mehr Arbeit kostet, ist es, dem Jugendlichen beizubringen, daß es keine Rezepte gibt.

5882 Wir wollen, daß alles beweisbar sei: um zur Wahrheit zu kommen, ohne intelligent sein zu müssen.

5883 Die Funktion der Revolutionen ist es, die Illusionen zu zerstören, die sie verursachen.*

5884 Auch die Irrtümer können, wie die Wahrheiten, aus der Mode kommen.

5885 Die Anarchie, die eine Gesellschaft, die sich erniedrigt, bedroht, ist nicht ihre Strafe, sondern ihr Heilmittel.*

5886 Das Wort „Fortschritt" wird einen Sinn haben, wenn man eine Methode erfindet, welche Knoten für Knoten die Maschen des Netzes aufschnürt, mit dem uns der Progressive einfing.

5887 Den Reaktionär empören nicht bestimmte Sachen, sondern jede Sache, die nicht an ihrem Ort ist.

5888 Die Linke und die Rechte haben gegen den Reaktionär einen geheimen Pakt fortwährenden Angriffs unterschrieben.

5889 Der Reaktionär ist der Wächter des Erbes.
Selbst des Erbes des Revolutionärs.*

5890 Um den Philosophen zu verstehen, muß man nicht seine Ideen inventarisieren, sondern den Engel identifizieren, gegen den er kämpft.

Der Schriftsteller, der sich internationalisiert, entledigt sich seiner Substanz. 5891

Der Schriftsteller ist nicht berufen, das Land zu wechseln, sondern das Niveau.

Der Schriftsteller muß professionell sein, die Literatur hingegen darf nicht Beruf sein. 5892

Die Kultur des Schriftstellers darf sich nicht durch seine Prosa berieseln lassen, sondern muß den Klang seines Satzes verfeinern. 5893

Der Schriftsteller lädt uns ein, seine Sprache zu verstehen und nicht, sie in die uns entsprechende Sprache zu übersetzen. 5894

Wer den Ehrgeiz hat, Schriftsteller zu sein, soll sich nicht die Vermittlungen der Sprache zu Nutze machen. 5895

Der Satz soll keine Wörter zulassen, die sich mit dem Bodensatz an Bedeutung zufriedengeben, der ausreicht, um sie verständlich zu machen.

Jedes Wort soll explodieren wie eine kompakte Ladung Sinn. 5896

Weder der Staub noch die Zeit verschmutzen die sauberen Sätze. 5897

Für die Nachwelt schreiben, heißt nicht, sich danach zu sehnen, daß man uns morgen liest. 5898

Es heißt, nach einer bestimmten Qualität des Schreibens zu streben.

Selbst wenn uns niemand läse.*

Ich würde mehr an der Qualität dieser Seiten zweifeln, wüßte ich nicht, wer hier das Repertoire von Meinungen vorfinden wird, welche er verabscheut. 5899

Ich gehöre nicht einer Welt an, die untergeht. 5900

Ich verlängere und übermittle eine Wahrheit, die nicht stirbt.

Neue Scholien zu einem inbegriffenen Text
Nuevos Escolios a un texto implícito

Aus dem Spanischen von
Michaela Meßner

1. Band

Ich wandle in der Finsternis. 5901
Doch mich leitet der Duft des Ginsters.

Der Reaktionär schreibt nicht, um zu überzeugen. 5902
Er hinterläßt lediglich seinen zukünftigen Komplicen die Akten zu einem heiligen Rechtsstreit.

Solange der Autor zu gefallen sucht, stottert seine Prosa. 5903

Um richtig zu urteilen, genügt es nie, anderer Meinung zu sein, 5904
wenn es auch heutzutage genügt, gleicher Meinung zu sein, um zu irren.

Wer sich mit widersprüchlichen Evidenzen nicht abfindet, wird 5905
sich letztlich in schlüssige Täuschungen verrennen.

Wer nur meditiert, ist durch nichts verpflichtet, sich mit jedem ar- 5906
gumentierenden Dummkopf herumzustreiten.

Vergiß deine Darlegungen. 5907
Ich höre nicht auf deine Predigt, sondern auf deine Stimme.

Nur wenige Ideen verdienen mehr als Neugierde oder Respektlo- 5908
sigkeit.

Die einzige ausweglose Niederlage ist die Dummheit, selbst wenn 5909
sie siegreich ist.

Die Intelligenz geht vorwärts, indem sie in wachsendem Maße von 5910
ihrem Ausgangspunkt Resitz ergreift.

Bereits die schonendste Wahrheit erscheint dem modernen Men- 5911
schen eine unerträgliche Anmaßung.

Eine Synthese, die nicht Mythos ist, ist Trugschluß. 5912

Die Finsternis mancher Seelen ist Schatten göttlichen Lichts. 5913

5914 Die Geltung einer Idee hängt nicht von ihrem Wert, sondern von zufälligen Verkettungen ab.

5915 Die Metaphysiken sind gewöhnlich reizende Märchen, die der Philosoph zu faden Romanen auswalzt.

5916 Jedes Ereignis ist nicht nur erläuterndes Beispiel seiner historischen Idee, es modifiziert sie auch.

5917 Die Evidenzen der einen Epoche erscheinen anderen Epochen als Rätsel – und ihre Rätsel als Evidenzen.
In endlosen Kreisläufen.

5918 Daß die Ideen ein Produkt der Strukturen, Zusammenhänge und Wechselfälle der Geschichte sind, beschränkt sie nicht darauf, bloß deren Ausdruck zu sein.

5919 Die Qualität der Systeme ist in fortschreitendem Verfall begriffen, von der Herrlichkeit der Propyläen bis zur Leere des Heiligtums.

5920 Unsere möglichen Rivalen sind fast immer erniedrigend. Und fast immer siegreich.

5921 Die titanischen Revolten gegen Gott enden in wöchentlichen Besuchen im Bordell um die Ecke.

5922 Wie alle übernatürlichen Erscheinungen gewöhnt uns die Dichtkunst daran, vorzugsweise Trivialitäten zu äußern.

5923 Wahrheiten, die sich in den Vordergrund drängen, sind bereit, sich fürs Publikum zu prostituieren.

5924 Am schlechtesten schreibt, wer den, der gut schreibt, imitiert.

5925 Aus der französischen Schriftstellerwerkstatt vernimmt man das Gemunkel biederer Kunsthandwerker.

5926 Die Mode begrüßt jene Philosophien, die bedachtsam den Problemen aus dem Wege gehen.

5927 Die Bedeutung der Schönheit eines Gedichtes steht in keiner Beziehung zu dem, was das Gedicht bedeutet.

Wer sich in die Immanenz flüchtet, um dem nihilistischen Taumel 5928
zu entgehen, fühlt unter seinen Füßen schon bald die Wirklichkeit zu nichts zerrinnen.

Die Transzendenz ist die Grundlage für den Bestand aller Dinge.

Der Künstler verdurstet zwischen den Quellen, die er beiseite läßt. 5929

Hinter den modernen politischen Doktrinen verbergen sich anpas- 5930
sungsfähige Ideologien. Das *Sacrum Imperium* war die letzte politische Idee.

Zwischen dem Pol der Wüste und dem Pol der Großstadt verläuft 5931
der Äquator der Zivilisation.

Um den Patienten heilen zu können, den sie im 19. Jahrhundert 5932
verwundete, mußte ihn die Industriegesellschaft im 20. verblöden.

Der Preis für industriellen Wohlstand ist die geistige Misere.

Daß Rationalismus und Illuminismus im 18. Jahrhundert Hand in 5933
Hand gehen, sollte uns nicht wundern: es sind zwei Schienen ein und desselben Geleises.

Für die gegenwärtige Blutarmut der Kunst sollten wir jene Doktrin 5934
verantwortlich machen, die allen Künstlern anrät, die Schöpfung einer eigenen ästhetischen Sprache dem unverwechselbaren Gebrauch einer gemeinsamen ästhetischen Sprache vorzuziehen.

Die Dichtkunst des 19. Jahrhunderts war das der Literatur ver- 5935
machte Erbe einer erstickten Gegenrevolution.

Der Marxist nennt „Klassenwahrheit", was zu verstehen seine eige- 5936
ne Klasse ihn hindert.

Die liberale Gesinnung schreibt die Folgen der dem Menschen an- 5937
geborenen Perversität jenen Kunstgriffen zu, mit denen die Menschheit sie zuweilen zu lindern sucht.

Mit dem Verfall des Schriftstellers gedeihen schlechte Bücher, mit 5938
dem des Lesers sterben die guten.

Allgemeine Aussagen kaschieren in der Ästhetik Vorlieben. Das 5939
persönliche Urteil hingegen ist gewöhnlich objektiv.

5940 Die minderen Werke gewisser Epochen wirken anziehend; in anderen Epochen sind einem nur die vortrefflichen nicht zuwider.

5941 Zu überleben beschränkt sich darauf, von Zeit zu Zeit abgestaubt zu werden.

5942 Wer bedenkenlos Prophezeiungen macht, hat eine Schwindelei im Sinn.

5943 Aus der Textur einer Welt, die von der Sünde entstellt wurde, ist es tunlichst zu vermeiden, einen dauerhaften Text herauszulesen.
Bestenfalls Lichtblitze in unendlicher Nacht.

5944 Der Satz muß ganz sicher vom *sermo cottidianus* bewässert werden.
Doch zuvor in gelehrten Filtern gereinigt.

5945 Ohne lebhafte Einbildungskraft strandet die Intelligenz.

5946 Das zum Beruf gewordene Denken paktiert schon bald mit künstlichen Symmetrien, mit vorgetäuschten Verknüpfungen, mit unechten Rundungen.

5947 In den Geisteswissenschaften wird die letzte Mode als der letzte Stand der Wissenschaft angesehen.

5948 Die Verachtung des Zeitgemäßen ist die Askese ästhetischer Heiligkeit.

5949 Die Perfektion eines Kunstwerkes ist abhängig vom Grad des Gehorsams seiner verschiedenen Elemente gegenüber der ihnen angemessenen Hierarchie.

5950 Wird heutzutage ein Buch gelobt, so läßt dies lediglich auf die politische Partei des Autors schließen.

5951 Das ästhetische Gelingen ist keine Entschädigung für die Arbeit, doch es belohnt allein die Arbeit.

5952 Die ausschließliche Lektüre von Zeitgenossen läßt einem das Hirn verdorren.

Auf dem Wählermarkt ist Sozialismus die kommerzielle Bezeichnung für Staatskapitalismus. 5953

„Komplexe“, die wir nicht dadurch verstärken, daß wir sie publik machen, bringen sich häufig selbst um, anstatt uns zu vergiften. 5954

Das persönliche Gefüge authentischer Lösungen besitzt nicht die Kohärenz eines Systems, sondern die einer Symphonie. 5955

Im Exil zu sterben ist die Garantie dafür, nicht völlig mittelmäßig gewesen zu sein. 5956

Höflichkeit ist die Haltung desjenigen, der es nicht nötig hat, hochmütig zu sein. 5957

Der Dumme nennt „Vorurteile“ die Schlußfolgerungen, die er nicht versteht. 5958

Nur was wir tun, sollte uns beunruhigen, auch wenn nur zählt, was wir sind. 5959

Wer nur liest, unterscheidet sich vom echten Leser dadurch, daß er nie wiederliest. 5960

Der Dumme glaubt neue Wahrheiten hervorzubringen, indem er wirre Ideen vereinigt. 5961

Die Wahrheit einer Idee liegt im Reflex des Gesamtkontextes jener Intelligenz, die sie vertritt. 5962

Der Ignorant muß sorgsam den liebenswürdigerweise für ihn geschriebenen Büchern aus dem Wege gehen. 5963

Neue Ideen verursachen Wirbel in der Geschichte; neue Sensibilitäten ändern ihre Richtung. 5964

„Aktualität“ bezeichnet den Gipfel des Unbedeutenden. 5965

Die Maxime ist die Grimasse eines Komödianten, wenn sie nicht ein unwillkürlicher Krampf ist. 5966

5967 Versuchen wir stets, dem beizupflichten, der verliert, um uns nicht für das schämen zu müssen, was jener stets tut, der gewinnt.

5968 Vertraut und geläufig, ohne vorhersagbar zu sein, ist das Geheimnis der guten Prosa.

5969 Jede Erklärung besteht zu drei Vierteln aus Offensichtlichkeiten.

5970 Auch die Probleme teilen sich in soziale Klassen.

Es gibt adlige Probleme, pöbelhafte Probleme und unzählige mittelständische Probleme.

5971 Wenn eine Sprache zerfällt, glauben ihre Sprecher, sie verjünge sich.

Über der Jugendfrische heutiger Prosa liegt ein Hauch verendeten Fleisches.

5972 Ein begeisteter Leser schwört nicht seinen Vorlieben des Vorjahres ab, doch schon nach wenigen Lustren verwandelt sich ein jedes Gedicht zwangsläufig in schwarz oder weiß.

5973 Die liberale Mentalität versteht nie, daß die Grauen, die sie schrekken, nur die Kehrseite der Trugbilder sind, die sie bewundert.

5974 Bitterer als das Unglück des jungen Menschen, den Gott verachtet, ist das des Jünglings, den der Adler streift, aber nicht raubt.

5975 Da er ein Rassetier ist, bewundert der kupierte Fuchs den schönen Schwanz scines Nachbarn.

5976 Auch in Kunst und Literatur hat der Industrielle den Handwerker verdrängt.

5977 Die leichten Kommunikationen trivialisieren sogar das Dringliche.

5978 Einfältige politische Thesen üben eine unwiderstehliche Anziehungskraft aus.

5979 Die Beifallsstürme einer Epoche sind gewöhnlich schwerer zu verstehen als ihre Verständnislosigkeiten.

5980 Die Wahrheit entsteht manchmal durch die notgedrungene Verbesserung eines Satzes aus Gründen des Wohlklangs.

In demokratischen Zeiten gibt es reichlich Themen, die tabu sind. 5981

Rasse, Krankheiten, Klima sind hier letztlich ätzende Substanzen.

Schändlich ist hier alles, was beinhalten könnte, daß die Menschheit nicht *causa sui* ist.

Nur eine der Schnörkel kundige Hand darf es wagen, eine gerade 5982
Linie zu ziehen.

Jedes Kunstwerk antwortet auf eine Frage, die ihm nicht vorangeht. 5983

Pascal und Montaigne – Gegner? 5984

Lediglich Rivalen, wie verschiedene Waffen ein und desselben Kriegsheeres.

Die *libido imperandi* der Linken ist weniger schal als ihre *libido* 5985
docendi.

In den unterirdischen Gefilden der Seele wie in den Rumpelkam- 5986
mern alter Häuser findet man nur tote Mäuse zwischen verrotteten Möbeln.

Der fortschrittliche Katholik spricht von der „historischen Dimen- 5987
sion" des Christentums, um die Geschichtlichkeit seines Ursprungs in die Endlichkeit seiner Ziele zu pervertieren.

„Reich Gottes" ist im Wortschatz des Fortschrittlers das kirchliche Synonym zu „Reich des Menschen".

Die aktuelle Literatur bewegt sich auf der Grenze dessen, was we- 5988
der verdient publiziert, noch nicht publiziert zu werden.

Die „dialektische Lösung" eines Problems versteckt dieses lediglich 5989
an einem anderen Ort.

Das unwiderrufliche Edikt zur Zerstörung der modernen Welt hat 5990
uns nur die Befugnis gelassen, den Zerstörer zu wählen.

Engel oder Dämon.

Da sie offensichtlich nicht zum heute üblichen Innovationstypus 5991
gehört, erscheint dem heutigen Kritiker die ungewöhnliche Neuerung in der Literatur als Reinfall oder Rückfall.

5992 Revolutionen hinterlassen der Literatur nur die Klagen ihrer Opfer und die Schmähschriften ihrer Feinde.

5993 Die im Dämmerlicht der Geschichte leben, bilden sich ein, der Tag bräche an, wenn die Nacht naht.

5994 Ohne religiöse Einbindung wird die „conditio humana“ zum rein ökologischen Phänomen.

5995 Der Niedergang der modernen Welt ist kaum interessanter als die Auflösung einer erbärmlichen Intrige in einem schlecht geschriebenen Roman.

5996 Uns fasziniert nicht die Stimme, mit der der Schriftsteller geboren wird, sondern jene, die aus der Begegnung zwischen seinem Talent und seiner Sprache hervorgeht.

Die durch den unverwechselbaren Gebrauch einer Sprache vollendete mysteriöse Person.

5997 „Versöhnung des Menschen mit sich selbst“ – die treffendste Definition der Dummheit.

5998 Beginn der Individuation in der Gesellschaft ist der Glaube an die Seele.

5999 Häresien haben selten soziale oder ökonomische Motive, doch die ökonomischen und sozialen Strömungen haben oft eine häretische Quelle.

6000 Je weniger Adjektive wir verschwenden, desto schwerer ist es zu lügen.

6001 Die Synekdoche ist die bevorzugte Trope des Betrugs, da sie ermöglicht, die ganze Gattung zu verkaufen, indem man öffentlich nur die einzig brauchbare Spezies anpreist.

6002 Eine lächerliche Prüderie erlaubt es heutzutage dem intelligenten Schriftsteller nicht, anderes denn obszöne Themen zu behandeln.

Doch da er schon gelernt hat, sich für nichts zu schämen, sollte er sich auch nicht seiner anständigen Gefühle schämen.

6003 Der Pornograph ist der Sprecher der modernen Seele.

Die Hölle scheint keine so übermäßige Strafe mehr zu sein, seitdem 6004
wir die Nachbarn ein wenig ausgekundschaftet haben.

Eine Biographie kann man nur über den schreiben, der selbst ge- 6005
schrieben oder einen indiskreten Hörer gefunden hat.

Ohne Bekenntnisse gibt es nur Mutmaßungen oder Annalen.

Die Hypertrophie des Staates folgt aus dem Aufstand, bei dem der 6006
patrizische Staatsbegriff abgesetzt wurde, um den demokratischen
auf den Thron zu heben.

Nachspiel der Sünde – Demiurg der zukünftigen Menschheit.

Freiheit bedeutet keine Teilhaberschaft an der politischen Macht. 6007

Ihre Definition in politischen Machtbegriffen ist jene Finte, mit der der Demokrat betrügt.

Der Revolutionär entdeckt den „wahren Geist der Revolution" erst 6008
vor dem Revolutionstribunal, das ihn verurteilt.

Wer aufmerksam auf den Lärm seiner Zeit hört, wird nicht deren 6009
Musik schreiben.

In den Künsten gibt es köstliche Mittelmäßigkeiten und unerträgli- 6010
che Großartigkeiten.

Die Lüge ist die Muse der Revolutionen: sie inspiriert ihre Pro- 6011
gramme, ihre Proklamationen, ihre Lobreden.

Doch sie vergißt, ihre Zeugen mundtot zu machen.

Die intellektuelle Gewandtheit verschleißt sich in Wortgeplänkeln. 6012

Nur die Frachten der schwerfälligen Intelligenz sind unverwüstlich.

Der Kommentator des Philosophen unterweist ihn mit Selbstgefäl- 6013
ligkeit.

Das Lesen ist eine unübertreffliche Droge, denn mehr noch als der 6014
Armseligkeit unseres Lebens erlaubt es uns, der Armseligkeit unserer Seelen zu entkommen.

Was nicht albern ist, erscheint dem modernen Menschen kriminell 6015
oder obsolet.

6016 Die Legionen der modernen Menschen wissen noch immer nicht, daß auf der imperialen Sänfte, die sie eskortieren, ein toter Imperator reist.

6017 Im „Patriotismus" der Französischen Revolution lebt ein atavistischer Herdenreflex der Stammeszugehörigkeit wieder auf.

Bei seiner „Emigration" erlischt das Paradigma des bewußten Beitritts des freien Menschen zu einer beschworenen Loyalität.

6018 Die Linke stigmatisiert mit dem Ausdruck *terreur blanche* die Perioden, in denen nur Mörder gemordet werden.

6019 Irren ist menschlich, lügen demokratisch.

6020 „Historische Notwendigkeit" ist die sakramentale Formel, mit der die Historismen dem Verbrechen die Absolution erteilen.

6021 Niemand nennt sich selbst Dichter, Philosoph, Künstler ohne eine gewisse Ungehobeltheit und einige Schamlosigkeit.

6022 Der Fremdling macht dem Autochtonen keine Konzessionen.

6023 Das geschichtliche Ereignis geht vom gasförmigen Zustand des Phänomens in den festen Zustand der Idee über – durch einen übelriechenden flüssigen Zustand der Phrasendrescherei.

6024 Die Philosophie sollte von demjenigen, dem es an Talent mangelt, nur als heimliches Laster praktiziert werden dürfen.

6025 Eine Person, die nicht ein wenig absurd ist, erweist sich als unerträglich.

6026 Der Marxismus stellte jenen, die Fragen nicht verstehen, das beste Repertoire an Antworten zur Verfügung.

6027 Sprechen wir nicht von universellem Determinismus, sondern von ontischem „Dependitismus".

6028 Die systematische Vertraulichkeit ist die Heuchelei des Egalitaristen, der sich selbst für unterlegen oder überlegen hält, nicht aber für gleich.

Gesellschaften, die unerläßliche Strukturen abbauen wollen, erset- 6029
zen sie bloß durch schlechtere.

Wo nicht der Militär befiehlt, befiehlt am Ende der Polizist.

Hüten wir uns vor Ausführungen, in denen es von dem Adjektiv 6030
„natürlich“ ohne Anführungszeichen nur so wimmelt: da täuscht jemand sich selbst oder will uns täuschen. Von den natürlichen Grenzen bis hin zur natürlichen Religion.

Da er das unteilbare Privileg besitzt, innerhalb seines Fachgebietes 6031
zu verallgemeinern, erhebt der Spezialist unlautererweise Anspruch darauf, sein eigenes Fachgebiet zu extrapolieren.

Ich sympathisiere weniger mit dem katholischen Temperament als 6032
mit dem Temperament dessen, der mit dem Katholizismus sympathisiert.

Das genuine Denken erkennt seine Prinzipien erst am Ende. 6033

Die absolute intellektuelle Ehrlichkeit ist seltener als selbst das 6034
Genie.

Sie reut uns alle am wenigsten als ungeeignetes Adjektiv.

Das verworrene Geschwätz der „Erklärungen“ verstummt, sobald 6035
eine individuelle Totalität das Wort ergreift.

Uns weder in den allerersten Geschmäcken versteinern, noch zwi- 6036
schen den Lockrufen fremder Geschmäcker hin und her schwanken.

Die zwei Gebote des Geschmacks.

Nach der Lektüre eines reaktionären Buches ist der Leser weniger 6037
empört als zuvor.

Die Dichtkunst ist nur vorübergehend zu Gast. 6038

Die authentische Aristokratie ist ein von den historischen Aristo- 6039
kraten verratener Volkstraum.

Die Probleme jeder „heutigen Jugend“ sind todlangweilig. 6040

6041 Die Dichtkunst muß sich heute in der finsteren Dämmerung verirren wie das Rebhuhn im Grase.

6042 Die „minores“ der Romantik knurrten, als würde man ihnen ihre Beute rauben, die heutigen „minores“ jaulen, als habe man ihnen auf den Schwanz getreten.

6043 Die künstlerische Fruchtbarkeit hängt weniger von der Großzügigkeit der Natur gegenüber dem Künstler ab, als von der Willfährigkeit des Künstlers gegenüber sich selbst.

6044 Das Universum ist keine vollkommene Weltenkugel, sondern ein dürrer, runzeliger, rissiger Apfel.

6045 Die Argumente desjenigen, der seine Anschauungen zu rechtfertigen versucht, haben auf uns stets eine bestürzende Wirkung.
Besonders, wenn er die unseren teilt.

6046 In gewissen Epochen muß sich die Intelligenz der bloßen Restaurierung von Definitionen widmen.

6047 Die Idee, die bei ihrer Geburt kratzt und beißt, wird vor der Zeit gebändigt.

6048 Klassischer Künstler ist, wer die Perfektion der Originalität vorzieht.

6049 Im Verbund mit der Demut erweisen sich sogar Fehler als besondere Tugenden.

6050 Die Freiheit webt das Gespinst der Zeit mit Schicksalsfäden. Die Entscheidung ist unvorhersehbar, ihre Konsequenzen sind unabwendbar.

6051 Die Blicke der Akteure auf Photographien revolutionärer Ereignisse erscheinen halb blödsinnig, halb irrsinnig.

6052 Die Geschichte lehrt uns, über die zu lächeln, die ihr Leben mit der Schnauze in zeitgenössischem Fertigfutter vergraben, zubringen.

Das marxistische Denken hat niemals mehr erreicht, als der marxistischen Kosmographie von Zeit zu Zeit ein neues Epizykel hinzuzufügen. 6053

Es ist an der Zeit, die Kultur in Verruf zu bringen, damit es sich nicht mehr lohnt, sie im Dienste der Politik oder der Industrie zu erniedrigen. 6054

In aristokratischen Zeiten hat, was Wert hat, keinen Preis; in demokratischen Zeiten hat, was keinen Preis hat, keinen Wert. 6055

Die vermeintlichen Feinde des Bürgertums sind sachkundige Gärtner, die seine altersschwachen Zweige beschneiden. 6056

Die bürgerliche Gesellschaft ist nicht in Gefahr, solange ihre Feinde bewundern, was sie bewundert.

Das aufrichtige Gespräch endet in Zänkerei. 6057

Die kommunistischen Würdenträger verraten heutzutage ihren Glauben wie irgendein x-beliebiger Bischof. 6058

Die Geschichte umfaßt sogar die Proklamation, die sie negiert. 6059

Weit mehr noch als unverständlich, erscheint das echt Originelle in der Philosophie anfangs als unbedeutend. 6060

Wir haben nur verstanden, was uns unübersetzbar erscheint. 6061

Unter den Künstlern ist die unselige Spezies des ehrlichen Betrügers die häufigste. 6062

Die Geschichte kennt keine Gesetze, die es gestatten würden vorauszusagen; aber Bezugsrahmen, die es gestatten zu erklären; und Tendenzen, die es gestatten vorauszuahnen. 6063

Die bürgerliche Mentalität der Linken wird nach und nach all jene bürgerlichen Gesellschaften wiederherstellen, welche die Linke nach und nach zerstört. 6064

Das Wichtige stellt keine Beweise zur Schau. 6065

6066 „Sich begegnen“ bedeutet für den Modernen, sich in irgendeiner Kollektivität auflösen.

6067 Die historische Konstellation bestimmt lediglich, welche Kunstwerke in ihr nicht möglich sind.

6068 Die geschwollene Rede des Boten ist gewöhnlich proportional zur Belanglosigkeit seiner Botschaft.

6069 *The religion of humanity* ist keine Fiktion von Paine, sondern Wirkstoff aller Gifte.

6070 Was in der einen Epoche gefiel, kann erneut gefallen, sofern es nicht aus Gründen gefallen hat, die mit Geschmack nichts zu tun haben.

6071 Die Metapher ist entweder eine unentbehrliche Umschreibung oder eine Unart der Rede.

6072 Wenn wir uns praktische Ziele setzen, enden wir immer Arm in Arm mit jenen unserer Nächsten, die wir nicht einmal mit dem Fuß hätten berühren wollen.

6073 Wir stoßen immer wieder auf Leute, die überzeugt sind, ein Buch gelesen zu haben, wenn sie die Übersetzung kennen.

6074 Verglichen mit den Herrschern von heute erregen die von gestern weniger Anstoß.

6075 Die Täuschung liegt nicht darin zu träumen, es gebe geheime Gärten, sondern zu träumen, sie hätten Tore.

6076 Der Moderne sucht allem voran eine Religion, die die Gnade leugnet.

6077 Ein sachkundiger Nadelstich ins Zentrum des Irrtums tötet ihn in einer Sekunde.

Doch es braucht Jahrhunderte, bis sein Kadaver verwest.

6078 In den Händen eines progressiven Klerus verkommen die Evangelien zu einer Sammlung ethischer Trivialitäten.

Die gegenwärtigen Nationen sind keine Völker, sondern siegreiche Sektionen der Plebs. 6079

Es ist leichter, eine neue Wahrheit zu akzeptieren, als die alten Irrtümer aufzugeben, die sie widerlegt. 6080

Die idealerweise deduktiven Naturwissenschaften bilden auf induktivem Wege die Möglichkeit ihrer Deduktion. Die ihrem Wesen nach experimentellen Geisteswissenschaften hingegen gehen nicht in einem deduktiven System auf, sondern gliedern sich in historische Diskurse. 6081

In den Lügen der großen romantischen Schriftsteller liegt mehr Wahrheit als in den Wahrheiten ihrer Nachfolger. 6082

Der Professor bringt nichts weiter zustande, als die ihm überlieferten Ideen einzubalsamieren. 6083

In all den Sekten, die heutzutage aus dem Erdboden sprießen, gärt eine gnostische Soteriologie. 6084

Diejenigen, die aufrichtig die menschliche Natur lobpreisen, verursachen die schlimmsten historischen Zusammenbrüche. 6085

Weder ist Unterlegenheit beschämend noch Überlegenheit schändlich. 6086

Wer die „perfekte Kommunikation“ zwischen den Individuen anstrebt, ihre gegenseitige „perfekte Transparenz“, ihre wechselseitige „perfekte Inbesitznahme“ wie ein gewisser Pontifex der Linken, der strebt die perfekte totalitäre Gesellschaft an. 6087

Das politische Vermächtnis des Linken ist die Lieblingslektüre des Reaktionärs. 6088

Wer von der Intelligenz verlangt, daß sie sich des Urteils enthalte, verstümmelt ihre Verständnisfähigkeit. 6089

Im Werturteil kulminiert das Verständnis. 6090

6091 Der Terrorismus tritt nicht dort auf, wo es Unterdrücker und Unterdrückte gibt, sondern wo denen, die sich für unterdrückt halten, keine Unterdrücker gegenüberstehen.

6092 Der Atheismus ist das Vorspiel zur Vergöttlichung des Menschen.

6093 Ein Busch ist kein gestutzter Baum.

6094 Der zeitgenössische Roman schaufelt sich sein Grab auf jenem Friedhof, auf dem die klassische Tragödie des 18. Jahrhunderts begraben wurde.

6095 Die wissenschaftliche Avantgarde ist vorsichtig, doch der ihr nachfolgende professionelle Pöbel ist anmaßend.

6096 In den Geisteswissenschaften gibt es keine Wahrheit, die nicht zwangsläufig alle acht Tage wiederentdeckt werden müßte.

6097 Der moderne Verstand ist verkümmert, weil er sich im Glauben befindet, es gebe gelöste Probleme.

6098 Um über Dichtung zu sprechen, greift der Dichter auf die übelste Rhetorik zurück.

6099 Wir nennen Individuum, was nur Gott durchschaut.

6100 Die Dichtung kann Magie sein, doch der Dichter ist gewöhnlich ein Jahrmarktsmagier.

6101 Der Dichter ohne Originalität sucht Zuflucht bei der Unwahrscheinlichkeit.

6102 Der Linke eifert jenem Devoten nach, der weiterhin die Reliquie verehrt, nachdem er den Betrug des Wunders bewiesen hat.

6103 Die Zivilisationen sind sommerliches Insektengebrumm zwischen zwei Wintern.

6104 Ein einfältiges Volksbild nährt die antibürgerliche Polemik des Sozialismus.

In der Emanzipation des Bürgertums blühen die latenten Laster des Volkes.

Die Verachtung ist gewöhnlich ein verkappter Egalitarismus: die Aberkennung der Autonomie subalterner Tugenden. 6105

Der, der sich „übertrifft", zeigt seine Mängel an noch augenfälligerer Stelle. 6106

Nur die Gewißheit, seiner Berufung treu geblieben zu sein, ist eine schmeichelhafte Entschädigung. 6107

Die „klassenlose Gesellschaft" ist jene, in der es weder Aristokratie noch Volk gibt. Wo allein der Bürger umgeht. 6108

Was der Reaktionär sagt, interessiert niemanden. 6109

Weder wenn er es sagt, denn da erscheint es absurd; noch nach einigen Jahren, denn da erscheint es offenkundig.

Ohne gewöhnliche Eigenschaften wird selbst das erlesenste Genie sauer wie Essig. 6110

Der Absolutismus, sei er intellektueller oder politischer Art, ist eine Todsünde wider die hierarchische Methode. 6111

Eine Usurpation, die ein Begriff aus einem System über die übrigen Begriffe aller anderen ausübt.

Die literarischen „Experimente" dienen einzig dazu aufzuzeigen, was für Sackgassen doch die vermeintlichen Königswege sind. 6112

Die Geschichte empört den Intellekt und überlastet die Intelligenz. 6113

Die Gleichheit ist nicht empirischer Ausdruck der Gerechtigkeit, sondern deren diabolische Lesart. 6114

Hochmut, mit dem der Ehrerbietung begegnet wird.

Der ausländische Historiker, so scharfsinnig er auch sein mag, transkribiert die historische Symphonie einer Nation in eine Partitur für Flöte. 6115

Das „Glücksrad" ist eine bessere Allegorie der Geschichte als die „Evolution der Menschheit". 6116

Die Illusionen sind die Geißeln desjenigen, der die Hoffnung ablehnt. 6117

6118 Wenn das Wesen der Absicht die Grenzen überschreitet, so überschreitet nur das Wesen des Ziels das Heiligtum.

6119 Die Freiheit ist so berauschend wie die Erlaubnis, ein anderer zu sein.

6120 Wir *peregrinantes in hoc mundo* sehen die *cives huius saeculi sich in meros captivi in hoc tempore* verwandeln.

6121 Nur das politische Scheitern der Rechten gleicht in unserer Zeit das literarische Scheitern der Linken aus.

6122 Unerträglich wie ein begriffenes Paradox.

6123 Die derzeitige Kritik zieht die wiederholt unlesbaren Bücher den unbegrenzt lesbaren vor.

6124 Der Klassiker umgeht nicht das Mysterium, doch er bildet es aus Marmor und nicht aus Basalt.

6125 Um zu handeln, muß man sich einen operationellen Begriff von der Materie machen, doch um zu verstehen, einen poetischen.

6126 Die Feindlichkeit des Pöbels erfrischt die verwelkende Wahrheit; seine Hochachtung läßt sie verdorren.

6127 Das Christentum lehrt nicht, daß das Problem eine Lösung habe, sondern daß das Flehen eine Antwort erhalte.

6128 Im Übergang vom abstrakten Ich zum konkreten Ich ist die Philosophie gegen Ende des 19. Jahrhunderts wiederauferstanden, ohne in die Falle des Psychologismus zu geraten. Das cartesianische *cogito* ist so genial wie die Formel von Dilthey.

6129 Der Wert ist uns gegeben, gegeben seine Wahrnehmung, gegeben seine Stellung.

Das erste Ereignis bricht die Abgeschlossenheit der Immanenz, das zweite die Beschränkungen unserer Natur, das dritte die Sklaverei unserer Bedingtheit.

6130 Der Philosoph beweist nicht, er weist vor.

Nichts sagt er dem, der nicht sehen kann.

Gott geht nicht aus der Erfahrung unserer Grenzen hervor, doch er stirbt daran, daß wir sie vergessen. 6131

Die Philosophie ist die Hermeneutik der Gnade. 6132

Die Zivilisation wird von ihren Simulakren durch das geschieden, was dem Dummen trivial erscheint. 6133

Die liberale Demokratie ist das Regime, unter dem die Demokratie die Freiheit erniedrigt, bevor sie sie erdrosselt. 6134

Die Institutionen gehen auf zwei konträre Arten zugrunde: entweder sie versteinern zu kollektiven Techniken, die unabhängig vom einzelnen bestehen, oder sie werden von dem Bestreben aufgelöst, sie in der freien Tat jedes einzelnen zu vergeistigen. 6135

Eine unversehrte Institution ist eine soziale Gewohnheit, die von einer Subjektivität übernommen wird.

Gott endet als Parasit in den Seelen, in denen die Ethik vorherrscht. 6136

Das Individuum trägt nur Früchte, wenn es in eine Tradition gebettet ist. 6137

Die axiologische Neuordnung beendigt den Prozeß, in dem ein Geist mit der ihm vermachten geistigen Tradition verschmilzt.

Die gängige Meinung stolziert in der Regel mit der Emphase des Außergewöhnlichen einher. 6138

Das Universum erscheint uns weniger düster, wenn wir vermuten, daß es *de facto* besteht, wenn wir zu ahnen beginnen, daß es nicht *de iure* besteht. 6139

Der Theologe zerrüttet die Theologie, wenn er sie in eine Wissenschaft verwandeln will. 6140

Auf der Suche nach Regeln für die Gnade.

Die große literarische Kunst besteht darin, mit plastischer Fülle das Unbeschreibliche sichtbar werden zu lassen. 6141

Nur ein weiteres Kunstwerk kann über das Kunstwerk wie über das Individuum auf angemessene Weise sprechen. 6142

6143 Grauenvoll ist jene Verderbnis, die die Seele pervertiert, ohne sie zu erniedrigen.

6144 Der triviale Gedanke scheint nicht darum so amorph, weil er verworren dargelegt würde, sondern weil seine Wurzel verfault ist.

6145 Gesinnungen, die alle Gedanken aufnehmen, sind weniger gastfreundlich als prostituiert.

6146 Das Schwierige ist nicht, an Gott zu glauben, sondern zu glauben, daß wir ihm etwas bedeuten.

6147 Da der moderne Mensch sich die Fähigkeit angemaßt hat, der Welt Fülle zu geben, sieht er sie tagtäglich inhaltsleerer werden.

6148 Eine zivilisierte Gesellschaft ist die, in der körperlicher Schmerz und körperliches Vergnügen nicht die einzigen Argumente sind.

6149 Der falsche Mythos läßt sich nicht durch wissenschaftliche Thesen ersetzen, sondern durch echte Mythen.

6150 Der Christ weiß, daß er nichts fordern, aber alles erhoffen kann.

6151 Wir verzichten leichter auf eine Realität als auf deren Symbole.

6152 Wozu es kein Talent braucht, macht unsere Epoche besser als alle anderen.

6153 Das Christentum löst keine „Probleme"; es zwingt uns nur dazu, sie auf höherer Ebene auszutragen.

Diejenigen, die verlangen, daß es sie löse, verstricken es in die jeder Lösung eigene Ironie.

6154 Der Betrug besteht nicht darin, daß wir mehr behaupten als wir beweisen können, sondern daß wir dort zu beweisen suchen, wo kein Beweis möglich ist.

Die Vernunft akzeptiert die Regeln eines jeden Spiels, solange man diese nicht von den Regeln eines anderen abzuleiten sucht.

6155 Das Universum ist bedeutend als Schein, unbedeutend als Realität.

Jede Ethik endigt in Pelagianismus, jeder Pelagianismus in Deismus, jeder Deismus in der Beisetzung Gottes. 6156

Indem wir willentlich unsere Erfahrungen erweitern, handeln wir als klassizistische Antiquitätenrestauratoren. 6157

Die Ursünde ist nicht die Übertretung ethischer Gebote, sondern die Zurückweisung unserer Abhängigkeit. 6158

Heute ist es an jedem einzelnen zu glauben, daß sterben muß, was nicht von ihm errettet wird. 6159

Die Höflichkeit ist ein Hindernis für den Fortschritt. 6160

Indem die Technik das Objekt als verwertbares Phänomen begreift, degradiert sie es zum Werkzeug. 6161

Die Paläste werden auf den Trümmern der Träume errichtet. 6162

Der Glaube ist Reinigung von der Intelligenz. 6163

Da seine berechneten Erwartungen enttäuscht wurden, hält der Dummkopf den Wahnsinn unserer Hoffnungen für verfehlt. 6164

Der *homo faber* und der *homo civilis* sind für den *homo spiritualis*, was Morphologie und Syntax für die Bedeutungsintention sind; empirische Bedingungen eines Existenzmodus, der sie erzeugt. 6165

Wenn der Geist eine Vorstellung zu einem Werk gestaltet, so verfälscht er sie nicht, sondern zwingt sie zur Entfaltung. 6166

Für die Gesellschaft wie für die Seele gilt: Wenn die Hierarchien ihr Amt niederlegen, gebieten die Gelüste. 6167

Wir haben weniger stichhaltige Gründe zu der Annahme, daß es ein Morgen gibt, als zum Glauben, daß es ein anderes Leben gibt. 6168

Ein kultivierter Mensch läßt die ererbte Tradition nicht zur „Kultur“ versteinern. 6169

6170 Ohne das schützende Geleit des strahlenden Lächelns schwankt der Mensch zwischen Erstarrung und Angst.

Nur das auf griechischen Lippen aufkeimende Lächeln vertreibt den Blutdurst, der die barbarischen Augen umnebelt.

6171 „Bewußtmachen“ ist die schamhafte Variante zu indoktrinieren.

6172 Der geistreiche Mensch vermacht seine Werke nicht der „Menschheit“, sondern einem ihm verwandten geistreichen Menschen.

6173 Obgleich die Wissenschaft den Ehrgeiz besitzt, sich vom Geist abzusondern und sich wie die Technik auf Vernunft zu gründen, wird sie durch die Nichtverifizierbarkeit ihrer Behauptungen daran gehindert, sich dem geistigen Prozeß zu entziehen, der sie zum ständigen Rückgriff auf anfechtbare Instanzen zwingt.

6174 Die hellen Köpfe dieses Jahrhunderts sind Irrlichter in der Moorebene einer vermoderten Gesellschaft.

6175 Die Intelligenz integriert die empirische Gegebenheit in den Geist, der Intellekt benutzt sie nur.

6176 Die Geschichte ist die geordnete Erkenntnisweise für ein willkürliches Universum.

6177 Die Seele ist nicht unbegrenzte Virtualität des Geistes.

Die platonische Anamnesis symbolisiert unsere begrenzte Sichtweite.

6178 Die Dinge gehören dem Gebieter über das kluge Wort.

6179 Alles ist Hypothese, mit Ausnahme der Tautologien und der axiologischen Strahlungen.

6180 Die jüngsten Generationen gehen zwischen den Trümmern der abendländischen Kultur umher wie japanische Touristen zwischen den Ruinen von Palmyra.

6181 Schwerwiegende Probleme lassen sich nicht durch „Lösungen“ bereinigen.

Nur eine neue, intakte Ordnung heilt die Verderbnis der Seele.

Der Geist kann die Technik exportieren, die Wissenschaft jedoch nur transportieren. 6182

Die Technik ist ein herrenloses Gut; doch die Wissenschaft erstarrt in Rezepten und Dogmen, wenn sie sich von der geistigen Tradition loslöst, aus der sie hervorgegangen ist.

Das Schicksal ist keine unabweisliche Notwendigkeit, sondern herausfordernde Einladung zur vollen Sinnfülle. 6183

Der Geist wird nicht durch Formeln von einem Sterblichen zu einem anderen Sterblichen übermittelt. 6184

Leichter als durch einen Begriff geht der Geist von einer Seele zur anderen über durch ein Versagen der Stimme.

Nur wenige Diskussionen sind mehr als nur Debatten zwischen einer Trivialität und einer Dummheit. 6185

Der herausragende Verstand besitzt die Schwerfälligkeit einer Statue. 6186

Im Reich des Geistes erobert ein jeder nur das Reich, das er erbt. 6187

Die großen Bücher schützen sich dadurch vor dem Leser, den sie nicht auserkoren haben, daß sie diesem nicht als groß erscheinen. 6188

Der Geist ist fehlbarer Gehorsam gegenüber Normen, keine unfehlbare Unterwerfung unter Gesetze. 6189

Was die Gewohnheiten stört, vereitelt mögliche Vortrefflichkeiten. 6190

Als Verheißung der vollkommenen Lösung ist das Christentum ein Hohngelächter auf jede denkbare Lösung. 6191

Zum Glück umgehen die Reaktionäre zwangsweise die Vulgarität der vollkommenen Anpassung an die Tagesmode. 6192

Der Geist ist das neue Leben, das das Sakrament des Wertes in der Seele bewirkt. 6193

Ein Prozeß, den die Offenbarung des Wertes einleitet, der mit der Aneignung übermittelter Werte fortschreitet, der in der Entdekkung neuer Werte kulminiert.

6194 Gott ist nicht das Ziel derer, die entsagen, sondern derer, die verschmähen.

6195 Die Dinge lassen ihr Wesen nur in vor Sehnsucht oder Begehren verkrampften Händen erstrahlen.

6196 Es ist die Todsünde des Kritikers, insgeheim davon zu träumen, den Autor zu perfektionieren.

6197 Nur unter Freunden gibt es keine Rangstufen.

6198 Die Tradition ist die Summe der Werte, die aus dem Prozeß hervorgehen, in dem der Geist innerhalb einer historischen Kontinuität erzeugt wird.

6199 Eine Hand, die nicht zu liebkosen versteht, kann nicht schreiben.

6200 Die tiefsten geistigen Erfahrungen entstammen nicht tiefgehender intellektueller Meditation, sondern der vornehmlichen Betrachtung eines konkreten Etwas.

Auf dem Hausaltar der Seele verehren wir nicht große Gottheiten, sondern Satzfragmente, Traumfetzen.

6201 Die verschiedenartigen Haltungen des Menschen stellen ihn vor verschiedenartige Werte.

Es gibt keine höhere Warte, von der aus man die Gesamtheit aller Werte in einem einzigen Wert betrachten könnte.

6202 Mit dem Denken des subalternen Philosophen kann niemand dessen Porträt zeichnen.

6203 Statt unseren Satz zum ersten Schritt einer Aussage zu machen, sollten wir versuchen, ihn zum letzten Akt einer Idee zu machen.

6204 Um die Vergnügen in eine Stufenfolge zu bringen, genügt es, darauf zu achten, daß das obere Vergnügen das untere in Erstaunen versetzt, und das untere das obere in Verdruß.

Die Tradition ist Werk des Geistes, der wiederum Werk der Tradition ist. 6205

Wenn eine Tradition zugrunde geht, erlischt der Geist, und die Vorstellungen, die er zu Objekten formte, fallen wieder in den Stand von Werkzeugen zurück.

Was des Menschen nicht würdig zu sein scheint, ist gewöhnlich aller würdig. 6206

Der Zugang zu den Berühmtheiten dieses Jahrhunderts wird durch den üblen Gestank nach Vulgarität erschwert, den sie ausdünsten. 6207

Die Welt ist nicht der Ort, an dem die Seele Abenteuern ausgesetzt ist, sondern sie ist selbst deren Abenteuer. 6208

Rhetorik ist all das, was über das strikt Nötige hinaus gesagt wird, um sich selbst zu überzeugen. 6209

Wir sind nicht die Summe unserer Taten. 6210

Wir sind die Unversehrtheit unseres geheimsten Kristalls oder sein geheimster Riß.

Die traditionelle Technik wirkte erzieherisch, da durch ihr Erlernen in eine Lebensweise eingebundene Gesten übermittelt wurden; das Lehren der rationalistischen Technik bildet lediglich aus, da es nichts als Gesten übermittelt. 6211

Wir sind der unlautere Protest gegen die persönliche Bestimmung, die uns mahnt. 6212

Das Mysterium wird zu Staub, wenn nicht geschickte Hände den Papyrus entrollen. 6213

Der Künstler ist Hermeneutiker des Seins, der Wissenschaftler Cicerone des Scheins. 6214

Neue Ideen sind gewöhnlich glühende Asche, die von neuen Windstößen des Geistes angefacht wird. 6215

6216 Da die Immoralität darin besteht, Subjekt und Objekt als Mittel zu behandeln, ist der technische Akt, der *per definitionem* die Vorstellung in ein Utensil verwandelt, radikale Immoralität und der Organismus also, als Integration technischer Systeme, radikale Schuldhaftigkeit.

Leben ist die Weise, im Sein ein Sein zu erhalten, das zur Schuldigkeit verurteilt ist, indem es dieses schafft.

6217 Der Mensch weiß erst, was er zerstört, nachdem er es zerstört hat.

6218 Wenn die Worte auch nichts ersetzen, so können doch sie allein alles vollenden.

6219 Der schwere Fehler besteht oftmals nur darin, in unangemessener Weise einen Satz zu betonen.

6220 Die moderne Mentalität beharrt darauf, das Einfache zu analysieren.

6221 Der Baum des Blutes erschaudert unter dem Odem des Todes, doch über dem Wipfellaub des Geistes wehen die Brisen anderer Himmel.

6222 Weder Armut noch Reichtum sind Kategorien des Geistes.

Der Reichtum der ehrbaren Seele und die Armut der ehrbaren Seele sind sich gleich, wie Armut und Reichtum der niedrigen Seele.

6223 Wer von sich behauptet, er achte alle Ideen, erklärt sich dazu bereit, seine Überzeugungen zu verraten.

6224 Die Tätigkeit löst das Sein in kausale Serien auf; die Kontemplation verdichtet es zu heiligen Präsenzen.

6225 Das Leben ist Schuldhaftigkeit im Tun; doch alles Seiende erlöst sich, indem es im reinen Sein verweilt.

6226 Weil wir wissen, daß das Individuum Gott etwas bedeutet, sollten wir nicht vergessen, daß die Menschheit ihm wenig zu bedeuten scheint.

Die Ausübung der Macht ist nur dann unschuldig, wenn sie unabdingbar ist. Nur die Hände, die sie erben, sind reine Hände. 6227

Die Menge betrachtet ihre Usurpatoren mit Bewunderung oder Schrecken, doch nur vor einer Heiligen Majestät fällt sie ehrfurchtsvoll nieder.

Sterben ist das untrügliche Zeichen unserer Abhängigkeit. Unsere Abhängigkeit ist das untrügliche Fundament unserer Hoffnung. 6228

Die Unmöglichkeit, das ästhetische Gelingen vorhersehen zu können, bestätigt den Mythos von der „Inspiration". 6229

Der Dichter bringt nicht so sehr Gedichte hervor als vielmehr Ausgeburten der Phantasie.

Gewisse Probleme lösen wir, indem wir ihre Nichtexistenz beweisen, und bei anderen leugnen wir ihre Existenz, um sie nicht lösen zu müssen. 6230

Den Begriff, den man eliminieren wollte, unter anderem Namen wieder einzuführen, ist das Geheimnis vieler „Erklärungen" in den Geisteswissenschaften. 6231

Ein ästhetisches Kriterium, das nicht das Werk selbst ist, ist schließlich nichts als ein Rezept. 6232

Die Barmherzigkeit bewirkt die Erlösung des Subjektes, die Kunst die des Objektes, die Ehre die der Beziehung zwischen beiden. 6233

Die Barmherzigkeit ist ein Akt des Subjekts, das die übrigen Subjekte als Ziele begreift, die Kunst ist der Erkenntnisakt, der das Objekt als Ziel begreift, die Ehre ist der Akt, der die Beziehung zwischen Subjekt und Objekt als Ziel begreift, denn sie besteht darin, den eingegangenen Kompromiß auszutragen.

In der Machtgier keimt das Böse auf, aber der Machtbesitz ist Bedingung für das Gute. 6234

Die zwei Seiten der politischen Immoralität: uns nach der Macht sehnen, die wir nicht besitzen, und die Macht verschmähen, die wir haben.

Unzählige Dinge geben sich nur in den Besitz desjenigen, der sie ererbt. 6235

6236 Der höfliche Mensch verführt insgeheim selbst den, der ihn beleidigt.

6237 Die irreduziblen Begriffe verhindern, daß das Gebälk der Welt sich in nichts auflöst.

6238 Das Verstehen macht von dem Punkt aus einen Sprung, an dem das Erklärbare endet.

6239 Die Technik ist keine neutrale Tätigkeit.

Der Mensch vergißt dabei, auf seine unwillkürliche Neigung zum Bösen zu achten.

6240 Für das Wichtige gibt es keine Beweise, nur Zeugnisse.

6241 Die ethischen Regeln variieren, die Ehre wandelt sich nicht. Edel ist, wer es vorzieht zu scheitern, anstatt zu seinem Sieg zu unwürdigen Hilfsmitteln zu greifen.

6242 Der Künstler ist eine tragische Gestalt: Retter des Objektes, nicht jedoch seiner selbst.

Die Kunst gedeiht gleichermaßen an der unversehrten Weinrebe wie am verrotteten Rebholzreisig. Nicht einmal der Genius selbst heilt die Lepra desjenigen, den er salbt.

6243 Wer mit guten Absichten in die Irre geht, dem werden zugleich seine gute Absicht wie sein Irren zur Last gelegt.

6244 Jede erfüllte Pflicht besitzt die gleiche ethische Vollkommenheit, aber nicht alle besitzen den gleichen Rang.

Selbst der Heldentod wird an dem Gott gemessen, für den er gestorben wird.

6245 Göttliches Licht funkelt über dem Meere des Daseins.

6246 Der Vernunftschluß geht von Postulaten aus, das Denken von Evidenzen.

Rational vorgehen heißt, sich der Gefahr aussetzen, Trivialitäten zu postulieren, denken heißt, sich der Gefahr aussetzen, einem Trugbild aufzusitzen.

Die Jahre können nur die Intelligenz abstumpfen, die ihr Amt niedergelegt hat. 6247

Das methodologische Schema der Naturwissenschaften erfüllt dank seiner Uniformität und Strenge die Funktionen einer allgemeinen Theorie und schiebt den Überspanntheiten einen Riegel vor. 6248

In den Geisteswissenschaften hingegen verführt die erforderliche Flexibilität und die unumgängliche Vielfalt an Methoden den Spezialisten dazu, den Mangel an allgemeiner Theorie mit irgendeiner modischen Extravaganz auszugleichen.

Der Egoismus, den man dem Künstler nachsieht, ist nicht die Prämie, die er erhält, sondern der Preis, den er zahlt. 6249

Sobald ein System automatisch Antworten auf alle Fragen liefert, sollten wir das System wechseln. 6250

Die Anforderungen der Ehre wachsen mit dem Rang der Verpflichtungen und kommen der plebejischen Seele schnell wie Extravaganzen vor. 6251

Weil der *Homo Faber* sein Werkzeug mit der Spontaneität handhabt, die er von einer unreflektierten Tradition erbt, ist der technische Akt nicht die einzige Determinante seiner Sicht der Welt. 6252

Der *Homo Technicus* hingegen verwandelt dadurch, daß er vorher zur planmäßigen Reduktion des Objekts übergeht, den technischen Akt in die einzige Determinante seiner totalen Sicht.

Es blühen nur die Seelen, die von göttlichem Pollen bestäubt wurden. 6253

Weder die Werte noch die Seele, noch das Leben sind Dinge, über die der Intellekt stolpert. Die Tat durchläuft ein gleichförmiges Universum. 6254

Doch der Mensch bewegt sich in einem Schatten, der von funkelnden Strahlen durchbrochen ist.

Was die Kontraktion einiger Muskeln zu einem Lächeln werden läßt, ist das Streifen unsichtbarer Flügel. 6255

Der Technikwahn ist das Syndrom satanischen Irrsinns. 6256

6257 Die Dinge sind nicht vergänglich, sondern flüchtig. Vergänglich ist unser widerruflicher Besitz.

6258 Wenn wir die Existenz Gottes beweisen könnten, so hätte sich bereits alles menschlicher Souveränität unterworfen.

6259 Das Schuldbewußtsein ist die barmherzige Anrufung eines im Sturz verspotteten Gottes.

6260 Das Gute und das Schöne drohen uns mit gebieterischem Blick und beschnittenen Händen.

6261 Die Wahrheit ist nicht zu trennen von dem individuellen Fleisch, das sie verwundet, doch sie unterscheidet sich von der Wunde.

6262 Die Gnade belebt im Herde eines jeden Objekts die Spuren ihres Feuers und das Aufspringen ihrer Flamme.

6263 Die Schritte der Gnade erschrecken uns wie Schritte eines Passanten im Nebel.

6264 Der Künstler wird zuweilen aus dem Elend seines Ruhmes von dem Gott errettet, der in den Lorbeerkranz Dornen einflicht.

6265 Nichts, das etwas wert ist, löst sich ohne Rückstände in seine Ursachen auf.

Der Geist hängt ab von einer glücklichen Begegnung zwischen einer Ejakulation und einem Spasmus.

6266 Während von Gott abzuhängen das Sein allen Seins ist, ist die Emanzipation des Seins die Abdankung des Seins von seinem Sein selbst.

Im inneren Widerspruch der Sünde löst sich die Substanz auf. Der Tod ist nicht Strafe, sondern Vollzug der Sünde.

Das durch die Sünde von seiner göttlichen Sklaverei befreite Sein fließt in einem Strom von Eiter dem Nichts entgegen.

6267 Der Schwachsinnige zeichnet sich weniger durch den Schwachsinn seiner Ideen aus als durch den seiner Begründungen.

6268 Es genügt, eine Wahrheit zu äußern, um einen Dummkopf zum Lachen zu bringen.

Die subalternen Götter sind Echos göttlicher Schritte. 6269

Alles, was auf der Welt etwas wert ist, ist ihr nicht zugehörig, und 6270
die Welt reißt es nicht mit sich in ihren Untergang. Unser vergangenes Glück erwartet uns am Ende des Tages, um unsere wunden Füße zu salben.

Die Passivität der Dinge täuscht uns: nichts wird von uns mit Drei- 6271
stigkeit behandelt, ohne daß wir einen Gott verletzten.

Es gibt immer Thermopylen, wo man sterben kann. 6272

Fremdes Denken auf dessen mutmaßliche Beweggründe zu verkür- 6273
zen, hindert uns daran, es zu verstehen.

Unter den unpopulären Schriftstellern verdienen viele nicht die 6274
Ehre ihrer Unpopularität.

Die sich der „Errettung des Christentums“ widmen, bieten ihm 6275
letztlich ihre Dienste als Totengräber an.

Die „Grundlagen“ eines Gedankens sind gewöhnlich jene Zonen, 6276
die nicht von ihm erforscht werden.

Der Schlüssel zum Universum ist eine ganz triviale Evidenz: es gibt 6277
keine Technik zur Produktion eines Wertes. Jede Behauptung, die diese Evidenz nicht einschließt, ist falsch.

Die Idee kann nicht in einem Werk Gestalt annehmen, wohingegen 6278
sie sich in einer Definition erschöpfen kann.

Die Nachrichten sind der Ersatz für Wahrheiten. 6279

Die Definition macht das Objekt ausfindig, doch nur die Beschrei- 6280
bung fängt es ein.

Der Moderne bewundert an der Moderne stets das, was am meisten 6281
beschmutzt.

Die klassische Form ist frei von Räude. 6282

Die Seele formt sich nur in zahllosen Traumatmosphären. 6283

6284 Einzig ein System aus prinzipiell unerklärlichen Behauptungen gestattet es, einen Wert abzuleiten.

6285 Das Heldentum einer städtischen Miliz ist von weniger hohem Rang als das des Söldners, der mit Verachtung stirbt, während er aus Loyalität zu seinem Kontrakt einen einsamen Hügel verteidigt.

6286 Die Thesen der Psycho-Physiologie werden um so komischer, je präziser sie werden.

6287 Erst nach Ablauf von Jahrzehnten erscheint die Liste der von irgendeiner Generation verehrten Autoren einfach nur noch kurios und nicht mehr offenkundig lächerlich.

6288 Indem sie sich selbst als Ziel begreift, verwandelt die Kreatur sich in eine Verkettung von Ursachen und Wirkungen. Die Materie ist die Asche der Schuld; Leben glüht dort, wo die Rebellion noch aufzuckt.

In dieser glühenden Asche des Brandes kann noch höchste Ehrfurcht geschmiedet werden.

6289 Die metaphysischen Fragestellungen bedrängen den Menschen nicht, damit er sie löse, sondern damit er sie lebe.

6290 Um zu erreichen, daß der Techniker sich ausschließlich zu seinem Amt befleißige, komprimiert die Industriegesellschaft sein Hirn, ohne seinen Schädel zu deformieren.

6291 Ich strebe bloß danach, eine Ellipse zu entwerfen, deren Brennpunkte die absolute Kontingenz des Daseins und die völlige Zweckfreiheit des Wertes wären.

Bewußtsein der Kreatur und Erfahrung der Gnade.

6292 An Gott zu glauben heißt nicht, an Gott zu glauben, sondern nicht nicht an ihn glauben zu können.

6293 Nur wenige Personen haben kein Verlangen danach, daß die Umstände ihnen ein wenig die Seele verwirren.

6294 Wirklich ist nicht, was das Denken erklärt, sondern was es nicht versteht.

Die Kosten für den Fortschritt lassen sich in Dummköpfen berech- 6295
nen.

Der Unterschied zwischen den Fehlschlägen und den Erfolgen, die 6296
in Reichweite der gewaltigen Mehrheit liegen, ist kaum wahrnehmbar.

Den Menschen rettet davor, nichts als Lehm zu sein, seine Emp- 6297
fänglichkeit für Epiphanien.

Das Genie ist gewöhnlich ein erstaunlich inkongruenter Ausdruck 6298
seines Volkes.

Die Vergebung erlöst, da sie den Akt der Sünde selbst umkehrt: 6299
statt daß sich das Mittel als Zweck begreift, begreift sich der Zweck
als Mittel.

Die Vergebung erlöst das Sein selbst, denn der Zweck, der sich selbst als Mittel begreift, ist oberster Zweck.

Jede Epoche erachtet das für erklärt, was man ihr in den Worten 6300
ihrer geheimen Überzeugungen formuliert.

Die begeisterte Mimikry des Fremdlings wirkt kulturzersetzend. 6301

Eine Kultur geht in der Tat nicht zugrunde, indem sie exotische Elemente in sich aufnimmt, sondern indem sie von fremden Geistern assimiliert und verbreitet wird.

Wir verstehen leichter von oben nach unten – entgegen dem, was 6302
behauptet wird – als von unten nach oben.

Sieche Kulturen versuchen zu überleben, indem sie systematisch 6303
imitieren oder sich radikal erneuern.

Geistige Gesundheit hingegen bedeutet, zu kommentieren, ohne zu imitieren, und zu erneuern, ohne abzuschaffen.

Da wir ins Elend hineingeboren werden, können wir im Leben vor- 6304
angehen, ohne unsere Gedanken verbiegen zu müssen.

Der Demokrat ersehnt insgeheim, nur dem zu dienen, der nicht zu 6305
befehlen verdient.

Welches andere Auswahlkriterium erklärte sonst die Irrtümer des allgemeinen Wahlrechts?

6306 Die unfehlbare Weise zu gewinnen ist verheerender als jede Niederlage.

6307 Bei Werken, die wir bewundern, erweisen sich offensichtliche Fehlerhaftigkeiten dem Kennerblick als heimliche Faktoren ihrer eigentlichen Vortrefflichkeit.

6308 Die Erlösung ist ein Ereignis, das sich in der Geschichte vollzogen hat, das sich jedoch im Sein verwirklicht.

Was uns erlösen kann, erlöst zu jedweder Zeit, an jedwedem Ort als etwas, das Anteil an der Erlösung hat.

Die Kreuzigung ist Quell der Gnade.

6309 Das Szenarium der Geschichte ist bedrückend geworden. Ausgehend von den grenzenlosen Räumen der Prähistorie sind wir bei der möglichen Allgegenwart des trivialen Ereignisses angelangt.

6310 Der Biograph darf nicht seine Verpflichtung, uns das Wie seiner dargestellten Person mitzuteilen, mit dem lächerlichen Bestreben verwechseln, uns das Warum zu erklären.

6311 Die Distanzen zwischen Nationen, Gesellschaftsklassen, Kulturen und Rassen sind nur geringfügig.

Die tiefe Kluft verläuft zwischen der plebejischen und der patrizischen Gesinnung.

6312 Wenn die Philosophie sich in „Probleme" unterteilt, lauert ihr eine Scholastik auf.

6313 Der talentlose Biograph hofft darauf, daß die Indiskretion der Anekdote die Qualität des Bildnisses ersetze.

6314 Wer respektlos ist, um seine Gleichheit zu demonstrieren, stellt seine Unterlegenheit unter Beweis.

6315 Die liberalen Institutionen haben das Bürgertum daran gehindert, sich zu zivilisieren.

Durch die rechtliche Beschleunigung des gesellschaftlichen Verkehrs werden in der Tat in jeder Generation die begierigen Geister und die schwieligen Hände selektiert.

Um die *de facto* bestehende Kontingenz des Seins mit einer de iure bestehenden Notwendigkeit, *die de iure* bestehende Legalität des Wertes mit seiner de facto bestehenden Anomie, und das Sein mit dem Wert in Übereinstimmung zu bringen, muß man sich einen absoluten Willen vorstellen. Ein Wille, dessen Sein in seinem eigenen Wollen begründet liegt und nicht darin, sich seiend vorzufinden. 6316

Ein Wille, dessen Wollen ein Wert ist und keine Verpflichtung zum Gehorsam. Letztlich ein Wille, dessen Sein ein Wert und dessen Wert ein Sein ist, vorausgesetzt, er gründet den Wert, indem er sich selbst gründet.

Aber die Intelligibilität einer möglichen Aussöhnung ist reine Fiktion, wenn uns der absolute Wille nicht, wie die reine Kontingenz und die reine Anomie, in einer empirischen Begegnung herausfordert.

Ein wenig Intelligenz verschlimmert die Probleme des Individuums. Eine große Intelligenz verschlimmert sie noch mehr, doch sie klärt sie auch. 6317

Niemand ist so lästig wie der Schriftsteller, der zu nichts anderem fähig ist, als mit seinem eigenen Thema zu kokettieren. 6318

Die Anzahl der ästhetisch wertvollen Kombinationen innerhalb einer Sprache scheinen sich bereits nach wenigen Jahrhunderten zu erschöpfen. 6319

Um große Katastrophen auszulösen, braucht es heutzutage keine großen Ambitionen, es genügt eine Ansammlung kleiner Begierden. 6320

Der moderne Luxus entwaffnet den Neid. 6321

Lesen können ist das letzte, was man lernt. 6322

Der Aktivismus hat ebensowenig wie die Hölle einen festen Wohnsitz. 6323

Wer schon kleinmütig fragt, was denn heute zu tun anstehe, dem sollten wir aufrichtig antworten, daß er heute nicht geistvoll sein werde. 6324

6325 Das „Natürliche“ wurde zur axiologischen Kategorie proklamiert, um dem Anstößigen die Absolution erteilen zu können.

6326 Der Mensch ist ein verworfenes Wesen, fähig, sich hin und wieder zu schämen.

6327 Für den von Marx aufgezeigten Bruch zwischen dem „Universalen“ und dem „Partikularen“ hat der Egalitarismus verantwortlich zu zeichnen, da er das individuelle Leben in einen privaten und einen öffentlichen Bereich aufspaltet, indem er die Herrschaftsbeziehungen entpersönlicht.

6328 Der Dumme neidet sogar das, was er nicht begehrt.

6329 Die Sünde erscheint keine Fiktion mehr, wenn uns die Wucht ihrer ästhetischen Vulgarität voll ins Gesicht trifft.

6330 Erziehen heißt nicht Rezepte vermitteln, sondern Widerwillen und Begeisterung.

6331 Ideen werden an allen Marktständen feilgeboten, doch die Intelligenz muß man selbst zum Markt mitbringen.

6332 Das Meßopfer ist heute die Marter der Liturgie.

6333 Indem wir bestimmte Dinge für trivial ansehen, bekennen wir bloß, daß wir sie nicht sehen; doch indem wir andere als trivial ansehen, bekennen wir unsere Dummheit.

6334 Damit das Publikum eine uneigennützige Idee begreift, muß man sie ihm mit aller Dreistigkeit ins Gesicht reiben.

6335 Der Unglaube ist nicht Sünde, sondern Strafe.

6336 Wenn der fortschrittliche Klerus die Kirche schließlich leergeräumt haben wird, dann wird die letzte abergläubische Zivilisation zugrunde gegangen sein.

6337 Die Intelligenz hat die Riten erfunden, um den Menschen vor der Aufrichtigkeit des Dummkopfs zu schützen.

6338 Der Moderne ist weniger stolz als anmaßend.

Selbst unter den Korruptionen finden nur die verwerflichen gering- 6339
fügige Verbreitung.

Nur die „Schrift“ zivilisiert. 6340
Denn „wenn der Geist über dem Gemeinen weht, facht er nur dessen Dummheit an“.

Religiöse Nüchternheit fasziniert, ethische Strenge stößt ab. 6341

Die Intelligenz befähigt sich zur Entdeckung neuer Wahrheiten, in- 6342
dem sie alte Wahrheiten wiederentdeckt.

Der strenge Moralismus stumpft die ethische Feinfühligkeit ab. 6343

Wir sollten nicht den Einzelfall der Norm unterstellen, noch die 6344
Norm dem Einzelfall, vielmehr sollten wir dem Einzelfall selbst seine Norm entreißen.

Was in den letzten zwei Jahrtausenden nicht katholisch gewesen ist, 6345
hatte stets etwas Provinzielles.

Der Blick irgendeines klugen Menschen bringt einen jeden Wür- 6346
denträger ins Stolpern.

Die größte Anklage gegen die moderne Welt ist deren Architektur. 6347

Der zeitgenössische Roman riecht nicht nach Lampen-, sondern 6348
nach Maschinenöl.

Ein Buch schon außerordentlich minderwertig sein, wenn es uns 6349
beim Wiederlesen nicht das Gefühl geben kann, wir hätten es noch nicht gelesen.

Die Humanität ist der einzige völlig falsche Gott. 6350

Nur eine dumme Idee erweckt heutzutage echten Enthusiasmus. 6351

Reaktionär ist ein jeder, der nicht dazu bereit wäre, für seinen Sieg 6352
jeden Preis zu zahlen.

Wissenschaftliche Ideen lassen sich leicht durch unwissende Gei- 6353
ster verderben.

6354 Niemand kann über einen langen Zeitraum hinweg bedeutend sein, ohne wieder dumm zu werden.

6355 Der Abend mancher Existenzen besitzt nicht das Pathos des Sonnenuntergangs, sondern die Fülle des Mittags.

6356 Seine vorherbestimmten Themen lassen bestimmte Episoden im Leben des Künstlers bedeutsam werden.

Es sind die Themen, die die Episoden auswählen; nicht die Episoden, die die Themen hervorbringen.

6357 Nichts, was Befriedigung bringt, dafür jedoch alles, was einen stolz sein läßt, ist grotesk.

6358 Nicht auf Quellen aus zweiter Hand zurückzugreifen, ist die korrekte Definition von *scholarship*.

6359 Der praktische Mensch runzelt perplex die Stirn, wenn er kluge Gedanken hört, und versucht dabei herauszufinden, ob es sich um Flausen oder Unverschämtheiten handelt.

6360 Das Publikum läßt sich nur durch Vernunftschlüsse überzeugen, deren Prämissen es nicht kennt.

6361 In der Geschichte ist es vernünftig, auf Wunder zu hoffen, und absurd, auf Projekte zu vertrauen.

6362 Ebenso wie der Intellektuelle, irritiert der Heranwachsende den Erwachsenen weniger durch die Kühnheit seiner Ideen als durch die Trivialität seiner Dreistigkeiten.

6363 Das Erheiternde an Gesprächspartnern unterschiedlichen intellektuellen Kalibers ist die listige Verstellung, mit der der Kleine sich auf die Zehenspitzen stellt.

6364 Am zeitgenössischen Schriftsteller werden die Reize lediglich in fremden Ländern bewundert.

6365 Epochen intellektuellen Gestammels gehen den kurzen Epochen der vollendeten Diktion der Intelligenz nicht nur voraus, sie folgen ihnen auch.

Heutzutage liegt das Unglück unzähliger redlicher Seelen darin, 6366
daß sie zur Verachtung gezwungen sind, ohne zu wissen, in wessen
Namen sie dies tun sollen.

Wenn wir vergessen, daß frei sein bedeutet, sich den Herren zu su- 6367
chen, dem wir dienen sollen, ist die Freiheit am Ende nichts anderes
als bloß die Chance, daß der ehrloseste Herr uns befiehlt.

Bei denjenigen, deren klugen Gedanken wir nicht ohne Erregung 6368
lauschen können, verblüfft uns die Atonie, mit der andere ihnen
zuhören.

Der Stil ist die Ordnung, welcher der Mensch das Chaos unter- 6369
wirft.

Über nichts ärgert sich der Fortschrittler so sehr, wie über die Starr- 6370
sinnigkeit desjenigen, der sich weigert, das Sichere dem Neuen zu
opfern.

Wir sollten in Perioden historischer Dürre nicht Saatgut zukünfti- 6371
ger Saatzeiten vergeuden.

Der Determinist ist der festen Meinung, daß es kein Pulver gegeben 6372
hat, wenn das Pulver nicht explodiert; er käme nie auf den Gedanken, jemand könne den Docht ausgeblasen haben.

Die formalen Ethiken füllt letztlich der Teufel mit Inhalt. 6373

Wenn Gott keine Person wäre, so wäre er schon längst gestorben. 6374

Ein kluger Text ist auf verschiedenen Ebenen klug. 6375

Der Historiker, der kein klatschsüchtiges Gemüt hat, verwischt die 6376
Konturen der Geschichte in Nebelschwaden.

Die natürliche Theologie spult einen stetigen Paralogismus ab. 6377
Nur die Theologie von einem lebendigen Gott ist möglich.

Nur wenige kluge Köpfe hören wir nicht in ihren Käfigen aus un- 6378
bewußten Überzeugungen blind mit den Flügeln schlagen.

6379 Seit geraumer Zeit moduliert die moderne Welt ein und dasselbe abgeleierte Lied mit immer heiserer Stimme.

6380 Das Christentum als „Wiege der modernen Welt“ zu proklamieren, ist eine schwere Anschuldigung oder eine schwere Verleumdung.

6381 Um herauszufinden, an welcher Stelle der Philosoph mit seinen Gedankengängen ins Schleudern gerät, genügt es, darauf zu achten, an welcher Stelle er am geschwätzigsten wird.

6382 Die Existenz Gottes ist unbeweisbar, denn über seine Person können wir nur unvermutet straucheln.

6383 Das Buch, das bei der „heutigen Jugend“ Anklang findet, muß Jahrzehnte lang Abbuße tun, um die Abgeschmacktheiten zu sühnen, zu denen es angeregt hat.

6384 Die Götter strafen, indem sie die Dinge ihrer Bedeutung berauben.

6385 Die Universität ist jener Ort, an dem die jungen Menschen das Schweigen lernen sollten.

6386 Die Geisteswissenschaften erstarren zu Unverfänglichkeiten, wenn sie nicht in die Geschichte einfließen.

6387 Die echten Kunstwerke explodieren abseits ihrer Zeit wie auf einem Schlachtfeld liegengebliebene Geschosse.

6388 Ein ehrbarer Mensch ist der, der sich selbst die Anforderungen auferlegt, welche die Umstände nicht an ihn stellen.

6389 Die Arglosigkeit des intelligenten Liberalen bringt den Zuschauer immer wieder aus der Fassung.

6390 Die Kulturbesessenheit ist die Geißel der im Aufstieg befindlichen Gesellschaftsklassen.

6391 Jeder Künstler, der sich von einem wie auch immer gearteten Kollektivismus angezogen fühlt, ist dazu bestimmt, abzudanken.

6392 Die Orthodoxie eines Modernismus ist unduldsamer als jede andere Orthodoxie.

Die revolutionäre Aktivität des jungen Menschen ist der *rite de passage* zwischen Jugend und Bürgerlichkeit. 6393

Ein jeder situiert seinen Unglauben an anderer Stelle. 6394
Der meine häuft sich dort, wo niemand zweifelt.

Bis gestern ist der Künstler noch ohne Theorie ans Werk gegangen 6395
oder indem er auf ein und denselben Gemeinplatz zurückgriff, um die verschiedenartigsten Werke zu begründen.
Doch seit kurzem werden die Werke von Ästhetiken erdrückt.

In der Philosophie ist ein bedeutendes Buch dasjenige, das einen 6396
neuen irreduziblen Begriff entdeckt.

Ich glaube mehr an das Lächeln als an den Zorn Gottes. 6397

In den Geisteswissenschaften strebt der Spezialist allem voran 6398
sehnlichst danach, das Offensichtliche zu quantifizieren.

Wenn wir nicht die Möglichkeiten der Sprache beschneiden wollen, 6399
so sollten wir uns davor in acht nehmen, das mystische Vokabular zu vulgarisieren, in dem sie ihren Gipfel erreicht.

In den verschiedenen Berufen verhält sich der Dumme auf ver- 6400
schiedenartigste Weise.
Was den Laien verwirrt.

In der Literatur ist die linguistische Besessenheit erstes Anzeichen 6401
einer allgemeinen Lähmung.

Die Existenz Gottes ist eine analytische Aussage für denjenigen, 6402
der sich als Geschöpf empfindet.

Der Skeptizismus verstümmelt den Glauben nicht, er beschneidet 6403
ihn.

Der Gedanke verkündet seine Strenge, um hinterrücks vage Begrif- 6404
fe einschleusen zu können.

Damit eine Zivilisation überliefert werde, reichen Worte nicht aus. 6405
Wenn die architektonische Landschaft zusammenstürzt, wird die Seele einer Zivilisation zur Wüste.

6406 Man vergeht sich nicht am Geschmack durch das, was einem gefällt oder was man verabscheut, sondern durch das, was man fälschlicherweise auf eine Stufe stellt.

6407 Damit es eine Wissenschaft geben kann, ist es notwendig, die Unbedeutsamkeit des Universums zu postulieren.

Die axiologische Neutralität ist keine wissenschaftliche Schlußfolgerung, sondern ein methodologisches Postulat.

6408 Die Seele ist eine Qualität, die in dem Maße abnimmt, wie Individuen sich zu einer Gruppe zusammenschließen.

6409 Indem wir bestimmte Liturgien abschaffen, schaffen wir bestimmte Evidenzen ab.

6410 Heilige Wälder abholzen, heißt göttliche Spuren verwischen.

6411 Angesichts der Überheblichkeit jeder „Erklärung" fühlen wir uns vor Entrüstung und Ekel geschüttelt.

6412 Das Christentum durchkreuzt die Geschichte, gegen die Widerlegung wie gegen den Beweis gleichermaßen widerspenstig.

6413 Nicht die Botschaft eines Buches, sondern sein Klima ist es, das uns dazu einlädt, in ihm zu hausen.

6414 Wenn die Vorstellungskraft etwas „Schöpferisches" wäre, so würde das Kunstwerk zu einem psychologischen Fall von dokumentarischem Interesse verkommen.

Die Vorstellungskraft nimmt im Wahrgenommenen eine Bedeutung wahr.

6415 Nur der Skeptizismus verhindert die unaufhörliche Inthronisation von Idolen.

6416 *Etre absolument moderne* ist der spezifische Ehrgeiz des Kleinbürgers.

6417 Die die Miene von Eingeweihten aufsetzen, sind gewöhnlich nicht einmal Neophyten.

Auf jedem noblen Gedanken hat der Moderne seinen Fingerabdruck der Verleumdung zu hinterlassen gewußt. 6418

Es genügt schon, nur das Bewunderungswürdige zu bewundern, damit man allein bleibt. 6419

Der Neid ist der Scharfsinn der niederen Seele. 6420

Wenn derjenige, der sich mit seinen gewagten Ansichten brüstet, doch einen Augenblick lang dächte: Mit wem ich sie morgen schon teilen werde! 6421

Wir sollten dem demokratischen Hochmut in allen Himmelsrichtungen nachspüren, die er durchläuft, *non enim uno modo sacrificatur transgressoribus angelis.* 6422

Die Qualität einer Intelligenz hängt weniger davon ab, was sie verstehen kann, als was sie zum Lächeln bringt. 6423

Es nähern sich wieder Epochen, in denen nur überlebensfähig ist, was kriecht. 6424

Was der Mensch „ohne Vorurteile" anfaßt, verdirbt, oder es verdirbt den Menschen. 6425

An der Haltung des derzeitigen Klerus beunruhigt am meisten, daß seine guten Absichten vielfach unbestreitbar sind. 6426

Ergebnisse werden sich nicht ändern, selbst wenn alles sich ändert, solange die Sensibilität sich nicht ändert. 6427

Der Dummkopf plärrt, wir würden das Problem leugnen, wenn wir ihm die Verlogenheit seiner Lieblingslösung klar vor Augen führen. 6428

Der Moderne ist der Mensch, der vergißt, was der Mensch vom Menschen weiß. 6429

Die Kulturen verdorren, wenn ihre religiösen Bestandteile sich in nichts auflösen. 6430

6431 Der Staat würde wieder Respekt verdienen, wenn er sich wieder darauf beschränken würde, bloßes politisches Profil einer konstituierten Gesellschaft zu sein.

6432 Jeder Christ ist unmittelbar verantwortlich für die Verhärtung jedes Ungläubigen.

6433 Der Dumme zittert vor Begeisterung, wenn die Wissenschaft ihm ein Bündel Lappalien aus dem gleichmütigen Schatten hervorzieht.

6434 Reaktionär sein heißt, aus der Seele auch die fernsten Verästelungen des Versprechens der Schlange herausreißen zu wollen.

6435 Die große Menge bricht in Jammergeschrei aus angesichts der unbeugsamen Strenge dessen, der sich dagegen auflehnt, daß in der Hölle unwissende und ungeschickte Hände wirken.

6436 Die Handbücher der modernen Geschichte sind Inventare von Bankrotterklärungen.

6437 Das periodische Wiederaufblühen dessen, was der Fortschrittler für obsolet erklärt, versauert ihm das Leben.

6438 Der Mythos verschleiert nicht die Theorien, er klagt ihr Scheitern an.

6439 Das Gottvertrauen ist keine Zustimmung zu Auffassungen, sondern ein unverhoffter Glanz, der uns zu Boden streckt.

6440 In der Geschichte des Christentums veraltet nichts schneller als die aufeinanderfolgenden Kriterien, mit denen dessen „veraltete Elemente" gekennzeichnet werden.

6441 Einer außergewöhnlichen Intelligenz verzeihen wir alle Extravaganzen.

6442 Im Ozean des Glaubens fischt man mit einem Netz aus Zweifeln.

6443 Nachdem wir aufmerksam einem vertraulichen Geflüster gelauscht haben, begreifen wir, daß der Mensch weniger Lektionen als Exorzismen benötigt.

Der Mensch verehrt die Maschine als greifbare Prämisse der höchsten Blasphemie. 6444

Die Einwilligung begründet nicht die Autorität, sie bestätigt sie. 6445

Der Name, unter dem man uns kennt, ist nur das bekannteste unserer Pseudonyme. 6446

Die Sphinx verschlingt nicht den, der ihr Rätsel nicht löst, sondern den, der dumme Lösungen anbietet. 6447

Die höchste reaktionäre Weisheit würde darin bestehen, selbst für den Demokraten einen Platz zu finden. 6448

Werden wir vom Flügel des Geistes gestreift, weckt er keine schlafenden Gemüter, sondern Alpträume. 6449

Die Erkenntnis gründet auf klugen Ahnungen, nicht auf unumstößlichen Gewißheiten. 6450

Tolerieren sollte nicht heißen, zu vergessen, daß das Tolerierte nicht mehr als Toleranz verdient. 6451

Der Künstler steht nicht mit seinen Artgenossen im Wettstreit, er kämpft mit seinem Engel. 6452

Das unterhaltsame Buch zieht den Dummen nicht an, solange es ihm keine kleinkarierte Deutung verbürgen kann. 6453

Der Moderne dröhnt sich mit Musik die Ohren voll, um sich selbst nicht hören zu müssen. 6454

In einem kommunistischen Land besitzt das sprachliche Zeichen eine Dimension mehr. Das Amen seiner Doppelseitigkeit: als Bedeutetes-Bedeutendes ist das totale Zeichen ein Bedeutendes mit einem einzigen Bedeuteten. 6455

Das Talent entsteht spontan, doch es scheint auch geistig aseptische Epochen zu geben – wie die unsrige. 6456

Die Vulgarisierung vulgarisiert ohne zu divulgieren. 6457

6458 Die Literaturgeschichte stuft diejenigen, die in der Belletristik von außen nach innen alles erneuern, lediglich als literarische Kuriositäten ein.

6459 Die behenden Geister haben einen kurzen Flug.

6460 In den Künsten treten die Urformen gewöhnlich dort in Erscheinung, wo man lediglich konventionelle Formen in bestmöglicher Weise gestalten wollte.

6461 Gewisse Katastrophen öffnen Abgründe in der Welt, ohne die der Mensch ersticken würden.

6462 Die Intelligenz ist ungerechterweise aristokratisch.

Nichts ist deprimierender, als das immense Proletariat in den Bibliotheken.

6463 Solange es dem Menschen nicht gelingt, absoluter Herr seines Schicksals zu werden, brauchen wir uns vor dem Anbruch des höllischen Jerusalem nicht zu fürchten.

6464 Ideen ohne Schärfe werden leichter schartig.

6465 Der Ruhm ist nur unter dürftigen Talenten ein LotteriespieL

6466 Der Fehler liegt oftmals nicht im Text, sondern in seinen Harmonien.

6467 Unter die Erfindungen des menschlichen Hochmuts schleicht sich am Ende eine ein, die sie alle zerstört.

6468 Die Erklärung grenzt ein, die Erkenntnis weitet aus.

Die Erklärung wirkt verarmend, da sie die Begriffe festlegt; die Erkenntnis wirkt bereichernd, da sie sie diversifiziert.

6469 Gut schreiben heißt, eine Kurve mittels der kleinstmöglichen Anzahl von Tangenten zu beschreiben.

6470 Gefängnis ist alles, was auf wissenschaftlichem Wege konstruiert wird.

Die absolute Wahrheit wird nicht das Völlegefühl eines dialektischen Prozesses sein, der alle Teilwahrheiten verschlingt, sondern eine klarsichtige Struktur, in der sie alle an ihren Platz treten. 6471

Die Abnutzung einer Sprache geht schneller vonstatten, und die Zivilisation, die sich auf sie gründet, ist zerbrechlicher, wenn die grammatikalische Pedanterie in Vergessenheit gerät. Zivilisationen sind Perioden normativer Grammatik. 6472

Die Pulsschläge der Geschichte entsprechen zum Teil dem Rhythmus ihrer Epidemien. 6473

Vielleicht ist die einzige geschichtliche Dialektik diejenige des Menschen und seiner Pestilenzen.

Die Kandidatur des „Arbeiters" als Protagonist der Geschichte ist schwächer als die der Mikrobe, die ihn dezimiert.

Wir sind es gewohnt, dem platten Gedanken, den wir gutheißen, den Namen irgendeines berühmten Gedanken zu geben, den wir nicht verstehen. 6474

Nur das Gewöhnliche erfüllt, was das Außergewöhnliche verspricht. 6475

Geordnetes Denken ist, was ein geheimes Zentrum besitzt, selbst wenn es keine sichtbare Gliederung aufweist. 6476

Erste Hälfte des 18. Jahrhunderts, zweite Hälfte des 20. Jahrhunderts: die beiden Halbjahrhunderte, die in den vielen Jahrhunderten der Dichtung die unfruchtbarsten sind. 6477

Was den Reaktionär erschreckt, ist nicht so sehr der von den Revolutionen entfesselte plebejische Aufruhr als vielmehr die behütete bürgerliche Ordnung, die daraus hervorgeht. 6478

Die Würde ist nur glaubwürdig, wenn sie Attribute besitzt, die nicht auf wissenschaftliche Kategorien rückführbar sind. Wenn wir die Authentizität solcher Attribute verleugnen, verselbständigt sich deren Manipulation, und im Namen der Würde der Welt oder des Menschen zu protestieren, wird zu leerem Gerede. 6479

Das Pittoreske des revolutionären Aufzugs verliert unmerklich seine Farbenpracht und wird zur nüchternen Polizeiuniform. 6480

6481 Ohne hierarchische Strukturen ist es nicht möglich, die Freiheit von einer Utopie in eine Tatsache zu verwandeln. Der Liberale entdeckt immer zu spät, daß der Preis für die Gleichheit ein allmächtiger Staat ist.

6482 Die pragmatische Effizienz einer Sprache bleibt in diachroner Hinsicht konstant, aber nur einige ihrer synchronen Stadien sind schön.

6483 Wir Reaktionäre und die Marxisten werden in der zukünftigen Gesellschaft gleichermaßen ein unbequemes Leben führen; aber nur die Marxisten werden Augen machen wie ein verblüffter Vater, wir werden mit der Ironie des Fremden schauen.

6484 Die Verbürgerlichung des Proletariats nahm ihren Anfang in der Konversion zum industriellen Evangelium, das der Sozialismus predigt.

6485 Die wachsende Zahl derer, die die moderne Welt als „inakzeptabel" ansehen, müßte uns eigentlich bestärken, wüßten wir nicht, daß sie alle Gefangene eben jener Überzeugungen sind, die diese inakzeptabel machten.

6486 Laßt uns für das graueste Dasein plädieren.

Der wahrhafte Dissident ist in doktrinärer Hinsicht weder kahlköpfig noch zottelhaarig.

6487 Im pergamentenen Gesicht des modernen Intellektuellen schimmert das Gebein seines zukünftigen Totenschädels durch.

6488 Der Atheist wird Gott niemals seine Nichtexistenz verzeihen.

6489 Der Engelsglaube des Demokraten gerät ins Schleudern, wenn er verlauten hört, daß das Biologische historisch rückwirkende Geltung habe.

6490 Die Geschwindigkeit, mit der die moderne Gesellschaft ihre Feinde absorbiert, müßte unbegreiflich bleiben, wenn nicht das dem Anschein nach feindliche Gegröle die bloße Forderung nach kaum zu erwartender Beförderung wäre.

Den Fortschrittler kann niemand heilen. 6491

Nicht einmal die wiederholte Panik, in die der Fortschritt ihn versetzt.

Wer in der modernen Welt nicht den Schwefel wittert, hat keinen 6492
Geruchssinn.

Die Wirtschaftsexperten sitzen in unfehlbarer Weise Täuschungen 6493
auf, da sie glauben, das Extrapolieren würde es gestatten, Vorhersagen zu machen.

In den Geisteswissenschaften wandeln sich die Modelle schleichend 6494
und mit größter Unbefangenheit vom analytischen Handwerkszeug zu Analyseresultaten.

Die „Irrtümer der Geschichte" müssen als bloße Tatsachen den Irr- 6495
tümern des Verstandes untergeordnet werden.

Jene, die jegliche Metaphysik verschmähen, beherbergen insgeheim 6496
die allerplumpeste.

Nicht Widersprüche zu lösen, sondern sie zu ordnen, ist das einzi- 6497
ge, wonach wir streben können.

Binnen weniger Jahre verliert das Zitat gegenüber dem Autorenna- 6498
men an Wichtigkeit.

Die Geschichte ist weniger eine Evolution der Menschheit als viel- 6499
mehr eine Entfaltung aller Facetten der Menschennatur.

Nur die Intelligenz verletzt, nur die Intelligenz heilt. 6500

Die Fleischwerdung ist kein partielles Ereignis. 6501

Gott nimmt nicht in der abstrakten Vorstellung von der Menschennatur Gestalt an, sondern in der konkreten Fülle einer historischen Lage.

Gott nimmt ebenso Gestalt an in den religiösen Formen des nachbabylonischen Judentums und in den hellenischen Kulten wie in der Materie seines galiläischen Fleisches.

Unzählige Probleme rühren von der Methode her, mit der wir sie 6502
zu lösen versuchen.

6503 Bei der Verrichtung ihres Tagewerks bekommt die Menschheit nur mit alten Schuhen keine Wunden.

6504 Kein einziges Problem wird in der Geschichte gelöst, doch in manchen Epochen werden einige gemildert, so wie sich in manchen Epochen einige verschärfen.

6505 Die Freiheit hebt sich nur schwerlich selbst auf, doch sie schafft mühelos die Sitten ab, die sie bedingen.

6506 Die Geschichte des Christentums wäre verdächtig menschlich, wäre sie nicht das Abenteuer eines fleischgewordenen Gottes.

Das Christentum nimmt das Elend der Geschichte auf sich, so wie Christus das des Menschen.

6507 Die Verbürgerlichung des Proletariats ist Beweis seines definitiven Aufgehens in der Linken.

6508 Der Linke schreibt mit gallendurchmischtem Geifer.

6509 Es gibt Ideologien, die sich mit der Zeit zur Doktrin läutern, und Doktrinen, die mit der Zeit zur Ideologie verkommen.

6510 Von den Problemen, die beschmutzen, erretten uns die Probleme, die ängstigen.

6511 Gott hält das Wunder geheim wie der Mensch die Hinterlist.

6512 Die Thesen des Linken sind behutsam in der Schwebe gehaltene Gedankengänge, bevor sie auf das Argument stoßen, das sie alle liquidiert.

6513 Flehen wir um Erbarmen. Vertrauen wir nicht darauf, daß man uns verzeihen wird, bloß weil wir verstanden sein werden.

6514 Wer nicht unablässig umherhetzt, um seine Gelüste zu befriedigen, fühlt sich in der modernen Gesellschaft stets ein wenig schuldig.

6515 Ohne Zweideutigkeit kann man über gar nichts reden, was des Redens wert wäre.

6516 Die Hellsichtigkeit ist Kriegsbeute der Gebrochenen.

Die ehrenhafte Formel muß ihr Gegengift in sich tragen. 6517

Der subtile Gedanke ist geistreiche Retuschierung von Gemeinplätzen. 6518

Wenn es nicht immer wieder auf Verständnisschwierigkeiten stieße, könnte das Kunstwerk seine Bedeutung nicht behaupten. 6519

Die vermeintlichen gescheiterten Existenzen sind gewöhnlich nichts als gescheiterte maßlose Ambitionen. 6520

In jeder Epoche gibt es zwei Lesertypen: den Neuheitsgierigen und den Literaturbegeisterten. 6521

Daß so viel unvermeidbar Mittelmäßiges geschrieben wird, ist verständlicher, als daß so viel vermeidbar Mittelmäßiges gelesen wird. 6522

Was der linke Historiker in einer Epoche als zentral betrachtet, ist niemals Thema jener Werke gewesen, die von der Nachwelt bewundert werden. 6523

Das Objekt konstituiert sich nicht aus der Summe seiner möglichen, sondern aus der seiner ästhetisch befriedigenden Darstellungen. 6524

Was über ein Buch ausgesagt wird, ist unwichtig, solange man nicht seinen Rang verkennt. 6525

Die Geschichtlichkeit des Wertes bewahrt die Geschichte davor, in reiner Trivialität zu zerfließen. 6526

Die Pedanterie ist die Waffe, mit der der Fachmann seine Zunftinteressen verteidigt. 6527

Was immer man auch sagt, wird auf der Stelle trivial, nicht jedoch die Klugheit, mit der man es sagt. 6528

Die Menschen verkünden ihre Gleichheit nicht, weil sie sich für Kinder Gottes halten, sondern weil sie glauben, der Göttlichkeit teilhaftig zu sein. 6529

6530 Wenn sich der Historiker bemüht, stets neue Ursachen für ein Ereignis aufzuspüren, zeigt er, daß er sein Handwerk zu lernen beginnt.

6531 Die moderne Welt wird genau durch das verdammt, womit der Moderne sie zu rechtfertigen sucht.

6532 Das ästhetische Vergnügen ist oberster Maßstab der edlen Seele.

6533 Die Ereignisse fügen sich nur solange den Erklärungen, wie die Geschichte schlummert.

6534 Um die neue Moral zu widerlegen, genügt es, sich die Gesichter ihrer gealterten Adepten zu betrachten.

6535 Der Kapitalismus ist die liederliche Seite der modernen Seele, der Sozialismus ist ihre fade Seite.

6536 Die Pathologie des Schriftstellers interessiert nur den, der sich nicht für Literatur interessiert.

6537 Der Reaktionär hat nicht nur einen feinen Geruchssinn, um das Absurde zu wittern, er hat auch einen Gaumen, um es zu schmekken.

6538 Die wachsende Integration der Menschheit erleichtert es ihr lediglich, dieselben Laster zu teilen.

6539 In den verschiedenen Epochen ist der Wandel der Einstellungen zum Leben kein Faktum, das durch andere Fakten erklärt wird, sondern es ist das Faktum, das sie alle erklärt.

6540 Wer die Existenz von Rangstufen negiert, macht sich keine Vorstellung davon, mit welcher Deutlichkeit die anderen die seine wahrnehmen.

6541 Weil er gehört hat, religiöse Aussagen seien allesamt Metaphern, glaubt der Dummkopf, sie seien Fiktionen.

6542 Ich habe nur ein Thema: den Hochmut.
Jeder Fleck ist seine Spur.

Es ist ungehörig und fast schon obszön, dem Menschen vom „Fortschritt“ zu sprechen, wenn jeder Höhenweg von Friedhofzypressen gesäumt ist. 6543

Jedes ästhetische Programm wird um so annehmbarer, je mehr man lernt, es mit Feingefühl unscharf zu stellen. 6544

Selbst wenn es für den modernen Menschen den Anschein hat, seine verschiedenartigen Überzeugungen würden jede für sich betrachtet auf Evidenzen gründen, so sind sie doch alle nur Folgesätze ein und desselben Credos. 6545

Es gibt keine Gedanken, die den Verstand erweitern, aber es gibt welche, die ihn verkürzen. 6546

Vielleicht führt einzig die ästhetische Tätigkeit nicht gegen eine Wand. 6547

Auch wenn es nötig sein mag, um ans andere Ufer zu kommen, einen Sprung von der Stelle aus zu machen, wo er hinführt.

Es gibt Thesen zuhauf, deren „Tiefgründigkeit“ lediglich den Rausch wiederspiegelt, den ihre Entfernung von der Realität verursacht. 6548

Es ist utopisch zu glauben, etwas anderes als die Verjährung der Sünden könne die Dinge bereinigen. 6549

Im intellektuellen wie im gesellschaftlichen Bereich sind ehrbare Leute nicht solche, die sich in der Stadt hervortun, sondern solche, die ihr Vaterhaus auf dem Land haben. 6550

Die Zeit destilliert die Wahrheit im Glaskolben der Kunst. 6551

Die Geschichtsschreibung eines Problems ist gewöhnlich interessanter als das Problem selbst. 6552

Der sexuelle Schlüssel dechiffriert nur untergeordnete Probleme. 6553

Über eine Wahrheit einigen wir uns nicht, indem wir sie diskutieren, sondern indem wir reifer werden. 6554

6555 Der psychologische Mechanismus des „vorurteilsfreien Individuums“ ist ohne Interesse.

6556 Die Dichtkunst müßte eines Tages viele Themen wieder aufgreifen, die ihr von der Rhetorik gestohlen worden sind.

6557 Die Sinnlichkeit ist kulturelles Erbe der antiken Welt.

Gesellschaften, in denen sich die griechisch-römische Spur verwischt oder in denen sie nicht vorhanden ist, kennen nur Sentimentalität und Sexualität.

6558 Mehr noch als vor der Plebs, welche die Wahrheit angreift, müssen wir uns vor jenen Verteidigern der Wahrheit schützen, die sie plebejisieren.

6559 Die Wandlung vom Volk zur Plebs bedarf der aufstachelnden und emsigen Intervention des Demokraten.

6560 Die Teilnahme an „kulturellen Aktivitäten“ unterscheidet den gemeinen vom gebildeten Menschen.

6561 Wer keine Sehnsucht erfahren hat, kann keine Sehnsucht erwecken.

6562 Es genügt bereits, daß ein Trottel über irgendein beliebiges Thema schreibt, damit ein anderer Trottel diese Trottelei respektvoll in einer Bibliographie zum Thema verzeichnet.

6563 Der Leichnam des Reiches ruht in den Krypten der Kirche.

6564 Unsere Niederlagen sind nicht von Belang, solange wir nicht deren Urheber sind.

6565 Das Wort wurde uns nicht gegeben, damit wir unserer Misere Ausdruck verleihen, sondern damit wir sie verklären.

6566 Den intellektuellen Rang der beschriebenen Person zu verkennen, indem er sie aufgrund von Kategorien niederster Ordnung analysiert, ist der größte Frevel des Biographen.

6567 Um treffend urteilen zu können, bedarf es eines Mangels an Prinzipien.

Der Teufel trägt dort den absoluten Sieg davon, wo er keine Spuren 6568
hinterläßt.

Egalitarist sein heißt, eine Hekatombe mit einem Gemetzel ver- 6569
wechseln.

Ohne Kategorien, die den Wissenschaftler entrüsten, ist es nicht 6570
möglich, Biographien zu schreiben, nicht einmal annäherungsweise.

Um eine kulturelle Kontinuität zerbrechen zu lassen, genügt die 6571
Zerstörung einiger Institutionen, wenn jedoch die Seele mürbe wird, genügt das Fortbestehen dieser Institutionen nicht, damit sie nicht zerbricht.

Gegen die Vorherrschaft des ästhetischen Urteils protestieren jene, 6572
die nicht wissen, daß das Ästhetische keine Empfindung, sondern eine Epiphanie ist.

Sogar in der Liebe selbst webt der Sex nur einen Teil des Geflechts. 6573

Die Wahrheit wird dumm, sobald Dummköpfe sich zu ihr beken- 6574
nen.

„Den Menschen befreien“ bedeutet seit ein paar Jahrhunderten, 6575
ihm plebejische Verhaltensweisen erleichtern.

Niemandem werden seine Gedanken zurückgegeben, ohne daß 6576
man sie zuvor beschmutzt hat.

Jede Epoche verströmt ihren unverwechselbaren Geruch. Morgen- 6577
duft, mittäglicher Männerschweiß, Miasmen nächtlicher Schrekken.

Das Experiment kann nicht nur bestätigen oder widerlegen, es gibt 6578
auch Evidenzen, die es verscheucht.

Die Wahrheit einer Erfahrung kommt ans Licht, sobald deren 6579
spontaner Ausdruck verstummt.

Versuchen wir, die uns niederbeugende Last in eine aufstrebende 6580
Kraft zu verwandeln, die errettet.

6581 Daß man die unauflösliche Einheit von Form und Inhalt unvorsichtigerweise „Identität“ genannt hat, hat dazu geführt, dem Inhalt ästhetischen Stellenwert abzusprechen.

6582 Nur in dem, was er auf erhabene Weise auszudrücken versteht, kann der Mensch tiefe Wahrheiten einfangen.

6583 Solange der Mensch nicht seine Kreatürlichkeit verleugnet, indem er sich selbst vergöttlicht, verehrt er den Stein oder den Lehm, ohne zu sündigen.

6584 Nicht auf dem freien Feld der Welt stirbt der Mensch vor Kälte, sondern im Palast der Konzepte, die der Intellekt aufstellt.

6585 Weder sichert die Übernahme gültiger ästhetischer Prinzipien den Erfolg, noch die irriger Prinzipien den Mißerfolg.

6586 Ein jeder Gedanke ist immer schon zu einfach.

6587 Nicht nur, daß alles stirbt, fast alles ist Totgeburt.

6588 Im Herbst der Kulturen zieht sich der Saft in die trockensten Zweige zurück.

6589 Es gibt keinen unwürdigen Beruf, solange man ihm nicht eine Wichtigkeit beimißt, die er nicht besitzt.

6590 Es wäre übertrieben, dem Abendland die Stellung des Dreh- und Angelpunktes im Universum zuzuweisen, wenn der Rest der Welt nur seine Technik kopieren würde, wenn nicht jede Form, die heute irgendwo erfunden wird, stets den Anschein erwecken würde, von einem talentlosen Menschen aus dem Abendland erfunden worden zu sein.

6591 Wenn wir sagen, daß Worte verklären, versteht der Dumme, daß sie verfälschen.

6592 Alles vergärt zum Chaos, solange das Wort es nicht zu einer Welt gestaltet.

Religiöser Positivismus sollte nicht der Name einer albernen Grübelei sein, sondern der für den Glauben, der weder sich selbst verstümmelt noch die unbegreifliche Seite der Dinge beschreibt. 6593

Der Irrtum keimt nur gut im Schatten einer Wahrheit. 6594

Sogar der Teufel schleicht sich dort gelangweilt davon, wo sich das Christentum im Aussterben befindet.

Die Scheußlichkeit des modernen Antlitzes ist ein ethisches Phänomen. 6595

Die europäischen Staaten haben die Eroberung der Welt in Angriff 6596
genommen, nachdem sie den ersten Ansatz zu einer politischen Struktur zerstört hatten, die dieser Eroberung einen Sinn hätte geben können.

Der auf dem Platz von Neapel abgeschlagene Kopf war nicht nur der eines blonden Jünglings.

Die ökonomische Interpretation der Geschichte hinkt, solange die 6597
Wirtschaft sich darauf beschränkt, Infrastruktur der menschlichen Existenz zu sein.

Sie erweist sich hingegen als zutreffend, wenn die Wirtschaft durch ihre Wandlung zum doktrinären Programm der Weltveränderung zum Überbau wird.

Als Lehre von der Fleischwerdung ist der Katholizismus die Lei- 6598
denschaft für das Konkrete.

Die katholische Idee strebt immer nach plastischer Objektivität.

Der harte universitäre Drill macht den Techniker taub für jede Idee. 6599

Zu leugnen, daß die Dinge eine Rangordnung haben, ist niemals 6600
Überzeugung, sondern Entschuldigung oder Vorwand.

Das Abendland wurde in der sozioökonomischen Schmiede ge- 6601
hämmert, die das Patriziertum dem *ordo senatorius* und der *ordo senatorius* wiederum der feudalen Gesellschaft hinterließ.

Um uns dahin zu bringen, sie zu übernehmen, führen die dummen 6602
Ideen das immense Publikum als Beweis an, das sie teilt.

6603 Der moderne Mensch ist ein Morast, den keine Hand zu modellieren vermag.

6604 Der Reaktionär verfaßt keine Verteidigung eines vagen *Ancien régime*, er unterrichtet über das Opfer, um für die Akten der Revolution besser ermitteln zu können.

6605 Die Beeinflussung ist ein Dialog zweier unterschiedlicher Gesinnungen, zweier Stadien ein und derselben Idee: ein Dialog zwischen ihrer Klarheit und ihrer Vernebelung.

6606 Das reaktionäre Denken bricht in die Geschichte ein wie ein Mahnschrei nach konkreter Freiheit, wie eine Zuckung der Furcht angesichts des grenzenlosen Despotismus, bei dem anlangt, wer sich an abstrakter Freiheit berauscht.

6607 Der immanente Gott stirbt daran, fatalerweise in die Rechtfertigung für unsere Gelüste verwandelt zu werden.

6608 Die Geschichte der Welt ist nicht die Geschichte vom Fortschritt der Freiheit, sondern die ihrer zahllosen Fehlgeburten.

6609 Den senilen Geist sieht man dem alten Menschen deutlicher an, im besten Mannesalter ist er jedoch häufiger anzutreffen.

6610 Von einer neuen spirituellen Erfahrung kann man nur in der Sprache einer alten Spiritualität sprechen. Um sie angemessen auszudrücken, muß die Erfahrung die linguistische Metamorphose abwarten, die sie selbst in Gang setzt.

Die hellenistische Denkart, zum Beispiel, ist lediglich Matrix des christlichen Vokabulars gewesen.

6611 Uns Seßhafte, die wir der Mode gleichgültig begegnen, belustigt nichts mehr als der keuchende Galopp des auf der Strecke gebliebenen Fortschrittlers.

6612 Erhabene Worte sind die Ordalien des Schriftstellers.

6613 Wer nicht mittels einer kleinen literarischen Arabeske einen Reitertumult zu zeichnen vermag, darf den Leser nicht verblüffen.

Unseren Nächsten zu lieben ist zweifellos ein Gebot, doch das Evangelium ist die Liebe, die uns erwartet. 6614

Der moderne Mensch verkehrt die Rangordnung der Probleme. 6615

Über die Sexualerziehung beispielsweise halten sie alle Predigten, doch wer sorgt sich um die Erziehung der Gefühle?

Die literarische Geschicklichkeit zeichnet sich darin aus, den Satz bei gleichbleibender Temperatur zu halten. 6616

Der Begriff, der zum Gemeingut wird, kann nicht mehr benutzt werden, solange er noch nicht außer Mode gekommen ist. 6617

Nicht weil die Kritik am Christentum stichhaltig erscheint, hören die Menschen auf zu glauben, sondern weil sie aufhören zu glauben, erscheint sie ihnen stichhaltig. 6618

Der moderne Pantheismus war die Ideologie der industriellen Revolution. 6619

Indem die Reformatoren die heidnischen Reste des katholischen Gottesdienstes abschaffen, beseitigen sie die Träger der Sakramente des Evangeliums. 6620

Die Illusionen täuschen, nicht jedoch die Prämissen. 6621

Nur wenige erzählte Lebensgeschichten sind Schicksal, fast alle scheinen sie als gefügige Herde von Ursache und Wirkung. 6622

Heute erregt nur Anstoß, wer dem Anstößigen aus dem Wege geht. 6623

Die Romantik ist das jugendliche Stammeln der Reaktion; die Reaktion ist die reife Diktion der Romantik. 6624

Die vermeintlich ausschlaggebenden Ursachen eines berühmten Lebens sind gewöhnlich bloß Materialien, die dieses ausarbeitet. 6625

Um das Volk zu erziehen, äfft der Liberalismus es nach, bis er es schließlich in einen liederlichen Erwachsenen verwandelt hat. 6626

Jedes Zeitalter endigt in Maskerade. 6627

6628 Die griechische Statue verdankt die Vollblütigkeit ihres Körpers der hellenischen Spiritualität.

Wo einzig an den Körper geglaubt wird, herrscht tote Geometrie.

6629 Celsus und Porphirius haben den revolutionären Jesus erfunden.

6630 Einmütiger Beifall ist das Anzeichen für die Oberflächlichkeit einer Wahrheit.

6631 Die Subjektivität ist richtig zwischen dem erkennenden Subjekt und der Innerlichkeit des erkannten Objekts.

6632 Im primitiven Aberglauben stammelt eine Sensibilität, die ein wachsames Auge hat für das unsichtbare Relief der Dinge.

6633 Die Wahrheiten machen Zwischenlandungen, doch sie bauen sich kein Nest.

6634 Das Bewußtsein seiner Widersprüche schützt den Geist vor dem Hexenwerk grotesker Harmonien.

6635 Keine Traumblume kann verlorenes Laub ersetzen.

6636 Ohne das Lächeln des Skeptikers mündet die Metaphysik in gnostische Spekulationen.

6637 Nur in der müßigen Seele ist die Vorstellungskraft köstlich und erlesen.

6638 Um vorzutäuschen, daß wir uns in einem Thema auskennen, ist es ratsam, seine neueste Interpretation zu übernehmen.

6639 Der Schmerz, das Böse, die Sünde sind Evidenzen, auf die wir uns nicht stützen können, ohne befürchten zu müssen, daß sie zerbrechen.

6640 Nicht nur für den einheimischen Leser scheint die Sehweise des ausländischen Kritikers im allgemeinen unscharf, sondern auch für den ausländischen Leser.

Um ein Gebärdenspiel oder eine Kritik beurteilen zu können, braucht man in der Tat kein Mime oder Kritiker sein.

Der gewöhnliche Klerus ist Aristokratie und Volk: benediktinische Familie, Bettlerorden. 6641

Die Jesuiten sind das Bürgertum der Kirche.

Es weiß bereits jeder, daß „die Welt verändern" bedeutet: den Menschen bürokratisieren. 6642

Die demokratischen Institutionen öffnen dem Bürger nur die Türen zur politischen Rhetorik. 6643

Schlechter Geschmack ist unverkennbar. 6644

Doch nur wer einen schlechten Geschmack hat, weiß nicht, daß sein Geschmack schlecht ist.

Sich selbst zu verurteilen ist nicht weniger anmaßend, als sich selbst die Absolution zu erteilen. 6645

Es kostet den Kritiker weniger Mühe, ein Bild eine Dummheit sagen zu lassen als ein Buch. 6646

Das Werk, das klugen Zeitgenossen gefiel und das die Nachwelt verachtet, besitzt die ihm zugesprochene Qualität, nicht jedoch die irrtümlich angenommene Quantität. 6647

Obsolet zu nennen, was bloß aufgehört hat, verständlich zu sein, ist ein vulgärer Irrtum. 6648

Was man mit Sicherheit wissen kann, ist nicht wirklich, und das Wirkliche kann man nicht mit Sicherheit wissen. 6649

Die Macht korrumpiert viel eher den, der nach ihr giert, als den, der sie ausübt. 6650

Der Katholizismus ist auch für den Fremden mehr als nur eine christliche Sekte. 6651

Der Katholizismus ist die Zivilisation des Christentums.

Die Freiheit berauscht den Menschen nicht als ein Versprechen der Zügellosigkeit, sondern als Verkündigung der absoluten *Aseität*. 6652

Wozu es heute Mut braucht, ist, nicht zur Verschmutzung beizutragen. 6653

6654 Im Mythos von der Natur haben all jene ein Obdach gefunden, die zu stolz waren, um auf die Knie niederzufallen und zu klug, um sich aufzublähen.

6655 Selbst die Spontaneität des Rebellen ist heute Abklatsch.

6656 Die liberalen Ideen sind reizvoll.
Ihre Konsequenzen verhängnisvoll.

6657 Die Revolution scheint bereits weniger eine Technik zur Verwirklichung eines Projektes zu sein als vielmehr eine Droge, um ab und zu dem modernen Überdruß zu entfliehen.

6658 Die Philosophie, die Literatur, die Künste, die Geisteswissenschaften sind die heutigen Gebiete einer angestiegenen „verkappten Arbeitslosigkeit".

6659 Indem sie das Werk des Trägheitsprinzips vollendete, verdrängte die Idee einer natürlichen Auslese den normativen Naturbegriff.
Aus der reinen Positivität der Norm müssen wir ihre Minderung an Ansehen oder ihre Transfiguration zum Wert folgern.

6660 Ohne den doppelten Arm des Paradoxes ist der Verstand nicht fähig, erlesene Wahrheiten an der Wurzel zu packen.

6661 Je edler eine Landschaft, desto flüchtiger ist der Eindruck, den sie in der Seele der derzeitigen Passanten hinterläßt.

6662 Die Ironie ist die Nachsicht des Pessimisten.

6663 Einzig eine hierarchische Ordnung rettet das Individuum davor, sich in einer hermetischen Monade zu versteinern oder im kollektiven Morast zu verflüssigen.

6664 Die Freiheit ist die untrennbare Bedingung der gesamten ethischen Option und der pervertierten ethischen Option.

6665 Gott ist nicht die Verpflichtung, auf alles zu verzichten, sondern die Gewißheit, daß es uns am Ende an nichts mangeln wird.

Wo die Rechtsregeln bloß Rechtsgültigkeit besitzen, haben am Ende auch die ethischen Normen bloß Rechtsgültigkeit. Die Demokratie demoralisiert die Moral selbst. 6666

Wir sollten nicht erwarten, daß irgendein Erfolg aus etwas anderem als aus unvorhersehbaren Zusammenhängen resultiert. 6667

Es ist besser zu sehen, daß beschimpft wird, was wir bewundern, als zu sehen, daß es benutzt wird. 6668

Wir sollten demjenigen mißtrauen, der nicht unter bestimmten Umständen eines pathetischen Gefühlsüberschwanges fähig ist. 6669

Was nennt der Mensch eigentlich „Fortschritt“? 6670
Was dem Hohlkopf bequem erscheint.

Gegen den Ansturm des Unvorhergesehenen muß sich die Authentizität zu ihrer Rettung an Prinzipien klammern. 6671
Die Prinzipien sind Brücken über die wiederkehrenden Überflutungen eines Lebens.

Die Idee hat Schärfe, aber einzig das Bild hat Tiefe. 6672

Mit Kategorien, die der moderne Verstand zuläßt, können wir nichts als Simples verstehen. 6673

„Gott“ als Folgerung eines Gedankengangs ist das Synonym eines kraftlosen Gedankens. 6674

Das nicht zu Entziffernde ist weniger das Hermetische als das Offensichtliche. 6675

Angefangen bei Möser, Rivarol und Burke läßt sich sagen: wenn ein Reaktionär ein Urteil spricht, wird der Urteilsspruch nur selten von der Geschichte nicht vollstreckt. 6676

Schwammige Geister würdigen die Verpflichtung der Höflichkeit, den Geschmack anderer zu tolerieren, zur obligatorischen Toleranz des schlechten Geschmacks herab. 6677

6678 Die Technik verleitet auf heimtückische Weise dazu, ihre regulatorischen Handlungskategorien in realitätskonstituierende Kategorien zu verwandeln.

6679 Die wenigen Dummheiten, zu denen der Neuerungsfeind sich hinreißen läßt, sind schuld daran, daß niemand ihm die unzähligen Dummheiten zugute hält, denen er aus dem Wege geht.

6680 Die Wirksamkeit einer intelligenten Tat ist heute so problematisch geworden, daß es nicht mehr der Mühe wert ist, unsere Schimären in die Zucht zu nehmen.

6681 Höchste verbale Dichte erreicht man nur mit einfachen Worten.

6682 Der Olymp ist für den modernen Geist ein einfacher spitzer Berggipfel in den Wolken.

6683 Die „Entdeckung der Natur" muß weit mehr noch als den Frühromantikern jenen zugeschrieben werden, die für ihre Klöster und Schlösser die edelsten Landschaften auswählten.

6684 Der erste, der in die Falle eines ästhetischen Schwindels tappt, ist gewöhnlich dessen Erfinder.

6685 Apologetiken und Ästhetiken beharren dummerweise darauf, den Wert mittels ontologischer Konstanten zu beweisen.

6686 Die eintreffende Vorhersage ist Vision des Ewigen.

6687 Das Leben hüllt den einzelnen alsbald ins Leichentuch der Tagesthemen.

6688 Jeder axiologische Volltreffer ist paradigmatisch.
Aber keiner kann als Paradigma dienen.

6689 Die literarische Originalität ist anziehend, die Neuheit der intellektuellen Syntax indes ist faszinierend.

6690 Der Prophet ist kein Vertrauter Gottes, sondern ein von heiligen Sturmwinden geschüttelter Fetzen.

Eine Harmonie, die sich von jener von „Harfe und Lyra“ unterscheidet, muß überweltlich sein. 6691

Nichts bekundet besser die Realität der Sünde als der Seelengestank jener, die ihre Existenz leugnen. 6692

Dem zum ethischen Rezeptbuch verkrüppelten Christentum steht der Katholizismus gegenüber, das heißt: das Christentum als Kunstwerk. 6693

Das einzige Attribut, das man dem Menschen ohne Zaudern absprechen kann, ist seine Göttlichkeit. 6694

Aber diese frevelhafte Anmaßung ist dennoch das Ferment seiner Geschichte, seines Schicksals, seines Wesens.

Einzig und allein minderwertige Werke zu bewundern oder einzig und allein Meisterwerke zu lesen, kennzeichnet den ungebildeten Leser. 6695

Die Vorsicht, mit der jener vorangeht, der zwischen Abgründen unterwegs ist, erscheint demjenigen kleinmütig, der mitten auf der Straße geht. 6696

Alle irdische Herrlichkeit ist das Werk erstaunter Hände, da keine Herrlichkeit je vom menschlichen Willen abhängig sein kann. 6697

Denn jede Herrlichkeit widerlegt die Grundbehauptung der Sünde.

Der literarische Nationalismus wählt seine Themen mit den Augen eines Touristen. 6698

Von seinem Boden aus sieht er nichts als Exotisches.

Die Wahrheiten sterben stranguliert von den Bastarden, die sie hervorbringen, sobald sie mit Dummköpfen unter einem Dach leben. 6699

Die postkantianischen Materialismen sind Stämme, die eine Klimakatastrophe dadurch überlebt haben, daß sie sich von bereits verwesten Kadavern ernährten. 6700

Die zeitgenössische Ethik unterscheidet sich von der Ethik durch ihren Versuch, die Allophone der Habgier zu Tugenden zu proklamieren. 6701

6702 Die bloße Summe der Ursachen macht noch kein Schicksal aus.

Das Schicksal ist jene Kurve einzelner Lebensgeschichten, die von kluger Hand entworfen scheint.

6703 Gefeiert zu sein ist befriedigend, aber beunruhigend.

6704 Den Menschen neu erziehen würde darin bestehen, ihn aufs neue zu lehren, die Dinge richtig zu bewerten, das heißt: weniger zu benötigen.

6705 Der Schriftsteller muß bereit sein zu korrigieren, was ein kluger Leser verurteilt, nicht jedoch die Korrekturen zu übernehmen, die dieser ihm vorschlägt.

6706 Der Protestantismus gab den Auftakt zu jener Privatisierung des Christentums bis hin zur reinen Idiosynkrasie, die es erlaubt, den einzelnen nach seiner Religion zu fragen, nachdem man ihn nach seiner Lieblingsfarbe gefragt hat und bevor man ihn nach der von ihm am meisten bewunderten Schauspielerin fragt.

6707 Ohne den Einfluß dessen, was der Trottel Rhetorik nennt, wäre die Geschichte nichts weiter als ein schäbiger Tumult gewesen.

6708 Wer sich ungezwungen seiner Neigung hingibt, fasziniert uns zuerst, und wird uns dann lästig.

6709 Die Ursünde verbannt den Sünder in ein stilles und graues Universum, in dem er dicht über dem Wasser als regloser Schiffbrüchiger bis zur unerbittlichen Bedeutungslosigkeit treibt.

6710 Nicht weil es „überwundene“ Epochen gibt, ist keine Restauration möglich, sondern weil alles sterblich ist.

Ein Sohn ist nicht Nachfolger eines überwundenen, sondern eines toten Vaters.

6711 Die Systeme sind die arbiträren Tierkreiskonfigurationen unserer inneren Konstellation.

6712 Man behauptet, die Verkettung von Ursache und Wirkung stelle eine intelligible Serie dar, um zu verbergen, daß sie lediglich eine nützliche Serie ergibt.

Die modernen Schweinsgesichter sind transparente Kryptogramme 6713
der Sünde.

Die Ideen verwittern in aseptischen Gesinnungen. 6714

Was wir mit dem Alter entdecken, ist nicht die Nichtigkeit von al- 6715
lem, sondern von fast allem.

Der Mensch überschreitet die Bestie, indem er seine Instinkte hier- 6716
archisiert.

Der Theologe wird ganz offensichtlich mehr Überraschungen zu 6717
bieten haben als die Betschwester.

In der Philosophie ist die Präzision eine falsche Eleganz. Die litera- 6718
rische Präzision hingegen ist die Grundlage des ästhetischen Gelingens.

Wir sollten aufpassen, daß wir aus der Begegnung mit unterirdi- 6719
schen Göttern nicht irrsinnig hervorgehen.

Nichts erscheint dem Laien überflüssiger als unverzichtbare Subti- 6720
litäten.

Der legitime Monarch ist nicht der *princeps solutus legibus* der cäsa- 6721
rischen Rechtsgelehrten, sondern die legale Möglichkeit angesichts eines konkreten Einzelfalls, die juristischen Regeln aus ihrem Dogmenschlaf zu reißen.

Der Leser ist geneigt, Irrtum zu nennen, was ihn an einem Text 6722
verwirrt.

Überzeugungen sind Meinungen, denen die Brüchigkeit ihrer 6723
Grundfeste in Vergessenheit geraten ist.

Um zu verhindern, daß das bürgerliche Ethos die Hegemonial- 6724
macht erlangt, ist es nötig, es in die mittlere Zone einer klassizistischen Gesellschaft zu verbannen.

Die Seelen kristallisieren nur unter dem tragischen Druck der Ge- 6725
schichte.

6726 Die Freiheit verdient lediglich den Respekt, den die Tätigkeit verdient, in die sie mündet.

6727 Die Menschen bewohnen gewöhnlich nur das Untergeschoß ihrer Seelen.

6728 Es gibt keine absurde philosophische Anschauung, solange sie das Risiko kennt, das sie auf sich nimmt.

6729 Die authentische Geschichte ist die Umwandlung irgendeines nackten Ereignisses durch den Verstand oder die Vorstellungskraft.

6730 Die zeitgenössischen Philosophen leben unter mehr Tabus als die primitiven Zauberer.

6731 Der einzelne sucht nach seiner Identität nur, wenn er an ihrer Qualität zweifelt.

6732 Der authentische Mythos verträgt keine Paraphrase.

6733 Trivial ist, was nicht mit Feingefühl oder Witz gesagt worden ist.

6734 *Umanisti, gens de lettres, intellectuals* sind Spielarten der gleichen Rasse von Denkern ohne Originalität, die ohne Talent schreiben.

6735 Epistemologie, die einen ontologischen Idealismus mit einem axiologischen Realismus vereinigt.

Die Welt ist meine Vorstellung abzüglich der Herrlichkeiten, die sie zerreißen.

6736 Wer die Tugenden des Bürgertums leugnet, ist von dessen schlimmstem Laster verseucht worden.

6737 Ich mißtraue dem System, welches das Denken mit Vorbedacht konstruiert, ich vertraue auf dasjenige, das aus der Konstellation seiner Spuren resultiert.

6738 Komplexe Gedanken werden in den Geistes- wie in den Naturwissenschaften nicht aus einfachen Gedanken zusammengebaut.

Sie degenerieren vielmehr zu einfachen Gedanken.

Noch immer hat das intelligente Denken Einfluß, unglücklicher- 6739
weise jedoch *secundum modum recipientis.*

Als höchstes Ideal ist die Freiheit erster Schritt zum endgültigen 6740
Nihilismus.

Der Absolutist strebt nach einer souveränen Kraft, die alle anderen 6741
Kräfte unterjocht, der Liberale nach einer Vielzahl schwacher Kräfte, die sich gegenseitig neutralisieren.

Doch das axiologische Gebot verordnet die Hierarchie vielfacher, energischer und tätiger Kräfte.

Ein jeder legt sein Geständnis ab, doch nur der Talentierteste offen- 6742
bart sich.

Unser Vertrauen in das Wissen der anerkannten Reiseführer wird 6743
heutzutage erschüttert, wenn wir sie Gegenden beschreiben hören, die wir kennen.

Die *Entzauberung* des Universums rührt nicht von aufgedeckten 6744
Schwindeln her, sondern von verbreiteten Trugbildern.

Gegenwärtig leugnet man gewöhnlich den Einfluß der „Ideen", um 6745
gewöhnlichen Ereignissen das Gewicht eines Schicksals beimessen zu können.

Dumm sein heißt glauben, man könne den Ort photographieren, 6746
den ein Dichter besungen hat.

Eine Rechtsregel hat gemäß der demokratischen Rechtsprechung 6747
keine juristische Geltung, die über die einer Übergangsbestimmung hinausgehen würde.

Der echte Dichter sucht weniger nach neuen Mineralien als nach 6748
verlorenen Gesteinsadern.

Die Ideologien sind fingierte Seekarten, doch von ihnen hängt es 6749
letztlich ab, an welchen Klippen wir Schiffbruch erleiden.

Wenn uns der Eigennutz antreibt, leitet uns die Dummheit.

Zur physiologischen Deutung greift zurück, wer Angst vor der 6750
Seele hat.

6751 Das Beste am gelehrten Buch ist sein köstlicher Geruch nach Gelehrsamkeit.

6752 Ohne religiöse Gewohnheiten verlernen die Seelen die zarten und feinen Gefühle.

6753 Die langlebigsten Wahrheiten erscheinen am unbedeutendsten.

6754 Der Apologetiker jedweder Sache fällt leicht der Versuchung anheim, seine eigene Überzeugung zu überflügeln.

6755 Der Tonfall eines Satzes ist das einzige Geständnis, das wir nicht verfälschen können.

6756 Die klassische Kunst ist die Beseelung der klassischen Form durch die romantische Seele.

Wenn es nicht von der romantischen Seele beseelt ist, ist das Werk klassizistisch.

6757 Es gibt übergenug Wahrheiten, die durch ihre Jugendfreundschaften verdorben worden sind.

6758 Durch die Verordnung, daß der Mensch ein Zwischenprodukt sei, rechtfertigt sich die doktrinäre Gewalt.

6759 Bei den demokratischen Wahlen wird darüber entschieden, wen zu unterdrücken statthaft ist.

6760 Die Irrtümer lenken uns von der Kontemplation der Wahrheit ab, indem sie uns dazu verleiten, sie durch Schreie zu verschrecken.

6761 Der einzige Sieg ist der kluge Blick.

6762 Die berühmten Männer des 19. Jahrhunderts scheiden sich in die einflußreichen und die großen.

6763 Die Kirche ging ihrer Verkalkung zur bloßen Sekte aus dem Wege, indem sie vom Christen forderte, von sich selbst – und nicht vom Nachbarn – die höchste Vollkommenheit zu fordern.

Seitdem die Oberklasse verschwunden ist, kann man sich bereits an 6764
keinem Ort mehr vor der Selbstzufriedenheit der Mittelklasse und der Grobschlächtigkeit der Unterklasse in Sicherheit bringen.

Aus der Übertragung religiöser Erfahrungen in doktrinäre Behaup- 6765
tungen leitet der Automatismus des Intellekts mechanisch ungeheuerliche Konsequenzen ab.

Die Idee von der Vorherbestimmung beispielsweise, welche das überströmende Vertrauen der beheimateten Seele zum Ausdruck bringt, wird in die theologische Anstiftung zur Furcht vor der Verdammnis umgedeutet.

Jeder Perfektionismus ist pelagianischen Ursprungs, selbst der kal- 6766
vinistische.

Sobald in Vergessenheit gerät, was die Zeitgenossen lasen, bleibt die 6767
Literatur der Epoche übrig.

Wir sollen ohne Zaudern unsere Wahl treffen, ohne jedoch zu ver- 6768
tuschen, daß die Argumente, die wir zurückweisen, häufig denen gleichkommen, die wir annehmen.

Der Urirrtum: die Vergöttlichung des Menschen, hat keine Wur- 6769
zeln in der Geschichte.

Der gefallene Mensch ist die stete Möglichkeit, ihn zu begehen.

Es hat nicht den Anschein, daß die Geisteswissenschaften im Un- 6770
terschied zu den Naturwissenschaften einen Zustand der Reife erlangen würden, in dem die Notwendigkeiten automatisch offensichtlich wären.

Heutzutage gibt es massenhaft Menschen, die sich selbst für Neue- 6771
rer halten, weil sie jene nachäffen, die Neuerungen eingeführt haben.

Ein aufrichtiges Lob ist, was dem, der es ausspricht, wie eine Belei- 6772
digung erscheint.

Das Hinscheiden eines Schöpfers irdischer Paradiese weckt zu- 6773
gleich Mitleid und Gelächter.

6774 Indem er die Erosion des *Ordo Senatorius* aufhielt und ihm erneut die Pforten der Macht öffnete, legte Konstantin der Große die Fundamente des Abendlandes.

Weder ein byzantinischer Cäsaro-Papismus, noch eine puritanische Theokratie konnten sich dort entfalten, wo die Feudalgesellschaft im Heiligen Reich ihre Struktur der libertären Barrikaden hierarchisierte.

6775 Aus den Elendsvierteln des Lebens kehrt man nicht weiser, sondern schmutziger zurück.

6776 Selbst wenn die Entwürfe zu einem Werk ästhetischen Wert besitzen, ist die psychologische Kontinuität zwischen dem Werk und seinen Entwürfen keine Spur für eine Embryologie des Wertes dieses Werkes.

6777 Ein scharfsinniges Buch erscheint zuletzt einfältig, und ein einfältiges mitunter scharfsinnig.

6778 Die ästhetische Wahrheit, die konzeptualisiert wird, hört auf, gesichert zu sein.

6779 Was die Freiheit zu unseren Werken beiträgt, zählt wenig verglichen mit dem, was Notwendigkeit und Gnade beitragen.

6780 Die Tradition ist kein Text, sondern dessen Lesart.

6781 Alles treibt hin zum Tod, doch nur was des Wertes ermangelt, hin zum Nichts.

6782 Die „großen Männer“ sind Farbspektren, die im göttlichen Licht und in plebejischer Nacht zu nichts zerfließen.

6783 Der zweckgerichtete Providentialismus verrät einen theologischen Provinzialismus.

6784 Wenn man unter Meinungen lebt, vergißt man, wie wichtig es ist, zwischen Ideen einfache Akzente zu setzen.

6785 Selbst von einer Anthologie muß man erst eine Anthologie erstellen.

Die vier oder fünf unantastbaren philosophischen Aussagen gestatten es uns, alle übrigen in den Wind zu schlagen. 6786

Das zeitgenössische Publikum ist das erste, dem man mühelos verkaufen kann, was es weder braucht noch ihm gefällt. 6787

Wir, die wir, was wir denken, ohne Vorsicht oder Vorbehalte sagen, sind nicht einmal für diejenigen nützlich, die denken wie wir. 6788

Das monolithische Denken stürzt in sich zusammen, wenn es von einem Flügel gestreift wird. 6789

Zu wissen, daß nichts beweisbar ist, nötigt einen nicht dazu, am Licht zu zweifeln, und befreit von den Schrecken der Nacht. 6790

Der Katholizismus ist der Unterschlupf der Reaktion. 6791

Der Fortschrittler träumt von der wissenschaftlichen Stallaufzucht der Menschheit. 6792

Die Krise des Christentums im 19. Jahrhundert hat tausend religiöse Simulakren und eine authentische Religion hervorgebracht: die Kunst. Eine Religion, die schließlich fehlschlug, da ihre Adepten nicht begriffen, daß die Kunst nicht Gott, sondern Prophet gewesen ist. 6793

Dennoch sollten wir nicht die Theologie der Patres der ästhetischen Kirche mit der kaufmännischen Predigt der agnostischen Seminaristen zeitgenössischer Kunst verwechseln.

Heutzutage genügt es, irgendeinem Topos den Namen „historische Notwendigkeit“ zu geben, um ihm einen freundlichen Empfang zu sichern. 6794

Das moralische Bewußtsein ist lediglich die Instanz, in der die Zweideutigkeit des Konkreten mit der Eindeutigkeit der Vorschriften in Konflikt gerät. 6795

Der Wortschatz der handwerklichen Gewerbe riecht gut; jener der industriellen Berufe ist übelriechend. 6796

6797 Hinreichende und notwendige Bedingung des Despotismus ist das Verschwinden jeder Art gesellschaftlicher Autorität, die nicht vom Staat verliehen wurde.

6798 Jede Wahrheit wird zwischen einem Ochsen und einem Esel geboren.

6799 Ohne eine langweilige Kindheit bei lateinischen und griechischen Übersetzungen können wir als Schriftsteller die Mißtöne des Stümpers nicht vermeiden.

6800 Die Tiefgründigkeit des zeitgenössischen Schriftstellers ist gewöhnlich ein optisches Phänomen.

6801 Der Historismus lehrt zwar, jeden Erfolg zu bewundern, nicht jedoch anzunehmen, alles sei ein Erfolg.

6802 Die modernen politischen Doktrinen sind Spielarten der Vorsehungsgläubigkeit. In der Tat ist der Vorsehungsgläubige nicht etwa jemand, der an die Vorsehung glaubt, sondern deren angeblicher Vertrauter.

6803 Die Idee spiegelt den Geist, der sie ansieht.

6804 Solange es um Ideen geht, genügt der Kurztext.

Sobald es um Individuen geht, genügt nicht einmal ein langer Text.

6805 Ein Text, der eine Paraphrase gestattet, ist zweitklassig.

6806 Der Historismus unterbindet die Unschlüssigkeit des Intellekts.

6807 Das ursprüngliche Ereignis ist zwar notwendiger Anlaß, jedoch nicht hinreichende Voraussetzung des Folgeereignisses.

6808 Der verhängnisvollste Fehlgriff in der Literatur ist die strikte Befolgung einer ästhetischen Moderegel.

6809 Der Techniker erlangt nur selten das Bewußtsein seines Elends.

Der Wissenschaftler ist sich des seinen zwar gewöhnlich bewußt, doch er kuriert es mit der Philosophie, die er im Ramschladen an der Ecke billig erstanden hat.

Heute schreibt man vorzugsweise in jeder Sprache Esperanto. 6810

Die zeitgenössische Kunst erreicht höchstens den dokumentari- 6811
schen Wert römischer Provinzkunst.

Das Allergewöhnlichste blendet uns schnell mit dem Glanz der 6812
Epiphanie.

Vollkommenheitsträume verdienen nur dann Respekt, wenn sie 6813
nicht ein vulgäres Gelüst nach Überlegenheit bemänteln.

Die politische Klasse ist stets eine für das kapitolinische Schnattern 6814
des Philosophen taube Garnison.

Das Volk will das, was man ihm einflüstert zu wollen. 6815

Wenn wir seine Postulate unter die Lupe nehmen, stehen dem Spe- 6816
zialisten die Haare zu Berge wie angesichts einer Blasphemie, und er zittert wie vor einem Erdbeben.

Das Heidentum war Vorahnung des Christentums. 6817

Gott hat niemals einen größeren Rivalen besessen als den Menschen.

Es gibt ganze Epochen, in denen zu gefallen beschämend ist. 6818

Wer fremde Vorurteile teilt, glaubt sich frei von Vorurteilen. 6819

Wir sollten jede Interpretation eines Textes, die nicht aus einem Ge- 6820
samteindruck herrührt, unter Quarantäne stellen. Es gibt stets Zitate, die man verdrehen kann.

Zwischen den Menschen und dem Nichts legt sich der Schatten 6821
Gottes.

Das Ritual der alltäglichen Unterhaltungen verschleiert uns barm- 6822
herzigerweise die Grundbeschaffenheit der Geisteshaltungen, unter denen wir leben.

Um uns jähe Bestürzung zu ersparen, sollten wir vermeiden, daß unsere Gesprächspartner „das Diskussionsniveau anheben“.

6823 Der Luxus ist vulgär, wenn er Zurschaustellung von Geld ist, nicht jedoch, wenn er Zurschaustellung des Noblen, des Erhabenen, des Heiligen ist.

6824 Wir sollten unserem Geschmack mißtrauen, aber nur an ihn sollten wir glauben.

6825 Niemand außer dem Dummkopf denkt, die geläufige Bemerkung: „Soundso wird heute bereits von niemandem mehr gelesen" sei ein Urteilsspruch über Soundso.

6826 Die ausländische Literatur wurde fast immer mit unweigerlicher Fehleinschätzung bewundert.

6827 Eine geringe Bevölkerung bringt weniger mittelmäßige Intelligenzen hervor als eine zahlreiche Bevölkerung, doch sie kann eine gleiche oder größere Anzahl von Talenten hervorbringen.

Eine starke Bevölkerungsdichte ist der Nährboden für die Mittelmäßigkeit.

6828 Der Vorsehungsgläubige vergißt, daß die Sünde die Karten gemischt hat.

6829 Das Leben, das die Phantasie des Jugendlichen am stärksten anregt, ist genau jenes, das die Alten dazu bringt, es um so mehr zu verabscheuen.

6830 In einer hierarchischen Gesellschaft käme es niemandem in den Sinn, Rang und Individuum zu verwechseln.

In den Demokratien hingegen halten sich die „Höhergestellten" für überlegen.

6831 Die großen Werke wären ganz offensichtlich nicht das, was sie sind, wenn sie diejenige Person zum Autor hätten, die von den modernen Biographen geschildert wird.

6832 Das Volk verunreinigt die Idee und klärt die Worte.

6833 Der Gaumen ist das einzige Laboratorium, das zur Textanalyse geeignet ist.

Die Schüler eines großen Mannes lassen sich unterscheiden in jene, die nie reif werden, und jene, die schnell verderben. 6834

Die derzeitigen Nationalliteraturen scheinen provinzielle Imitationen einer zentralen Literatur, die es nicht gibt. 6835

Die Aktualität, die für den Journalisten von Interesse ist, interessiert nicht den Schriftsteller. 6836

Jede Neuauflage einer Literaturgeschichte läßt ganz diskret den größten Teil der zeitgenössischen Berühmtheiten aus, die in der vorherigen Auflage Erwähnung fanden. 6837

Klarheit ist die Tugend desjenigen, der dem, was er sagt, nicht mißtraut. 6838

Die unerwartete Schäbigkeit schätzenswerter Menschen ist der Gnadenstoß für den Begriff der Utopie. 6839

Die neuen Dichter sehen, aber sie haben kein Gehör. 6840
Die neue Prosa hat weder ein Gehör, noch kann sie sehen.

Irrtümer sind weniger gefährlich als überheblich gewordene Wahrheiten. 6841

Die zwei Dürreperioden der Künste: wenn niemand es wagt, originell zu sein, wenn alle sich dafür halten. 6842

Die Aufrichtigkeit wird schnell zur Ausrede, um Dummheiten äußern zu können. 6843

Da selbst die mittelmäßigste Kopie zum Original wird, wenn wir die Originale, die sie kopiert, nicht kennen, ist Originalität keine ästhetische Kategorie. 6844

Die Bücher, von denen wir nicht mehr lassen können, sind gewöhnlich jene, denen uns zu nähern wir Scheu hatten. 6845

Die alten Vorschriften der Rhetorik verbessern nicht die intellektuelle Diktion des Dummkopfs, der sie beachtet, doch sie gereichen dem klugen Kopf, der sie mißachtet, zum Schaden. 6846

6847 Die marxistische Interpretation irgendeines Individuums irritiert den Zuschauer ebenso, wie ihn die Verleumdung irritiert.

6848 Der Diachronie und Synchronie einer Sprache sollten wir die Uchronie hinzufügen, das heißt: den Zustand höchster Ökonomie, Klarheit, Harmonie, der virtuell im phonologischen, morphologischen, syntaktischen Repertoire einer Sprache enthalten ist, die als definierbare Entität begriffen wird.

6849 Wissentlich Dummheiten zu äußern wagt nur, wer viele Zuhörer hat.

6850 Daß unsere politischen Vorlieben ästhetisch motiviert sind, entrüstet den Puritanismus der Linken.

6851 Wenn eine wie auch immer geartete Tätigkeit ihre Technik perfektioniert, werden ihre Produkte abgeschmackt.

6852 Die Zeit verleiht schließlich den für Granit gehaltenen Gedanken die Konsistenz eines Korkens.

6853 Die Literatur ist keine psychologische Droge, sondern eine komplexe Sprache, die es vermag, komplexe Dinge zu sagen.

6854 Ein melodramatischer oder kakophonischer Text ist nicht nur häßlich, sondern falsch.

6855 Für die magische Prosa gibt es keine Regeln, die zivilisierte Prosa hingegen ist erlerntbar.

6856 Der Irrtum geht immer mit größerer Eleganz einher als die Wahrheit.

6857 Wenn die Intelligenz einer Gesellschaft verpöbelt, scheint die Literaturkritik um so hellsichtiger, je plumper sie ist.

6858 Der Stolz, der Neuerungen einführt, ist zu nichts nutze ohne die Demut, die instand hält.

6859 Selbst wenn alles, was man sagte, falsch wäre, gibt es eine unvergängliche Wahrheit, wenn man nur auf entschiedene Weise spricht.

Die Dummheit des einzelnen entspricht in etwa proportional dem 6860
Enthusiasmus, den eine Maschine in ihm erwecken kann.

Aus dem Gebüsch jedes langen Textes lauert uns ein versteckter 6861
Pädagoge auf.

Nicht die Größe des Menschen leugne ich hartnäckig, sondern die 6862
vorgebliche Allmacht seiner Hände.

Der Dämon benutzt die Tugenden der Wissenschaft, vom Künstler 6863
jedoch kann er nicht einmal die Laster benutzen.

Die Geschichtsschreiber sind langweilig geworden, seit sie wie an 6864
einem provinziellen Stammtisch nur noch vom Geld reden.

Die Mittelmäßigkeit der derzeit aktuellen Belletristik zwingt uns, 6865
jene Schriftsteller wieder aus der Rumpelkammer hervorzukramen, die von der gestrigen Kritik dort eingesperrt wurden, weil es ihnen an Neurosen oder literarischer Schlamperei gebrach.

Extremer Ehrgeiz schützt uns vor Aufgeblasenheit. 6866

Die Dialektik ist der Panegyrikus der Siege. 6867

Dialektisch denken heißt, der empirischen Kausalität die Macht der Vernunft zuzuschreiben.

Vor den intellektuellen Gemeinplätzen rettet sich nur, wer igno- 6868
riert, was zu wissen gerade in Mode ist.

Der Wille unterrichtet die Materie, auf daß die Gnade sie erleuchte. 6869

Der Sozialismus entstand als eine nostalgische Sehnsucht nach der 6870
vom bürgerlichen Atomismus zerstörten sozialen Integration.

Doch er hat nicht begriffen, daß gesellschaftliche Integration nicht das totalitäre Paktieren von Individuen ist, sondern die systematische Totalität einer Hierarchie.

Aus der großen Wirkung, welche die Entdeckung der eigentümli- 6871
chen Faszination der Vergangenheit als solcher auf die gelehrte Kritik ausübte, rührt die „Geschichte“ her.

6872 Manche Generationen haben keinen Gaumen für die knappe und trockene Prosa; andere haben kein Ohr für die große symphonische Prosa.

Versuchen wir, die Hemiplegie des Geschmacks zu vermeiden.

6873 Der einzige Rat, den man dem Schriftstellernovizen bedenkenlos erteilen kann, ist, daß er alles wieder durchstreichen sollte, was er in bewegter Stimmung verfaßt hat.

6874 Der Spezialist arbeitet sich von Monographie zu Monographie bis hin zum endgültigen Koma.

6875 Die Zerstörung der hierarchischen Gesellschaft ist Ursache der *Entfremdung*.

In der Tat entfremdet sich das Individuum in jeder gesellschaftlichen Aktivität, deren Ziel nicht ein weiteres konkretes Individuum ist.

Die Hierarchie, in einer zivilisierten Gesellschaft, bewahrt das von Angesicht zu Angesicht der Urgemeinschaft.

6876 Erst wenn man aus dem modernen Dickicht aufgetaucht ist, kann man in der Ferne den Weg erkennen.

6877 Fortschritt nennen sich die Katastrophenvorbereitungen.

6878 Die dialektische Zauberformel macht den Besiegten zum Verdammten und den Sieger zum Heiligen.

6879 Das Versagen von Experten ist stets ein sympatisches Schauspiel.

6880 Der Individualismus ist nicht Antithese, sondern Bedingung des Totalitarismus.

Totalitarismus und Hierarchie hingegen sind die Endpositionen entgegengesetzter Bewegungen.

6881 Das Mitleid ist in diesem Jahrhundert die Waffe der Ideologie.

6882 Wenn man ein Thema auf Begriffe verkürzt, die eine wissenschaftliche Bearbeitung ermöglichen, geht die Befähigung verloren, es zu verstehen.

Das 19. Jahrhundert nannte Imperialismus das Gegenteil von dem, was das Mittelalter Imperium nannte. 6883

Wir sollten vermeiden, daß unsere Überzeugungen die zimperliche Achtbarkeit einer alten Jungfer erlangen. 6884

Wenn man dem Hohlkopf die Argumente gegen den Fortschritt vorführt, scheinen sie ihm alle als Argumente zu seinen Gunsten. 6885

Letzten Endes verteidigen und attackieren wir mit Feuereifer nur religiöse Einstellungen. 6886

Eine politische Idee, die nicht in die Katastrophe mündet, ist niemals populär. 6887

Der Individualismus preist die Unterschiede, doch er fördert die Ähnlichkeiten. 6888

„These“ und „Antithese“ resultieren aus dem Zerfall der „Synthese“. 6889

Zivilisieren heißt, die Freiheit einschränken, auf daß der Stamm gerade wachse. 6890

Damit das Laub in den Gipfelzweigen gut sprieße.

Der heutige Katholik betrachtet die „wissenschaftlichen Ideen“ mit stumpfsinniger Ehrfurcht. 6891

Sentimus experimurque nos aeternos esse, sagt Spinoza. Eine transzendente Wurzel der Demokratie. 6892

Fremde religiöse Erfahrungen erscheinen allezeit in profane Begriffe übertragbar. 6893

Nur wenige bewundern etwas, ohne sich darum zu scheren, ob ihre Bewunderung sie nun in schlechten oder guten Buf bringen mag. 6894

Die Freiheit ist das Recht, anders zu sein; die Gleichheit ist das Verbot, es zu sein. 6895

Die Intelligenz des modernen Menschen spezialisiert sich unverzüglich darauf, Greiforgan seiner Habgier zu sein. 6896

6897 Ein einziger intellektueller Treffer kann retten.

6898 Die Reise durch den klaren Text einer hellsichtigen Intelligenz ist das einzig vollkommene Vergnügen.

6899 In den edlen Seelen machen sich die Normen heimisch.

6900 Die Pöbelhaftigkeit des modernen Klerus ist um so schlimmer, als die Erziehung der Seele im Abendland immer nur den Fußstapfen der Geistlichkeit gefolgt ist.

6901 Das physisch Mögliche ist niemals menschlich unwahrscheinlich.
Die intellektuellen und moralischen Schranken sind aus Korbweide.

6902 Der Egalitarismus der liberalen Demokratien hat nicht die Reichen ausgemerzt, lediglich die ehrbaren Reichen.

6903 Die libertären Anwandlungen sind schließlich mit ein wenig promiskuitiver Fickerei zu besänftigen.

6904 Die heimliche Umkehrung der ontologischen Klasse in eine axiologische ist der bevorzugte Kniff des intellektuellen Betrügers.

6905 Unter dem Namen „kühne Ansichten“ machen stets die Meinungen desjenigen die Runde, der die Probleme entstellt.

6906 Der Geschmack ist nicht relativ.
Es gibt nur einen guten und einen schlechten.
Und unzählige Abarten.

6907 Der Liberalismus ruft das Recht des einzelnen aus, sich zu erniedrigen, unter der Bedingung, daß seine Erniedrigung nicht die Erniedrigung des Nachbarn stört.

6908 Jede neue Generation in den letzten Jahrhunderten hat mit Nostalgie auf das geschaut, was der vorangegangenen abscheulich erschien.

6909 Die Anmaßung der ontischen Autonomie ist die höchste Sünde, da es der größte Irrtum ist.
Hier verwischen sich Imperativ und Indikativ.

Kaum treten die Völker in der Geschichte in Erscheinung, verfallen sie schon bald wieder zu einem Thema der Soziologie. 6910

Viele glauben zu imitieren, während sie lediglich falsch singen. 6911

Den Liberalen erschüttert die Hinrichtung des Mörders mehr als der Tod des Ermordeten. 6912

Das authentische Individuum läßt sich nicht zusammenfassen, es läßt sich nur ordnen. 6913

Die Diktatur ist die Technisierung der Politik. 6914

Die Leser eines reaktionären Schriftstellers wissen nie, ob es angebracht ist, enthusiastisch zu applaudieren oder wütend aufzustampfen. 6915

Da es unmöglich ist, die Wahrheit zu vermitteln, sollten wir uns damit begnügen, den Irrtum aufzuscheuchen. 6916

Nicht jede neue Generation liefert eine neue Wahrheit. 6917
Nicht einmal eine neue Lüge.

Um den satanischen Hochmut des Demokraten zu entfesseln, genügt es, ihm aus Unachtsamkeit aufs Hühnerauge zu treten. 6918

Die genüßliche Völlerei läßt den Völkern die Seele verdorren und schwemmt ihnen das Fleisch auf. 6919

Der vollkommene Meister untersagt sich die Tücke der Meisterschaft. 6920

Die Dialektik verbietet heldenmütige Entscheidungen, denn hier ist es nicht das Wesen der Sache, das sie annehmen läßt, sondern die Gewißheit ihres Triumphes. 6921

Der strenge Marxist ist kein Anhänger der kommunistischen Sache, er konstatiert die Unvermeidbarkeit ihres Sieges. 6922

Zwischen der Diktatur der Technik und der Technik der Diktatur findet der Mensch schon keinen Durchschlupf mehr, durch den er entwischen könnte. 6923

6924 Die reaktionären Ideen überschreiten nur die Gebirge, so wie die Sonne sie bei ihrem Untergang überschreitet.

6925 Im Verzicht auf die Figuration unterdrückt die Malerei den Reflex, der sich von ihrer malerischen Transfiguration aus auf die Objekte projiziert.

Der Mensch wohnt dann in einem langweiligen Universum aus plastischen Launen und bloßen Utensilien.

6926 Die Zerstörung der Provinzen ist eines der unheilvollen Ereignisse dieses Jahrhunderts.

Provinzial war das Antonym zu Provinzler.

6927 Die politischen Argumente, die ehemals überzeugend schienen, erscheinen nach Ablauf einiger Jahrfünfte einfach nur noch unfaßbar.

6928 Jeder typisch moderne Ausdruck ist eine verkappte Blasphemie.

6929 Hüten wir uns davor, uns in die bloße Umkehrung unserer Gegner zu verwandeln.

6930 Um derzeit mit wohlerzogenen Menschen Umgang zu haben, sind wir gezwungen, Korrespondenzen zu lesen, die wenigstens ein Jahrhundert alt sind.

6931 Darauf zu vertrauen, daß die wachsende Zerbrechlichkeit in einer in wachsendem Maße aus Technik bestehenden Welt keinen totalen Despotismus erforderlich machen wird, ist reine Dummheit.

6932 Es ist nicht nötig, an einer religiösen Doktrin Zweifel zu hegen, solange sie nicht von einer wissenschaftlichen These erhärtet wird.

6933 Solange wir noch den leisesten Ehrgeiz hegen, laufen wir Gefahr, uns eines Betruges schuldig zu machen.

6934 Die alleinige Absicht rettet allein den, der nicht glaubt, daß sie allein rettet.

6935 Das Vermögen wirkt hoffnungslos demoralisierend, wenn es einer ergänzenden politischen Funktion entbehrt.

Selbst die Plutokratie ist dem verantwortungslosen Reichtum vorzuziehen. 6936

Die „Beweise“ für das Christentum sind Versuche, die Gnade zu übergehen. 6937

Wird die Menschheit jemals die anständigen Erfindungen den rentablen Erfindungen vorzuziehen wissen? 6938

Ohne die moderne Erfahrung würden wir immer noch nicht wissen, daß die Freiheit besser zu korrumpieren vermag als der Tyrann. 6939

Die Knappheit ist kein Faktor des objektiven Wertes, sie ist bloß eine traurige Realität. 6940

Das Universum läßt sich einzig mit Waffen unterwerfen, die den versklaven, der sie schmiedet. 6941

Um zahlreiche unumstößliche Behauptungen widerlegen zu können, genügt es, reif zu werden. 6942

Machen wir doch niemandem etwas vor: der Teufel kann die materiellen Güter, die er verspricht, auch liefern. 6943

Die revolutionäre Eloquenz hinterläßt tiefe Furchen in der Geschichte und kaum einige Kratzer in der Literatur. 6944

Das ästhetische Urteil irrt gleichermaßen, wenn es Normen beachtet, wie wenn es sie verwirft. 6945

Die Überladenheit der Bibliographien ist weniger auf das Übermaß an Forschern zurückzuführen als auf den Mangel an Kriterien. 6946

Der einzige, der nicht um Mitleid, sondern um Gerechtigkeit bitten sollte, ist der Künstler. 6947

Die politischen Ansichten des Linken sind erträglicher als seine übrigen Ansichten. 6948

Konflikte brechen selten anläßlich der wahren Diskrepanzen aus. 6949

6950 Die Mehrheit der Menschen einer Gesellschaft besitzt eine bestimmte Mentalität, weil die Gesellschaft eine bestimmte Struktur hat, doch die Gesellschaft besitzt eine bestimmte Struktur, weil eine Minderheit eine bestimmte Mentalität hat.

6951 Ohne Geldsorgen stirbt der Dummkopf vor Langeweile.

6952 Der Rassist täuscht sich, wenn er glaubt, es gebe reine Rassen, der Antirassist, wenn er glaubt, die Zutaten eines Getränkes seien nicht von Belang.

6953 Der Despotismus läßt den Menschen verdorren, die Rebellion sterilisiert, die Freiheit korrumpiert.

Nur auf eine freiwillige Unterwerfung läßt sich etwas Erhabenes gründen.

6954 Der Historiker der Linken betrachtet die aristokratischen Epochen der Geschichte mit dem zimperlichen Getue einer ängstlichen Betschwester.

6955 Da Rationalist sein bedeutet, darüber hinwegzusehen, daß die Logik etwas Formales ist, gibt es ebensoviele mögliche Rationalismen wie unbewußte Behauptungen.

6956 Dem Reaktionär vorzuwerfen, daß er nichts verstehe, ist einfacher, als ihn zu widerlegen.

6957 Die Nationalgeschichte ist solange von Interesse, bis das Land sich „modernisiert".

Danach genügen Statistiken.

6958 An der Freiheit schätzt der Moderne insbesondere das milde und feuchte Klima, in dem alles verweichlicht und verdirbt.

6959 Man gelangt immer zu einer Übereinkunft mit jemandem, der kein Echo ist.

6960 Weil die Postulate nicht beweisbar sind, sollten wir nicht darauf schließen, sie seien gleichgültig.

6961 Die Bemerkungen des ausländischen Kritikers können richtig sein, doch nur selten sind sie passend.

Nüchternheit, Ergebenheit, Bescheidenheit sind laut dem modernen Dogma ideologische Frondienste. 6962

Gegenwärtig wird bloß der als unparteiisch betrachtet, wer diskussionslos die Thesen der Linken akzeptiert. 6963

Die Homogenität einer Gesellschaft wächst mit der Anzahl ihrer Mitglieder. 6964

Bürgerlich sein heißt, sich nicht vorstellen zu können, die Industrialisierung könne etwa nicht erstrebenswert sein und ihre Produkte könnten nicht begehrt werden. 6965

Pseudowissenschaften wie die Psychoanalyse und der Marxismus begehren gegen den auf, der sie untersucht, als wolle er sie unterdrücken. 6966

Jede Utopie schwitzt die Langeweile eines vorstädtischen Sonntagnachmittags aus. 6967

Gut zu malen ist heute so schwer wie zu allen Zeiten, schlecht zu malen ist heute leichter. 6968

Gott und die Poesie sterben gemeinsam und feiern gemeinsam Auferstehung. 6969

Der Marxismus verwechselt Klassenideen mit Klassenideologien: die tief verwurzelte Idee mit der ausgebeuteten Idee. 6970

Die moderne Mentalität übersieht, daß auf dem metaökonomischen Niveau der Ökonomie die Intensität der Nachfrage mit der Intensität des Angebots wächst, daß der Hunger hier nicht mit dem Mangel, sondern mit der Überfülle zunimmt, daß der Appetit hier mit der wachsenden Sattheit nur noch mehr angeregt wird. 6971

Die Geschichte ist das Durcheinanderwirbeln biologischer Gepflogenheiten durch religiöse Sturmwinde. 6972

Mit Ausnahme der Tautologien ist nichts auf der Welt bloßes Produkt seiner Faktoren. 6973

6974 Es sind nicht die zeitgenössischen Konflikte, in die wir uns am stärksten verwickelt sehen. Das geistige Gewicht eines Konflikts hängt nicht vom Kalender ab.

6975 Heute versucht man zu erreichen, daß zu verzeihen bedeutet zu leugnen, daß es ein Delikt gegeben habe.

6976 Der Kniefall des Gleichgültigen ist die allergrößte Schmach.

6977 Wir suchen vergebens nach dem Warum mancher Tatsachen, da wir nach dem Warum der entgegengesetzten hätten suchen müssen.

6978 Der moderne Mensch ist abwechselnd schleimig und steinhart. Wenn er aufhört, sentimental zu sein, wird er unbarmherzig.

6979 Von gesellschaftlichen Strukturen oder historischen Zusammenhängen hängt nicht so sehr die Idee als vielmehr deren Erfolg ab.

6980 Die Kausalität ist weder eine Beziehung von Subjekt zu Objekt, noch von Objekt zu Subjekt, noch zwischen den Subjekten untereinandern.

Die Kausalität ist der Nexus zwischen Objekten als solchen.

6981 Philosophien, die den Dünkel des Menschen bedrohen, sollten sich mit Ächtung und Verleumdung abfinden.

6982 Die Demokratie ist die Politik der gnostischen Theologie.

6983 In Kunst und Literatur ist die Berufung, weit davon entfernt, eine Garantie für Talent zu sein, gewöhnlich ein Schurkenstreich des Schicksals.

6984 Die Reformen sind die Zugangsrampen zu den Revolutionen.

6985 Die Entscheidungen des Volkes müssen wir nicht etwa darum verwerfen, weil sie gewöhnlich abscheulich wären, und noch weniger, weil sie populär wären, sondern weil sie für sich den Anspruch erheben, souverän zu sein.

6986 Das wissenschaftliche Denken klärt die Intelligenz, doch es wäscht sie dabei aus.

Der respektable Historiker trachtet nur danach, einen fortgesetzten 6987
Kommentar zu seinen Quellen abzufassen.

Seine Funktion ähnelt der des Kritikers: uns helfen, das Objekt in angemessener Weise wahrzunehmen.

Der Individualismus ist die Droge, die den Gesunden krank macht, 6988
die Kranken jedoch heilt.

Revolutionen werden immer im Namen der „Vernunft" gemacht, 6989
nicht weil die Vernunft bei der Sache eine Rolle spielen würde, sondern weil die Konsequenzen der zurückgewiesenen Postulate im Vergleich zu anderen offensichtlich unvernünftig sind.

Die wahre Sünde – nur der Mystiker entdeckt sie und überträgt sie. 6990

Den Glauben in eine religiöse Erfahrung umzuwandeln, ist der äl- 6991
teste und gefährlichste Ehrgeiz des Menschen.

Sind die Grundformen der Religion die aus diesem Bestreben hervorgegangen Gebräuche, so sind die religiösen Perversionen dessen fehlgeschlagene Experimente.

Die Gnosis ist die satanische Theologie der mystischen Erfahrung. 6992

Von der gnostischen Interpretation der mystischen Erfahrung rührt die Vergöttlichung des Menschen.

Eine mystische Erfahrung hat nicht nur auf weitere Mystiker Ein- 6993
fluß.

Schon die bloße Vermutung ihrer Gegenwart läßt den Menschen erschaudern.

6994 Da der Gegenstand einer Erkenntnis, die den Anspruch erhebt, unmittelbar zu sein, wichtiger ist als ihre Form, sollten wir zwischen der theistischen Mystik, der naturalistischen Mystik und der personalistischen Mystik unterscheiden: zwischen der Erfahrung der Realität Gottes, der Erfahrung der Unverdorbenheit der Welt und der Erfahrung der Ewigkeit des Ichs.

Die theistische Mystik ist unantastbar; doch die naturalistische Mystik entartet zum Pantheismus, sobald das ekstatische Bewußtsein die Herrlichkeit der vollkommenen Schöpfung mit der Herrlichkeit des Schöpfers selbst gleichsetzt; und die personalistische Mystik entartet zum Gnostizismus, sobald das in sich selbst versunkene Bewußtsein die Ewigkeit der Seele, die ihren Anfang in der Zeit nahm, mit der Ewigkeit Gottes gleichsetzt.

Die pantheistischen Haltungen sind weniger schuldhaft als die gnostischen, da sich der menschliche Hochmut hier im göttlichen Weltbrand der Dinge verzehrt; doch die irrige Interpretation der mystischen Erfahrung erneuert das ursprüngliche Sakrileg.

6995 Die Demokratie könnte als ein harmloser Scherz betrachtet werden, wäre sie nicht die Maske einer Blasphemie.

6996 Solcherart ist die Ambiguität der Mystik, daß die Seelen verderben, wo sie sie schüren, jedoch verwelken, wo sie sie ablehnen.

6997 Die Selbstgefälligkeit des Demokraten irritiert nicht nur, sondern erschreckt denjenigen, der weiß, daß er legitimer Erbe des Anrechts auf die Unfehlbarkeit des Erleuchteten ist.

6998 Das Christentum ist keine Mystik, sondern ein Glaube.

6999 Der lautere Reaktionär ist kein Träumer von vergangenen Zeiten, sondern Jäger heiliger Schatten auf den ewigen Hügeln.

7000 Der bösartige Gedanke bringt es mitunter nicht zuwege, seinen Erfinder zu verderben, doch er verdirbt eine ganze unvorsichtige Nachwelt.

7001 Wenn die wissenschaftliche Erklärung die Bezüge einer religiösen Metapher angleicht, erschwert sich die Wahrnehmung der symbolischen Bedeutung der Metapher; aber weder ist die Gültigkeit der Metapher verjährt, noch ist die symbolisierte Wahrheit gestorben.

Die Geistesgeschichte des Katholizismus seit dem 13. Jahrhundert läßt sich fast darauf vereinfachen, daß man weder seine geheimen Verbündeten noch seine geheimen Feinde erkannte, oder Feinde in seinen geheimen Verbündeten und Verbündete in seinen geheimen Feinden vermutete. 7002

Der „Fideismus“ ist keine Panik angesichts der Kraft der Vernunft, sondern eine Folgeerscheinung der Konstatierung ihrer Unfähigkeit. 7003

Lamennais ist der Proto-Apostat der neuen Kirche. 7004

Eine Metaphysik sollte nur nach der nicht zu beweisenden Wahrheit eines Romans oder eines großen Gedichtes streben. 7005

Die ethische Norm, die vollkommen erfüllt werden könnte, verdirbt. 7006

Die theologische Erfindungsgabe besteht heutzutage darin, Formen heimlicher Abtrünnigkeit auszutüfteln. 7007

Da der intellektuelle Apparat unserer Zeitgenossen für Ideen ausschließlich auf jener Frequenz empfänglich ist, die von den modernen Dogmen autorisiert wurde, haben die gerissenen Demokratien erkannt, wie überflüssig die Zensur ist. 7008

Beim Anblick der gegenwärtigen Kirche (Klerus – Liturgie – Theologie) entrüstet sich der alte Katholik zuerst, dann erschrickt er, und schließlich bricht er in Gelächter aus. 7009

Die zeitgenössische Kritik zerrupft das Kunstwerk zu einem Bündel schmutziger Scharpie. 7010

Das schamloseste Spektakel ist das wollüstige Herzklopfen, mit dem eine große Menge dem Redner lauscht, der ihr Honig ums Maul schmiert. 7011

Dem Talent darf man weder Ansprüche noch Klagen durchgehen lassen. 7012

Das Talent ist die einzige Belohnung.

7013 Der emanzipierte Intellektuelle teilt mit seinen Altersgenossen den „persönlichen Geschmack“, auf den er so stolz ist.

7014 Mißtrauisch geworden durch die Vehemenz, mit der der Künstler ihn an seine berühmten Fehlgriffe erinnert, geht der Kritiker bangen Schrittes voran, stets befürchtend, offenkundige Scheußlichkeiten könnten sich als außergewöhnliche Schönheiten entpuppen.

Nicht um zu bewundern braucht man heute Unerschrockenheit, sondern um zu verwerfen.

7015 Das Mitleid, das wir den einen entgegenbringen, entschädigt uns für den Neid, den andere in uns wachrufen.

7016 Indem er Romantik und Demokratie miteinander verschmolz und damit die Romantik verurteilte, saß Maurras einem schrecklichen Irrtum auf.

Indem er die Romantik verurteilte, verurteilte Maurras das reaktionäre Denken und stimmte für eine revolutionäre Ideologie im Namen der Konterrevolution.

7017 Das Loblied auf die Gerechtigkeit berauscht uns, da es uns als gerechtfertigte oder auch ungerechtfertigte Verteidungsrede der Leidenschaft erscheint, die uns blind macht.

7018 Keine wissenschaftliche Entdeckung kann den geistigen Gehalt des vortrefflichen Kunstwerks, das ihr vorausgeht, obsolet werden lassen, noch den geistigen Gehalt des trivialen Kunstwerkes, das sie verarbeitet, zu etwas Profundem machen.

7019 Die Gläubigkeit ist Tochter eines rigorosen Empirismus und einer Intelligenz, die nicht von verdeckten Einflüssen vom Wege abgebracht werden.

7020 Wenn man ausschließlich danach strebt, eine wachsende Zahl von Waren einer wachsenden Zahl von Wesen zuzuführen, wobei weder die Qualität der Wesen noch die der Waren etwas zählt, so ist der Kapitalismus die perfekte Lösung.

7021 Die heutigen politischen Parteien haben es schließlich dahin gebracht, sogar in ein und dieselbe Rhetorik zu münden.

Der Fachmann gesteht niemals ein, daß es in seiner Wissenschaft von unbedeutenden Wahrheiten nur so wimmelt. 7022

Selbst für die buddhistische Vorstellung vom Mitleid ist der einzelne nur ein Schatten, der sich in nichts auflöst. 7023

Die Würde des einzelnen ist ein christlicher Abdruck auf griechischem Lehm.

„Vernünftige Ideen" sind für den modernen Menschen solche, die die Verlängerung des Lebens um jeden Preis erleichtern. 7024

Was uns in einem bewunderungswürdigen Buch als Widerspruch erscheint, ist gewöhnlich die sichtbare Oberfläche seiner Tiefe. 7025

Nichts ist gefährlicher, als die Vorurteile desjenigen zu verletzen, der behauptet, er habe keine. 7026

Die, die zu lächeln wissen, verfallen – sie mögen was auch immer sagen – nie in die höchsten Blasphemien. 7027

Wir müssen jedes Modewort zwischen Anführungsstriche setzen, damit der Text nicht verdirbt. 7028

Wer sich für originell hält, ist bloß ignorant. 7029

Die wahre Überlegenheit ist dem Hohlkopf unerträglich. Ihre Simulakren hingegen entzücken ihn. 7030

Über die wahren Ergebnisse einer früheren Revolution sollten wir die Revolutionäre befragen, welche die folgende vorbereiten. 7031

Die Beimischung einiger Tropfen Christentums zu einer linken Gesinnung verwandelt den Trottel in einen perfekten Trottel. 7032

Der Schriftsteller sollte wissen, daß nur wenige ihn sehen werden, soviele ihn auch anschauen. 7033

Versuchen wir nicht, mit originellen Geistern zu konkurrieren, versuchen wir bloß, unserem Erbe nicht unwürdig zu sein. 7034

Der Mensch zieht weniger auf Jagd nach Wahrheiten als auf Jagd nach Eskapaden. 7035

7036 Die Produkte der „liberalen“ Mentalität sind so aseptisch, daß sie sich zuletzt als geschmacklos erweisen.

7037 Gewissenhaft die Mäander der großen Wahrheiten und der großen Irrtümer nachzuzeichnen, ist eine vergnügliche Beschäftigung, doch vergeblich, wenn wir danach trachten, zu den Ursprüngen hinabzusteigen.

Alle Quellen entspringen dem mythischen Garten Eden.

7038 Wenn die These von der „doppelten Wahrheit“ eine Ausflucht war, so war der franziskanische Fideismus nicht ein Zugeständnis an den Averroismus, sondern die Zurückweisung eines falschen Dilemmas.

7039 Der Linke gibt sich als Partner aus, fühlt sich aber als Richter.

7040 Rationalismus ist das offizielle Pseudonym des Gnostizismus.

7041 Der Reaktionär sagt die ganze Zeit bloß das, was die anderen zwischen den Phasen ihres Begeisterungstaumels sagen.

7042 Die zwei Seiten des Skeptizismus: die dogmatische Seite, die die Unerreichbarkeit der Wahrheit mutmaßt, und die propädeutische, die deren Unbeweisbarkeit lediglich ins Gedächtnis ruft.

7043 Die Macht, welche auf die heimtückischste Weise korrumpiert, ist die Macht über die Dinge.

7044 Der Stoizismus verliert in Rom sein Gift.

Aber sechzehn Jahrhunderte später erlangt er es wieder.

7045 Rechter ist in diesem letzten Jahrhundert nichts weiter als der Spottname, mit dem einige linke Sekten andere verwandte Sekten verunglimpfen.

7046 Niemand schätzt den Geruchssinn desjenigen, der behauptet, alles rieche gleich.

7047 Wer keine Allheilmittel anpreist, bringt sich nicht in die heikle Lage, auf Fragen Rede und Antwort stehen zu müssen, auf die er keine Antworten hat.

Jeder Mensch hat ein offenes Ohr für das, was dem Menschen 7048
schmeichelt.

Ex libero arbitrio, sagt Sankt Bernhard, *est nobis velle; ex gratia* 7049
bonum velle.

Gedicht und Dichtung.

Gewisse vorsichtige Epistemologien sind nichts als Finten. 7050

Da der wissenschaftliche Fortschritt heute nur noch von jenen klei- 7051
nen Endzweigen aus möglich ist, in die eine Wissenschaft sich verästelt, und da jedoch der Adaptationsprozeß des Geistes an eine so spezialisierte Position diesen unfähig macht, sie zu überschreiten, wird die Wissenschaft höchstwahrscheinlich zwischen winzigen technischen Fortschritten und gehaltlosen theoretischen Betrachtungen hin und her pendeln.

Wer sich einem Mysterium ohne dessen Einvernehmen nähert, fin- 7052
det an seiner Statt eine Leere vor.

Der Monismus ist die Ideologie des Aufstandes der Erzengel. 7053

Gleich wie der Kategorie der Substanz die Parakategorie des Indi- 7054
viduums entspricht, so entspricht der Kategorie der Ursache die Parakategorie der Schöpfung.

Das Individuum ist eine Substanz, die sich nicht in Merkmale auflöst; die Schöpfung ist eine Ursache, die sich nicht in einer Aufeinanderfolge verliert.

Die Geschichte wäre wesentlich friedfertiger, wenn es darin nur 7055
Ökonomie und Sex gäbe.

Der Mensch ist eine weitaus entsetzlichere Bestie.

Der Schöpfungsgedanke verbürgert sich, wenn die Idee vom Indi- 7056
viduum sich verschleiert, die Idee vom Individuum verbirgt sich, wenn der Schöpfungsgedanke verschwindet.

Der Egalitarismus ist eine gnostische Schlußfolgerung: jedes kleine 7057
Teilchen der Gottheit ist in der Tat gleichermaßen göttlich.

7058 Einmaligkeit, Mannigfaltigkeit, Originalität, Unfehlbarkeit sind Konstituanten der wahrnehmbaren Welt einzig und allein für das Subjekt, das sich als Geschöpf empfindet und folglich das Objekt unter den Parakategorien von Schöpfung und Individuum wahrnimmt.

Das Geschöpf ist das Ich der empirischen Ausarbeitung der Parakategorien.

7059 Lassen wir es nicht zu, daß man den Wahnsinn und die Anstößigkeit des Christentums in eine einleuchtende Trivialität verwandelt.

7060 Allein die zweitrangigen Bücher gehören ausnahmslos jener Gattung an, der sie angehören.

7061 Jede Gesellschaft wird zusammen mit den Feinden geboren, die sie stillschweigend bis zu dem nächtlichen Hinterhalt begleiten, an dem sie ihr den Hals abschneiden.

7062 Je größer ein demokratisches Land ist, desto schlechter müssen seine Regierungsmitglieder sein: sie sind von einer größeren Anzahl von Leuten gewählt worden.

7063 Die moderne Gesellschaft hat sich in stetig wachsendem Maße zu einer bloßen Zusammenrottung brünstiger Tiere entwickelt.

7064 Niemand beharrt so sehr darauf, eine Meinung zu haben, wie derjenige, der nur Echo ist.

7065 Der Geruch der Sünde des Hochmuts zieht den Menschen genauso an, wie der Blutgeruch die wilde Bestie.

7066 Die Stimme, die die wilde Bestie im Labyrinth der Seele vor Jubel erschaudern läßt, ist weniger jene, die die Sehnsucht nach dem Paradies weckt, als jene, die zum satanischen Aufstand einlädt.

7067 Der militante Unglaube verwandelt den Besessenen allmählich zu einem bloß von Haßkrämpfen geschüttelten Geisteskranken.

7068 Das Vergessen der Ursünde bringt den Konservativen dahin, Verbrechen in Schutz zu nehmen, und den Fortschrittler, sie zu begehen.

Arm sind die Seelen, die sich nicht vor allem als Erben einer Vergangenheit empfinden. 7069

Die Menschheit ortet gewöhnlich den Schmerz dort, wo keine Wunde ist, die Sünde dort, wo keine Schuld ist. 7070

Hören wir nicht auf den, der argumentiert. 7071
Unterwerfen wir uns nur axiologischen Tautologien.

Die Konzile sind Zusammenkünfte von Hermeneutikern, nicht von Gesetzgebern. 7072
Die demokratische Interpretation der Konzilspraxis verfälscht den Katholizismus.

Die gnoseologische Gültigkeit des Gefühls war die große Entdekkung der Romantik. 7073

Die Beschränkung der Unsterblichkeit der Seele auf eine Mitwirkung am tätigen Intellekt war der erste großangelegte moderne Versuch der Vergöttlichung des Menschen. Die persönliche Unsterblichkeit zu leugnen, ist in der Tat eine subtile Art, die Seele dem göttlichen Pleroma zurückzugeben. 7074

Die freie Tat ist nur in einem erschaffenen Universum vorstellbar. 7075
In einem Universum, das aus einer freien Tat hervorgeht.

Wie viele Gedanken erscheinen unschuldig, solange wir nicht wissen, welche Prinzipien ihre geheimen Folgesätze bergen! 7076

Die freie Tat ist Aufstand oder Unterwerfung. 7077
Auf sie gründet der Mensch seinen Hochmut der Gottähnlichkeit oder seine Demut als Geschöpf.

Es ist nicht einmal seine Originalität, die der heutige Künstler in eine Formel umsetzt, es ist nur einer seiner zufälligen Einfälle. 7078

Sich als Geschöpf zu empfinden heißt, sich als etwas Zufälliges, jedoch auf mysteriöse Weise Geborgenes zu empfinden. 7079

Die literarischen Rangordnungen erscheinen solange diskutierbar, bis wir hören, wie irgendein Einfaltspinsel sie unabsichtlich verwechselt. 7080

7081 Der Dichter trifft entweder ins Schwarze oder gar nicht.

In den übrigen Künsten sind die Abstufungen zwischen dem Fehlschlag und dem Volltreffer weiter gespannt.

7082 Der Antichrist ist eine eschatologische Figur; die Antikirche ist ein historisches Phänomen.

7083 Um sich einen Wert zu eigen zu machen, ist es erforderlich, daß sich zur Fähigkeit, ihn wahrzunehmen, die Zugehörigkeit zu einer patrimonialen Werttradition gesellt.

Der Exotismus verfälscht, was er aufgreift.

7084 Vom Reichtum oder der Macht sollte nur der sprechen dürfen, der nicht die Hand ausgestreckt hat, als sie in seiner Reichweite gelegen sind.

7085 Akzeptable Gemälde gibt es zuhauf, doch keine Literatur besitzt mehr als eine Handvoll Gedichte.

7086 Die Verbreitung der Senatsökonomie durch die *Pars Occidentalis* des Imperiums begründete die abendländische Zivilisation.

Die Spuren des römischen Senates verwaschen sich erst endgültig im 20. Jahrhundert.

7087 Der mystische Antinomismus ist die Proklamation eines göttlichen Gesetzgebers.

Es handelt sich nicht um Libertinage, sondern um Blasphemie.

7088 Wer wissen möchte, welche ernsten Einwände es gegen das Christentum gibt, der sollte uns fragen.

Der Ungläubige hat nur Dummheiten einzuwenden.

7089 Der Stilexperte schreibt meist mit dem groben Pinsel.

7090 Aus der Existenz zivilisierter Individuen sollte man nicht schließen, es existierten auch zivilisierte Völker.

7091 Die vermeintlichen „soziologischen Gesetze“ sind mehr oder minder ausgewalzte historische Tatsachen.

7092 Gegen Ende des 19. Jahrhunderts hatte sich das Bürgertum beinahe zivilisiert.

In der Gefügigkeit des freien Verses löst sich die Originalität des Dichters auf. 7093

Wir sollten den Bewunderer des Zeitgenössischen daran erinnern, daß die von seinen Zeitgenossen am meisten bewunderten Kunstwerke in der Regel jene sind, die von der Nachwelt mit höchster Ironie betrachtet werden. 7094

Der Marxismus verschwimmt, wenn er vom gallertigen Verstand des Linken widergespiegelt wird. 7095

Die Literatur ist die Wissenschaft, deren Sprache keine Substitutionen duldet. 7096

Unser geistiges Erbe ist so opulent, daß ein gerissener Hohlkopf gegenwärtig nur darin schöpfen zu braucht, damit er dem schwerfälligen Hohlkopf intelligenter erscheint als einer der intelligenten Männer von damals. 7097

Das 19. Jahrhundert war emsig auf der Suche nach den „Ursprüngen“, in dem Glauben, Gültigkeit und Wert in genetischen Prozessen voneinander trennen zu können. 7098

Die Bildung heilt nicht von der Torheit, sie versieht sie mit Rüstzeug. 7099

Die Tugenden entarten, wenn sie sich zum Dienst alberner Zwecke anheuern lassen. 7100

Nur der Mangel an Talenten erklärt den Talentmangel einer Epoche. 7101

Laut dem Demokraten bedeutet recht haben, mit dem stärksten Chor zu grölen. 7102

Der freie Wille verfügt über das Unbedeutsame. 7103

Das Bedeutsame ist die Provinz des dienenden Willens.

Die Vulgarität des neureichen Bürgertums läßt einen sich nach der Vulgarität des alten reichen Bürgertums sehnen. 7104

7105 Die gesellschaftliche Transparenz macht es erforderlich, daß der institutionelle Synchronismus in Richtung auf eine diachrone Stabilität tendiert.

7106 Durch die Vorherrschaft der Technik versetzt der menschliche Erfindergeist die Welt zurück in ihre Beschaffenheit als Utensil, indem er den Menschen in den Wohnraum des Tieres sperrt.

7107 Die Individuen sind bedeutungsvolle Absichten der Natur, die nur in den seltensten Fällen ihren angemessenen Ausdruck finden.

7108 Nichts Objektiviertes kann sich von seiner Stufe aus erneuern.

Die Subjektivität ist der einzige Quell unveräußerlichter Energie in einem Universum, das im wörtlichen und im übertragenen Sinn auf seinen thermischen Tod zusteuert.

7109 Sogar die banalsten Feinheiten haben in der Vulgarität unserer Zeit längst Schiffbruch erlitten.

7110 Jedes Individuum hat Anteil – aber ungleichmäßigen – an den drei Menschenarten:

Der *Homo Faber*, der außerhalb der Kontinuität der Zeit lebt, in den Dauern der beliebig aneinanderreihbaren technischen Prozesse.

Der *Homo Civilis*, der in der Dichte der Zeit lebt, in den Engen und Schluchten der Ungewißheiten und Notwendigkeiten der Geschichte.

Der *Homo Spiritualis*, der in jener zeitlosen Zeit der Werte lebt, die im Lauf der Jahrtausende auftauchen.

7111 Das antike Wirbeltier Stadt ist zum modernen Großstadtpolypen degeneriert.

7112 Da in jeder Gesellschaft unausweichlich jener gewinnt, der das dort herrschende Gesellschaftsspiel am besten spielt, erlaubt der „Sozialdarwinismus“ den Aufstieg anständiger Leute nicht, wo die Spielregeln nicht ehrbar sind.

7113 Es gibt Schmähreden gegen das Christentum, die den Christen nicht irritieren, und Apologien, die ihn sehr wohl irritieren. Beide heben nebensächliche und zufällige Merkmale hervor.

Die moderne Großstadt korrumpiert die Reichen wie die Armen gleichermaßen. 7114

Die kollektive Selbstzufriedenheit ist letztlich widerwärtiger als die individuelle. 7115

Der Patriotismus sollte stumm sein.

Das Ereignis, das keinen klugen Erzähler findet, erlischt in nicht eingelöster Virtualität. 7116

Personen, Tatsachen, Dinge gehen in ungreifbarem Morast auf, wenn wir die Rechte des Realismus nicht gegen die nominalistische Hegemonie verteidigen. 7117

Der Teufel fördert die abstrakte Kunst, denn sich darstellen heißt, sich unterwerfen. 7118

Für den Mann von Geschmack sind aktuelle Werke nicht die jüngsten, sondern die guten. 7119

Manche Blasphemien sind Hieroglyphen Gottes in einem gottlosen Kontext. 7120

Wir sind heute Zeugen einer üppigen Wucherung der nichteuropäischen Menschenmassen, doch nirgends tauchen neue gelbe, kupferfarbene oder schwarze Zivilisationen auf. 7121

Das Mittelalter fasziniert als Paradigma des Antimodernen. 7122

Die Nationalgeschichten sind dahin gekommen, daß sie alle in einen degenerierten Okzidentalismus münden. 7123

Schlichte ethische Regeln im Namen einer übergeordneten Ethik zu verletzen, ist gewöhnlich der Ratschlag niedriger Ethiken. 7124

Gegenwärtig läßt man das Volk nur Miasmen toter Ideen atmen. 7125

Seit Ende des 18. Jahrhunderts gibt es ein neues Prophetentum: nicht das von Halluzinationen gespeiste Prophetentum der Visionäre, sondern das intellektuelle Prophetentum der Hellseher. 7126

7127 Die Linke macht die Gültigkeit einer Meinung abhängig von der tadellosen sozialen Sittlichkeit desjenigen, der seine Meinung äußert.

7128 Der moderne Intellekt ist wie das Proletariat bürgerlich geworden.

7129 Der Demokrat liest in den Meinungsumfragen, als seien es heilige Schriften.

7130 Der Wert eines Kunstwerkes ragt aus der Geschichte heraus, nicht jedoch das Werk selbst.

Alles am Werk ist historisch, ausgenommen sein Wert.

7131 Der Demokrat tröstet sich mit der Generosität seines Programms über die Größe der Katastrophen hinweg, die er verursacht.

7132 Wir sollten der klar artikulierten Darlegung mehr mißtrauen als der überschäumenden Intuition.

7133 In einer Demokratie sehen sich die Verteidiger der Freiheit genötigt, stetig wachsende Anstrengungen zu unternehmen, um eine stetig geringer werdende Portion Freiheit zu retten.

7134 Die Geschichte hat am Marxismus nichts unversehrt gelassen – mit Ausnahme des Vokabulars.

7135 Mittels der Vorstellung von einer „kulturellen Evolution" versucht der demokratische Anthropologe, den biologischen Fragestellungen auszuweichen.

7136 Der verängstigte Liberale ist ein blutrünstiges Tier.

7137 Es ist ebenso albern, „einen Glauben zu haben" (ohne zu wissen, an wen man glaubt) wie sich nach „einem Glauben" zu sehnen (ohne zu wissen, nach welchem).

7138 Der „Herbst des Mittelalters" dauert fort bis ins 19. Jahrhundert.

Dann nimmt der „Winter des Abendlandes" seinen Anfang.

7139 Intelligenz, der keine Feindseligkeit wachruft, ist belanglos.

Das Titanentum der modernen Kunst beginnt mit dem Titanentum 7140
Michelangelos und kommt im karikaturistischen Titanentum Picas-
sos zum Abschluß.

Wir verblöden rettungslos, wenn wir vergessen, daß alles, was wir 7141
sagen, immer schon viel zu einfach ist.

Die klügsten Gedanken entspringen einer einmaligen und kurzen 7142
Erfahrung.

Der Kommentator darf nicht gleich einer Wahrsagerin ekstatisch
die Augen aufreißen.

Wenn wir begriffen haben, was diejenigen begriffen hatten, die be- 7143
griffen zu haben schienen, stehen wir fassungslos da.

Das zentrale Bestreben des Mittelalters lag darin, sich ins Unver- 7144
meidliche zu schicken, indem man es veredelte.

Das moderne Bestreben, das Unvermeidliche zu leugnen, setzt uns 7145
dessen nackter Brutalität aus.

Die Unmoral trivialisiert die Geschichte. 7146

Die Leichtigkeit, mit der die genialische Verwirrtheit simuliert wer- 7147
den kann, läßt uns die schlichte Seelenruhe vorziehen, die niemand
vortäuschen kann.

Die Linke schreibt ihr Scheitern nie fehlerhaften Prognosen zu, 7148
sondern den Tücken der Umstände.

Die Kunst des Denunzianten wird in ihrer Perfektion nur in Zeiten 7149
reiner Demokratie praktiziert.

Um das Volk zu unterdrücken, ist es erforderlich, im Namen des 7150
Volkes das zu verbieten, was sich vom Volk unterscheidet.

Der Nationalsozialismus war nicht nur für die begangenen Schrek- 7151
ken verantwortlich.

Indem er gewisse edle Motive des germanischen Denkens usur-
pierte, tötete er auch die Hoffnung auf ein neues Erblühen des
Abendlandes.

7152 Wer sich zwischen Kunstwerken nicht bewegt wie zwischen gefährlichen Tieren, der weiß nicht, wozwischen er sich bewegt.

7153 Nietzsche als eine Antwort lesen heißt, ihn nicht verstehen. Nietzsche ist eine immense Frage.

7154 Den christlichen Philosophen hat es große Mühe gekostet, die Sünde ernst zu nehmen, das heißt: zu sehen, daß sie die ethischen Phänomene transzendiert.

7155 Die Ungeduld hat zur Folge, daß der Politiker mordet und der Apostel apostasiert.

7156 Das Apostolat verführt auf zweierlei Weise: entweder verleitet es zur Beschwichtigung, um einzuschläfern, oder zur Übertreibung, um wachzurütteln.

7157 Theoretische Nachsichtigkeit gegenüber dem Laster ist kein Beweis von Liberalität und Geschmack, sondern von Niederträchtigkeit.

7158 Wollen wir den Reaktionär korrekt definieren, sollten wir uns daran erinnern, daß der erste Reaktionär in der Geschichte der Moderne sich nicht gegen die Revolution, sondern gegen den Absolutismus ausgesprochen hat: Justus Möser.

7159 Der Glaube ist nicht eine Überzeugung, die wir zu verteidigen hätten, sondern eine Überzeugung, gegen die uns zu wehren wir machtlos sind.

7160 Den Modernen kennzeichnet, daß er sich gegen das Unabwendbare auflehnt und sich mit dem Verbesserungsfähigen zufriedengibt.

7161 Je verschwommener eine Gesinnung ist, als desto leichter erweist es sich, in ihrem Namen jede Tat zu rechtfertigen. Die Utopie ist das Schutzklima der Gemetzel.

7162 Das Volk bekehrt sich nicht zu der Religion, die eine militante Minderheit predigt, sondern zu jener, die eine militante Mehrheit ihm aufdrängt.

Einst wußten dies Christentum und Islam; heute weiß es der Kommunismus.

Wir sollten unsere Aussagen über den Menschen auf Einzelangaben zu Gruppen von Individuen beschränken. 7163

Wenn wir jemanden sagen hören, das Christentum habe keine sozialen Konsequenzen, beeilt sich der Hohlkopf herauszulesen, es habe keine sozialistischen Konsequenzen. 7164

Die Literaturgeschichte sollte nicht von jenen geschrieben werden, die von Berufs wegen lesen. 7165

Der Fachmann braucht paraliterarische Richtlinien.

Es gibt keinen Grund zu der Annahme, im Konventionellen liege ein ästhetischer Mangel, da es bloß ein soziologisches Kennzeichen ist. 7166

Ich sympathisiere mehr mit einigen dummen, aber ehrbaren Ideen als mit manch anderen klugen, aber niederträchtigen. 7167

Anfangs glauben wir, daß *the glory and the life* draußen Blüten treiben; dann lernen wir, daß *the fountains are within*. 7168

Schließlich entdecken wir, daß sie außen und innen transzendieren.

Die Geschmacksverkalkung verdirbt den Geschmack weniger als die Geschmackserweichung. 7169

Das Künstliche und das Natürliche können die Etappen eines Prozesses sein. 7170

Zu vergessen, daß das Künstliche sich einbürgern kann, führt zum Loblied auf die Barbarei.

In der edlen Seele wird die Kultur zur Urtugend.

Um voranzukommen, muß man sich um einen Punkt herum drehen. 7171

Dem anmaßenden Subjektivismus, der Maßstab aller Dinge zu sein glaubt, steht der bescheidene Subjektivismus gegenüber, der sich weigert, Echo zu sein. 7172

Die Scheidung zwischen dem Religiösen und dem Ästhetischen zu proklamieren, war die Ursünde des Protestantismus. 7173

7174 Es ist unnötig, gegen den Strom zu schwimmen, wenn die Wasser auf Katarakte zuströmen.

7175 Der Bürgerliche lobt die „goldene Mitte" mit heuchlerischer Zunge.

Weder schätzt der Bürgerliche die „Mittelmäßigkeit" noch verabscheut er die „Extreme".

Der Bürgerliche verkörpert die erbarmungsloseste Gier, die je auf die Welt losgelassen worden ist.

7176 Wenn sie an eine Wahrheit glaubt, hört die große Menge auf, eine große Menge zu sein.

7177 Hoffen wir, daß sie nicht versuchen werden, Beweise zu bringen für das, wovon sie uns überzeugen wollen.

7178 Nichts ist erbärmlicher als ein Reaktionär mit Rezepten.

7179 Der zeitgenössische Denker schleust uns durch ein Begriffslabyrinth auf einen öffentlichen Platz.

7180 Die Synthese sollten wir Gott überlassen.

7181 Eine Wahrheit bleibt fruchtlos, wenn nur die Lippen sie aussprechen, doch nichts ist schon eine Wahrheit, nur weil es im Herzen Aufnahme fand.

7182 Die Zirkustruppen waren keine politischen Parteien; die politischen Parteien von heute sind Zirkustruppen.

7183 Wir sollten unseren Glauben in Skepsis tauchen, damit er nicht zur Überzeugung verkümmere.

7184 Mit Ausnahme der Reaktionäre finden wir derzeit nur Anwärter auf die Verwaltung der modernen Gesellschaft.

7185 Wir dürfen uns selbst nicht einmal das verzeihen, wovon andere uns freisprechen.

7186 Wer den Anschein erweckt, maskiert zu sein und es nicht ist, erweckt den Anschein, tiefgründig zu sein.

Klugheit erweist sich nur in geheimen Zusammenkünften als fruchtbar. 7187

Die Zauberkraft, mit der das Böse gemalt wird, blättert schon bald als billiger Lack wieder ab. 7188

Die strahlende Intensität gewisser Wahrheiten macht sie unkenntlich. 7189

Der Einfluß muß das Timbre modifizieren, ohne die Stimme zu verändern. 7190

Das Werk spiegelt das Bild seiner unvollendeten technischen Perfektion wider. Doch von etwas weiter weg betrachtet entfalten sich seine unvorstellbaren Vollkommenheiten. 7191

Jeder Künstler bleibt ein paar Schritte vor dem unsichtbaren Ziel stehen. 7192

Heute gibt es übergenug talentvoll geschriebene Bücher, die einem den Atem benehmen, da sie Brocken einer verwesten Seele verbergen. 7193

Da der Künstler sich nicht selbst Fähigkeiten geben, seine Mängel jedoch ausbessern kann, ist die Nützlichkeit einer strengen Kritik offenkundig. 7194

Die kritische Analyse, welche die derzeitige Kritik praktiziert, ist unlesbar und macht das Werk unlesbar, das sie analysiert. 7195

Um nicht der Lächerlichkeit zu verfallen, sollten wir nichts sagen, das zu sagen wir nicht das intellektuelle Kaliber besitzen. 7196

Anstand besitzt nur, wer mit Nachdruck die Meinungsverschiedenheiten betont. 7197

Die Ethik wandelt sich dort in eine Rechtsnorm, wo sie von der Person losgelöst wird. Wo sie an eine Person gebunden ist, wandelt sie sich zum Vorrecht. 7198

Die Ethik sollte das Unpersönliche zu etwas Persönlichem machen.

7199 Unsere Mittelmäßigkeit fällt nicht ins Gewicht, wenn wir sie im Frondienst adeln, statt sie bis zum Neid verkommen zu lassen.

7200 Ein Intellektueller ist nicht einer, der denkt, sondern einer, der meint.

7201 Für das ästhetische oder ethische Gelingen gibt es keine besseren Garanten als den Wert.

7202 Nur das Formlose erscheint dem Barbaren authentisch.

7203 Von einem Laster heilt zuweilen der Ekel.

7204 Die Authentizität eines Kunstwerkes liegt nicht im Bezug zum Autor, sondern zu sich selbst.

Das authentische Werk kann eine Lüge desjenigen sein, der es erschaffen hat.

7205 Um verstehen zu können, ist es nötig, zugleich Vorurteile zu haben und sie nicht als Ersatz für die Erfahrung zu nehmen.

7206 Die Qualitäten eines Landes sind auf Minderheiten zurückzuführen, seine Mängel auf Mehrheiten.

7207 Nicht einmal der Beifall, der ihn mit Stolz erfüllt, zerstreut die Zweifel des Künstlers.

7208 In den Epochen, die sich sicher sind, Probleme gelöst zu haben, ist es die Aufgabe der Intelligenz, den Phantasmen erneut die Tür zu öffnen.

7209 Wenn ein kluger Gedanke auf einer Versammlung vorgestellt wird, prallt er gegen den glasigen Blick der Teilnehmer.

7210 In den Geisteswissenschaften ersetzt die Präzision einer Behauptung gewöhnlich deren Bedeutsamkeit.

7211 Die Wahrheit liegt möglicherweise darin, nicht wie bestimmte Leute zu denken.

7212 Der Hohlkopf glaubt, daß der feinfühlige Mensch auf alles, dem er aus dem Wege geht, „Verzicht“ leiste.

Je leichter die Technik einer Handlung ist, desto seltener ist ihr ästhetisches Gelingen. 7213
Wort und Dichtung.

Heutzutage muß der einzelne in sich selbst das zivilisierte Universum wiederaufbauen, das ringsum im Verschwinden begriffen ist. 7214

Die Propaganda des 18. Jahrhunderts benutzte das Ansehen der „Philosophie" dazu, eine bestimmte Philosophie zu predigen, und verbreitete im Namen der „Freiheit", der „Gesellschaft" und des „Guten" ein verstecktes Credo. 7215

Der Dichter sind viele, die von der Muse nur inspiriert werden konnten, wenn sie sich einen Augenblick vergaßen. 7216

Das Kunstwerk ist nicht gesehen worden, wenn dieses Sehen im Beobachter nicht Haltungen ausgelöst hat, die ihm scheinbar fremd sind. 7217

Der Historiker glaubt zu erklären, wenn er einen Pleonasmus entwirft. 7218

Der Monarch ist die Prosa der Monarchie, ihre Poesie ist das Monarchische. 7219

Das Neo-Gestammel der zeitgenössischen Kunst ist das Todesröcheln ihres Zerfalls. 7220

Literatur lehren heißt, den Schüler glauben lehren, daß er bewundert, was er nicht bewundert. 7221

Vertrauen wir nicht auf den Geschmack desjenigen, der nicht zu verachten versteht. 7222

Wenn die Kraft eines Bildes von der Art von Erinnerungen abhinge, die es laut dem Psychoanalytiker in uns wachruft, würde kein Bild Sehnsucht erwecken, sondern Gelächter. 7223

Der Kapitalismus ist wirklich für das verantwortlich, was man ihm vorwirft, doch nur ihn allein zu verurteilen, ist die Garantie dafür, daß der wahre Verbrecher straflos ausgeht. 7224

7225 Wer die Niedertracht der Lobreden kennt, dem erscheint die Dunkelheit eines großen Künstlers als Gewinn.

7226 Wir brauchen nicht auf die Rückkehr der Dichtkunst zu hoffen, solange die Dichter von ihr nicht ohne Pathos reden können.

7227 Die idiotische Metapher keimt in der Kunstkritik mit einer Kraft sondergleichen.

7228 Das Auftauchen einer neuen literarischen Technik modifiziert das Wesen der Fehlschläge, doch es mehrt nicht die Zahl der Erfolge.

7229 Der Moderne verwirft eine moderne Idee selbst dann nicht, wenn sie ihm dumm erscheint.

7230 Mitleid ist die beste Ausflucht für den Neid.

7231 Das allgemeine Wahlrecht ist heute weniger absurd als es noch gestern war: nicht etwa, weil die Mehrheiten nun gebildeter wären, sondern weil die Minderheiten es jetzt weniger sind.

7232 Den Menschen befreien heißt, ihn unter das Joch von Habgier und Sexus zwingen.

7233 Um zu lernen, daß die wertvollsten Güter die am wenigsten seltenen sind, braucht es eine lange Lehrzeit.

7234 Die kluge Prosa ist zur einzig denkbaren Lektüre geworden.

7235 Die Stärke des Menschen gestattet es ihm nicht, sich mit Gott zu messen, doch sie reicht aus, um an die Stelle des Teufels zu treten.

7236 Wenn man sieht, wie durch die Arbeit die Welt ausgeschlachtet und dem Erdboden gleichgemacht wird, erscheint einem die Faulheit als die Mutter der Tugenden.

7237 Die Wahrheit bedarf nicht der Zustimmung des Menschen, um gewiß zu sein.

7238 Gott erlaubt es dem Menschen, Barrikaden gegen die Invasion der Gnade zu errichten.

Das Christentum ist ein Evangelium, keine Lektion. 7239

Auf spirituellem Gebiet sollten wir nichts von irgendetwas ablei- 7240
ten.

Jede Aussage muß hier ihre eigene Berechtigung zu erkennen geben.

Das intellektuelle Kapital des Erwachsenen besteht meist nur noch 7241
aus einem kleinen, in Jugendjahren gewonnenen Lotteriegewinn.

Der einzelne zügelt seine Gelüste leichter als die Menschheit die 7242
ihren.

Der Pöbel hält die echte Demut für fingiert, denn die echte Demut 7243
ist stets die eines Menschen, der sogar dem Pöbel groß erscheint.

Der nationalistische Dünkel des Städters eines bedeutenden Landes 7244
ist der amüsanteste: der Unterschied zwischen dem Städter und seinem Land ist hier am allergrößten.

Der moderne Vater ist zu pekuniären Opfern bereit, damit er weder 7245
in seinen Kindern fortlebe noch sie an seine Stelle treten oder ihn zum Vorbild nehmen mögen.

Wer alte Mißbräuche anprangert, ist gewöhnlich weniger anständig 7246
und weniger sympathisch, als wer sie genießt.

Die Eloquenz des Reformators ist stets wesentlich edler als seine 7247
Motive.

Schriftsteller und Künstler betätigen sich in der Politik mit einem 7248
treffsicheren Mangel an Taktgefühl.

Wir sollten uns nicht ängstigen: was wir bewundern, vergeht nicht. 7249

Noch uns freuen: was wir verabscheuen genauso wenig.

Der echte Reaktionär geht nicht von reaktionären politischen Ideen 7250
aus.

Mitunter langt er bei ihnen an.

Die Malerei ist ein Beruf; die Dichtung Zufall. 7251

7252 Der Kritiker führt einen erbitterten Kampf, um das Gedicht etwas sagen zu lassen, was in Prosa bedeutsam klingt.

7253 In jeder Gesellschaft sind ehrbare Menschen kaum mehr als ein marginales Nebenprodukt.

7254 Die Fähigkeit, wahre Verachtung für jedwede bereichernde Tätigkeit empfinden zu können und nicht nur einfach so zu tun als ob, ist in höchstem Grade selten.

7255 Wahrheiten sterben und feiern Wiederauferstehung. Irrtümer sterben nie.

7256 Man spricht nicht von Dialog, wenn kluge Köpfe diskutieren, sondern wenn Eitelkeiten aufeinanderprallen.

7257 Den Bildern und Ideen in der jüngsten Prosa merkt man noch das Schwanken der Scharfeinstellung an.

7258 Ein und dasselbe Problem kann aufhören, interessant zu sein, indem es den Besitzer wechselt: wenn es von einer gescheiten Generation auf eine geistlose übergeht.

7259 Damit der Mensch immer wieder in dieselbe Falle tappt, genügt es, sie jedesmal in einer anderen Farbe anzupinseln.

7260 Jedes revolutionäre Zwischenspiel muß erst von einem Parteianhänger berichtet und von einem Gegner erläutert werden.

7261 Niemand ist an seinem Platz lächerlich; ein jeder an einem fremden.

7262 Die Pracht der gotischen Kathedrale strebt danach, Gott zu ehren; der Pomp des jesuitischen Barocks, das Publikum anzuziehen.

7263 Zwischen den beständigen Strukturen der Geschichte (politischen – sozialen – wirtschaftlichen – biologischen – religiösen) bestehen keine stabilen Beziehungen, sondern dynamische Wechselbeziehungen.

7264 Um einer Wahrheit Einlaß zu gewähren, warten wir darauf, daß sie hartnäckig an unsere Tür pocht.

Auf dem modernen Markt gehen selbst die Wahrheiten mit rußge- 7265
schwärztem Gesicht und verschmutzter Kleidung einher.

Die Schritte der Wahrheit lassen die Treppenstufen nur dann knar- 7266
ren, wenn sie sich entfernt.

Nur die kurzlebigen Rosen mancher Tage haben dauerhaften Duft. 7267

Der Mensch spricht von der Relativität der Wahrheit, da er seine 7268
zahllosen Irrtümer Wahrheit nennt.

Um Recht zu haben, müßte der Revolutionär superlativisch Recht 7269
haben.

Die Tiefgründigkeit vieler Texte liegt darin begründet, daß sie den 7270
Sinn nur vortäuschen.

Die Relativität der Schuldhaftigkeit impliziert nicht die der Schuld. 7271

Was wir bewundern, können wir ehren, indem wir es nicht dadurch 7272
erniedrigen, daß wir es imitieren.

Die Fahrlässigkeit, mit der die jetzige Menschheit ihre Güter ver- 7273
teilt, scheint darauf hinzudeuten, daß sie nicht mit Nachkommen rechnet.

Die klassischen Sprachen haben erzieherischen Wert, da sie vor der 7274
Vulgarität sicher sind, mit der das moderne Leben die gesprochenen Sprachen verdirbt.

Die Anzahl verdammenswerter Dinge verringert sich beträchtlich 7275
für denjenigen, der aufgehört hat, neidisch zu sein.

Nicht nur das Gemeine ist authentisch. 7276

Die Geschichte hat keinen Sinn. 7277

Was dem Abenteuer des Menschen einen Sinn verleiht, überschreitet die Geschichte.

Keine Generation begreift, daß ihre Funktion in der Geschichte 7278
sich darauf beschränken wird, irgendeinen zukünftigen Gelehrten einen kurzen Augenblick zu beschäftigen.

7279 Die Dichtung, die eine Epoche auf ihr Programm setzt und anpreist, hat nichts gemein mit der, die sie den Erben hinterläßt.

7280 Mein Bruder ist der, der weiß, daß nichts sich sich selbst hingeben kann.

7281 Um seinen Zeitgenossen zu gefallen, benötigt der Schriftsteller ein winziges Stückchen Talent, aber nur ein winziges.

7282 Die zeitlich bedingte Optik der Kunst läßt uns, von Nahem betrachtet, das Kleine groß und das Große klein sehen.

7283 Die Prosa der weiten Faltenwürfe verdeckt Mißbildungen und schwärende Wunden; die Prosa der knappen Tunika kann nur einen unversehrten Körper kleiden.

7284 Die Sexualerziehung macht es sich zur Aufgabe, dem Schüler das Erlernen sexueller Perversionen zu erleichtern.

7285 Wenn die Ereignisse ihm übel mitspielen, macht der Pessimist seine Rechte geltend.

7286 Es ist nicht die Botschaft eines Kunstwerkes, sondern die Existenz des Ästhetischen, was transzendierende Bedeutung hat.

7287 Der Atheist widmet sich weniger der Aufgabe, die Nichtexistenz Gottes zu beweisen, als ihm die Existenz zu untersagen.

7288 Der Schwulst widert einen an.

Doch es ist unvorsichtig, den Ton der Dichtung allzusehr zu drosseln, denn sie erlischt dann.

7289 Man sucht nach Erklärungen für den Mangel an Talenten bestimmter Epochen, während die Erklärung dieser Epochen im Mangel an Talenten liegt.

7290 Die Existenz der Kunst ist nicht Beweis für die Größe des Menschen, sondern göttliches Erbarmen mit seinem Unvermögen.

7291 Nichts Selteneres als die Dichtung, nichts Gewöhnlicheres als die „poetische Empfindung“.

Der Mensch glaubt am Ende, er gebe sich selbst, was ihm gegeben wurde, als ihm die Fähigkeit erteilt wurde, es zu erreichen. 7292

Das Genie beeinflußt die Geschichte nur mit dem hinfälligen Teil seines Genius. 7293

Wer wenig Ideen hat, fürchtet, man könne sie ihm zerbrechen, wenn man sie geraderückt. 7294

Wer es wagt zu verlangen, der Augenblick möge stillstehen und die Zeit in ihrem Fluge einhalten, gibt sich in Gottes Hände; wer ein Loblied auf eine zukünftige Eintracht anstimmt, verkauft sich dem Teufel. 7295

Für die Vortrefflichkeit eines Textes bürgt nicht so sehr die Tatsache, daß er einigen gefallen hat, als vielmehr die Tatsache, daß er anderen mißfallen hat. 7296

Was der Wirtschaftsfachmann „Kosteninflation“ nennt, ist das Überborden der Habgier. 7297

Das Bewußtsein der Autonomie von Kunst und Religion rührt von den Anfängen der Romantik her. 7298

Das Bestreben der Fortschrittler, Religion und Kunst zu Instrumenten des Menschen herabzumindern, ist rückschrittlich.

In jedem Unnachgiebigen keimt ein Abtrünniger. 7299

Die Stadt, von der jeder Utopist träumt, ist immer in zu grellen Farben gezeichnet – angefangen bei der Apokalypse. 7300

Der Fortschritt ist die Auffahrtsrampe zur Göttlichkeit. 7301

Ein trügerischer Mythos, um die Diskrepanz zwischen der Anmaßung des Menschen und seinem Elend zu erklären.

In der Kunst kann es keine Häresien geben: der ästhetische Treffer ist die Orthodoxie. 7302

Die Unbeweisbarkeit der Wahrheit erfordert von uns Strukturen, die dem Irrtum größtmöglichen Raum gewähren. Hierarchisieren wir, um nicht auf die Gewalt zurückzugreifen. 7303

7304 Der Hohlkopf mißt die Wichtigkeit der Dinge am Grad ihrer Nähe zu seiner Zeit und seinem Kopf.

7305 Wichtig ist nicht, was uns wichtig ist, sondern was uns wichtig sein sollte.

7306 Das Christentum hat die Metapher der Buchstäblichkeit vorgezogen, um die Mysterien nicht zu mißachten.

7307 Ohne moralische Empfindsamkeit verflüchtigt sich das sinnliche Aroma eines Lebens und hinterläßt an seiner Stelle die Vulgarität des bloßen Sexes.

7308 Die menschlichen Werke werden nur interessant durch den fortschreitenden Zerfall, die angesetzte Patina, die Risse der Zeit.

7309 Wenn das Abenteuer des Menschen irdische Vollendung findet, fallen Spirituelles und Zeitliches in eins, der Unterschied zwischen beiden Mächten verwischt sich, und der doktrinäre Totalitarismus findet seine Rechtfertigung.

7310 Anstatt die Instinkte durch die Röhren des Organs zu kanalisieren, genügt es, diese zu befreien – wie es der Moderne fordert –, um die Gesellschaft durch Streit zu zerstören.

7311 Jede Gesellschaft zerbirst schließlich mit der Ausdehnung der Habgier.

7312 „Volk“ ist die Summe der Mängel des Volkes.
Alles andere sind schönfärberische Wahlreden.

7313 Damit ihm sein guter Geschmack verziehen wird, bringt der zeitgenössische Schriftsteller ihn zwischen einer Anstößigkeit und einer Zote unter.

7314 Der beste Historiker des Revolutionsgeistes ist Michelet gewesen, denn er hat den Antagonismus von Revolution und Christentum verstanden.

7315 Im Grunde gibt es nur zwei Religionen: die von Gott und die vom Menschen, und eine endlose Zahl von Ideologien.

Der authentische Atheismus ist ein leeres Blatt; der gnostische 7316
Atheismus verbirgt einen mit Geheimtinte geschriebenen Text.

Der *Übermensch* ist die Zuflucht eines nichtkonformen Atheismus. 7317

Nietzsche ersinnt dem Menschen einen Trost für den Tod Gottes; der gnostische Atheismus hingegen verkündet die Göttlichkeit des Menschen.

Denken ist eine pausenlose Zwiesprache mit verstorbenen Ge- 7318
sprächspartnern.

Die Poesie ist nicht ein vom Poem unterschiedener Zustand, keine 7319
Erfahrung, die diesem vorangeht.

Die dem Poem vorangehende „Poesie“ ist eine – fälschlicherweise für vielsagend gehaltene – Übersteigerung der Gefühle, geradeso wie die vielsagende Pseudobedeutsamkeit eines Traumes während des Schlafes.

Ein Poet ist nicht, wer Zustände „poetischer Empfindung“ durchlebt, sondern wer gute Gedichte schreibt.

Die Pracht der katholischen Kathedrale rührt her vom Aufeinan- 7320
derprallen gegenteiliger Kräfte, die in etwas Aufstrebendes umgewandelt wurden.

Die Träume des Menschen sind weder unangebracht noch sündig; 7321
unangebracht und sündig ist des Menschen Glauben, er sei fähig, sie zu erfüllen.

Ästhetische Verirrungen entstehen, wenn man, anstatt von einem 7322
Werk auszugehen, um bei einer Ästhetik anzulangen, von einer Ästhetik ausgeht, um beim Werk anzulangen.

Obskures Denken ist, was seinen eigenen Kontext nicht kennt. 7323

Wenn das ästhetische Gelingen nicht vom Künstler abhängt, so 7324
kann die Absicht des Künstlers es auch in keinem Fall beeinträchtigen.

Nur der Einsame ist fähig, mehr als taktische Wahrheiten zu den- 7325
ken.

7326 Unsere Zeit hat die Entdeckung gemacht, daß man das Leben einer jeden Sache verlängern kann, indem man sie verdirbt.

7327 Das Christentum ist das Paradigma des unverdienten Aufleuchtens axiologischen Aufblitzens in der Zeit.

7328 Die Freiheit in Händen des Demokraten ist nichts weiter als ein Stemmeisen, um noch den allerletzten Riegel gewaltsam aufzubrechen.

7329 Die Intelligenz ist keine hinreichende Vorbedingung für das Kunstwerk, doch sie ist eine notwendige Vorbedingung.

7330 Der Autor schätzt an seinem Werk im allgemeinen das, was weniger wertvoll ist.

7331 Wer nicht die Sterne beobachtet, verliert sich in der Geschichte.

7332 Die Unmöglichkeit, Lösungen zu finden, lehrt uns, daß wir uns der Aufgabe widmen müssen, die Probleme zu veredeln.

7333 Die Moderne hat dem Menschen das Recht erkämpft, sich in der Öffentlichkeit auszukotzen.

7334 Der wahre Leser klammert sich an den Text, den er liest, wie ein Schiffbrüchiger an eine vorbeitreibende Planke.

7335 Selbst den intelligenten Menschen hindert die Unwissenheit daran, sich vom Zeitgenössischen zu emanzipieren.

7336 Das Publikum nährt sich in intellektueller Hinsicht von nichts als Abfällen.

7337 Das Publikum kann die Ideen nicht aufnehmen, solange sie nicht durch eine niederträchtige Denkart gefiltert worden sind.

7338 Wir alle haben einen Schlüssel zu der Tür, die sich auf den strahlenden und edlen Frieden der Wüste öffnet.

Indem es die Vorstellung von einer zyklischen Geschichte ver- 7339
drängte, offenbarte das Christentum nicht den Sinn der Geschichte, es betonte lediglich die unersetzbare Bedeutsamkeit des unersetzbaren einzelnen.

Alles ausgehend von der Geschichte konstruierte Absolute löst sich 7340
in dieser auf. Es gibt kein authentisches Absolutes als dasjenige, das in diese einbricht.

Der Pantheismus ist die imperialistische Versuchung der Philo- 7341
sophie.

Die Ideen werden giftig, wenn sie zu Formeln erstarren. 7342

Der Scharfsinn sollte ohne Unterlaß gegen die Sklerose seiner Ein- 7343
fälle kämpfen.

Der Moderne glaubt, es genüge, die Fenster zu öffnen, um die Er- 7344
krankung der Seele zu heilen, auf daß der Dreck nicht weggekehrt werden müsse.

Auch die Verwesung ist ein „Wandel". 7345

Die Irrtümer nisten sich auf bequeme Weise nur in den Falten eines 7346
weitschweifigen Textes ein.

Die Lösung verleiht dem Problem eine komplexe Struktur. 7347

Die bloße Erkenntnis kann nur dann erretten, wenn sie Akt eines 7348
Subjektes ist, das sich selbst als errettetes Wesen begreift.

Die Gnosis ist tautologische Vergöttlichung.

Nur wenn die Gesellschaftspyramide rechtlich gesehen eine Hier- 7349
archie ist, wenn sie nicht bloß empirisches Resultat gesellschaftlicher Zufälligkeiten ist, nur dann ist der Höhere keine Last, sondern eine Stütze.

Gnostizismus und Christentum gehen von ein und demselben 7350
Punkt aus in verschiedene Richtungen.

Ausgehend von ein und derselben Definition der *conditio humana* geht der Christ als Geschöpf, der Gnostiker als Gottheit daraus hervor.

7351 Es gibt weder ein Problem, das außerhalb seiner historischen Situation verstanden werden könnte, noch ein Problem, das auf sie reduzierbar wäre.

7352 Der Gnostiker ist der geborene Revolutionär, denn die totale Ablehnung ist die perfekte Proklamation seiner göttlichen Autonomie.

7353 Es ist ein leichtes, im Grau in Grau den Dummkopf von Weiß nach Schwarz zu führen.

7354 Jede politische Lösung hinkt, doch manche hinken mit Anmut.

7355 Der Gnostiker neigt zur Profanierung des Liturgischen, denn das Geheiligte ist die Negation seiner Göttlichkeit. Die gotteslästerliche Obszönität ist seine bevorzugte Tat. Sade schrieb eines der gnostischen Evangelien.

7356 Der Mythos ist Fenster, nicht Tür.

Wer in ihn einzutreten versucht, macht ihn zur Allegorie.

7357 Unverfälschliche Thesen haben kein besseres Tribunal als die Reife des Verstandes.

7358 Die griechischen Wurzeln des spätantiken Gnostizismus sind nicht im platonischen Dualismus, sondern im stoischen Monismus zu finden.

7359 Anstatt uns auf die Gewißheiten der Empfindung zu verlassen, stützen wir uns auf eine Vernunft, die sich an die Ungewißheiten der Postulate lehnt.

7360 Wenn die kommerzielle Durchtriebenheit der einen die kulturelle Frömmlerei der anderen ausbeutet, sagt man, daß die Kultur sich ausbreite.

7361 Von den drei Arten der Erkenntnis ist die eine tautologisch, die andere hypothetisch und die dritte unbeweisbar.

7362 Kein Redner zu sein heißt, nur über etwas sprechen zu können, worin man sich auskennt.

Man muß keine Bedeutung suchen für das, was Wert hat, denn Bedeutung haben heißt Wert haben. 7363

Das Phänomen der Degradierung des Volkes zum Plebs ist immer das gleiche, ob es nun zur armen oder zur reichen Plebs degradiert wird. 7364

Auf die in Schluchten herumirrende Menschenkarawane läßt die Linke eine Lawine falscher Ideen niedergehen. 7365

Der Soziologe nennt gesellschaftliche Gesetze die gesellschaflichen Anachronismen, die er ausübt. 7366

Es gibt Doktrinen, wie den Hegelianismus Mitte des 19. Jahrhunderts und den Marxismus zu Beginn des jetzigen, die nur Früchte tragen, wenn sie sich zersetzen. 7367

Die Religionen wären bloße Fiktionen, wenn sie nicht allesamt im Christentum ihre ontologische Wurzel besäßen. 7368

Nicht jeder Professor ist dumm, aber jeder Dummkopf ist Professor. 7369

Was herkömmlicherweise als „Tiefgründigkeit" betrachtet wird, ist lediglich eine falsche Sicht des Zuschauers. 7370

Ein perfekter Satz ist, was mit weniger Gesten um so mehr Wegrichtungen anzuzeigen vermag. 7371

Die Mildtätigkeit, die nicht von einer demütigen Seele herrührt, entartet zur Herablassung des Philanthropen. 7372

„Kulturelle Aktivitäten" sind Bauernfängereien, um den Dummkopf anzuschmieren. 7373

Einen Irrtum auszumerzen ist unmöglich, doch es ist möglich, ihn niederzuknüppeln. 7374

Bei der trivialen Analyse vergißt man, die verschiedenen Teile zu hierarchisieren. 7375

7376 Das philosophische Kauderwelsch ist die bevorzugte Sprache des Neophyten.

7377 Eine Doktrin kann über Jahrhunderte hinweg einen klaren Ausdruck finden und sich verbreiten, ohne ein Bewußtsein von dem Postulat zu besitzen, aus dem sie keimt.

7378 In der Philosophie ist die Metapher ein sensationeller Salto oder ein grotesker Knüppelschlag.

7379 Selbst gegen die intellektuelle Sprache einer Zeit kann man nicht anders als in dieser schreiben.

7380 Der fortschrittliche Katholik ist kein Pilger zu heiligen Stätten, sondern Besucher von Gemeinplätzen.

7381 Die radikale Verleugnung der Religion ist der dogmatischste aller religiösen Grundsätze.

7382 Der progressive Christ findet sich dermaßen schnell dazu bereit, mit dem Gegner zu paktieren, daß der Gegner schon niemanden mehr vorfindet, mit dem er paktieren könnte.

7383 Jede Intelligenz hat verkrüppelte Organe.

7384 Die offizielle Textexegese ist die Kunst, den Text etwas sagen zu lassen, was er nicht gesagt hat.

7385 Der Glaube, der sich nicht auf Skeptizismus gründet, endet damit, daß er an die Existenz einer von Postulaten freien Vernunft glaubt, vor der er Kniefälle macht.

7386 Der katholische Apologet macht selten einen Unterschied zwischen dem, was man respektvoll zurückweisen, und dem, was man verachtungsvoll zerschmettern muß.

7387 Wer nicht gleichzeitig auf dem Spielbrett der größtmöglichen Allgemeingültigkeit und dem der größtmöglichen Besonderheit spielt, versteht nichts vom Spiel der Ideen.

7388 Solange sie nicht bei religiösen Kategorien anlangen, gründen sich unsere Erklärungen nicht auf Felsen.

Heutzutage hallt die Stimme Gottes nicht von Felsen wider, sondern erdröhnt in den Prozentsätzen der Meinungsumfragen. 7389

Christentum und Gnostizismus hatten das Fragen gemein. Sich „fremd“ zu fühlen, war ihr gemeinsames Kennzeichen. 7390

Der Zustand der „Entfremdung“ ist eine historische Konstante, doch er verschärft sich in Zeiten gesellschaftlicher Krisen.

Die „Entfremdung“ ist der Boden, in dem sowohl eine romantische wie eine christliche, eine demokratische wie eine gnostische Lösung keimten.

Der irritiert, der behauptet, daß man zu der von ihm ins Spiel gebrachten Lösung auf unpersönlichem Wege gelangt, der das nicht verantworen will, was er auf sich nimmt. 7391

Die Französische Revolution ist die höchste Welle der gnostischen Flut gewesen. 7392

Die Vulgarität hat die Erde kolonisiert. 7393

Ihre Waffen sind Fernsehen, Rundfunk, Presse gewesen.

Eine Gleichheit der Fülle, keine gleiche Fülle. 7394

Niemand kann es erreichen, ein Lied zu sein, kaum eine Note. 7395

Die Transzendenz wandelt sich zum Dualismus und der Dualismus zum Manichäismus, wenn der Egalitarismus den Sinn für Hierarchie verdrängt. 7396

Die Theologie ist im Grund genommen stets apophantisch. Die einzige kataphantische Vorgehensweise, die sie zuläßt, ist die Metapher. 7397

Wo der mystische Prozeß als eine Himmelfahrt begriffen wird und nicht als eine gnostische Restauration, ist die Deifikation bloße Hyperbel des Ekstatischen. 7398

Die „Gerechtigkeit“ ist eine gnostische Vorstellung. 7399

Dem abgesetzten Gott genügt es, das Seine zu fordern.

Die Christen flehen um Erbarmen.

7400 Lamartine ist das beste Beispiel für einen unbewußten Gnostizismus, der in einen demokratischen Humanitarismus mündet.

7401 Der demokratische Atheismus bestreitet nicht die Existenz Gottes, sondern seine Identität.

7402 Die Göttlichkeit des Menschen ist nicht die Schlußfolgerung, zu der der Egalitarismus gelangt, es ist die Überzeugung, auf die er sich gründet.

7403 Fortschritt ist der Name des Prozesses, in dem der *Salvator-Salvandus* seine gefallene Göttlichkeit wiederherstellt.

7404 Das *regnum hominis,* mit dessen Predigt Bacon die moderne Welt beginnen läßt, ist keine Parodie des *regnum Dei,* sondern dessen gnostische Version.

7405 Die demokratische Anthropologie ist eine Theologie vom Menschen.

7406 Die Hinrichtung Ludwigs XVI. ist weniger der politischen Geschichte Frankreichs zuzuordnen als der religiösen Geschichte des Abendlandes.

Die Königsmorde besiegelten einen neuen Bund im Blute frevlerischer Opferung.

7407 Nur die Unwissenheit legt einen Gott in Ketten. Ein Gott bleibt nur solange abgesetzt, wie er nicht weiß, daß er Gott ist.

Aufklärung ist die vorsichtige Übersetzung von Gnosis.

7408 Der Moderne entdeckt seine Seele stets an schäbigen Orten wie im paradigmatischen Bordell von Tyros.

7409 Um nicht vagen Theosophien zu verfallen, sollten wir die Betrachtung der Ursünde als Sakrileg höheren Instanzen überlassen, doch sollten wir sie sorgfältig beobachten wie eine böswillige Dummheit und wie eine blutige Posse.

Der moderne Mensch müht sich gerissen, von seiner Theologie 7410
nicht auf direktem Wege, sondern durch weltliche Ideen eine Vorstellung zu geben, die sie implizieren.

Er hütet sich davor, dem Menschen seine Göttlichkeit zu verkünden, gibt ihm aber Ziele vor, die allein ein Gott erreichen könnte; oder aber er verkündigt, das menschliche Wesen besitze Rechte, welche seine Göttlichkeit voraussetzen.

Goethe ist Pantheist; Hegel ist Gnostiker. 7411

Der Pantheismus ist ein Hügel, der Gnostizismus ein Abgrund.

Wenn der Künstler auf der Seite des Teufels steht, so übt er jedesmal 7412
Verrat, wenn er Erfolg hat.

Die klassischen Literaturen sind offensichtlich nicht prälapsarisch, 7413
aber glücklicherweise prägnostisch.

Gegen den gnostischen Hochmut machen allein der Skeptizismus 7414
und der Glaube immun.

Wer nicht an Gott glaubt, sollte die Anständigkeit besitzen, nicht an sich selbst zu glauben.

Die Sensibilität projiziert kein Bild auf das Objekt, sondern ein 7415
Licht.

Nur wenige Gelehrte sind Herren ihrer Gelehrsamkeit und nicht 7416
deren bloße Vehikel.

Wenn der Theologe das Warum irgendeiner Tat Gottes erläutert, 7417
schwankt der Zuhörer zwischen Entrüstung und Belustigung.

Die primitiven Religionen sind naive Anthropomorphismen, der 7418
Gnostizismus ist ein satanischer Deimorphismus.

Verstehen heißt gewöhnlich, das scheinbar Verstandene auf Begriffe 7419
zurückzuschrauben, die vordergründig verständlich sind, da sie sich im Einklang mit unseren momentanen Vorurteilen befinden.

Die modernen Erfindungen, die nicht am Ende zum Töten dienen, 7420
dienen am Ende zum Verderben.

7421 Die öffentlichen Gesten sollten durch den striktesten Formalismus geregelt werden, um die fingierte Spontaneität zu verhindern, die dem Dummen so sehr gefällt.

7422 Wenn der Schriftsteller, um den Leser nicht zu vergraulen, die dazwischenliegenden Gedanken überspringt, sollte er die beiden Enden seines Gedankens fester anpacken.

7423 Das Vergnügen, mit dem wir durch die Schneise rennen, die ein System uns ins Gehölz geschlagen hat, läßt uns vergessen, daß zu beiden Seiten der Urwald unversehrt geblieben ist.

7424 Lösungen sind Schlüssel, die manche Türen öffnen und bei anderen die Schlösser auswechseln.

7425 Nichts können wir klar erkennen, wenn wir es nicht von hinten betrachten.

7426 Um einen Text zu verstehen, muß man langsam um ihn herum schleichen, denn niemand gelangt in sein Inneres, es sei denn durch unsichtbare Falltüren.

7427 Der Dummkopf läßt nicht von einem Irrtum ab, solange er in Mode ist.

7428 Wenn sie sich von stilistischen Regeln befreit, verfällt die Phantasie der monotonen Wiederholung elementarer Archetypen.

7429 Das Vorhandensein bestimmter Voraussetzungen macht ein Buch noch nicht zu einem guten Buch, aber ihr Fehlen macht es zu einem schlechten.

7430 Selbst der Allerdümmste durchlebt Nächte, in denen seine gegen die Wahrheit errichteten Verteidigungsanlagen brüchig werden.

7431 Was uns aus der Fassung bringt, heilt für einen Moment unsere Dummheit.

7432 Der heutige Hohlkopf trachtet danach, das Schamlose durch die Schamlosigkeit zu läutern.

Die Metapher, die nicht deutlich macht, sondern Verwirrung stiftet, 7433
ist eine vom Halbtalentierten verbreitete Landplage.

Offensichtlich ist ein großer Künstler, wer zu verwirren versteht. 7434
Doch ein großer Künstler ist nicht, wer zu verwirren plant, sondern wer damit beginnt, sich selbst zu verwirren.

Es gibt keine unvoreingenommene Intelligenz, doch die Unvorein- 7435
genommenheit kann mehr oder minder intelligent sein.

Die Wissenschaften, insbesondere die Geisteswissenschaften, sind 7436
dabei, Schichten von Barbarismen auf der Literatur abzulagern.

Die Transzendenz ist die Lösung desjenigen, der unfähig ist, die 7437
Dinge in eine Ordnung zu bringen.

Der Relativismus ist die Lösung dessen, der unfähig ist, die Dinge 7438
in eine Ordnung zu bringen.

Wir nennen Tradition die Fähigkeit, einen Text lesen zu können, 7439
ohne dessen geheime Resonanzen zu ignorieren.

In der Geschichte schließen sich die Erklärungen nicht gegenseitig 7440
aus, sie ordnen sich zu Schichten.

Vom 18. Jahrhundert scheint der Mensch des 20. nur die Dürre der 7441
Seele geerbt zu haben, und vom 19. nur die Rhetorik.

Seitdem das 18. Jahrhundert die „Empfindsamkeit“ entdeckt hatte, 7442
bestand die Aufgabe der Philosophie darin, hier spezifische Wahrnehmungsfähigkeiten zu isolieren, die mit passiven psychologischen Zuständen verwechselt wurden.
Ethisches Bewußtsein, ästhetisches Bewußtsein, religiöses Bewußtsein.

Weder ihre Ideen noch ihre Ereignisse machen eine Epoche aus, 7443
sondern ihr flüchtiger Akzent.

Sich als autonom zu proklamieren bedeutet, keine anderen Herr- 7444
scher als den Bauch und das Geschlecht zu wünschen.

7445 Der Geschichtsschreiber muß uns dabei helfen, vor der Neigung des Intellekts, in Schwarz und Weiß zu denken, auf der Hut zu sein.

7446 Das Prosagedicht sowie der verheiratete Klerus gehören der neutralen Gattung an.

7447 Der Amateur, den die Professionellen auf der Rennbahn zulassen, gewinnt gewöhnlich das Rennen.

7448 Im hintersten Winkel der Seele knurrt ein verschreckter Affe.

7449 Der Mensch ist nur wichtig, wenn Gott zu ihm spricht und während Gott zu ihm spricht.

7450 Der Progressive hat einen langen Hals und einen finsteren Blick.

7451 Die dummen Ideen formen sogar die Gangart der Liebenden.

7452 Der Eigendünkel ist das Erbe der bürgerlichen Dame an das linke Fräulein.

7453 Die Dreistigkeit ist das Kennzeichen jeder aufsteigenden oder absteigenden Klasse.

7454 Die gute Malerei kürzt den Lyrismus des Kunstkritikers.

7455 Der neugeborene Gemeinplatz ist unerträglich.

7456 Das Glück wandert mit nackten Füßen.

7457 Mögen wir niemals mit süßlicher Stimme über Gott reden.

7458 Wir loben am Nachbarn nur jene Tugenden, die uns die Ausübung einer Tugend ersparen.

2. Band

Der Zusammenbruch einer Allgemeinvorstellung kündigt an, daß wir zu verstehen beginnen. 7459

Der Mythos korrigiert die Präzision des Begriffs. 7460

Es genügt, daß die Empfindung auf sich selbst achtet, damit sie verkommt. 7461

Der Pöbel glaubt, die edlen Dinge in seine Reichweite bringen zu können, indem er sie erniedrigt. 7462

Der Dummkopf findet jeden erhabenen Ort, zu dem er sich Zugang verschafft, als eine Wüste vor. 7463

Die Literatur rächt sich am Profanen, der sie studiert, indem sie ihn mit Metaphern versorgt. 7464

Fast allen ist es nicht so wichtig, im Recht zu sein, als selbst Recht zu behalten. 7465

Die Beweggründe rühren sich nicht von der Stelle, die Argumente hingegen sinken im Laufe der Zeit von einer geistigen Stufe zur nächsten bis hin auf den Boden. 7466

In Diskursen werden verdorbene Argumente eingesetzt.

Der Heide neigt zu einem unschuldigen Pantheismus. 7467

Mehr Verehrung des Göttlichen als Streben nach Göttlichkeit.

Die größte Respektlosigkeit gegenüber dem Kunstwerk ist es, dieses als Wertobjekt zu behandeln. 7468

Zum Glück kann kein einziger reicher Protz ein Gedicht an die Wände seines Hauses nageln.

Gegenwärtig sollte man die ästhetische Sensibilität des Kunstsammlers ebensosehr anzweifeln wie die Herkunft seines Reichtums. 7469

7470 Wenn wir indiskreterweise die geheimen Winkel gewisser Intelligenzen auskundschaften, finden wir einen versteckten Narren, lallend, sabbernd, die Haare zerzaust.

7471 Die Parteigänger einer Sache sind in der Regel die besten Argumente gegen sie.

7472 Die wahre verbale Eleganz steckt das Schwert in die Scheide, noch bevor der Gegner den Degenstoß spürt, der ihn niedergestreckt hat.

7473 Die Mängel des Schriftstellers, der sich mit seinen Fähigkeiten begnügt, werden schließlich unsichtbar.

7474 Der industrielle Aufschwung bringt es zuwege, daß alle die Gemeinheit der Reichen und die Knechtschaft der Armen miteinander teilen.

7475 Grausig wie ein städtebauliches Projekt.

7476 Keine einzige Lösung ist derzeit mehr als die andere Seite des Problems.

7477 Zu den Schrecken des Kommunismus muß man zählen, daß es keine andere Lektüre gibt als die Prosa linker Schriftsteller.

7478 Solange uns die physiologische Erklärung nicht ausreichend erscheint, wird jemand kommen und uns der Verlogenheit bezichtigen.

7479 Wenn unsere Nacht sich nähert, scheint der Wind, der die Zweige bewegt, schon nicht mehr der gleiche zu sein.

7480 Der Trivialisierung, von der die Welt überrannt wird, können wir uns entgegenstellen, indem wir heimlich Gott wieder auferstehen lassen.

7481 Zivilisierte Individuen sind nicht das Produkt einer Zivilisation, sondern deren Ursache.

7482 Die Lektüre von Texten, deren Kontext wir nicht kennen, sollten wir nicht etwa darum vermeiden, weil wir sie nicht verstehen könnten, sondern weil wir glauben, sie verstehen zu können.

Es liegt an uns zu entscheiden, ob die Romantik eine retrograde Operation gegen die Trivialisierung der Welt gewesen ist oder bloß das gescheiterte Scharmützel der Avantgarde. 7483

Wenn wir entdecken, wer das erlangt, was wir uns ersehnen, ist es uns nicht mehr so wichtig, es zu erlangen. 7484

Der kluge Gedanke gleitet unversehrt durch die Hände der Mehrzahl aller Leser. 7485

Die Wichtigkeit, die es dem Menschen beimißt, ist das Rätsel des Christentums. 7486

Die Grammatik hat Regeln; die Metrik kann nur Gesetze haben. 7487

Der Irrtum kleidet sich in so viele Wahrheiten, daß der Pfeil ihn nur schwerlich durchbohrt, ohne diese zu verletzen. 7488

Eine Gesellschaft mit nur einer einzigen Uniform oder ohne jegliche Uniform ist gleichermaßen unsichtbar. 7489

Es bedarf einer Buntheit der Uniformen.

Das Bewegendste an den „intellektuellen Nöten“ des jungen Menschen sind die Albernheiten, mit denen er sie besänftigt. 7490

Eine Gesellschaft, die nicht Haltungen und Gesten schult, legt keinen Wert auf Gesellschaftsästhetik. 7491

Die Zeitung sammelt den Abfall vom Vortag ein, um uns zusammen mit ihm zum Frühstück zu verspeisen. 7492

In demokratischen Zeiten wird die Selbstgefälligkeit universell. 7493

Die einzige Vorsichtsmaßnahme ist, beizeiten zu beten. 7494

Seit zwei Jahrhunderten nennt man jene Menschen „Freidenker“, die ihre Vorurteile für Schlußfolgerungen halten. 7495

Ein Gedanke sollte sich nicht symmetrisch erweitern wie eine Formel, sondern ungeordnet wie ein Gesträuch. 7496

7497 Der Reichtum einer Sprache hängt von der Anzahl intelligenter Menschen ab, welche die Bedeutung ihrer Worte dadurch bereicherten, daß sie in ihr mit Talent geschrieben haben.

7498 Die Bildung kennt drei Stufen: die Bildung desjenigen, der weiß, was in einer Enzyklopädie steht, die Bildung desjenigen, der sie verfaßt hat, die Bildung desjenigen, der weiß, was eine Enzyklopädie nicht zu sagen weiß.

7499 Die falsche Eleganz ist der offen eingestandenen Vulgarität vorzuziehen.

Wer in einem eingebildeten Palast wohnt, fordert mehr von sich selbst, als wer es sich in einer erbärmlichen Höhle bequem macht.

7500 Hüten wir uns davor, mit jemandem zu streiten, der sein Thema schlecht kennt.

7501 Der Leserneuling glaubt, daß jene Art von Gedichten, die in seiner Zeit nur von schlechten Dichtern geschrieben werden, auch in anderen Zeiten nur von schlechten Dichtern geschrieben wurden.

7502 Die Orphik und Rousseau nehmen in der Geschichte eine gleichartige Stellung ein. Wenn sie einerseits beide den Impuls für die demokratische Bewegung und die gnostische Religiosität gaben, so begünstigten andererseits beide das religiöse Gefühl und die reaktionäre Haltung.

Es ist schwer, Burke ohne das Rousseausche Klima zu erklären, oder Plato ohne das orphische.

7503 Die pompösen öffentlichen Ankläger sind gewöhnlich nichts weiter als Verteidiger heimlicher Verbrechen.

7504 Wenn wir ein Werturteil treffen, sollten wir uns niemals auf Autoritäten berufen.

Das Werturteil steht für sich selbst. Jede Begründung setzt es herab.

7505 Nur wir selbst können die Wunden vergiften, die uns zugefügt werden.

7506 Ein gewisser offensichtlicher Egoismus ist nichts weiter als eine diskrete Zurückweisung des Dogmatismus.

Wenn man das Christentum enthellenisiert, wird es zur Sekte. 7507

Unparteilichkeit ist bisweilen bloße Insensibilität. 7508

Die gute Erziehung scheint ein wohlriechendes Produkt des 7509
18. Jahrhunderts, das sich verflüchtigt hat.

Die kluge Bewunderung kopiert nicht, sie versucht, sich von dem 7510
zu nähren, was das Bewunderte genährt hat.

Die Genealogie, auf die es ankommt, ist die unserer intellektuellen 7511
Vorfahren, die wir annehmen, indem wir uns bemühen, von ihnen angenommen zu werden.

Das Apostelamt berauscht so sehr, daß es den Apostel schon bald 7512
nicht mehr schert, was er predigt.

Der Katholizismus der letzten Jahrhunderte bemerkte die Grube 7513
immer erst nach dem Keulenschlag.

Der proletarische Ursprung eines Schriftstellers kann ihm als Ent- 7514
schuldigung dienen, nicht jedoch als Empfehlung.

Der Marxist beginnt sich unwohl zu fühlen, da man ihn schon mit 7515
mehr Neugierde als Schrecken betrachtet.

Eine Seele, in der geheime Samen harren, fürchtet sich nicht vor den 7516
Regenfällen, die sich im Sturmgrollen ankündigen.

Die Reaktion beginnt in Delphi. 7517

Die Macht korrumpiert nicht, sie befreit die verkappte Korruption. 7518

Man spricht von „Konsumgesellschaft" – obwohl die Produktion 7519
das fortschrittliche Ideal ist -, um zu verbergen, daß es sich um eine Produktionsgesellschaft handelt.

Historische Parallelen sind ebenso trügerisch wie Familienähnlich- 7520
keiten.

7521 Der Fortschritt verdummt den Fortschrittler dermaßen, daß er nicht mehr in der Lage ist, die Dummheit des Fortschritts zu erkennen.

7522 Letzten Endes ist es einzig sinnvoll, politische Vorlieben aus ästhetischen Gründen zu hegen.

7523 Nur die Ideologie des „Sportes“ rivalisiert in ihrer Hinterlistigkeit mit der Ideologie der „Kultur“.

7524 Wir sollten die Miliz des Christentums mit der guten Laune des Guerillakämpfers ertragen und nicht mit der Gereiztheit einer belagerten Garnison.

7525 Die Kräfte, die eine Zivilisation in den Ruin treiben, kollaborieren von Anbeginn mit den Kräften, die sie errichten.

7526 Die siegreichen Revolutionen sind ein Überborden der Habgier gewesen. In der Regel sind nur niedergeschlagene Revolutionen Aufstände Unterdrückter.

7527 Der Einfältige sucht die Ursache eines Sieges in den Schwächen der besiegten Sache, während die Niederträchtigkeit einer Sache in Wahrheit gewöhnlich der Grund ihres Triumphes ist.

7528 Je nach seinem Ausgangspunkt entfernt sich der Individualismus vom Kollektivismus oder aber er nähert sich ihm an. Entweder er betont tatsächlich die Unterschiede, oder er trivialisiert sie.

7529 Die Suche nach letzten Erklärungen ist das allerabsurdeste Unterfangen für jemanden, der sich einem ungewissen Diskurs verschrieben hat.

7530 Es steht uns frei, die irdischen Angelegenheiten zu salben, nicht jedoch, ihnen die Sakramente zu reichen.

7531 Mitunter hat es den Anschein, der „Religionsunterricht“ sei erfunden worden, um der religiösen Wirksamkeit der Liturgie Einhalt zu gebieten.

7532 Die von der Kirche unterdrückte religiöse Empfindung flüchtet sich in wunderliche Katakomben.

Das Gebimmel eines klösterlichen Glockentürmchens dringt in Bereiche der Seele vor, in die keine kraftvolle Stimme je gelangen könnte. 7533

Ihr ideologisches Bewußtsein gestattet es der kleinbürgerlichen Mentalität, sich nicht um die selbstlose Tat zu scheren. 7534

Wenn ein Schriftsteller spürt, daß sein Talent sich mit Moos überzieht, sucht er sich einen politischen Kundenkreis. 7535

Drei Faktoren haben in Amerika die edle Urwüchsigkeit der spanischen Sprache verdorben: der geistige Solözismus des nichthispanischen Einwanderers, die einfältige Redseligkeit des Negers, die menschenscheue und unterwürfige Melancholie des Indios. 7536

Keine einzige der neuen Revolutionen ist das Produkt einer neuen Definition des Menschen. 7537

Alle sind sie ein Wiederaufblühen der gnostischen Definition unter anderen Umständen.

Dionysismus, Gnostizismus, Aufklärung – Schaum der höchsten Wellen. 7538

Begierden, Habsucht, Leidenschaften bedrohen die Existenz des Menschen nicht, solange sie sich nicht als Menschenrechte proklamieren, solange sie keine Fermente der Göttlichkeit sind. 7539

„Von Gottes Gnaden“ zu sein, schränkte die Macht des Monarchen ein; der „Volksvertreter“ ist der Repräsentant des absoluten Absolutismus. 7540

Da nicht einmal das Böse auf Erden rein ist, hat jede der drei demokratischen Wellen dem Menschen eine klarere Vorstellung gebracht: die erste die von der Seele, die zweite die vom transzendenten Gott, die dritte die von der Geschichte. Platonismus, alexandrinische Theologie, Romantik. 7541

Anscheinend ist niemand in der Lage, Literaturgeschichte ohne patriotische Verblendung zu schreiben. 7542

Dem heutigen Schriftsteller genügt es, verstanden zu werden, gerade so, als schriebe er in einer fremden Sprache. 7543

7544 Man muß die Saiten einer Sprache hart anschlagen, damit der Ton rein wird.

7545 Von einem Text, den wir ruhen lassen, lösen sich nur die überflüssigen Worte ab.

7546 Die Vergangenheit scheint keine Erben hinterlassen zu haben.

7547 Der Philosoph sollte dem, der ihn imitiert, die Anmaßung überlassen, mit Sicherheit zu wissen.

7548 Was keinen Psychologismus einschließt, wird in den Geisteswissenschaften heutzutage mit Mißtrauen betrachtet.

7549 Die seltsamsten ätiologischen Mythen in der Geschichte der Religion sind die psychologischen Ätiologien, welche die Religionsgeschichtsschreiber für die religiösen Phänomene erfinden.

7550 Die Reichen und die Armen unterscheidet derzeit nur noch das Geld.

7551 Die Hymnen auf die Arbeit werden angestimmt, um den Arbeiter besser ausbeuten zu können.

7552 Der Katholik sollte nicht beim Konzil Beschwerde gegen den Papst einlegen, sondern beim Papsttum.

7553 Der Zynismus ist – wie jede dogmatische Geisteshaltung – allzu einfach.

7554 Was es gestattet, die anderen zu ertragen, ist die Möglichkeit, sie in eine Erzählung zu verwandeln.

7555 Bei Staatsfeiertagen sollten die Fahnen auf Halbmast flattern.

7556 Den modernen Menschen stimmt es heiter zu denken, daß „es für alles eine Lösung gibt“. Als gäbe es keine grauenvollen!

7557 Die Geschichte gestattet es selten, mit nicht gezinkten Karten zu spielen.

7558 Wahrer Glaube ist nur, was dem Profanen unannehmbar erscheint.

Zu verallgemeinern sollte man nur demjenigen erlauben, der im- 7559
stande wäre, die schwammige Substanz der Verallgemeinerung in einer knappen Formulierung zu verdichten.

Die großen, dummen Erklärungen des menschlichen Verhaltens er- 7560
klären treffend denjenigen, der sie übernimmt.

Nobel ist nicht, wer Untergebene zu haben weiß, sondern wer Vor- 7561
gesetzte zu haben weiß.

Ein freies Volk bietet vom ästhetischen Gesichtspunkt ein jämmer- 7562
liches Schauspiel.

Neue Werte tauchen immer wieder in der Geschichte auf; der 7563
Mensch jedoch begeht zu seinem Schaden immer wieder dieselben Verbrechen.

Man darf nicht schreiben, damit wir Leser haben, sondern so, als ob 7564
wir einen Leser haben würden.

Geschichtliche Begründungen sind nichtssagend. 7565

In der Geschichte gibt es übergenug Beispiele, um jedwede These zu illustrieren.

Da der Dogmatismus das Feld gewechselt hat, muß die Erbar- 7566
mungslosigkeit die Stellung wechseln.

Heute gilt es, die demokratischen Heuchler auszupfeifen.

Die Dichtkunst geht dem Gedicht vorauf. 7567

Wir nennen poetisch, was an die Poesie irgendeines Gedichtes erinnert.

So absurd, grotesk und obszön sie auch sein mag, jede Geste, in der 7568
sich die absolute Abhängigkeit des Menschen ausdrückt, ist intelligent.

Um Verwirrung zu stiften, ist die Vieldeutigkeit nicht nötig, es ge- 7569
nügt die Klarheit.

Ohne Unebenheiten und Lücken besitzt der Verstand die nichtssa- 7570
gende Glattheit eines abgeschliffenen Kiesels.

7571 Religiöse Riten sind vielgestaltige Diskurse, in denen ein und dieselbe Bedeutungsintention ausgedrückt wird.
Mythologien sind Spiele mit den Worten dieser Diskurse.

7572 Die kluge Verallgemeinerung sollte den entzifferbaren Abdruck des besonderen Ereignisses in sich tragen, das diese hervorbrachte.

7573 Glockengeläute sollte das vorherrschende Geräusch sein.

7574 Jeder Klerus neigt dazu, die Blasphemie mit dem Stich zu verwechseln, der ihm die Luft abläßt.

7575 Es gibt Gedanken, die uns anrufen und wieder gehen, wie ein nächtlicher Flügelschlag an einem Fenster.

7576 Weitaus mehr als dem Anschein nach offensichtlichen Wahrheiten sollten wir dem Widerwillen vertrauen, den gewisse Irrtümer wachrufen.

7577 Der Techniker spricht zum Laien mit der Besessenheit des Hexenmeisters.

7578 Wir sollten versuchen, unsere Seele zu erbauen wie eine Landschaft aus Wasser und Erde, die zu einer weißen Kirche auf einem Vorgebirge emporsteigt.

7579 Die Wahrheit überzeugt mit einem Augenzwinkern; der Irrtum benötigt Reden.

7580 Wir sollten es nicht hinnehmen, daß unseren Göttern huldigt, wer nicht an sie glaubt.

7581 Das Lächeln ist göttlich, das Lachen menschlich, das Gelächter tierisch.

7582 In einem perfekten Strafgesetzbuch würde die Todesstrafe auf Vulgarität vorkommen.

7583 Die Leidenschaft, mit der ein Buch gelesen wird, ist dessen Schlüssel.

Man kann nicht zu etwas Wichtigem gelangen, indem man einfach nur geht. 7584

Aber es genügt nicht zu springen, um einen Abgrund zu überwinden, dazu bedarf es der Flügel.

Der Dummkopf schreibt der Abstammung des Menschen vom Tier jene Unmenschlichkeit zu, die er von seinem Anspruch auf göttliche Abstammung erbte. 7585

Die Militärakademien sind die letzten Bastionen, in denen noch etwas gelehrt wird, in dem nicht nur technische Rezepte vermittelt werden. Die Zivilgesellschaft dürstet nach Herren. 7586

Die Leute suchen den Ursprung dessen, was sie schreckt, dort, wo das Echo ist. 7587

Die intellektuelle Avantgarde bietet die besten Lebensbedingungen für Gemeinplätze. 7588

In der Politik lohnt es nur, auf die Kritik zu hören, die Prinzipien hat, jedoch keine Doktrin. 7589

Eine Verweigerung der Gerechtigkeit mindert manchmal die Verschlimmerung der Tragödie. 7590

Wir wollen hier auf Erden schon das Himmelreich errichten. 7591

Aber welches denn, Heine?

Das sozialistische Paradies, von dem sie in der Konsumgesellschaft träumen, oder die Konsumgesellschaft, von der sie im sozialistischen Paradies träumen?

Das Verschwinden des Bauernstandes und der klassischen humanistischen Bildung hat die Verbindung zur Vergangenheit zerstört. 7592

Heute vertraut der gebildete Mensch selbst einem laienhaften Lehrwerk der Magie mehr als seinem Nachbarn. 7593

Wir fühlen uns mitunter schuldig, wenn wir erniedrigende Kompromisse ablehnen. 7594

7595 Die geheime Triebfeder der Geschichte – sollte das nicht einfach die Ermüdung sein?

Ihr bestes Sinnbild das Pendel, und nicht der Pfeil?

7596 Die Sünden, die von weitem betrachtet „außerordentlich" erscheinen, sind aus nächster Nähe betrachtet nur kleine, schäbige Episoden.

7597 Im Verbrechen nichts als die Unerschrockenheit des Mörders zu sehen, macht die Dummheit des Immoralisten aus.

7598 Die *Liaisons dangereuses* sind die erotische Säkularisierung der Technik des Handbuches eines posttridentinischen Beichtvaters.

7599 Das Volk spendet nur dem zukünftigen Tyrannen stürmischen Beifall.

7600 In der Demokratie verwandelt sich der Politiker in einen Hofnarren des souveränen Volkes.

7601 Marxismus und Psychoanalyse sind keine Techniken, sondern Beschwörungsformeln.

7602 Der Glaube – jedweder Glaube – geht verloren, wenn er sich mit Glaubensgenossen einläßt.

7603 Der Mensch wird letztlich angetrieben von den Beweggründen, die man ihn zu haben heißt.

Eine Bestie, wenn man ihm sagt, seine Seele werde wie die Seele der Bestien sterben; ein beschämtes Tier, zumindest, wenn man ihm sagt, er habe eine unsterbliche Seele.

7604 Die Linke nennt jene Leute Rechte, die bloß rechts von ihnen sitzen.

Der Reaktionär befindet sich nicht rechts von der Linken, sondern gegenüber.

7605 Argumente, die imstande sind, unsere Zeitgenossen zu überzeugen, haben einen üblen Geschmack, einen üblen Geruch, eine üble Farbe.

Wer sich auf irgendeine Wissenschaft beruft, um seine Grundüberzeugungen zu rechtfertigen, läßt Bedenken an seiner Ehrbarkeit oder seiner Intelligenz aufkommen. 7606

Die Alternative, die derjenige anpreist, der mit der Linken nicht konform geht, ist ebenso unannehmbar wie die, die er verwirft. 7607

Die Objektivität der mystischen Erfahrung läßt sich nicht beweisen. 7608

Ebensowenig wie die irgendeiner anderen Erfahrung.

Toleranz bezeichnet mitunter das Mitgefühl des Starken, in der Regel jedoch die Schüchternheit des Feiglings. 7609

Den Hohlkopf beeindruckt nur das Allerneueste. 7610

Für den klugen Menschen hängt nichts vom Datum ab.

Für ein Gebäude ist seine Konservierung für den Touristen die allerletzte Schmach. 7611

Unmöglich, den Dummkopf überzeugen zu wollen, daß es höhere Freuden gibt als die, welche wir mit den übrigen Tieren teilen. 7612

Die Klugheit, die mit Hochmut einhergeht, lädt dazu ein, den Boden einzuseifen. 7613

Wenn nichts mehr in der Gesellschaft Respekt verdient, müssen wir uns in der Einsamkeit stillschweigende Loyalitäten schaffen. 7614

Die kindliche Sexualität ist nicht vor-erwachsen, sondern vor-erbsündlich. 7615

Die Moderne ist in allen Epochen das Gewand der domestizierten Intelligenzen. 7616

Das Wesentliche ist nicht, an Gott zu glauben, sondern zu glauben, daß Gott existiert. 7617

Der überzeugteste Reaktionär ist der reuige Revolutionär, das heißt: derjenige, der die Realität der Probleme kennengelernt und die Lügenmärchen der Lösungen erkannt hat. 7618

7619 Die Rebellion gegen die Oberklasse nimmt ihren Anfang, wenn dort die lüsternen und hartherzigen *homines novi* überhandnehmen, die sich nicht ausnützen lassen.

7620 Der *homo novus* ist nicht rüde und grausam mit seinem Untergebenen, sondern gerecht.
Er treibt das vertraglich Zugesicherte ein.
Er versteht es nicht, ungerecht zu sein und sich ein bißchen kameradschaftlich ausrauben zu lassen.

7621 Selbst das Gute und das Böse sind in der modernen Welt anonym.

7622 Die aufsteigenden Klassen sind nicht die ausführenden Kräfte der Revolution, sondern deren Verursacher.
Revolutionen brechen nicht gegen die alten Besitzer los, sondern gegen die illegitimen Erwerber.

7623 Die Gesellschaftsmaschinerie benötigt ein wenig Immoralität als Schmieröl.

7624 Fast jeder hat in der Jugend ein draufgängerisches Gesicht und im Alter ein dummes.

7625 Die lächerliche Befolgung jeder Mode ist ein Ekzem des Gesellschaftskörpers, das der Prosperität des Mittelstands zuzuschreiben ist.

7626 In der Literatur verblassen die starken Farben mit der Zeit; nur die sanften Töne sind unauslöschlich.

7627 Das „Vernünftige“ besteht darin, das Leben zu verlängern, den Schmerz zu vermeiden, den Hunger zu stillen und den Geschlechtstrieb zu befriedigen.
Nur eine solche Definition erhellt den Lauf der letzten Jahrhunderte.

7628 Literarische Gruppen entstehen und vergehen auf ebenso mysteriöse Weise wie Imperien.

7629 Statt den Autor selbst liest man heutzutage lieber das idiotische Buch, das über ihn geschrieben wurde.

Der heutige Leser zieht die bunte Trivialität der dezenten Färbung 7630
eines Treffers vor.

Das Zeitungswesen bedeutet Dispensierung von intellektueller 7631
Disziplin.

Die intellektuelle Arbeit unserer Länder befindet sich auf dem Ni- 7632
veau einer Hausarbeit für eine Universität dritten Ranges.

Die unveränderlichen gesellschaftlichen Ursachen erklären nicht 7633
das Fieber und die Abgespanntheiten der Geschichte. Es hat den Anschein, daß allogene Faktoren die moralischen Epidemien verbreitet haben.

Unveränderliche Ursachen modellieren in der Geologie der Ge- 7634
schichte nur deren abrupte Brüche, die aus vulkanischen Kapricen resultieren.

Die Hellsichtigkeit bestimmter Augenblicke ist mitunter von dem 7635
Gefühl begleitet, einsam in einer schlafenden Stadt Nachtwache zu halten.

Daß die Französische Revolution im wesentlichen ein religiöses 7636
Phänomen gewesen ist, haben nur Joseph de Maistre und Michelet klar erkannt.

Die Linke versammelt all jene, die von der Gesellschaft die elende 7637
Behandlung erleiden, die die Natur ihnen zukommen ließ.

Die Linke nennt einen bloßen Streit um den Besitz Kritik am Kapi- 7638
talismus.

Der Misanthropie fällt zum Opfer, wer keinen entomologischen 7639
Blick hat.

Die Ergebenheit sollte nicht die Gymnastik eines Stoikers sein, 7640
sondern ein Sich-Ergeben in Gottes Hände.

Suchen wir die Gleichförmigkeit, die Dunkelheit, die Stille. Ein 7641
aufsehenerregendes Dasein wirkt nur dann nicht grotesk, wenn es vom Schicksal einer gegen den Exzeß rebellierenden Seele auferlegt wurde.

7642 Der Teufel kann ohne die leichtfertige Kollaboration der Tugenden nicht viel ausrichten.

7643 Nur Rom wußte ohne ideologischen Deckmantel zu befehlen.

7644 Die Genialität ist nur beim Genius erträglich.

7645 Quellenmaterialien sind die Leichenträger historischer Verallgemeinerungen.

7646 Wir Reaktionäre sind unglückselige Menschen: die Linken klauen uns die Ideen und die Rechten das Vokabular.

7647 Wer sich damit brüstet, er habe „viel erlebt", sollte besser schweigen, um uns nicht erkennen zu lassen, daß er nichts begriffen hat.

7648 Sentimentalität, Wohlwollen, Menschenliebe sind die Brutstätten der großen demokratischen Gemetzel.

7649 Wer von sich selbst keine gute Meinung hat, wird heutzutage für einen Heuchler gehalten.

7650 Der beste Adelsbeweis liegt darin, sich nicht für erhaltene Wohltaten revanchieren zu wollen.

7651 Der Demokrat verzeiht leichter die Beleidigung als die Gefälligkeit.

7652 Tiefe Überzeugungen werden stillschweigend übermittelt.

7653 In einem geistig trockenen Klima bringt die Intelligenz Totgeburten zur Welt.

7654 Die Nationen sind eine parasitäre Flora, die verdorrt, sobald sie aufhört, den örtlichen Pflanzensaft zu saugen.

7655 Keine Idee ist komplex genug, kein Satz einfach genug.

7656 Die universelle Überschneidung von Einflüssen erzeugt die *Weltliteratur* eines internationalen Hotels.

Die Nation – ein junges Phänomen ohne geographische noch ethnische Basis, eine rein rechtliche und politische Konstruktion – verdrängt ebenso die königliche Gemeinschaft des *Kleinstaates* wie die ideale Gemeinschaft des Heiligen Reiches. 7657

Perioden der Toleranz dienen der Menschheit dazu, sich eine neue Intoleranz zu schmieden. 7658

Die Würde des jüdischen Volkes beruht darauf, das einzige metaphysische Volk der Geschichte zu sein. 7659

In einer Demokratie ist der einzige, der andere anlächelt, der um Wählerstimmen bemühte Politiker. 7660

Die übrigen können sich den Luxus eines entgegenkommenden Lächelns nicht leisten: ein jeder ist des anderen Rivale.

Massengesellschaften tendieren zur Flachheit der schlammigen Pfütze; die kleinen Gesellschaften strukturieren sich in organischer Weise. 7661

Die Geschichte ist mehr ein Bilderbuch als ein Begriffsverzeichnis. 7662

Im *Discours sur l'Histoire Universelle* ist die „Religion" das Thema eines Progressismus, den Condorcet ankündigt. 7663

Die christliche Geschichtstheorie ist im Gleichnis von den Schnittern enthalten.

Die jüngere Kirche hat nicht zu unterscheiden gewußt zwischen den neuen Wahrheiten, die die Rekonstruktion des theologischen Gebäudes fordern, und den neuen Irrtümern, die seinen Abbruch verfolgen. 7664

Die neutestamentarische Kritik, zum Beispiel, und die „Biographien" über Jesus.

Der gesellschaftliche Umgang verfeinert nicht, er besudelt. 7665

Die Despotismen treffen, wie schon Montesquieu bemerkt hatte, letztendlich einzig und allein im religiösen Bewußtsein auf unüberwindlichen Widerstand. 7666

Den Atheismus zu propagieren ist das *arcanum imperii* der Tyrannei.

7667 Linke und Rechte streiten sich lediglich um den Besitz der Industriegesellschaft.

Der Reaktionär ersehnt deren Tod.

7668 Wer sich daran gewöhnt, die Wahrheit zu sagen, verliert jede Rednerbegabung.

7669 Die Idee von der ökonomischen Gleichheit wirft eine rein technische Frage auf, die es zu lösen gilt, indem man die universellen Konsequenzen ihrer Realisierung untersucht.

Die Idee von einer Gleichheit hingegen, welche die Existenz von Hierarchien negiert, sollte ohne Umschweife verworfen werden.

7670 Mittel sind Leistungen der Intelligenz des Menschen und Zwecke im allgemeinen die seiner Dummheit.

7671 Das Leben des modernen Menschen bewegt sich zwischen zwei Polen: Geschäft und Koitus.

7672 Im feudalen Rahmen lokalisiert sich das Bürgertum in kleinen städtischen Zentren, in denen es sich strukturiert und zivilisiert.

Wenn der Rahmen zerbricht, breitet sich das Bürgertum über die gesamte Gesellschaft aus, erfindet den Nationalstaat, die rationalistische Technik, die vielköpfige und anonyme Großstadt, die Industriegesellschaft, die Vermassung der Menschen, und zu guter Letzt den Schwingungsprozeß zwischen dem Despotismus der Plebs und dem Despotismus des Experten.

7673 Die bürgerliche Mentalität vergiftet – sobald sie in der Gesellschaft vorherrscht – diese und sich selbst.

Aber die Mentalität des Bürgers in einem eingeschränkten und autonomen Marktflecken ist grundlegender Faktor der Zivilisation.

7674 Das soziale Schema des Mittelalters ist das Paradigma der Sozialstruktur der Zivilisation.

Ein sozialer Komplex von ländlichen Herrschaften und städtischen Republiken, hierarchisch organisiert in einer weltlichen Pyramide, parallel zu einer autonomen geistlichen Pyramide.

7675 Die Konsequenzen seiner Handlungen sind so unvorhersehbar, daß der Mensch schließlich zum bloßen Zuschauer der Geschichte wird, die er macht.

„Totalitarismus“ ist die empirische Realität des „Gemeinwillens“. 7676

Episkopat, Territorialadel, Monarchismus, Feudalmonarchie, städtisches Patriziat sind die Fäden, die den Teppich des Abendlandes webten. 7677

Auch wenn der Konflikt zwischen Papsttum und Reich es verhindert hat, das Werk zu vollenden, sind dennoch mehrere Jahrhunderte vonnöten gewesen, um die Fragmente nach und nach zu zerstören.

Wo alle glauben, das Recht zu befehlen zu haben, endet es schließlich damit, daß alle es vorziehen, ein einziger möge befehlen. 7678

Der Tyrann befreit jeden einzelnen von der Tyrannei des Nachbarn.

Die Körper nisten sich bequem in den technischen Quartieren der modernen Gebäude ein, doch die Seelen haben keine andere Wohnstätte mehr als die Ruinen der alten. 7679

Der Überfluß an Übersetzungen hat der Übersetzung ihre Funktion als selektivem Akt genommen. 7680

Die Übersetzung war Vorwegnahme der Nachwelt; heute ist sie Verlagsgeschäft.

Die didaktische Funktion des Historikers besteht darin, eine jede Epoche zu lehren, die Welt habe mit ihr ihren Anfang genommen. 7681

Der einzige Grund zur Hoffnung wurde von Huizinga treffend in seinen letzten Worten ausgedrückt: „Zum Glück hat der Mensch nicht das letzte Wort.“ 7682

Wer eine Idee aus den Naturwissenschaften verstanden hat, hat alles verstanden, was verstanden werden kann; wer eine Idee aus den Geisteswissenschaften verstanden hat, hat nur verstanden, was er verstehen kann. 7683

Die Komplexität jedes historischen Ereignisses ist so groß, daß wir stets befürchten müssen, aus einem Guten könne ein Böses entstehen, und stets hoffen können, aus einem Bösen möge ein Gutes entstehen. 7684

7685 Je experimenteller eine Geisteswissenschaft ist, um so heimtückischer sind die Anachronismen, zu denen sie führt.

7686 Nichts geht über die Schönheit der treuen Liebe, der Liebe, die keine Treue zur Liebe, sondern die Treue der Liebe selbst ist.

7687 Im Chaos der historischen Ereignisse zeichnet die Intelligenz das Profil der Konstellationen.

7688 Nur ein Pessimist schmiedet manchmal für den Optimisten das, was dieser sich erhofft.

7689 Die von Natur aus demokratische Seele lebt in dem Gefühl, daß weder ihre Mängel noch ihre Laster, noch ihre Verbrechen ihre substantielle Vortrefflichkeit berühren.

Der Reaktionär hingegen lebt in dem Gefühl, daß alle Verderbnis in seiner Seele gärt.

7690 „Liebhaber der Freiheit“ ist das Pseudonym des Egoisten.

7691 Es gibt keine Ideologien im eigentlichen Sinne des Wortes, es gibt nur den Gebrauch der Ideologie.

Damit eine Ideologie nützlich sein kann, muß es sich immer um mißbrauchtes Gedankengut handeln.

7692 Bei jenen, die nur die Erfahrung zu Konservativen gemacht hat, machen sich schnell die liberalen Eselsohren bemerkbar.

7693 Nur der Demütige geht nicht der Nachbarschaft der wahren Größe aus dem Weg.

7694 Wer sich als „apolitisch“ deklariert, ist verschämter Anhänger der besiegten Sache.

7695 Die Buchstäblichkeit verfälscht die religiöse Wahrheit, indem sie sie in einer immanenten Sprache zum Ausdruck bringt.

Die Metapher ist das Vokabular der Transzendenz.

7696 Konzepte erscheinen nur dem prägnant, der eine bloß äußerliche Erfahrung der Tatsachen gemacht hat.

Weder Syllogismen aus Metaphern bilden, noch die Folgerung eines Syllogismus als Metapher behandeln. 7697

Allein die sinnbildliche Wahrnehmung eines Gegenstandes verstümmelt ihn nicht. 7698

Nichts ist nur sein greifbarer Umriß.

Das Geschichtswerk berichtet über Ereignisse, die über ein bestimmtes Niveau hinausgehen, Geschichte jedoch ereignet sich darunter, im Gewöhnlichen, Mittelmäßigen, Dummen, Irrsinnigen. 7699

Die Leichtigkeit, mit der der Industriekapitalismus aufbaut und zerstört – indem er klaren Rentabilitätsgesetzen gehorcht – verwandelt den Menschen geistig, moralisch und physisch zur Hälfte in einen Nomaden. 7700

Heutzutage stört das Dauerhafte.

Seit über einem Jahrhundert gibt es keine Oberklasse mehr. Sie ist nur noch ein hochmütiger Sektor der Mittelklasse. 7701

Ich setze meine Hoffnung allein auf die Idee, die eine konkrete Episode wie ihren Schatten ausstrahlt. 7702

Geifer ist das Schmierfett demokratischer Gesellschaften. 7703

Es hat noch nie eine Dummheit gegeben, die nicht irgendeinen Gläubigen gefunden hätte. 7704

Wenn wir entdecken, woran eine Person glaubt (nicht was sie zu glauben behauptet, noch was sie zu glauben glaubt), sind wir zumeist über deren Credo bestürzt. 7705

Der geistige Ursprung der Französischen Revolution muß in der geistigen Peripherie des 18. Jahrhunderts gesucht werden, wo der Okkultismus mit dem Neid und die Leichtgläubigkeit mit der Anmaßung konspirierten. 7706

Einige gute Monographien über Mercier, Restif, Bonneville, Fauchet, Pontard usw. usw. würden den Gegenstand besser erhellen als noch so viele Dissertationen über berühmte Schriftsteller.

Klar gegeneinander abzugrenzen ist Aufgabe der Geschichte. 7707

7708 Die Wahrscheinlichkeit ist die größte Versuchung des Historikers.

7709 Der Mensch kommt krumm zur Welt und wächst krumm; wir können nur ausfindig machen, was mitunter seine Zweige wieder geradebiegt.

7710 Wir sollten Zitate vermeiden, die sich nicht derart in den Text integrieren lassen, daß sie auch wie Plagiate wirken.

7711 Niemand gleicht den anderen mehr, als wer sich für anders hält.

7712 Die psychoanalytischen Deutungen scheinen von einem Humoristen ohne Sinn für Humor ersonnen.

7713 Wir sollten uns über die Mängel von etwas Großem niemals vor jemandem auslassen, der nicht weiß, daß es groß ist.

7714 Es wird tagtäglich einfacher zu wissen, was wir verachten sollen: was der Moderne bewundert und der Journalist hochlobt.

7715 Im Unterschied zu allen übrigen wartet der Reaktionär nicht ab, bis die Katastrophe sich ereignet, um sie zu verdammen.

7716 Jedes Ereignis erhält seine Form als Resultat aller Kräfte, die dort wirken, wo es sich ereignet.

Alles entspringt indirekt allem.

7717 Zwischen einer Doktrin und ihren Umsetzungen einen Unterschied zu machen, erlaubt es dem Hohlkopf, auf seinen Irrtümern zu beharren.

7718 Die Interpretation eines Ereignisses, die uns ein ungelehrter Tölpel liefert, ist gewöhnlich richtig.

Die Interpretation, die uns eine indoktrinierte und halbgebildete Person liefert, ist immer falsch.

7719 Der konsequente Individualismus proklamiert die Verschiedenartigkeit und endigt in der Hierarchie, der inkonsequente proklamiert die Gleichheit und endigt in der Demokratie.

7720 Die jüngste Geschichtsschreibung trägt mit Unschuldsmiene das marxistische Gebäude ab.

Der historische Determinismus ist eine aus Doktrinen bestehende Ideologie, die die Vaterschaft für ihre Verbrechen leugnet. 7721

Die Geschichtsschreibung zerstört das in der Vergangenheit angesiedelte Ideal und die Geschichte das in der Zukunft angesiedelte. 7722

Der Reaktionär von heute erlebt eine Befriedigung, die der von gestern nicht kannte: er sieht die modernen Programme nicht nur in die Katastrophe, sondern auch in die Lächerlichkeit münden. 7723

Zu hören, wie auf dumme Weise kritisiert wird, was wir verachten, regt uns dazu an, es zu verteidigen. 7724

Der Anachronismus des Geschmacks ist eher die Sünde des Neuheitsfanatikers als des Neuerungsfeindes. 7725

Irdische Verwirklichung eines edlen Bestrebens ist nur das Bestreben selbst. 7726

Eine Sprache, die er nicht versteht, hält der Dummkopf für Kauderwelsch. 7727

Die modernen Theologien sind gewöhnlich Verrenkungen, die der Theologe anstellt, um sich nicht selbst seine Ungläubigkeit eingestehen zu müssen. 7728

Was für das religiöse Empfinden zuträglich ist, trägt die Fähigkeit in sich, es zu verderben. 7729

Doch andererseits kann eine religiöse Erneuerung auch auf einer gottlosen Pflanze sprießen.

Nur an das, was gut geschrieben ist, können wir glauben, ohne befürchten zu müssen, daß wir uns täuschen. 7730

Den Dummkopf anzuprangern bedeutet nicht, daß wir ihn zu vernichten trachten. 7731

Wir wollen die Diversität um jeden Preis.

Doch der Zauber der Vielfalt darf uns nicht davon abhalten, angemessen zu urteilen.

Der Christ weiß, daß das Christentum bis zum Ende der Welt hinken wird. 7732

7733 Der Christ hat eine doppelte Pflicht: für das Christentum zu kämpfen und zu wissen, daß es zugrunde gehen wird.

7734 Die Intelligenz ist die Fähigkeit, Postulate klar unterscheiden zu können.

7735 Weder bestätigt noch widerlegt eine kritische Exegese der Bibeltexte die christliche Deutung; doch sie hat den eifrigen okkulten, illuminatorischen, numerologischen, milleniaristischen und theosophischen Studien ein Ende gesetzt.

7736 Der Antisemitismus ist ein demokratisches Phänomen.
In der Reaktion hingegen verästelt und erweitert sich der Kerngedanke des Judentums: der Gedanke vom Geschöpf.

7737 Das „Leben“ (zwischen emphatischen Anführungsstrichen) ist Trost derer, die nicht zu denken wissen.

7738 Die Eleganzen des Stils sind nur dort erträglich, wo sie keine Eleganzen sind.

7739 Nach den Hegemonien der Dummheit erscheinen die alten, mit Füßen getretenen Wahrheiten als geniale Einfälle.

7740 Der Skeptizismus bewahrt den Glauben vor Spekulationen, mit denen er sich lächerlich macht.

7741 Der Illuminismus ist das Geheimnis der Aufklärung.

7742 Thomisten und Marxisten können ihr Personal untereinander austauschen.

7743 Die wichtigsten geistigen Errungenschaften der letzten zweitausend Jahre sind der Schöpfungsgedanke, das Trägheitsprinzip, die Philosophie Kants, die Idee von der natürlichen Auslese und der Begriff der Historizität gewesen.

7744 Die mittelalterlichen Ketzereien haben nicht etwa deshalb stets kommunistische Thesen verfochten, weil sie aus Wirtschaftskonflikten hervorgegangene religiöse Ideologien gewesen wären, sondern weil der Kommunismus eine aus religiösen Konflikten hervorgegangene Wirtschaftsideologie ist.

Von der Zeitspanne zwischen der aristokratischen und der demokratischen Ära in Griechenland überdauerte nur die Erinnerung an die gesellschaftlichen Konvulsionen, die von einer mystischen Epidemie verbreitet wurden. 7745

Die Theologie ist deskriptiv oder blasphemisch. 7746

Die Autonomie, die der Aristotelismus der Welt zuschreibt, scheidet den Aristotelismus vom Christentum; die Autonomie, die der Christ Gott zuschreibt, scheidet den Christen vom Neuplatoniker. 7747

Die religiöse Pathologie ist der Schlüssel zur Geschichte. 7748

Das Herz lehnt sich nicht gegen den Willen Gottes auf, sondern gegen das „Warum“, das man ihm zu unterstellen wagt. 7749

Der „Wille Gottes“ ist kein metaphysisch analysierbares Faktum, es ist die letzte empirische Realität, die dem religiösen Bewußtsein gegeben wurde. 7750

Das menschliche Denken interessiert fast nur als Geschichte gesehen. 7751

Religiösen Schriften die Reinheit der großen skeptischen Prosawerke verleihen. 7752

Nichts schwächt die Wahrnehmung eines Wertes so sehr wie der Versuch, ihn zu veranschaulichen. 7753

Die augustinische Interpretation der Geschichte lädt uns zu einer Dialektik ein, die den Schwindel der Synthese vermeidet. 7754

Der Irrtum ist weniger gefährlich als die ungebührliche Verbreitung einer offensichtlichen Wahrheit. 7755

Die Verdammung der konstantinischen Kirche ist das unverkennbare Kennzeichen jeder Ketzerei. 7756

Der soziologische Ort mitteralterlicher Ketzerei war die städtische Mittelklasse – die gewerbliche im Norden, die kaufmännische im Süden. 7757

7758 Die öffentliche Bekanntmachung gebietet nicht einem einzigen Übel Einhalt. Im Gegenteil, sie vervielfältigt die unheilvollen Folgen der Ereignisse.

7759 Wir sollten betteln, ohne uns zu schämen und ohne zu glauben, wir forderten Rechte ein.

7760 Wer nicht unerschrocken zu verurteilen versteht, weiß nicht, furchtlos wertzuschätzen.

7761 Das Mittelmäßige anzuprangern ist überflüssig: das mittelmäßige Buch wandert mühelos vom Druck in den Abfall.

7762 Wir sollten uns davor hüten, den zu mißachten, der die nötige Dummheit für das reibungslose Funktionieren der Institutionen besitzt.

7763 Unsere Wahrheiten müssen alle von einer obersten Wahrheit ableitbar sein; doch wir sollten uns nicht mit bloß abgeleiteten Wahrheiten zufrieden geben.

7764 Die Institutionen gehen weniger an der Treulosigkeit gegenüber ihrem Prinzip zugrunde als an der Übertreibung ihres Prinzips selbst.

7765 Um die Genealogie eines Systems rekonstruieren zu können, müssen wir es lernen, das Notwendige und das Anekdotische fein zu dosieren.

7766 Wir sollten unsere Befürchtung, wir seien unfähig, irgendeine Gesamtheit zur Vollendung zu bringen, durch den Gedanken besänftigen, wie zufällig eine jede Gesamtheit ist, daß sie alle nur vorübergehend und unbestimmt sind und keine einzige systematisch ist.

7767 Ein literarischer Text ist nur dann perfekt zivilisiert, wenn er nicht bloß literarischen Normen gehorcht.

7768 Was man in diesem Jahrhundert die Rechte genannt hat, ist nichts als ein Heuchelei der Linken entgegentretender Zynismus gewesen.

7769 Der Mensch erträgt leichter die Verfolgung als die Gleichgültigkeit. Was hat der moderne Klerus nicht alles getan, um nur ein wenig Aufmerksamkeit auf sich zu ziehen!

Dagegendenken ist schwieriger als Dagegenhandeln. 7770

Christ sein heißt, nicht allein zu sein, wie groß auch immer die Ein- 7771
samkeit sein mag, die uns umgibt.

Die Einsamkeit ist heutzutage etwas derart Beängstigendes, daß al- 7772
le die Hitze des Konflikts vorziehen.

Das Ansehen der zeitgenössischen Kunst beim Publikum ist so 7773
groß, daß deren Qualität nicht wichtig ist.

Ein Privileg sollte man nur für Dritte fordern. 7774

An Gott glauben, auf Christus vertrauen, maliziös schauen. 7775

Wo es trefflich zu schmücken versteht, hat das Kunstwerk eine le- 7776
gitime dekorative Funktion, doch es schmückt nicht allein schon
deshalb, weil es ein Kunstwerk ist.

Die Gleichsetzung von bürgerlicher Klasse und bürgerlicher Men- 7777
talität täuscht die Feinde des Bürgertums.

Die Ausrottung der bürgerlichen Klasse in der modernen Welt ist in der Tat nichts weiter als ein Gemetzel, das die Außerkraftsetzung der bürgerlichen Mentalität nicht mit einschließt, da diese bereits in der gesamten Gesellschaft vorherrscht.

Gründe für eine Bekehrung zum Christentum gibt es nach der Be- 7778
kehrung zuhauf; doch die Bekehrung ist nicht tief erfolgt, wenn sie
ihr vorangehen.

Der Demokrat ruft mit lauter Stimme: *Vox populi populus deus;* und 7779
murmelt leise: *quia populus deus est.*

Die Ordnung ist der zerbrechlichste der sozialen Fakten. 7780

Als er entdeckte, daß es nicht ausreicht, offen anzuschwärzen, zeig- 7781
te der Teufel, wie man automatisch verleumden kann, indem man
die eine Meinung mit Merkmalen der anderen vereinigt.

Wer könnte heutzutage zum Beispiel ein Loblied auf den Armen anstimmen, ohne daß es den Anschein hätte, er würde den Reichen verteidigen? Wer kann von Keuschheit reden, ohne den Anschein zu erwecken, impotent oder verlogen zu sein?

7782 Wir sollten niemals das Böse schüren, damit aus seinem Exzeß das Gute erwachse.

Wenn es auch statthaft ist, auf Wunder zu hoffen, so ist es nicht statthaft, Dummheiten zu begehen.

7783 Der Totalitarismus ist nicht theokratisch, aber demokratisch, er ist demokratisch, weil er theokratisch ist.

Der „Gemeinwille" ist der Wille eines Gottes.

7784 Die einfache Kommunikation erfüllt nicht abgeschiedene Regionen mit Leben, sondern läßt deren Substanz verarmen.

7785 In den Künsten und in der Literatur ist die Leidenschaft des Enthusiasten nur dann aufrichtig, wenn sie heimlich ist.

7786 „Notwendigerweise" ist das anmaßendste Wort, das der Mensch in den Mund nimmt.

7787 Bloße Nachahmung ist der Beweggrund der meisten aller Verhaltensweisen.

7788 Die christlichen Doktrinen besitzen die Unwahrscheinlichkeit der Objekte, die wir nicht selbst konstruieren, sondern über die wir straucheln.

7789 Die guten Farben einer Prosa hängen von all dem Unsichtbaren ab, das sie nährt.

7790 Der Moderne hält alles für unerträglich, was länger als ein Lustrum dauert.

7791 Nicht genügend Unterschiede zu machen oder allzu große Unterschiede machen, vereitelt es gleichermaßen, die Genealogie einer Idee nachzuzeichnen.

7792 Die zeitweilige Insensibilität für ein Problem wird Lösung genannt.

7793 Man muß nicht den Autor lesen, den die Leute lesen, sondern den, den gelesen zu haben sie vorgeben.

Entweder hat der Mensch Rechte, oder das Volk ist souverän. 7794

Die gleichzeitige Behauptung zweier sich gegenseitig ausschließender Thesen ist das, was man Liberalismus genannt hat.

Die Mitwirkenden einer politischen Bewegung kennen normalerweise weder deren Zweck, noch deren Motiv oder deren Ursprung. 7795

Die Dummheit der radikalen Bewegungen zwingt uns fast dazu, die Ungerechtigkeiten, die sie anprangern, zu entschuldigen. 7796

Eine Revolution ist historisch gesehen jederzeit möglich. Eine Revolution hat keine Ursachen, sondern günstige Momente, die sie ausnutzt. 7797

Wenn die Geschichte auch keine Gesetze hat, so ist doch der Verlauf einer Revolution leicht vorherzusehen, denn Dummheit und Schwachsinn haben sehr wohl Gesetze. 7798

Revolten sind gesellschaftliche Phänomene; die Revolution ist ein religiöses Phänomen. 7799

Um die Ereignisse verständlich zu machen, muß man ab und an den Historiker ärgern, indem man seine Kurven durch einige gewagte Geraden ersetzt. 7800

Intelligent sein heißt, daß man weder um auf einer Aussage zu bestehen, noch um sie zu widerrufen, schlagende Beweise benötigt. 7801

Zu klassifizieren ist der erste Schritt, um zu verstehen; auf dem Klassifizieren zu beharren ist der erste, um Verwirrung zu stiften. 7802

Der Dualismus Schöpfer-Geschöpf ist ein zugleich perfekter und transzendenter Dualismus. 7803

Die klassische Dummheit ist die Versuchung, die Sünde zu verharmlosen. 7804

Indem er Neuplatonismus und Mazdaismus verschmilzt, durch die Gleichsetzung des Bösen mit der Materie, vergöttlicht der Gnostiker automatisch den Geist. 7805

7806 Das Messer Ockhams ist das plumpste aller Instrumente in der Geschichte.

7807 Wir zweifeln an der Wichtigkeit mancher Tugenden nur solange, wie wir nicht auf das gegenteilige Laster stoßen.

7808 Eine auf die elende *conditio humana* gestützte Apologetik beweist nicht die Wahrheit der Religion, doch sie sensibilisiert uns für die christliche Deutung, indem sie die Göttlichkeit des Menschen ablehnt.

7809 Die Kritik am Pharisäertum ist heute Kennzeichen des Pharisäers.

7810 Die zeitgenössischen Schriftsteller haben nicht genug Talent, um uns die Langeweile der Themen, die sie behandeln, erträglich zu machen.

7811 Der Gnostiker fragt sich nicht wie Tertullianus: *Unde malum?*, sondern: *Unde ego?* Ich hier! Ich, der Vollkommene!

7812 Der Pelagianismus wurzelt in der gnostischen Definition der Seele.

7813 Das Dogma von der natürlichen Güte des Menschen formuliert in ethischen Begriffen die Grunderfahrung des Gnostikers.

Der Mensch ist naturgemäß gut, da er naturgemäß Gott ist.

7814 Um verstehen zu können, ist es angezeigt, zuerst mit aller Verwegenheit zu vereinfachen, und danach erbarmungslos diese Vereinfachung zu komplizieren.

7815 Die Vereinfachungen des Unwissenden und des Gelehrten können eine ähnliche Gestalt haben, doch sie haben keine ähnliche Moral.

7816 Man muß schon vergessen, mit welcher Leichtigkeit Torheiten um sich greifen, um ohne Zaudern jede Art von „Inquisition“ zu verurteilen.

7817 Lösung, in der Geschichte der Philosophie, bedeutet gewöhnlich bloß Entgegnung.

Der Philosoph weiß nicht immer, wann er stillschweigen sollte.

Der Doketismus entstammt nicht dem Ekel vor der Materie, sondern dem dringenden Anliegen, den Erlöser in ein bloßes Vehikel der Offenbarung zu verwandeln. 7818

Der doketische Christus erlöst nicht, er rüttelt wach.

Nicht vor den „Argumenten" des gestrigen und heutigen „Szientismus" muß man den Christen schützen, sondern vor dem gnostischen Gift. 7819

Die Genealogie einer Idee hat nichts zu tun mit ihrer Gültigkeit, doch der von einer schlechten Gesinnung stammenden Idee zu mißtrauen, ist immer ratsam. 7820

Die Wirtschaftsgeschichte reduziert sich nicht auf eine Geschichte des Wirtschaftlichen. 7821

Sie zeichnet jene des Prinzips des Grenznutzens nach, das durch die nichtökonomischen Reliefs der durchlaufenen Ebene reguliert wird.

Der Gnostizismus kann dualistisch oder monistisch sein. 7822

Der Gnostizismus ist eine Theorie über die Natur der Seele.

Freiheit ist der Begriff, der am meisten benutzt wird, ohne daß man wüßte, was er bedeutet. 7823

Platon verwirrt die Philosophiehistoriker, denn statt vor einem System zu stehen, straucheln sie über ein scharfsinniges Lächeln. 7824

Nichts Vergnüglicheres, als unauffällig aus einem Text ein Zitat herauszulösen, damit der Ignorant über den Autor lästere, den zu kennen und zu verehren er vorgibt. 7825

Der Paulizianismus ist eher marcionitisch als manichäisch, und zwar deshalb, weil im Bogomilismus und im Katharismus die gnostischen Elemente wahrscheinlich messalianische Einflüße sind. 7826

Der Gnostizismus kristallisiert sich in den Konventikeln der Freigeister vom Freien Geist und im Pantheismus des Amalrich.

Ebenso wie die Tugend den Libertin hervorbringt, so stimuliert das Christentum die gnostische Perversion. 7827

7828 Gegenüber einem Gesprächspartner ist Zurückhaltung Ausdruck der Höflichkeit, gegenüber dem Leser die Offenheit.

7829 Die Tourismusagenturen regeln das kulturelle Stoßgebet des Reisenden.

7830 Die Historiker sind sich nicht deshalb so uneinig, weil die Geschichte „subjektiv“ wäre, als vielmehr, weil sie in der Regel nicht verstehen, was sie erzählen.

7831 Soll der Priester doch den Toren die törichten Reschäftigungen überlassen, er, der er nicht die Last des zweifelhaften Fortschritts zu tragen hat, sondern die der unerbittlichen Agonie.

7832 Die Menschheit will sich von der Armut, der Arbeit, dem Krieg befreien – von allem, dem sich nur wenige entziehen, ohne sich zu erniedrigen.

7833 Naturkatastrophen verwüsten eine Region auf weniger effiziente Weise als die Allianz zwischen Habgier und Technik.

7834 Die Klugheit wäre unschlagbar, wenn sie den Klugen nicht überheblich werden ließe.

7835 Der Text rettet sich nur dadurch davor, am Ende ein wenig beschämend zu sein, indem er ein wenig schamhaft ist.

7836 Monoton wie die Obszönität.

7837 Um bei gewissen Rüchern zu wissen, ob es der Mühe wert ist, sie zu lesen, muß man sie lesen, doch bei gewissen anderen ist das nicht nötig, um darüber Gewißheit zu haben.

7838 Der heutige Kritiker vergißt immer, daß es schöne und häßliche Ideen gibt.

7839 In jeder Epoche bewundert der Künstler an der zeitgenössischen Kunst nur das Eigene aufrichtig.

Solange wir nicht in alleiniger Auseinandersetzung mit dem bloßen 7840
Objekt zu urteilen verstehen, ohne die Einmischung von Normen
noch den Einbezug von Folge und Ursache, haben wir nichts gelernt.

Jede Neuheit in den Künsten besteht bereits seit geraumer Zeit dar- 7841
in, etwas zu ent-erfinden.

Zur Literatur gehört nur der Text, den wir uns, zur Musik erwei- 7842
tert, vorstellen können.

Ich ziehe den skandalösen Wundertäter der Evangelien dem Profes- 7843
sor für soziale Ethik vor, den der moderne Klerus ersonnen hat.

Der Linke weigert sich ganz offensichtlich zu begreifen, daß die 7844
Schlußfolgerungen des bürgerlichen Denkens die Prinzipien des
Denkens der Linken sind.

Jene, die ihre Hoffnung auf die Emanzipation des Volkes setzen, 7845
sollten sich daran erinnern, daß das verachtenswerte moderne Bürgertum nichts weiter ist als das emanzipierte alte und ehrwürdige
Bürgertum.

Niemand braucht sich mit seiner bescheidenen Herkunft zu brü- 7846
sten.

Die ist gewöhnlich bekannt.

Das Kunstwerk, das den politisch Militanten (von welcher Partei 7847
auch immer) zufriedenzustellen vermag, ist nichtssagend.

Die Freiheit der Rede wäre nützlich, verstünde es der Mensch nicht, 7848
zu überhören, was er nicht hören will.

Der Tourismus vereinfacht den Zugang zu Orten, die es nur der 7849
Mühe wert sind, besichtigt zu werden, weil sie schwer zugänglich
sind.

Je länger die Natur damit wartet, die Verbrechen zu rächen, die wi- 7850
der sie begangen werden, desto grausamer ist ihre Rache.

Der zeitgenössische Schriftsteller verdirbt den zeitgenössischen 7851
Schriftsteller, den er beeinflußt.

7852 Heutzutage gibt es zuhauf intelligenzlose Intellekte, Intellekte, die dumme Postulate übernehmen.

7853 Die Freiheit, die der moderne Mensch anstrebt, ist nicht die des freien Menschen, sondern die des Sklaven am Feiertag.

7854 Die Befriedigung, die uns jedwede exakte Kenntnis verschafft, verführt uns dazu, ihr mehr Bedeutung zuzuschreiben, als sie besitzt.

7855 Das Evangelium ist das Paradigma der Anti-Utopie.

7856 Wird eine Tätigkeit technisiert, hört sie auf, die Persönlichkeit desjenigen, der sie ausübt, zu bereichern.

7857 Um der Kohärenz des Christus der Evangelien zu begegnen, muß man zum Christus von Chalkedon vordringen.

7858 Die christlichen Paradoxa erfreuen die Intelligenten und die Einfältigen, doch sie empören die Mittelklasse.

7859 In jedem Buch, so bekannt es auch sein mag, gibt es zuhauf unentdeckte Landstriche.

7860 Es ist leichter, an die Götter des Olymp oder der Indigitamenta zu glauben als an die Nichtexistenz Gottes.

7861 Nichts auf der Welt erreicht die vollkommene Belanglosigkeit eines schlechten Gedichtes.

7862 Die Mehrheit lebt in jedem Augenblick von toten Ideen.

7863 Unter „wahrer Freiheit“ versteht man stets irgendeine erbarmungslose Knechtschaft.

7864 Der gebildete und der einfache Mensch interessieren sich nur für das, was sie unwillkürlich anzieht; der Halbgebildete hat nur künstliche Interessen.

Der Halbgebildete ist das gefundene Fressen für den Marktschreier der „Kultur“.

7865 Einzig die Geschichte der Geschichtsschreibung eines Ereignisses enthüllt uns sein stereoskopisches Bild.

Um ein historisches Schloß zu öffnen, braucht man verschiedene 7866
Schlüssel.

Anstatt an Mark, Dichte und Substanz zu gewinnen, entfärbt sich, 7867
verkümmert und verarmt das Leben, wenn man nicht an ein anderes glaubt.

Das Greisenalter beugt schon bald die Werke nieder, die nicht 7868
schon etwas obsolet zur Welt kommen.

Die echte Neuheit in der Philosophie bemerkt man an einer Dok- 7869
trin erst mit der Zeit.

Bedeutend sind nur jene Dinge, deren Bedeutsamkeit sich nicht de- 7870
finieren läßt.

Die definierbare Bedeutsamkeit ist das Mittel einer undefinierbaren Bedeutsamkeit.

Ein erfahrener Leser wittert schon beim ersten Adjektiv das 7871
schlechte Buch.

Die Wahrheit des Paradoxen ist experimentell. 7872

Nach einer kurzen Episode kehrt die Geschichte seit Pfingsten wie- 7873
der zu ihrem gewohnten Trott zurück.

...und laß uns nicht in die Dummheit verfallen, jeden Tag die tägli- 7874
che Bewunderung zu bewundern.

Der Augenblick größter Hellsicht eines Menschen ist jener, in dem 7875
er an seinem Zweifel zweifelt.

Die Möglichkeit, dem Publikum ein beliebiges Artefakt im Namen 7876
der Kunst zu verkaufen, ist ein demokratisches Phänomen.

Die demokratischen Epochen schüren in der Tat die Unsicherheit des Geschmacks, indem sie jedes Vorbild abschaffen.

Wenn das vortreffliche Kunstwerk hier möglich ist, stirbt die niedere Kunst und die Extravaganz nimmt überhand. Wo eine Autorität existiert, ist es dagegen nicht leicht, an außergewöhnlichen Werken Gefallen zu finden, doch der Geschmack, was das Zeitgenössische anbelangt, ist unfehlbar, und die niedere Kunst gedeiht.

7877 Nur das Unerreichbare ist es wert, begehrt zu werden, nur das Erreichbare, gesucht zu werden.

Wer das Unerreichbare sucht, verliert den Verstand, wer das Erreichbare begehrt, erniedrigt sich.

7878 Die Seele nährt sich von dem, was die Dinge an Mysteriösem in sich bergen.

7879 Den Menschen kann man verzeihen, was sie tun, nicht jedoch, was sie sind.

7880 Die Loyalität transzendiert die Geschichte.

7881 Mit dem Erscheinen von Schülern wird eine Philosophie zum Fossil; mit dem Erscheinen von philosophischen Schulen wird eine Kultur zum Fossil.

7882 Wo alles gesagt werden kann, sagt man alles auf beliebige Weise; wo alles auf beliebige Weise gesagt werden mag, wird nichts gesagt.

7883 Die Kultur ist die Summe der inneren und äußeren Repressionen, die der formlosen Entfaltung eines Individuums oder einer Gesellschaft entgegengesetzt werden.

7884 Der Anthropologe, der Soziologe, der Linguist extrapolieren ihre Gegenwart mit einer beunruhigenden Arglosigkeit. Historisches Denken erfordert stete Wachsamkeit.

7885 Wer sein Leben nicht mit den großen Texten konfrontiert, konfrontiert es mit den Schlagwörtern seiner Zeit.

Jede Vision ist Eroberung und nicht Ausgangspunkt; sie bedarf folglich der Verbündeten.

7886 Einen Autor zu lesen verstehen – Dante oder Milton zum Beispiel – heißt nicht, sich die Anmerkungen des Begleitkommentars klar im Bewußtsein halten, sondern es verstehen, in die Lektüre jene Elemente zu verschmelzen, die der Autor in sein Werk verschmolzen hat.

7887 Die Anspielung muß sich in einem Text auflösen wie eine Essenz im Wasser.

Vom „Willen zur Macht“ sprechen heißt die Wahrheit veredeln. 7888
Der Mensch strebt vor allem danach zu demütigen.

Heute ist die gebildete Minderheit wahrscheinlich nicht geringer als 7889
in anderen Epochen.
Doch da es ihr durch ihren Mangel an wirtschaftlicher und politischer Macht an sozialem Prestige mangelt, hat sie den Einfluß verloren, der eine ganze Gesellschaft formt.

Der Gelehrte weiß, was man über ein Thema nur wissen kann; der 7890
Intellektuelle weiß über ein Thema, was zu wissen in Mode ist.

Die Flora der Bilder des Schriftstellers ist die der inneren Land- 7891
schaft, die er bewohnt.

Dem Talent gewisser Künstler gelingt es nicht, den Widerwillen zu 7892
bezwingen, den uns die im Werk sich offenbarende Persönlichkeit einflößt.

Zu behaupten, der Mensch werfe „nur das Problem auf, das er zu 7893
lösen vermag“, heißt vergessen, daß die Geschichte aus all denen gemacht ist, die er nicht zu bewältigen vermochte.

Um exakt zu transkribieren, muß man taktvoll entstellen. 7894

Christus ist die Wahrheit. 7895
Was über ihn gesagt wird, sind bloße Annäherungen an sie.

Um verächtlich über den großen Autor reden zu können, der aus 7896
der Mode gekommen ist, versagt es sich der Intellektuelle, ihn zu lesen.

Die Exegese erklärt, was der Autor gesagt hat, was er bewußt gesagt 7897
hat. Die Hermeneutik versucht, die Erfahrung selbst zu verstehen, die das Gesagte hervorrief.
Der Exeget ist der Diener des Autors; der Hermeneutiker der seiner Erfahrung.

Wir sollten versuchen, die Vorstellungen vom Guten und vom 7898
Schönen an den Platz zurückzuführen, an dem der Grieche sie sich berühren sah.

7899 Es sollte uns genügen, die Inschrift der verstümmelten Stele zu restaurieren.

7900 Sogar die Feindschaften einer kleinen Stadt sind zivilisierter als die allgemeine Gleichgültigkeit der großen.

7901 Die Entwicklung des christlichen Dogmas hätte explizit hermeneutisch sein müssen – wie sie es implizit gewesen ist – und nicht exegetisch, wie sie es explizit gewesen ist.

Um den Verdrehungen des Theologen zu entgehen.

7902 Linksparteiler sein heißt, unseren Gegner nicht nur seiner Verbrechen für schuldig zu halten, sondern auch der unseren.

7903 Wir sollten versuchen, die Bedingungen und Ursachen der Geistesgeschichte einer Epoche zu definieren, doch sollten wir uns davor hüten, ihnen auch nur den geringsten Anteil an deren Erfolgen zuzuschreiben.

7904 Lesen lernen heißt entdecken, daß man unablässig wiederlesen muß.

7905 Revolutionen sind mehr ein Gegenstand der Soziologie als der Geschichte.

Als Manifestationen jenes Grundes der menschlichen Natur, den nichts erzieht, nichts zivilisiert, nichts veredelt, berauben die Revolutionen den Menschen seiner Geschichte und geben ihn wieder seinen tierischen Verhaltensweisen anheim.

7906 Die Intelligenz hat innerhalb der Grenzen einer Doktrin keinen Raum.

7907 Der Schriftsteller der Linken schreibt niemals eine Geschichte, sondern er exemplifiziert ein Schema.

7908 Historiker zu sein bedeutet, die Geschichte nicht zur „zeitgenössischen Geschichte“ zu machen.

7909 Ohne danach zu trachten, daß sie ihre Spezies wechsle, sollten wir versuchen, die Pflanze, die wir sind, zu veredeln.

Aus einer Episode Verallgemeinerungen, die sie enthalten mag, her- 7910
auszuziehen, ist nicht dasselbe, wie sie auf die in ihr enthaltenen Verallgemeinerungen zu reduzieren.

Der gefährlichste Analphabetismus ist nicht der eines Menschen, 7911
der alle Bücher verachtet, sondern der eines Menschen, der sie alle hochachtet.

Von der „politischen Reife" eines Volkes zu sprechen ist den unrei- 7912
fen Intelligenzen eigentümlich.

Die Linke wagt es schon nicht mehr, sich als Hoffnung zu verkün- 7913
den, sondern höchstens als Fatalität.

Wenn es auch unvorhersehbar ist, so ist das Ereignis doch erklärbar, 7914
aber auch wenn es erklärbar ist, bleibt es unvorhersehbar.

Perfektionieren wir die Vermessenheit unserer Ideen. 7915

Es ist leichter, mitleidig zu sein, als keinen Neid zu verspüren. 7916

Die „Geschichtsphilosophie" ist nicht christlichen Ursprungs. 7917

Die christliche Interpretation der Geschichte beraubt den historischen Prozeß jeglichen Sinns, indem sie ihn mit einer Katastrophe seinen Anfang nehmen läßt, eine Transzendenz in seinen Mittelpunkt stellt und ihn mit einem Kataklysmus enden läßt.

Jede Restauration täuscht sich selbst, wenn sie glaubt, den Körper 7918
zu reparieren würde die Seele wiederauferstehen lassen.

Wir müssen die Freiheit des Individuums respektieren, ihm jedoch 7919
die Unterwerfung predigen.

Heute nennt man „geistige Befreiung" den Wechsel der Kerker- 7920
zelle.

Es gibt Intelligenzen, die unsere Intelligenz nähren, und andere, die 7921
sie nur bereichern.

Der übelste Totalitarismus ist weder der staatliche noch der natio- 7922
nale, sondern der gesellschaftliche: die Gesellschaft als Ziel, das alle anderen Ziele umfaßt.

7923 Wer eine Wahrheit auf plumpe Art zum Ausdruck bringt, bringt nur einen Teil von ihr zum Ausdruck.

7924 Vernunft, Wahrheit, Gerechtigkeit sind gewöhnlich nicht die Ziele des Menschen, sondern die Namen, die er seinen Zielen gibt.

7925 Eine Zivilisation geht eher aus der Anwesenheit bestimmter Persönlichkeiten hervor als aus deren Handlungen.

7926 Wer irgendein Ziel im Namen der Wissenschaft predigt, ist ein Betrüger oder Ignorant.

7927 Der Liberale weiß nie, ob er reifer wird oder Verrat übt.

7928 Eine gewisse Flexibilität der Intelligenz bei den einen ist bei anderen nichts als Feigheit.

7929 Der Liberale erträgt nur sanfte Wahrheiten.

7930 Die Gefahr liegt weniger darin, eine Idee bis zu ihren letzten Konsequenzen zu treiben, als mit einer ungenügenden Anzahl von Axiomen zu vernünfteln.

7931 Die Apologetik Chateaubriands ist nichts als eine Episode in der religiösen Geschichte des Konsulats, doch die Öffnung des religiösen Denkens auf die ästhetische Erfahrung hin ist eine der gültigen Neuerungen in der Geistesgeschichte des Jahrhunderts.

7932 Philosophische Probleme können weder von dem Denken, das sie hervorgebracht hat, abgekoppelt, noch durch die Zusammenarbeit von Schülern gelöst werden.

7933 Die Wegrichtung, die eine Philosophie einschlägt, erlaubt es, ihre Etappen zu verstehen; die Etappen erlauben es nur schwer, ihre Wegrichtung zu verstehen.

7934 Die Lektüre der Philosophen stellt eine doppelte Schwierigkeit dar: denn zu Beginn erscheinen sie allzu dunkel, und am Ende erscheinen sie allzu klar.

7935 Um der modernen Beseitigung des Mysteriums entgegenzuwirken, müssen wir seine allumfassende Gegenwart behaupten.

Die Umwandlung *de facto* bestehender Militärregierungen in *de* 7936
iure bestehende ist die politische Erfindung gewesen, der der Mensch die zivilisierten Wegstrecken seiner Geschichte verdankt.

Die Erniedrigung, mit der der Applaus bezahlt werden muß, er- 7937
scheint vielen eine zusätzliche Belohnung.

Der naive Realismus des gesunden Menschenverstandes läßt sich 7938
nur mit einer idealistischen Epistemologie vergleichen.

Die Transformation der Welt in ein Objekt ohne Farbe, ohne Ge- 7939
schmack, ohne Geruch, unhörbar, ungreifbar, wird durch den Geist verhindert, der ihr Wirklichkeit einräumt, ohne ihr Autorität einzuräumen.

Der Sinn einer religiösen Redewendung ähnelt mehr einer musika- 7940
lischen Phrase als einer Aussage.

Die Welt ist nicht Thema des Dichters, sondern Wörterbuch seiner 7941
Metaphern.

Der intelligente Linke ist oftmals beunruhigt über die Leichtfertig- 7942
keit, mit der linke Anschauungen über die Lippen des Dummkopfs sprudeln.

Dieses Jahrhundert hat nichts erfunden als die moralische Kloake 7943
unter freiem Himmel.

Wer nur kluge Freunde haben will, läuft Gefahr, alleine zu sterben. 7944

Um vielen Generationen gefallen zu können, darf man einer einzi- 7945
gen nicht zu sehr gefallen haben.

Gäbe es anstelle einer religiösen Erfahrung einen religiösen In- 7946
stinkt, so würde es der Religion an Bedeutung mangeln.

Der Reaktionär strebt nicht danach, rückwärts zu gehen, sondern 7947
die Wegrichtung zu ändern. Die Vergangenheit, die er bewundert, ist kein Ziel, sondern die Exemplifizierung seiner Träume.

Es genügt nicht, die Gabe reinen Herzens darzubringen, man muß 7948
sie mit hellsichtiger Klugheit zum Opfer bringen.

7949 Wir werden den schlimmsten Irrtümern und den schlimmsten Verbrechen verfallen, wenn wir nicht begreifen, daß keine andere universale Norm als die klare Intelligenz existiert.

7950 Die Tugend kann ein monotones Schauspiel sein, doch letzten Endes ist sie die einzig vergnügliche Übung.

7951 In der Ästhetik werden die Pantheons zu Jahrmarktspavillons.

7952 Die Anzahl der Adepten eines Kultes ist unerheblich, sofern sie rituell anbeten. Aber wenn sie anbeten, indem sie Meinungen äußern, dann ist es besser, einen verlassenen Gott zu verehren.

7953 Der intelligente Mensch beeinflußt nur mittels der Ungereimtheiten seines Werkes.

7954 Die Ereignisse erkennen nur die Urteile in erster Instanz an.
Und der kluge Mensch gewinnt nur vor den Tribunalen der zweiten.

7955 In demokratischen Zeiten schwankt die Menschheit zwischen blutrünstigen und ignoranten Erziehungslehren.

7956 Die Unzucht ist ein zersetzendes Lösungsmittel für die Sinnlichkeit.

7957 Solange er nicht die Unvorsichtigkeit begeht, zu schreiben, gilt manch ein Mann der Öffentlichkeit für intelligent.

7958 Es gibt falsche Theologien, doch es gibt keine falschen Religionen.
Die heidnische Frömmigkeit, eines Xenophon zum Beispiel, verbrennt einen Weihrauch, den der wahre Gott annehmen kann.

7959 Man muß jene Arten der Apologetik, die der Ungläubige am meisten verspottet, sorgfältigst untersuchen: es können jene sein, die ihn am meisten beunruhigen.

7960 Die Linksideologie lähmt bei einigen Individuen nichts, außer gewisse Gehirnzonen.

7961 Die Linke begnügt sich damit, die gegnerischen Thesen zu entehren.

Von dem Brief Tschaadajews an Schelling bis zu dem Artikel Leontjews über die Rede, mit der Dostojewski die Puschkin-Statue einweihte, hat die russische Intelligenz die Zukunft mit größerer Hellsicht vorausgesehen als die abendländische. 7962

Die Apologetik erscheint dem Gläubigen noch viel komischer als dem Ungläubigen. 7963

Dem Heranwachsenden vermitteln können, daß wir seine nichterfüllten Ambitionen, jedoch seine reinen Träume gewesen sind. 7964

Das Problem der Erziehung der Erzieher ist ein Problem, das der Demokrat in seiner Begeisterung für die Erziehung der Schüler vergißt. 7965

Durch die Erfindung des Radios ist das Volk nicht einmal mehr durch den Analphabetismus vor der Invasion bürgerlicher Ideale geschützt. 7966

Die Frucht hängt nie dort, wo sie zu hängen scheint. 7967

Die Mehrzahl der Leute kennen Ideen nur in der Weise, in der sie Berühmtheiten kennen: von Abbildungen. 7968

Ich vertraue nicht auf die Intelligenz eines Menschen, der sich nicht darüber wundert, daß er nicht immerzu dumm ist. 7969

Das Scheitern einer ehrwürdigen Sache wäre von weniger großer Bedeutsamkeit, wenn es die Dummköpfe nicht so sehr erfreuen würde. 7970

Das einzige Übel, das wir hassen können, ohne befürchten zu müssen, irgendetwas Gutes dabei zu verletzen, ist jenes, das im Hochmut wurzelt. 7971

Der überzeugende Teil einer Doktrin liegt gewöhnlich in den *obiter dicta* ihres Autors. 7972

Die Metapher erhellt, sie beweist nicht. 7973
Mit Vergleichen etwas beweisen zu wollen, ist unanständig.

Der Protestantismus ist ein anmaßendes Christentum. 7974

7975 In gewissen intellektuellen Familien überträgt sich ein selbstgefälliges Lächeln wie ein Erbgut.

7976 Die Freiheit des Betrugs ist jene, die der Freiheitsfanatiker mit dem allergrößten Eifer fordert.

7977 Die hierarchische Ordnung der Wahrheiten befreit uns nicht von tragischen Konflikten, doch sie schützt uns davor, die Verwirrung des individuellen Bewußtseins der Inkohärenz der objektiven Ordnung der Dinge zuzuschreiben.

7978 Wir dürfen an den Gott der Theologen nur glauben, wenn er dem Gott ähnelt, der die Furcht heraufbeschwört.

7979 Dem Individuum, das bedeutend wird, und der Nation, die aufhört, es zu sein, ist der gleiche Dünkel eigen.

7980 Niemand ist lächerlich, wenn er das ist, was er ist, so lächerlich das, was er ist, auch sein mag.

7981 Nur Gott vermag zu überzeugen, wir vermögen nur wachzurütteln.

7982 Eine gebildete Seele ist, wer sich nur für nicht nutzbare Wahrheiten interessiert.

7983 Die Presse liefert dem modernen Städter seine allmorgendliche, das Radio seine allmittägliche und das Fernsehen seine allabendliche Verrohung.

7984 Zu denken, die kommunistische Technokratie könne die große Mehrheit nicht befriedigen, heißt, dem Menschen eine unverdiente Ehre erweisen.

7985 Die Lösung, die nicht bereit wäre, über sich selbst zu lachen, läßt den Menschen verrohen oder um den Verstand kommen.

7986 Der gegenwärtige Pöbel toleriert nur Vorgesetzte, die er verachten kann.

7987 Der gesamten Argumentation der Welt setzt das Christentum ein Versprechen entgegen.

Die düstere Fabrik, die Argumente zugunsten der radikalen Absurdität der Welt produziert, kommt angesichts der kleinsten Sache, die uns Erfüllung bringt, ins Wanken. 7988

Seit die Abteien *nullius iuris* verschwunden sind, kann man sich nur noch mit nostalgischer Sehnsucht in die Klostergeschichte flüchten. 7989

Die Idee von der Entwicklung des Rechts ist so lächerlich wie die von der Entwicklung der Logik. 7990

Es ist weniger gefährlich, die Macht in die Hände von Schwachsinnigen zu legen als in die Hände von Technikern: von Schwachsinnigen können wir zumindest einige Augenblicke der Hellsicht erhoffen. 7991

Nur spektakuläre Zusammenbrüche erwecken progressive Geister aus ihrer Erstarrung. 7992

Wenn der Beweggrund zu einer Entscheidung nicht ökonomischer Art ist, wundert sich der Moderne und bekommt es mit der Angst zu tun. 7993

Metöken von diesem Volke und Touristen im sogenannten Kultur-Zeitalter (das mit der Ilias beginnt) lallen komisch, wenn sie über einen der seltenen Autochthonen stolpern. 7994

Die Wirtschaft ist die moderne Wissenschaft *par excellence*. Modern ist, was dem Wirtschaftsfachmann vernünftig erscheint. 7995

Die derzeitige Wirtschaftwissenschaft, weit davon entfernt, eine einfache Wissenschaft zu sein, ist ein System verkappter Vorurteile. 7996

Die Kommentare, die der Liberale über irgendeinen Krieg abgibt, lassen die Mentalität zu Tage treten, die den folgenden unvermeidbar macht. 7997

Der Reaktionär tadelt an einer Anschauung nur das Vergessen ihrer Grenzen. 7998

Der Reaktionär erteilt der Vernunft den Befehl, die aufsässige Idee an ihren angestammten Platz zurückzuverweisen.

Jedes technische Gerät befreit zuerst, dann versklavt es. 7999

8000 Als es im Grab von Leibniz die Idee vom Heiligen Reiche begrub, besiegelte das Abendland sein Schicksal.

8001 Der Mensch verroht jedesmal, wenn er darauf hofft, die Geschichte möge eines Tages nicht mehr unter seinen Füßen erzittern.

8002 Ein praktischer Mensch wird genannt, wer systematisch vergißt, daß kein Problem sich auf der Ebene lösen läßt, auf der es aufgeworfen wird.

8003 Die Religion ist das einzige ernste Anliegen, doch man darf nicht jede Erklärung des homo religiosus ernst nehmen.

8004 Die Geistigkeit verbietet sich allzusehr jedes geistige Lächeln.

8005 Der Moderne vergißt sofort die Lehre aus den Katastrophen, die sogar den Dummkopf bessert.

8006 Unglückseligerweise ist nur das Kriechende nicht den Verheerungen der Stürme ausgesetzt.

8007 Um die Meinung aufrechtzuerhalten, etwas anderes als die Idee beeinflusse auf Dauer die Geschichte, muß man die Analyse auf halbem Wege abbrechen.

8008 Hinter jedem Ereignis steht die Idee, die es zu einem historischen Ereignis werden läßt, die Idee, ohne die nicht einmal die Katastrophe eine Katastrophe ist.

8009 Eine Sache läßt sich vor dem Publikum nicht verteidigen, ohne daß man ihr niedrige Motive gibt.

8010 Was am allerschnellsten unbegreiflich wird, sind die Ideale, für die man sich in einer Epoche töten ließ.

8011 Der Mensch läßt die Wahrheiten, die er einfängt, schleunigst wieder los, als würde er sich an ihnen die Hände verbrennen.

8012 Die Ideen des Demokraten sind erträglicher als sein Benehmen.

8013 Wer in der modernen Welt lebt, dem fällt es weniger schwer, an die Unsterblichkeit der Seele zu glauben als an ihre bloße Existenz.

Der einzige Besitz, der Befriedigung verschafft, ist der eines klugen 8014
Gedankens.

Wer die Geduld aufbringt, ein pornographisches Buch zu lesen, 8015
weckt meine Bewunderung und meine Neugierde.

Es ist stets klüger, an der Realität dessen zu zweifeln, was nicht 8016
absurd erscheint.

Wer offenkundige Wahrheiten verwirft, empört uns so lange, bis 8017
wir entdecken, daß er dumm ist.

Keine Leser zu haben wäre eine beklagenswerte Angelegenheit, 8018
wenn der Ruhm die Qualität des Werkes verbessern würde.

Die typische Sichtweise der Geschichte im 18. Jahrhundert weicht 8019
ab von der typischen Sichtweise im 19. Jahrhundert, da dort der *ésprit des nations* ein Produkt der Geschichte ist und hier die Geschichte ein Produkt des Volksgeistes.

Jedes Ding, dem wir die Seele absprechen, zergliedert sich in einen 8020
bloßen Zusammenschluß lebloser Elemente.

Niemals die Einzelteile zu denken, es sei denn ausgehend von ihrer 8021
Gesamtheit, ist das allererbärmlichste Rezept zum Handeln, doch das einzige, das uns davor rettet, in einer Welt ohne Sinn zu leben.

Dem Dummkopf erscheint nur die Undurchsichtigkeit mysteriös. 8022

Instrumente für das *regnum hominis* zu erfinden, ist eine weniger 8023
dringliche Aufgabe, als die Regeln zu definieren, die dem Universum seine Bedeutung retten.

Weder Niederlagen noch Unglücksschläge nehmen die Lebenslust. 8024
Nur der Verrat löscht sie aus.

Es ist besser, die Welt zu vergöttern oder zu verteufeln, als sie auf 8025
aseptische Weise zu zergliedern, wie der Moderne es tut.

Der Teufel behält die Versuchungen des Fleisches den Naivsten vor; 8026
und er bringt den am wenigsten Einfältigen am liebsten dadurch zur Verzweiflung, daß er die Dinge ihres Sinns beraubt.

8027 Die Hand des Modernen läßt verwelken, was sie berührt.

8028 Die Tat, die nicht das Echo eines Mythos wachruft, ist völlig trivial.

8029 Für ein Problem eine Lösung auf der Ebene zu suchen, auf der es aufgeworfen wird, kompliziert oder verfälscht es.

Die Epizyklen sind die Irrlichter der Intelligenz.

8030 Die drei Fehltritte der Kirche sind gewesen: der Aristotelismus, das Jesuitentum, die Bibelkommission.

8031 Der historische oder geographische Patriotismus führt dazu, daß wir mit mittelmäßigen Menschen Umgang pflegen, bloß weil sie uns nahe sind.

8032 In der Literatur und der Kunst irritieren dumme Ächtungen weniger als schwachsinnige Beifallsstürme.

8033 Ein bestimmtes Kaliber an Groteske kann nur ein Geistlicher erreichen.

8034 Was die Stellung der Frau und des Sklaven anbelangt, so scheint es mir nicht zu stimmen, daß das Christentum für all das verantwortlich sein sollte, was eine lobrednerische Rhetorik ihm zuschreibt.

8035 Der Schlußstein der Gewölbe vieler Institutionen ist gewöhnlich eine jener Belanglosigkeiten, die der Dummkopf unbekümmert beiseite läßt.

8036 Ohne das kanonische Recht hätte die Kirche niemals die bewundernswerte institutionelle Präsenz in der Geschichte gehabt.

Doch die Irrtümer der katholischen Theologie resultieren aus ihrer Neigung, theologische Probleme mit Kanonistenmentalität zu behandeln.

8037 Metaphysiken scheiden sich für den Christen in die unwahrscheinlichen und die falschen.

8038 Der Mensch nennt „absurd“, was seinem heimlichen Streben nach Allmacht entgleitet.

Zwischen dem Skeptizismus und dem Glauben gibt es keinen Konflikt, sondern einen Pakt gegen den Betrug. 8039

Kein einziges Prinzip ist überzeugend, und jede Überzeugung ist ungewiß. Der Glaube ist weder Überzeugung noch Prinzip, sondern nackte Existenz. 8040

Den niederträchtigen Menschen belustigt nur, was ihn am eigenen Leib schmerzen würde. 8041

Gebet, Krieg, Ackerbau sind mannhafte Beschäftigungen. 8042

„Chancengleichheit“ bedeutet nicht, daß jedem die Möglichkeit offen stünde, anständig zu sein, sondern daß jeder das Recht hat, es nicht zu sein. 8043

Das Eschaton als Telos zu interpretieren, endet in der Säkularisierung der Kirche. 8044

Im Geschichtsbuch ist das Christentum ein einfacher Satz, ein Satz jedoch, der uns auf einen Kontext verweist, in dem die Geschichte einfach ein Satz ist. 8045

Was dauert, dient in der Geschichte als Ersatz für die unerreichbare Vernünftigkeit. 8046

Vernünftig ist, was dauert.

Revolutionen sind Konkurse der Zivilisation, die den Erben rechtskräftig nur die Schulden der Geschichte hinterlassen. 8047

Das Christentum ist die Religion desjenigen, der sein Leben so führt, als sei jederzeit ein Erdbeben möglich. 8048

Der Marxismus war die letzte ehrbare Ideologie des bürgerlichen Optimismus. 8049

Das Buch gestattet uns, dem Gespräch mit den Schülern aus dem Wege zu gehen. 8050

Was real ist, ist nicht rational, und was rational ist, ist nicht real. 8051

8052 Alles, was über das 20. Jahrhundert zu sagen der Mühe wert wäre, ist bereits im 19. Jahrhundert gesagt worden.

8053 Der beste profane Wein im Weinkeller der Welt wird aus christlichen Trauben gepreßt.

8054 Marx ist kein jüdischer Prophet, sondern ein bürgerlicher Ideologe.
Er wird nicht von einem ererbten Messianismus inspiriert, sondern vom Optimismus des triumphierenden Bürgertums seiner Zeit.

8055 Der Marxismus ist die puritanische Theologie der bürgerlichen Religion.

8056 Das Ziel der Individualität ist die Selbstverwirklichung.
Sie auf die bloße Verwirklichung des spezifischen Charakters des Menschen zu verkürzen heißt, sie grundsätzlich zum Scheitern zu bringen.

8057 Das Herrengebet lautet nicht so: „...vergib uns unsere Schuld, wie auch wir vergeben den Schuldigern jener, die wir lieben".

8058 Die Menschheit sieht mit Schrecken, wie der Fortschritt dabei ist, unheilbar zu werden.

8059 Bei Comte stoßen sich die größten Irrtümer und einige große Wahrheiten mit den Ellbogen.
Comte versucht, zu den Konsequenzen der Reaktion zu gelangen, indem er sie von Thesen ableitet, die ihr widersprechen.

8060 Die Seele übersteigt die Welt, während die Welt die Menschheit umfaßt.
Die Bedeutungslosigkeit der Menschheit macht die „Geschichtsphilosophie" lächerlich, während der unendliche Wert jeder Menschenseele die Religion wieder zu Ehren bringt.

8061 Seit Mitte letzten Jahrhunderts, seit Baudelaire, Flaubert, Kierkegaard, Dostojewski, Ruskin, Burckhardt, ist es eine bekannte Tatsache, daß der Glaube an den Fortschritt den Dummkopf kennzeichnet.

Das Scheitern des Fortschritts beruht nicht auf der Nichterfüllung, sondern auf der Erfüllung seiner Versprechen. 8062

Wer an die Vorsehung glaubt, dem erklärt der Vorsehungsbegriff nichts, da er glaubt, daß alles von ihr abhängt. 8063

Gott ist keine Erfindung, sondern ein Fund. 8064

Das *Telos* ist die Rettung der Seele, das *Eschaton* ist bloß das Ende der Zeit. 8065

Es gibt den Liberalismus derer, die an nichts fest glauben, und den Liberalismus derer, die so fest glauben, daß ein anderer Glaube sie nicht erschüttern kann, zum Beispiel der Liberalismus von Locke und der Liberalismus des Heiligen Paulus. 8066

Da sie die Briefe der Gnade sind, sind die Paulus-Briefe auch die Briefe der Toleranz. 8067

Das Christentum interpretiert die Geschichte als einen Dialog ohne innerweltliche Konklusion, als Dialog zwischen Gehorsam und Rebellion. 8068

Die Interpretation der Geschichte als ein dialektischer Prozeß, bestehend aus Etappen, die auf eine Konklusion hinauslaufen, ist fundamental antichristlich, selbst wenn sie mit Daniel ihren Anfang nimmt und Bossuet verlockt hat.

Nichts, was unsere Erwartungen befriedigt, erfüllt unsere Hoffnungen. 8069

„Reich Gottes" ist nicht der christliche Name für ein futuristisches Paradies. 8070

Der Glaube an einen irdischen Höhepunkt der Geschichte empört den, der die Intelligenz des Griechen, und den, der die des Christen besitzt. 8071

Reifen heißt erkennen, daß jedes begehrte Objekt nur die Metapher ist für das transzendente Objekt unseres Begehrens. 8072

Die Sicht eines Objektes kann absolut sein, der Ausdruck dieser Sicht kann nur relativ sein. 8073

8074 Der Schriftsteller, der nicht die Sorgen seiner Zeit geteilt hat, erweckt jeder Epoche den Anschein, er würde die ihren teilen.

8075 Ideen, die weniger als tausend Jahre alt sind, sind nicht voll vertrauenswürdig.

8076 Wir, Feinde des allgemeinen Wahlrechts, hören nicht auf, uns über den Enthusiasmus zu wundern, den die Wahl einer Handvoll Unfähiger durch einen Haufen Inkompetenter weckt.

8077 Die Geschichte toleriert christliche Triumphe, doch das Christentum wäre ein Schwindel mehr, wenn es in der Geschichte triumphierte.

8078 Die Axiologie ist die einzige rein empirische Wissenschaft.
Der Wert ist die einzige vollkommen autonome Präsenz.

8079 Die systematische Reduktion aller Werte auf einen einzigen ist unmöglich. Das verhindert ihre radikale Diversität.
Möglich ist nur eine hierarchische Ordnung, in der sie spontan an ihre Stelle treten.

8080 Der Konflikt zwischen Werten trägt seinen Ursprung in der Leichtigkeit, mit der ein Wert den einzelnen, der ihn wahrnimmt, blendet und ihm somit die Wahrnehmung anderer Werte umnebelt.

8081 Wozu *marcher avec son siècle*, wenn man ihm nichts verkaufen will?

8082 Jede Idee provoziert unwillkürlich den Widerstand des Lesers.

8083 Die erste reaktionäre Generation trug Ermahnungen zusammen, die zweite trug bereits nichts als Prognosen zusammen, die folgenden sind gerade dabei, Beweismaterial zusammenzutragen.

8084 Nichts leichteres, als die russische Geschichte der Sünden des Marxismus zu zeihen.
Der Sozialismus bleibt stets die Philosophie der fremden Schuld.

8085 Das Fragment ist Ausdrucksmittel desjenigen, der gelernt hat, daß der Mensch zwischen Fragmenten lebt.

Nur wer zu differenzieren lehrt, schult die Intelligenz. 8086

Die Linke verurteilt nicht die Gewalt, solange sie nicht an ihre Tür pocht. 8087

Die Tiefe eines Textes ist keine Dimension, die es zu untersuchen gilt, sondern eine prächtigere Farbe seiner Oberfläche. 8088

Jeder beliebige Mensch kann lernen, was man wissen kann, es jedoch auf kluge Weise zu wissen, liegt nur in Reichweite weniger. 8089

Die theologischen Kontroversen sind mitunter die ernsthaftesten aller Kontroversen, mitunter auch die trivialsten. 8090

Die „Bildung" des Politikers besteht aus Ideen, die er ausbeutet, und Texten, die er beschmutzt. 8091

Nur wenn man an subalternen Wettkämpfen teilnimmt, weiß man mit aller Deutlichkeit, ob man gewinnt oder verliert. 8092

Der Mensch kann sich einem anderen Menschen nur mitteilen, wenn der eine in seiner Einsamkeit schreibt, und der andere ihn in der seinen liest. 8093

Gespräche sind entweder Zerstreuung oder Schwindel oder aber ein Klingenkreuzen.

Der Historismus ist nur für den relativistisch, der vergißt, daß das Verschwinden von externen, vorweggenommenen und absoluten Kriterien es nicht mit sich bringt, daß jedes Individuum und jeder Wert den selben Rang hat, denn im vollen Ausdruck jedes Individuums und jedes Wertes ist sein Rang enthalten. 8094

Das Christentum kann mit der modernen Welt in legalem Konkubinat leben, nicht jedoch in legitimer Ehe. 8095

Jedes hervorragende Buch ruft eine Seuche mittelmäßiger Bücher hervor. 8096

Die gebührende Huldigung der Mathematik besteht darin, sie nicht dort einzuschalten, wo sie am falschen Platz ist. 8097

8098 Um einen Gedanken nicht zu verfälschen, muß man ihn mit einer Aureole der Unbestimmtheit umgeben.

8099 Die Bücher des Ungläubigen schaffen die wahre Apologetik des Glaubens.

8100 Es ist niemals möglich, ein Problem gut zu lösen, doch stets ist es möglich, es schlechter zu lösen.

8101 Heutzutage archiviert man eine These nicht, weil sie falsch wäre, sondern weil eine neuere veröffentlicht worden ist.

8102 Die Ideen verjüngen sich mit den Jahren, und nur die allerältesten erreichen ewige Jugend.

8103 Es gibt allzeit nichts, das mehr veraltet wäre, als die Neuheit von gestern.

8104 Die Geschichte des christlichen Dogmas ist weder eine Entwicklung noch eine Entfaltung, sondern ein Tasten.

8105 Die einen analysieren das christliche Dogma, als ob es ein formalisiertes axiomatisches System wäre, die anderen, als ob es aus subjektiven Fiktionen bestünde.

Beide irren, weil die religiöse Metapher der Präzision entbehrt, ohne aber eines Bezugsobjektes zu entbehren.

8106 Das Offenbarte ist mehr ein Ereignis als eine Doktrin.

Die Doktrin ist die Konstruktion dessen, was das Ereignis impliziert.

8107 Der Gläubige ist dem Ungläubigen überlegen, da die Ungläubigkeit eine Lösung ist und der Glaube ein Problem.

8108 Die anmaßende Selbstzufriedenheit desjenigen, der sich für tugendhaft hält, läßt ihn leicht antiklerikal werden.

8109 Der Bruch, der von der Sünde herrührt, ist ein Hindernis für die natürliche Theologie.

8110 Im Mittelalter sind die intelligenten Verteidiger des Papsttums die Ghibellinen gewesen.

Die „feudale Anarchie“, die der herkömmliche Liberale mit dem Bannfluch belegt, belustigt den wahren Liberalen. 8111

Auch wenn es dumme Postulate gibt, so wie es unmoralische Übereinkünfte gibt, so ist das Vernünftige das auf legitime Weise von Postulaten abgeleitete, so wie das Juristische das auf legitime Weise von Übereinkünften abgeleitete ist. 8112

Weder Vernunft noch Recht sind oberste Instanzen, da sie formale Instanzen sind. 8113

Alles am Recht ist positiv, außer dem Recht selbst. 8114

Das Rechtliche ist Gehorsam gegenüber Vertragsklauseln; das Moralische ist Gehorsam gegenüber der im ethischen Wert inbegriffenen Verpflichtung. 8115

Die Ethik regiert die Materie des Rechts, doch das Recht ist autonom und verdankt einzig der Form seinen juristischen Charakter.

Um die Idee vom „Gesellschaftsvertrag“ in eine emminent demokratische These zu verwandeln, bedarf es des Sophismus des Wahlrechts. 8116

Wo tatsächlich davon ausgegangen wird, die Mehrheit würde der Totalität gleichkommen, wird die Idee vom Konsens in einen totalitären Rechtszwang verkehrt.

Die Demokratie verfertigt den Totalitarismus mit liberalem Handwerkszeug. 8117

Nur im Schatten des Imperiums löst sich der Staat auf. 8118

Der Staat, der alle Freiheiten in seine eigene absorbiert, ist die antagonistische politische Form zum Imperium, einer Struktur irreduzibler Freiheiten. 8119

Es gibt keine trivialen Dinge, nur triviale Geister. 8120

8121 Das Wort „Gerechtigkeit“ hat drei Bedeutungen: eine juristische, eine religiöse und eine ideologische. Das Ansehen, das die formaljuristische Bedeutung durch die eigentlich religiöse Bedeutung erhält, erleichtert die ideologische Nutzung des Wortes.

So wird ein leidenschaftlicher Inhalt in eine juristische Modellform gegossen und mit religiösem Farbstoff eingefärbt.

8122 Indem sie die Kategorien des mittelalterlichen Gewohnheitsrechts den Kategorien des kaiserlichen Rechts unterordneten, begannen die Glossatoren, den Staat zu schmieden.

Ein Merlin ist Nachfolger eines Dubois, der Nachfolger eines Accursius ist.

8123 Indem wir der Welt einen globalen Sinn erfinden, berauben wir sogar die Fragmente des Sinns, die sehr wohl einen haben.

8124 Die Seele berauscht sich nur am Wein aus wilden Trauben.

8125 Es genügt ein einziger sinnreicher Abschnitt, damit wir gezwungen sind, die Zusammenhanglosigkeit eines Textes unserer Unwissenheit zuzuschreiben.

8126 Nur die perfekte Einfachheit ist unnachahmlich.

Die Kopien wuchern dort, wo die Bestandteile dosiert wurden.

8127 Die Wahrheit kann auch unbeholfen ausgedrückt werden, doch die Schönheit eines Satzes garantiert sie.

8128 Die ökonomische Inflation Ende dieses Jahrhunderts ist ein moralisches Phänomen.

Resultat der egalitären Habgier und zugleich deren Strafe.

8129 Jedes geographische, soziale oder politische Phänomen, das in endogamer Weise eine Menschengruppe isoliert, ist Matrix eines genetischen Repertoires, das von den benachbarten verschieden ist.

Die Rassen sind genetische Konfigurationen, die in der Geschichte Gestalt annehmen und sich in ihr auflösen.

Selbst wenn es keine „reinen Rassen“ geben mag, so ist doch die historische Rasse ein grundlegender Faktor der Geschichte.

8130 Die Geschichte verlangt vom Geschichtswissenschaftler, wechselweise nominalistisch und realistisch zu sein.

Der „Rassismus“ hat seine Feinde ebenso wie seine Anhänger un- 8131
glaublich viele Dummheiten äußern lassen.

Der Wille eines Volkes, seine genetische Zusammensetzung „rein“ 8132
zu erhalten, kann eine Anmaßung sein, doch es ist keine Dummheit; denn gibt es auch keine reinen Rassen, so gibt es doch gelungene Mischungen.

Alles, in einem gegebenen Augenblick, ist abhängig von der größe- 8133
ren oder geringeren Macht der Dummköpfe.

Der Intellektualismus hat mit dem Intellekt nichts zu tun. 8134

Es handelt sich um eine Einheit stillschweigender Postulate, die sich für formale Konstituenten des Intellekts halten.

Wer in unserer Zeit nicht zu entsagen versteht, verletzt oder be- 8135
schmutzt sich.

Keine Vergangenheit ist ideal. 8136

Doch nur aus der Vergangenheit tauchen Ideale auf, die nicht lymphatisch sind – Ideale mit Blut in den Adern.

Wenn der Staub sich legt, den die großen Ereignisse der modernen 8137
Geschichte aufwirbeln, ist der Historiker über die Mittelmäßigkeit der Protagonisten sprachlos.

Ausrottung der Besten – wir finden nur schwerlich eine bessere Er- 8138
klärung für den Verfall.

Die Geschichte ist die einzige Wissenschaft, deren Behauptungen 8139
zugleich falsifizierbar und verifizierbar sind.

Die Sterblichkeit aller Menschen ist lediglich falsifizierbar, die Sterblichkeit Sokrates’ ist noch dazu verifizierbar.

Es gibt nur die nicht-hypothetische Wissenschaft des Singulären. 8140

Die Unmöglichkeit, eine Wahrheit zu beweisen, schließt nicht die 8141
Unmöglichkeit ein, sie aufzuweisen.

Selbst dort, wo es keine beweisbaren Wahrheiten gibt, kann es sehr wohl intersubjektive Wahrheiten geben.

8142 Erklären, in den Naturwissenschaften, bedeutet gleichsetzen; in den Geisteswissenschaften bedeutet es, das Verstandene darzulegen.

8143 Der Zusammenprall mit einem klugen Buch läßt uns tausend Sterne sehen.

8144 Eine Nation „demystifiziert" nicht ihre Vergangenheit, ohne ihre gegenwärtige Substanz verarmen zu lassen.

8145 In der Kontinuität der Geschichte lösen sich alle Definitionen auf.

8146 Das liberaldemokratische Klima läßt das Hirn erweichen und schwammig werden.

8147 Das Mitgefühl ist zur ideologischen Taktik geworden.

8148 Literatur, Malerei, Bildhauerei, Architektur und Musik sind heutzutage Gesellschaftsfunktionen ohne ästhetische Zweckgerichtetheit.

8149 Nur das mittelmäßige literarische Talent ist auf kurze Sicht rentabel.

8150 Die Menschheit ist nicht fähig, einen Irrtum zu beseitigen, ohne zugleich mehrere Wahrheiten auszulöschen.

8151 In den Naturwissenschaften ist die Neuheit einer Theorie ein Zeichen zu ihren Gunsten.

In den Geisteswissenschaften ist sie weder ein Zeichen zu ihren Gunsten noch zu ihren Ungunsten.

8152 Die Falschheit oder die Wahrheit eines Erklärungsprinzips ist in den Geschichtswissenschaften stets lokal.

8153 Keine einzige Theorie gestattet es, irgendein nichtdokumentiertes Bruchstück der Geschichte zu rekonstruieren.

Das beweist jeder unerwartete Dokumentenfund.

8154 Epochen, in denen originelle Ideen spärlich gesät sind, beschäftigen sich damit, Irrtümer wieder zum Leben zu erwecken.

Das verzagte Publikum von heute toleriert sogar den Genius. 8155

Auf der Angst, nicht intelligent zu erscheinen, beruht der Erfolg des Nichtverständlichen. 8156

Die kulturelle Rachitis unserer Zeit ist eine Folgeerscheinung der industrialisierten Kultur. 8157

Der Mythos ist eine Bedeutungsschicht jenseits von Realität und Fiktion. 8158

Extravagante Erklärungen sind die Lieblinge schwerfälliger Geister. 8159

Die leichteste Erschütterung der Dinge setzt die „primitive Mentalität" wieder auf den Thron. 8160

Allgemeine Ideen trösten den Ignoranten. 8161

Die Diskontinuität ist die Domäne des Intellekts, die Kontinuität die der Intelligenz. 8162

Wir sind es gewohnt, Kauderwelsch zu nennen, was auf einem das unsere übersteigenden Niveau diskutiert wird. 8163

Die Tugend, die nicht Gehorsam gegenüber einem göttlichen Auftrag ist, stolziert mit dem Dünkel einer reichen Jungfer einher. 8164

Wer mit größter Prägnanz schreibt, setzt sich um so stärker dem Risiko der Unaufmerksamkeit des Lesers aus. 8165

Wir sollten nur auf die Tugend des Reichen vertrauen. 8166
Der kleinste Lotteriegewinn vernichtet die des Armen.

Die verbrauchte Luft der Orte, an denen Handel getrieben wird, ist deprimierend. 8167

Das Zufällige ist unbeweisbar und unwiderleglich. 8168

Ein verständlicher Gott wäre kein vertrauenswürdiger Gott. 8169

8170 Der Liberalismus ist eine ehrbare Position, jedoch an einem jähen und rutschigen Abgrund gelegen.

8171 Die Güte einiger Wesen beruht auf ihrer abgestumpften Sensibilität.

8172 Entvölkern und aufforsten – erste zivilisatorische Regel.

8173 Die Technik würde weniger Gefahren bergen, wenn ihre Anwendung für den Dummen nicht so einfach und für den geschickten Dieb nicht so rentabel wäre.

8174 Je schrecklicher ein Verbrechen ist, um so dümmer ist gewöhnlich sein angestrebter Nutzen.

Wieviele Gemetzel sind nicht für die Wandlung des Volkes zum Bürgertum nötig gewesen!

8175 Die wachsende Liberalisierung einesteils und die wachsende Reglementierung andernteils arbeiten perfekt auf die Zersetzung der Gesellschaft hin.

8176 Die einzig unersetzbare Person ist der Künstler. Für alle übrigen gibt es Ersatzleute.

8177 In jeder historischen Lage taucht stets jemand auf, der im Namen der Freiheit, der Menschheit oder des Rechts eine alberne Gesinnung verteidigt.

8178 Eine Intelligenz, für die man nicht teuer bezahlen muß, ist die seltenste aller Gaben.

8179 Vielleicht verbessern die religiösen Praktiken nicht das ethische Verhalten, doch sie bessern ganz unbestreitbar die Manieren.

8180 Die weltliche Moral trieft vor Hochmut.

8181 Ab einem bestimmten Punkt wird der industrielle Fortschritt von der Notwendigkeit vorangetrieben, die wachsenden Probleme zu lösen, die er verursacht.

8182 Zwischen dem Urwald und der industriellen Landwirtschaft liegt ein historischer Augenblick der Kulturlandschaft.

Nur die Zeitgenossen sind leicht zu betrügen. 8183

Warum nicht sich eine reizende Utopie ausmalen? 8184

Eine Utopie, die sich unterscheidet von dem, was das utopische Denken sich ausmalt?

Die Klosterliteratur ist der Klosterarchitektur unterlegen. Was dem 8185
Klösterlichen wesentlich ist, findet auf plastischem Wege besseren Ausdruck.

Man langt schnell dort an, wo die Zivilisation mit jeder neuen Be- 8186
quemlichkeit immer mehr zusammenschrumpft.

Gewißheiten sind unverdaulich; nur Ahnungen sind nahrhaft. 8187

Der Christ muß jede Idee mit dem ironischen Skeptizismus desje- 8188
nigen betrachten, der nicht in der Zugehörigkeit zu einer Auffassung lebt, sondern in der zu einer individuellen Präsenz.

Wenn die Linke weiterhin fortfährt, die Einwände der Reaktionäre 8189
gegen die moderne Welt einen nach dem anderen zu übernehmen, dann müssen wir selbst Linke werden.

Daß nichts Innerweltliches uns erfüllen kann, hindert uns nicht, 8190
uns nach einer weniger niederträchtigen und weniger häßlichen Welt zu sehnen.

In einem wohlgeordneten Garten betrachtet die Seele mit weitaus edlerer Gemütsruhe die ersten Verwüstungen des Winters.

Das Finalitätsprinzip läßt die Dinge unerklärbar werden; sein Feh- 8191
len läßt sie unverständlich werden.

Jedes Thema, das in den Zeitungen die Runde macht, geht verdor- 8192
ben daraus hervor.

Wir müssen jedes Wagnis auf uns nehmen, ohne heidnische Furcht 8193
und schwachsinnige Einbildung.

Die vollkommene heitere Gelassenheit des Augenblicks, in dem es 8194
uns scheint, wir seien mit Gott durch eine unbegreifliche Komplicenschaft verbunden.

8195 Die literarische Nutzung irgendeiner Mythologie ist ästhetisch nur demjenigen erlaubt, der sich nicht ganz sicher ist, ob sie nicht vielleicht falsch sein könnte.

8196 Die Irrtümer des modernen Menschen wären leichter entschuldbar, wenn er sie nicht mit immer zufriedenerer Überlegenheit wiederholen würde.

8197 Die dummen Gemeinplätze fliegen in jubilierender Schar dem entgegen, der sich erhebt, um eine Rede zu halten.

8198 Um den einzelnen zu verderben, genügt es, ihn zu lehren, sein persönliches Trachten Recht und fremde Rechte Mißbrauch zu nennen.

8199 Gott ist Gast der Stille.

8200 Der Geist ist die Vegetation einer friedvollen Seele.

8201 Es ist überflüssig, Gott darum zu bitten, er möge unsere Güter segnen. Es sind Güter, weil Gott sie gesegnet hat.

8202 Es gibt tagtäglich weniger Schlupfwinkel auf der Erde.

8203 Die Vulgarität des modernen Artefakts wird es dem künftigen Archäologen ermöglichen, es problemlos zu identifizieren.

8204 Die Vergnügen, die uns ganz erfüllen, pflegen so bescheiden zu sein, daß wir in der Regel nicht einmal deren Namen kennen.

8205 Die Echos der Welt haben in gewissen Seelen einen Widerhall, als prallten sie gegen die Wände leerer Behälter.

8206 Der werktägliche Gemeinplatz ist nicht störend; der sonntägliche ist unerträglich.

8207 Der Tod sollte nicht Gegenstand unserer Meditationen sein, sondern Grundlage aller.

8208 Nehmen wir hin, daß sie uns ablehnen, nicht jedoch, daß sie über uns urteilen.

Nur wenige verstehen es, eine Lösung anzunehmen, ohne sie übermäßig zu loben. 8209

Wenn er am Ende auf Tempelreste stößt, wird der Archäologe wissen, daß er Spuren des Menschen entdeckt hat. 8210

Nur die „Melancholie der Ruinen" wird eines Tages diese neuen Konstruktionen entschuldigen können. 8211

Wenn wir den Gigantismus der gegenwärtigen Dummheit erleben, können wir auf den vorhergegangenen der mesozoischen Saurier hoffen. 8212

Die Mehrzahl unserer Fehlschläge beruht auf der Eigenschaft empirischer Serien, weder ein sicheres Ende noch einen sicheren Anfang zu haben. 8213

Der Mensch weiß nur selten, wo er einen Anfang machen und wo er zum Schluß kommen soll.

Die Vorschriften einer dummen Ethik sind wie das Weißbrot das einzige Nahrungsmittel, dessen man nicht überdrüssig wird. 8214

Wenn irgendetwas im Überfluß vorhanden ist (beispielsweise der Mensch), so setzt das nicht nur den Preis herab, es verursacht auch Ekelgefühle. 8215

Die Ehe des Linken mit der Geschichte wird tagtäglich säuerlicher. 8216

Den Schrecken des Fortschritts kann nur der ermessen, der eine Landschaft vor und nach ihrer Umwandlung durch den Fortschritt gekannt hat. 8217

Die Kürze des Lebens schreckt nicht, wenn wir uns statt Zielen Wegrichtungen setzen. 8218

Gegen die Tendenz des Reichtums, sich in schmutzigen Händen niederzulassen, gibt es keinen anderen Abwehrmechanismus als die Erbschaftslotterie. 8219

Nur der große Politiker weiß, wann die Lösung für ein Problem allgemein gelten und wann sie örtlich begrenzt sein sollte. 8220

8221 Keine Antwort kann klüger sein als die Frage, die sie hervorruft.

8222 Die Unarten und Fehler des Talentes sind in der Regel häufiger anzutreffen als das Talent selbst.

8223 Der Enthusiasmus, mit dem jemand über ein berühmtes Buch redet, der nicht zugeben will, daß er es nicht gelesen hat, ist stets schwungvoll.

8224 Wer argumentiert, überzeugt gewöhnlich vom Gegenteil.

8225 Es gibt Wahrheiten, die verwelken, wenn man sie häufig ans Licht zerrt.

8226 Sterben lernen heißt lernen, die Motive der Hoffnung sterben zu lassen, ohne die Hoffnung sterben zu lassen.

8227 Es existiert eine weise Ignoranz: jene, die dem, was sie nicht weiß, aus dem Wege geht.

8228 Man muß an Gott glauben, um den Dingen Wichtigkeit beimessen zu können.

8229 Welcher abgrundtiefe Pessimismus, welche unheilbare Verzweiflung ist das doch, die vom Glauben an eine zufriedenstellende irdische Lösung ausgeht!

8230 Die Regierenden hinterlassen kein Erbe, wenn ihre Aufwendungen sich am „Gemeinnützen" orientieren.

8231 Der Nordamerikaner ist nicht deshalb so unerträglich, weil er sich persönlich so wichtig nimmt, sondern weil er in seiner Eigenschaft als Amerikaner für jedes Problem eine Lösung hat.

8232 Der Antrieb für den technischen Fortschritt ist die Dringlichkeit gewesen, eine größere Tötungseffizienz zu erreichen.

8233 Der Mensch ist ein Tier des gemäßigten Klimas: an jedem Extrem eines Gedankens erfriert er.

Den Ansichten des Schriftstellers würde es in der Literatur an Bedeutung ermangeln, wenn nicht gewisse Ansichten eine stumpfsinnige literarische Sensibilität offenbaren würden. 8234

Das Linksparteilertum der Mehrheit der Linke ist ganz und gar verständlich, doch ein intelligenter Mensch mit linken Ideen sollte ernsthaft sein Gewissen prüfen. 8235

Jene, die uns der Vermessenheit anklagen, sollten wir daran erinnern, daß man die Toren und die Betschwestern ein bißchen strafen muß. 8236

Der Roman kann auch heute noch immer ein beträchtliches ökonomisches Phänomen sein, doch er ist schon kein ästhetisches Ereignis mehr. 8237

Wenn ein Dummkopf über uns urteilen soll, so sind unsere trivialen Irrtümer die gefährlichen. 8238

Ohne die Verbreitung orientalischer Kulte und ohne die germanischen Invasionen hätte die hellenistische Zivilisation von Rom aus die Amerikanisierung der Welt eingeleitet. 8239

Vermeiden wir Prophezeihungen, wenn wir nicht mit der Geschichte in schlechtem Einvernehmen leben wollen. 8240

Der regierende Demokrat kann keine Lösung annehmen, wenn sie nicht die enthusiastische Unterstützung derer erhält, die das Problem nie und nimmer verstehen werden. 8241

Solange das, was wir schreiben, dem Modernen nicht obsolet, dem Erwachsenen nicht unreif und dem ernsten Menschen nicht trivial erscheint, müssen wir wieder von vorne beginnen. 8242

Die wahre französische Kunst und die wahre französische Literatur haben ihr Leben immer am Rande der „letzten intellektuellen Mode aus Paris“ gefristet, die das Ausland so sehr bewundert. 8243

Die typisch moderne Lösung für irgendein Problem empört stets den, der mit einem Gefühl für die Bedeutung des Menschen zur Welt kam. 8244

8245 Der Preis für einen allzu scharfen Intellekt ist gewöhnlich eine übermäßig stumpfe Seele.

8246 In einer Welt souveräner Staaten wird schließlich jede Doktrin, so universell sie auch sein mag, in eine mehr oder minder offizielle Ideologie eines dieser Staaten umgewandelt.

8247 Es gibt keine Zone der Seele, die der Sexus nicht zuletzt verderben könnte.

8248 Der Mensch kann eine bestimmte Höhe nicht erklimmen, wenn er nicht beginnt, sich ein wenig selbst zu belügen.

8249 Die heutige Kritik sucht mit dem Skalpell die Seele im Buch.

8250 Die großen Industriemessen sind die Musterkollektionen all dessen, was der Mensch nicht benötigt.

8251 Was der Historiker berichtet, ist falsch, wenn sein Geruchssinn für die feinen Unterschiede verkümmert.

8252 Tugend und Laster sind Begriffe, die für das Betragen des Pöbels gewöhnlich viel zu groß sind.

8253 Der Dummkopf verkehrt die Ironie in Vulgarität und die Einfachheit in Plumpheit.

8254 Bei manchen schreit nicht nur der Intellekt wie ein Esel, sondern auch die Seele.

8255 Die übelste Rhetorik gedeiht in demokratischen Nationen, in denen jeder Formalismus sich als spontane und aufrichtige Haltung ausgeben muß.

Die monarchische Rhetorik ist ein anerkannter und erklärter Formalismus – wie die Hofetikette.

8256 Der aristokratische Formalismus vermeidet die Plumpheit, ohne in die Falle der Heuchelei zu gehen.

8257 Die Aristokratie ist nichts weiter als eine Existenzmöglichkeit von Qualitäten und Tugenden, die durch den prekären Besitz von Macht und Reichtum nur verhindert oder erschwert werden.

Was abhängig ist von dem Bewußtsein, das der Mensch von sich 8258
selbst hat, läßt sich leicht künstlich manipulieren. *Arcanum imperii* der modernen Ideologien.

Dummheiten zu katalogisieren wird als anstößiger betrachtet, als 8259
eine weitere hinzuzufügen.

Die Erde wird nie ein Paradies sein, doch vielleicht ließe es sich 8260
vermeiden, daß sie sich immer mehr in eine geschmacklose Imitation der Hölle verwandelt.

Der Sozialist, der von seinen Artgenossen zum Galgen verurteilt 8261
wird, klagt die getreuen Vollstrecker des Systems stets des „Verrats am Sozialismus“ an.

Bei einer zeitgenössischen Literaturrezension weiß man nie so 8262
recht, ob der Kritiker unter Genies zu leben glaubt oder ob er sich lieber keine Feinde machen will.

Der Mensch verübt nicht die schlimmsten Dinge, solange er nicht 8263
behauptet, sein Gewissen zwinge ihn dazu.

Liest der Ausländer ein Buch, so setzt er nur selten die Akzente 8264
dort, wo sie hingehören.

In der Philosophie sind die Argumente desjenigen, der kein philo- 8265
sophisches Talent besitzt, fade, selbst wenn sie stimmen.

Die übelste Rhetorik ist jene, die vergißt, daß wir *moritura moritu-* 8266
ri morituris schreiben.

Gesellschaften, in denen notorisch ein einziger Antrieb im Verhal- 8267
ten der Bürger vorherrscht, enden in Händen eines einzigen Mannes.

In jedem Utopisten schlummert ein Polizeiwachtmeister. 8268

Die moderne Gesellschaft ist weniger die erste reiche Gesellschaft 8269
als die erste Gesellschaft mit der Gesinnung eines Reichen.

Wenn man einer Wahrheit die Maske vom Gesicht reißt, stößt man 8270
auf ihr christliches Angesicht.

8271 Alle paar Jahrhunderte ist die Philosophie gezwungen, sich wieder auf den Menschen zu berufen.

8272 Über triviale Angelegenheiten informiert das jüngst erschienene Buch besser. Das alte Buch interessiert nur jene, die sich für das Wichtige interessieren.

8273 Der Kapitalismus ist die monströse Deformierung des Privateigentums durch die liberale Demokratie.

8274 In einer zivilisierten Gesellschaft würden die Techniker in der Gesindestube essen.

8275 Der Papst wird eines Tages den progressiven Klerus weniger für Ketzerei denn für Dummheit verurteilen.

8276 Der Sokratismus war kein Moralismus.

Von Seiten der Philosophie war er ein Bewußtwerden ihres fundamental axiologischen Charakters und ihres unausweichlichen Zusammenstoßes mit der Technik.

Das sokratische und das paulinische Problem haben die gleiche Wurzel.

8277 Das Abendland läßt jede nichtabendländische Seele, die mit ihm in Berührung kommt, verdorren.

8278 Nur die militärische Überlegenheit beruhigt und besänftigt das Gemüt.

Die Macht des Reichen wird von Magengeschwüren zerfressen.

8279 Die begriffliche Verseuchung der modernen Welt durch die moderne Mentalität ist schlimmer als die der Umwelt durch die zeitgenössische Industrie.

8280 Es ist nicht nur das Ansehen der Dinge, das im Wert fällt, wenn es von vielen geteilt wird, es sind die Dinge selbst.

Die große Menge tritt mit Füßen, wo immer sie hintritt.

8281 Die Technik verwandelt letztlich die Welt in einen Ausdruck der Technikerseele.

Die Tribunale der Intelligenz können heute nur auf talentlose Experten zurückgreifen. 8282

Die Abwasserkanäle der Geschichte treten mitunter über die Ufer – wie in unserer Zeit. 8283

Durch die erzieherische Erfahrung der letzten Jahrhunderte wissen wir bereits zur Genüge, was das Volk liest, so daß wir befürchten müssen, daß wer sich heute darum bemüht, es zu alphabetisieren, vor allem dazu entschlossen ist, es zu verderben. 8284

Der Lärm ist eine moderne Erfindung. 8285

Die Entscheidungen des völlig freien Menschen sind so mühelos vorhersehbar, daß nichts leichter ist, als ihn auszubeuten. 8286

Der Text verdankt seine höchste Würde den rebellischen Erschütterungen einer beherrschten Redekunst. 8287

Intellektuelle Zustimmung verdient nur eine Senatsrepublik, wie einstmals die römische, oder eine Senatsmonarchie, wie einstmals die Kirche. 8288

Wenn wir die zeitgenössische Literatur unserer Jugend wiederlesen, haben wir das Gefühl, wir stünden Karikaturen unserer Erinnerungen gegenüber. 8289

Der Linke fühlt sich verfolgt, wenn er nicht gerade dabei ist, jemanden zu verfolgen. 8290

Unter den Plänen einer künftigen zivilisierten Technik wird sicherlich jener hervorstechen, die Nachrichten zu behindern und die Reisen zu erschweren. 8291

Die Dichtung errettet die Dinge, indem sie in der Metapher die Materie mit dem Geist versöhnt. 8292

Viele erscheinen intelligent und sind nichts weiter als jung. 8293

Der Reiche besitzt in der kapitalistischen Gesellschaft die Raffgier der Armen. 8294

8295 Jeder Reiche erscheint dem Demokraten verabscheuungswürdig, doch keiner erscheint ihm lächerlich.

8296 Wenn ein literarisches Genre in ästhetischer Hinsicht erschöpft ist, wächst die Zahl der Individuen, die darin schreiben.

8297 Die Vertrautheit, sei es mit Menschen oder mit Dingen, ist das einzige, was nie langweilig wird.

8298 Heute nennt man neue Mentalität, wenn im einzelnen die niederen Bereiche der alten Mentalität überwiegen.

8299 Der Fortschritt bereitet der Menschheit ein Leichenbegängnis mit prunkvollen Hekatomben.

8300 Eine sorgfältig entlauste Bibliothek hat schließlich in jeder Epoche fast alle zeitgenössischen Schriftsteller von sich abgeschüttelt.

8301 Eine gewisse Zeit lang nichts als Latein und Griechisch zu lesen, ist das einzige, was die Seele ein wenig desinfiziert.

8302 Das Ziel ist von jedem beliebigen Punkt, an dem wir anlangen, ebenso weit entfernt wie von unserem Ausgangspunkt.

8303 Von dem, was wichtig ist, so sprechen, als wäre es dies nicht.

8304 Der Barbar zerstört nur; der Tourist entweiht.

8305 Die bedeutendsten Nationen enden als Ort der Sommerfrische.

8306 Es ist nicht angebracht, daß die Menschheit ihre Destruktionsmacht begrenzt, wenn sie nicht ihre Konstruktionsmacht begrenzt.

8307 Jeder Schrei menschlichen Hochmuts endet in einem Angstschrei.

8308 Nur der Kontemplative erscheint nicht schon nach Ablauf weniger Jahre lächerlich.

8309 Die Kontemplation ist der Epikureismus der edlen Seele.

8310 Sklave der Maschine ist weniger der Produzent als der Konsument.

Wer eine neue Maschine erfindet, erfindet der Menschheit eine neue Ankettung an neue Knechtschaften. 8311

Nichts haben wir zu viel. Wir alle sind zu viel. 8312

Die Menschheit wird eines Tages feierlich der Ereignisse gedenken, welche die Demontage der Industriegesellschaft eingeleitet haben. 8313

Die Mechanismen der modernen Gesellschaft fördern die lästigen Tugenden und strafen die liebenswerten Laster. 8314

Ein anständiger Mensch bringt dem Pazifismus seine Zustimmung und seine Antipathie entgegen. 8315

Eine gewisse devote Art, von der Kunst, der Philosophie, der Wissenschaft zu sprechen, verursacht ein Ziehen in den Zähnen. 8316

Jedes Jahrhundert hat sich zu guter Letzt als Strafe für das vorangegangene erwiesen. 8317

In der Philosophie versucht der Fachmann durch fachliche Strenge das Talent zu ersetzen, an dem es ihm mangelt. 8318

In der „Hölle“ einer Bibliothek gibt es weniger Bücher als in ihrer Vorhölle. 8319

Die Linke ist der fähigste Beifallsimpresario. 8320

Ein Gefühl ist nicht aufrichtig, wenn seine Äußerungen nicht den professionellen Psychologen täuschen. 8321

Die Anonymität der modernen Gesellschaft zwingt alle Welt dazu, sich für wichtig zu halten. 8322

Die Gelassenheit ist der Seelenzustand desjenigen, der ein für allemal sämtliche Dinge in Gottes Hände gelegt hat. 8323

Selbst mein reaktionäres Herz ist bewegt durch den Frühling der *Armée d’Italie*. 8324

Das beste Buch über Abenteuer auf See ist die Odyssee, das beste Buch über Abenteuer zu Lande ist die Anabasis. 8325

8326 Das Leben ist köstlich in den Augenblicken, in denen man sich dem Denken oder Träumen hingibt.

8327 Ich nenne eine ehrbare Seele, wer kein Verdienst daraus macht, es zu sein.

8328 Bei der Mehrzahl der Leute ist es einem heutzutage lieber, wenn sie feindselig von der Religion sprechen.

8329 Die Technik interessiert kaum denjenigen, der vom Leben nur wichtige Dinge verlangt.

Jene, die nur die Gnade geben.

8330 Die Technik ist keine Errungenschaft, sondern ein zweifelhaftes Geschenk.

8331 Jeder Bettler ist mein Bruder.

8332 Der Gedanke, der es zuwege bringt, im Kopf des gewöhnlichen und herkömmlichen Bürgers Einlaß zu finden, lähmt ihm Zonen des Gehirns.

8333 Wenn gesagt wird, der Tod sei eine ganz „natürliche“ Sache, wird die letzte Dummheit gesagt.

8334 Die Prosa des Linken ist stets eine Wahlprosa.

8335 Der „Elitismus“ (wie heutzutage die Dummköpfe sagen) ist das Grundrequisit sowohl der Institutionen wie der Bibliotheken.

8336 Den Demokraten verrät gewöhnlich allein schon seine Physiognomie.

8337 Wer sich viel bewegt, ist lediglich rührig.

8338 Aus der Mode zu kommen ist für den Irrtum tödlich.

8339 Die Literatur könnte sich nur durch ein langes Leben im Untergrund wieder verjüngen.

8340 Dem Nächsten zuzuhören ist einer der qualvollsten Dienste der Barmherzigkeit.

Die letzten Jahrtausende haben uns gelehrt, daß die Perioden, in 8341
denen der Mensch zu schreiben versteht, sich wiederholen, doch sie sind kurz.

Der Moderne fordert die Freiheit, um seine Habgier entfesseln zu 8342
können.

Die vollkommene Dummheit ist dem weißen, erwachsenen, mo- 8343
dernen und entwickelten Menschen eigen.

Der Neger versteckt letzten Endes immer Fetische in seinem Wandschrank.

Die moderne Kritik rechnet gewöhnlich dem Autor seine beschei- 8344
dene Ausbeute als literarisches Verdienst an.

Der Reformator verurteilt schon bald, zumindest in seinen Träu- 8345
men, drei Viertel der Menschheit.

Epochen der Anarchie erwecken die (ein wenig verschämte) Sym- 8346
pathie der edlen Seele.

Ein kluger Erwachsener ist jener, in dem das Kind weiterlebt und 8347
der Jüngling stirbt.

Entweder man zitiert wie Montaigne und Burton oder man zitiert 8348
überhaupt nicht.

Der Reiche wird nur durch den beunruhigt, der ihn nicht beneidet. 8349

Auch die „Rasse“ ist eine „Idee“, und auch sie ist ein „tägliches 8350
Plebiszit“.

Die Arterienverkalkung der Intelligenz liegt nicht in der Unfähig- 8351
keit begründet, neue Ideen zu haben, sondern in der Unfähigkeit, das Niveau derer, die wir haben, zu wechseln.

Man darf nur an die Berufung desjenigen glauben, der wie Sokrates 8352
nichts einstreicht.

Von Zivilisation kann nur dort gesprochen werden, wo der Berufs- 8353
schuster, zum Beispiel, kein Schuhhändler ist, sondern ein Liebhaber des Schuhmacherhandwerks.

8354 Kein früheres Jahrhundert hat so viele Gemetzel im Namen so vieler durchsichtiger Betrügereien miterlebt.

8355 Die verschiedenen „Beweise“ für die Existenz Gottes gewinnen an Kraft in dem Maße, in dem sie an Strenge verlieren.

8356 Für den Automatismus der Technologie gibt es keine bessere Bremse als die Intelligenz.

8357 Um friedlich mit dem Nächsten Zusammenleben zu können, gibt es nichts Besseres, als kein einziges Postulat mit ihm gemein zu haben.

8358 Was nicht in Vergessenheit heranwächst, wächst deformiert heran.

8359 Die Verpflichtung, mit höflichem Schweigen Dummheiten anhören zu müssen, schadet sogar unserer Verdauung.

8360 Niemand glaubt so viel zu wissen wie derjenige, der nur die Hälfte weiß.

8361 Dem Aphorismus vorzuwerfen, nur Teile der Wahrheit auszudrükken, kommt der Annahme gleich, die weitschweifige Rede könne sie voll und ganz ausdrücken.

8362 Der Reiche weiß nicht, daß das Geld jenes Gut ist, das man am teuersten bezahlen muß.

8363 Das Talent flieht gewöhnlich, wenn die Ehrungen nahen.

8364 Der radikale Konservatismus, eines Gogol zum Beispiel, ist so utopisch wie der radikale Liberalismus, aber weniger dumm.

8365 Wer sich vornimmt, die „allgemeine Grammatik“ irgendeiner menschlichen Tätigkeit abzufassen, setzt am Ende die Struktur dieser Tätigkeit in seiner Zeit als absolut.

8366 Nach ihrem Erfolg in den letzten Dekaden ist es an der Zeit, die Vorsokratiker wieder in ihren Rang als Vorsokratiker zurückzustellen.

Nur wenige betragen sich mit der ihrer Unbedeutsamkeit angemes- 8367
senen Zurückhaltung.

Weder Erfolg noch Scheitern sind für die wahre Berufung von Be- 8368
deutung.

Die Wissenschaften tendieren dahin, sich wie alles zu bürokratisie- 8369
ren.

Die Reaktion nahm ihren Anfang mit der ersten Reue. 8370

Nicht einmal im Bereich der Genüsse dürfen wir die egalitäre Beur- 8371
teilung hinnehmen.
Was dem Schwein Genuß bereitet, ist ein Schweinsgenuß.

Ihre Überführung in die Praxis läßt von den politischen Theorien 8372
nichts weiter als eine Erinnerung bestehen.

Der Moderne erträgt mit Begeisterung jedwede anonyme Knecht- 8373
schaft.

Es ist nicht ausgeschlossen, gegen die Tyrannei Vorgesetzter Wider- 8374
stand zu leisten; gegen die Tyrannei von Gleichen ist nichts zu machen.

Die schwersten Leiden der Gesellschaft rühren gewöhnlich von 8375
dem Unverstand her, mit dem sie behandelt werden.

In einer kapitalistischen Gesellschaft versteht es der Reiche nicht, 8376
das Geld für das zu gebrauchen, wozu es am meisten nütze ist: nicht
daran denken zu müssen.

Die griechische Literatur ist in der Hauptsache eine Koloniallitera- 8377
tur gewesen.

Das „Proletariat“, die „Frau“, der „Student“ sind die Beiträge der 8378
modernen Welt zur Rhetorik.

Wir sollten uns nur den Dingen widmen, die bei einem Zusammen- 8379
bruch unversehrt bleiben würden.

8380 Reaktionär sein heißt verstehen, daß der Mensch ein Problem ist, für das es keine menschliche Lösung gibt.

8381 Wir dürfen nicht ein Echo fremder Stimmen sein, sondern eine intelligente Wiedergabe urväterlichen Raunens.

Die Intelligenz trägt keine Früchte, wenn sie sich von der ererbten Vergangenheit befreit, sondern nur, wenn sie sich von der sie niederbeugenden Gegenwart befreit.

8382 Jede Schlußfolgerung dünkt demjenigen trivial, der die Wege nicht kennt, die zu ihr geführt haben.

8383 Wir sollten die Begriffsvermischung zwischen der Ästhetik und der Ethik beibehalten.

Damit häßlich immer etwas Schlechtes bedeute und schlecht etwas Häßliches.

8384 Wir sollten uns allem voran über den Geschmack streiten. Die übrigen Irrtümer sind nebensächlich.

8385 Die Demokratie hat den Neid „gesunden Wetteifer“ genannt.

8386 Die Anspielung ist die einzige Art und Weise, dem Intimen Ausdruck zu geben, ohne es zu verfälschen.

8387 Die wahre Freiheit besteht darin, einen wahren Herrn annehmen zu können.

8388 Der Revolutionär verehrt im Volk den Handwerker seines zukünfigen Reichtums.

8389 Von einem Gedankengang bleibt nichts als die Musik, die ihn leise begleitet.

8390 In den Geisteswissenschaften ist die Intelligenz die einzige Methode, die vor dem Irrtum bewahrt.

8391 Wo die Gebräuche und Gesetze es allen gestatten, nach allem zu streben, leben alle ein frustriertes Leben, welche Stellung auch immer sie zu erringen vermochten.

Der Mensch erreicht eine gewisse Gelassenheit nur, indem er sich dazu bereit erklärt, an einem begrenzten Ort zu verweilen. 8392

Edel ist die Gesellschaft, die, um sich zu disziplinieren, nicht darauf wartet, daß die Katastrophen sie disziplinieren. 8393

Selbst die weniger Dummen wissen gewöhnlich nicht Bescheid über die Bedingungen dessen, was sie anstreben und die Konsequenzen dessen, was sie erwartet. 8394

Die kluge Idee im Besitz des Dummkopfs bringt die Probleme nur um so mehr in Verwirrung. 8395

Der wahre Künstler arbeitet mit der Mentalität eines Handwerkers. 8396

Die Originalität ist nicht etwas, wonach man sucht, sondern etwas, das man findet. 8397

Nicht mit dem, der nicht so denkt wie wir, ist es schwierig zu diskutieren, sondern mit dem, der zu denken glaubt. 8398

Die Intelligenz ist ein Zug, von dem nur wenige nicht, einer nach dem anderen, in den aufeinanderfolgenden Stationen abspringen. 8399

Die Berühmtheiten unserer Zeit sind von dem Geruch nach den Reklamelaboratorien imprägniert, in denen sie fabriziert wurden. 8400

Kapitalismus und Sozialismus haben bereits begonnen, sich schluchzend einander in den Armen liegend zu versöhnen. 8401

Die Philosophie dankt ab, wenn sie aufhört, einfache Fragen zu stellen. 8402

Die Möglichkeit, den Wähler zu täuschen, wächst mit der Zahl der Wähler. 8403

Die Menschheit braucht mitunter Jahrhunderte, um Gedanken wieder voneinander zu scheiden, die vorschnell miteinander verknüpft wurden. 8404

Liberalismus und Demokratie zum Beispiel.

8405 In keinem Bereich ist auch nur ein einziges Werk ein Produkt der Freiheit.

Alle sind sie Folgen der Joche, unter welche die Freiheit sich beugt.

8406 Die Seele verdorrt in einer fast ausschließlich aus Fertigprodukten bestehenden Welt.

8407 Über Religion sollte man nur mit Komplicen sprechen.

8408 Die Wissenschaften verlieren ihren theoretischen Gewinn, je mehr sie sich von ihrem Ursprung entfernen.

8409 Das Publikum lauscht nur dem, der stöhnt oder lügt.

8410 Die Axiologie vor ontologischen Einmischungen zu bewahren, ist das zentrale Problem der Philosophie.

8411 Die Philosophie wird mager, grau und bucklig, wenn sie sich von der Literatur abkoppelt.

8412 Niemand kann gut zwischen Bauwerken atmen, wenn er eine Erinnerung hat an die Düfte der Gräser, die seine bloßen Füße zertraten.

8413 Es ist mir niemals wieder wichtig geworden, wo ich lebe, seit ich die geräumigen, großen und baufälligen Häuser sterben und die weiten, einsamen Felder meiner Kindheit sich mit industriellem und menschlichem Unrat bedecken sah.

8414 Der moderne Biograph scheint fast immer an der geschilderten Person Rache zu üben.

8415 Von den Toten mit der Überlegenheit des Lebenden zu sprechen, ist die jüngste Mode.

8416 Die Geschichte reinigt sich von ihren Miasmen nur in den kurzen Perioden, in denen christliche Winde wehen.

8417 Die großen Werke brauchen Jahre, um aus dem Haufen literarischer Kadaver aufzutauchen, die sie ersticken.

Wer sich in die in Mode befindlichen Kontroversen verwickeln 8418
läßt, verdient es, die trivialen Abgeschmacktheiten zu äußern, die er von sich gibt.

Der Mensch kann nicht danach streben, seinen Träumen Wirklich- 8419
keit zu verleihen, sondern es wert zu sein, daß sie Wirklichkeit werden.

Hüten wir uns davor, vom Schloß der Seele hinabzusteigen, um in 8420
den Niederungen zu leben.

Wer danach trachtet, in den Schluchten seiner Seele Wache zu be- 8421
ziehen, sollte lernen, zwischen Felsklippen auszuharren.

Heutzutage kommt jeder Roman alt zur Welt. 8422

Die Hochachtung, die dem Maler und Bildhauer in Griechenland 8423
entgegengebracht wurde, wirft in bezug auf das Ansehen des Bildhauers und Malers in unserer Zeit heikle Fragen auf.

Selbst wenn das Kunstwerk das höchste aller menschlichen Werke 8424
ist, gehört der Künstler dennoch einem subalternen Menschentypus an.

Das Publikum sollte überrascht sein, daß wir einen Platz nicht ein- 8425
nehmen, anstatt sich zu fragen, warum wir ihn einnehmen.

Was der Moderne an der katholischen Kirche verabscheut, ist ihr 8426
dreifaches Erbe: das christliche, das römische und das hellenische.

Die jüngsten Generationen sind in ganz besonderem Maße verroht: 8427
da sie sich im Glauben befinden, Gewalt und Sex erfunden zu haben, kopulieren sie doktrinär und töten sie doktrinär.

Zwischen der Agrar- und der Industriegesellschaft besteht nicht ein 8428
Art-, sondern ein Gattungsunterschied.

Jedes tiefe Gefühl ist unangemessen für das Objekt, das sich opera- 8429
tionell definieren ließe.

Gefühle sind keine passiven psychologischen Zustände, sondern 8430
Akte einer individuellen Gnoseologie.

8431 Operationelle Definitionen definieren bloß den Kadaver des Objektes.

8432 Techniker zu indoktrinieren ist eine anerkanntermaßen leichte Aufgabe.

Denn in der Tat spricht der Techniker jeder ausdrücklichen Vorschrift die gleiche Autorität zu wie den Rezepten, die er anwendet.

8433 Nach dem Verzicht auf den Gesang und der Verurteilung des Gnomischen bleibt dem modernen Dichter nur das vertrauliche Aushusten.

8434 Die Kirche hat lediglich jene Aussagen widerrufen müssen, bei denen sie die Schlußfolgerungen unerlaubter Thesen für die Folgesätze ihrer Doktrinen hielt.

8435 Wo wir unvorsichtigerweise Zusammenballungen, Ordnung und Tyrannei tolerieren, fallen sie schließlich unglückseligerweise zusammen.

8436 Der Dummkopf glaubt schnell an die Originalität der Entscheidungen, die er mit allen gemein hat.

8437 Die moderne Gesellschaft erzieht nicht zum Leben, sondern zum Dienen.

8438 Das 19. Jahrhundert hielt die Wissenschaft und die Religion für Sklaverei.

Heute erkennen wir, daß die Wissenschaft die Knechtschaft technisiert und daß die Religion die Tore zum Abenteuer öffnet.

8439 Der Mensch ist heute frei wie ein verirrter Reisender in der Wüste.

8440 Wo die völlige Freiheit der Rede herrscht, korrumpiert die Unverantwortlichkeit den Sprecher.

8441 Die Intelligenz ist die einzige Kunst, die in jedem historischen Klima überleben kann.

8442 Für die Häßlichkeit der Welt sind Titanenkräfte nötig gewesen.

Im derzeitigen Klima der Künste entsteht das Einfache als etwas Abgeschmacktes und das Komplexe als etwas Fades. 8443

Der Dummkopf verliert seine Hoffnungen, niemals seine Illusionen. 8444

Guten Geschmack haben heißt in erster Linie zu wissen, was wir verwerfen müssen. 8445

Ich würde bereitwillig zahlen, um die Mehrzahl all der Dinge nicht tun zu müssen, für die die anderen zahlen, um sie tun zu können. 8446

Quasi das einzig Unterhaltsame an den „Unterhaltungen" ist das Schauspiel des dummen Gesichtes derer, die sich unterhalten. 8447

Der Dummkopf ist eine fast unwiderstehliche Versuchung. 8448

Der Hermetismus gewisser heutiger Texte ist nichts weiter als der Panzer um eine Leere. 8449

Das mittelmäßige Werk nährt leichter die Rhetorik des Kunstkritikers. 8450

Die Neugierde für Werke des Geistes ist kaum mehr als eine flüchtige Folgeerscheinung der Pubertät. 8451

Bei jeder beliebigen Definition der Schönheit, die nicht tautologisch ist, können wir uns stets irgendein häßliches Objekt in Erinnerung rufen, auf das sie vorzüglich paßt. 8452

Wir müssen offen mit der Sprache kämpfen, in der wir schreiben, um nur ihren profunden Anforderungen nachzugeben. 8453

Der moderne Lärm betäubt die Seele. 8454

Zu den Schwächen der Demokratie müssen wir die Unmöglichkeit zählen, daß jemand in ihr eine wichtige Stellung einnimmt, nach der er nicht eifrig gestrebt hat. 8455

Der Christ weigert sich, die Ursachen der Dinge in der dünnen Schicht des in unserer Reichweite liegenden Daseins zu suchen. 8456

8457 Wir Parteigänger der Ungleichheit sollten der Enthauptung eines jeden unwürdigen Nutznießers Beifall spenden.

8458 Wir müssen mit den Waffen des Gegners umzugehen lernen, doch mit dem gebührenden Ekel.

8459 Die ganze Welt wird undurchsichtig, wenn sie unsere Augen beschmutzen.

8460 Das Publikum bewundert in einem Museum nur jene Objekte, deren dortige Präsenz unerklärlich ist.

8461 Der Mensch sollte niemals vergessen, daß sein Ehrgeiz, selbst wenn er gekrönt werden sollte, höchstens edle Ruinen hinterlassen wird.

8462 Wer weiß, daß das Leben ihm nichts schuldig ist, nimmt eine korrekte Haltung gegenüber den Dingen ein.

8463 Wir müssen das Leben darum bitten, uns vegetieren zu lassen, denn nur so können wir Blüten treiben.

8464 Engel und Dämonen gehen beide leer aus am Sterbelager eines modernen Sterbenden: sie treffen kaum noch auf Spuren einer schon vor Jahren entflogenen Seele.

8465 Der Journalist mißt sich selbst ungebührlicherweise die Wichtigkeit dessen bei, über das er informiert.

8466 Selbst die Einmütigkeit ist bloß ein Ereignis.

8467 Du obskurantistischer Kanonikus des alten erzbischöflichen Ordenskapitels von Santa Fe, du sauertöpfische Betschwester von Bogotá, du ruppiger Haziendabesitzer der Savanne, wir sind vom gleichen Schlag.

Mit meinen heutigen Landsleuten teile ich nur noch den Paß.

8468 Der einzig mögliche Fortschritt ist der innere Fortschritt jedes einzelnen.

Ein Prozeß, der mit dem Ende eines jeden Lebens zum Abschluß kommt.

Die Alten ins Abseits drängen ist ein gesellschaftliches Vergehen. 8469
Denn die Torheiten der Alten gleichen im Grunde genommen die Torheiten der Jungen aus.

Wenn Religion und Ästhetik getrennte Wege gehen, ist nicht gewiß, 8470
was schneller verdirbt.

Angesichts des schnellen Veraltens von allem in unserer Epoche 8471
lebt der Mensch heute in einer psychologisch gesehen viel kurzlebigeren Zeit.

Solange man den Namen einer Partei beibehält, kann man ihre Pro- 8472
gramme ändern.

Die Hölle hat zwei verschiedene Teufel dafür bestimmt, abwech- 8473
selnd den modernen Menschen in Versuchung zu führen: einen bösen Teufel und einen dummen Teufel.

Die Demut ist der einzig sichere Zufluchtsort vor der Dummheit. 8474

Das Kunstobjekt kann durchaus ein Kunstwerk sein, doch ge- 8475
wöhnlich ist es nur ein Diplom, das den Reichen kennzeichnet.

Die Erfindung wird ein für allemal erfunden. 8476
Die Idee muß jedesmal wieder erfunden werden.

Die Demokratie Athens begeistert nur jene, die die griechischen 8477
Geschichtsschreiber nicht kennen.

Der Nachwuchs eines jeden großen Künstlers dieses Jahrhunderts 8478
ist so dürftig ausgefallen, daß ein jeder das Grab seiner Kunst zu sein scheint.

Die Technisierung der Politik endet in Gemetzeln. 8479

Wer nicht bereit ist, unter bestimmten Umständen lieber zu schei- 8480
tern, begeht früher oder später die Verbrechen, die er anprangert.

Wer eine edle Sache zum Scheitern bringt, ist der wahrhaft Geschei- 8481
terte.

Der Irrtum kann gewinnen, aber nicht siegen. 8482

8483 Das Schicksal einer jeden Sache wird auf zwei Spieltischen gespielt: dem der Vernunft und dem des Erfolgs.

Wir sollten sie nicht verwechseln.

8484 Die Krankheiten der Moral scheinen dem Kranken schon bald die leibhaftige Gesundheit zu sein.

8485 Jedes Gewicht drückt uns schon binnen kurzem nieder, wenn wir keinen Jesus von Cyrene haben.

8486 Unser eigenes Kreuz drückt uns weniger als jenes, das zu tragen wir denen, die wir lieben, nicht helfen können.

8487 Wer einer Partei beitritt, setzt sich einer grauenvollen Mitschuld aus: keine einzige monopolisiert die Mörder.

8488 Es gibt Intelligenzen des Intellekts, Intelligenzen der Intelligenz, Intelligenzen der gesamten Person.

8489 Ein und dasselbe Sexualverhalten kann von animalischem Überschwang oder satanischer Spiritualität zeugen.

8490 Die Hand des Modernen läßt siech werden, was sie nicht umbringt.

8491 Der progressive Christ macht seinem Gegner schöne Augen, damit ihm sein Glaube verziehen werde.

8492 Unsere alltäglichen Gesprächspartner und unsere Lieblingsautoren können nicht ein und derselben Spezies angehören.

8493 Vom Gesicht desjenigen, der etwas Edles ausspuckt, müssen wir den Auswurf abwischen.

8494 Die Übersetzung läßt aus, was in einem Text am wichtigsten ist: und das ist nicht das, was der Autor sagt, sondern das, was seine Sprache sagt.

8495 Jede neue Generation in diesem Jahrhundert tritt schreiend auf den Plan, es gebe etwas Neues zu schaffen, und tritt ab mit den Worten, es gebe etwas Neues zu beklagen.

Wer sich nicht hartnäckig weigert, Übersetzungen zu lesen, schreibt 8496
am Ende übersetzte Prosa.

Das Dumme liegt nicht darin, die Umwelt zu kritisieren, in der man 8497
lebt, es liegt in der Vorstellung, daß nicht jede Umwelt ähnlichen
Tadel verdient.

Die Kritik, die nicht an das verderbte Herz des Menschen rührt,
erweist sich schnell als einfältig.

Wer seinen Text mit Modischem vollstopft, fabriziert linguistische 8498
Folklore für literarische Touristen.

Die Bemühungen des Menschen sind nicht imstande, dauern zu las- 8499
sen, was er bewundert, das vermag nur die Stetigkeit seines Glaubens.

Die babylonischen Türme stürzen ganz von selbst in sich zusam- 8500
men.

Wem man bestimmte Begriffe erst definieren muß, zu dem sollte 8501
man von etwas anderem sprechen.

Der Künstler, der nicht die nötige Originalität besitzt, um eine un- 8502
verwechselbare Welt zu erschaffen, tritt der Avantgarde bei.

Mehr noch als ein Wind des Verrates weht über dem modernen 8503
Klerus ein Hurrikan der Dummheit.

Nur das Ungreifbare existiert wirklich. 8504

Die Intelligenz isoliert; die Dummheit findet sich zusammen. 8505

Die Fähigkeit, Pornographie in sich aufzunehmen, ist das Erken- 8506
nungsmerkmal des Dummkopfs.

Die Zeit hebt die Ungleichheit von Büchern mit schonungsloser 8507
Grausamkeit hervor.

Dem Dekorateur war es gelungen, Maler zu werden, und neuer- 8508
dings ist er wieder zum Dekorateur geworden.

8509 Nicht unter Kleinen fühlen wir uns groß, sondern im Lichte der Großen fühlen wir uns wachsen.

8510 Die ethischen Urteile variieren von Land zu Land nicht so stark, wie jene lehren, denen die Ethik lästig ist.

8511 Der einzige Beweis für die Existenz Gottes ist seine Existenz.

8512 Den Dichter übersetzen heißt, ihm sein Privileg aberkennen, das Unsagbare ausdrücken zu können.

8513 Die „moderne" Dichtung von Wert ist fast ausschließlich im 19. Jahrhundert geschrieben worden. Das Erbe der großen modernen Dichter ist in alle Winde zerstreut worden.

8514 Der moderne Dichter ist ein Bauersmann, der mutlos eine Parzelle ausgewaschener Erde einsät.

8515 Um aus einer Kerkerzelle zu entfliehen, muß man lernen, sich nicht an ihre unbestreitbaren Annehmlichkeiten zu gewöhnen.

8516 Die Pirouetten des modernen Theologen haben ihm weder eine Konversion mehr noch eine Apostasie weniger eingebracht.

8517 Der derzeitige Mensch bewundert spontan nur die liederlichen Erfolge.

8518 In der Literatur erschafft letzten Endes nur Neues, wer fortsetzend verwandelt.

8519 Das Relief eines Satzes muß subkutan sein wie die Muskeln.

8520 Klassische Kunst ist jene, in der sich das Substantiv mit der Autorität einer Statue emporrichtet.

8521 Was uns von der Welt abschließt, bietet uns die Möglichkeit, uns zu veredeln.

Und sei es nur ein einfacher Wolkenbruch.

8522 Das Volk wählt niemals.

Allerhöchstens ratifiziert es.

Keine einzige Widerlegung endet mit einer Idee, doch gewisse Bü- 8523
cher lassen gewissen Ideen nur eine Kundschaft von Ignoranten.

Die Ironie darf lediglich Schutzwache der edlen Rhetorik sein. 8524

Der Leser, der wiederliest, beerdigt monatlich eine seiner Bewun- 8525
derungen des Vorjahres.

Auf die Dauer ist nur die trockene Prosa für den Wurm ungenieß- 8526
bar.

Der Mensch verdankt es oftmals seinen Schwächen, Niederlagen zu 8527
vermeiden.

Der Konservatismus sollte keine Partei sein, sondern die normale 8528
Haltung eines jeden ehrbaren Menschen.

Die Vertrautheit mit dem Schriftsteller erwächst nicht den Vertrau- 8529
lichkeiten, die er uns mitteilt, sondern dem Talent, mit dem er zu uns spricht.

Mit dem öffentlichen Bekenntnis gewisser Schandtaten versucht 8530
man nur, Wasser aufzuwühlen, um den Grund verborgen zu halten.

Die Offenheit mancher Schriftsteller entspringt bloß der Lust des 8531
Exhibitionisten.

Die Reichen sind nur dort tolerierbar, wo es eine besitzende Aristo- 8532
kratie gibt, die sie niederbeugt, oder ein militantes Proletariat, das ihnen Angst macht.

Die Menschheit, welche die moderne Welt vorbereitet, wird sich in 8533
Kriminelle und Dumme aufteilen.

Man muß wählen zwischen einem routinemäßigen Leben und ei- 8534
nem routinemäßigen Denken.

Um in unserer Zeit eine Wette gewinnen zu können, muß man auf 8535
die Individuen oder die Dinge setzen, die man gerne verlieren sehen würde.

8536 Der Erfolg einer Lösung löst nicht das Problem, ja er wirft es kaum erst auf.

8537 *Qui fait l'ange fait la bête,* doch *qui fait la bête,* selbst wenn unsere Zeitgenossen das glauben, *ne fait pas l'ange.*

8538 Die einzigen Gesellschaften, die noch widerwärtiger sind als jene, die den rebellischen jungen Menschen in Wut versetzen, sind jene, bei deren Errichtung er in aller Unschuld mithilft.

8539 Den Pulsschlag einer Zivilisation kann man nur an der Architektur gut messen.

8540 Solange es keine weiteren Revolutionäre gibt als die derzeitigen, könnte man alleine dadurch, daß man sich ihnen widersetzt, verhindern, daß triumphiert, was sie verabscheuen.

8541 Die revolutionäre Haltung fördert weitere Haltungen, denn um sie einzunehmen sind weder Unwissenheit noch Dummheit, noch Liederlichkeit ein Hindernis.

8542 Wer nicht ein bißchen aller Dinge müde ist, mit dem lohnt nicht die Mühe sich zu unterhalten.

8543 Das ästhetisch zufriedenstellende Verhalten ist das ethische.

8544 Um seine Schweinereien zu rechtfertigen, beruft sich der Mensch unterschiedslos auf die Ästhetik, die Ethik oder die Religion.

8545 Eine Unterhaltung zwischen Modernen empört einen nicht, sie ekelt einen an.

8546 Sich mit dem Dummkopf zu unterhalten ist eine heikle Angelegenheit: nie wissen wir, wo wir ihn verletzen, warum wir ihn empören, wie wir ihm gefallen können.

8547 Heute werden so schlechte Werke geschrieben und gemalt, daß sie nicht einmal dem zeitgenössischen Kritiker gut erscheinen.

8548 Es geht nicht darum, die Wissenschaft zu erweitern auf das, was wir erstreben können, sondern unsere Unwissenheit zu dokumentieren.

Die Entwicklung der Kunstwerke zu Kunstobjekten und der Kunstobjekte zu Investitionsgütern ist ein modernes Phänomen. 8549

Ein Prozeß, der nicht eine Verbreitung des Ästhetischen bekundet, sondern den Höhepunkt des zeitgenössischen Ökonomismus.

Verstehen heißt schließlich nichts anderes, als Ereignis auf Ereignis mit unserem eigenen Mysterium koinzidieren zu lassen. 8550

In den menschlichen Gruppierungen summieren sich bloß die Mängel derer, die sich zusammentun. 8551

Die Museen sind die Züchtigung des Touristen. 8552

Der verschämte Neid gibt sich als guter Geschmack aus, um das, was er neidet, verunglimpfen zu können. 8553

Die fremde Wissenschaft erscheint uns, solange wir sie nicht einschätzen können, als ein Wunderwerk. 8554

Nie hat sich die Menschheit so häßlich gekleidet wie in unserer Epoche der freien Kleiderwahl. 8555

Den Menschen kleiden nur traditionelle Trachten oder Uniformen. 8556

Ab einem gewissen Alter sollten wir einander nur noch im Halbdunkel betrachten. 8557

Die Sexualität scheint nach gewissen Vertraulichkeiten mehr eine Strafe als ein Fortpflanzungsmechanismus. 8558

Die Schutzengel vieler Leute müssen gefallene Engel sein. 8559

Der auf schlimmste Weise Unverantwortliche ist jener, der jede beliebige Verantwortung auf sich nimmt, ohne dazu genötigt zu sein. 8560

Der impertinente Versuch, *the ways of God to man* mit Beispielen zu belegen, verwandelt Gott in einen bestürzten Pädagogen, der didaktische Tricks erfindet, mitunter auch grausame und kindische. 8561

Ohne ihre metaphysische Reichweite zu übertreiben, aber auch ohne sie auf positivistische Immanenz zu begrenzen, wollen wir aus der Philosophie ein Inventar der Brüche machen. 8562

8563 Die Geschichte eines Dorfes in Akarnanien oder Ätolien ist für die aktuelle Weltgeschichte, was das Bild eines Holländers, *minuscule et divine*, für die protzige zeitgenössische Fassadenmalerei ist.

8564 Den Altersjahren eines jungen Rebellen sowie einer Schönheitskönigin fehlt es nicht an Pathos.

8565 Die Wahrheit, die sich weder krümmt noch schreit, geht unbemerkt vorüber.

8566 Unnütz, jemandem einen Gedanken erklären zu wollen, dem eine Anspielung nicht genügt.

8567 Die Wahrheit residiert in der unbestimmten Zone, in der entgegengesetzte Prinzipien sich wechselseitig kreuzen und berichtigen.

8568 Dem Doktoranden garantieren ein imposanter Wortschatz und magere Ideen eine Karriere in der Soziologie.

8569 Die reine Neuheit wird erfunden.

Die Originalität wird spontan durch die Reminiszenz und die Kopie erarbeitet.

8570 Länder mit dürftiger Literatur haben eine eintönige Geschichte.

8571 Der Schriftsteller weiß nie, welchen Rang er einnimmt.

Er gelangt höchstens dahin zu spüren, daß er zur Zunft gehört.

8572 Man muß für den Augenblick und für die Ewigkeit leben. Nicht für die Treulosigkeit der Zeit.

8573 Die Technik irgendeines Triumphes dient später als Modell für eine lange Serie von Niederlagen.

8574 Der verängstigte Fortschrittler kennt weder Mitgefühl noch Höflichkeit.

8575 Sprechen wir mit leiser Stimme.

Selbst wenn wir schreien, versteht der Dummkopf nichts.

8576 Die Unbeweisbarkeit der Werte läßt sie demjenigen kühn erscheinen, der nicht sieht, daß sie althergebrachte Ansichten sind.

Der städtische Asphalt bringt nur Demokraten, Bürokraten und 8577
Huren hervor.

Der demokratische Drache wird schließlich alle viere von sich 8578
strecken, wenn wir ihm das kleine Gehirn durchbohren, anstatt seine zahllosen Tentakeln abzuhauen.

Wenn Gott sich entfernt, indem er uns in der Welt einschließt, ist 8579
die Kunst das allerletzte Pförtchen, das er absperrt.

Ein vollgestopfter Karteikasten, eine imponierende Bibliothek, eine 8580
seriöse Universität erzeugen heutzutage Lobreden auf Bücher, die
weder einen Irrtum noch einen Treffer enthalten.

Nur wenige werden edel geboren, doch noch weniger sterben edel. 8581

Mit erschreckender Häufigkeit bemerken wir bei denen, die uns 8582
umgeben, wie ihnen Jahr für Jahr ein Stück Seele verfault.

Nur wenige nehmen die einzige Zerstreuung wahr, die nicht lang- 8583
weilt: zu versuchen, Jahr für Jahr ein bißchen weniger ignorant, ein
bißchen weniger grob, ein bißchen weniger niederträchtig zu werden.

Die Geschichte der Philosophie besitzt die Monotonie eines Pen- 8584
dels.

Der Anblick der modernen Welt ist so abstoßend, daß die ethischen 8585
Imperative sich in indikative Evidenzen verwandeln.

Wer stolz auf dieses Jahrhundert ist, kennt nicht die Geschichte. 8586

Die Aufführung eines Dramas kastriert die Phantasie. 8587

Das Theater ist der Ort, an dem die unbedeutenden Werke Vergel- 8588
tung üben.

Die menschliche Dummheit ist so monoton, daß nicht einmal lang- 8589
jährige Erfahrung unsere Sammlung an Dummheiten bereichern
kann.

8590 Den geschichtlichen Kontext eines literarischen Werkes zu kennen, hilft dabei, es von den Verzerrungen zu befreien, unter die es seine Geschichtlichkeit unterwirft.

8591 Es dürfte sicherlich einen modernen Maler geben, der für seine Gelb- und Ockertöne Fäkalienmaterial verwendet.

8592 Dumme Überzeugungen besitzen die Härte von Granit.

8593 Dem Menschen darf man alle Arten von Freiheiten zugestehen, außer der, sich nach seinem Geschmack zu kleiden und Bauwerke zu errichten.

8594 Es ist letztlich unmöglich, den Menschen zu Geschäften zu überreden, bei denen ein rentabler Betrieb unmoralisch sein könnte.

8595 Jedes Kunstwerk kann ausgestellt werden, doch kein einziges sollte zu diesem Zweck geschaffen werden.

8596 Jene, die sich von lateinischer und griechischer Literatur genährt haben, schauen sich mit einem Lächeln an, wenn die anderen sprechen.

8597 Das Sein, das zu sein sich jemand findet, ist letztlich auch ein fremdes Sein.

8598 Nur Gott und der zentrale Punkt meines Bewußtseins sind mir nicht fremd.

8599 Vom Hang zur Demokratie, mit der jeder Mensch geboren wird, erlöst ihn nur die Intelligenztaufe.

8600 Jede Geste des Hochmuts läßt eine Quelle versiegen.

8601 Nur Gott kann selbst die kleinste Leere füllen.

8602 Von einer politischen Idee schreiben sich nur jene Deformationen in die Geschichte ein, welche die Umstände, in denen sie zur Wirkung kommt, ihr aufzwingen.

Nichts erscheint der Menschheit während ihrer Saufgelage so obsolet wie die Wahrheiten, zu denen sie sich erneut bekennt, wenn sie wieder bei klarem Verstand ist. 8603

Die politische Wahrheit macht sich heimlich durch den Hohlweg davon, der sich zwischen „Realismus“ und „Utopie“ schlängelt. 8604

Ein Intellektueller, der die Autoren liest, die er zitiert, ist keiner mehr. 8605

Das erbliche Linksparteilertum ist eine Krankheit, von der man in einem kommunistischen Klima geheilt wird. 8606

Der Sozialismus bedient sich der Raffgier und des Elends; der Kapitalismus bedient sich der Raffgier und der Laster. 8607

In der modernen Welt stehen sich nicht konträre Ideen gegenüber, sondern bloß Anwärter auf den Besitz ein und derselben Güter. 8608

Um irgendwen in Empörung zu versetzen, genügt es heutzutage, ihm vorzuschlagen, er solle auf etwas verzichten. 8609

Die Unterdrückung beginnt für den Modernen dort, wo man irgendeine Schandtat verbietet. 8610

Der Mensch besitzt schon dermaßen viel Macht, daß es keine unwahrscheinlichen Katastrophen mehr gibt. 8611

Die Geschichte zeigt, daß die Glückstreffer des Menschen zufällig sind und seine Fehlgriffe methodisch. 8612

Die Revolutionen nehmen mit Schreien auf der Straße ihren Anfang und enden mit einem Trommelwirbel. 8613

In einer Demokratie kostet ein „Mann von Prinzipien“ nur unwesentlich mehr. 8614

Es gibt zwei Arten von absolut unerträglichen Metaphern: die des Pornographen und die des Kunstkritikers. 8615

Die großen Bücher der Geschichte erscheinen dem Schüler obsolet. 8616

8617 Gelehrtheit aus zweiter Hand hat einen unverwechselbaren Geruch.

8618 Worte entschlüsseln nicht das Mysterium, doch sie erhellen es.

8619 Wenn sie das ethnische Klima wechseln, verwelken manche Ideen, andere werden toxisch. Alle werden sie blödsinnig.

8620 Der Christ lebt mit der Bitte um Vergebung, der Sozialist mit der Bitte, man möge ihm einen Preis verleihen.

8621 Die Wiederholung eines Wortes zu vermeiden, ist das bevorzugte rhetorische Gebot desjenigen, der nicht schreiben kann.

8622 Wenn er sich vollkommen frei findet, entdeckt der einzelne, daß er nicht aller Dinge ledig wurde, sondern aller beraubt.

8623 Wenn er keine ästhetische Einkleidung bekommt, kann der klügste Gedanke nicht auf die höchsten Ränge gelangen.

8624 Bei jeder Sache stoßen wir schon bald auf ihre Grenzen. Außer beim Kunstwerk.

Konkrete Unendlichkeit.

8625 Die Mehrzahl der Menschen sollten wir nicht bitten, aufrichtig zu sein, sondern stumm.

8626 Der Verlust der Begeisterung in den Geisteswissenschaften hat diese schließlich teils zum Talmudismus, teils zur Scholastik werden lassen.

8627 Daß die Kirchengeschichte düstere und auch dumme Kapitel aufzuweisen hat, liegt auf der Hand, doch ein mannhafter Katholizismus sollte nicht seine Buße tun, indem er die moderne Welt verherrlicht.

8628 Die frühere Geschichtsschreibung kann durch die folgende berichtigt werden, doch diese ersetzt sie nicht immer.

8629 Für den Modernen besteht das Fortschreiten darin, dem Menschen neue Bedürfnisse zu erfinden, die ihn noch weiter versklaven.

Der Stil – eine unglückselige Sache in den meisten Fällen – ist der 8630
Mensch selbst.

Die Menschen scheiden sich in viele Altruisten, die damit beschäf- 8631
tigt sind, die anderen zu verbessern, und wenige Egoisten, die damit beschäftigt sind, sich selbst zu verfeinern.

Von Fortschritt wird man erst sprechen können, wenn man es ge- 8632
schafft haben wird, den Menschen weniger häßlich, weniger roh, weniger diebisch zu machen.

Dem intelligenten Spezialisten, der sich in philosophischen Überle- 8633
gungen ergeht, sollten wir ein freundliches Zeichen geben, daß er besser schweigen möge.

In der kritischen Ausgabe eines alten Autors werden die posthu- 8634
men Verdrehungen des Textes wieder herausgestrichen; in der kritischen Ausgabe eines modernen Autors werden die vom Autor eliminierten Varianten hinzugefügt.

Kein Blumengarten kann es mit den Worten aufnehmen, die ihn 8635
beschreiben.

Nur das Wehen des Wortes fegt den Staub hinweg, der die Dinge 8636
verschleiert.

Ein Solözismus ist einer Umschreibung vorzuziehen. 8637

Der Dummkopf gesteht nur demjenigen Überlegenheit zu, der tö- 8638
richte Raffinements zur Schau stellt.

Die Loyalität zu einer Doktrin endet damit, daß wir der Deutung 8639
anhängen, die wir ihr geben.

Nur die Loyalität zu einem Menschen befreit uns von aller Selbstgefälligkeit.

Der heutige Kritiker läßt nicht locker, bis er das besprochene Buch 8640
unlesbar gemacht hat.

Was den Laien in jedwedem Bereich kennzeichnet, ist nicht seine 8641
Unkenntnis der Personen und Dinge, sondern die ihres Rangs.

8642 Keine einzige der Marschrouten des Künstlers führt ihn zum Erfolg, wenn er nicht auf dem Weg von einem Wunder überwältigt wird.

8643 Nur einige wenige werden am Ende nicht am Halfter in den Stall geführt.

8644 Um die Gedanken eines Schriftstellers gut zu verstehen, muß man sich in den Atemrhythmus seiner Prosa einfügen.

8645 Die Entwicklung der christlichen Lehre ist weniger ersichtlich als die ihrer Theologie.

Wir Katholiken, die wir uns nur wenig auf die Theologie berufen, glauben letzten Endes an dasselbe wie der erste Sklave, der in Ephesus oder Korinth zum Glauben bekehrt wurde.

8646 Dem christlichen Glauben hat es in den letzten Jahrhunderten an Intelligenz gemangelt und der christlichen Intelligenz an Glauben.

8647 Die Freiheit ist das Metall, aus dem die Gitter geschmiedet werden.

8648 Der moderne Christ lebt in der Angst, daß an der nächsten Ecke eine Widerlegung vor ihm auftauchen könnte.

8649 Der revolutionäre Schriftsteller sollte, um nicht schon bald lächerlich zu erscheinen, darauf verzichten, in revolutionären Zeiten zu schreiben.

8650 Das intellektuelle Leben der modernen Großstadt verbindet den Provinzialismus eines Stadtviertels mit dem Kosmopolitismus eines Hotels.

8651 Die wahrhaften Belohnungen besitzen das Privileg, nur von einer verschwindend geringen Minderheit begehrt zu werden.

8652 Ich glaube zugleich, daß nur die freie Überzeugung etwas wert ist und daß die Mehrheit der freien Überzeugungen nichts wert sind.

8653 Ohne eine diskrete Ader gutbürgerlichen Empfindens verwelkt dem Künstler schnell das Talent.

Jeder beliebigen Epoche gehören nur jene Werke an, die mit der öffentlichen Gesinnung des Augenblicks übereinstimmen. 8654

Die erlesenen Werke des 20. Jahrhunderts sind nicht „modern“; „modern“ sind die zahlreichen Platitüden. Proust ist nicht „modern“, noch Yeats oder George; modern ist die kakophonische Dichtung und der experimentelle Roman.

Die Hierarchie ist die Syntax des Gesellschaftsdiskurses. 8655

Zivilisationen sind dem Tode nahe, wenn sie vergessen, daß es nicht nur ein ästhetisches Handeln gibt, sondern auch eine Ästhetik des Handelns. 8656

Das Gute und das Schöne schließen sich nur dort gegenseitig aus, wo das Gute als Vorwand für die Raffgier und die Schönheit als Vorwand für den Luxus herhalten muß. 8657

Um der bürgerlichen Unterdrückung zu entkommen, fällt dem zeitgenössichen Dichter nichts besseres ein, als in der verbürgerlichten Plebs unterzutauchen. 8658

Konformismus und Antikonformismus sind spiegelbildliche Ausdrucksformen des Mangels an Originalität. 8659

Das Publikum heißt eine Idee erst dann gut, wenn die intelligenten Zeitgenossen beginnen, von ihr Abstand zu nehmen. 8660

Den Pöbel erreicht nur das Licht erloschener Sterne.

Intellektuelle Unabhängigkeit haben wir erst errungen, wenn wir uns nicht von diesen oder jenen Ansichten blenden lassen, sondern einzig und allein von der Intelligenz. 8661

Das stolze Bürgertum des 19. Jahrhunderts beginnt demjenigen liebenswert zu erscheinen, der der heutigen Eheschließung zwischen einem verbürgerlichten Volk und einem plebejisierten Bürgertum beiwohnt. 8662

Die verlängerte Jugend – die der heutige Wohlstand der Industriegesellschaft ermöglicht – läuft lediglich auf eine wachsende Zahl kindisch gehaltener Erwachsener hinaus. 8663

8664 Das Fehlen legaler Hierarchien erleichtert den Aufstieg der Skrupelloseren.

8665 Die Vorherrschaft der Geisteswissenschaften verschleiert der zeitgenössischen Geschichtsschreibung immer mehr den Unterschied zwischen den Epochen.

8666 Im Verlauf der Jahrhunderte werden ohne bemerkenswerte Variationen nur die Lächerlichkeiten weitergegeben, denen der Mensch regelmäßig auf den Leim geht.

8667 Die kurze Definition eines Autors erscheint nur dem ausgezeichnet, der ihn nicht gelesen hat.

8668 Der Fideismus ist die spontane Theologie der Intelligenz.

8669 Dieses Jahrhundert hat es geschafft, den Sexus in eine triviale Praxis und ein abgeleiertes Thema zu verwandeln.

8670 Die Einfachheit ist eine Tarnung.
Stendhal zum Beispiel ist weniger durchsichtig und viel doppeldeutiger als Chateaubriand.

8671 Literarische Nüchternheit und Natürlichkeit sind rhetorische Techniken wie andere auch.

8672 Auf einer gewissen tiefgründigen Ebene trifft jede Anschuldigung, die man gegen uns vorbringt, ins Schwarze.

8673 Schriftsteller, die Sturzbächen gleichen, können bloß das Wasser nicht halten.

8674 Die endgültige Abhandlung zur Ästhetik sowie die endgültige Abhandlung zur Rhetorik finden sich als *obiter dicta* über die Ahnenreihe der Großen verstreut, die von Homer bis hin zu Proust reicht.

8675 Latein und Griechisch bilden, da sie eine Weitsicht vermitteln, die der heutigen feindlich gegenübersteht.

8676 Die Literaturgeschichte behandelt eine Unzahl mittelmäßiger Romane und läßt die große gelehrte Literatur aus (d.h.: Zeller, Rohde, Pöhlmann, Schürer, Wilamowitz, Harnack, Norden, usw.).

Die Trophäe menschlicher Dummheit wäre eine Anthologie der übelsten Gedichte guter Dichter. 8677

Jede Aussage über die Welt, die nicht zur ironischen Arabeske entgleist, lügt letztlich. 8678

Die Orgasmen des Schriftstellers haben für den Leser nicht das Interesse, das er sich einbildet. 8679

Die moralische Entrüstung ist nicht wirklich aufrichtig, solange sie nicht buchstäblich in Erbrechen mündet. 8680

Die Seele füllt sich mit Gestrüpp, wenn sie nicht tagtäglich von der Intelligenz durchforstet wird wie von einem emsigen Gärtner. 8681

Die Possenreißer der Literatur machen auf dem Bahnsteig so viele Pirouetten, daß sie schließlich den Zug verpassen. 8682

Das wunderbare französische Klima läßt den Ausländer nicht reifen, es verdirbt ihn. 8683

Die häufigen Barrieren, die das Leben uns in den Weg stellt, sind keine Hindernisse, die niedergerissen werden müssen, es sind stille Ermahnungen, vom Wege abzugehen, hin zum sicheren Pfad. 8684

Die literarische Mittelmäßigkeit garantiert keine Leser, doch sie ist die einzige, die sie in Überfülle hat. 8685

Den gebildeten Menschen erkennt man weniger an dem, was er weiß, als an der Art, wie er es weiß. 8686

Die Siege, die zu erringen der Mühe wert sind, haben es nicht nötig, daß ein Siegesmarsch sie aller Welt verkündet. 8687

Bei jeder Ovation gibt es eine Claque. 8688

Außer einem hübschen Garten ist nichts über unsere Träume erhaben. 8689

Nur die Werke des intelligenten Pessimisten tönen nicht schon bald hohl. 8690

8691 Unter den Prämien, die zu erhalten sich lohnt, gibt es keine einzige, die der Mensch verleihen könnte.

8692 Die Bücher haben ein unheilvolles Schicksal: entweder werden sie vergessen oder studiert.

8693 Es gibt weder ein edleres noch ein schöneres Schauspiel in der Geschichte als das der Volkserhebung, die weder von der Habgier noch vom Neid angetrieben wird.

... N'est il pas vrai Vendée?
O dur pays breton!

8694 Höchstwahrscheinlich gab es in anderen Epochen ebensoviele Schweinereien wie in der unsrigen, doch in keiner besaßen die Reden, die sie rechtfertigen und preisen, vergleichbare Popularität.

8695 Wer gegen den Strich seiner Zeit denkt, hat keinen Anlaß zu lügen.

8696 Die Betrügereien in der Literatur, den Künsten, den Wissenschaften sind fleißige Konstruktionen des Intellekts, die sich als spontane Produkte der Intelligenz ausgeben.

8697 Der Kunst Ende dieses Jahrhunderts dreht man nicht darum so schnell den Rücken zu, weil sie durch den Skandal des Unerhörten schrecken würde, sondern weil sie durch die Langeweile des bereits Dagewesenen bedrückt.

8698 Die „Besitzermentalität", vom Modernen so verachtet, hat sich in die Nießbrauchermentalität verwandelt, die gierig Personen, Werke, Dinge ausbeutet, ohne Scheu, ohne Mitleid, ohne Scham.

8699 Die Vorschrift ist die einzig reale Quelle des Rechts.

8700 Nur zwei der bevorzugten Beispiele demokratischer Propaganda haben mich rühren können: der "Egalitarismus" Spartas und der „Liberalismus" der senatorialen Reaktion gegen Cäsar.

8701 Um heute nicht auf unflätige Art zu schreiben, muß man schon sehr kühn sein.

8702 Gegen die Vorschrift ist nur der kontinuierliche Protest rechtsgültig.

Die Vorschrift ist die Protokollierung des Konsenses; der Konsens 8703
ist die empirische Realität der Übereinkunft; die Übereinkunft ist das juristische Schema des Rechts.

Die Regierung dieser amerikanischen Inseln wurde seit der Unab- 8704
hängigkeit von den mestizischen Nachkommen des Ginés de Pasamonte übernommen.

Nur die nüchterne Zeichnung langweilt nicht. 8705

Unheilvoll sind nicht die großen Ambitionen, sondern das Gewim- 8706
mel armseliger Ambitionen.

Die Wissenschaften sind *ancillae historiae*. 8707

Die Bücher, die sich am besten für zahllose symbolische Interpreta- 8708
tionen eignen, sind jene, die nur nach buchstäblicher Bedeutung trachten.

Eine einzige Interpretation erschöpft bereits das Buch mit symbolischem Anspruch.

Sobald die Dummheit es zuwege bringt, sich eine mißbräuchliche 8709
Definition zu eigen zu machen, wird sie unschlagbar.

Wenn der Feminismus zum Beispiel Verteidigung und Lob der Frau ist, so greift der Antifeminist sie definitionsgemäß an und verunglimpft sie.

Das Abendland hat die demokratische Krankheit nur während der 8710
Jahrhunderte christlicher Hegemonie unter Kontrolle gebracht.

Zwischen der dionysischen und der enzyklopädischen Epidemie.

Die demokratische Prosa hat ihren volltönenden Rhythmus des 8711
19. Jahrhunderts eingetauscht gegen das Hecheln eines heimtückischen Hundes.

Im politischen Bereich gibt es nur wenige, die, selbst wenn sie allei- 8712
ne sind, nicht auf dem Niveau einer politischen Versammlung argumentieren.

8713 Ende letzten Jahrhunderts wurde die Ästhetik nur durch ihre traditionelle Allianz mit der Ethik davor bewahrt, in Geckenhaftigkeit zu entarten.

8714 Selbst die Epigramme sind weitschweifig geworden.

8715 In der spanischen Literatur wird geschwatzt, nur selten wird geschrieben.

8716 Die Sprödigkeiten, an denen die Zeitgenossen eines Autors sich stoßen, sind mitunter letztlich das Salz, das seine Bücher konserviert.

8717 Wenn die Zeit, subjektiv gesehen, bewirkt, daß wir unseren Geschmack verändern, so bewirkt sie, objektiv gesehen, daß die Dinge ihre Schmackhaftigkeit ändern.

8718 Der Pöbel behandelt den berühmten Schriftsteller mit einer sinnreichen Diskretion: er feiert seinen Namen und ignoriert seine Bücher.

8719 Die Kurve der Selbsterkenntnis des Menschen steigt an bis zum 17. Jahrhundert, danach fällt sie allmählich ab, bis sie in diesem Jahrhundert schließlich völlig in die Tiefe stürzt.

8720 Um auf korrekte Weise über die Menschen sprechen zu können, muß man auf den Historismus des 19. Jahrhunderts setzen, um auf korrekte Weise über den Menschen sprechen zu können, genügt das 17. Jahrhundert.

8721 Das „menschliche Herz“ ist eine Einfriedung, die nur der augustinische Schlüssel öffnen kann.

8722 Das einzig sichere Vermögen nach Ablauf einiger Jahre ist die Ansammlung von Dummheiten, die zu begehen der Zufall uns gehindert hat.

8723 Technik ist der Name für jede vernünftige und intelligente Vorgangsweise.

Technizismus ist der Name eines zweifachen Irrtums: zuerst das Auslassen einer Technik der Technik; dann der Glaube an die mögliche Reduktion jedes beliebigen Prozesses auf eine Technik.

Angesichts von Werken, die aufgehört haben zu gefallen, sollte sich 8724
jede Generation aufrichtig fragen, ob sie ihr nicht mehr gefallen, weil sie ihren Geschmack verbessert oder weil sie ihn verloren hat.

Wir sollten nicht hören auf den, der kein grobes Pilgergewand trägt. 8725

Journalist ist wer, um über ein Buch zu sprechen, über das Thema 8726
des Buches nur das wissen will, was das Buch sagt.

Die plebejische Seele hat stets das Gefühl, die Hand, die sie be- 8727
schirmt, würde sie ersticken.

Wiederholt die Denkrichtung ändern heißt nicht, sich weiterent- 8728
wickeln.

Sich weiterentwickeln heißt, die Unendlichkeit ein und desselben Gedankengangs zu entfalten.

Undank, Treulosigkeit, Ressentiment, Wut definieren die plebeji- 8729
sche Seele durch alle Epochen hindurch und charakterisieren dieses Jahrhundert.

Der Mensch begreift selten, daß es keine dauerhaften Dinge gibt, 8730
daß es jedoch unsterbliche Dinge gibt.

Die Ideen schwingen sich nur vor Jägern zum Fluge auf, die sich in 8731
Gestrüpp und Gebüsch verstecken.

Die Aristokratien sind stolz, die Anmaßung jedoch ist ein pluto- 8732
kratisches Phänomen.

Der Plutokrat glaubt, daß man alles verkaufen kann; der Aristokrat weiß, daß man Loyalität nicht kaufen kann.

Die „barmherzigen Seelen" beschmieren das Christentum mit 8733
Honigsirup.

Die Literatur dieses Jahrhunderts geht vom klagenden Ton zum 8734
unflätigen über, ohne zum männlichen zu gelangen.

Verwendet man Gesellschaftsanekdoten zur Veranschaulichung, 8735
besitzen sie größere charakterologische Genauigkeit als statistische Prozentsätze.

8736 Jene, die von der gesellschaftlichen Nützlichkeit der Mythen auf die gesellschaftliche Nützlichkeit der Lüge schließen, sollten wir daran erinnern, daß die Mythen nützlich sind dank der Wahrheiten, die sie ausdrücken.

8737 Die Geschichte weist zwei Typen von Anarchie auf: jene, die aus einer Vielzahl von Kräften hervorgeht, und jene, die von einer Vielzahl von Schwächen stammt.

8738 Soziologische Verallgemeinerungen haben ethnographische Grenzen.

8739 Ein „Philosophen"-Kongreß ist etwas Rührendes.

8740 Nur ein von Hand gemachtes Objekt bekommt eine Seele.

8741 Die Politologen analysieren in gelehrter Weise das Geschnatter, Gekläff und Gebrumm der eingeschifften Tiere, während die Strudel das Boot geräuschlos ans andere Ufer treiben.

8742 Die Pergamente der Demokratie sind die orphischen Dichtungen und die Manuskripte von Nag Hammadi.

8743 Die Menschheit ist nicht unregierbar: nur daß selten der regiert, der zu regieren verdient.

8744 Von den Schriftstellern, die wir bewundern, bewahren einige stets ihren Reiz, andere verlieren ihn für immer, und wieder andere verlieren ihn und erlangen ihn wieder in wiederkehrenden Zyklen.

8745 Die Romantik ist ein Existenzialplatonismus, keine vage Sehnsucht nach kitschigen Abenteuern.

8746 Allein schon wenn man das Gesicht des modernen Menschen anschaut, wird deutlich, wie abwegig es ist, seinem Sexualverhalten ethischen Wert beizumessen.

8747 Man braucht ihnen nicht erst den grauen Star zu stechen, damit sie sehen, es würde genügen, wenn sie hinschauten.

8748 Die Klugheit der Klugen verwundert weniger als die Torheit der Toren.

In einer feurigen Intelligenz schmelzen die Materialien nicht zu einer neuen Legierung, sie bilden ein neues Element. 8749

Die Geschichte der Philosophie ist die Begriffsterminologie eines jeden Themas. 8750

Der Ästhet irrt nicht, weil er die Schönheit verehrt, sondern weil er sie verstümmelt. 8751

Die Ästhetik triumphiert nicht, wenn sie sich von ethischen Werten befreit, sondern wenn sie sie in sich aufnimmt. 8752

Die Perversität weckt stets die geheime Bewunderung des Dummkopfs. 8753

Die „ästhetische Erziehung“ ist allem voran eine ethische Erziehung. 8754

Der „Immoralismus“ fördert weniger unmoralische als häßliche Existenzformen.

Mit jemandem, der nicht die heillose Niederträchtigkeit des Erotismus spürt, lohnt es sich nicht, über ein erotisches Thema zu sprechen. 8755

Jedes Land und jede Epoche möchten ihre großen Männer haben, selbst wenn sie dazu Analphabeten und Mörder heiligsprechen müßten. 8756

Machaut, du Bartas, Béranger, Sully-Prudhomme waren, ein jeder über Jahrzehnte hinweg, Vorkämpfer der französischen Literatur. 8757

(Anmerkung zu berühmten Zeitgenossen)

Disziplin, Ordnung und Hierarchie sind ästhetische Werte. 8758

Wer danach trachtet, für mehr als hundert Leser zu schreiben, verrät die eigenen Überzeugungen. 8759

Die Grausamkeit des bedrohten Bürgertums ist die Grausamkeit der Plebs von gestern gegenüber der Plebs von heute. 8760

Die wachsende Schwierigkeit, neue Priester zu gewinnen, sollte die Menschheit beschämen und nicht die Kirche beunruhigen. 8761

8762 Das Leben stellt einen nicht vor einfache Alternativen.

8763 Jede Wegkreuzung ist eine Windrose.

8764 Das Bedürfnis, zwischen Kunstobjekten zu leben, verrät eine gewisse ästhetische Einfalt.

8765 Der Aristokrat straft den Aufständischen; der Bürgerliche rächt sich für seine Angst.

8766 Die großen Dummheiten kommen nicht aus dem Volk. Zuerst haben sie die klugen Männer irregeführt.

8767 Die Axiologie braucht eine offene Intelligenz, gesunde Augen, reine Ohren.

8768 Die Überlebenden des alten Bürgertums starben zusammen mit ihren letzten Tugenden im I. Weltkrieg und hinterließen einer gleichförmig bürgerlichen Welt nur ihre Laster.

8769 Der Mensch kann nur *faber* seines Unglücks sein.

8770 Wenn die Leute glauben, sich der Evidenz und Klarheit einer Idee zu unterwerfen, unterwerfen sie sich gewöhnlich den Folgesätzen geheimer Überzeugungen.

8771 Es ist niemals möglich, das Erscheinen eines großen Werkes zu erklären, doch es ist nicht immer unmöglich, sein Fehlen zu erklären.

8772 Die Schritte desjenigen, der ohne die geringste Berufung zur Welt kam, hinterlassen Spuren eines verletzten oder trunkenen Tieres.

8773 Winckelmann ist der erste interessante Moderne: der erste, der gegen den Strich seiner Epoche gelebt hat.

8774 Kein Kunstwerk kann uns die Tore zu einer Überwelt öffnen. Doch die Differenz zwischen einem mißlungenen und einem gelungenen Werk ist ein Spalt überweltlichen Lichts.

8775 Die Schönheit ist Schönheit eines irdischen Dinges.
Doch daß es die Schönheit gibt, ist keine irdische Angelegenheit.

Das Transzendente in der Welt ist das, was die Technik transzendiert. 8776

Die Annäherung an die Religion durch das Medium Kunst ist nicht die Kaprice eines Ästheten: die ästhetische Erfahrung tendiert von sich aus dazu, sich zur Vorahnung einer religiösen Erfahrung auszuweiten. 8777

Nicht die Anarchie ist eine Gefahr für den Individualismus, sondern der Kult der eigenen Person, der sich zur Verherrlichung des Menschen ausweitet und in der Unterwerfung unter den falschesten aller Götter kulminiert. 8778

In der hierarchischen Gesellschaft wird die Einbildungskraft geschult und nicht das Individuum maßlos aufgebläht, wie in der demokratischen Gesellschaft. 8779

In jedem einzelnen schlummert der Keim aller Laster und nur unwesentlich das Echo aller Tugenden. 8780

Durch Vermittlung der Intelligenz errettet uns die Gnade vor den übelsten Schandtaten. 8781

Ein überspannter Ästhetizismus hat zu verheimlichen versucht, daß der Genius sich von gutbürgerlicher Küche besser nährt. 8782

Jedes Paradies ist eine Metapher, die der Dummkopf interpretiert, indem er Solözismen gegen die Regeln der religiösen Rhetorik begeht. 8783

Die gebildete Prosa, selbst die allerkargste, verdankt Isokrates ihren Zauber. 8784

Der Haß auf den Demagogen kennzeichnet den klassischen Griechen. 8785

Die alte Geschichte ist Spiegel der Laster der Demokratie, die moderne Geschichte ist Spiegel ihrer Verbrechen. 8786

Der Philosoph, der sich auf einen öffentlichen Platz hinausbegibt, endet damit, daß er Heilmittel verkauft. 8787

8788 Selbst wenn er den Puls seiner Zeit mißt, ist der Philosoph nur für die *politica perennis* zuständig.

8789 Ein Baum ist kein Baum, er ist die Metapher eines Baumes.

8790 Wer den Rang eines Werkes verkennt, gibt zu erkennen, daß er ihn nicht wahrgenommen hat.

8791 Kultiviert ist nicht der Mensch, der lediglich seine Intelligenz geschult hat, sondern jener, der die Regungen seiner Seele und selbst die Gesten seiner Hände geschult hat.

8792 Solange man ihn nicht ernst nimmt, kann, wer die Wahrheit spricht, eine Weile in einer Demokratie leben.
Danach: der Schierling.

8793 Der Philosoph sollte sich mit seiner Zeit nur so befassen wie der Geometer mit der Figur auf seiner Tafel.

8794 Man darf nur Schüler von jemandem sein, der das Alltägliche lehrt.
Die Originalität des Meisters wird beim Schüler zur Affengrimasse.

8795 Wer sich groteske Zusammenbrüche ersparen will, sollte nicht nach etwas suchen, was ihn in Raum und Zeit erfüllt.

8796 Der Moderne ist sowohl in moralischer als auch in intellektueller Hinsicht niemals bereit, mit der größtmöglichen Würde auszurutschen und hinzufallen.

8797 Wenn die Würde nicht ausreicht, um zur Schamhaftigkeit zu raten, so sollte die Eitelkeit genügen.

8798 Die Gemeinplätze, von denen es in der lateinischen und griechischen Literatur nur so wimmelt, nicht mehr zu unterrichten, heißt, dem Menschen das Alphabet menschlicher Weisheit vorzuenthalten.

8799 Nur der seinem Schicksal gegenüber Gleichgültige gewährt der Menschheit gewisse extreme Freiheiten.

Solange es keine Technik der Technik gibt, vergrößert die Perfek- 8800
tionierung einer technischen Lösung nur die Gefahr.

Die Trennung von Kirche und Staat kann der Kirche zuträglich 8801
sein, doch sie ist unheilvoll für den Staat, da sie ihn dem reinen Macchiavellismus ausliefert.

Der junge Mensch kommt schließlich zur Reife, wenn das Alte auf- 8802
hört, ihm automatisch schlecht zu erscheinen, und das Neue automatisch gut.

Nur kirchliche Hände wußten einige Jahrhunderte hindurch dem 8803
Betragen und der Seele Schliff zu geben.

Der Niedergang der Sprachen beginnt mit der Unreinheit des 8804
Wortschatzes, dem krummen Lauf der Sätze und der Monotonie der Syntax.

Das Böse kann nicht siegen, wo das Gute nicht schal geworden ist. 8805

Wir haben bereits gewußt, daß ein Text sterben kann, doch wir ha- 8806
ben nicht vermutet, daß noch vor dem Text die Fähigkeit sterben kann, ihn zu verstehen.

Jedes Kunstwerk erschüttert die voreilige Vorstellung, die wir uns 8807
von ihm gemacht haben.

In bestimmten Momenten der Geschichte kann die wichtigste Tat 8808
das Vergessen des einzigen Manuskriptes eines Textes im Schrank einer Sakristei sein.

Die Kunst vernichtet oder verdirbt jene, die sich ihr nähern, ohne 8809
auserwählt zu sein.

Wer nicht an Mythen glaubt, glaubt an Lügen. 8810

Der Künstler, der persönliche Berühmtheit sucht, nicht zufrieden 8811
mit der seines Werkes, wird zum Possenreißer oder Politiker.

Gesellschaftlich gesehen sollte der Künstler nur ein wohlerzogener 8812
Mann sein, der ein Doppelleben führt.

8813 Sogar der romantische Landschaftsmaler träumt nicht von der Traumlandschaft, die er malt, sondern von dem Gemälde der Landschaft, von der er träumte.

8814 Eine Übereinkunft ist letztlich nur möglich zwischen intelligenten Menschen, denn die Intelligenz ist die Überzeugung, die sie beide teilen.

8815 Zwei intelligente Menschen widersprechen sich nicht, ohne heimlich zu lächeln.

8816 Sagen zu können, was alle mit Beifall begrüßen würden, jedoch höherer Ansprüche wegen darauf zu verzichten, ist der Triumph des ästhetischen Bewußtseins.

8817 Die Gegenwartsliteratur wird zum Gefallen der Halbgebildeten geschrieben.

8818 Der Erfolg kann untrügliches Zeichen für den innerlichen Zusammenbruch eines Künstlers sein.

8819 Wo der Terrorismus und die Pornographie gedeihen, huldigt ihnen der Liberale im Namen der Gewissensfreiheit.

8820 Der Kommerz schreibt heutzutage seine Werbemusik nach Themen der Linken.

8821 Der heimtückische Alltagsklatsch bringt nur den Dummkopf zur Verzweiflung, der in jedem von uns schlummert.

8822 Wer die Theologie nicht allzu ernst nimmt, auf den wirkt der *religionsgeschichtliche Kompost,* auf dem das Christentum Wurzeln geschlagen hat, nicht beängstigend, sondern faszinierend.

8823 Der Gnostiker ist gezwungenermaßen antijüdisch, da er den Schöpfer zum Demiurgen degradieren muß.

8824 „Legio" ist das Pentagramm des demokratischen Geistes.

8825 Der Spezialist verdirbt sittlich, wenn er den Laien nicht zu fürchten braucht.

Die Wurzeln der Gnosis sind offenkundig vorchristlich, doch ihre 8826
Virulenz entwickelt sich erst im Schatten des Christentums.

Erotik und Gnostik sind Zufluchtsorte des einzelnen vor der An- 8827
onymität der Massengesellschaft.

Der Mensch verbirgt hinter dem Namen der Freiheit seinen Hun- 8828
ger nach Souveränität.

Eine adäquate Theologie wäre für uns nicht intelligibel. 8829

Wenn im Namen der Menschheit Gesetze erlassen werden, ist der 8830
Demokrat der unterwürfigste aller Sklaven.

Moralismus und Ästhetizismus sind arbiträre und spiegelgleiche 8831
Vereinfachungen einer komplexen Realität.

Die Geschichte gestattet zu verstehen, doch sie gebietet nicht frei- 8832
zusprechen.

Das Christentum wird politisch, indem es sich entweder der Politik 8833
bedient oder der Politik dient.

Auf die mittelalterliche oder die moderne Art.

Beide Haltungen können irrig sein, doch nur die zweite ist niederträchtig.

Die Philosophie strebt danach, die Wissenschaft der nichtarbiträren 8834
Postulate zu sein.

Die psychologische Untersuchung der Konversionen bringt ledig- 8835
lich rhetorisches Geschwafel hervor.

Gottes Pfade sind geheim.

Selbst die Zeitlosigkeit eines Werkes ist nur faßbar im Kontext sei- 8836
ner Zeit.

Es gibt eine bestimmte Originalität und eine bestimmte Erfin- 8837
dungsgabe, die sofort die Mittelmäßigkeit ihres Besitzers verraten.

8838 Eine alte liturgische Geste in einem neuen Kontext wiedereinzuführen, kann an Ketzerei grenzen.
Die heutzutage stehend zelebrierte Kommunion zum Beispiel erweist sich als Geste des Hochmuts.

8839 Das Publikum interessiert sich nur für historische Probleme ohne Bedeutung.

8840 Jede Anspielung auf die Genetik irritiert den Demokraten, als würde sie seine Souveränität untergraben.

8841 Der Freigeist tobt gegen jeden, der behauptet, daß der Mensch kein bloßes Produkt der Gesellschaft sei.

8842 Die wahre Lektüre ist Flucht.
Die andere Beruf.

8843 Um aufrichtig für andere schreiben zu können, muß man zuallererst für sich selbst schreiben.

8844 In diesem Jahrhundert haben wir die Avantgarde zu einem Akademismus werden sehen.

8845 Gewisse Traumata der Seele eines Volkes scheinen der einzig erworbene Charakter zu sein, der sich vererbt.

8846 Malerei, Musik und Dichtung verbinden sich alle nur im Vers.

8847 Die geheime Triebfeder der Technik scheint ihre Absicht zu sein, alle Dinge schal werden zu lassen.
Die duftlose Blume ist ihr Emblem.

8848 Auch die noch so authentische Wortschöpfung ist nichts weiter als eine spontane Erfindung.
Selbst die guten Einfalle müssen aufpoliert werden.

8849 Um die Dummheit desjenigen, der ein Thema behandelt, erkennen zu können, ist es nicht immer nötig, sich im Thema auszukennen.

8850 In der Philosophie wie im Mythos zählt das Detail nur wenig. Einzig die Grundintuition zählt.

Ein Existentialplatonismus und ein augustinischer Historismus. 8851

Das angestrebte Fragment sollte eine Faser sein, die von der Wurzel 8852
bis zur Krone verläuft.

Wer zu bevorzugen versteht, grenzt nicht aus. 8853
Er ordnet.

Der Satz muß mit den Flügeln schlagen wie ein gefangener Falke. 8854

Der Mensch verfolgt die Begierde und erhascht nur die Sehnsucht. 8855

Die Mehrzahl der Leute, selbst wenn sie sich verachten, überschät- 8856
zen sich.

Zwei perverse Feen haben bei den Ländern dieses Kontinents Pa- 8857
tenstelle angenommen: die Demokratie und die Rhetorik.

Das Schwierige ist nicht, sich zu entblößen, sondern zu gehen, ohne 8858
sich an seiner Nacktheit zu ergötzen.

Der Stil ist die Fusion des Geometrischen mit dem Organischen. 8859

Mit nur wenigen Ausnahmen verweichlicht die spanische Prosa mit 8860
der Zeit und schwemmt auf.

Der Dieb, der sich vor dem Stehlen bekreuzigt, empört den Purita- 8861
ner.
Ich erkenne in ihm einen Bruder.

Durch jede Bresche, die ein Künsüer schlägt, schleichen sich heim- 8862
lich tausend Hochstapler ein.

Die Einsamkeit, in der man friert, ist nicht jene, in der man der 8863
Nachbarn entbehrt, sondern die gottverlassene.

Am Zeitgenössischen ist nur das Ewige interessant. 8864
Das interessante Ephemere ist das Ephemere von gestern.

Die Jahre berauben uns nicht aller Illusionen, sondern aller Torhei- 8865
ten.

8866 Der Progressismus schreitet seit zwei Jahrhunderten nicht mehr voran.

Seit dem 18. Jahrhundert hat er nicht eine einzige Idee ersonnen.

8867 Als Argument gegen die Wissenschaft könnte man die Leichtigkeit ins Feld führen, mit der sie in dumme Hände fällt, wenn der Fall der Religion nicht ebenso schwerwiegend wäre.

8868 Ich ziehe die dumme Idee aus dem Munde eines klugen Menschen der klugen Idee aus dem Munde eines dummen Menschen vor.

8869 Epochen, die sich weigern zuzugeben, daß es ihnen an etwas mangelt, was andere Epochen durchaus besaßen, machen sich wie die derzeitige mit den Substituten lächerlich, die sie verehren.

8870 Hüten wir uns davor, alles offensichtlich Technisierbare auch wirklich zu technisieren.

8871 Es gibt Vergnügen zuhauf, solange wir nicht deren Stellenwerte durcheinanderbringen.

8872 Es gibt weitschweifige Distichen und kurze Epen.

8873 Die Gegenwart der Dichtung verwandelt das Universum in ein Blendwerk.

8874 Was man aus dem Gefühl heraus schreibt, ist Gefasel. Gedichte schmiedet man kalt.

8875 Die Worte langen eines Tages beim geduldigen Schriftsteller an wie Schwärme von Tauben.

8876 Während er zu brüllen glaubt, „iaht“ der junge Mensch.

8877 Der naive Zuschauer der Geschichte sieht nicht, daß die im ersten Akt vertriebenen Dummköpfe, angetan mit neuen Kleidern, in jedem folgenden Akt wieder auf der Bühne erscheinen.

8878 Im reinen plastischen Abstraktionismus kulminiert die Bemühung, das Universum seiner Bedeutung zu berauben.

Wer tobt, knurrt, bellt trägt ein unsichtbares Halsband und eine 8879
unsichtbare Kette.

Das Wuchern der Parasiten wird Wachstum des Dienstleistungs- 8880
sektors der Wirtschaft genannt.

Eine respektlose Haltung ist jene, die alles mit dem gleichen Re- 8881
spekt behandelt.

Der Marxismus läßt den Verstand, den er berührt, zu Stein erstar- 8882
ren.

Ein Volk ohne Elementarbildung vollkommen zu verrohen ist un- 8883
möglich.

Solange sie nicht rentabel wird, gibt es keine gefährliche Erfindung, 8884
so tödlich sie auch sein mag.

Wenn der Meister aus der Mode kommt, so trifft das den Meister 8885
nicht, doch es verursacht den intellektuellen Kollaps des Schülers.

Sich kultivieren heißt lernen, daß eine bestimmte Art von Fragen 8886
keinen Sinn haben.

Wenn eine Vergangenheit nicht als eine untilgbare Leidenschaft in 8887
gewissen Seelen fortdauert, ist es besser, schleunigst ihre Reste zu
verbrennen.

Nur das verdient, bewahrt zu werden, was es nicht nötig hat, daß 8888
die Bewahrer es bewahren.

Die Freiheit ist ein Sklaventraum. Der freie Mensch weiß, daß er 8889
Zuflucht, Schutz und Hilfe braucht.

Die Geschichte sammelt in den Verliesen all jene, die ihre Freiheit 8890
nicht dafür zu nutzen wissen, sich Edlem zu unterwerfen.

Wer den erfolgreichen Menschen dem ehrbaren Menschen vor- 8891
zieht, begünstigt die Herankunft jener Zeiten, in denen man an jeder Straßenecke auf ein Erschießungskommando trifft.

8892 Die uns ihre Zweifel an der Unsterblichkeit der Seele gestehen, scheinen zu glauben, wir hätten ein Interesse an der Unsterblichkeit ihrer Seelen.

8893 Die Welt, die es wert wäre, Reisen zu unternehmen, existiert bereits nur noch in alten Reiseberichten.

8894 Unsere Landsleute sind lediglich die am nächsten greifbaren Exemplare der universellen Schmach.

8895 In den Geisteswissenschaften entsteht der Irrtum aus dem Mißbrauch irgendeiner Wahrheit.

8896 Der Schriftsteller darf nicht vergessen, daß jeder Text kalt gegessen wird.

8897 Die Einfalt, mit der die Einfältigen sich fügen, beschämt unsere Dreistigkeit.

8898 Eine bestimmte Art, Griechenland zu bewundern, verrät unverzüglich den Dummkopf.

8899 Im Buch des marxistischen Historikers erscheint am Ende die ganze Welt als dumm.

8900 Die bleierne Prosa des Marxisten übt auf bleierne Geister eine unwiderstehliche Anziehungskraft aus.

8901 Die Intelligenz desjenigen, der von seiner „Würde" spricht, flößt mir Mißtrauen ein.

8902 Da sie uns nicht das Bewußtsein erklären kann, aus dem sie hervorgeht, wird die Wissenschaft, wenn sie uns alles erklärt hat, nichts erklärt haben.

8903 Die Botschaft der Kunst liegt nicht in dem, was sie sagt, sondern in dem, was sie ist.

8904 Revolutionen werden gemacht, um den Güterbesitz und die Straßennamen zu wechseln.

Der Revolutionär, der die „Verhältnisse des Menschen" verändern will, wird am Ende als Konterrevolutionär erschossen.

Das Talent scheint gewöhnlich der Person übergeordnet. 8905

Der „verständige Leser“ wird ebenso rar wie der gesunde Menschenverstand. 8906

Die Wasser des Abendlandes sind faulig, doch die Quelle ist rein. 8907

In den Geisteswissenschaften muß die klassische Redewendung so formuliert werden: *simplex sigillum falsi.* 8908

Der Mensch bezahlt die Macht, die er über die Welt erlangt, damit, daß er die Bedeutung der Dinge opfert. 8909

Um eine Theorie über den Wind aufzustellen, muß man auf das Mysterium des Wirbelwindes im trockenen Laub verzichten.

Die ersten Akkorde der gegenrevolutionären Symphonie sind in der Prosa Rousseaus zu vernehmen. 8910

Der kluge Mensch darf sich selbst nur als zufälligen Zeugen der *conditio humana* betrachten. 8911

Was nicht Besitz eines Bewußtseins ist, hat keinen größeren inneren Zusammenhang als aufeinanderfolgende Würfelwürfe. 8912

Die Wahrscheinlichkeit ist Königin der Materie.

Eine komplette Bibliographie ersetzt den Verstand nicht einmal teilweise. 8913

Noch überraschender als das bloße Erscheinen eines Genius ist die Häufung genialer Menschen in bestimmten Epochen und die völlige Abwesenheit in anderen. 8914

Die erste Hälfte des 19. Jahrhunderts ist ein gutes Beispiel für ersteres, die zweite Hälfte des 20. Jahrhunderts für das zweite.

Der Wegfall von fünfundneunzig Prozent aller veröffentlichten Wissenschaftsmonographien würde in nichts den Fortschritt der Wissenschaften beeinträchtigen. 8915

Der Mensch kann keine Götter beschwören, doch er kann Teufel austreiben. 8916

8917 Das „Modell“ ebenso wie das „System“ sind antropomorphe Rückstände.

Man muß zum unübertragbaren Kalkül und zum unübersetzbaren Mythos gelangen.

8918 Selbst wenn der brilliante Satz spitz zuläuft, darf man nicht die große Durchschlagskraft des stumpfen Satzes mißachten.

8919 Die Aufrichtigkeit ist keine literarische Qualität, solange sie nicht durch die Schule des Geschmacks gegangen ist.

8920 Der protestantische Moralismus war der erste Hieb mit der Spitzhacke gegen den geweihten Tempel.

8921 Die Kalokagathia zerfällt erst mit der modernen Autonomie der Ethik.

Die christliche Kathedrale unterscheidet sich vom hellenischen Tempel, doch in einem religiösen Klima sind das *bonum* und das *pulchrum* nicht voneinander zu scheiden.

8922 Der Mensch kann das Blatt weiß halten, doch nur Gott kann darauf schreiben.

8923 Sind Ethik und Ästhetik voneinander geschieden, wird jede für sich Viel leichter den Launen des Menschen unterworfen.

8924 Es gilt, alle Phantasmen mit Stockschlägen und Schreien zu vertreiben.

Die echten kehren zurück.

8925 Die Ökologie ist die Schäferspielfassung des strengen reaktionären Textes.

8926 Jede neue Eroberung des Menschen ist die neue Plage, die seinen Hochmut straft.

8927 Die Hölle ist der Ort, an dem der Mensch all seine Vorhaben verwirklicht findet.

8928 Jede Diskontinuität ist Annäherung an die Zeit reiner Materialität.

Hoffen wir nicht auf eine wie auch immer geartete ökonomische Lösung, solange die Kriterien für ökonomische Entscheidungen ökonomischer Art sind. 8929

Politische Irrtümer sind weniger verheerend als technische Errungenschaften. 8930

Dummheiten verbreiten sich mit Lichtgeschwindigkeit. 8931

Der Reichtum fließt naturgemäß in Richtung der niederen Seelen. 8932

Die Mehrzahl der Dinge, die der Mensch „benötigt", sind nicht notwendig. 8933

Die Befreiung, die jede Erfindung verspricht, mündet in eine wachsende Hörigkeit dessen, der sie in Besitz nimmt, gegenüber dem, der sie herstellt. 8934

Alles Übel, das menschliche Hände geschehen machen können, geschieht. 8935

Die Menschheit wird von ihren Leiden nur geheilt durch die Katastrophen, die sie dezimieren. 8936

Der Mensch hat noch nie zur rechten Zeit Verzicht zu leisten gewußt.

Trotz allem, was heutzutage erzählt wird, löst der einfache Beischlaf nicht alle Probleme. 8937

In der Gesellschaft, die sich abzeichnet, wird uns nicht einmal die enthusiastische Mitarbeit des Sodomiten und der Lesbierin vor der Langeweile retten. 8938

Nur die Demütigungen öffnen mitunter der Menschheit ein Stück weit die Tore zur Wahrheit. 8939

Die Konstante in jeder technologischen Unternehmung ist ihre Erfolgskurve: rapider anfänglicher Anstieg, darauffolgende Horizontale, allmählicher Abstieg bis hin zu unerwarteten Tiefen des Scheiterns. 8940

8941 Vor plötzlichen schwerwiegenden Entscheidungen schützen uns nur hierarchische Eösungen.

8942 Aufgrund der Kontinuität des Lichtspektrums streitet der Demokrat ab, daß es verschiedene Farben gibt.

8943 Ein Buch, das weder geschrieben wurde, um zu überzeugen noch um zu verführen, besitzt eine unverwechselbare Würde.

8944 Der geistige Kampf erfordert die Eleganz des Fechters.

8945 Auch in der Ästhetik gelangt man nur auf dem dornigen Weg und durch die enge Pforte in den Himmel.

8946 Man muß gleichzeitig so schreiben, als würde niemand uns lesen und als würden alle uns lesen.

8947 In Demokratien haben politische Parteien die Funktion, die Bürger anzuwerben, damit die politische Klasse sie nach Belieben leiten kann.

8948 An der Stelle, an welcher der politische Taschenspieler von Synthese spricht, sollten wir seine Hände im Auge behalten.

8949 Nur die Romantik kann kluge Kritik an der Romantik üben.

8950 Die Menschheit wieder zu vermenschlichen wird nach dieser langen Göttlichkeitstrunkenheit keine leichte Aufgabe sein.

8951 Das durch ein Lächeln aus dem Menschen vertriebene Tier kehrt mit einer Lachsalve wieder zurück.

8952 Um nicht reiner Entomologe des menschlichen Verhaltens zu sein, ist es für den Historiker notwendig, dass keine schwere Katastrophe ihn von der Vergangenheit, die er durchwandern möchte, abschneidet.

Wenn auch ein dünner Faden der Kontinuität öfters ausreicht, nach vier Generationen greift der Historiker die Idee der Vergangenheit mehr als die Vergangenheit selbst auf.

Der Geruch einer Epoche verflüchtigt sich von Historiker zu Historiker.

Der Geschichte kommt die Zerstörung einer ihrer seltenen Errungenschaften teuer zu stehen. 8953

Der Hedonismus der modernen Welt scheint eine einzige Suche nach der Widerwärtigkeit. 8954

Jeder Künstler ist ein purer Ästhet, solange er als Künstler arbeitet. 8955

Der Aktivismus ist das deutlichste Symptom für den Nihilismus: in jede Richtung flüchten, um jeden Preis. 8956

Wir können schon die Mischung aus Bordell, Verlies und Zirkus voraussahnen, die das Universum von morgen sein wird, wenn der Mensch nicht wieder ein mittelalterliches Universum aufbaut. 8957

Der Konservatismus ist keine Haltung für Epochen der Dekadenz. 8958

Nur indem wir die Linien der belagernden Truppen durchbrechen, schützen wir die Penaten der in Brand gesteckten Stadt.

Jene, die völlig illusionslos gegen die heutige Welt konspirieren, geduldig, zäh, ausdauernd, tragen vielleicht in den Falten eines Lumpenkleides das Schicksal von morgen. 8959

Literatur und Kunst werden rasch steril, wo sie zu praktizieren bereichert und sie zu bewundern Ansehen bringt. 8960

Die moderne Dichtung pendelt zwischen Rhetorik und Rätsel. 8961

Es gibt Urteile über die Geschichte, die moralisch, gesellschaftlich oder technisch zu sein scheinen, und die eigentlich spontane Äußerungen einer Ästhetik der Geschichte sind. 8962

Der wahre Ästhetizismus ist eine harte Disziplin, kein gemeiner Hedonismus. 8963

Hofmannsthal schätzt die Entfernung, die Pater von Wilde trennt, richtig ein.

Der Fehler des Ästhetizismus ist sein Eifer im Destillieren reiner Essenzen. 8964

Die Kunst ist Antwort auf das ganze Leben, jedoch eine ferne, zurückhaltende Antwort. 8965

8966 Stürmische politische Aktivität verdirbt den Künstler in sittlicher Hinsicht mehr als ein ruhiges, bürgerliches Leben.

8967 Der Künstler kann nur dann einer Sache erfolgreich dienen, wenn er nicht die Absicht hat, ihr zu dienen.

8968 Die zivilisatorische Wirkung der Kunstwerke beruht weniger auf dem ästhetischen Wert als auf der Ethik ästhetischer Arbeit.

8969 Für den Anhänger zeitgenössischer Kunst gibt es keinen ästhetischen Fehlgriff, weil ein Zeitgenosse ihn getan hättte.

8970 Die Gesten des ästhetischen Imperialismus im 19. Jahrhundert ist das untrüglichste Anzeichen für die wachsende Einsamkeit des Künstlers.

8971 Der Mensch wird eine Welt nach Art der Hölle geschaffen haben, sowie er eine vollständig von seinen Händen geschaffene Umwelt bewohnen wird.

8972 Die Seele ist, zum Verdruß des doktrinären Politikers, eine elastische Materie, nicht bloß ein fügsamer Lehm.

8973 Ich schätze den erdverbundenen Gang einer gewissen Dichtung, doch noch lieber ist mir der harte Rhythmus, mit dem sich der Gesang emporschwingt.

8974 Bestimmte axiologische Merkmale „natürlich“ zu nennen, erleichtert die Vermischung des Axiologischen mit dem Ontologischen.

8975 Die Unverletzbarkeit ist das Privileg der verkommenen Seele.

8976 Nur das Gute und das Schöne benötigen keine Grenzen. Nichts ist zu schön oder zu gut.

8977 Die Beispiele, die Ulpianus zitiert (Digesten des *Corpus Iuris Civilis, III),* um das *ius naturale* zu definieren, lassen jene Ontologisierung des Rechts erkennen, von der das Rechtsdenken pervertiert worden ist.

8978 Religiöses Denken schreitet nicht wie wissenschaftliches Denken voran, es geht in die Tiefe.

Das Loblied auf die Ruhelosigkeit begünstigt schließlich Taten, die 8979
erniedrigen.

Das religiöse Denken schreitet ebensowenig wie das ästhetische 8980
Denken voran.

Doch im Unterschied zu ersterem ist es keine wachsende Inbesitznahme seiner Ausgangsposition, sondern der Besitz einer wachsenden Vielzahl von Positionen gleichen Sinns.

Das wirklich Ärgerliche an einem großen Vermögen ist, daß man es 8981
nicht vermehren kann, ohne zum Fortschritt beizutragen.

Die menschliche Seele reinigt sich nur in den stillen Gewässern, in 8982
denen der Schlamm sich absetzen kann.

Die wahren philosophischen Ideen sterben nicht, doch sie siegen 8983
auch nicht.

Eine bestimmte Art, die Worte eines Autors zu zitieren, verrät au- 8984
tomatisch die Unkenntnis seiner Werke.

Der gerechtfertigte Stolz geht mit tiefer Demut einher. 8985

Die Inkompetenz des derzeitigen Publikums in Literatur und 8986
Kunst macht es möglich, daß man sich selbst betrügt.

Die Lektüre verdummt die Dummen. 8987

Der Welt geht es gar nicht so schlecht, wenn man bedenkt, wer sie 8988
regiert.

In der Philosophie ist der Professionalismus gewöhnlich ein Kunst- 8989
griff, um der Verantwortlichkeit für das Denken auszuweichen.

Das Übermaß an Gesetzen entmannt. 8990

Wenn die Kunst kein einsames Vergnügen ist, wird sie zur Gesell- 8991
schaftszeremonie.

Nichts kommt dem Wohlklang eines edelmütigen Verzichts gleich. 8992

8993 Das tragischste an der Mehrzahl der Tragödien ist ihre Nutzlosigkeit.

8994 Ein übervölkertes Land ist jenes, in dem jeder Bürger praktisch anonym ist.

8995 Das Wohlwollen des Kritikers geht auf Kosten der Kunst.

8996 Der Ritualismus ist der diskrete Beschützer der Geistigkeit.

8997 Eine Wolke von Weihrauch kommt tausend Predigten gleich.

8998 Das Dogma zu vereinheitlichen, die Moral zu mildern, den Ritus zu vereinfachen, fördert nicht die Annäherung des Ungläubigen, sondern die Annäherung an den Ungläubigen.

8999 Der Klerus schwankt seit einigen Jahrhunderten zwischen politischem Pastoralismus und kitschiger Andacht hin und her.

9000 Die drei bedeutendsten Philosophien der Geschichte (Platon, Descartes, Kant) sind verkappte Apologetiken der Religion.

9001 Die Menschen kommen mit einer Tag für Tag größer werdenden Fähigkeit zur Welt, sich perfekt in die Statistiken einzufügen.

9002 Europa und die Welt bewundern seit drei Jahrhunderten die englischen politischen Institutionen und versuchen immer wieder, sie zu kopieren.

Doch stets bewundern oder kopieren sie einfache Folgeerscheinungen.

Das politisch Bewundernswerte an England ist die Folge einer heute dummerweise abgeschafften Gegebenheit: die Existenz einer Oligarchie politisch intelligenter Landbesitzer.

9003 Der fortlaufende Diskurs tendiert dazu, die Brüche des Seins zu verbergen.

Das Fragment ist Ausdruck redlichen Denkens.

Erklären heißt gewöhnlich nicht, das Unbekannte auf Bekanntes zu reduzieren, sondern es lediglich auf das zu reduzieren, was die Gewohnheit uns zu kennen glauben macht. In jeder beliebigen Epoche ist das evident, was mit unseren stillschweigenden Überzeugungen übereinstimmt. 9004

Eine Idee, die nicht in zwanzig Zeilen siegt, gewinnt nicht mit zweitausend Seiten. 9005

Das Christentum vervollständigt den Paganismus, indem es zur Gottesfurcht das Vertrauen auf Gott hinzufügt. 9006

Die Dichtung ist Hoffnung oder Nostalgie. 9007

Die Gegenwart ist niemals mehr als der Anlaß zu einer zukunfts- oder vergangenheitsgerichteten Dichtung.

Die Gelehrsamkeit, die der Philosophie nicht vorausgeht, sondern ihre Darlegung begleitet, erzeugt ein verschwommenes Bild. 9008

Einen interessanten Verstand besitzt, wer allgemeine Probleme mit derselben Umsicht behandelt wie jemand, der ein scharf umrissenes Problem behandelt. 9009

Da es immer nur eine Wissenschaft des Universellen gibt, so kann das Universelle kein Objekt der Wissenschaft sein. 9010

Eine Analyse, die es ermöglicht zu handeln, zerreißt das Gewebe der Zusammenhänge, die es ermöglicht hätten, zu verstehen. 9011

In der modernen Ära ist die Genealogie dessen, was ich als „literarische Intelligenz" bezeichne, annähernd die folgende: Montaigne, die Moralisten des 17. und 18. Jahrhunderts, Johnson, Goethe, die deutsche Romantik, SainteBeuve, die englischen Essayisten des 19. und 20. Jahrhunderts, die französischen Kritiker des 19. Jahrhunderts, Gundolf, Proust. 9012

Die Ästhetik entsteht Mitte des 18. Jahrhunderts, um auf der Suche nach Transzendenzen das eingeschlafene religiöse Denken zu ersetzen. 9013

Die kluge Überzeugung ist fest, aber flexibel. 9014

9015 Die Idee entkommt der dogmatischen Sklerose nur im Klima des diskreten Skeptizismus desjenigen, der sie ersann.

9016 Das Wort Intuition, wenn es nicht als Schwindel benutzt wird, bedeutet jenen Akt der Intelligenz, der sich der Fülle der empirischen Erscheinungen nicht verschließt.

9017 Das Buch des Historikers, der Geschichtswerke zu schreiben versteht, veraltet nicht mehr und nicht weniger als ein guter Roman.

9018 Heutzutage gibt es nirgends ein Idividuum noch eine Idee, deren Sieg auch nur im geringsten von Interesse wäre.

9019 In der Gattung der großen Männer sind die zwei seltensten Spielarten der große Historiker und der große Kritiker. Daher schreibt alle Welt Kritiken und Geschichtswerke.

9020 Das mittelmäßige Buch erstickt den Leser, der nicht geschwind die Mittelmäßigkeit eines Textes zu diagnostizieren weiß.

9021 Die Gleichheit ist nicht die Realisierung, sondern die Pervertierung der Gerechtigkeit.

Nur eine hierarchische Ordnung verfährt gerecht mit „the lion and the ox“.

9022 Die großen Verkaufserfolge unserer Zeit gehören den Büchern, die in Leserschichten einzudringen vermögen, welche unfähig sind, sie zu beurteilen.

9023 Nichts ist ominöser als der Enthusiasmus des 19. Jahrhunderts für die „Einheit“, die „Solidarität“, die „Einigkeit“ der menschlichen Spezies.

Erste zarte Ansätze zum zeitgenössischen Totalitarismus.

9024 Auf die entschwundene religiöse Moral folgt ein rein utilitaristisches Verhalten.

Die autonome Ethik ist ein ideologischer Wunschtraum.

9025 Ein Problem, das nicht wirtschaftlicher Art ist, scheint es in unserer Zeit nicht wert zu sein, einen ernsthaften Bürger zu beschäftigen.

9026 Der beständige Ruhm ist ein Feuer, das unterirdisch um sich greift.

Die Leute bewundern den, der nicht über seine Leiden klagt, da er sie von der Pflicht entbindet, ihn zu bemitleiden. 9027

In Epochen absoluter Freiheit nimmt die Gleichgültigkeit gegenüber der Wahrheit so sehr zu, daß niemand sich mehr die Mühe macht, eine Wahrheit zu bestätigen oder zu widerlegen. 9028

Man muß die Gemeinplätze hochachten und die Modeplätze verachten. 9029

Gewöhnlich teilen wir mit unseren Vorgängern mehr Meinungen als Wege, die zu ihnen führen. 9030

Jede Intelligenz gelangt an einen Punkt, an dem sie glaubt, beim Gehen keinen einzigen Schritt weiterzukommen. 9031

Die Geschichte ist in Händen eines Dummkopfes eine Methode, um jedem Denken seine Wichtigkeit zu nehmen. 9032

Das Gegenstück zum Absurden ist nicht die Vernunft, sondern das Glück. 9033

Im Christentum eines Christen der Linken eliminiert früher oder später einer der beiden Faktoren den anderen. 9034

Das Buch eines Laien über ein wissenschaftliches Thema ist die höchste intellektuelle Vulgarität. 9035

Die intellektuellen Abenteuer sind die einzigen, deren Erzählung nicht sofort langweilig wird. 9036

Die Dekadenz macht viele Dinge wieder liebenswert. 9037

Nicht das Buch des offenherzigen Besserwissers ist ein Ärgernis, sondern das des großmütigen Besserwissers. 9038

Nur das unnachahmliche Vorbild erzieht. 9039

Aus der Geschichte der Ökonomie den Begriff von der *Wirtschaftsgesinnung* streichen zu wollen, ist eine diskrete Art, die grundlegende Ähnlichkeit von Kapitalismus und Sozialismus zu verschleiern. 9040

9041 Perioden politischer Stabilität sind Perioden religiöser Stabilität.

9042 Der Mensch schöpft Lebensatem in der Einsamkeit.

9043 Die Menschheit vernimmt mit Befallsstürmen nur unheilvolle Vorschläge.

9044 Eine Idee kann nicht siegen, solange sie nicht von schwerfälligen Geistern verdummt worden ist.

9045 Reife besteht in der Fähigkeit, mit unverwechselbarem Schritt auf ausgetretenen Bahnen zu wandeln.

9046 Die Ausmaße des physischen Universums sind die einer Kerkerzelle.

9047 Der reaktionäre Schriftsteller muß sich mit diskretem Ruhm begnügen, da er sich bei den Dummköpfen nicht beliebt machen kann.

9048 Was nicht mehr auf qualitative Weise gedacht wird, um auf quantitative Weise gedacht zu werden, hört auf, auf bedeutsame Weise gedacht zu werden.

9049 Der Euphemismus ist in unseren Zeiten bevorzugtes Stilmittel der Geisteswissenschaften.

9050 Die Wahrheit hat keinen Anteil an den Niederlagen ihrer Verteidiger.

9051 Dem Schriftsteller ist es erlaubt, gegen jede Regel seiner Sprache zu verstoßen, sofern er weiß, warum er gegen sie verstößt.

9052 Der moderne Kritiker bespricht den hervorragenden Schriftsteller mit vermessener Vertraulichkeit.

9053 Die Poesie – selbst die klassische oder moderne – ist romantisch.

9054 Wenn er sich mehr mit dem Gesellschaftlichen als mit dem Individuellen befaßt, verwirft der Christ richtige Lösungen, um idiotische Lösungen zu preisen.

Nur geringe Minderheiten haben politisches Talent.

Eine außergewöhnliche Idee wird lächerlich, wenn sie von einigen geteilt wird. 9055

Entweder sie geht mit allen oder sie geht alleine.

Doch niemals darf sie in der Gruppe gehen.

Hinter dem „Willen aller“ versteckt sich der „Gemeinwille“. Ein „Wille“, der in Wahrheit kein Wollen ist, sondern ein Programm. 9056

Ein Parteiprogramm.

Wenn er sich der christlichen Tunika und der klassischen Toga entledigt, bleibt vom Europäer nichts übrig als ein bleichgesichtiger Barbar. 9057

Der Reichtum bestimmt weniger die Entscheidungen des Reichen als die Armut die des Armen. 9058

Die beiden am wenigsten erträglichen Rhetoriken sind die religiöse Rhetorik und die Rhetorik des Kunstkritikers. 9059

Die Dummheit ist eine Krankheit, welche jede Idee befällt, die populär wird. 9060

Um zu wissen, ob eine Regierung wirklich der Linken angehört, genügt es herauszufinden, ob sie einen mächtigen Polizeiapparat unterhält. 9061

Nationaler Sozialismus ist die exakte Definition von Nationalsozialismus. 9062

Aus siegreichen Sklavenaufständen gehen die schlimmsten Herrscher hervor. 9063

Die Konzessionen des Gegners erfüllen den Dummen mit Bewunderung. 9064

Niemals fehlt es der Nation, die ihren Platz in der Geschichte aufgibt, an „edelmütigen“ Ausreden. 9065

Die Kritiken an einem großen Buch sind stets unanfechtbar, ohne daß dies seinen Wert beeinträchtigen könnte. 9066

9067 Niemand käme es in den Sinn, der große Schriftsteller könne Teil der Intelligenzija seiner Zeit sein.

9068 Mein einziger .Anspruch ist der, kein lineares, sondern ein konzentrisches Buch geschrieben zu haben.

9069 Der rhetorische Wundbrand eines Gedichtes kommt mitunter erst Jahre, nachdem es geschrieben wurde, zum Ausbruch.

9070 Jede Schönheit ist für eine christliche Deutung empfänglich.

9071 Das Christentum ist nicht plausibel.

Entweder es ist unbegreiflich, wie man nur Christ sein kann. Oder es ist unbegreiflich, wie man kein Christ sein kann.

9072 Sowohl angesichts der Geschichte wie angesichts des Todes kann der Reaktionär nur die Worte Burckhardts an Geymüller wiederholen:

Ich hoffe auf das Unverdiente.

9073 Über den Reaktionär urteilt man nie aufgrund dessen, was er sagt, sondern aufgrund dessen, was man annimmt, daß er gesagt habe.

Fortgesetzte Scholien zu einem inbegriffenen Text
Escolios sucesivos a un texto implícito

Aus dem Spanischen von
Günter Maschke
und ergänzt von
Georg Ebner

Die Geschichte des Unglaubens ist selbst an grotesken Episoden reicher als die religiöse Geschichte. 9074

Die Wissenschaft bereichert die Intelligenz; die Literatur bereichert die ganze Persönlichkeit. 9075

Die Charlatanerie der Großen fesselte das XIX. Jahrhundert; das XX. Jahrhundert fesseln kleine Scharlatane. 9076

Die Wahrheiten widersprechen einander nur, wenn sie in Unordnung geraten. 9077

Was einer Epoche ästhetisch unmöglich ist, bestimmen nicht gesellschaftliche Kräfte, sondern eine innere Zensur. 9078

Niemals waren die ästhetischen Canones rigider als in unserer Epoche. 9079

Wir erinnern uns an so viele literarische Genres, an so viele begrabene Themen.

Kommunikation oder Ausdruck sind keine Ziele, sondern nur Mittel des Kunstwerks. 9080

Ein großer Schriftsteller ist nicht der, dem es an Mängeln fehlt, sondern der es erreicht, daß seine Mängel nicht wichtig sind. 9081

In den Humanwissenschaften ändert der Demokrat die Methode, wenn ihm eine Schlußfolgerung unbehaglich wird. 9082

Der Geist des Marxisten petrifiziert mit der Zeit; der des Linken wird schwammig und weich. 9083

In wichtigen Dingen läßt sich nichts beweisen, sondern nur zeigen. 9084

Die Unterscheidung zwischen dem wissenschaftlichen und dem emotionalen Gebrauch der Sprache ist nicht wissenschaftlich, sondern emotional. 9085

Man benutzt sie, um Thesen zu diskreditieren, die dem Modernen unangenehm sind.

9086 Wer nicht Augenzeuge einer Revolution war, hat den Menschen nicht ausgemessen.

– Verdankt sich die Reife der *Causeries du lundi* nicht ihrer Nähe zu 1848?

9087 Die Geschichte dieser Nationen ist wenig interessant: eine Geschichte aus zweiter Hand.

Nichts Originelles hat sich hier gefunden; auch hat hier nichts seinen größeren Glanz gehabt.

9088 Der moderne Schriftsteller vergißt, daß nur die Allusion der Gesten der Liebe ihr Wesen erfaßt.

9089 Nichts leichter in der Philosophie, als kohärent zu sein.

9090 Der Feind einer Zivilisation ist weniger der äußere Widersacher, als der innere Verschleiß.

9091 Die politischen Irrtümer, die am leichtesten zu verhindern sind, werden am häufigsten begangen.

9092 Der Geschmack des Jungen soll aufnehmen, der des Erwachsenen auswählen.

9093 Im Wiederholen alter Gemeinplätze besteht die eigentliche Aufgabe der Zivilisation.

9094 Die Wahrscheinlichkeit ist die Versuchung, der Amateurhistoriker am leichtesten verfallen.

9095 Die Einsamkeit lehrt uns, intellektuell ehrenhafter zu sein, verleitet uns aber zu größerer intellektueller Unhöflichkeit.

9096 Man gewöhnt sich daran, Rechte zu fordern, um Pflichten verletzen zu können.

9097 Der Unterschied zwischen „organisch“ und „mechanisch“ in den *faits sociaux* ist moralisch: das „Organische“ ist das Ergebnis zahlloser Akte der Demut, das „Mechanische“ folgt aus einem dezisionistischen Akt des Hochmuts.

Wenn selbst die Möglichkeit einer Transzendenz undenkbar wird, bleibt das Denken zwar nützlich, verliert aber jegliches Interesse. 9098

Die gefährliche Idee ist nicht die falsche, sondern die halb richtige. 9099

Die Wahrheit ist weniger eine unpersönliche Behauptung, als eine Art und Weise, zu denken und zu fühlen. 9100

Der Schriftsteller, der sich nicht bemüht, uns zu überzeugen, erspart uns Zeit und überzeugt uns zuweilen. 9101

Die Relativität des Geschmacks ist die Entschuldigung von Epochen, die einen schlechten besitzen. 9102

Nicht immer unterscheiden wir das, was das Taktgefühl verletzt, von dem, was unseren Neid erregt. 9103

Die einzige reine Lust ist das Auffinden einer Idee. 9104

Wenn dem intellektuellen Klima, in dem sich etwas ereignet, Originalität fehlt, ist das Ereignis nur für die interessant, die es physisch betrifft. 9105

Die Stilkunde birgt drei Sinne: Die Eigenheit eines individuellen Ausdrucks, das Formensystem, den speziellen Typus des Wertes. 9106

Alles Geschriebene kann Stil haben im ersten Sinn, es hat diesen unvermeidlicherweise im zweiten, es reicht manchmal, um ihn im dritten zu haben.

In der Geschichte scheinen sich nur zwei Perioden abzuwechseln: eine plötzliche religiöse Erfahrung, die einen neuen menschlichen Typus hervorbringt und dann den Prozeß der allmählichen Demontage dieses Typus. 9107

Der Moderne hat kein Innenleben; nur innere Konflikte. 9108

Wo sich keine Spuren der alten christlichen Barmherzigkeit finden, hat selbst die reinste Höflichkeit etwas Kaltes, Heuchlerisches, Hartes. 9109

Gönnen wir den stupiden Meinungen nicht das Vergnügen, uns zu empören. 9110

9111 Die Reaktionäre bereiten den Dummköpfen das Vergnügen, sich als verwegene Denker der Avantgarde zu fühlen.

9112 Es lohnt nicht, etwas zu schreiben, das der Leser zunächst nicht für falsch hält.

9113 Der Besiegte darf sich nicht mit den möglichen Wiedervergeltungen der Geschichte trösten, sondern nur mit der bloßen Vortrefflichkeit seiner Sache.

9114 Zielen wir hoch, dann gibt es kein Publikum, das beurteilen kann, ob wir getroffen haben.

9115 Die Wissenschaft erzieht nicht, weil sie uns von dem Objekt, das sie untersucht, nur die Art und Weise vermittelt, es zu benutzen.

9116 Die Geschichte des literarischen Genres erlaubt soziologische Erklärungen.

Die Geschichte der Werke erlaubt sie nicht.

9117 Die einzige Überlegenheit, die nicht in Gefahr schwebt, in den Schatten einer neuen Überlegenheit zu geraten, ist die Überlegenheit des Stils.

9118 Abstoßend im Werk des großen Schriftstellers: das Moment, das seine Schüler vorwegnimmt und präfiguriert.

9119 Die profane Beichte reinigt nur den, der über die Gabe des intelligenten Wortes verfügt.

9120 Die Norm des Christentums ist das Christentum selbst.

Christ sein bedeutet nicht, eines unserer Vorurteile dem Christentum als Norm aufzuerlegen.

9121 Eine Entscheidung, die nicht etwas Verrücktes hat, verdient keinen Respekt.

9122 Gleichgültig auf welchem Gebiet – es geht nicht darum, zu glauben oder zu zweifeln, sondern die genaue Proportion unseres authentischen Glaubens und unseres authentischen Zweifels zu ermitteln.

Nichts, was sich addieren läßt, hat ein Ende in Fülle. 9123
Das Wichtige ist eine inkommensurable Fülle.

Wer lange Jahre lebt, assistiert der Niederlage seiner Sache. 9124

Was ein berühmter Künstler bekräftigt, hat nur Interesse, wenn das 9125
Werk verdient, bekräftigt zu werden.

Wer am Wert seiner Sache nicht zweifelt, braucht nicht zu gewin- 9126
nen.
Der Wert der Sache ist sein Triumph.

Einflüsse bereichern nur originäre Geister. 9127

Wer sich nicht als Erbe selbst seiner geistigen Widersacher fühlt, 9128
empfängt nicht einmal seinen Pflichtteil.

Was Wert besitzt, unterscheidet sich vom Wertlosen gerade durch 9129
den Wert.

Die philosophischen Probleme lösen sich zuweilen, indem sie den 9130
Ort wechseln.
Ein metaphysisches Problem wird psychologisch; ein psychologisches Problem wird metaphysisch.

Ein Manifest, das von mehr als drei Personen unterzeichnet wird, 9131
ist nur ein weiteres Beispiel der immer gleichen Idiotie.

Keine Verallgemeinerungen ohne differenziertes Lächeln. 9132

Die perfekte Anpassung des Objekts an seinen Zweck wird, entge- 9133
gen dem modernen Vorurteil, stets mit der Abwesenheit des Stils bezahlt.

Die gewohnten Faktoren können das Erscheinen neuer kollektiver 9134
Mentalitäten nicht erklären.
Man sollte den geheimnisvollen Begriff der Mutation in die Geschichtsschreibung einführen.

9135 Was Wert hat, dürfen wir nur um dessentwillen ermuntern, was ihm Wert gibt.

Das Gute wegen des Guten, die Wahrheit wegen der Wahrheit, die Kunst wegen der Kunst.

9136 Seit der Romantik hat die Literatur den Vers als autonome literarische Kategorie vergessen, geschieden von Poesie und Prosa.

Den Vers von Horaz, Boileau, Pope.

9137 Eine Erklärung zu suchen für das, was sich als Mysterium proklamiert, ist der Prolog zur häretischen Abirrung.

– Begnügen wir uns mit einem christlichen Empirismus.

9138 Die christlichen Dogmen sind keine Spekulationen des religiösen Bewußtseins, sondern kanonische Formeln von experimentellen Rätseln.

9139 Es gibt Probleme, die wir als Probleme durchleben müssen und Probleme, die wir als Einladung, sie zu lösen, durchleben müssen.

9140 Christ sein heißt, den Takt der Unterscheidung zu besitzen.

9141 Um zu erneuern ist es nicht nötig, zu widersprechen; es genügt, zu vertiefen.

9142 Der Liberale täuscht sich stets, weil er nicht zwischen den Konsequenzen unterscheidet, die er seinen Vorhaben zuschreibt und den Konsequenzen, die sie tatsächlich haben.

9143 „Einer Generation angehören“ ist weniger eine Notwendigkeit, als eine Entscheidung von Herdens Seelen.

9144 Was die Imagination nicht vervollständigt, ist bloßes Fragment der Wirklichkeit.

9145 Die Gegenwart eines Dummkopfs macht traurig.

9146 Vom Christentum bleibt nichts übrig, wenn der Christ sich anstrengt, der Welt nicht töricht zu scheinen.

Zu verlangen, daß das Christentum keine absurden Forderungen 9147
erhebe, heißt ihm den Verzicht auf die Forderungen zuzumuten,
die unser Herz bewegen.

Es gibt immer mehr Leute, die sich einbilden, Feinde Gottes zu 9148
sein, und die dabei nur die Feinde des Mesners sind.

Der gewöhnliche Mensch lebt unter Phantomen, nur der Einsame 9149
bewegt sich zwischen Wirklichkeiten.

An die Stelle der sinnenhaften konkreten Wahrnehmung des Ob- 9150
jekts dessen intellektuell abstrakte Konstruktion zu setzen, läßt den
Menschen die Welt gewinnen und die Seele verlieren.

Für den Betrachter sind nicht die Leinwand und die Farbpigmente 9151
die Wirklichkeit, sondern das Bild.

Was nach seiner Handhabbarkeit definiert wurde, hört auf, konkret 9152
wahrgenommen zu werden.

Allein das Unerwartete befriedigt vollständig. 9153

Ein Buch ist mittelmäßig, wenn es gelingt, seine Vorzüglichkeit zu 9154
definieren.

Das Gesetz ist die einfachste Methode, die Tyrannei auszuüben. 9155

Die reaktionären Texte scheinen den Zeitgenossen obsolet und sind 9156
von überraschender Aktualität für die Nachwelt.

Alle wechselnden Orthodoxien einer Wissenschaft erscheinen dem 9157
Schüler als definitive Wahrheit.

Alles physisch Mögliche scheint dem Modernen sofort moralisch 9158
plausibel.

Das gute Buch von gestern scheint nur dem Ignoranten schlecht zu 9159
sein; das mediokre Buch von heute kann selbst den kultivierten Leser täuschen.

Es gibt weniger lesbare Bücher als Bücher, die es wert sind, gelesen 9160
zu werden.

9161 Jede Metaphysik muß mit Metaphern arbeiten und fast alle enden damit, über Metaphern zu arbeiten.

9162 Die Epochen der sexuellen Befreiung führen die reichen Modulationen der menschlichen Sensualität auf einige spasmische Schreie zurück.

9163 Weder in der Natur der Welt, noch in der menschlichen Natur gibt es Spuren von Normen.

Die Normen entstehen durch Einmischungen des Willens. Eines der Wahrnehmung eines Wertes unterworfenen Willens.

9164 Das individuelle Gewissen ist der Stein des Anstoßes für den metaphysischen Idealismus.

9165 Die Existenz des Kunstwerks beweist, daß die Welt Bedeutung hat.

Auch wenn es nicht sagt, welche.

9166 Verstehen dürfte darin bestehen, zu verstehen, daß wir nicht verstanden haben, was zu verstehen wir geglaubt haben.

9167 Allein die Kontemplation des Plötzlichen rettet uns vor dem Überdruß in diesem unbegreiflichen Universum.

9168 Das Gewicht dieser Welt läßt sich nur tragen, wenn man niederkniet.

9169 Die Philosophen dürften größeren Einfluß ausüben durch das, was sie scheinbar gesagt haben als durch das, was sie tatsächlich sagten.

9170 Die Lösungen der Philosophie sind die Kostümierungen neuer Probleme.

9171 Eine bestimmte Art der kultivierten Allusion läßt den Halbgebildeten erkennen.

9172 Nur der intelligente Mensch und der Einfältige verstehen es, seßhaft zu sein.

Die Mediokrität ist unruhig und reiselüstern.

9173 „Pars Dei" – das Gift des Stoizismus und seiner Weiterungen läßt sich in zwei Worte fassen.

Wer ohne irgendein Talent geboren wurde, dem sollte man eine 9174
wissenschaftliche Karriere anraten.

Der *Common sense* ist das Vaterhaus, in das die Philosophie in re- 9175
gelmäßigen Abständen heimkehrt, ausgemergelt und hohlwangig.

Nichts zeigt so sehr die Grenzen der Wissenschaft wie die Meinun- 9176
gen des Wissenschaftlers über irgendein Thema, in dem er nicht
Experte ist.

Die äußerlichen Attribute des Genies schmücken meist die Mittel- 9177
mäßigen.

Der Moderne ersetzt die Imitation Christi durch die Parodie 9178
Gottes.

Der heutige Mensch bewundert nur hysterische Texte. 9179

Der Mensch kompensiert die Solidität der Gebäude, die er auf- 9180
türmt, mit der Brüchigkeit der Fundamente, auf denen er sie errichtet.

Mutig und kühn ist das Denken, das den Gemeinplatz nicht ver- 9181
schmäht.

Die Geschicklichkeit des intelligenten modernen Staatsmannes be- 9182
schränkt sich darauf, der Katastrophe so langsam wie nur möglich
entgegenzugehen.

Gewisse intelligente Texte sind endgültig wie ein Kunstwerk. 9183

Die griechische Spur verliert sich nicht dort, wo die mythologi- 9184
schen Allusionen aufhören, sondern dort, wo die Grenzen des
Menschen vergessen werden.

Nichts ist so verhängnisvoll für die Kunst, wie der Enthusiasmus 9185
des Publikums.

Das politische Naturell überschreitet die sozialen Kategorien: es 9186
gibt Reaktionäre in Lumpen und gekrönte Linke.

9187 Die metaphorischen Nomenklaturen (z. B. sozialer Körper – Elektronengehirn – usw.) versorgen den Schwachsinnigen mit Lösungen und Rätseln.

9188 Die vulgäre Meinung ist nicht einfach die Meinung des Pöbels, sondern eines Pöbels, der beansprucht, keiner zu sein.

9189 Um die Revolution zu verabscheuen, muß der intelligente Mensch nicht darauf warten, daß die Gemetzel beginnen.

9190 Die „moderne Kunst" kann nur erneuern, wer es schafft, originell zu sein, ohne es sein zu wollen.

9191 Der Nächste irritiert uns durch die Parodie unserer Mängel.

9192 Die Dimensionen der physischen Welt machen es unwichtig, ob sie für uns kommensurabel sind.

Vor der absoluten Bedeutungslosigkeit rettet uns nur das Inkommensurable: eine ästhetische Impression, eine Geste der Barmherzigkeit, das Licht eines Augenpaares.

9193 Die Presse der Linken fabriziert für die Linke die großen Männer, welche Natur und Geschichte ihr verweigern.

9194 Die Art der Apologie, die Chateaubriand schlecht praktizierte – auch wenn er sie erfand –, ist die einzig wirksame. Nicht, weil sie die Wahrheit des Christentums beweist, sondern weil sie der porösen Seele dessen Evidenz zurückbringt.

9195 Die Häßlichkeit der heutigen Stadtlandschaft klagt weniger den modernen Urbanismus als die moderne Seele an.

9196 Die autonome Ethik ist der perfekte Ausdruck der klassischen Anmaßung der Mittelschicht.

9197 Jede Grenze ist Zone unmerklichen Übergangs.

9198 Eine kommunistische Gesellschaft paralysiert sich intellektuell durch wechselseitigen Terrorismus.

9199 Indizien der Zivilisation sind allein die Klarheit, Deutlichkeit, Ordnung und die guten Manieren der Umgangssprache.

Die Philosophie, die sich technifiziert, gewinnt nicht an Gewißheit, 9200
sondern an Nicht-Intelligibilität.

Der Moderne leugnet den Wert des Schweigens. 9201

Er leugnet, daß es viele Dinge gibt, von denen sich nicht sprechen läßt, ohne daß man sie verunstaltet.

Jede strikte Klassifikation einer historischen Tatsache verfälscht. 9202

Wenn man sagt, jemand „gehöre seiner Zeit“ an, sagt man lediglich, 9203
daß er mit der Mehrheit der Trottel in einem bestimmten Moment übereinstimmt.

Dem der Erläuterung bedürftigen Symbol mangelt es an Bedeu- 9204
tung: im Symbol muß sich eine letzte Erfahrung formulieren.

Manche Ideologien schaffen es nicht, die Verkleidung des wahren 9205
Motivs zu sein, sondern sind nur dessen Schmuck.

Die Atomisierung der Gesellschaft leitet sich aus der modernen 9206
Organisation der Arbeit ab: wo niemand weiß, für wen er arbeitet, weiß niemand, wer für ihn arbeitet.

Klassisches Spanisch bedeutet, mit geringen Ausnahmen: das Buch 9207
ist unlesbar.

Alle evolutionistische Philosophie verkommt leicht zu religiösem 9208
Emanationismus.

Die Soziologie jeder Kunst ist verschieden. 9209

– In der Malerei etwa gibt es „Schulen“ und „Stile“, in der Literatur zählen nur Individuen.

Am offensichtlichsten in jedem modernen Unternehmen ist die 9210
Diskrepanz zwischen der Ausgedehntheit und Kompliziertheit des technischen Apparats und der Bedeutungslosigkeit des Endprodukts.

Wenn ihr „Aufstieg“ beendet ist, wird die Menschheit dem Über- 9211
druß begegnen, der auf dem höchsten Gipfel sitzt und sie erwartet.

9212 Von zwei literarischen Kritikern, die dasselbe sagen, mag uns der eine unlesbar und stupid erscheinen, der andere genußreich und scharfsinnig.

Die Kunst der Kritik ist untrennbar von der Persönlichkeit des Kritikers.

9213 Der Subjektivismus ist die Garantie, die der Mensch sich erfindet, wenn er aufhört, an Gott zu glauben.

9214 Die permanente Möglichkeit, kausale Serien in Gang zu setzen, nennen wir Person.

9215 Das Buch, das den Experten nicht ein wenig verärgert, besitzt kein Daseinsrecht.

9216 Die beiden Pole sind das Individuum und Gott; die beiden Antagonismen sind Gott und der Mensch.

9217 Ein ehrsamer Philosoph läßt nicht zu, daß sein Lehrstuhl für ihn denkt.

9218 Die Irreduzibilität der philosophischen Haltungen erheischt, daß die Geschichte der Philosophie nicht länger im hegelschen Klima geschrieben wird.

9219 Trotz seiner rebellischen Rhetorik versöhnte sich der zeitgenössische Künstler mit seinem Jahrhundert.

Die moderne Kunst verkauft sich, weil sich der Künstler verkaufte.

9220 Die meisten Zivilisationen haben nichts hinterlassen als eine Schicht von Trümmern zwischen zwei Schichten Asche.

9221 Die philosophische Intelligenz hebt uns in eine reinliche Zone der Ideen, die literarische Intelligenz läßt uns eintauchen ins Fruchtfleisch der Evidenzen.

9222 Kein Politiker kann die Wahrheit sagen, wo ein Wahlvolk aufmerksam zuhört.

9223 Was sich technifiziert wird praktisch, hört jedoch auf, interessant zu sein.

Verwechseln wir nicht das Mysterium mit dem Unerklärlichen. Vielleicht handelt es sich bloß um das Unerklärte. 9224

Die Natur der Ursache aus der Art der Wirkung zu schließen, führt in der Geschichte dazu, die zufälligerweise intelligenten Konsequenzen stupider Handlungen schlauen Machinationen zuzuschreiben. 9225

Um ein Buch auf angemessene Weise zu lesen, muß man zu seiner Familie gehören. 9226

Der Mensch macht seine Geschichte, aber er schmiedet nicht die Werte, die diese beherrschen. 9227

Der ästhetische Relativismus ist eine irrige These, war jedoch ein gerechtfertigter Protest gegen einen unzulänglich universalen Begriff der Schönheit. 9228

Sich in den Humanwissenschaften zu spezialisieren müßte dem untersagt werden, der sich nicht zuvor als Historiker bewährte. 9229

Der Historizismus unterdrückt falsche Absolutheiten, blockiert jedoch nicht die Suche nach absolut Authentischem. 9230

Vom großen Philosophen überleben einzig die Treffer; vom subalternen Philosophen schwimmen nur die Irrtümer obenauf. 9231

Die einzigartigen Ziele, die die Philosophen der menschlichen Geschichte zuschreiben müssen, erregen allesamt Überdruß und sind verhängnisvoll. 9232

Gäbe es keine Transzendenz, würde die Industrialisierung der Erde der lächerliche Höhepunkt der Geschichte sein. 9233

Ergibt sich die Notwendigkeit, die Freiheit einzuschränken, um andere Werte zu retten, darf dies nicht heuchlerischerweise im Namen der „wahrhaften Freiheit“ geschehen. 9234

Man kann mit reinem Gewissen illiberale Maßnahmen ergreifen, weil die Freiheit nicht der höchste Wert ist.

Das Reaktionäre an Mills *Essay on Liberty* verhindert sein Welken. 9235

9236 Die Freiheit berauscht den Menschen als Symbol der Unabhängigkeit von Gott.

9237 Wenn die Konjunktur es nicht erzwingt, gibt es keinen Juden auf Seiten der radikalen Linken.

– Das Volk, das den göttlichen Absolutismus entdeckte, paktiert nicht mit dem Absolutismus des Menschen.

9238 Nicht der vage Begriff des „Dienstes“ ist es, der Respekt erheischt, sondern der konkrete Begriff des „Dieners“.

9239 Ein großer Künstler triumphiert, gleichgültig, mit Hilfe welcher ästhetischen Theorie er beäugt wird.

9240 Wirklich niederträchtig ist, wer nur Gleichgestellte erträgt, wer nicht mit Eifer Überlegene sucht.

9241 Selbst wenn sie kein Akt der Vernunft sein kann, muß die Entscheidung ein Akt der Intelligenz sein.

Es gibt keine rational beweisbaren Entscheidungen, doch es gibt stupide Entscheidungen.

9242 Wo selbst die Spuren des feudalen Nexus verschwinden, würden die zunehmende soziale Einsamkeit und seine wachsende Schutzlosigkeit das Individuum rasch in eine totalitäre Masse einschmelzen.

9243 Die Historiographie benötigt ein Repertoire metaphysischer Kategorien.

Der vulgäre Nominalismus erklärt nicht einmal das trivialste Ereignis.

9244 Die Thesen, die der Marxist „widerlegt“, erwachen hinter seinem Rücken zu neuem Leben.

9245 Die „Freiheiten“ sind gesellschaftliche Einfriedungen, innerhalb derer sich das Individuum ohne Zwang bewegt; die „Freiheit“ hingegen ist ein metaphysisches Prinzip, in dessen Namen eine Sekte beansprucht, anderen die Ideale ihres Gebarens aufzuzwingen.

9246 Wenn der Tyrann das anonyme Gesetz ist, fühlt sich der Moderne frei.

Jede Gruppierung, die nicht rein autoritär ist, d. h. jede Gruppie- 9247
rung, in der zwischen Hohen und Niederen wechselseitige Verpflichtungen bestehen, nimmt semi-feudale Formen an.

Die Parlamente im modernen Staat sind feudale Überbleibsel, die 9248
verschwinden werden.

Wenige Ideen, die nicht vor einem festen Blick erbleichen. 9249

Wo die technische Lösung nicht perfekt sein kann, wird sie, weil sie 9250
den empirischen Takt ersetzt, Katastrophen vorbereiten.

Nur wenn im Verhalten des Individuums antidemokratische Ele- 9251
mente vorherrschen, münden die Demokratien nicht im Despotismus.

Die Wahrheit ist niemals eine endgültige Eroberung; sie bleibt stets 9252
eine zu verteidigende Stellung.

Bestimmte Arten von Prosa erscheinen nicht wie Etappen in der 9253
Geschichte einer Sprache, sondern wie Kristallisationen einer Sprache außerhalb der Zeit.

Der Relativist relativiert selten sich selbst. 9254

Das Kriterium des „Fortschrittes" ist, vergleicht man zwei Völker 9255
oder zwei Epochen, die größere Fähigkeit zum Töten.

Die literarischen Schulen differieren mehr in ihrem Scheitern, als in 9256
ihrem Gelingen.

Jede neue Schule erfindet als erstes eine ungewöhnliche Art, mittelmäßig zu sein.

Der Reaktionär ist nicht ein excentrischer, sondern ein unbestechli- 9257
cher Denker.

Im Schatten des genialen Malers mögen Dutzende begabter Maler 9258
heranwachsen; der Schatten des großen Poeten hingegen ist tödlich.

Es mag vergeblich sein, etwas Gegenwärtiges im Namen von etwas 9259
Vergangenem zu kritisieren; dasselbe im Namen der Zukunft zu tun, dürfte in Lächerlichkeit enden, wenn diese Zukunft da ist.

9260 Der Mythos gerät ins kritische Alter, beginnt man, seinen literarischen Text von seiner Wahrheit zu unterscheiden.

9261 In der modernen Gesellschaft gibt es keine reichen Klassen, sondern nur sich bereichernde Individuen.

9262 Die explizite Reaktion beginnt gegen Ende des 18. Jahrhunderts, die implizite Reaktion begann mit der Ausstoßung des Teufels.

9263 Die Freiheit ist nicht intelligibles Attribut des Aktes, sondern Bedingung seiner Intelligibilität.

9264 Die Epochen, in denen Mehrheiten befehlen, sind Übergangsperioden zwischen Epochen, in denen Minderheiten regieren und Epochen, in denen Minderheiten unterdrücken.

9265 Den modernen Menschen bewegen nicht Hunger und Liebe, sondern Geilheit und Gefräßigkeit.

9266 Der Kritiker trifft nur, wenn er ein glückliches Adjektiv erfindet.

9267 Die Poesie unterscheidet sich in den verschiedenen Epochen gemäß dem poetischen Element, das in der jeweiligen Epoche vorherrscht: dem musikalischen, intellektuellen oder plastischen.

Der naive Leser neigt dazu, als poetisch nur das Element zu betrachten, das in der Poesie seiner Zeit vorherrscht.

9268 Die Welt füllt sich mit Widersprüchen, wenn wir vergessen, daß die Dinge einen Rang besitzen.

9269 Der lautere Schriftsteller ist ein vorzüglicher Wohltäter, – lehre er, was er lehre.

9270 Die vergangene Literatur, die keinen Einfluß auf die neueste hat, scheint dem Dummkopf wertlos.

9271 Die Bekanntheit eines Künstlers unter seinen Zeitgenossen ist eher von der ästhetischen Doktrin, die er verkörpert, abhängig, als vom Wert seines Werkes.

9272 Die „moderne Kunst“ scheint noch zu leben, weil sie nicht ersetzt wurde; nicht, weil sie nicht gestorben ist.

Das Offenkundigste der „menschlichen Errungenschaften“ ist ihre 9273
Trivialität.

Das reaktionäre Denken wurzelt nicht im Mißtrauen gegenüber der 9274
Vernunft, sondern im Mißtrauen gegenüber dem Willen.

Die intellektuelle Konfusion entspringt der Neigung, eine Idee zu 9275
extensivieren, anstatt eine extensive Idee zu suchen.

Die Literatur auf die „Fiction“ zu reduzieren, ist ein moderner 9276
Mißbrauch.

Literatur ist alles, was mit Talent geschrieben ist.

Bis zum Ende des 18. Jahrhunderts steigerte der Mensch die Schön- 9277
heit der Natur durch das, was er ihr hinzufügte.

Was er ihr seitdem hinzufügt, zerstört sie.

Nichts können wir auf die Güte des Menschen bauen; doch nur mit 9278
ihr können wir bauen.

Nachdem sie ein Problem gelöst hat, wähnt die Menschheit, in ana- 9279
logen Lösungen den Schlüssel zu allen Problemen zu finden. Jede authentische Lösung schleppt einen Rattenschwanz grotesker Lösungen mit sich.

Dem Pöbel läßt sich nichts lehren, außer wenn man ihn bei seinen 9280
Gelüsten, seiner Habsucht, seiner Furcht packt.

Nur der Besiegte ringt sich zu gesunden Anschauungen von der 9281
Natur der Dinge durch.

Der erlernte gute Geschmack bringt einen schlechteren Geschmack 9282
hervor, als der spontan schlechte Geschmack.

Werte einer Prüfung zu unterziehen ist unmöglich und überflüssig. 9283

Da die Prüfung davon abhängt, daß der Wert wahrgenommen wird, ist sie nicht möglich, wenn die Wahrnehmung fehlt, und sie ist überflüssig, wenn die Wahrnehmung besteht.

Der Terrorist ist der Enkel des Liberalen. 9284

9285 Kritiker von Talent ist vor allem der, der in seinem Leser den Wunsch erweckt, das besprochene Buch zu lesen oder nicht zu lesen.

9286 Die größten literarischen Triumphe sind zuweilen Nachhutgefechte (Jane Austen etwa oder Proust).

9287 Die Christenheit driftet in ein bourgeoises Christentum ab, wenn das Mönchswesen geschwächt wird, das ihr Anker war.

Als man Feuer an die Klöster legte, entstand jenes Christentum, das Kierkegaard entlarvte.

9288 Der Klassengegensatz im modernen Staat ist weniger der zwischen Bourgeoisie und Proletariat, als der zwischen der Klasse, die Steuern zahlt und der Klasse, die von den Steuern lebt.

9289 Zwischen dem Skeptizismus und dem Glauben bestehen gewisse Übereinstimmungen: beide unterminieren die menschliche Anmaßung.

9290 Gegenüber den verschiedenen „Kulturen“ gibt es zwei symmetrisch irrige Haltungen: nur einen einzigen kulturellen Patron zuzulassen oder allen Patronen identischen Rang zuzugestehen.

– Weder der dünkelhafte Imperialismus des europäischen Historikers von gestern noch der schamlose Relativismus des heutigen.

9291 Die Religion ist weder Konklusion aus Vernunftgründen, noch Erfordernis der Ethik, noch Stadium der Sensibilität, noch Instinkt, noch soziales Produkt.

Die Religion hat keine Wurzeln im Menschen.

9292 Die moderne Welt ist weniger eine Schöpfung der Technik als der Habgier.

9293 Auf den Höhen der französischen Literatur wurde für den bereits erzogenen und kultivierten Leser geschrieben.

Fast alle übrigen Schriftsteller leiden an Reformismus und Pädagogik.

9294 Die Versuchung des Klerikers: die Wasser der Religion in das Sieb der Theologie zu füllen.

Die Ironie der Tatsachen wird besser durch die Einmischungen der 9295
Vorsehung erhellt, als durch das Prinzip der Finalität.

Die Lektüre der *poetae minores* gehört sicherlich zu den Foltern 9296
der Hölle.

Indem sie ihre Macht ausweitet, vervielfacht die Menschheit ihre 9297
Knechtschaften.

Heine verriet das Geheimnis der Demokratie: *Wir kämpfen nicht* 9298
für die Menschenrechte des Volkes, sondern für die Gottesrechte des Menschen.

Damit die alt gewordene Wahrheit ihre Frische wiedererlangt, ge- 9299
nügt es, sie mit einem neuen Irrtum zu konfrontieren.

Es gibt unzählige Weisen, gut zu schreiben, während alles schlecht 9300
Geschriebene Familienähnlichkeit besitzt.

Im intellektuellen Arzneimittelbuch gibt es Gifte, die kurieren und 9301
Heilmittel, die töten.

Der Augenblick kommt, in dem es nur noch darauf ankommt, Gott 9302
aufzulauern.

Die literarischen Wunder überschreiten selten Konstellationen von 9303
dreißig Wörtern.

Die Geschichte stellt zu viele nutzlose Leichen zur Schau, als daß es 9304
möglich wäre, ihr irgendeine Finalität zuzuschreiben.

Die Macht nicht zu verleumden, aber ihr tief zu mißtrauen, kenn- 9305
zeichnet den Reaktionär.

Das Kunstwerk ist nicht vorhersehbar. 9306
Es muß sich verwirklichen, um seine Möglichkeit zu beweisen.

Ohne literarisches Talent verfälscht der Historiker unvermeidlich 9307
die Geschichte.

Wenn der Relativist die sozialen Bedingtheiten einer Präferenz er- 9308
kannt hat, wähnt er, das Problem ihres Wertes gelöst zu haben.

9309 Der Dummkopf sucht das Geheimnis des Genius in Schwächen, die das Genie mit allen teilt.

9310 Es gibt Unwissenheiten, die den Geist reich machen und Kenntnisse, die ihn arm machen.

9311 Ein hoher „Intelligenz-Quotient“ ist Indiz für distinguierte Mediokrität.

9312 Die moderne Maschine ist jeden Tag komplexer, der moderne Mensch jeden Tag elementarer.

9313 Ökonomische Forderungen, Feindschaften zwischen sozialen Klassen, religiöse Zerwürfnisse, sind wohl nichts anderes, als bloße Vorwände eines instinktiven Hungers nach Konflikten.

9314 Die Predigt des *Enrichissez-vous* bewegt, weil sie die Verheißung der Erlösung parodiert.

9315 Man begann damit, die liberalen Institutionen demokratisch zu nennen und man endet damit, die demokratischen Knechtschaften liberal zu heißen.

9316 Die Metapher erlaubt dem Poeten, Trivialitäten auszusprechen, ohne daß sie entdeckt werden.

9317 Nichts ist wichtig genug, als daß es nicht wichtig wäre, wie es geschrieben ist.

9318 Das Judentum adelte die Geschichte, indem es ihr das Gift theologischer Konflikte einflößte.

9319 Der Historiker neigt dazu, in der Gewißheit einer historischen Feststellung das einzige Kriterium ihrer Wichtigkeit zu sehen.

Triumph der Genauigkeit und der Trivialität.

9320 Interessante Autobiographien würden überhandnehmen, wäre das Schreiben der Wahrheit kein ästhetisches Problem.

9321 Das Leben ist ein täglicher Kampf gegen die eigene Stupidität.

In den Humanwissenschaften darf man nur verallgemeinern, um besser zu spezifizieren. 9322

Eigentlich verallgemeinert der Historiker nicht: er identifiziert nur ausgedehntere Körper als die üblichen aus Fleisch und Knochen. 9323

Die Liebe benutzt das Vokabular des Sexus, um einen für den Sexus allein nicht verstehbaren Text zu schreiben. 9324

Im Christentum ist die Vergangenheit gegenwärtig wie in einem individuellen Bewußtsein. 9325

Die Dinge realistisch anzugehen, setzt eine gewisse Niedrigkeit der Seele voraus. 9326

Unter „vernünftigen" Personen wird die Tragödie zum Problem erniedrigt. 9327

Je einfacher eine Wahrheit, desto schwieriger, sie zu verstehen. 9328

Das Ideenwelt des modernen Menschen: möglichst viele Gegenstände kaufen; möglichst viele Reisen machen; möglichst oft kopulieren. 9329

Selbst bei unterschiedlichen Interessen besitzen heute alle die gleichen Überzeugungen. 9330

Den Schrecken vor der Formel in eine Formel verwandelt zu haben, kennzeichnet die moderne Kunst. 9331

Wir sollten nicht davon reden „das Leben zu akzeptieren", wenn wir das ohne Widerstand akzeptieren, was erniedrigt. 9332

Das sich beklagende und bejammernde Genie vergißt, daß es sich das Unglück der Mediokrität erspart hat. 9333

Die moderne Mentalität ist die Tochter des von der Werbung aufgeblasenen menschlichen Stolzes. 9334

Die Zivilisation ist eine Episode, die mit der neolithischen Revolution geboren wurde und mit der industriellen Revolution stirbt. 9335

9336 Das Dilemma „natürlich-künstlich“ ist nicht erschöpfend: der axiologische Imperativ entkommt dem Dilemma.

9337 Zu glauben, daß eine offenkundige Wahrheit, klar ausgedrückt, überzeugt, ist nur ein naives Vorurteil.

9338 Was von Gott trennt ist weniger die Sünde, als der Wunsch, sie zu rechtfertigen.

9339 Die grundsätzlichen Probleme einer Epoche waren nie Thema ihrer großen literarischen Werke.

9340 Nur die ephemere Literatur ist „Ausdruck der Gesellschaft“.

9341 „Klassenbewußtes Proletariat“ heißt im marxistischen Vokabular: Volk, das zu bourgeoisen Idealen konvertierte.

9342 Wer Chancengleichheit fordert, hört damit auf, wenn das Schenken bestraft wird.

9343 Ich strebe nicht nach Originalität: der Gemeinplatz, falls er alt ist, reicht mir.

9344 Die politischen Plattformen der Linken verwandeln sich unmerklich in Blutgerüste.

9345 Was den gebildeten Menschen vom ungebildeten unterscheidet, ist seine Art und Weise des Nichtwissens.

9346 Manche Tugenden verleihen der Seele einen feinen Duft, während andere nur distanzierte Bewunderung wecken.

9347 Bestimmte menschliche Qualitäten verändern die Bedeutung, wechseln sie den Rang.

9348 Das Triviale stirbt rasch, doch die Trivialität ist unsterblich.

9349 Die „Erklärung“ muß nicht zutreffend sein, um den Dummkopf zu beruhigen.

9350 Zum Schluß besteht die „Erklärung“ darin, ein ungewöhnliches Geheimnis in einem vertrauten Geheimnis aufgehen zu lassen.

Zugleich mit der Intelligenz nimmt das Unbegreifliche zu. 9351

Die Beschreibung beschreibt nichts, wenn sie sich nicht in Allusion 9352
verflüchtigt.

Nur bei der Verteidigung unserer subalternen Überzeugungen be- 9353
sitzen wir einen Überfluß an Argumenten.

Die Leute empören sich nicht wegen des bloßen Irrtums, sondern 9354
wegen des Irrtums oder der Wahrheit, die nicht en vogue sind.

Was man außerhalb seiner Tradition zu verstehen meint, kennt man 9355
immer nur schlecht.

Mehr als das, was er sagt, überführt seine Diktion den Schwach- 9356
kopf.

In dem Maße, in dem die Weltkenntnis des Menschen gewinnt, 9357
nimmt seine Kenntnis des Menschen ab.

Die Aufrichtigkeit, die sich nicht im Sakrament der Beichte äußert, 9358
ist Mittel der Demoralisierung.

Vom Staat das zu begehren, was nur die Gesellschaft machen kann, 9359
ist der Fehler der Linken.

Der Mensch entflieht seinem Gefängnis der Widersprüche nur 9360
durch einen vertikalen Akt: dem Glauben.

Nichts erregt mehr wechselseitige Verachtung, als die Verschieden- 9361
heit der Zerstreuungen.

Das Vertrauen in die Maschine verdummt, weil es den Menschen 9362
glauben macht, er lebe in einem intelligiblen Universum.

Normalerweise kommt man zu keinen Schlußfolgerungen, ohne 9363
die Einwände zu ignorieren.

Gott hat nicht Objekt der Spekulation zu sein, sondern der Anbe- 9364
tung.

9365 Heute gibt es weder Oberschicht noch Volk; nur arme Plebs und reiche Plebs.

9366 Das katholische Dogma konstatiert eine geheimnisvolle Tatsache; es entwirft keine Erklärung.

9367 Vom täglichen Überdruß befreien uns nur das Ungreifbare, das Unsichtbare, das Unaussprechliche.

9368 Der Philosoph gerät leicht aus dem Gleichgewicht; nur der Moralist verliert die Urteilskraft meist nicht.

9369 Die Seelen, die das Christentum nicht erreicht, reifen nie.

9370 Die Gesellschaft hat an Vulgarität gewonnen, was sie an Pittoreskem verloren hat.

9371 Das Ungefähre und das Genaue sind nicht besser oder schlechter bekannte Zonen, sondern Zonen unterschiedlicher Struktur.

Es gibt die Zone, in der der gute Wille und die Zone, in der allein die Gewißheit zählt.

9372 Nur was ein wenig *démodé* geboren wird, überlebt.

9373 Die Geschichte des Dogmas erzählt vor allem von den Anstrengungen der Kirche, das Verdunsten der Lehre in Metaphysik zu verhindern.

Weder in Nicaea noch in Chalcedon ging es um Theorien: die Kirche grenzte ein Mysterium ein.

9374 Die Wörter sind die wahren Abenteuer des authentischen Schriftstellers.

9375 Durch Indizien läßt sich nichts Wichtiges feststellen.

Vom Wichtigen kann man nur eine direkte Kenntnis haben.

9376 Gott ist das unendlich Nahe und das unendlich Ferne; von Ihm läßt sich nicht aus mittlerer Distanz sprechen.

9377 In den Widersprüchen zwischen den menschlichen Torheiten liegt die einzige Hoffnung auf eine Reform der Gesellschaft.

Tun, was wir tun müssen, ist der Inhalt der Tradition. 9378

Wer auf dem Grunde seiner Seele nicht Gott sucht, wird dort nichts vorfinden als Schlamm. 9379

Eine weise Rhetorik beschränkt sich auf einige wenige elementare Gebote. 9380

Der Augenblick entscheidet, ob der wichtigste Ort der Erde ein Palast, ein Schweinestall oder eine Gefängniszelle ist. 9381

Es ist leichter, die christlichen Wahrheiten zu verteidigen, als die Argumente ihrer Apologetiker zu verteidigen. 9382

Die „sexuelle Befreiung“ erlaubt dem modernen Menschen, die vielen anderen Tabus zu übersehen, die ihn regieren. 9383

Wer sich damit abmüht, schwachsinnige Argumente zurückzuweisen, wird es am Ende mit ebenso stupiden Gründen tun. 9384

Es wurde noch kein Schriftsteller geboren, der nicht zu viel geschrieben hätte. 9385

Ohne ästhetische Transfiguration ist jede Realität gemein. 9386

Die Wahrheiten sterben nicht, doch sie welken zuweilen. 9387

Der moderne Klerus behauptet, das Christentum beanspruche, die irdischen Probleme zu lösen. Er verwechselt es derart mit der Utopie. 9388

Die drei ersten Argumente zur Verteidigung einer Wahrheit mögen triftig sein. 9389

Mit dem vierten beginnen die Sophismen und die Rhetorik.

Ein wenig Ungestüm genügt, und die Distanz zwischen der Utopie und dem Mord verschwindet. 9390

Die Grenzen der Intelligenz Anderer erfühlen wir rasch. 9391

Man muß sich vor dem hüten, der glaubt eine Lösung gefunden zu haben. 9392

9393 Es ist nicht recht, einer vulgären Manier, recht zu haben, recht zu geben.

9394 Der Mensch ist ein erziehbares Tier, solange er nicht in die Hände progressiver Pädagogen fällt.

9395 Selbst wenn sie sich korrumpiert, wird die Kunst à la longue den Teufel verraten.

9396 Ein einziges Thema a fondo zu erfassen, verlangt heute einen derart besessenen Eifer, daß die Intelligenz sich durch die Forschung verstümmelt.

9397 Unter den Händen des Individuums, das nichts als intelligent ist, wird die Wahrheit unfruchtbar.

9398 Der Schatten unlösbarer Probleme erquickt.

9399 In jedem philosophischen System gibt es einen geheimen Ort, an dem die Folgerichtigkeit des Gedankenganges zerbricht, an dem die Kontinuität des Denkens abreißt.

9400 Letztlich teilen wir uns nichts mit, wir halten uns nur wach.

9401 Der Zusammenstoß mit dem Christentum läßt sich nur vermeiden, solange man an der Oberfläche der Probleme bleibt.

9402 Die Norm, die in den Humanwissenschaften nicht betrügt: die Gemeinplätze der abendländischen Tradition.

9403 Die Wahrheit faßt man nicht frontal, sondern in der Flanke.

9404 Jeder Mensch lebt sein Leben wie ein eingekreistes Tier.

9405 Die Philosophen beginnen mit Philosophie und enden in Rhetorik.

9406 Ist die Philosophie Dialog, besteht kein Grund anzunehmen, der zuletzt sich Äußernde habe recht.

9407 Historisch interessant ist die Periode, von der ein intelligentes Buch berichtet.

Wenn der zynische Realismus sich täuscht, ergötzt seine Ratlosig- 9408
keit.

Nicht der Bruch mit dem Mittelalter, sondern der Ursprung im 9409
Mittelalter ist die Ursache der eigenartigen Vitalität der modernen Ära.

Sie ging von Jahrhunderten aus, in denen die Menschheit sich nicht verplempert hatte.

Das Wort „modern“ hat kein automatisches Prestige mehr, außer 9410
unter Dummköpfen.

Der authentische Beruf ist indifferent gegenüber Scheitern oder Er- 9411
folg.

Der Individualismus ist die Wiege der Vulgarität. 9412

Der literarische Kosmopolitismus endet damit, daß alle Welt 9413
schreibt, als sei es übersetzt.

Eine intelligente Meinung zu hören, versöhnt mit dem Leben. 9414

Die Gemeinplätze der klassischen Literatur waren die Präzeptoren 9415
des Abendlandes.

Es gibt Epochen, in denen nur der Pöbel eine Zukunft zu haben 9416
scheint.

Mit Preisen krönt man Epigonen. 9417

Wer über Kunst spricht, mag Aufmerksamkeit erregen, wird aber 9418
niemanden etwas lehren.

Die Utopien einer Epoche verursachen die Gemetzel der folgen- 9419
den.

In den Künsten gibt es keinen Stil, der sich nicht ohne Talent imi- 9420
tieren ließe.

Die Ironie der Geschichte: das Voraussehen ist so schwierig, das 9421
Vorausgesehenhaben scheint so einleuchtend.

9422 Die Intuitionen des Philosophen blenden uns zuweilen; gegen seine Vernunftgründe jedoch sträuben wir uns mit Einwänden.

9423 Die Dummheit bemächtigt sich mit teuflischer Leichtigkeit der Erfindungen der Wissenschaft.

9424 Wo die Gleichheit zuläßt, daß die Freiheit eintritt, wird die Ungleichheit sich einschleichen.

9425 Damit das Beklagenswerte tragisch wird, muß der Protagonist einen gewissen Grad der Zivilisiertheit erreicht haben.

9426 Der Soziologe weiß beim Hantieren mit seinen Statistiken nie, wo die relative Ziffer wichtig ist und wo die absolute.

9427 Wo der Kommunismus triumphiert, fällt das Schweigen hernieder mit dem Krachen einer zuschnappenden Falle.

9428 Ohne Vertrautheit mit der griechischen und der lateinischen Literatur urteilt der Kritiker mittels des Wohlwollens der Ignoranz.

9429 Ob der Name des Autors dem Zitat nicht das Prestige raubt, läßt sich erst nach Jahrzehnten feststellen.

9430 Eine historische Periode gut zu kennen, bedeutet, sie nicht mit demokratischen Vorurteilen zu betrachten.

9431 Von den durch allgemeine Wahlen an die Macht Gekommenen sind nur die Dummköpfe ehrbar, weil der intelligente Mensch lügen muß, um gewählt zu werden.

9432 Der Mensch besitzt nicht die gleiche Dichtigkeit in jeder Epoche.

9433 Das die Rechte bedrohende Laster ist der Zynismus, das die Linke bedrohende die Lüge.

9434 Nicht weil die Nachwelt klüger ist als die Zeitgenossen, täuscht sie sich nicht über den Wert eines Textes, sondern weil die Zeit dem Text nichts läßt außer den ihm eigenen Wohlklang.

9435 Der Schriftsteller, der sich vornimmt, nützlich zu sein, gewöhnt sich peu ä peu an die Lüge.

Wissen löst nur subalterne Probleme, aber Verstehen schützt vor dem Überdruß. 9436

Jene, die den „Buchstaben“ des Christentums durch seinen „Geist“ ersetzen wollen, verwandeln es meist in ein sozio-ökonomisches Geschwätz. 9437

Humanität ist, was Verschwiegenheit und Scham in der Animalität des Menschen herstellen. 9438

In Perioden der Dekadenz schwanken die Künste zwischen dem Allegorischen und dem Abstrakten. 9439

Nichts beunruhigt den intelligenten Ungläubigen mehr als der intelligente Katholik. 9440

Der Realismus der Photographie ist falsch: er glaubt, das Objekt ohne dessen Vergangenheit, dessen Transzendenz und dessen Zukunft repräsentieren zu können. 9441

Um lächerlich zu machen, genügt es, ohne Kontext zu zitieren. 9442

Verblüffend: Glaubensbekenntnisse der Ungläubigen. 9443

Die knappe Behauptung darf nicht plötzlicher Einfall sein, sondern lakonische Schlußfolgerung. 9444

Die treffende, aber ungewöhnliche Meinung eines ausländischen Kritikers scheint anfänglich nur extravagant. 9445

Der Verlust an Durchsichtigkeit ist das erste Symptom für den Niedergang einer Sprache. 9446

Der Kritiker ist stets geneigt, das Kunstwerk ins Allegorische zu übersetzen. Das Lexikon, dessen er sich dabei bedient, mag wechseln, es wird jedoch stets die Unmöglichkeit des Vorhabens verkennen. 9447

Es gibt Irrtümer, die nur begehen kann, wer das Thema gut kennt. 9448

Die perfekte Transparenz eines Textes ist einfach nur ein ausreichendes Vergnügen. 9449

9450 Unser Leben ist eine Anekdote, die unsere wahre Persönlichkeit verbirgt.

9451 Die Vortrefflichkeit eines Geistes verdankt sich zuweilen einer geduldig überwundenen Mediokrität.

9452 Wer nicht predigt, benötigt ein intelligentes Auditorium.

9453 Den talentierten Zyniker kann man dulden, nicht aber seine Bewunderer.

9454 Wer ein System erfunden hat, wird von der Nachwelt gefeiert. Wiedergelesen wird, der sich hütete, es zu tun.

9455 Von Gott zu sprechen, ist anmaßend; nicht von Gott zu sprechen, ist schwachsinnig.

9456 Personen ohne Imagination lassen uns die Seele gefrieren.

9457 Man muß seine Sinne auf die Transzendenz richten, ohne sie sich vorzustellen.

9458 Das Publikum kann sich stupider Ideen nur erwehren, indem es entgegengesetzte stupide Ideen annimmt.

9459 Der Gesprächspartner des Einsamen ist die gesamte Vergangenheit.

9460 Das Schauspiel eines Scheiterns stimmt vielleicht weniger melancholisch als das eines Triumphes.

9461 Die Existenz des Irrtums zuzugeben, heißt, die Realität des freien Willens zu bekennen.

9462 Bestimmte Ideen sind klar formuliert, andere sind nur als Anspielung klar.

9463 Die wirkliche Intelligenz muß nichts tun, um zu befruchten. Ihre Präsenz genügt.

9464 Bestimmte Postulate beanspruchen, Vernunftgründe zu sein, um sich die Zustimmung zu erschleichen.

Wenn der Mensch die Riten aufgibt, wird er zum Tier, das kopuliert 9465
und frißt.

Die industrielle Gesellschaft macht die Vulgarität für alle erreich- 9466
bar.

Die Kritiker streiten sich über Qualitäten und Mängel, einigen sich 9467
aber rasch über denjenigen, über den zu streiten sich der Mühe ge-
lohnt hätte.

Wirklich energisch verteidigt der moderne Mensch nur sein Recht 9468
auf Völlerei.

Der Einwand des Reaktionärs wird nicht diskutiert, er wird ver- 9469
schmäht.

Solange wir antworten ohne zu schwanken, kennen wir das Thema 9470
nicht.

Auf religiösem Gebiet wird die Trivialität der Einwände schneller 9471
offenbar, als die Hinfälligkeit der Beweise.

Der Beweis einer Wahrheit vermag nie zu garantieren, daß ihre An- 9472
eignung kein Wagnis birgt.

Der originäre Philosoph pfropft sich nicht dem Stamme der Philo- 9473
sophie auf, die ihm vorhergeht, sondern deren Wurzeln.

Gehören die durch eine Volkswahl Gewählten nicht den intellektu- 9474
ell, moralisch und sozial niedrigsten Schichten der Nation an, können wir sicher sein, daß heimliche anti-demokratische Mechanismen das normale Funktionieren der Wahl beeinträchtigt haben.

Beim Ausbruch der Revolution unterwerfen sich die Begierden den 9475
Idealen; beim Triumph die Ideale den Begierden.

Die guten Bücher, nach Jahrzehnten wieder hervorgeholt, mögen 9476
langweilen; aber die schlechten stimmen deshalb noch nicht vergnüglich.

Nicht weil Gott alles weiß, dürfen wir vertrauen, sondern weil ER 9477
barmherzig ist.

9478 Zwischen die Ursachen der Revolution und ihre Verwirklichung schieben sich Ideologien, die den Ablauf und sogar die Natur der Ereignisse bestimmen.

9479 Die „Ideen" „verursachen" nicht die Revolution, doch sie graben ihrem Strome das Bett.

9480 Gelehrsamkeit und Erfahrung sind die beiden unüberwindlichen Widersacher der Linken.

9481 Wer die Revolution verteidigt, zitiert Diskurse; wer sie anklagt, zitiert Tatsachen.

9482 Die Fälschung der Vergangenheit dient der Linken dazu, die Zukunft zu erbauen.

9483 „Sinn haben" ist das irreduzible, nicht analysierbare, letzte Attribut bestimmter Erscheinungen.

9484 Gegen die „herrschenden Meinungen" einer Epoche gibt es kein anderes Mittel als die Zeit.

9485 Das Denken kann die Idee von Gott umgehen, wenn es sich darauf beschränkt, subalterne Probleme zu meditieren.

9486 Die Magnetnadel der Sensibilität verliert seltener die Orientierung als die der „Vernunft".

9487 Das Unnachahmliche in der Literatur ist stets das, was scheinbar am leichtesten nachzuahmen ist.

9488 Der Tag komponiert sich aus seinen Augenblicken der Stille.
– Der Rest ist verlorene Zeit.

9489 Weder erschafft die Funktion das Organ, noch das Organ die Funktion: beide sind Mechanismen der Intention.

9490 Der Mensch besitzt nur Bedeutung, wenn es wahr ist, daß ein Gott für ihn gestorben ist.

9491 Das Denken verdirbt den Schwachkopf.

Ich bin nur Herr eines winzigen Territoriums, aber ich bin *reichsunmittelbar.* 9492

Die Linke ist nur nach ihren Triumphen verwundbar. 9493

Die Tiefe einer Idee hängt von der Begabung dessen ab, der ihr lauscht. 9494

Das moderne Streben nach Originalität läßt den mediokren Künstler glauben, deren Geheimnis bestehe in der bloßen Abweichung. 9495

Weil das Publikum immer mit der herrschenden intellektuellen Mode übereinstimmt, beschützt es unterschiedslos Wahrheiten oder Irrtümer. 9496

Nicht alle Besiegten sind anständig, aber alle Anständigen enden als Besiegte. 9497

Selbst die strengsten Regierenden müssen sich schließlich im Zirkus zeigen, um der Menge zu gefallen. 9498

Alles in der Geschichte beginnt vor dem Zeitpunkt, an dem wir glauben, es habe begonnen und es endet später, als wir glauben, es habe geendet. 9499

Zwingt eine seelische Erschütterung das Individuum plötzlich dazu, sich ohne Hintergedanken zu äußern, werden uns seine tiefen Überzeugungen entsetzen und zugleich in Gelächter ausbrechen lassen. 9500

Ungleichheit und Gleichheit sind Thesen, die wechselseitig gegen das jeweils herrschende soziale Klima zu verteidigen sind. 9501

Das Gegenteil unserer Gewißheit hört rasch auf, uns falsch zu scheinen, um uns unverständlich zu werden. 9502

Weder die Erklärung der Menschenrechte, noch die Verkündung von Verfassungen, noch die Anrufung eines Naturrechts schützen uns vor der Willkür des Staates. 9503

Gegen den Despotismus steht nur die Barriere des Gewohnheitsrechtes.

9504 Das Leben schreibt seine besten Texte in Nachträgen und Randbemerkungen.

9505 Der Mensch glaubt sich frei, wenn er in einem Strome schwimmt, der ihn fortreißt.

9506 Vorurteile verdummen nur den, der sie für Schlußfolgerungen hält.

9507 Von Souveränität kann man nur sprechen, wenn die Funktion des Gesetzgebers sich darauf beschränkt, das Gewohnheitsrecht unter dem Gesichtspunkt der Ethik zu befragen.

9508 Volkssouveränität bedeutet nicht allgemeinen Konsens, sondern Vergewaltigung durch die Mehrheit.

9509 Das Gesetz ist nur dort souverän, wo das Volk an dessen göttlichen Ursprung glaubt.

9510 Die „Gnade" offenbart sich nicht in der unvorhersehbaren Entscheidung, sondern in der unbeweisbaren Gewißheit.

9511 Der Marxismus unterjocht die Intelligenz nur, wo die Polizei ihm zu Diensten steht.

9512 Einen Philosophen verstehen, heißt, einen Augenblick aufzuhören, sich von ihm überzeugen zu lassen.

9513 Gott wirkt in der Geschichte nicht unmittelbar, sondern durch die Seele.

9514 Der Wille erfindet sich Motive.

9515 Die großen historischen Theorien werden brauchbar, wenn sie darauf verzichten, alles erklären zu wollen.

9516 Das Verständnis des Individuellen und das Verständnis des Allgemeinen bedingen sich in der Geschichte wechselseitig.

9517 Keine der Wissenschaften vom Menschen ist so exakt, daß der Historiker sie nicht verändern müßte, um sie gebrauchen zu können.

9518 Zuerst befreit jede Erfindung, dann versklavt sie.

Nicht die Kenntnis der Dinge erzieht den Menschen, sondern die Kenntnis des Menschen. 9519

In diesem Jahrhundert ist es kaum möglich, intellektuellen Grobianismus zu vermeiden. 9520

Die zeitgenössische Psychologie verheddert sich in eitle Tüfteleien, indem sie sich anmaßt, Tatsachen immanent zu erklären, statt sie auf transzendente Endpunkte zu beziehen. 9521

Was den Historizismus sowohl vom axiologischen Absolutismus der *Aufklärung* als auch vom evolutionistischen Relativismus des 19. Jahrhunderts unterscheidet, ist die Entdeckung, daß die Werte anderer Epochen weder simple Irrtümer, noch rein relative Etappen eines historischen Prozesses sind: Wir können diese Werte wieder schätzen und verstehen. 9522

Die historische Kausalität ist keine Kette von Tatsachen: sie hat Geister und Sinne zu durchqueren, Zonen, in denen sie ihre feste Gestalt verliert. 9523

Die Unterscheidung von Ursache und Wirkung – ein meist unlösbares Problem der Geschichtsschreibung. 9524

Der Mensch kalkuliert nie den Preis der Bequemlichkeit, die er erringt. 9525

Der Abstand zwischen Gelingen und Mißlingen verwischt sich in wenigen Jahren. 9526

In einer zivilisierten Gesellschaft erzieht die sozial hochstehende Klasse die intellektuelle Klasse durch familiären Umgang. 9527

Der Liberale glaubt, auf der Linken keine Feinde zu haben, während er doch nur auf der Linken Feinde hat. 9528

Es gibt keine Kausalität der Geschichte, die sich nicht der Zufälligkeit der Umstände unterwirft. 9529

Der Begriff des Determinismus hat durch seinen Terror die philosophische Grundlagenarbeit verdorben. 9530

9531 Das Gute würde niemals etwas Böses hervorbringen, wäre es nicht zuweilen mit Dummheit vermischt.

9532 Wiederlesen kann man nur, was mehr nahelegt als es ausdrückt.

9533 Niemand leugnet, daß die historischen Ereignisse sich aus vier Faktoren zusammensetzen: Notwendigkeit, Zufälligkeit, Spontaneität, Freiheit.

Dennoch findet sich selten eine historiographische Schule, die nicht die Reduktion auf einen einzigen Faktor anstrebt.

9534 „Historische Notwendigkeit" ist wohl nur ein Ausdruck für menschliche Stupidität.

9535 Die großen philosophischen Fragestellungen berauschen zunächst; dann langweilen sie.

9536 Nur was wir weder verstehen noch leugnen können, vermag wahr zu sein.

9537 Die *Comédie humaine* erlangt ihre Würde nur durch die Umformungen, die ihr die Zeit im Laufe der Geschichte angedeihen läßt.

9538 Die Genialität ermüdet zuweilen; die fein erzogene Seele langweilt nie.

9539 Das Wörterbuch der Fachsprachen behutsam zu erweitern ist eine Voraussetzung, um gut zu schreiben.

9540 Die moderne Architektur ist ihrem Wesen nach anti-historisch.

Sie ist die erste, die sich nicht von einer vorhergehenden Architektur ableiten läßt; die erste, die mit einem Traditionsbruch beginnt.

9541 Der Politiker sagt nie, was er wirklich glaubt, sondern was er für nützlich hält.

9542 Die Hoffnung auf ein anderes Leben hat ihren Ursprung weniger in den Triumphen der Ungerechtigkeit als in dem Gegensatz der Zerbrechlichkeit des Schönen und seiner Unsterblichkeit.

Der Zeitgenosse, der die Schriftsteller seiner Epoche nicht bewun- 9543
dert, begeht einige Ungerechtigkeiten, vermeidet aber eine Unzahl
komischer Irrtümer.

Die Routine schafft die Bühne, auf der sich die Epiphanien ereig- 9544
nen.

Der Neuerer in den Künsten endet als bloßer Vorläufer dessen, der 9545
die Entwicklung krönt und abschließt.

Hustet der Dummkopf seinen Schleim ab, geschieht das heute nicht 9546
mehr mit patriotischer, sondern mit kultureller Rhetorik.

Die Rhetorik des schlechten Geschmacks erkennt man an ihrer 9547
Verneinung der Transzendenz bei hemmungsloser Benutzung ihres
Vokabulars.

Der Geschmack kann die Dürftigkeit wirklicher Armut zur Höhe 9548
künstlerischer Vollendung führen.

Der Mensch erfindet nur noch, um besser zu töten oder die Welt 9549
vulgärer zu machen.

Nur die Religion kann populär sein, ohne vulgär zu sein. 9550

Auch der freie Mensch steht unter der Herrschaft der Notwendig- 9551
keit, aber man wird bei ihm ihre Konsequenzen nicht vorhersehen
können.

Zur „Kultur“: Was allen erreichbar ist, lohnt nicht die Mühe, es al- 9552
len erreichbar zu machen.

Eine demokratische Regierung durch eine andere demokratische 9553
Regierung zu ersetzen, heißt nur, die Nutznießer der Ausplünde-
rung auszutauschen.

Beneidenswert ist nur der Luxus der barbarischen Epochen, *scilicet:* 9554
viele Diener.

Auf die Antinomien der Vernunft, auf die Ärgernisse des Geistes, 9555
auf die Risse des Universums, gründen sich meine Hoffnung und
mein Glaube.

9556 Nur unter der eifersüchtigen Wachsamkeit reicher Bourgeoisien hat der Staat Diskretion und Mäßigung an den Tag gelegt.

9557 Die subalternen Wahrheiten stellen oft die höchsten Wahrheiten in den Schatten.

9558 In der Religion sind Einwände und Beweise gleichermaßen überflüssig.

9559 Selbst wenn es ihm gelänge, seine verwegensten Utopien zu verwirklichen, würde der Mensch eine jenseitige Bestimmung ersehnen.

9560 Was die ganze moderne Theorie radikal widerlegt, ist, daß für psychologisch gehalten wird, was nicht für physisch gehalten wird.

9561 Es gibt Gedanken, die subtil scheinen und die nichts als widersprüchlich sind (z. B. Renan).

9562 Interessant ist nur, was eine Transzendenz impliziert.

9563 Die Zweifel zerstreuen sich nicht einer nach dem anderen: sie lösen sich auf in einem Blitz.

9564 Und dann erscheint wieder eine Broschüre, die Bibliotheken unter sich begräbt.

9565 Die Vorlieben kommen von innen, die Werturteile von außen.

9566 Was der Pöbel als „natürlich“ ansieht, läßt die vornehme Seele rebellieren.

9567 In der Geschichte ist alles Große einzig und allein das Ergebnis instabiler Gleichgewichte.

9568 Nichts dauert, doch das Mediokre dauert länger.

9569 Für das Meßbare empfänglich sein, ist subaltern.

9570 Nur zwischen Einsamen gibt es einen Dialog.

Wenn wir einen Augenblick seinen Wert aus den Augen verlieren, löst sich der Gegenstand in Atome auf. 9571

Die Prinzipien sind das Licht, das unsere Schritte erhellt, wenn die Evidenzen sich verfinstern. 9572

Man braucht die Probleme von heute nur in einem traditionellen Vokabular auszusprechen, und schon nimmt man ihnen das falsche Prestige. 9573

In den Epochen der spirituellen Wüste kommen selbst die vor Durst um, die unterirdische Wasserreserven anzapfen. 9574

Entdecken wir in einem Buch das marxistische Strickmuster, bleibt uns nur, es zu schließen und sanft zu murmeln: Ach ja, die Faulheit! 9575

Die Freiheit ist nicht nur die Frucht der Ordnung, sie ist auch die Frucht wechselseitiger Zugeständnisse zwischen Ordnung und Unordnung. 9576

Meine Überzeugungen sind die des alten Weibes, das im Winkel der Kirche seine Gebete murmelt. 9577

Der Wert einer Metaphysik ist abhängig von ihrer Poesie. 9578

Das Problem ist nicht die Frage: Determinismus oder freier Wille? Das Problem ist die Frage: Was ist freier Wille? 9579

Die letzte Wirklichkeit ist nicht die des Gegenstandes, den die Vernunft konstruiert, sondern die der Stimme, in der sich die Empfindung ausdrückt. 9580

Ein guter Philosophiehistoriker ist nicht, wer die Doktrinen korrekt darstellt, sondern wer die Möglichkeit, sie zu denken, verständlich macht. 9581

Die Wissenschaften vom Menschen sind nicht eigentlich inexakte Wissenschaften, sondern Wissenschaften vom Inexakten. 9582

Mit Emphase sprechen sie von der „Transformation der Welt“, wenn das Äußerste, das zu erwarten ist, ein paar unbedeutende soziale Reparaturen sind. 9583

9584 Inmitten des Sturzbaches der Erscheinungen erblüht die Wirklichkeit der Werte.

9585 In der demokratischen Theorie bedeutet „Volk" *populus,* in der demokratischen Praxis bedeutet „Volk" *plebs.*

9586 Der kultivierte Mensch muß sich weniger gegen die Barbarei dieser Epoche verteidigen, als gegen ihre Kultur.

9587 Es empfiehlt sich, fortschrittliche und kühne Meinungen zurückzuweisen, weil der Dummkopf sie sich früher oder später zu eigen machen wird.

9588 In der Philosophie gilt: mit Ernst suchen, dem Fund jedoch nur mit Ironie vertrauen.

9589 Beruht das Sein, wie das Christentum lehrt, auf einem freien Akte Gottes, dann muß die christliche Philosophie feststellen und darf nicht erklären.

9590 Ich würde nicht den Bruchteil einer Sekunde mehr leben, wenn ich nicht den Schutz der Existenz Gottes fühlte.

9591 Eine Gesellschaft ist säkularisiert, wenn sie das Bewußtsein ihrer Abhängigkeit verloren hat.

9592 Der Fortschritt in der Geschichtsschreibung besteht in der zunehmenden Fähigkeit, die Epochen in ihrer Eigentümlichkeit zu erkennen.

9593 Es schickt sich, einfach zu sein, aber nicht zu vereinfachen.

9594 Ich bin nicht so töricht, die unbestreitbaren Leistungen der modernen Kunst zu leugnen; aber ich fühle mich, wenn ich sie betrachte, wie vor chinesischer oder ägyptischer Kunst: wie vor einer exotischen Kunst.

9595 Die Literatur, die den Geist einer Epoche beeinflußt, ist die SubLiteratur.

Die Erfahrung einer praktisch irreligiösen Epoche hat den Christen gelehrt, die Geschichte des Heidentums mit Respekt und Sympathie zu betrachten. 9596

Gegenüber dem Marxismus neigt man zu zwei Irrtümern: entweder gering zu schätzen, was er lehrt oder zu glauben, was er verheißt. 9597

Die „intelligible Freiheit“ Kants ist einer dieser philosophischen Kunstkniffe, mit Hilfe derer sich das Problem auf eine Weise formulieren läßt, daß es gelöst erscheint. 9598

Philosophieren ist weissagen, ohne jemals zu wissen, ob man ins Schwarze getroffen hat. 9599

Masse ist kein quantitativer, sondern ein qualitativer Begriff. 9600

Marxismus und Psychoanalyse waren die beiden Fußeisen der modernen Intelligenz. 9601

Meine Kenntnis meines Wissens ist unvollständig; doch meine Unkenntnis meines Unwissens ist wenigstens vollständig. 9602

In einem gesunden Staat hemmen zahllose Hindernisse die Freiheit des Gesetzgebers. 9603

Mehr als die Stupidität selbst stört das wissenschaftliche Vokabular in ihrem Munde. 9604

Unsere spontanen Abneigungen sind meist erleuchteter als unsere vernünftigen Überzeugungen. 9605

Die Probleme des Sexus beginnen dort, wo sie nach dem Glauben des Modernen aufhören. 9606

Um sich selbst oder andere zu betrügen, genügt es, über einen Typus von Erfahrungen im Vokabular der Erfahrungen eines anderen Typus zu sprechen. 9607

Man muß lernen zu verstehen, ohne zu entschuldigen. 9608

9609 „Revolutionär“ bezeichnet heute ein Individuum, dem die moderne Vulgarität nicht schnell genug triumphiert.

9610 Das Aktuelle wird derart rasch obsolet, daß es dumm wäre, ihm mehr Bedeutung als dem Obsoleten beizumessen.

9611 Bestimmte politische Institutionen – tote und begrabene – behalten den überzeitlichen Wert eines Paradigmas.

9612 Eine Philosophie ist fruchtbarer, wenn sie ein intellektuelles Klima schafft, als wenn sie uns einen Corpus an Doktrinen hinterläßt.

9613 Weil sie so einfach widerlegbar ist, ist eine wissenschaftliche These nie wirklich wahr, sondern nur in Geltung.

9614 Obwohl die Evangelien voller Drohungen sind, vermag ich in ihnen nur Verheißungen zu erblicken.

9615 Nackt und harmlos muß die Meinung sich nähern, um zu überzeugen.

9616 Der Preis der absoluten Freiheit ist eine grenzenlose Vulgarität.

9617 Am Anfang steht nicht die wilde Pflanze, sondern der okulierte Baum.

9618 Der literarische Kritiker glaubt, die Erklärung eines Werkes in der Hand zu haben, wenn dessen Quellen sein Vorurteil bestätigen.

9619 Die Verbürgerlichung der kommunistischen Gesellschaften ist ironischerweise die letzte Hoffnung des modernen Menschen.

9620 Die moderne Gesellschaft ist nur in zwei Dingen den vergangenen Gesellschaften voraus: in der Vulgarität und in der Technik.

9621 Wahrscheinlich hat das 19. Jahrhundert alles Kluge und alles Dumme erschöpft, das sich zu irgendeinem Thema sagen läßt.

9622 Werden sie zu Laufbahnen, setzen sich die wissenschaftlichen Disziplinen einer vorzeitigen Sklerose aus.

Das Vulgäre ist nicht vulgär, weil es eine Eigenschaft des Pöbels ist. Im Gegenteil! Der Pöbel ist Pöbel, wenn er vulgär ist. 9623

Der Schriftsteller, der die Worte als reine Zeichen behandelt, kann nicht schreiben. Ohne verständigen Leser gibt es keinen scharfsinnigen Text. 9624

Es müssen nur wenige Jahre vergangen sein, und ein Buch läßt sich mit einem Blick beurteilen. 9625

Wer fähig ist, über alle Welt zu schreiben, wird immer nur Allerweltszeug schreiben. 9626

In einer zivilisierten Gesellschaft müssen, wie in der alten christlichen Gesellschaft, Gleichheit und Ungleichheit in einem dauernden Dialog sein. 9627

Oft verblüffen die Argumente, mit denen Thesen verteidigt werden mehr als die Thesen selbst. 9628

Der Neid unterscheidet sich von den übrigen Lastern durch die Leichtigkeit, mit der er sich als Tugend verkleidet. 9629

Die Perversionen sind für alle erreichbar. 9630

Es gibt Individuen, von denen wir selbst dann nicht lernen dürfen, wenn sie uns etwas zu lehren haben. 9631

Es gibt Leser, die von den Büchern angenommen werden und Leser, die von ihnen zurückgewiesen werden. 9632

Jeder, der sich als Teil einer Menschenmasse findet, ohne sich unbehaglich zu fühlen, muß sich schämen. 9633

Außer Gott gibt es nichts, worüber klugerweise ernsthaft gesprochen werden muß. 9634

Der Dummkopf vertraut nicht der Wahrheit, die nicht von der öffentlichen Meinung verbürgt wird. 9635

9636 Die Teilnahme an der Politik stellt für den Schriftsteller keine Versuchung mehr dar, wenn er eingesehen hat, daß es mittels eines intelligenten Textes nicht einmal gelingt, einen Dorfbürgermeister zu stürzen.

9637 Tradition, Werbung, Zufall oder Ratschlag bestimmen unsere Lektüre.

Nur was wir wiederlesen, haben wir selbst bestimmt.

9638 Für den intelligenten Menschen ist der Glaube das einzige Heilmittel gegen die Angst.

9639 Den Dummkopf kurieren „Vernunft", „Fortschritt", Alkohol, Arbeit.

Die Geschichte des „Fortschritts" berichtet davon, wie die Menschheit sich das Leben unnötig schwerer macht.

9640 Gefallen an mittelmäßigen Schriftstellern der Vergangenheit zu finden, kann ein Beweis für literarisches Raffinement sein.

Gefallen an mittelmäßigen Schriftstellern der Gegenwart zu finden, beweist schlechten Geschmack.

9641 Der Optimismus ist eine ziemlich moderne Erfindung.

Der klassischen Literatur fehlt diese abgeschmackte Empfindung.

9642 Das Vergnügen, den geistreichen Sinn einer Metapher zu enträtseln, soll in der modernen „Poesie" die geheimnisvolle Ruhe ersetzen, in die der Gesang versetzte.

9643 Der intelligente Mensch vermag uns stets zu überzeugen, wenn es ihm gelingt, uns anstelle seines Textes den Kontext seiner Überzeugungen vor Augen zu führen.

9644 Die metaphysische Pseudo-Bedeutung ist die Lieblingssprache dessen, der hübsch schreiben will.

9645 Die Wahrheit ist nicht vom „kulturell Bedingten" zu „reinigen", sondern nur vom Irrtum.

Jede Wahrheit hat ihr Datum und ist dennoch unsterblich.

Der Glaube ist nicht eine Überzeugung, die wir besitzen, sondern 9646
eine Überzeugung, die uns besitzt.

Die Würde des Menschen besteht nicht in seiner Freiheit. Sie hängt 9647
davon ab, welchen Willensbeschränkungen er sich frei unterwirft.

Was man über eine Tradition, in der man nicht aufgewachsen ist, 9648
gelernt hat, weiß man, auch wenn man es materiell exakt kennt,
spirituell nur inexakt.

Die elegante Intelligenz übernimmt nur Moden von gestern. 9649

Die Grenze zwischen der Intelligenz und der Stupidität ist beweg- 9650
lich.

Die Authentizität bewahrt nicht immer vor der Mittelmäßigkeit, 9651
aber rettet sie vor dem Kitsch.

Die Verehrung spricht eher für den Verehrenden als für das 9652
Verehrte.

Die Verschiedenartigkeit geschichtlicher Epochen ist das Ergebnis 9653
immer gleicher Ursachen, die auf stets unterschiedliche Individuen
treffen.

In der Geschichte hängt die Art der Wirkung von der Art des Indi- 9654
viduums ab, auf das die Ursache einwirkt.

Der Glaube löst nicht unsere Zweifel, er verzehrt sie. 9655

Niemand kann seiner Epoche entfliehen, aber mit ein wenig Ge- 9656
schick vermag er, ihren Trivialitäten auszuweichen.

Ist die Trunkenheit der Jugend vorüber, scheinen uns nur noch die 9657
Gemeinplätze einer sorgsamen Prüfung würdig.

Die grenzenlose Toleranz ist nur eine heuchlerische Manier abzu- 9658
danken.

Auch dumme Ideen zu tolerieren kann eine soziale Tugend sein; 9659
aber eine solche Tugend wird früher oder später bestraft.

9660 An der Transzendenz könnte man vielleicht zweifeln, wäre nicht ihr Schatten sichtbar: der Irrtum, die Häßlichkeit, das Böse.

9661 Die unbegrenzte Freiheit des Audrucks verurteilt Irrtümer und Wahrheiten zu gleicher Bedeutungslosigkeit.

9662 Totalitär ist der Staat, der durch staatliche Integration die von der liberalen und demokratischen Mentalität zerstörte soziale Integration ersetzen will.

9663 Man muß es wiederholen und wiederholen: das Wesen der Demokratie ist der Glaube an die Souveränität des menschlichen Willens.

9664 Selbst der außergewöhnliche Staatsmann verwirklicht seine Vorhaben nur dank der Vulgarität, die er seinen Eigenschaften beimischt.

9665 An die Rettung des Menschen durch den Menschen zu glauben, ist mehr als ein Irrtum – es ist Blödsinn.

9666 Wir erfassen nur, was wir schon lange zuvor verstanden haben.

9667 Der heutige Regierende muß sich nur zur Linken bekennen, damit ihm alles erlaubt und alles verziehen werde.

9668 Gäbe es den Neid nicht, verlören die Dinge für die meisten Menschen ihren Reiz.

9669 Das Mindeste, zu dem ein gebildeter Mensch sich verpflichten muß: keine Modeautoren zitieren.

9670 Was der vulgäre Leser als „tief" empfinden soll, muß plump ausgedrückt werden.

9671 Endlich, nach so vielen Jahren, ist der Gebildete soweit, statt Wahrheiten zu sammeln, Irrtümer zu wittern.

9672 Der intelligente Skeptizismus zweifelt, weil er als Kriterium über drei oder vier Evidenzen verfügt.

9673 Ich will nicht, daß man erneuert; ich will, daß man nicht verjähren läßt.

Die Architektur ist die einzige Kunst, in der es ästhetisch erlaubt ist, die Treffer der zeitgenössischen Kunst zu imitieren. 9674

„Soziale Nützlichkeit" ist ein Kriterium, das herabzieht, was es rechtfertigen will. 9675

Der Reichtum des Händlers, des Industriellen, des Finanziers, ist ästhetisch minderwertig gegenüber dem Reichtum an Land und an Herden. 9676

Die heutige soziale Unordnung nährt sich aus der „intellektuellen Ungeduld" des Dummen und dem „Aufbrechen verkrusteter Strukturen" des Schlaumeiers. 9677

Die Obszönität ist das Salz im Fraße des Pöbels. 9678

Kleine Bedeutungsverschiebungen sind die Ursache für die meisten Irrtümer bei der Betrachtung der Welt. 9679

Die Feministen sind lächerlich; die Anti-Feministen sind vulgär. 9680

Das Schwierige jedes moralischen oder sozialen Problems: die beste Lösung liegt nicht im Alles oder Nichts, sondern im Mehr oder Weniger. 9681

Der Glaube ist nicht Erklärung, sondern Vertrauen darauf, daß zum Schluß alles eine Erklärung findet. 9682

In der Gesellschaft entstehen zuerst die Parteien und dann die Konflikte. 9683

Vollständig überzeugt uns nur die Idee, die keine Argumente benötigt, um uns zu überzeugen. 9684

Die Presse verbreitet die Korruption, indem sie sie denunziert. 9685

Die Frage nach dem Nützlichen wirkt stets naiv, wenn die Frage nach der Macht gestellt wird. 9686

9687 Wenn die Welt determiniert ist, wenn allein geschehen kann, was geschehen muß, gibt es keinen Irrtum.

Irren setzt voraus, daß etwas geschehen kann, was nicht sein muß.

9688 Mehr als die Unmoral der heutigen Welt ist es ihre zunehmende Häßlichkeit, die dazu reizt, sich in einem Kloster Träumereien hinzugeben.

9689 Am Anfang der Moderne steht ein Akt der Hoffart; er läßt uns glauben, daß wir uns der Condition humaine entziehen können.

9690 Nur wenn die Religion sie in eins schmilzt, wird die Masse nicht gemein.

9691 Auch der Irrtum kann amüsant sein – solange er nicht weitschweifig ist.

9692 Die politischen Parteien leben länger, als die Meinungen und Interessen, die an ihrem Ursprung standen.

9693 In Texten, die unseren Schmerz lindern, stoßen wir rasch auf Sätze, die uns durchbohren wie ein tiefer Degenstich.

9694 Die Riten schützen den Glauben, die Predigten unterminieren ihn.

9695 Die menschliche Wärme in einer Gesellschaft vermindert sich in dem Grade, indem sich deren Gesetzgebung perfektioniert.

9696 Die Naturwissenschaften, in denen der Falsifizierungsprozeß herrscht, legen nur Irrtümer zu den Akten; die Humanwissenschaften, in denen die Mode herrscht, verbannen auch richtige Ergebnisse ins Archiv.

9697 Die Parteigänger, die der Freiheit in unserem Jahrhundert geblieben sind, vergessen meist die Evidenz einer höchst trivialen und altmodischen bürgerlichen These: die *Conditio sine qua non* der Freiheit, sowohl für Proletarier als für Eigentümer, ist das Privateigentum.

– Unmittelbare Verteidigung der Freiheit der einen; mittelbare Verteidigung der Freiheit der anderen.

Die Quellen der „Menschenrechte“ sind nicht in modernen Texten zu suchen, sondern im Connubium der Christenheit mit dem Feudalismus. 9698

Das Unakzeptable der „Menschenrechte“ ist in ihrem Namen enthalten. 9699

Weil seine Probleme sich außerhalb eines religiösen oder ethischen Rahmens befinden, nimmt ihnen der Moderne jedes Interesse. 9700

Die „Ideen“ des Politikers können als Kräfte wichtig sein, doch niemals als Ideen. 9701

In der modernen Welt wächst die Anzahl von Theorien, die es nur durch ein Achselzucken zu widerlegen lohnt. 9702

Den Christus der Evangelien kümmert nicht die ökonomische Lage der Armen, sondern die moralische Situation der Reichen. 9703

Unermüdlich arbeitet die moderne Gesellschaft daran, die Vulgarität allen erreichbar zu machen. 9704

Von sozialer Bedeutung ist die Religion nicht durch ihren Beitrag zum Konsens und zur Integration der Gesellschaft, sondern weil ihr Verschwinden – der Verlust des Sinnes für die Transzendenz – alle menschlichen Handlungen aus dem Gleichgewicht bringt. 9705

Gegenüber der Pluralität der Zivilisationen und Kulturen, dürfen wir weder Relativisten noch Absolutisten sein: wir müssen hierarchisieren. 9706

„Sinn“, „Bedeutung“, „Wichtigkeit“ sind Termini, die nicht nur transitive Relationen bezeichnen. 9707

Es gibt Dinge, denen Sinn, Bedeutung, Wichtigkeit an sich zukommen.

Der Ignorant glaubt, daß der Ausdruck „aristokratische Sitten“ unverschämte Verhaltensweisen bezeichnet; wer nachforscht, entdeckt, daß der Ausdruck Höflichkeit, Feinheit, Würde bedeutet. 9708

Mehr als der Irrtum erzürnt der Mißbrauch der Wahrheit. 9709

9710 Die Kirche hat nicht das Christentum der Welt anzupassen, sie hat nicht einmal die Welt dem Christentum anzupassen; sie muß vielmehr in der Welt eine Gegenwelt bewahren.

9711 Christlich ist nicht die Gesellschaft, in der niemand sündigt, sondern die, in der viele Buße tun.

9712 Die Quantität allein reicht schon, um die Bewunderung des Modernen zu erwecken.

9713 Der Historiker, der über eine Ursache redet – und nicht über Ursachen –, ist umgehend zu entlassen.

9714 Die ökonomische Ursache stellt „etwas" her – „was" entscheidet die Geschichte.

9715 Mit der Masse zu leiden ist christlich, der Masse zu schmeicheln ist nur demokratisch.

9716 Maximieren ist der moderne Imperativ; Optimieren der zivilisierte.

9717 Kultur ist etwas, das lebt, solange die „Kultur-Förderung" es nicht erstickt.

9718 Der wesentliche Mechanismus der Geschichte ist das simple Auswechseln von Individuen.

9719 Es ist unmöglich, ein Thema zu behandeln, welches jüngst von Schwachsinnigen besabbert wurde.

9720 Viele Probleme sind eher lästig denn unlösbar.

9721 Obsolete Meinung und irrige Meinung sind für den Trottel synonyme Bezeichnungen.

9722 Was über die ästhetische Qualität bestimmter neuer Werke täuscht, ist ihre Manier schlecht zu sein, die sich von der traditionellen Manier, schlecht zu sein, unterscheidet.

9723 Vor allem seine eigene Geschichte hat der Marxismus nicht verstanden.

Der einzige legitime Absolutismus unterdrückt den Absolutismus 9724
der Plebs.

In der Geschichte dauern die Gewißheiten kaum länger als die Irr- 9725
tümer.

Häufig genug verachten wir, die wir beneiden müßten. 9726

In der modernen Kunst sind reichlich Tendenzen vorhanden, die 9727
die Kapazität des ästhetischen Gewissens für Empörung aufbrauchen.

Zivilisation ist die Disziplin, die eine hohe soziale Klasse einer gan- 9728
zen Gesellschaft, allein durch ihre Existenz, auferlegt.

Zu den wichtigsten kulturellen Leistungen des Katholizismus ge- 9729
hört es, ein der ökonomischen Aktivität ungünstiges Klima geschaffen zu haben.

Das als Lob der Arbeit getarnte Lob der Habsucht war im Mittelalter unbekannt.

Der Dummkopf glaubt, daß das Buch, das gerade nicht gelesen 9730
wird, „widerlegt“ sei.

Die Machart eines Kunstwerks mag von sozialen Bedingungen ab- 9731
hängig sein; seine ästhetische Qualität ist von nichts abhängig.

Die politischen Regime werden erträglich, wenn sie beginnen, ihren 9732
eigenen Prinzipien zu mißtrauen.

Gemeinhin sieht sich der Bürger vom Verschwinden seiner oberen 9733
Klasse nicht betroffen; es ist das Klima, in dem er jetzt lebt, das ihm schadet.

Nur wenn der wirtschaftliche Erfolg des Einzelnen notwendig sei- 9734
nen sozialen Aufstieg zur Folge hat, gefährdet er die gesellschaftliche Moral.

Die „historische Notwendigkeit“ ist nur respektabel, wenn sie er- 9735
zwingt, was Respekt verdient.

9736 Das Authentische erreicht in den Künsten niemals so viel authentische Popularität wie das Unwahre.

9737 Der Irrtum kann immer triumphieren, solange es möglich ist, aus zutreffenden Diagnosen törichte Schlußfolgerungen zu ziehen.

9738 Nur die gesellschaftliche Ungleichheit rettet das Leben vor der Monotonie und dem Überdruß.

9739 Die Linke ist der Abhang, an dem alle geistigen Fähigkeiten Purzelbaum schlagen.

9740 Gott stirbt nicht, doch zum Unglück des Menschen sind die subalternen Götter – die Scham, die Ehre, die Würde, die Sittsamkeit – dahingegangen.

9741 Fast alles, was der typische Regierende dieses Jahrhunderts für seine Pflicht hält, ist nichts weiter als ein Mißbrauch der Macht.

9742 Die Plebs verliert stets, die Chefs der Plebs gewinnen immer.

9743 Die Polizei ist die einzige soziale Struktur in der klassenlosen Gesellschaft.

9744 Der vollkommene Neider will den Gegenstand seines Neides nicht besitzen, sondern vernichten.

9745 Die dauernde Veränderung der Sprache in der Geschichte schließt nicht aus, daß in einer bestimmten Epoche Tendenzen unterschiedlicher Qualität gleichzeitig wirksam sind.

Die Sprachen vervollkommnen sich und verkommen zur gleichen Zeit.

9746 Wenn wir niemals einer Mode gefolgt wären, könnten wir ohne Melancholie alt werden.

9747 Der Historiker muß die Humanwissenschaften ausbeuten, ohne sich ihnen zu unterwerfen.

9748 Verschwindet aus der Geschichtsschreibung der Begriff der Spontaneität, wuchern die Pseudo-Ursachen.

Man muß es hinnehmen, mit den Schwachsinnigen so viele Wahrheiten wie Irrtümer zu teilen. 9749

Zuweilen verstreichen Jahre, ehe die Mediokrität eines Buches offenbar wird. 9750

Intelligente Menschen nehmen überhand, doch nichts ist seltener als eine Intelligenz, die neugierig macht. 9751

Die meisten neuen Verhaltensweisen sind alt und wurden bisher von der abendländischen Zivilisation schamhaft in den dunklen Ekken der Vorstädte versteckt gehalten. 9752

Wir entdecken bald, daß die „superbia vitae" eher Dummheit ist als Sünde. 9753

Die politischen Morde sind heute nur erlaubt, wenn der Mörder von der Linken ist. 9754

Die Linke mordet nicht immer, aber sie lügt immer. 9755

Der Linke hat keine Meinungen ohne Dogmen. 9756

Der Versuchung, modisch zu sein, entkommt nur der Reaktionär. 9757

In einem intelligenten Buch suche man nicht nach Ideen; man atme die Luft, die darin herrscht. 9758

Die Philosophie braucht die Einsamkeit. Sie verwandelt sich in Mythologie, wenn eine Menge sich ihrer bemächtigt. 9759

Die Grenzen der Wissenschaft offenbaren sich mit größerer Klarheit im immer helleren Licht ihrer Triumphe.

Die persönliche Handschrift macht noch nicht den Stil aus; aber ohne sie gibt es keinen. 9760

In der Poesie ist die Häresie des „Bildes" an die Stelle der Häresie der „Idee" getreten. 9761

Um das Offensichtliche ausdrücken zu können, mußte die Menschheit Jahrhunderte des Stammelns durchleben. 9762

9763 Die Hilfswissenschaften der Geschichte bestehen aus Hilfswissenschaften der Dokumentation und Hilfswissenschaften der Interpretation; traditionsgemäß nennt man nur die ersteren Hilfswissenschaften; die letzteren sind die sogenannten Wissenschaften vom Menschen.

9764 Was an einer Idee nicht veraltet, ist ihre Intelligenz.

9765 Was sich auf ein System zurückführen läßt, endet in törichten Händen.

9766 Die Wissenschaft ist auf bestimmten Gebieten das Tribunal, das nur der Dummkopf anruft.

9767 Es gibt viele Dinge, bei denen man lernen muß zu lächeln ohne zu mißachten.

9768 Nur ohnmächtige Minderheiten messen der Lächerlichkeit der Regierenden Bedeutung bei.

9769 Um nicht deprimiert zu sein, inmitten so vieler dummer Ansichten zu leben, ist es nützlich, sich immer daran zu erinnern, daß die Dinge offensichtlich das sind, was sie sind, mag die Welt meinen, was sie mag.

9770 Statt dort,wo er nichts weiß, pflichtschuldigst zu schweigen, beginnt der Schriftsteller, lauter zu reden.

9771 Das ästhetische Werturteil geht der kritischen Analyse voraus.

9772 Wer nicht Latein und Griechisch gelernt hat, ist insgeheim davon überzeugt, nur halbgebildet zu sein.

9773 Ich möchte mir nicht die stoische Heiterkeit erobern, ich möchte die christliche Heiterkeit empfangen.

9774 Da die Gültigkeit eines Begriffs in den Humanwissenschaften auch von der Intelligenz dessen abhängt, der ihn gebraucht, ist nichts dümmer als ein solcher Begriff im Munde des Dummen.

9775 Die Humaniora erziehen, weil sie die klassischen Postulate der Moderne noch nicht kennen.

Zwischen zwei Theorien, die einander widersprechen, muß man 9776
sich entscheiden; den Widerspruch zweier Evidenzen gilt es auszuhalten.

Die Geschichte beweist, daß Regieren eine Aufgabe ist, die die Fä- 9777
higkeiten des Menschen übersteigt.

Bevor er das neue Buch empfängt, läßt der gebildete Mensch es lan- 9778
ge antichambrieren.

Der Mensch erschöpft sich, um den Beweis zu führen, daß man der 9779
Gefahr entgehen könne, und kann ihr zum Schluß doch nicht entrinnen.

Der Moderne glaubt, der Tod sei „natürlich“, solange er nicht an 9780
der Reihe ist.

Jeder große Christ beherbergt zwei Skeptiker und hat noch reich- 9781
lich Platz für das Christentum.

Zwischen dem, was überzeugt, weil es dafür Beweise gibt und dem, 9782
was uns ohne Nachprüfung, aus psychologischen Motiven heraus, überzeugt, liegt das weite Gebiet der axiologischen Evidenz.

Auch wenn patriotische Historiker sich entrüsten: die Geschichte 9783
vieler Länder entbehrt jeglichen Interesses.

Die Landflucht des Notablen war unheilvoller als die des Campesi- 9784
no.

Die ländliche Gesellschaft verlor die Träger von Einfluß und Ansehen, die ihr eine Ordnung gaben, während der Notable sich in ein anonymes Partikel der amorphen menschlichen Masse verwandelte.

Der Moderne glaubt, in einem Pluralismus der Meinungen zu le- 9785
ben, während uns heute doch die Gleichförmigkeit erstickt.

Was die Kenntnis des Menschen angeht, so gibt es keinen Christen 9786
(vorausgesetzt, er ist nicht Progressist), den irgend jemand irgend etwas lehren könnte.

9787 Der wahre Stolz verachtet so sehr, was er erreicht, daß er sich in Demut verwandelt.

9788 Der Inhalt des Gedichts zieht den Zeitgenossen an und läßt die Nachwelt kalt.

9789 Wer klug ist, aber unsere Antipathien nicht teilt, ermüdet uns rasch.

9790 Nachdem sie ständig ein Buch haben loben hören, bilden sich die meisten Leute ein, es gelesen zu haben.

9791 Ich verstehe nicht, wie man in der modernen Welt Linker sein kann, wo doch alle Welt mehr oder minder der Linken angehört.

9792 Der Glaube ist nicht irrationale Zustimmung zu einer Behauptung; er ist Wahrnehmung einer besonderen Ordnung der Wirklichkeiten.

9793 Der Reaktionär bestreitet gegenüber der *Aufklärung* nicht, daß es keine universalen Prinzipien gebe, sondern daß die von der *Aufklärung* verkündeten Prinzipien Teil der universalen Prinzipien seien.

9794 Der Ruhm der wahrhaft großen Schriftsteller ist ein künstlicher, dem Publikum aufgezwungener Ruhm, ein Ruhm der Schulen, ein subventionierter Ruhm.

Der authentische, volkstümliche, spontane Ruhm krönt nur das Mittelmaß.

9795 Der Beweis dafür, daß man aus der Geschichte nichts lernt: die demokratischen Ideale sind nicht totzukriegen.

9796 Die Diskussion des Reaktionärs mit dem Demokraten ist steril, weil sie nichts miteinander gemein haben; hingegen mag die Diskussion mit dem Liberalen fruchtbar sein, weil sie verschiedene Postulate teilen.

9797 Sich systematisch zu weigern, im öffentlich genannten Motiv das wirkliche Motiv zu sehen, beeinträchtigt das historische Verstehen: die Wahrheit ist nicht immer verborgen.

9798 Was den Vermerk „nur für Erwachsene“ trägt, ist nicht für Erwachsene bestimmt.

Es gibt Doktrinen, die nur wahr sind, wenn man sie mit gesenkter 9799
Stimme ausspricht.

Die Resultate der modernen „Befreiung“ lassen uns mit Wehmut an 9800
die abgeschaffte „bürgerliche Heuchelei“ zurückdenken.

Die Mediokren krönen nennt man: „Kulturförderung“. 9801

Das Angemessene, was man von einem Autor sagen kann, reduziert 9802
sich auf wenige Sätze.

Die Leidenschaft für die Freiheit okkupiert die leeren Seelen. 9803

In der Philosophie genügt zuweilen eine einzige naive Frage, und 9804
ein ganzes System stürzt ein.

Jedes große Buch besteht aus drei Teilen: einen Teil für die Ewig- 9805
keit, dem die Zeit nichts anzuhaben vermag; einen historischen Teil,
der unweigerlich dem Altern verfällt; einen Teil, der bald altert,
bald sich verjüngt, je nach der literarischen Mode.

Biologische Generationen sind noch keine historischen Generatio- 9806
nen: historisch gesehen ist eine Generation die Gesamtheit der Zeitgenossen eines bedeutenden Menschen oder eines bedeutenden Ereignisses.

Es gibt Wahrheiten, die sich nur in evident falschen Formen aus- 9807
drücken lassen.

Die philosophischen Systeme unterscheidet weniger, wie sie Pro- 9808
bleme lösen, sondern wie sie Probleme fliehen.

Der einschneidende Irrtum der Kirche bestand nicht darin, Galileo 9809
Galilei zu verurteilen, sondern seiner These Bedeutung beizumessen.

Mißtrauen wir in der Ästhetik allem, das aussieht, als sei es von 9810
Prinzipien abgeleitet.

Häufig ist es nicht möglich, Parteigänger bestimmter Thesen zu 9811
sein, weil es nicht erlaubt ist, die Partei ihrer Verteidiger zu ergreifen.

9812 Zuweilen überzeugt in der Philosophie die bloße These, was ihrem Beweis nicht immer gelingt.

9813 Wenn wir zu ahnen beginnen, was alles dem Menschen angeboren ist, dann begreifen wir die Pädagogik als subalterne Technik.

9814 In der Literatur ist das Internationale nicht ein Modell zum Kopieren, sondern ein Niveau, unter welches zu gehen nicht erlaubt ist.

9815 Die genaue Beschreibung ist fruchtlos.

Nur das hat beschreibende Genauigkeit, was sich in der Entwicklung eines Satzes oder vom Gipfel eines Verses aus enthüllt.

9816 Angesichts dessen, was die moderne Welt zu sein vorgibt, hat nur die Prosa der großen Niederlagen intelligenten Wohlklang.

9817 Wir lernen nur, was zu wissen wir geboren wurden.

9818 Man muß keinen feinen Geruchssinn haben, um zu merken, daß die moderne Welt stinkt. Riechen können genügt.

9819 Die Leugnung des freien Willens ist stets Ausfluß eines mehr oder minder clandestinen Dogmas.

9820 Die Lehre vom Determinismus ist eine verbale Verallgemeinerung, die der konkreten Erfahrung widerspricht.

9821 Die Beziehung zwischen Wollen und Bewegung ist magisch.

– Unnütz der Versuch, dies Ärgernis mit ad-hoc-Definitionen zu beschönigen.

9822 Fremd bleibt uns nur der übliche Vertreter eines anderen Landes.

Der kluge Mensch kommt uns, selbst wenn wir dumm sind, wie ein Landsmann vor.

9823 Das Volk wird nur in subalternen Werken zum Thema.

9824 Der Gebrauch bestimmter Wörter läßt sofort den Einfaltspinsel erkennen.

Unsere Meditation sollte nicht in einem Thema bestehen, welches von unserer Intelligenz vorgeschlagen wurde, sondern von einem intellektuellen Rauschen, das unser Leben begleitet. 9825

Die meisten politischen Ideen einer Epoche hängen vom Stand der militärischen Technik ab. 9826

Der ontologische Beweis zeigt die Notwendigkeit, die Existenz Gottes zu bejahen – er beweist nicht die Existenz Gottes. 9827

Jede gesittete Person endet im Beklagen der Mehrheit der technischen Fortschritte in diesen letzten zwei Jahrhunderten. 9828

Nichts ist uns so peinlich, wie pompös Trivialitäten hervorgebracht zu haben. 9829

Die Philosophien werden nicht obsolet, sie werden langweilig. 9830

Wer ein Prinzip bejaht, muß auch bereit sein, seine Anwendung zu überwachen. 9831

Eigentlich hat niemand viel geschrieben; die meisten wiederholen sich nur. 9832

Das Individuum muß sich in vielen Fällen kompromittieren, doch seine Intelligenz darf sich niemals kompromittieren. 9833

Was ein alter Kritiker zu einem neuen literarischen Star sagt, trifft vielleicht nicht immer, liegt meist aber auch nicht ganz falsch. 9834

Es gibt eine edle Illoyalität: die des Plebejers gegenüber der Plebs. 9835

Der Wille ist dem Menschen gegeben, um bestimmte Dinge nicht zu tun. 9836

Manche tragen das Stigma des Talents, ohne irgendein Talent zu besitzen. 9837

Für den modernen Fortschrittler ist der sehnsuchtsvolle Blick zurück die oberste Häresie. 9838

9839 So nahe uns die Argumente auch an die Entscheidung heranführen – nichts erspart uns schließlich den Sprung.

9840 Wollen wir dem ähnlich werden, was wir bewundern, dürfen wir es nicht nachahmen.

9841 Abstrakt ist die Unterscheidung zwischen *de facto* und *de iure* offensichtlich, jedoch konkret mehren sich die Verwechslungen.

Es gibt reichlich Wörter (wie z.B. „wichtig“), die *ad libitum* Recht oder Tatsache bedeuten.

9842 Weigern wir uns, eine Meinung zu dem Thema zu haben, das den Pöbel erhitzt.

9843 Die kein Talent besitzen, sollten so eitel sein, zu schweigen.

9844 Die improvisierte Idee erstrahlt und erlischt.

9845 Die einschneidendsten individuellen und sozialen Katastrophen werden von den Opfern nicht bemerkt: die Individuen werden stumpfsinnig und die Gesellschaften verkommen, ohne sich dessen bewußt zu sein.

9846 Weder die Improvisation an sich, noch die Meditation an sich, erreichen eine größere Sache.

In Wirklichkeit gilt nur das spontane Ergebnis vergessener Meditationen.

9847 „Coriolanismus“ könnte man die Empfindung nennen, die der Triumph der Plebs im unparteiischen Betrachter weckt.

9848 Abgesehen davon, daß jedes Ereignis Text in einem Kontext ist, setzt es sich in einem Supra-Text fort.

9849 Das Schwierige des schwierigen Philosophen ist meist seine Sprache und nicht seine Philosophie.

9850 Man gewöhne sich nicht daran, mit „human“ und „zivilisiert“ das Verkrüppelte und das Schweinische zu bezeichnen.

9851 Die wirklich bewundernswerten Texte blenden uns nicht plötzlich, sie bemächtigen sich allmählich unserer Bewunderung.

Der ausreichend ernährte Mensch unterwirft sich der ärgsten 9852
Schmach.

Unverzeihlich bei einem Philosophen: Wenn die Wissenschaft ihn 9853
blendet und die Technik ihn erleuchtet.

Es gibt Aufgaben der Intelligenz, die Sache der Franc-tireurs sind; 9854
für die eigentlich wissenschaftlichen Aufgaben muß man ins reguläre Heer eintreten.

Es gibt Intelligenzen, die gleichzeitig unsere Bewunderung und un- 9855
sere Antipathie wecken.

Es gibt keine soziologische Verallgemeinerung, die nicht das ver- 9856
zeichnet, was sie umreißt.

Eine philosophische Haltung wird durch ihr geheimes Paradigma 9857
bestimmt: das unausgesprochene Beispiel, auf das sich alles bezieht, was es zu verstehen gilt.

In der Kultur, die man kauft, nehmen falsche Noten überhand; nur 9858
die geerbte ist nie verstimmt.

Ob er das, was er weiß, auch verstanden hat, kann der Wissende oft 9859
selbst nicht sagen.

Die Moderne hat das Privileg, die Demut zu korrumpieren. 9860

Daß es eine Kollektivseele gibt, entdeckt man, wenn man ein Kol- 9861
lektiv sieht, in dem sie gestorben ist.

Es ist anregender, die Philosophien als pittoreske Kapitel in der Ge- 9862
schichte des Denkens zu sehen, denn als ehrgeizige Kämpfe um die Wahrheit.

Zwei Krankheiten der Gesellschaft: entweder gibt es nur die Öf- 9863
fentlichkeit oder es gibt eine Trennung von Öffentlichem und Privatem.

Gesund ist nur die Gesellschaft, in der der öffentliche Sektor der öffentliche Sektor des Privaten ist.

9864 Bewundern oder verabscheuen sind gleichermaßen lächerliche Haltungen, sofern sie nicht diskret und leise sind.

9865 Die öffentliche politische Diskussion ist in keinem Land intellektuell erwachsen.

9866 Der Determinismus ist Ideologie, die Freiheit ist Erlebnis.

9867 Der Determinist pflegt der politischen Freiheit eine Bedeutung beizumessen, die den Anhänger der Theorie des freien Willens verblüfft.

9868 In der gegenwärtigen Welt ist der Verzicht eine Geste des Anstands.

9869 Burke konnte noch Konservativer sein. Die Fortschritte des „Fortschritts" verpflichten dazu, Reaktionär zu sein.

9870 Die bloße Vernunft kann kein „Vorurteil" widerlegen, sondern nur zeigen, daß es einem anderen „Vorurteil" widerspricht.

9871 Wann eine Idee entsteht, ist bedeutsam, um sie richtig zu sehen, darf aber kein Grund sein, um sie anzunehmen oder zurückzuweisen.

9872 Der Christ macht sich nicht vor, daß die Probleme, von denen die Religion spricht, gelöst seien; er betrachtet sie von der Ewigkeit her.

9873 Eine Theologie, die uns heute bewegen könnte, müßte sich darauf beschränken, Pascals „sensible au coeur" zu kommentieren.

9874 Die unheilvolle Gleichförmigkeit, die uns bedroht, wird uns nicht von einer Doktrin aufgezwungen werden, sondern durch ökonomisch und sozial gleichförmige Bedingungen.

9875 Der Liberalismus wirkt sich auf die Freiheit nachteilig aus, weil er die Restriktionen ignoriert, die sich die Freiheit auferlegen muß, um nicht durch sich selbst zerstört zu werden.

9876 Wird das Bild nur als ästhetisches Objekt behandelt und nicht auch als System von Zeichen, verliert die Malerei eine ihrer Dimensionen.

Die Geste ist, mehr als das Wort, der wirkliche Übermittlet der Traditionen. 9877

„Escapismus" lautet die Anklage, die der Schwachsinnige bevorzugt. 9878

Ich sah, wie die Philosophie nach und nach zerrann zwischen meinem Skeptizismus und meinem Glauben. 9879

Das Trägheitsprinzip und der Begriff der natürlichen Auslese eleminieren die Notwendigkeit, einen Sinn hinter den Tatsachen zu suchen; aber sie beweisen nicht, daß es keinen Sinn gibt. 9880

Die ganze Gemeinheit des Menschen zeigt sich nur in den riesigen formlosen Großstadtregionen. 9881

Die wirkliche Eleganz muß immer vermeiden, was das zeitgenössische Publikum für elegant hält. 9882

Würde das, was populär wird, nicht unweigerlich vulgär, müßte uns das Bekanntwerden dessen, was wir lieben, keine Sorgen machen. 9883

Während die Zeitgenossen nur den Optimisten mit Enthusiasmus lesen, bewundert die Nachwelt den Pessimisten. 9884

Es ist richtig zu fordern, daß der Schwachkopf die Künste, die Literatur, die Philosophie, die Wissenschaft respektiere, aber er soll sie schweigend respektieren. 9885

Das Individuum zu erziehen heißt es lehren, den Ideen zu mißtrauen, die ihm einfallen. 9886

Entscheidend am Christentum ist seine Wahrheit, nicht die Dienste, die es der profanen Welt zu leisten vermag. 9887
– (Der vulgäre Apologet vergißt das).

Keine der großen Epochen war geplant. 9888
– Fehler kann man nur Reformatoren vorwerfen.

In bestimmten Epochen wie der gegenwärtigen, wird die falsche Tiefe ein eigenes literarisches Genre. 9889

9890 Manche Dinge werden schon beschmutzt, wenn man nur über sie spricht.

9891 Es reicht, daß die Zeit sie ein wenig veraltet, damit es nicht schwierig ist, über die Mehrheit der literarischen Neuerungen nicht zu lachen.

9892 Die Existenz geistiger Klimata setzt voraus, daß der Einzelne überindividuellen Entitäten angehört.

Der simple Begriff des Einflusses oder der Ansteckung genügt nicht.

9893 In jeder philosophischen Strömung wird das Denken sklerotisch, werden die technischen Probleme der Philosophie dominant.

9894 Die Worte werden im Volke geboren, erblühen bei den Schriftstellern, sterben im Munde der Mittelschicht.

9895 Vor nichts müssen wir unser Denken mit der gleichen Sorgfalt schützen wie vor der Weitergabe von Halbwahrheiten.

9896 Die literarische Kritik wird geboren in den Zeitungen und stirbt in den Universitäten.

9897 Jede Sache, die rentabel wird, fällt in gemeine Hände.

9898 Der Regierende in Hemdsärmeln begeistert zunächst das Volk, später widert er sogar den Pöbel an.

9899 Niemand ist dümmer als der, der mit Enthusiasmus jede Inauguration feiert.

9900 Die Industrialisierung kennt eine einzige Alternative: Kapitalismus oder Kommunismus.

– Die alten, erträglichen Optionen schließt sie aus.

9901 Die sich mit der Philosophie beschäftigen, würden sie nicht so ernst nehmen, wenn sie sie normalerweise nicht beruflich ausübten.

9902 Der intelligente Hedonist genießt vor allem das Glück derer, die er liebt.

Brauchbar ist nur das Notwendige, reizvoll nur das Ungewisse. 9903

In den letzten zwei Jahrhunderten hat es keine unschuldige Generation gegeben. 9904

Die Zivilisation erobert nichts endgültig; sie feiert nur vorübergehende Triumphe. 9905

Den gebildeten Menschen erkennt man daran, daß er sich nicht darum kümmert, einer zu sein. 9906

Die Monarchen beinahe jeder Dynastie sind derart mittelmäßig geworden, daß sie wie Präsidenten wirken. 9907

Erst mit den Jahren können wir unsere Ignoranz rücksichtsvoll behandeln. 9908

Die Prosa ist vollkommen, wenn der begabte Leser nicht merkt, daß sie gut geschrieben ist. 9909

Die Wahrheit wird sich nie beweisen; nur der Irrtum verrät sich früher oder später. 9910

Die Demokratie kennt keinen Unterschied zwischen Wahrheiten und Irrtümern; sie unterscheidet nur populäre Meinungen von unpopulären Meinungen. 9911

Das Volk fühlt sich heute nur frei, wenn es sich autorisiert sieht, nichts zu respektieren. 9912

Die dienenden Tätigkeiten verschwinden nicht, doch ihre Würde schwindet, tritt an die Stelle des freiwilligen Dienstes an Dritten die obligatorische Selbstbedienung. 9913

Die literarischen Werturteile haben an Glaubwürdigkeit verloren, seit die unwissende Masse und die Universitätsexperten sich die Jurisdiktion über die Literatur teilen. 9914

Der Moderne hat die Seele verloren und ist jetzt nichts als die Summe seiner Teile. 9915

Der Gesellschaftsanzug ist der erste Schritt zur Zivilisation. 9916

9917 Eine Erziehung ohne Humaniora bereitet nur auf unfreie Tätigkeiten vor.

9918 Nichts ist so schnell obsolet geworden, wie die kühnere Moderne.

9919 Neben den zivilisierten Gesellschaften und den halb-zivilisierten Gesellschaften gibt es pseudo-zivilisierte Gesellschaften.

9920 Ohne den Kontext der Renaissance ist Humanist ein lächerliches und leeres Wort.

9921 Die Menschen verstehen schwer, daß sie nicht verstehen.

9922 Wo es nur noch Volk gibt, ist der Tyrann sicher.

9923 In den Humanwissenschaften nehmen die von ihrer Natur her dem Verstand nicht zugänglichen Probleme überhand – für den nordamerikanischen Professor wie für den marxistischen Intellektuellen.

9924 Die bloße Beschreibung ist noch nicht wirkungsvoll – sie muß den Leser auch glauben machen, sie habe wirklich etwas beschrieben.

9925 Nichts irritiert mehr als die Sicherheit, mit der man über all das urteilt, was irgendwo erfolgreich gewesen ist.

9926 Der wahre Christ resigniert vor dem Unabwendbaren: er vertraut der Impertinenz unablässigen Betens.

9927 Die Kirchenväter haben die falsche Theologie des Heidentums nicht von seiner authentischen Religiosität unterscheiden können.

9928 Gelangweilt wie ein Staatsgast.

9929 Die Zivilisation lebt, solange sich Spuren aristokratischer Gewohnheiten erhalten.

9930 Die Industrialisierung der Landwirtschaft verschüttet die Quelle der Ehrbarkeit in der Welt.

9931 Wo die Akkumulation des Reichtums keine politischen, sondern ökonomische Ursachen hat, sind die Armen weniger arm und die Reichen reicher.

Die Häresie, die in unserer Zeit die Kirche bedroht, ist der „terrenismo“. 9932

Weil die Meinungen sich ändern, glaubt der Relativist, die Wahrheiten änderten sich. 9933

Experten kann es nur für die subalternen Angelegenheiten geben. 9934
Das Wichtige läßt sich niemals auf Normen zurückführen; es bleibt Wagnis der Intelligenz.

Rührselig wie das Geständnis eines Poeten in einem Interview. 9935

Die Kunsthändler wären nicht so schlimm, betrieben sie ihr Geschäft nicht mit apostolischer Rhetorik. 9936

Wer vor einer neuen Erfindung nicht erzittert, kennt nicht die Geschichte der Erfindungen. 9937

Die Popularität ist dem Mittelmaß reserviert; das Erhabene muß sich mit dem Ruhm begnügen. 9938

Die Fragmente der Vergangenheit beschämen die moderne Landschaft, in der sie überlebt haben. 9939

Die Naturwissenschaften können zweckmäßigerweise von Sklaven betrieben werden; die Humanwissenschaften brauchen freie Menschen. 9940

Legitim ist das soziale System, das die Koexistenz der größten Zahl an Werten erlaubt. 9941

Der Glaube ist teils Intuition, teils Wette. 9942

Die Probleme einer Epoche, die der Nachwelt wichtig scheinen, haben die Zeitgenossen meist nicht im geringsten beschäftigt. 9943

Die Goldene Regel in der Politik: nur winzige Veränderungen in der größtmöglichen Langsamkeit vornehmen. 9944

Die Geschichte ist nur zwischen dem 5. und dem 12. Jahrhundert erträglich. 9945

9946 Die allgemeine Intelligenz ist mit der technischen Intelligenz unvereinbar.

9947 Das Wort „Fortschritt" bezeichnet eine wachsende Akkumulation wirksamer Techniken und stumpfsinniger Meinungen.

9948 Das Volk trifft zuweilen ins Schwarze, wenn es erschrickt; doch täuscht es sich stets, wenn es sich begeistert.

9949 Es gibt literarische Genres – etwa die „Gothic novel" – die wie eine Parodie ihrer selbst anmuten.

9950 „Guter Bürger" nennt sich das Individuum, das durch alberne Ursachen beunruhigt wird.

9951 Nur die theozentrische Vision hat nicht die absolute Bedeutungslosigkeit des Menschen zum Ergebnis.

9952 Die authentische Klassik überwindet den traditionellen Antagonismus von „klassisch" und „romantisch".

9953 Die Klarheit des Textes ist das einzig unbestreitbare Zeichen für die Reife einer Idee.

9954 Eine politische Struktur, die der „Vernunft" kein Ärgernis ist, wird in kurzer Zeit unerträglich sein.

9955 Jeder technische Fortschritt ist ein Abschnitt in der Vervollkommnung der Tyrannei.

9956 Die einschneidenden historischen Ereignisse verändern die Völker in ihrer Substanz.

9957 Warum sollen wir uns etwas vormachen? – Die Wissenschaft hat keine einzige wichtige Frage beantwortet.

9958 Der literarische Snobismus ist eine unentbehrliche Tugend.

9959 Wiederlesen beerdigt meistens und läßt nur selten auferstehen.

9960 Die ungerechte Ungleichheit heilt man nicht mit Gleichheit, sondern mit gerechter Ungleichheit.

Die Pseudo-Bedeutung ist immer noch das bevorzugte Ausdrucksmittel der Literatur- und Kunstkritiker. 9961

Ich fühle mich mehr und mehr wie einer von diesen *quidem non admodum indocti,* denen *totum hoc displicet philosophari.* 9962

Erziehung im eigentlichen Sinne gibt es nur in Gesellschaften, in denen die soziale Stellung der Familien, sei sie hoch oder niedrig, Generationen hindurch gleich geblieben ist. 9963

Das wahre Desaster der Linken wird offenbar, wenn sie hält, was sie verspricht. 9964

Ausgeliefert der demokratischen Predigt, verliert das Volk die ihm eigenen Tugenden, ohne die der Klasse zu erwerben, die es beneidet. 9965

Auf vulgäre Art zu schreiben garantiert dem Schreiber heutzutage einen weiten Leserkreis. 9966

Die Beschreibung hängt weniger von Epitheta und Metaphern ab als vom Rhythmus und vom Wohlklang. 9967

Die Redensarten sind bildhaft, vergnüglich, praktisch; literarisch jedoch abscheulich. 9968

Die Literatur über einen Autor ist am Anfang Brücke zwischen ihm und dem Publikum und am Ende Barriere zwischen dem Publikum und ihm. 9969

Wir dürfen nicht beabsichtigen, den klugen Gedanken dem klug erscheinen zu lassen, der es selbst nicht ist. 9970

Zu den schönsten menschlichen Beziehungen zählt das herzliche Verhältnis zwischen Herr und Knecht. 9971

Die literarischen Genres tragen nicht zu allen Zeiten der Geschichte gleiche Frucht. 9972

Der Roman zum Beispiel ist ein Genre des 19. Jahrhunderts; davor ist er Prolog, danach Epilog.

9973 Soll die „Zivilisation“ etwas anderes sein als ein Repertoire von Techniken in barbarischen Händen, hat der soziale Aufstieg selten und langsam vonstatten zu gehen.

9974 Wenn mich an einem Stile etwas bezaubert, scheint es der Klassik zu entstammen.

9975 Nur eine politische und soziale Struktur, die es unmöglich macht viel zu regieren, garantiert eine gute Regierung.

9976 Der Millenarismus des modernen Klerus ist häretischer als der traditionelle Millenarismus: er ist eher die Konsequenz menschlicher Anstrengung denn die Verkündung des kommenden Reiches.

9977 Wirkliche Freiheit besteht nur dort, wo eine Vielzahl von Herren es erlaubt, leicht von einem zum anderen zu wechseln.

9978 In der gesunden Gesellschaft ist der Staat Organ der regierenden Klasse; in der mißratenen Gesellschaft ist er Werkzeug der Bürokratie.

9979 Die „Urkirche“ war stets die bevorzugte Rechtfertigung des Häretikers.

9980 Wenn der Dummkopf merkt, daß die Gewohnheiten sich ändern, sagt er, die Moral ändere sich.

9981 Sicherheit besitzt der Christ nur in der persönlichen Moral; wenn er irgendeine soziale Reform unterstützt, kann er sich täuschen.

9982 Die meisten der im eigentlichen Sinne modernen Gewohnheiten wären in einer zivilisierten Gesellschaft Verbrechen.

9983 Die Mehrheiten lassen die Macht nicht so schnell verkommen wie die Halbgebildeten.

9984 Der demographische Druck vertiert.

9985 Die oberen Klassen sind der Ort, an dem die Gesellschaft sich Sauerstoff zuführt.

Der liberale Staat ist nicht die Antithese des totalitären Staates, son- 9986
dern dessen symmetrischer Irrtum.

Die Philosophie löst kein einziges wissenschaftliches Problem; die 9987
Wissenschaft hinwiederum löst kein einziges philosophisches Problem.

Die Linke behauptet, schuld am Konflikt sei nicht, wer fremde Gü- 9988
ter begehrt, sondern wer die eigenen verteidigt.

Fragen der Freiheit oder des Gewissens entziehen sich der Wissen- 9989
schaft.

Die Methoden der Wissenschaft sind philosophisch von Belang, ih- 9990
re Ergebnisse sind es nicht.

Der vollständig Freie erniedrigt sich bald. 9991

Der Neid erklärt mehr als der Geschlechtstrieb. 9992

Die Demokratie ist wesentlich axiologischer Relativismus; die Re- 9993
aktion axiologischer Objektivismus.

Sagen wir unserem Gegner frei heraus, daß wir seine Ideen nicht 9994
teilen, weil wir sie verstehen, und daß er die unseren nicht teilt, weil
er sie nicht versteht.

Wo man den Gesetzgeber nicht für allmächtig hält, überlebt das 9995
mittelalterliche Erbe.

In der Demokratie verhält sich die Populartität eines Regierenden 9996
proportional zu seiner Vulgarität.

„An den Menschen glauben“ ist noch keine Blasphemie, sondern 9997
nur eine Dummheit mehr.

Wer nicht unseren Widerwillen teilt, versteht nicht unsere Ideen. 9998

Ganz kennen wir nur, was zu lehren wir uns nicht fähig fühlen. 9999

Verstehen heißt nicht, von der Transzendenz zur Immanenz zu ge- 10000
langen, sondern von der Außenwelt zur Transzendenz.

10001 Die Religion ist sozial nicht wirksam, wenn sie sozio-politische Lösungen übernimmt, sondern wenn sie es erreicht, daß rein religiöse Verhaltensweisen unmittelbar auf die Gesellschaft einwirken.

10002 Der Beruf verwandelt das Individuum in ein soziales Utensil.

10003 Nachdem die allgemeinen Wahlen im vergangenen Jahrhundert das Instrument des politischen Radikalismus waren, haben sie sich, wie Tocqueville es voraussah, in einen Mechanismus des Beharrens verwandelt.

10004 Das technisch Perfekte ist stets unzureichend.

10005 Die in den letzten zweihundert Jahren errichteten Denkmäler besichtigen nur die Dummköpfe mit Bewunderung.

10006 Jeder Stil gehorcht Prinzipien, doch er wird unfruchtbar, gelingt es, sie beim Namen zu nennen.

10007 Von den großen Männern darf man mit Feindseligkeit sprechen, aber nie mit Herablassung.

10008 Klassik, Romantik und Realismus sind die eine Partei; Barock, Manierismus und Modernismus die andere.

10009 Das wahre Verdienst der modernen Kunst besteht darin, uns die Augen für die nicht-klassischen Stile geöffnet zu haben.

10010 In den Evangelien verstehe ich das Mythische symbolisch und die Wunder buchstäblich.

10011 Die kulturellen Neigungen des Publikums gelten zu vier Fünftel Täuschungen.

10012 Sowie man eine ernsthafte kulturelle Tätigkeit mit dem Namen bestimmter Nationen in Verbindung bringt, ist sie in ihrer Bedeutung gemindert.

10013 Jedes von einem Rhetor, Intellektuellen, Demagogen oder Techniker inspirierte historische Geschehen läßt zum Schluß das Volk im Blut ertrinken.

Die Kirche erzog; die Pädagogik der modernen Welt instruiert nur. 10014

Es gibt Augenblicke, in denen der schlimmste Fehler, das schlimm- 10015
ste Verbrechen, die schlimmste Sünde die schlechte Erziehung zu sein scheint.

Die sogenannten Vorurteile der oberen Klassen bestehen meist aus 10016
angesammelten Erfahrungen.

Der demokratische Staat ist das Werkzeug, mit dem zuerst die 10017
Mehrheiten die Minderheiten unterdrücken und später die Mehrheiten sich selbst.

Das Wahlrecht ist nur, wenn es streng beschränkt wird, mit der Zi- 10018
vilisation vereinbar.

Um die Institution zu retten, wirft der moderne Klerus die Bot- 10019
schaft über Bord.

Alle Berufe als gleichrangig zu betrachten ist der Wirklichkeit 10020
ebenso entgegengesetzt wie der individuelle Egalitarismus.

In einer Zivilisation bilden die Berufe eine hierarchische Ordnung.

Das Individuum stellt sich weniger in seinen Widersprüchen dar, als 10021
in der Art, in der es mit ihnen lebt.

Besitzen wir die Schamlosigkeit, das Buch, das uns anödet, als 10022
schlecht zu bezeichnen, ohne Vorwände für unseren Überdruß zu suchen!

Was an der Unverschämtheit des Heute gegenüber der Vergangen- 10023
heit tröstet, ist die vorhersehbare Unverschämtheit der Zukunft gegenüber dem Heute.

Zwischen zwei historischen Perioden sind die Ähnlichkeiten 10024
scheinbar und nur die Unterschiede wirklich.

Es hat keinen Sinn, dem Zeitgenossen die Vulgarität der heutigen 10025
Welt vor Augen zu führen: es ist gerade diese Vulgarität, die ihn verführt und begeistert.

10026 Es genügt, die Göttlichkeit Christi zu leugnen, um das Christentum zum Haupt aller modernen Irrtümer zu machen.

10027 Der Staat will den obligatorischen und kostenlosen Unterricht, *ut hominem stupidwn magis etiam infatuet mercede publica.*

10028 Barock, Manierismus, Modernismus sind vornehme Krankheiten, aber eben doch Krankheiten.

10029 Der Überfluß an Künstlern in unserer Zeit ruiniert das Ansehen der Künste.

10030 Die Mythen vermögen wahr zu sein, ohne wirklich zu sein – wie die Darstellung mit den Mitteln der Kunst.

10031 Um an die Möglichkeit des Wunders zu glauben, genügt es, das Zufallshafte der „Notwendigkeit" zu betrachten.

10032 Alles in der Welt beruht letztlich auf einem „eben darum".

10033 Überraschender als die meisten Überzeugungen sind die Argumente, mit denen sie gesiegt haben.

10034 Eine These erreicht ihre Klarheit erst, wenn ein intelligenter Mensch sie darstellt, der nicht an sie glaubt.

10035 Die Religion verdunstet, wird sie verfeinert.

– Die religiösen Glaubenssätze müssen volkstümlich und holzschnittartig sein.

10036 Worte drücken das Religiöse am schlechtesten aus.

10037 Architektur, Bildhauerei, Malerei, Musik können das besser.

10038 Was von Gott entfernt, ist nicht die Sünde, sondern der Versuch, sie zu entschuldigen.

10039 Selbst die demokratische Praxis ist eher zu ertragen als der „demokratische Geist".

Die „Kultur fördern“ wollen und dazu die Lektüre der „nationa- 10040
len“ Autoren zu empfehlen, ist, von wenigen Ländern abgesehen, ein in sich widersprüchliches Unternehmen.

Seitdem der Immoralismus populär geworden ist, hat er für den 10041
gebildeten Menschen sein Prestige verloren.

Die geheime Sehnsucht jeder zivilisierten Gesellschaft ist es nicht, 10042
die Ungleichheit abzuschaffen, sondern ihren sittlichen Charakter zu verwirklichen.

Der Erfolg bestimmter Bücher ist unbegreiflich – sie sind nicht mit- 10043
telmäßig genug.

Die fälschlich „städtische Revolution“ genannte Bewegung des 12. 10044
Jahrhunderts war nicht der erste Akt des demokratischen Abenteuers und gehört nicht zur modernen Geschichte.

– Die kommunale Bewegung hatte das Ziel, eine neue soziale Klasse, das Bürgertum, in das feudale System und die kirchliche Hierarchie einzugliedern.

– Die Bewegung widersprach nicht dem sozialen Gefüge des Mittelalters, sondern vervollständigte es.

Nur das reaktionäre Denken trägt kein ideologisches Stigma, weil 10045
es nackte und freimütige Verteidigung des Privilegs ist.

Der moderne Klerus hat die Ordnung des Evangeliums berichtigt: 10046
er läßt Gott weg und befiehlt, den Nächsten über alles zu lieben.

Es gibt zwei Interpretationen der Volkswahl: eine demokratische 10047
und eine liberale.

Nach der demokratischen Interpretation ist die Wahrheit das, was die Mehrheit beschließt; nach der liberalen Interpretation wählt die Mehrheit bloß eine Meinung aus.

Eine dogmatische und absolutistische Interpretation die eine; eine skeptische und bescheidene Interpretation die andere.

Die geschwätzigen Abhandlungen des Ungläubigen wirken auf den 10048
Christen nicht blasphemisch, sondern nur dümmlich.

10049 Die „Natur“ ist eine prä-romantische Entdeckung, die von der Romantik verbreitet wurde und die von der Technik in unseren Tagen gemordet wird.

10050 „Rationalismus“ nennt man eine intellektuelle Haltung, die als rational nur ansieht, was zu unserem physischen Wohlergehen beiträgt.

10051 Die Religion gerät nicht durch die primitiven Kulte in Mißkredit, sondern durch die nordamerikanischen Sekten.

10052 Lebendig ist nur ein „kultureller Nationalismus“, den eine plötzliche Welle von Internationalismus nicht auslöscht.

10053 In der modernen Gesellschaft ist der Kapitalismus die einzige Barriere gegen den inhärenten Totalitarismus des industriellen Systems.

10054 Das Ideal des Reaktionärs ist keine paradiesische Gesellschaft. Es ist die Gesellschaft der Friedenszeiten in *Alteuropa*, – vor der demographischen, industriellen und demokratischen Katastrophe.

10055 Das Problem der zunehmenden Inflation wäre lösbar, wenn die moderne Menschheit nicht jedem Versuch, die Habgier zu beschränken, einen unüberwindlichen Widerstand entgegensetzte.

10056 Aussprechen darf nur, wer weiß; die anderen haben sich mit Anspielungen zu begnügen.

10057 Romantischer Geist und klassische Form – das Werk, das sich dieser Formel am meisten nähert, besitzt in jeder Kunst die größte Verführungskraft.

10058 Jede Mythologie ist auf eine bestimmte Weise zutreffend, jede Philosophie ist auf eine bestimmte Weise falsch.

10059 Der naivste Aberglaube: zu glauben, die Wissenschaft reiche aus.

10060 Im Gegensatz zur vulgären Tendenz, das Religiöse auf das Ethische zu reduzieren, entdeckte die Romantik über das Ästhetische das Eigentliche des Religiösen.

Das Volk ist zivilisiert, solange es noch Spuren einer oberen Klasse mit der Peitsche in der Hand gibt. 10061

Die frühe Kirche konnte mit der hellenistischen Welt verschmelzen, weil die antike Zivilisation religiös war. In der Gegenwart korrumpiert sich die Kirche, wenn sie paktiert. 10062

Die Bewunderung, die griechische Literatur und griechische Kunst erwecken, hat der Nachwelt den Blick auf den griechischen Menschen verstellt: neidisch, illoyal, sportbegeistert, demokratisch und homosexuell. 10063

Die Dekadenz der Religion in unserer Zeit verdankt sich einer wachsenden Verdummung durch die Wissenschaft, deren Begrenzung sich *de facto* permanent verschiebt, wenn auch innerhalb von *de iure* unverletzten und unverletzbaren Grenzen. 10064

Ohne die glückliche Paralyse des griechischen Genius hätte die technologische Tendenz des frühen Hellenismus wahrscheinlich die furchtbare moderne Welt vorweggenommen. 10065

Der Unterschied zwischen der mittelalterlichen und der modernen Welt ist klar: in der mittelalterlichen war die Struktur gesund und bestimmte Abläufe fehlerhaft, in der modernen sind gewisse Abläufe intakt geblieben und die Struktur ist im Ganzen fehlerhaft. 10066

Der Handwerker ist ein Organismus; der Industriearbeiter ist ein Organ. 10067

Der eine ist konkrete Person, der andere ist verstümmeltes Individuum.

Wo das Recht nicht auf der Gewohnheit beruht, verwandelt es sich schnell in eine politische Waffe. 10068

Je eifriger man einen Mythos in Ideen übersetzen will, desto mehr entfernt man sich von seiner Wahrheit. 10069

Warum sollte nach mehreren Jahrhunderten sowjetischer Hegemonie die Konversion eines neuen Constantin ausgeschlossen sein? 10070

Der Kommentator nimmt den Text meist ernster als der Autor selbst. 10071

10072 Die Teilung der Gewalt ist die Bedingung der Freiheit.
– Nicht die formale und stets gefährdete Teilung in Exekutive, Legislative und Judikative, sondern die Teilung in drei in sich geordnete, konkrete und starke Gewalten: in die monarchische, die aristokratische und die populäre Gewalt.

10073 Die Philosophien sterben nicht, weil sie widerlegt werden, sondern weil man aufhört, sie zu diskutieren.

10074 In den Humanwissenschaften sind die Irrtümer zyklisch: die Wahrheit erstrahlt einen Augenblick lang zwischen zwei Erscheinungsformen des gleichen Irrtums.

10075 Das allgemeine Niveau einer Gesellschaft wird niedriger notiert, wenn das soziale Prestige ihrer Notablen erlischt.

10076 Ein Volk, das sich erhebt, brüllt zunächst; dann besäuft es sich, raubt, mordet und legt sich dann wieder schlafen.

10077 Nichts ist reizvoller, als einsam über unlösbare Probleme zu meditieren; nichts erregt mehr Überdruß, als sie mit dritten zu diskutieren.

10078 Die Tragödie der Sensibilität in der Moderne liegt im zunehmenden Technizismus des alltäglichen Lebens, der uns zwingt, das alte scholastische Axiom umzukehren: *nihil est in sensu quod prius non fuerit in intellectu.*

10079 Das Schwierige in der Philosophie ist nicht, für den Experten zu schreiben, sondern für den Laien.

10080 Der Zufall ist zuweilen Künstler, der von Erörterungen geschwächte Wille ist es nie.

10081 Der perfekte Konformist der Gegenwart ist der Ideologe der Linken.

10082 Offenkundig ist „jeder nur das wert, was er ist“.
– Dazu gehört aber auch das, was er geerbt hat und was die Umgebung, in der er geboren wurde, auf ihn ausstrahlt.

Übersehen wir die Kunst einer Epoche, wird uns ihre Geschichte zu einem monochromen Bild. 10083

Keine minutiöse Erklärung taugt soviel, wie eine kurze Erleuchtung. 10084

Die historischen Ereignisse verlieren in dem Maße an Interesse, in dem sich die Zeitgenossen daran gewöhnen, sie mit Kategorien der Säkularisation zu beurteilen. 10085

Ohne die Intervention von Göttern wird alles langweilig.

Wer das Kunstwerk nur als ästhetisches Objekt betrachtet, verstümmelt es. 10086

Es genügt, ein Volk aufzurühren und ein fauliger Geruch breitet sich aus. 10087

Jede Charlatanerie beginnt mit dem unschuldigen Mißbrauch einer Metapher. 10088

Die Wahrheit ist nicht Ergebnis von Überlegungen, sondern unbeweisbares Postulat. 10089

Der Moderne nennt „Wandel" das immer schnellere Marschieren auf dem gleichen Weg in die gleiche Richtung. 10090

In den letzten dreihundert Jahren hat sich die Welt nur in diesem Sinne gewandelt.

Der bloße Vorschlag zu einem wirklichen Wandel empört und erschreckt den Modernen.

Der Reaktionär ist nicht Ratgeber des Möglichen, sondern Bekenner des Notwendigen. 10091

Die christlichen Progressisten verwandeln das Christentum in einen humanitaristischen Agnostizismus mit christlichem Vokabular. 10092

Die Kultur ist ein „elitäres" Phänomen. 10093

Es gibt keine volkstümliche Kultur; sie hat nur ihre volkstümlichen Abteilungen.

Jetzt weisen sie das Christentum nicht einmal mehr der Ethik zu, sondern nur noch der Soziologie. 10094

10095 Wer der heutigen Mode entsprechen will, fällt weniger lästig, als diejenigen, die der Mode von morgen nachjagen.

Die Bourgeoisie ist erträglicher als die Avantgarde.

10096 Der Wunsch, ein Gedicht zu übersetzen, darf dem, der es bewundert, zuletzt kommen.

10097 Es kostet Mühe sich vorzustellen, daß die moderne Welt irgendwann den Reiz der ganzen vergangenen Welt haben könnte.

10098 Der moderne Klerus glaubt, den Menschen näher an Christus heranzuführen, wenn er dessen Menschentum betont.

– Er vergißt, daß wir Christus nicht vertrauen, weil er Mensch ist, sondern weil er Gott ist.

10099 Es gibt eine Barbarei mit sehr niedriger und eine Barbarei mit sehr hoher demographischer Dichte. Das volle Bewußtsein von der radikalen Nicht-Verständlichkeit der Welt führt uns zur radikalen Rebellion oder zur radikalen Unterwerfung.

10100 Verglichen mit der sophistischen Struktur einer jeden historischen Tatsache, sind die Verallgemeinerungen des Marxismus von einer rührenden Unschuld.

10101 Eine Bürokratie kommt dem Volke stets teurer zu stehen als eine Oberklasse.

10102 Was von Bedeutung ist, erweist sich allein dadurch, daß es der wohlgeborenen Seele gefällt.

10103 Man hüte sich vor denen, von denen man sagt, sie hätten „viele Verdienste".

Sie haben stets eine Vergangenheit, die sich rächt.

10104 Der Triumph der Geschichtsschreibung: erklären, ohne zu philosophieren.

10105 Wenn alles Ideologie ist, dann ist die Geschichte ein Karneval ohne Bedeutung.

In jeder kritischen Situation wendet sich der Liberale an den Konservativen, damit dieser ihn vor den Konsequenzen liberaler Ideen rette. 10106

Man kann einfach feststellen, ob eine Idee intelligent ist: man muß herausbekommen, ob sie unpopulär ist. 10107

Die theologischen Abhandlungen scheitern, wenn sie danach streben, logische Schlußfolgerungen aus Metaphern zu ziehen. 10108

Das Wichtigste in der Philosophie ist die Linie, die das Gebiet eines Geheimnisses begrenzt. 10109

Der Unbekannte, der als erster sagte *Individuum est ineffabile*, unternahm etwas Bedeutsameres als jener, der sich eine kühne Spekulation bildete.

Im Betonen des Wortes „Technik" wird der Dummkopf rührselig, wird erschüttert, bläst die Brust auf und sabbert Speichel. 10110

Die moderne Welt ist aus dem Zusammenfluß dreier voneinander unabhängiger Ströme entstanden: der demographischen Expansion, der demokratischen Propaganda, der industriellen Revolution. 10111

Will man nicht Konformist sein, darf man nicht Progressist sein. 10112

Nichts stößt den Ungläubigen mehr ab als Apologien des Christentums, die auf dem intellektuellen Skeptizismus und der inneren Erfahrung beruhen. 10113

Man muß grenzenlos naiv sein, um zu glauben, die Verbesserung irgendeines sozialen Zustands könne anders als langsam, in kleinen Schritten und ohne Betätigung des Willens geschehen. 10114

Die Bedeutung der Ökonomie für die Interpretation der Geschichte ist unbestreitbar. 10115

Freilich darf die Interpretation nicht stehenbleiben bei Zwischenetappen wie Produktionsverhältnissen und Produktivkräften, sondern muß zur letzten Schicht vordringen: zur *Wirtschaftsgesinnung*, zur ökonomischen Mentalität.

Nicht „Kreativität" sollte im Schüler entwickelt werden, sondern gescheite Passivität. 10116

10117 Jedes neue Jahrhundert erfindet ein pedantisches Vokabular, um vorzutäuschen, daß es kennt, was es ignoriert.

10118 Ein kritisches Studium scheint uns nur bei unwichtigen Autoren angebracht.

10119 Die meisten Leute benutzen Vokabularien, die Sinn nur innerhalb systematischer Zusammenhänge haben, von denen sie nichts wissen.

10120 Lassen wir uns zur Exaktheit zwingen.
Die Klarheit unterdrückt die Rhetorik.

10121 In der Ästhetik kann man Irrtümer und Wahrheiten klar feststellen.
Es genügt aber nicht, die Irrtümer zu meiden und die Wahrheiten anzunehmen, um dem Werk Wert zu verleihen.
Der Wert verlangt immer ein Wagnis.

10122 Was in der Philosophie nicht Fragment ist, ist Betrug.

10123 Daß der Verzicht auf das „Wozu?“ in der Wissenschaft fruchtbringend war, läßt sich nicht bestreiten und ist zugleich ein Eingeständnis der Niederlage.

10124 Volk ist jede Versammlung von mehr als 15 Personen.

10125 Schreiben ist oft unvermeidbar, veröffentlichen fast stets schamlos.

10126 Die Naturgesetze sind, wie jedes Mysterium, nicht erklärbar.

10127 Der paternalistische Staat ist abscheulich, die paternalistische Gesellschaft ist bewunderungswürdig.

10128 Jedes richtige Ergebnis in der einen Wissenschaft dient in der anderen dazu, Irrtümer zu fördern.

10129 In einer aristokratischen Gesellschaft sind Gehorsam und Befehl ethische Verhaltensweisen und nicht nur praktische Notwendigkeiten.

10130 *Je veux qu'ils donnent une nazarde à Plutarque sur mon nez et qu'ils s'échaudent à injurier Seneque en moi.*

Bestimmte Dogmen des Christentums scheinen mir derart evident, daß es mir leicht fällt, an diejenigen zu glauben, an die zu glauben schwer fällt. 10131

Glaubt man nicht an Gott, ist das einzig Anständige der vulgäre Utilitarismus. 10132

Alles übrige ist Rhetorik.

Die Literaturgeschichten werden zu Verzeichnissen von Toten, die nur offiziell überleben. 10133

Nichts härter als die erzwungene Knechtschaft, nichts vornehmer und edler als die freiwillige und freie Knechtschaft. 10134

Oberflächlich wie die soziologische Erklärung irgendeines Verhaltens. 10135

Die Kunst für die Kunst, die Wissenschaft für die Wissenschaft, die Ethik für die Ethik, die Religion für die Religion. 10136

– Jede andere Haltung wird zur Lüge.

Die waghalsigen Ideen haben ihren Ursprung nicht in tiefen Ahnungen, sondern in einer verstümmelten Anschauung des Gegenstands. 10137

Die Wahrheit ist eher bescheiden.

Im Altertum existierte nicht, was sich heute Philosophie nennt, und was sich damals Philosophie nannte, existiert heute nicht. 10138

Was nicht Vorurteil ist, ist von Vorurteilen ausgegangen. 10139

Reaktionär zu sein, heißt begriffen zu haben, daß man von einer Wahrheit nicht absehen kann, bloß weil sie keine Möglichkeiten hat, zu triumphieren. 10140

Es gibt nicht nur hinsichtlich unzähliger Objekte, die wir vollenden, keinerlei Notwendigkeit des Festhaltens, das Gleiche gilt auch von vielen Klassen von Büchern. 10141

Das Ärgerliche an einem schwierigen Text: wenn man sich nach seiner Entzifferung plötzlich Trivialitäten gegenüber sieht, wie in der gegenwärtigen Literatur. 10142

10143 Die Aufgabe des Philosophiehistorikers besteht darin, das philosophische Kauderwelsch jeder Epoche für das Lexikon der *philosophia perennis* zu übersetzen.

10144 Das Laster der *Aufklärung* ist nicht die „Abstraktion“ – es ist die blinde und fanatische Bindung an bestimmte Postulate, die „Vernunft“ genannt werden.

10145 Das Zitat muß in den Text derart integriert werden, daß der Dummkopf meint, es sei ein Plagiat.

10146 Der Fortschrittler weiß nicht, daß nichts in der Geschichte umsonst ist.

Alles muß bezahlt werden.

10147 Trotz einiger weniger Gegenbeispiele liegt die Gefahr beim Beurteilen zeitgenössischer Kunstwerke nicht darin, daß das Gute schlecht scheint, sondern daß das Schlechte gut scheint.

10148 Reifen heißt verstehen, daß wir nicht verstehen, was zu verstehen wir geglaubt haben.

10149 Deprimierend wie jeder optimistische Text.

10150 Die zeitgenössischen Kommunikationsmedien verleihen dem Schwachsinn ein unwiderstehliches Ansehen.

10151 Niemand ist unerträglicher als der, der nicht ab und zu mutmaßt, nicht recht zu haben.

10152 Eine neue, bessere Theorie läßt die vorhergehenden nicht nur falsch, sondern auch schwer verständlich erscheinen.

10153 Um eine Schule zu gründen, genügt es in den Humanwissenschaften zuweilen, unfähig zu sein, sich genau auszudrücken.

10154 Was im Modernen Enthusiasmus erregt, weckt, wenn nicht meinen Abscheu, so mein Mißtrauen.

10155 Die Poeten nehmen überhand, die „Poesie“ nennen, was nur eine Form geistiger Unverantwortlichkeit ist.

Der Historiker „schafft“ nicht die historische Tatsache; nichtsdestoweniger wählt er sie frei aus. 10156

Um es zu besitzen, sollten wir nicht erwerben, was wir ererbt, sondern erben, was wir erworben haben. 10157

Der Ungläubige kann intelligent sein, der Häretiker ist meistens dumm. 10158

Wenige Länder, die es nicht verdienen, daß ein Tyrann sie regiere. 10159

Die Einwände gegen einen dummen Gedanken in klarer Form ausgedrückt zu lesen, ist ein Vergnügen. 10160

Die Dummheit stirbt nicht, doch muß man sie immer neu entlarven. 10161

Der psycho-physische Parallelismus ist keine Theorie, sondern ein Versuch, dem Problem auszuweichen. 10162

Nur zwei Dinge erziehen: einen Herrn zu haben oder Herr zu sein. 10163

Die viel besungene „Herrschaft des Menschen über die Natur“ hat nur die unbegrenzte Fähigkeit zum Menschenmord zum Ergebnis. 10164

Nicht die „Primitiven“ haben Angst vor der Seele, sondern die Psychologen. 10165

Der Psychologe ist zu jedem Manöver fähig, das ihm verspricht, den Begriff der Seele zu vermeiden.

Seit Wundt ist einer der klassischen Orte der „versteckten Arbeitslosigkeit“ das Laboratorium für Experimentalpsychologie. 10166

Recht ist nur das Vereinbarte, aber das Vereinbarte ist nicht das, was man vereinbaren wollte, sondern mußte. 10167

Das Recht ist nichts als Form, doch seine Materie ist axiologisch.

Der Monismus ist eine Haltung, die die Hälfte der Erfahrung vergewaltigt. 10168

Das Furchtbare an der Kunstkritik: sie verleitet den Kritiker zu glauben, er sei Schriftsteller. 10169

10170 Nicht nur, daß der Preis für den Fortschritt unverschämt ist: die Mehrzahl der Fortschritte sind auch noch degoutant oder kindisch.

10171 Manchmal erweist sich, daß eine These durch das Lesen ihrer Widerlegung einfacher zu begreifen ist als durch ihre Beweisführung.

10172 Die offizielle Malerei des 19. Jahrhunderts war nicht schlecht, weil sie „realistisch" gewesen ist, sondern weil sie schlecht war.

Die Malerei dieses Jahrhunderts ist ebenfalls nicht gut – wenn sie gut ist –, weil sie nicht „realistisch" wäre, sondern weil sie gut ist.

Die axiologische Essenz löst sich nicht in ontologischen Faktoren auf.

10173 Erfreuen sollten wir uns an der Wahrheit einer Idee, nicht an ihrem Triumph.

Kein Triumph dauert.

10174 Die moderne Technisierung der Landwirtschaft zerstört die agrarische Gesellschaft.

Sie wandelt eine Lebensweise in eine bloße Produktionsweise um.

10175 Eine zivilisierte Epoche duldet weder eine Poesie, die winselt, noch eine Prosa, die schreit.

10176 Die Liebe darf ihren erotischen Frühling haben, doch der Herbst hat keusch zu sein.

Wenige Vorstellungen sind peinlicher als die einer Begattung einer Vierzigjährigen durch einen Fünfzigjährigen.

10177 Einige begingen den Fehler, Historizismus und Historismus zu verwechseln. Das Gift und das Gegengift. Oder: Hegel und Ranke.

Historizismus ist jener, von dem Popper, Historismus jener, von dem Meinecke spricht.

10178 Der Historismus protestiert nicht eigentlich gegen das „Naturrecht", sondern gegen den Inhalt, den die *Aufklärung* dem Naturrecht zuschrieb.

10179 Die genaueste und kürzeste Definition einer wirklichen Zivilisation findet sich bei Trevelyan: *A leisured class with large and learned libraries in their country seats.*

Sicher ist eine Geschichte „Geschichte der menschlichen Freiheit“, 10180
aber nicht der „Freiheit“ als Begriff, sondern freier menschlicher Akte und ihrer unvorhersehbaren Konsequenzen.

Was „rational“ genannt wird, ist die Haltung, die rational betrach- 10181
tet so grundlos ist wie irgendeine andere.

Zwischen Determinismus und Fatalismus zu unterscheiden, ist eine 10182
Ausflucht, die der eingekreiste Determinist erfindet.

Die Reaktion ist nichts anderes als die Übersetzung der Prinzipien 10183
eines Constant, eines Humboldt, eines Mill, eines Tocqueville, in eine realistische Sprechweise.

Alles, was wir grundsätzlich denken, müssen wir uns ohne Prüfung 10184
zu eigen machen.

Es gibt keine „Vernunft“, die uns von unserer Verantwortung befreit.

Wenn ein Volk die Religion verliert, erwirbt es unverzüglich alle 10185
bourgeoisen Defekte.

Nicht die Berücksichtigung der *covering laws* führt zur Gültigkeit 10186
einer historischen Erklärung; die gültige Erklärung ist vielmehr das Ergebnis der unmittelbaren Einsicht in eine konkrete Beziehung.

Der Fehler des fortschrittlichen Christen besteht im Glauben, daß 10187
die Polemik des Christentums gegen die Reichen eine implizite Verteidigung sozialistischer Programme wäre.

Die „Assoziationspsychologie“ ist absurd, weil nicht die bloße As- 10188
soziation zweier Ideen eine dritte herstellt, sondern das Bewußtsein des Menschen, der assoziiert.

Um den ontologischen Gottesbeweis zu widerlegen, greifen alle auf 10189
irgendein Beispiel zurück, während doch nur das Argument greift, das auf das Beispiel Gott bezogen werden kann.

Mehr noch als die Technik ist die Mode die Ursache für die Gleich- 10190
förmigkeit der modernen Welt.

10191 Zur Ausübung der Tyrannei bedient sich die Demokratie der Judikative.

10192 Im modernen Staat gibt es nur noch zwei Parteien: Bürger und Bürokratie.

10193 Ein anständiges Wahlsystem: Wählbar ist nur, wer ablehnt, sich darum zu bemühen, gewählt zu werden.

10194 Nichts vergeblicher, als die Arbeit des Gehirnes mit cerebralen Termini erfassen zu wollen.

10195 Die „Philosophie der Kunst“ von Taine vernachlässigt offensichtlich das Äxiologische, definiert aber zum Teil das Ontologische der Werke.

10196 Die seriöse Geschichtsschreibung des 20. Jahrhunderts stellt die Irrtümer richtig, die der demokratische Enthusiasmus in der Geschichtsschreibung des 19. Jahrhunderts verursacht hat.

10197 Bis gestern hatte die Gesellschaft Notable, heute hat sie nur Notorische.

10198 Die Gleichheit ist nicht die Gerechtigkeit, sie versucht nur die Verpflichtung zu umgehen, das *suum cuique* zu finden.

10199 Die moderne Metropole ist keine Stadt, sie ist eine Krankheit.

10200 Ein klassischer Kunstgriff der Linken besteht darin, Weg und Ziel zu identifizieren: allgemein anerkannte Ziele mit umstrittenen Methoden.

Wer diese oder jene Methode der Linken kritisiert, scheint auf diese Weise das von allen akzeptierte Ziel zurückzuweisen.

10201 Notwendigkeit und Freiheit sind keine symmetrischen Konzepte: Bejahe ich die Notwendigkeit, leugne ich die Freiheit; aber wenn ich die Freiheit bejahe, leugne ich nicht jede Notwendigkeit.

10202 Erfolg an sich ist nicht schon verächtlich.

Aber es ist nicht wichtig, Erfolg zu haben.

Der Liberale mit guten Intentionen ist für schwere Irrtümer wie geschaffen. 10203

Um bestimmte Mängel und Laster zu bekämpfen, muß man nur die entgegengesetzten Laster und Mängel begünstigen. 10204

Die Vulgarität ist nicht so schlimm wie ihre Verteidigung und ihre Verherrlichung. 10205

Die Tüchtigen zwingen uns, tüchtig zu werden oder anständig zu sein und zugrundezugehen. 10206

Wo das Christentum verschwindet, erfinden Habsucht, Neid und Geilheit tausend Ideologien, um sich zu rechtfertigen. 10207

Um irgendein philosophisches System zu verstehen, ist es nötig, provisorisch seine Postulate zu akzeptieren. 10208

Bei nur wenigen Personen ist die Differenz zwischen den Überzeugungen, die sie zu besitzen glauben, und denen, die sie tatsächlich haben, gering. 10209

In den Demokratien sind die politischen Parteien zunächst die Konsequenz eines Programms; danach sind die Programme Vorwände für die Parteien. 10210

Ich vertraue nur einer Philosophie, die die elementaren religiösen Einsichten bestätigt. 10211

Nicht der Erfinder, sondern wer die Erfindung möglich gemacht hat, ist der Vater einer Idee. 10212

Die zeitgenössische Kirche behandelt die Gläubigen wie Wähler. Sie zieht den Enthusiasmus der großen Massen den individuellen Bekehrungen vor. 10213

Niemand ist so leicht zu empören wie der tugendhafte Ungläubige. 10214

Niemand in der Politik kann die Folgen vorhersehen; weder die Folgen der Zerstörung, noch die Folgen des Aufbaus. 10215

10216 Die „Menschenrechte“ sind weder bestimmbar noch beweisbar, dienen aber dem Individuum als Vorwand, den Gesetzen Widerstand zu leisten.

Das einzige Recht des Menschen ist der Dienst, der ihn von seiner Schuld gegenüber dem anderen freimacht.

10217 Der moderne Apologet vergißt in seinem apostolischen Eifer, daß man die Kampfesweise der Zeit anzupassen hat, nicht aber die Botschaft.

10218 Die angenehme Lektüre ist meist nicht ersten Ranges, sondern entstammt der zweiten Reihe.

10219 Gibt man ihm nicht alles, was er verlangt, erklärt sich der Linke zum Opfer einer strukturellen Gewalt, die er mit physischer Gewalt abwehren darf.

10220 Die Demokratie ist „elitär“. Immer will sie wählen, auch wenn sie immer schlecht wählt.

– Monarchie und Aristokratie nehmen den genetischen Zufall einfach hin.

10221 Die Philosophen gehen von ihren Schlußfolgerungen aus, um ihre Prinzipien zu erfinden.

10222 Der moderne Poet bemerkt nicht die Lächerlichkeit seiner fast immer unangemessenen Metaphern.

10223 Nicht nur, daß der menschliche Müll sich in den Städten anhäuft

– die Städte werden dadurch selber zu Müll.

10224 Manche Bekenntnisse sind in einem Buch erlaubt und in einer Zeitung schamlos.

Das Publikum lobt selten ein Buch aus Bewunderung, sondern bewundert es, weil es gelobt wird.

10225 Linker sein heißt glauben, die Vorzeichen der Katastrophe seien die Omina von Wohlfahrt und Glück.

10226 Es ist nicht einmal sicher, daß nur das Unvorhergesehene geschieht.

Der Egalitarismus ist weniger eine Frucht des Neides als der ange- 10227
borene Widerwille, irgendeine Art von Überlegenheit hinzunehmen.

Er hat kein konkretes Ziel, sondern ist ein Laster der Seele.

Der Anspruch, zu wissen, was man nicht wissen kann, macht den 10228
religiösen Diskurs immer wieder unerträglich.

Es gibt in der Literatur eine Manier zu zitieren, die sofort den Un- 10229
berufenen anzeigt.

Wenn man die ersten Augenblicke des revolutionären Enthusias- 10230
mus ausnimmt, gehört die Mehrzahl der Bevölkerung jedes Landes und jeder Epoche der rechten Mitte an.

Unmöglich, einem Autor Gerechtigkeit widerfahren zu lassen, der 10231
uns langweilt.

Der Wähler wählt nicht einmal, was er will, wenn er wählt, was er 10232
zu wollen glaubt.

Eine der schlimmsten geistigen Katastrophen liegt in der Aneig- 10233
nung der Begriffe und des Vokabulars einer Wissenschaft durch mediokre Intelligenzen.

Wer sich des linken Wortschatzes bedient, kann dem Volk heute 10234
abverlangen, was er will.

Die moderne Welt besitzt keine andere Lösung als die des Jüngsten 10235
Gerichts. – Möge sie enden.

In seinem kindischen und eitlen Eifer, das Volk zu verführen, be- 10236
handelt der moderne Klerus die sozialistischen Programme als seien sie zu verwirklichende Entwürfe der Ewigen Seligkeit.

Der Trick besteht darin, das Individuum auf eine kollektive und externe Struktur zu reduzieren, obwohl doch ein ethisches Verhalten unmöglich ist, wenn es nicht im Inneren des Einzelnen verankert ist.

Mit anderen Worten: Der moderne Klerus predigt, daß eine soziale Reform fähig sei, die Folgen der Sünde zu tilgen.

Daraus folgt, daß man die Rettung durch Christus nicht mehr braucht.

10237 Die menschliche Natur ist kein Ergebnis der Gesellschaft, sondern ihre Ursache.

10238 Nietzsche ist nur ungezogen; Hegel ist blasphemisch.

10239 Das Laster der mittelalterlichen Scholastik bestand nicht darin, *ancilla theologiae* zu sein, sondern *ancilla Aristotelis.*

10240 Der Untertan, dem eine Freiheit gewährt wurde, verteidigte sie gemeinsam mit seinem Herrn; der Bürger, der seine Freiheit sich selbst verdanken will, setzt sie ohne Gegenwehr allen Angriffen aus.

10241 In der Gegenwart kann man nur noch wählen zwischen anachronistischen Meinungen und niederträchtigen Meinungen.

10242 Eine These erscheint weniger falsch, nachdem sie widerlegt worden ist.

10243 Die Evangelien und das Kommunistische Manifest verblassen; die Zukunft der Welt gehört Coca-Cola und der Pornographie.

10244 Wichtig ist nicht, daß der Mensch an die Existenz Gottes glaubt; wichtig ist, daß Gott existiert.

10245 Fast unmöglich, daß der Pöbel einen Schmutz wahrnimmt, der nicht seine Gesundheit oder sein Leben bedroht.

10246 Der Neid ist meist die wahre Sprungfeder der moralischen Empörungen.

10247 Nicht die mangelnde Zustimmung des Volkes hat die Struktur der alten abendländischen Gesellschaft zerstört, sondern der Dünkel der Mittelschicht.

10248 Das konkrete Geschöpf, das wir lieben, ist niemals der Rivale Gottes. Was in der Apostasie endet, ist die Anbetung des Menschen, der Kult der Menschheit.

Das einzige, was das Ich beweisen kann, ist, daß es ist. Das einzige, 10249
was es widerlegen kann, ist, daß es Gott ist.

Cogito, ergo sum.

Cogito, ergo non sum Deus.

Ich weiß, daß ich bin und wenn ich nicht weiß, was ich bin, weiß ich, was ich nicht bin.

In der zweiten der einzigen unwiderlegbaren Wahrheiten stößt die moderne Welt gegen ihre tödliche Widerlegung.

Den „Nächsten“ an die Stelle Gottes zu setzen, war das Ziel des li- 10250
beralen Protestantismus des vergangenen Jahrhunderts und des post-konziliaren progressiven Katholizismus.

Wer mit Hilfe einer Doktrin in die Geschichte eingreift, wird allen- 10251
falls die Karikatur seiner Absicht verwirklichen.

Ra, Anu, Baal, Zeus sind nicht Rivalen des höchsten Gottes, son- 10252
dern subalterne Götter.

– Nur der Mensch will Gegen-Gott sein.

Sich der Sorge um den Nächsten hinzugeben, erlaubt dem Chri- 10253
sten, sich seine Zweifel über die Göttlichkeit Christi und die Existenz Gottes zu verhehlen.

Die Barmherzigkeit kann die subtilste Form der Apostasie sein.

Die Wahrheiten sind nicht relativ. Relativ sind die Meinungen über 10254
sie.

Reaktionär sein heißt begriffen haben, daß man weder beweisen 10255
noch überzeugen kann, sondern nur einladen.

Wer das Wort „rational“ gebraucht, ohne es in Beziehung zu einem 10256
Postulat zu setzen, spricht nur eine Phrase aus.

Weit entfernt ein Kriterium der Wahrheit zu sein, ist der universelle 10257
Konsens ein Zeichen des Irrtums.

Der „Rationalismus“ ist nicht Ausübung der Vernunft; er ist das 10258
Ergebnis bestimmter philosophischer Unterstellungen, die den Anspruch erhoben haben, mit der Vernunft in eins gesetzt zu werden.

10259 Das Nachdenken bejaht oder widerlegt, aber die Überzeugung oder die Idee waren stets schon vorher da.

10260 Der Individualismus ist heute die einzige Verteidigung, die uns gegen den Kollektivismus geblieben ist, den der Individualismus von gestern hervorgebracht hat.

10261 Der schlimmste Zustand der Gesellschaft: die Herren werden nicht zum Befehlen erzogen.

10262 Der „Rationalismus“ ist nicht Mißbrauch der Ratio, sondern nur Mißbrauch des Begriffs.

10263 Kant öffnete die Verliese der *Aufklärung;* ließ den Gefangenen jedoch im Innenhofe des Kerkers allein.

10264 Der Fehler der platonischen Theorie der Idee liegt darin, allen die Autonomie und die Fähigkeit, die Werte zu erkennen, zuzuschreiben.

10265 Die Panegyriker der Demokratie sind Apologeten des Neides.

10266 Bei der Entscheidung für einen Wert kann die Wissenschaft nur eine instrumentelle Funktion übernehmen.

– Sie kann lediglich anzeigen, was möglich ist, und wie es möglich ist oder was unmöglich ist und warum es unmöglich ist.

10267 Nur schreibend kann man sich von dem Jahrhundert trennen, in dem man geboren wurde.

Verstreute Scholien aus Zeitschriften

Aus dem Spanischen von
Reinhard Tschoch

I. Aus *Mito*

Kultur ist ein nachhaltiges Streben nach Klarheit. 10268

Die Jugend gibt uns generös, was die Reife täglich braucht, um es 10269
zu verlieren.

Ein theologisches System leiht uns ein vergängliches Vokabular für 10270
eine ewige religiöse Wahrheit. Zum Beispiel: eine Seele als einfache Substanz zu definieren, ist in philosophischer Fachsprache nichts anderes als eine Art, die Gewißheit, den Glauben oder die Sehnsucht nach Unsterblichkeit zu verkünden.

Jede logische Schlußfolgerung desillusioniert wie jeder erfüllte 10271
Traum. Die überschwängliche Unsicherheit ist der geeignete Wohnort der Seele.

Die Idee der Offenbarung schließt die Existenz älterer Ideen, die 10272
ihr gleichen oder ähnlich sind, nicht aus.

Wenn eine wunderbare Vorsehung uns das ersehnte Schicksal zuge- 10273
steht, dann überrascht uns nichts mehr als zu entdecken, daß die Akzeptanz der Erfüllung unserer Träume eine untröstliche Resignation erfordert.

In unserer bürgerlichen Gesellschaft ist jeder Revolutionär ein be- 10274
scheidener Bürger.

Wie soll man den Künstler zensurieren, den die Versprechungen 10275
des Kommunismus berauschen? Wie soll man nicht an seiner Intelligenz zweifeln?

Nur der niedrigste und böseste Teil unserer Seele läßt die Mehrheit 10276
unserer Zeitgenossen vor der Schwelle des Kommunismus innehalten, als ob in unserer Zeit die Weisheit, nur in die trübsten Ecken zurückgedrängt, fortbestehen könnte.

An der Leidensfähigkeit mißt sich die Größe des erforderlichen 10277
Trosts. Hätte sie ihre unermeßliche Antwort nicht gefunden, hätte ein einziger im Raum erstarrter Schrei das Universum vernichtet.

10278 Die Routine mildert unsere Unruhe, da sie unsere komische Art ist, am Unendlichen teilzuhaben.

10279 Jede Routine ist Befreiung.

10280 Pädagogisches Streben war der geheime Berater, der hinter den schlimmsten Dummheiten der Geschichte und ihren schrecklichsten Verbrechen stand.

10281 Wer es wagt, ohne nächtelange Vorbereitung Angst zu predigen, bereite sich auf Höllen der Angst vor.

10282 Von den Niederträchtigkeiten des Lebens schafft nur der sich zu befreien, der sie zum Inhalt seiner Werke macht.

10283 Wird mein Herz ewig unter dem Schatten des Weinstockes sterben, nahe dem rohen Tisch, im Angesicht des schimmernden Meeres?

10284 Die Ironie wandelt impotenten Haß in Wohlwollen um.

10285 Die Blasphemie ist manchmal ein Protest Gottes gegen ein ihn verzerrendes Trugbild.

10286 Zu versuchen, mehr zu verstehen als es zu verstehen gibt, ist die beste Art, nichts zu verstehen.

10287 All unsere Bemühungen, sich gegen Krankheit, Alter oder den Tod zu wehren, unterstellen dem Geist eine Kraft, welche die bloße Andeutung von Tod, Krankheit oder Alter schwächt und unterminiert.

10288 Eine glückliche Existenz ist genauso vorbildlich wie eine tugendhafte, vielleicht sogar wertvoller, denn, wenn die eine uns führen kann, vermag uns die andere zu trösten.

10289 Denken hat keinen anderen Zweck als uns auf das Leben vorzubereiten, sagen die Dummen. In Wahrheit hat das Leben keinen anderen Zweck als uns das Denken zu ermöglichen.

10290 Nur ein Christ kann die Demokratie verachten, ohne eine grausame Mythologie erfinden zu müssen.

Schlechte Laune nimmt den Dingen Dichte und läßt sie wie eine 10291
durchsichtige leichte Hülle über einer Leere erscheinen. Gute Laune hingegen entdeckt in allem eine geheimnisvolle Mächtigkeit und
unermeßliche Fülle.

Durch Ehrgeiz und Eitelkeit erreichte er die Heiligkeit: Gott er- 10292
schien ihm als der einzige Zuschauer, der die Mühe wert war, ihn zu
unterhalten.

Die Spontanität ist der einzige Wert gewisser Gesten. So kann nur 10293
die Freiheit des Menschen Gott auf die Idee gebracht haben, ihn zu
schaffen.

Das Zusammenhängende ist willkürlich. Letztendlich ist die Zwei- 10294
deutigkeit das wahre Wesensmerkmal der Realität.

Alle Beweise für die Existenz Gottes werden von den idealistischen 10295
und realistischen Philosophen hintan gestellt. Die einen räumen der
Kleinheit des Menschen, die anderen dessen Größe eine höhere Bedeutung ein.

Normalerweise ermüden die besten Eigenschaften des geliebten 10296
Mannes die Frauen am meisten.

Der schlimmste Verrat ist nicht jener, der das Glück zerstört, son- 10297
dern jener, der die nobelsten Eigenschaften von Mann und Frau ins
Lächerliche zieht.

Der Mensch ist nicht das Vehikel der Ideen, sondern ihre zweideu- 10298
tige und harte Realität.

Wenn die Mathematik zur Gänze analytisch ist, so gibt es weder 10299
einen klareren noch jämmerlicheren Beweis für die menschliche
Dummheit. Wozu benötigt man ein so komplexes, so reiches, so
schwieriges Konstrukt zur Darlegung des Offenkundigen?

Menschlicher Edelmut ist das Produkt, das die Zeit schafft, indem 10300
sie hartnäckig die Substanz unserer täglichen Animalität bearbeitet.

Was frei macht, ist die Abhängigkeit vom Willen Gottes. 10301

10302 Der christliche Gott ist der einzige unabhängige Gott. Jede nichtchristliche Theologie begrenzt Gott. Daß Gott ein absoluter Wille sei, ist das Neue und die unbestrittene Originalität, welche die christliche Theologie lehrt.

10303 Jede wechselseitige Sympathie ist eine alternative Form der Ausbeutung.

10304 Es gibt keinen Triumph, der mehr ist als nobles Versagen.

10305 Eleganz, Würde, Vornehmheit sind die einzigen Werte, die das Leben nicht notwendigerweise auslöscht.

10306 Die Notwendigkeit, nur dem inneren Antrieb zu gehorchen beschränkt uns, aber diese Beschränkung ist der Preis für die Authentizität unseres Geistes.

10307 Wie die Präsenz des Todes, so reißt uns ein leidenschaftliches und strenges intellektuelles Leben die Geistes- und Naturwissenschaften aus den Händen, um uns auf die schlichte Konfrontation mit dem Leben zu reduzieren.

10308 Je tiefer eine Überzeugung ist, desto einfacher ist die Formel, mit der sie sich ausdrückt.

10309 Seine Klasse zu verraten, entzückt den Bürger und deprimiert den Proletarier.

10310 Der große Romancier ist in der Lage, die unterschiedlichsten Personen zu erschaffen; eines ist ihm jedoch verwehrt: die überzeugende Erschaffung eines Genies ist Privileg Gottes, des größten Romanciers.

10311 Jede authentische Lösung ist unübertragbar, da jede individuelle Lösung auf einer Situation, Erfahrung und einer Tat beruht. Die Philosophie versucht nur die Hindernisse, die unserer Intelligenz unermüdlich anhäuft, zu beseitigen.

10312 Sich zu weigern, an das zu denken, was uns widerwärtig ist, ist die normalste, einfachste und schwerwiegendste Beschränkung.

Der neuzeitliche Trend, sich aktiv mit politischen Problemen zu 10313
beschäftigen, ist nicht mehr als eine menschliche List, die danach strebt, schwierige Situationen, die die unpersönliche Allgegenwart des Expertenwesens hervorruft, auf eine Ebene von lösbaren Problemen zu heben.

Der Gedemütigte versucht sich mit einer Erklärung zu verteidigen, 10314
die den, der ihn demütigt, erniedrigt.

Unsere fiebrigen Hände verschütten das spärliche Wasser, das das 10315
Leben ihnen spendet, im Sand.

Der Schatten der stolzen Laster erstickt tausende Niederträchtig- 10316
keiten im Keim.

Nur in der leuchtenden Fülle der Glückseligkeit gedeihen jene 10317
Früchte des Geistes, welche die nächtlichen Ängste erzeugen.

Es scheint, daß die eminente Würde des Lebens darin besteht, so- 10318
lange es noch Zeit ist, auf all das zu verzichten und freiwillig zu tun, was Alter, Unglück und Tod uns entreißen.

Die Grausamkeit der Gesellschaften, die auf demokratischen Dok- 10319
trinen beruhen, ist proportional zur Generosität ihrer Versprechen. Jede unbedachte Freiheit verlangt nach unbeschränkter Unterwerfung.

Was der junge Mann von der Frau verlangt, kann kein klar denken- 10320
der Mensch von einer irdischen Entdeckung erwarten.

Die Abwesenheit Gottes markiert nur einen abgegrenzten Bereich, 10321
der der menschlichen Vernunft verborgen ist.

Eine von Gemeinplätzen entmutigte Literatur bereitet sich auf den 10322
Tod vor.

Nur die Ideen, die wir selbst schaffen, können uns überzeugen. 10323
Wenn wir alle von Gemeinplätzen leben, so liegt dies nicht nur daran, daß wir gelernt haben, alles nachzuäffen, sondern vor allem daran, daß der Gemeinplatz in Wahrheit kein von allen nachgesprochener Ausspruch ist, sondern eine Idee, die wir alle finden.

10324 Beim Schreiben ist die Präsenz des zukünftigen Lesers im Geiste des Autors Ursprung und Erklärung dichterischer Ausdruckskraft.

10325 Jede Ästhetik ist eine Arbeitshypothese, die das Resultat bestätigt oder verdammt.

10326 All jene, von denen wir glauben, daß sie nur halb und nicht andauernd im Irrtum sind, irritieren uns. All jene, von denen wir glauben, daß sie völlig und ständig irren, erlangen durch unsere Ironie unser Wohlwollen.

10327 Die Nacht gewährt unserer von der schamlosen Präsenz des Tages unterdrückten Seele Zuflucht. In der nächtlichen Stille scheint unser Herz im Einklang mit dem Herz der Welt zu schlagen.

10328 Jeder Morgen umschmeichelt uns. Aber wenn uns die Mittagszeit in ihrem Überfluß verstummen läßt, so erlöst uns die Abenddämmerung, die dem Morgen täuschend ähnlich ist und der nächtlichen Resignation entbehrt, von der grausamen Pause des Nachmittags.

10329 Der authentische Atheismus hat für die menschliche Intelligenz den gleichen Stellenwert wie die Unendlichkeit für die Vorstellungskraft.

10330 Die Pracht des Körpers ist der tiefe Boden, in dem die Seelen, die wir lieben, sprießen. Keine Rhetorik verlängert die Liebe zweier Seelen über den Zeitpunkt des Dahinsiechens des Fleisches hinaus.

10331 Vielleicht finde ich am Katholizismus nichts verführerischer als die Unverschämtheit seiner Lehre.

10332 Der Katholizismus steht den kleinlichen Ansprüchen der menschlichen Vernunft entgegen, damit er die tiefen Sehnsüchte des Menschen besser erfüllt.

10333 In der Einsamkeit der Nacht vergißt der starke Geist den verbrauchten Körper, der ihn drückt, im Bewußtsein seiner unvergänglichen Jugend hält er sich für den Bruder jedes irdischen Frühlings.

10334 Die Genügsamkeit ist ein erschütternder Beweis der Demut.

Wenn Gott die Schlußfolgerung eines Gedankenganges wäre, ließe 10335
mich die Notwendigkeit, ihn zu verehren, in Gleichgültigkeit erstarren. Aber Gott ist nicht nur die Substanz, nach der ich strebe, sondern auch die Substanz, von der ich lebe.

Das grundlegende Problem, das unsere Gesellschaft aushöhlt und 10336
unterminiert, ist der Widerspruch zwischen der Unmöglichkeit, ohne militärische Tugenden leben zu können, und der Unmöglichkeit zu verhindern, daß angesichts der derzeitigen technischen Hochrüstung deren Einsatz katastrophal wäre.

Nicht jedes Wesen lieben, außer seinen göttlichen Teil. 10337

Im Leben handeln wir ähnlich einem Blinden, der die Leinwände 10338
eines Museums als Lumpen benutzt.

Es genügt nicht zu wissen, was wir sind, noch zu sein, was wir sind. 10339
Die Weisheit besteht darin, daß wir verstehen zu sein, was wir sind.

Bücher sind keine Werkzeuge zur Erreichung der Perfektion, son- 10340
dern Barrikaden gegen die Langeweile.

Mich der Unfähigkeit zu verdächtigen, irritiert abwechselnd mei- 10341
nen Stolz und meine Demut.

Wenn mein Stolz mir antwortet, ist mir nichts recht; wenn meine 10342
Demut antwortet, ist mir alles recht. Da ich Stolz und Demut nicht mehr auseinander halten kann, lähmt mich das Wirken dieser beiden untrennbaren Kräfte angesichts der unerreichbaren Beute.

Das Verlangen, etwas auszudrücken, geht dem Gedanken, der es 10343
rechtfertigt, voran. Die Idee ist eine überraschende Gabe, die denen gewährt wird, die mit demütigem Starrsinn darauf bestehen zu schreiben.

Die Idee ist die innerliche und spontane Verbrennung eines glühen- 10344
den Ausdrucks.

II. Aus *Eco*

10345 Wir versuchen, uns immer dem anzuschließen, der verliert, um uns nicht für die Taten des Siegers schämen zu müssen.

10346 Die Geschichte hat keine Gesetze, die uns ermöglichen vorherzusagen; aber sie bietet uns Zusammenhänge, die Erklärungen ermöglichen, und Tendenzen, die uns Vorahnungen gestatten.

10347 Gott wird nicht aus der Erfahrung unserer Grenzen geboren, sondern stirbt daran, daß wir sie vergessen.

10348 Das Genie vermacht sein Werk nicht der „Menschheit“, sondern einem ihm nahestehenden Genie.

10349 Die Dinge offenbaren ihr Wesen nur den verkrampften Händen der Sehnsucht und des Verlangens.

10350 Der Schlüssel des Universums ist eine triviale Evidenz. Es gibt keine Technik zur Reproduktion des Wertes. Jeder Lehrsatz, der diese Evidenz nicht einschließt, ist falsch.

10351 Um treffsicher zu urteilen, muß man frei von Prinzipien sein.

10352 Diejenigen, die die Existenz von Hierarchien leugnen, können sich nicht vorstellen, mit welcher Klarheit die anderen deren hierarchischen Rang sehen.

10353 Die vermeintlich gescheiterten Existenzen sind meist bloß gescheiterte dreiste Ambitionen.

10354 Um die neue Moral zu widerlegen, genügt es meist die Gesichter ihrer gealterten Vertreter zu beobachten.

10355 Wer nicht unermüdlich und tatkräftig danach strebt, seine Habgier zu befriedigen, fühlt sich in unserer modernen Gesellschaft ein wenig schuldig.

Die Geschichte wäre wesentlich friedfertiger, wenn es nur wirt- 10356
schaftliche Tätigkeit und Geschlechtsverkehr gäbe. Der Mensch ist die furchtbarste Bestie.

Das schamloseste Schauspiel ist das lustvolle Herzklopfen, mit dem 10357
die Menge dem Redner, der ihr schmeichelt, zuhört.

Die ethische Norm, die man zur Gänze erfüllen kann, korrumpiert. 10358

Heute behauptet man, daß Verzeihen das Negieren des begangenen 10359
Verbrechens sei.

Jede Utopie verbreitet die Langeweile eines Sonntagnachmittags in 10360
der Vorstadt.

Die alten Lehrsätze der Rhetorik verbessern nicht die intellektuelle 10361
Ausdrucksweise des Dummen, der sie einhält, aber sie schaden dem Intelligenten, der sie mißachtet.

Die Schüler des großen Mannes teilen sich in jene, die nie reifen und 10362
in jene, die bald verfaulen.

Die aktuelle Kunst schafft es vielleicht das Dokumentationsinteres- 10363
se der römischen Provinzkunst zu erwecken.

Das moralische Gewissen ist allein die Instanz, wo die Zweideutig- 10364
keit des Konkreten mit der Eindeutigkeit der Regel kämpft.

Was wir sagen und was wir denken, ist ohne Vorsicht und Zurück- 10365
haltung nicht einmal für diejenigen verwertbar, die wie wir denken.

Applaus zu erhalten, ist befriedigend, aber beunruhigend. 10366

Seine seriöse universitäre Ausbildung schirmt den Experten gegen 10367
jegliche Idee ab.

Meist beraubt der Name des Autors ihn in wenigen Jahren seiner 10368
Autorität als zitierbare Quelle.

10369 Der bunte Anzug des Revolutionärs entfärbt sich unmerklich zur strengen Uniform des Polizisten.

10370 Die Welt ist nicht Thema des Dichters, sondern Wörterbuch seiner Metapher.

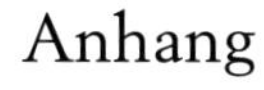

Anhang

Biographische Notiz

Nicolás Gómez Dávila, „der berühmte Unbekannte", wie ihn der Peruaner José Miguel Oviedo in seiner *Historia del Ensayo Hispanoamericano* genannt hat, wurde am 18. Mai 1913 in Sante Fé de Bogotá geboren und starb daselbst am 17. Mai 1994. Er entstammte einer alten Familie kastilischen Blutes mit kolonialer Tradition, zu der er sich ohne moderne Scham bekannte und die er auch nicht durch Hinweise auf allfällige indianische Seitenlinien zu mildern suchte. Einen Vorfahren, der Mitstreiter Simon Bolivars gewesen war, nannte er ironisch einen Makel. Gómez Dávilas Vater hatte es im Textilgeschäft zum Wohlstand gebracht und der Sohn pries den Umstand, daß dieser alt genug geworden wäre, um das Geschäft in die Hände seiner Enkel zu legen. Das mag Legende sein, denn eingeweihte Freunde der Familie weisen darauf hin, daß er selbst mit wenig Aufwand und viel Geschick das Geschäft steuerte.

Als Nicolás in das schulfähige Alter kam, zog die Familie, der Tradition des kolumbianischen Großbürgertums folgend, nach Europa, nach Paris, um dem Jüngling europäische Kultur einzupflanzen. Er besuchte in Paris eine Schule des Benediktinerordens, bis ihn eine Lungenkrankheit für zwei Jahre in häusliche Klausur bannte, wo ihm Hauslehrer eine sorgfältige Erziehung und Ausbildung mit humanistisch-christlichem Schwerpunkt angedeihen ließen. Gómez Dávila wurde in den alten Sprachen und Literaturen heimisch, sein Englisch wurde in Ferienaufenthalten in Großbritannien vervollkommnet. Deutsch lernte er vor allem, um sich Kant nähern zu können; eine dänische Grammatik in seiner Bibliothek sollte ihm den unmittelbaren Zugang zu Kierkegaard ermöglichen. Sein Bibliotheksverzeichnis bezeugt, daß er auch italienisch las. Die Beziehung zu Büchern und zu Literatur ging über die Information, aber auch das Bibliophile weit hinaus. Das Stoffliche, der materialisierte Geist im Buch vermochte ihn in einem Maße anzuziehen, daß er z.B. Besuchern ein in cyrillischen Lettern gedrucktes Buch Konstantin Leontjews ehrfurchtsvoll zeigte, das er zwar nicht lesen konnte, das aber seine Verbindung zu dem verehrten Philosophen magisch unterlegte.

Mit 23 Jahren heiratete er Maria Emilia Nieto, die ihm zwei Söhne und eine Tochter schenkte. Zentrum seines Lebens war neben dem prächtigen Landsitz Canoas Goméz im Departamento von Cundinamarca, ein Haus im Tudor-Stil in Bogotá, das vor allem seine große Bibliothek barg, die zuletzt an die 30.000 Bände umfaßte. Hier führte er ein um das Denken, Schreiben und vor allem Lesen zentriertes Leben, das ihn alle Zumutungen politischer und ökonomischer Karrieren gering schätzen ließ. Ein Reitunfall minderte ebenso wie im hohen Alter ein Sturz von der Bibliotheksleiter die Beweglichkeit und förderte die *Stabilitas loci*. Nur einmal unterbrach er seine Seßhaftigkeit und bereiste 1949 einige Monate lang mit seiner Frau den alten Kontinent.

Die Bibliothek beherbergt zwar auch bibliophile Schätze, sie war aber vor allem eine Leser-Bibliothek, welche die klassischen Literaturen, Philosophie, Dichtkunst, Geschichte, Theologie, aber auch Belletristik umfaßt. Neben den klassischen Sprachen liegt der Schwerpunkt auf französischen, deutschen, englischen, italienischen Werken; spanische Literaturen sind unterproportional vertreten. Von den Lateinamerikanern finden sich Borges, Mutis, Tellez und Octavio Paz. Das Bibliotheksverzeichnis nennt keinen Titel seines Landsmannes und Nobelpreisträgers Garcia Marquez, der Dávila seinerseits nicht geringschätzte und einmal im privaten Kreis bemerkte: „Wäre ich nicht Kommunist, ich dächte und schriebe ganz wie Gómez Dávila". Günter Krauss schrieb an Ernst Jünger einmal, daß Gómez Dávila auch einer wäre, der den Nobelpreis verdiente, wenn er ihn auch nie bekommen würde.

Gómez Dávila las keine Tageszeitung, verschmähte das Fernsehen und versank in Lektüre und Gedanken, obwohl er einem gewissen gesellschaftlichen Umgang nicht fernstand und gern Menschen aus der intellektuellen Oberschicht seines Landes zu ausgedehnten sonntäglichen *Tertulias* in seinem Hause versammelte. Die Bedeutung seines Lebens blieb im Gedachten, Gesehenen und Geschriebenen. Er selbst kannte die Beschränktheit der Biographien, als er schrieb „Das Leben ist eine Anekdote, die unsere wahre Persönlichkeit verhüllt."

Aus einem 2017 geführten Gespräch einer Journalistin mit einem der Enkel wissen wir mehr von den letzten Jahren des Gómez Dávila:*

Dem alternden Don Nicolás setzten die Folgen eines Schlaganfalles zu. Konzentrationsschwierigkeiten beeinträchtigten die Ar-

* Regina Einig: Erinnerungen an Don Nicolás. „Die Tagespost", Würzburg, 20. Oktober 2017

beit in der Bibliothek, auch sein Gedächtnis ließ immer mehr nach. Ein enger Freundeskreis hielt noch Kontakt. Lesen und Schreiben gelang dem Büchermensch in den letzten sieben Jahren nur mehr durch harte Disziplin und an schlechten Tagen erkannte er nicht einmal mehr seine nächsten Verwandten. Doch in den Nächten der Krankheit fand er zu einer fast mystischen Gottesbeziehung: „Gott allein" galten seine letzten zu Papier gebrachten Zeilen. Schon früher ging er nie an einer Kirche vorbei, ohne zu einem kurzen Gebet einzutreten. Bei allem Mißfallen an den Ergebnissen des 2. Vaticanums gab es für ihn letztlich keine Autorität außerhalb der Kirche.

An der Schwelle des Todes verlor alles andere an Bedeutung im seinem Leben. Für den Alternden wurde die Bibliothek zur Mönchszelle. Sein Enkel erinnert sich: „Es war eine unablässige Betrachtung. Er meditierte Gottes Güte und das Verblassen der Welt neben Gottes Größe. Vom Irdischen gelöst hatte er sich längst."

Textgrundlagen

Die vorliegende Ausgabe stützt sich, abgesehen von wenigen, in Zeitschriften erschienenen Scholien, auf Nicolás Gómez Dávila, *Obras completas*, 5 Bde., Bogotá 2005 (Villegas) sowie auf die Erstausgaben:

Escolios a un texto implícito, 2 Bde., Bogotá 1977 (Instituto de Cultura)

Nuevos Escolios a un texte implícito, 2 Bde., Bogotá 1986 (Procuitura, Presidencia de la Républica, Nueva Biblioteca Colombiana de Cultura)

Sucesivos Escolios a un texto implícito, Santafé de Bogotá 1992 (Instituto Cara y Cuervo)

Eine weitere Gesamtausgabe erschien 2002 in Spanien bei Ediciones Vilaür in Atalanta/Girona.

Folgende deutsche Übertragungen werden in unserer Gesamtausgabe zusammengefaßt:

Einsamkeiten. Glossen und Text in einem, Deutsch von Günther Rudolf Siegl, mit einem Nachwort von Franz Niedermayer, Karolinger, Wien–Leipzig, 1987.

Auf verlorenem Posten. Neue Scholien zu einem inbegriffenen Text, Deutsch von Michaela Meßner, mit einem Beitrag von Francisco Pizano de Brigard, Deutsch von Marion Weiß, Karolinger, Wien–Leipzig, 1992.

Aufzeichnungen des Besiegten. Fortgesetzte Scholien zu einem inbegriffenen Text, Deutsch von Günter Maschke, mit einem Nachwort von Martin Mosebach, Karolinger, Wien–Leipzig, 1994.

Scholien zu einem inbegriffenen Text, Deutsch von Th. Knefeli und G. R. Siegl, Karolinger, Wien–Leipzig, 2006 und 2016.

Scholien. Ein Nachtrag. Deutsch von G. Eder, R. Tschoch und G. v. Rennenkampf, Karolinger, Wien–Leipzig, 2014.

Eine umfassende Bibliographie zum Werk des Autors von Franco Volpi und Till Kinzel findet sich in

Nicolás Gómez Dávila, *Texte*, 2. Aufl., Wien 2018 (Karolinger), Seiten 187–198.

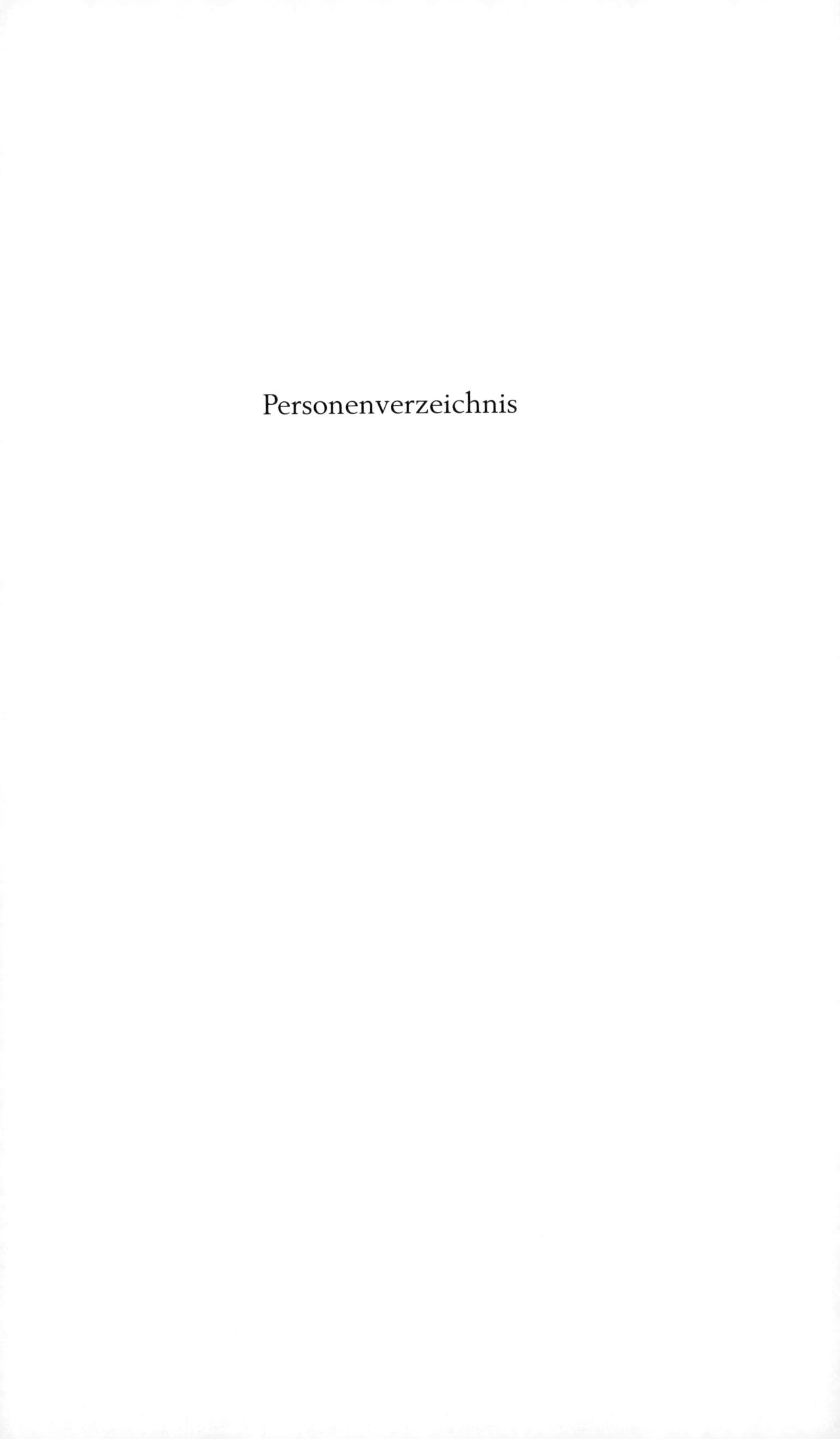

Personenverzeichnis

KAROLINGER VERLAG

AUS UNSEREM PROGRAMM

Nicolás Gómez Dávila

AUFZEICHNUNGEN DES BESIEGTEN

Fortgesetzte Scholien zu einem inbegriffenen Text

Deutsch von Günter Maschke, mit einem Aufsatz von Martin Mosebach

ISBN 3 85418 065 9

Die „Fortgesetzten Scholien" in einer Einzelausgabe

Nicolás Gòmez Dávila

SCHOLIEN

Ein Nachtrag

72 Seiten, gebunden

ISBN 978 3 85418 160 6

Zu Ergänzungen zu unseren früheren Ausgaben kommen Gómez Dávilas Prosa-Gedicht „Salomon", ein Aufsatz von Michael Rabier über die Quellen von Dávilas Denken, der einen tiefen Einblick in dessen riesige Bibliothek gibt.

Nicolás Goméz Dávila

TEXTE und
andere Schriften

2., durchgesehene und erweiterte Auflage

200 Seiten, gebunden

ISBN 978 3 85418 181 1

Aus dem Spanischen von Herminio Redondo
Mit einem Nachwort von Till Kinzel und
einer Bibliographie von Franco Volpi

Die erweiterte Ausgabe der gesammelten Schriften des Früh- und Spätwerks von Nicolás Gómez Dávila (1913–1994). Das Prosagedicht Salomon und eine aktualisierte Bibliographie erweitern den Band.

Karolinger Verlag

Kutschkergasse 12/7, 1180 Wien
verlag@karolinger.at, Pagina Domestica: www.karolinger.at